Title of the original German edition:

Thomas Höllmann/ Michael Friedrich: Handschriften der Yao, Teil I: Bestände der BSB, Stuttgart: Steiner 2004

海外藏中国少数民族民俗文献丛书
主编　王霄冰

德国巴伐利亚
州立图书馆藏瑶族文书

主编／［德］贺东劢（Thomas Höllmann）
［德］傅敏怡（Michael Friedrich）
编写／欧雅碧（Lucia Obi）
宋　馨（Shing Müller）
沙韦尔·戈茨弗莱德（Xaver Götzfried）
译／吴雅迪　韩迪菲
校／王霄冰　吴雅迪　朱家钰　李明洁

民族出版社

本书译自

VERZEICHNIS DER ORIENTALISCHEN HANDSCHRIFTEN IN DEUTSCHLAND

IM EINVERNEHMEN MIT DER

DEUTSCHEN MORGENLÄNDISCHEN GESELLSCHAFT

BEGRÜNDET VON

WOLFGANG VOIGT

WEITERGEFÜHRT VON

DIETER GEORGE

IM AUFTRAG DER

AKADEMIE DER WISSENSCHAFTEN IN GÖTTINGEN

HERAUSGEGEBEN VON

HARTMUT-ORTWIN FEISTEL

BAND XLIV, 1

HANDSCHRIFTEN DER YAO

TEIL I: BESTÄNDE DER BAYERISCHEN STAATSBIBLIOTHEK MÜNCHEN

COD. SIN. 147 BIS COD. SIN. 1045

IN VERBINDUNG MIT

MICHAEL FRIEDRICH

HERAUSGEGEBEN VON

THOMAS HÖLLMANN

MIT BEITRÄGEN VON

LUCIA OBI

SHING MÜLLER

XAVER GÖTZFRIED

FRANZ STEINER VERLAG STUTTGART

2004

鸣　谢

巴伐利亚州立图书馆（Bayerische Staatsbibliothek）东亚部

德国 Franz Steiner 出版社

原书得到德意志科研基金会（Deutsche Forschungsgemeinschaft）的赞助

由欧雅碧（Lucia Obi）在 Ursula Holler 和 Renate Stephan 协助下编辑

Ursula Holler 排版

本书的中文版为

国家社科基金重大项目“海外藏珍稀中国民俗文献与文物资料整理、研究暨数据库建设”（项目编号：16ZDA163）的阶段性成果

得到中山大学 2017 年度国家社科基金重大项目配套经费的资助

作者简介

贺东劢（Thomas Höllmann），男，德国著名汉学家，原巴伐利亚科学院院长、慕尼黑大学汉学系教授。

傅敏怡（Michael Friedrich），男，德国著名汉学家，原汉堡大学亚非学院院长、教授。

欧雅碧（Lucia Obi），女，图书馆学专家，慕尼黑大学汉学硕士，曾任德国巴伐利亚图书馆东亚部馆员。

宋馨（Shing Müller），女，慕尼黑大学汉学系研究员。

沙韦尔·戈茨弗莱德（Xaver Götzfried），男，德国慕尼黑大学汉学博士。

译校者简介

吴雅迪，女，贵州贵阳人。中山大学中国语言文学系文学学士，德国慕尼黑大学汉学硕士，现为德国慕尼黑大学汉学系博士生。

韩迪菲，女，辽宁大连人。德国博物馆协会会员，巴伐利亚博物馆学会会员，德国慕尼黑大学史前与早期历史考古专业硕士，现为慕尼黑大学考古系博士生。

王霄冰，女，浙江江山人。德国波恩大学汉学博士，中山大学中国非物质文化遗产研究中心、中国语言文学系教授，民俗学专业博士生导师。

朱家钰，女，安徽合肥人。中山大学中国语言文学系民俗学专业硕士，中国社会科学院大学文学院民间文学专业博士，现为山东大学儒学高等研究院博士后。

李明洁，女，贵州凯里人。中山大学中国语言文学系民俗学专业硕士，现为中山大学中国语言文学系民俗学专业博士生。

译者序

本书原题为《瑶族文书——第一部分：慕尼黑巴伐利亚州立图书馆藏品，Cod. sin. 147至Cod. sin. 1045》（*Handschriften der Yao—Teil* 1：*Bestände der bayerischen Staatsbibliothek München*, *Cod. sin.* 147 *bis Cod. sin.* 1045），是德国慕尼黑巴伐利亚州立图书馆所藏部分瑶族抄本文书的目录提要，全书共723页，原文为德文，2004年在德国出版。

瑶族文书"是瑶族古籍的一种，它以汉字（夹杂瑶族土俗字）手抄体的形式世代传承，记述了瑶族的迁徙历史、生产知识、生活习俗、宗教信仰、宇宙观念、伦理道德等文明传统，是研究瑶族社会文明史的珍贵资料"①。坐落于德国慕尼黑的巴伐利亚州立图书馆是欧洲重要的综合型图书馆，已有450多年的历史。馆内所藏瑶族文书及物品共计2776种，为海外收藏瑶族文书最丰富的机构之一，② 大部分文书为20世纪八九十年代从英国古董商处购得。参与本目录编写的学者都是德国著名汉学家和瑶族研究领域的专家，他们是巴伐利亚科学院院长、慕尼黑大学汉学系贺东劢（*Thomas Höllmann*）教授，汉堡大学亚非学院院长傅敏怡（*Michael Friedrich*）教授，曾任职于巴伐利亚州立图书馆的欧雅碧（*Lucia Obi*）女士，慕尼黑大学汉学系研究员宋馨（*Shing Müller*）博士以及沙韦尔·戈茨弗莱德（*Xaver Götzfried*）先生。上述学者从1995年起从事"瑶族宗教文书"（*Religiöse Schriften der Yao*）项目的研究，十年磨一剑，至2004年首次将该馆瑶族藏品中的867种进行了研究分类，并编目出版。

在该书出版之前，这些文献从未真正为人所知，只有上述几位专家用德语、英语及中文发表过数篇介绍性的学术论文。③ 该书的出版终于让尘封在馆内的瑶族文书重见天日，

---

① 李生柱：《瑶族抄本文献在海外的典藏及其研究——以"瑶传道教"经籍为中心》，载《民族论坛》，2016（2），84页。

② 除巴伐利亚州立图书馆外，美国俄亥俄大学图书馆也收藏了近两千件瑶族文书及仪式物品，二者是海外瑶族文书收藏量最大的两个机构。除此以外，英国牛津大学、德国海德堡大学、荷兰国立民族学博物馆、美国国会图书馆等都藏有数量可观的瑶族文书、绘画、服饰、法器等。参见李生柱：《瑶族抄本文献在海外的典藏及其研究——以"瑶传道教"经籍为中心》，载《民族论坛》，2016（2），84~88页。

③ 如Obi, Lucia and Shing Müller, "Religiöse Schriften der Yao：Überblick über den Bestand der Yao-Handschriften in der Bayerischen Staatsbibliothek", *Nachrichten der Gesellschaft für Naturund Völkerkunde Ostasiens/Hamburg* 161~162（1997）, 39~86；［德］贺东劢：《瑶族文书与仪式》，宋馨译，载《新疆师范大学学报（哲学社会科学版）》，2008（1），38~42页；［德］欧雅碧：《欧美的瑶族写本的收藏》，见《瑶族传统文化研究国际研讨会论文集》，日本神奈川大学瑶族文化研究所，2010。

为研究这些海外藏的珍稀民俗文献打开了一扇窗户。2010 年，日本学者丸山宏赴德国进行实地考察，发表了《2010 年 3 月巴伐利亚州立图书馆馆藏瑶族手抄本调查报告》①。2019 年，慕尼黑大学汉学系博士生吴佳芸在其题为《各国收藏之瑶族手稿及数位典藏概况》②的论文中探讨了这批藏品中《评皇券牒》的制作年代及地区。之后，她又在论文《瑶族手稿〈麻风秘语〉之秘法初探》③ 中考察了馆藏 6 本题为《麻风秘语》的文书，分析荆门瑶丧葬仪式中的跨混性（*Trans-hybridity*）。2021 年，在四川大学张崇富主持的“德国巴伐利亚国家图书馆馆藏瑶族道经的整理与研究”项目中，课题组成员肖习出版了博士学位论文《德国巴伐利亚州立图书馆藏三类金门瑶经书抄本研究》④，主要对馆藏荆门瑶⑤《玉皇经》《尊典经》《度人经》进行了点校及版本考证。可以看到，该书出版后，国内外学者开始关注这批文书，尤其是近几年涌现出越来越多的重要成果。但囿于语言、距离、人力等诸多限制，目前已出版的研究成果还比较有限，研究所涉及的文书数量也很少。

与此同时，瑶族文书已然成为当下中国学术界的一大研究热点。现已有诸如《瑶族文书档案研究》《瑶族档案文化对外传播路径研究》《瑶族宗教经书文化内涵研究》⑥ 等专著问世。在这样的背景下，近几年对深入海外藏瑶族文书研究的呼声日隆，如何红一对美国

---

① ［日］丸山宏：《2010 年 3 月巴伐利亚州立图书馆馆藏瑶族手抄本调查报告》，载《瑶族文化研究所通讯》，2010（2），58~59 页。

② 吴佳芸：《各国收藏之瑶族手稿及数位典藏概况》，载《汉学研究通讯》，2019（2），18~28 页。

③ 吴佳芸：《瑶族手稿〈麻风秘语〉之秘法初探》，载《宗教学研究》，2020（3），204~212 页。

④ 肖习：《德国巴伐利亚州立图书馆藏三类金门瑶经书抄本研究》，成都，巴蜀书社，2021。

⑤ “金门”与“荆门”都是对瑶族中自称为“Kim Mun”支系的汉语音译，他称有蓝靛瑶、山子瑶等。本书正文部分使用“荆门”，为与正文保持统一，此处亦使用“荆门”。

⑥ 郑慧：《瑶族文书档案研究》，北京，民族出版社，2011；郑慧：《瑶族档案文化对外传播路径研究》，北京，民族出版社，2020；张泽洪：《瑶族宗教经书文化内涵研究》，北京，社会科学文献出版社，2023。

藏瑶族文书的研究，[1] 以及郭武、胡小柳、徐菲、张泽洪等对英国牛津大学藏瑶族文书的研究[2]等都为这一领域的发展做出了贡献。数量如此巨大的慕尼黑藏瑶族文书不仅具有颇高的研究价值，还拥有巨大的研究空间，该书的译介和出版，正是启动相关研究的一把关键钥匙。

本次翻译出版的《德国巴伐利亚州立图书馆藏瑶族文书》全书由 6 个部分组成。第一部分是前言，编者对本书的成书过程及项目团队进行了简要说明。第二部分为导论，结合这批文书的内容，编者在此部分首先对瑶族的历史、族称、分支等方面进行了简述，并着重分析了各支系在教派、神祇、科仪形式等方面的特殊性。此部分还对巴伐利亚州立图书馆的瑶族文书收藏情况进行了系统介绍，特别对馆藏文书的类型、体裁进行了详细梳理，包括荆门瑶道公派文书、荆门瑶师公派文书、优勉瑶[3]师公文书、优勉瑶做法事之指示文书“法”、优勉瑶在仪式中填写的“表式”，以及非道教文书这几大类。第三部分为读者须知，是读者使用该目录的指南，该部分以深入浅出的语言依次阐释了正文中涉及的诸多基本概念，包括文书规格、纸张、装订方式、文书所有者与书写者、标题、成书地点与日期、签名、印信及插图等。第四部分、第五部分分别为参考文献和缩写及标识。最重要的是第六部分，即文书目录主体。目录从编号为 *Cod. sin.* 147[4] 的文献开始，按照索书号依次排序，直至最后一本编号为 *Cod. sin.* 1045 的文献，一共包括 867 个条目。目录首先对每种文献的规格、装帧和保存情况等进行了简要说明，如尺寸、装订样式、纸质、缺损情况、页数、每页行数等。接下来是对文书标题、起始句及结尾句的抄录，在抄录时同时使用了拼音和汉字繁体字（本书改成简体字，异体字、土俗字等保留）。之后编者对文书内

---

① 参见何红一：《美国瑶族文献收藏及其来源》，载《文化遗产》，2013（6），89~94 页；何红一：《美国国会图书馆馆藏瑶族手抄文献新发现及其价值》，载《中南民族大学学报（人文社会科学版）》，2009（3），71~75 页；何红一：《海外中国少数民族文献的保护与抢救——以美国国会图书馆中国少数民族文献收藏为中心》，载《江西社会科学》，2010（12），168~173 页；何红一，王平：《美国国会图书馆馆藏瑶族写本俗字的研究价值》，载《广西民族大学学报（哲学社会科学版）》，181~186 页；何红一：《美国国会图书馆馆藏瑶族写本及俗字举例》，载《民族研究》，2013（1），94~106、126 页；何红一、黄萍莉、陈朋：《美国国会图书馆瑶族文献的整理与分类研究》，载《广西民族研究》，2013（4），119~125 页；何红一、黄仪敏：《美国国会图书馆馆藏瑶族“过山榜”的发现、修复及意义》，载《中南民族大学学报（人文社会科学版）》，2015（1），61~64 页；何红一、王平：《美国馆藏瑶族经书〈麻风秘语〉及其文化价值》，载《中南民族大学学报（人文社会科学版）》，2016（6），83~88 页；何红一、陈朋：《美国国会图书馆馆藏瑶族文献的抢救性整理研究》，载《文化遗产》，2018（5），118~125 页；何红一：《美国国会图书馆馆藏瑶族“过山榜”的形制特征》，载《中原文化研究》，2018（5），100~107 页。

② 参见郭武：《牛津大学图书馆藏瑶族道经考述》，载《文物》，2014（4），140~148 页；郭武：《关于牛津大学图书馆藏瑶族文献的调查报告》，载《道教研究学报：宗教、历史与社会》，2012（4），287~336 页；胡小柳：《瑶族度戒仪式中的“重生”寓意——以牛津大学图书馆藏瑶族道经为例》，载《云南社会科学》，2013（5），153~158 页；徐菲：《牛津大学图书馆藏瑶族手抄本道经新发现及其价值》，载《西南民族大学学报（人文社科版）》，2016（10），74~78 页；徐菲：《牛津大学图书馆藏瑶族道经年代考释举例》，载《老子学刊》，2021（2），184~192 页；张泽洪：《英国牛津大学伯德雷恩图书馆藏瑶族经书题记研究》，载《民族研究》，2021（4），110~122 页。

③ “优勉”是瑶族中自称为“Iu Mien”支系的汉语音译，此支系亦被译为“优缅”“尤绵”等，他称包括“盘瑶”“过山瑶”等。鉴于汉语学界对该支系的研究成果多使用“优勉”，本书亦采用这一称谓。

④ “Cod. sin. ×”是瑶族文书在巴伐利亚州立图书馆中的索书号。“Cod. sin.”是图书馆根据图书分类法给予这批文书的分类代码，其中“Cod.”是 Codex 的缩写，指手抄本，“sin.”是 Sinologie 的缩写，指汉学。

容进行了简要概括，如文中透露的时间、地点、人物、场合，以及文书所属的瑶族支系、教派与用途等，另外也对笔迹特征、正文之外的勘误和注释等情况进行了说明，还抄录了正文附加信息的首句，部分条目也对附加信息的核心内容进行了概括。

慕尼黑藏瑶族文书不仅数量巨大、种类丰富，而且还呈现出如下几个特点：第一，成书时间跨度大。最古老的文献可追溯至 1720 年，最晚近的则成书于 20 世纪 80 年代。第二，来源地横跨中国与东南亚。根据编者研究，早期文书多来源于云南、广西一带，也有小部分来自广东，而晚期文书多来自老挝和泰国北部。第三，文书的使用者绝大多数是优勉瑶和荆门瑶。经编者鉴别，文书中有 350 种属于优勉瑶，500 种属于荆门瑶。第四，文书内容以“瑶传道教”[①] 为主，多为瑶族在各类仪式中所使用。道教传入瑶族后，逐渐成为瑶族最重要的宗教信仰，而瑶族的道教也慢慢形成具有民族特色的“瑶传道教”。文书向我们再现了瑶传道教的真实面貌，为研究道教在非汉民族文化圈中的传播和发展提供了宝贵的史料。例如，编者经过对比研究后发现，荆门瑶有道公和师公两派的文书，而优勉瑶则无师道的分野，文书均为师公所有。在本书所录荆门瑶 500 种文书中，有道公派文书 350 种，师公派文书 100 种，另有 10 种为二者通用。第五，文书虽以仪式文本为主体，但也包含了大量用于日常生活中其他场合的文书，如生育、丧葬、嫁娶、治病、儿童教育(包括本民族德育书与儒家道德经典) 以及建屋、求雨、避风、灭火、驱虫、捉鼠等大小生活事件。部分文书还反映了瑶族特有的民族文化，如盘王崇拜，也间接反映出他们在不断迁徙的过程中对本民族文化的继承和创新。例如，慕尼黑藏瑶族歌谣集《盘王歌》，据推测属于优勉瑶。编者在整理缅甸瑶族文书时发现，这些歌谣集除了师公在盘王节祭祀盘王时朗诵，也被作为瑶族儿童的教科书使用，这是海外瑶胞为抵御文化冲击采取的策略。除此之外，部分文书记载了某些家庭中家庭成员的生卒年份、埋葬地点等信息，由此我们也可以研究瑶族的家庭关系和家族史，管窥瑶族迁徙的历程。作为宝贵的第一手资料，这些文书理应为更多民族学家、民俗学家、宗教学家等所重视。

德文版原书首次对慕尼黑所藏的这批珍稀瑶族文献进行了系统的整理、识别与归类。目前，在这些已经编目的 867 件瑶族藏品中，仅有 95 件藏品已被电子化。由于馆方将部分藏品归作同一典藏号，因此这 95 件藏品对应的仅有 69 个典藏号，它们分别是：*Cod. sin.* 147、148、152、156、168、173、227、231、232、233、246、250、345、346、347、348、349、355、358、359、361、382、393、395、399、403、427、455、466、491、495、502、509、514、517、525、531、543、544、554、573、588、590、595、599、605、608、626、627、630、631、632、639、641、700、723、750、764、767、823、828、876、974、978、990、992、993、1002、1011。在校对过程中，我们也核对了上述抄本电子数

① 参见胡起望：《论瑶传道教》，载《云南社会科学》，1994 (1)，61~69 页。

据的内容，并对原书部分错误进行了修正。瑶族文书用汉字夹杂瑶用俗字书写而成，誊抄过程中不乏漏抄、错抄的情况。德文原书在“正文起始”与“正文结尾”部分引用抄本内容时，均遵从抄本原貌，未对俗字、错字进行更改。本译本在德文原书基础上，根据可获得抄本电子数据进行了再次核对，对部分释读错误在脚注中予以修订。未作特别说明处，均遵从德文原书内容。①

我们期待《德国巴伐利亚州立图书馆藏瑶族文书》中译本的出版，能为中国瑶学研究提供一笔新材料，同时也为建立更加完善的瑶族研究国际网络、加强海内外瑶学界的沟通与合作贡献绵薄之力。

吴雅迪 执笔

① 编辑者注：在编校过程中，我们也发现一些对文书情况描述前后不一致或表述不清楚之处，因无从修改，与译校者商议后，遵从德文原书内容，保持原样。其他还有一些年代及公历时间换算等错误，除译校者特别说明外，也遵从原书。

目　录

前　言

本目录的编著起源于德国科研基金会、巴伐利亚州政府科研和艺术部及慕尼黑大学共同资助的“瑶族宗教文书”研究计划。在该项目中，我们的研究对象是由来自中国、泰国、老挝及越南并且以少数民族身份生活的族群以汉字撰写的文书，我们将这些文书视为重构其宗教传统的基础。为了展开必要的基础研究，我们对巴伐利亚州立图书馆瑶族藏品的很大一部分进行了整理。这批藏品共含 2776 本文书，是全世界最重要的馆藏之一。

这里呈现的目录包含了其中约三分之一的文书。这是一项“先锋工作”，因为这是瑶族文书目录的首次出版，目的是提供一份经得起科学标准检验的文献编目。这不仅仅体现在所包含的信息的范围上（包括书主和写主的名称），还表现在研究团队在分类上所做的努力（确定地点、日期、与具体的某项仪式相结合、与宗教门派相衔接），这些应当能够构成后续研究活动的出发点。

我代表所有为此目录做出了贡献而使其得以面世的人，在此感谢以下人员：

感谢在研究计划的不同阶段及编目工作中投入精力的：傅敏怡（Michael Friedrich，他是项目的共同发起人，其耐心有时受到了最大限度的挑战）；欧雅碧（Lucia Obi，主要负责内容及编辑上的修订）、宋馨（Shing Müller）及沙韦尔·戈茨弗莱德（Xaver Götzfried）；乌苏拉·霍勒（Ursula Holler）、蕾娜特·史蒂凡（Renate Stephan）、赖茵哈德·冯特海茵（Reinhard Vonthein）及乌塔·魏格尔特（Uta Weigelt）（他们在格式的标准化上做出了贡献，并设计出了便于读者阅读的版式）。

在资料搜集方面要感谢：苏珊娜·安舒茨（Susanne Anschütz）、约亨·布里格勒布（Jochen Briegleb）及圭多·拉穆尔斯（Guido Lammers）（德国科研基金会）；安德烈亚斯·赫尔德李希（Andreas Heldrich）及恒德利克·胡斯特（Hendrik Rust）（慕尼黑大学）；乌尔李希·赫尔莱恩（Ulrich Hörlein，巴伐利亚州政府科研和艺术部）；克丽丝塔·卡塔琳娜·法斯本德（Christa Katharina Faßbender）（她组织提供了私人启动资金，帮助购入更多瑶族文书）。

感谢提供文书、确定素材及协助手稿鉴定工作的：君特·格林波德（Günter Grönbold，在图书馆搜集数据的过程中找到了针对无法预料的实际问题的解决方案）及赫尔穆特·班沙（Helmut Bansa）、海蒂·费舍尔（Heidi Fischer）、罗尔夫·格里波（Rolf Griebel）、路易斯·卡尔（Luise Karl）、赫尔曼·雷斯基恩（Hermann Leskien）、乌尔李希·孟塔格（Ulrich Montag）（以上皆为巴伐利亚州立图书馆工作人员）。

感谢在不同程度上提供支持和建议的：邓元东、杜德桥（Glen Dudbridge）、哈尔穆特-奥特温·费斯特（Hartmut-Ortwin Feistel）、奉大春、瓦尔特劳德·格尔思滕多夫（Waltraud Gerstendörfer）、桑思·戈茨弗莱德（Sangsri Götzfried）、郝大伟（David Helliwell）、花亦芬、黄贵权、李本高、刘玉莲、马建钊、孟阔尔·阐班伦（Mongkhol Chanbamrung）、富寿顺（Ph u-Tho Thuan）、杰斯·G. 普尔瑞（Jess G. Pourret）、巴瑟·柴皮古斯特（Prasert Chaipigusit）、西蒙妮-克丽斯蒂娜·拉施曼（Simone-Christiane Raschmann）、桑克特·查隆（Somkiat Chamlong）、罗伯特·斯托珀（Robert Stolper）、孙秋云、巴伦德·简·特维尔（Barend Jan Terwiel）、特拉潘·L. 同库姆（Therapan L. Thongkum）、王智明（音译）、张有隽。

同时，对于那些重视宗教传统书写的瑶族人来说，本书搜集的资料也许亦能为他们所用。所幸19世纪末中国改革家康有为提出的创造一种人类共同的语言和文字的建议并未得到贯彻，如若真的实现了“到目前为止所使用的文字只为存档和研究而保留”的要求，那将使瑶族失去他们的视角，也将使科学变得单调乏味。

贺东劢

2003年11月6日于慕尼黑

导 论

瑶族及其宗教传统

根据中国民族志的记载，瑶族历史上有“瑶不读书，狗不耕田”这一俗语（梁瓯第 1944：56）。在他们的神话传说中，瑶族祖先被奉为盘王，是一条名为盘瓠的五色犬。他战胜了敌国的国王，作为对他的奖励，他迎娶了公主，并带着公主迁往山中生活。在那里，他们过着“刀耕火种”的生活。在中国、老挝、越南、泰国和缅甸生活的瑶族直到今天仍被视为“山地民族”，而“刀耕火种”这一术语至今仍固化性地出现在有关描述瑶族的中文文献中（例如：广西壮族自治区编辑组 1984：126）。这一概念中的火耕（der Brandrodungsfeldbau），传统上指的是通过用火将土地烧净，以便数年之后循例种植旱稻、豆类、玉米、各种蔬菜，较少情况下也种水稻。之后以家族的形式继续迁徙，寻找无人认领或必须从当地统治者那里租用的耕地。在过去的历史发展进程中，瑶族因为日益增长的人口压力等原因，不得不持续地向南部山区迁移。他们的路线从中国的湖南省——已经证实的最早生活遗址，首先到广东、广西、贵州和云南，然后是东南亚的邻国。最后因为战争的原因，又从东南亚迁徙到了法国、美国和加拿大。一些文书附加的祖先墓地列表，说明了迁徙路距离之遥远，个别家族的迁徙之路为从广西经云南到达老挝（参见 Cod. Sin. 383，412，474）。瑶族过去的历史在汉文史料中往往和“暴乱”以及随之而来的“平叛”相连（参见 Cushman 1971；吴永章 1993；邓有铭，盘福东 1993）。

“猺”是过去对该族群的蔑称。“猺”这个名字原本含反犬旁，可以确定不是为了纪念神话中的先祖而被记载下来的，这是历史上对所谓“野蛮人”通常使用的蔑称。[①] 从 1912 年中华民国建立开始，这个族群还是得到重视：人们除去反犬旁，用“人”字旁（傜）代替。1949 年中华人民共和国成立后，人们用有美玉之意的“瑶”来称呼和赞赏这一兄弟民族。目前在中国，在“瑶”概念下的人口群体可以在语言上分为以下分支，他们分别以小村落或家庭联盟的方式散居在各个定居点：

——南方大语系内的瑶语或勉语族中的优勉或称优勉土语（Youmian 或 In Mien）的使用者，在中文文献中称为“盘瑶”或者“过山瑶”。主要定居在中国广西东部和湖南南

① 20 世纪 50 年代中期开始，“瑶”一词被用作为在中国境内虽然自称及语言不同，但拥有相同的民族意识并认同于“瑶族”的民族群体的称谓。参见 Litzinger1994，2000.

部，越南北部、老挝和泰国北部，还有少数散布在中国广东和缅甸。

——瑶语或勉语族中的荆门（Jingmen 或 Kim Mun）土语的使用者，也被称为“山子瑶”或“蓝靛瑶”。主要居住在中国广西西部、云南南部、海南，老挝以及越南北部。

——瑶语或勉语族中的藻敏土语使用者，也称“排瑶”。主要居住在广东连山地区。

——侗台语族拉珈语的使用者，也称“茶山瑶”。主要居住在广西大瑶山地区。

——南方大语系内的苗语支的布瑙或布努语的使用者。主要居住在贵州、广西和越南北部。

目前可用的人口资料并不统一，[①] 但瑶族族群的人口应该在 200 万到 400 万之间。[②]

瑶族非常重视教育，并且擅长整理与保护书籍。例如，在晚清记录南方民族的含图画的写本《苗蛮图册》中，记载了雍正时期（1723—1735 年）迁往贵州的瑶族的盘瓠祭祀以及他们称为“榜簿”的书籍，上面有图画和印章，但意义不明：“祀盘瓠，家藏之书曰榜簿，传图印篆文义，不可解。”[③] 这些“榜簿”是优勉瑶最重要的文献之一，也被称为“过山榜”，然而，如果这位作者曾亲自查阅过这些文献，它们对他来说可能并不难理解，因为这些文书与几乎所有的瑶族文书一样，都是用汉字书写而成。

当然，有关瑶族的文字表达并不总是高雅的，常常是带有说教性质的：“猺人写字成好笑也”（Cod. sin. 701：39b）。不少瑶族人从童年开始从乡村教师那里接受书写和阅读教育。其中就有一篇优勉瑶的文书，推测是根据汉族的模板写的：“女针指，男读书”（Cod. sin. 456）。另一册优勉抄本的书主在 20 世纪初告诫他的后代：“留传宗枝后代人读幼时须勤学老来读书迟”（Cod. sin. 965：12a）。瑶族通过接受道德书籍，将其作为蒙书，他们肯定也采纳接受了儒家的价值观和事业观，因此有一册带有独特标题为“贤文增广”

① 中国民族年鉴编辑部（2001：484）通过 1990 年的人口普查，给出的中国境内的瑶族人口为 2137033 人。Pourret（2002：12）给出的数据为：优勉 160 万人，荆门 40 万人。Shearer，Sun（2002：80，195—197，198—199，203—207）给出下列瑶语支的人口数据：拉珈 8976 人，勉 732909 人，勉—荆 6.22 万人，优勉 41.09 万人，标曼 2.38 万人，荆门 18.73 万人，标交 4.66 万人，标敏 3.57 万人，交公勉 1.09 万人，藻敏 6.43 万人，布努 94.6 万人。Grimes（1996，2002）给出的数据是相互矛盾的：八排 6.2 万人，标勉 2.15 万人，标交 4 万人，优勉 88.4 万/49 万人，荆门 6.6 万人，拉珈 8703 人；在老挝优勉语使用人数为 6 万/3 万人，在越南是 30 万人，在泰国是 33997/3.4 万/4 万人，在法国是 2000 人，在美国是 1.6 万—2 万人，在缅甸为少数；在老挝荆门语的使用人数为 3600 人；加上优勉语在各国的人数一共为 89.2 万人，其中荆门语 20 万人，中国境内使用不同的布努语的人数为 314089 人。黄钰、黄方平（1993：2，116，202—203，280—281，316—317，342，395，404）给出的瑶族人口数据为：中国 2134013 人，越南 34.6 万人，泰国 35652 人，老挝 7000 人，缅甸 1000 人，美国 2.5 万人，加拿大 1000 人，法国 1000 人。Purnell（1991：369）给出的优勉在美国、法国和加拿大的人数一共为 1.2 万人。Chazee（1999：105）给出的在老挝的瑶族人数为 9500 人。Litzinger（1994：119）给出的瑶族人数为：越南 16.5 万人，缅甸 1.5 万人，老挝 1 万人，美国 9000 人，泰国 4 万人。Nguyen u. a.（1983：4）认为在越南生活的瑶族人数大于 20 万人，估计有 50 万人。根据语言学标准来划分族群，可参见 Cushman1971：78—79，毛宗武等 1982：5—12，黄贵权 1994a：256—257。

② 译校者注：截至 2021 年，中国瑶族人口已达 330.9341 万人，参见国家统计局官网《中国统计年鉴》数据库，http：//www. stats. gov. cn/tjsj/ndsj/2021/indexch. htm。

③ 芮逸夫 1973：图 36。译校者注：德文原书有误，查此引文的原文，“祀”和“盘”之间漏了“神”字。

的文书中警示道："家无读书子，官从何处来"（Cod. sin. 839：10a）。

除了布努语族群之外，所有的瑶族都有已知文本存在。[①] 然而，在慕尼黑的巴伐利亚州立图书馆的收藏中，到目前为止，只鉴定出了荆门和优勉的文书。这些文书大多是宗教性的，主要包含道教的内容，并被用于歌节和各种仪式，如度戒、婚礼、葬礼、还愿、医治、集体祭祀和驱邪活动。

在荆门瑶的村落中有两种不同类型的道教法师——师公和道公，他们各自拥有自己的文书传统。后者级别更高一些，负责跨地区的仪式和葬礼，且大多数得到过正统的汉族道教流派的授职。他们使用的文书大多指向道家经典《道藏》的内容，而且只在度戒仪式时被传授。[②]

许多科仪的开场白常常提及正一派。下面分别摘自1835年在云南抄写的一本文书和1904年在老挝北部抄写的一本文书的两段话说明了这一点："奉道正一醮主厶等来诣圣前念拜上香"（Cod. sin. 881：2a）；"奉道正一伸斗补粮求寿救患祈安醮主々等"（Cod. sin. 986：2a）。

在道公文书中，写主和书主经常自称为天师门派的"真门徒"（天师门下修真弟子，Cod. sin. 234：4b），但也有其他道教流派的明显印记，特别是灵宝派和神霄派。[③] 最高的崇拜神祇是玉皇、三清以及星君，尤其是北斗。

道公文库中最重要的文书类型是经[④]、由从经中摘录的段落结成的选集、特定仪式的科仪[⑤]、秘密的指示（秘语）、仪式中被呼唤的神灵的名单（神目），以及在仪式中被填写并送往阴间的文本模板（表式）。

荆门瑶中的师公作为地位较低的法师一般是度戒于梅山派的。[⑥] 他们的负责范围包括与驱鬼、还愿、治愈病人、敬拜护佑儿童的女神帝母相关的仪式，或在度戒仪式上召唤鬼兵。他们的科仪文本几乎完全由七言经文组成。虽然，他们的人数比道公少，但也同样传承着自己的秘语和表式。梅山派崇拜的最高神祇是三元[⑦]和帝母。

在优勉瑶中，宗教文书完全由师公保存，他们通常度戒于闾山教派[⑧]。与荆门瑶不同，这个族群中没有道公，因此没有醮和斋的仪式。他们的科仪（比如还愿仪式），可以是七言的唱本，也可以是由韵文、散文和仪式指令（法）组成的混合型文字。这些仪式指令对于优勉瑶而言非常重要，可以说是科仪的缩影：较短的、程式化的短语，通常带有驱邪的

---

① 参见 Obi；Müller1997，注释 12。

② 荆门瑶授职仪式参见黄贵权、李清毅 1993，黄贵权 1994b，晏红兴 1993。

③ 关于瑶族文书中的灵宝和正一，参见 Obi；Müller1997：44—45。神霄，参见曾召南 1995，卿希泰 1995 第 4 卷：183—201；Boltz1987：26—37，47—48。

④ 大多数是《道藏》的内容。

⑤ 为醮、斋和度戒而举行的科仪。

⑥ 关于梅山派，参见 Obi，Mueller1997：45 注释 25、26。

⑦ 指唐、葛、周三位元帅。

⑧ 关于闾山，参见 Obi，Mueller 1997：45 注释 24、26；叶明生 1997：46—90。

功用，在文书中与表式、咒、符、罡步图和七言短歌混合在一起。

优勉瑶崇拜的最高神祇是瑶族的神话祖先盘王①以及太上老君。一些优勉瑶族群，尤其是广西北部和湖南南部的瑶族，受梅山派的影响也很明显。那里的法师们强调，他们度戒于闾山派和梅山派（授闾梅二教之法，Cod. sin. 966：1a），并认为二者都源于北极驱邪院（北极驱邪院川通闾梅二教，Cod. sin. 285：24a）。此“院”是道教天心派的最高权威机构，天心派在宋代时广泛传布于中国南方。②

巴伐利亚州立图书馆的藏品

巴伐利亚州立图书馆的瑶族藏品目前有 2776 件。按照购买的顺序，第一批有 867 件（编号 Cod. sin. 147—1045），也是本目录所包含的内容，其中包括 1 个优勉瑶法师的冠饰（神厄）、9 个荆门师公传统（派）的纸面具（神头）、2 个优勉瑶法师的闾山派印章、13 件荆门刺绣巾和若干件优勉瑶的彩绘方巾。

在已整理好的文书中，约有 350 本属于优勉瑶，500 本属于荆门瑶。荆门瑶抄本中有 350 本属于道公派，100 本属于师公派，另有 10 本明显地被师道两派共同使用，还有 40 本剩余的荆门瑶文书中的一部分无法准确地判定其流派归属，但可以肯定其中有一部分也是为师道两派所共用。

荆门瑶所有的文书中只有 2 件来源于汉族，而优勉瑶文书中却有 15 件，目前尚不清楚它们是否是从外来复制模板誊抄而来，还是仅仅变更了所有者。③

荆门瑶道公派（Traditon）的文书

科　仪

荆门瑶道公的大型“正统”科仪，和汉族的道教传统一样，包括为生者祈福的社区性的祭祀仪式（醮）的科仪、为逝者举办的仪式（斋）和授职仪式的科仪（度戒）。

在醮和斋的仪式进行之前，需要一个特别的启奏礼（《符吏科》《帖简科》《宿启科》或者《关告科》）④，目的是告知被邀请的神祇和祖先各自的活动。大型醮仪的各个部分也有自己的科仪文本，经常一起装订在一个抄本（Kodex）中。这些仪式主要涉及建立和净化祭坛（敕坛和净坛）、邀请和恭送神祇和祖先（会圣和送神）、奉献祭品（献十贡

---

① 通常会被认为是汉族文化中的英雄盘古。译校者注：此说值得商榷，学界对“盘瓠”与“盘古”的关系争议较大。

② 但在明代，该教派已由于逐渐融入占上风的正一派而消失了踪迹。关于天心派，参见 Obi，Mueller 1997：45 注释 26；Strickmann1982。

③ 大约有 25 件来源于汉族的文书，没有迹象表明它们与瑶族有关。

④ 译校者注：括号内文本为启奏礼的科仪文本。

[供]）以及向天庭发送文书（飞章）。仪式中被呼唤或受邀的神灵的列表（神目）很常见。有时这种列表被分开装帧，并以“神目科”之名被视为独立的科仪。

醮的仪式中最常见的科仪《谢雷境水科》用于献祭雷神、土地神和水神。它们通常被装帧在一个抄本中，没有明确的段落，或者在没有明确分段的情况下直接写在一起。此外还有许多涉及延年的文本，包括《单时科》《延生土府科三时科》《伸斗科》《告斗科》《二宫科》和《二三宫科》。

然而，大多数科仪都涉及斋仪，与死亡有关，特别是举办葬礼、护送亡者灵魂、赎罪，还有在葬礼时期的各种行为以及祭祀阎王、解救并超度地狱中的亡者。它们有不同的标题，如“绕棺科”“沐浴谢王化依科”“释服科”“破狱科”“十王歌”“迓王科”“喃灵科”“演朝十方忏悔科”。此外应特别指出的是，师公或者道公法师有自己的葬礼科仪文本：《师家送终》和《羽化三夜科》。

醮、斋之外，度戒仪式构成了“大型”科仪文本的第三来源。经常规律性重复出现的标题有“道公开解科”“天师法”“开解”“初真科”“天师戒度科”或“新恩科”。[①] 与汉族道教传统不同，瑶族的度戒仪式是为村中的所有年轻男性统一举办的。这不仅是他们成人生活的开始，同时也能借此获得宗教上的地位，有权执行简单的仪式并拥用法名。

经

在“大型”的道公仪式中诵读道教中的经典经文是不可或缺的。几乎所有的经文都是分开装帧并由书写熟练的写主抄写。最常见的是《度人经》[②] 和《玉皇经》，较为常见的还有对经典经文加以摘录并汇集成册的《诸品经》或《尊典经》等。

秘 语

约有220件收藏品属于其中最常见的文书类型，即所谓的“秘语”。这些秘语只能传授给已经受戒的人，并且有许多补充，如对多数以隐晦方式书写而成的科仪文书的具体说明。其中约140件属于道公派，40件属于师公派。在另外约40件藏品中可以看到师道两派的交织，也就是说这些文书被在两派中都度过戒的法师所使用过。这些秘语包括《受戒秘语》《道教受戒秘语》《初真受戒秘语》《安龙秘语》和《救患秘语》。[③] 与道公科仪直接相关的秘语包含以下文本：《清醮秘语》《斋亡秘语》《修斋治邙行丧秘语》《斋醮秘语》《道公受戒秘语》《天师受戒秘语》和《道教受戒》。有一件孤品上有《太上老君秘

---

① 特别指出的是，有一本科仪文本用于同时举办的道教（道公及师公）与佛教度戒仪式（《道教师教僧教新文科》；Cod. sin. 265）。

② 在《道藏》中位列第一。

③ 《安龙科》和《救患科》明显两派的法师都使用。《安龙科》在中国各地有不同的表现形式。参见 Obi，Mueller1997：59 注释 67。

语》。太上老君是闾山派最重要的神祇，而荆门瑶通常不在这一派别中受戒。

秘语并不是总是对相应科仪的解释和补充。巴伐利亚州立图书馆藏品中的这一文书类型通常涉及死亡仪式，明显与斋仪无关，如《丧家秘语》《送之法》《孝服之法》《度亡秘语》《大邙秘法》和《诸伤治邙秘语》。在安抚死于麻风病的死者的仪式中则使用了《麻风秘语》。另外，还有一种很常见的是不同用途的秘语形成的集子，如《小百解》《杂百解》《诸百解》《百解秘语》或者《杂百解秘语》。

荆门瑶师公派（Traditon）的文书

荆门瑶师公科仪文本几乎全部由七言组成，用于还愿、敬拜各种神祇和祖先以及度戒仪式。从文书的使用频率上讲，主要有和守护幼儿的女神有关的《红楼伴座科》《洪恩大会科》《南堂科》《桥台大会科》，以及与祖先神盘王有关的《贺盘科》《大盘王书》《盘王歌》《盘王大路歌》《盘皇桥台歌》《巫门救患鬼脚科》。《招兵科》和《二霄功曹科》用于召集阴兵天将对抗恶鬼，而《开山科》[①] 则用于修筑通往阴间的桥梁。

《川光科》《受戒川光科》《师公受戒科》《三元部表唱》《部表九夷三元唱科》是梅山派度戒仪式中的科仪文本。

《红楼秘语》或者《洪恩秘语》是典型的师公派秘语，是对相应科仪的补充。《救患秘语》被认为可能是对《救患科》的补充，在师公文库中占有特殊地位，因为它不像通常那样全部用七言创作，而是在形式上与道公派极为相似。[②]

优勉瑶师公派（Traditon）的文书

最重要的科仪与感恩仪式有关（还愿、良愿或元盆），这些仪式也使用于闾山派的度戒仪式中，其文本可以是用七言的形式书写（如《开坛书》），但也常以不加标题的散文或混合文本的形式呈现，即韵文歌与散文段落、咒和法相交替。其特点体现于开头的惯用语，如“说说踏上圣前”或者“说说行罡三步”。

在还盘王愿的仪式中要唱诵《盘王歌》，它是优勉瑶的主要文书之一，同样用七言文式写成，讲述的是瑶族的历史。

此外，神话与历史交织的文本《评皇券牒》被认为是优勉瑶最重要的文书。除了有对于神话中盘瓠犬祖的叙述之外，通常还有卷轴形式的《过山榜》手抄副本。其原文模板据说是在 1260 年由中国皇帝授予瑶族的，保证他们自由迁徙、免除税收和徭役等特权（参见李本高 1995，黄钰 1990，过山榜编辑组 1984）。

---

① 木匠的始祖鲁班是其中重要的角色。

② 在某个实例中，《救患秘语》也被道公法师使用。

法

属于闾山派的文书无一例外都与那些通常被称为“小法”的仪式有关。内容主要是关于治疗、丧葬、超度、造船架桥、驱邪和祭祖，以及闾山派为所有年轻男性统一度戒的“挂灯”仪式。[①] 这些内容大部分写在开本较小的抄本里，有标题，如“法书”“叫天书”“设鬼书”“捉鬼书”或者“地狱书”。以“秘语”为标题的文书形式在优勉瑶中显然是不存在的。

表 式

优勉瑶的表式在藏品中共有50件之多。表式在仪式中由法师誊抄、填写，并通过焚烧的方式寄送到另一个世界。它们通常简称为“疏书”或“样书”，常常只包含用于特殊仪式或者特定目的的模板，如《加职阴阳二据》用于度戒仪式，《开光疏书》用于开光，《招魂牒了》用于丧礼，《超度表引疏》用于超度亡灵，《收邪师黄表》用于收服道教中那些旁门左道的法师，《架桥疏》用于建立通往阴间的桥梁，《又到求财大疏》用于祈求获得财富。[②]

不属于道教范畴的文书

虽然拥有特定的道教文书，以及在某个道教流派中度戒表明其隶属于瑶这个大整体下依语言和空间定义的某个单元，如闾山派对应优勉瑶，梅山派和正一派对应荆门瑶，但这两个群体的藏品中均有一些非道教文书。

这些文书包括星相手册（《通书》《杂良书》《日用通书》）、表（《占天龙之书》《又论太岁日》《占财》）、堪舆书籍（《定地书》）、使用各种辅助工具进行占卜的指南（《钱卦书》《神签书》或者《观音求筶书》）、寻找合适配偶的说明（《和盆》《合婚通书》）和“改善”不良八字的预言（《关煞百中经》）。《总历书》一般被优勉瑶所用，荆门瑶的占卜有自己的文书类型（《开挂堂秘语》），其与一种特殊的培训有关。(参见黄贵权 1994c：87—88)

除荆门瑶的《古今字》以外，所有教导伦理规范和言行的蒙书都来自优勉瑶。以儒家价值观为准绳的蒙书《贤文增广》《增广贤文》《千字文书》和《天下文章破理明》(《破理书》）等，都以汉族儿童教育所用书籍为底本。有类似范本作用的还有民国时期的教科

① 关于优勉瑶度戒仪式，参见张劲松 1993，张劲松、赵群 1996。

② 在荆门瑶藏品中，属于道公的这类文书只有10件，如《牒式》《表疏》《道门诸事》《道教书式》《诸章格式》等；属于师公的只有2件，即《帝母表》《表式》。对应的在仪式中有类似用途的符集在荆门道公（《部命符》）和优勉（《灵符法》）中各只有1份。

书《第一课开学了》(Cod. sin. 565)、《中国发明的国语第二册》(Cod. sin. 970)。针对大龄儿童的有出自经典《论语》《中庸》或《孟子》的节选。有时，这些文章被收录在小型的文集(《九经书》)中。

《百家姓》用于汉字的学习，还有为便于记忆而用六言或四言写成的小型识字书《六言杂字》(《六言人》)和《四言杂字》。除了面向初学者的识字书《全家贵宝》《杂字》《传家杂字》《小字窠》《初学正文》《书科》外，还有更高级的用于研习儒家经典的工具书《四书正文》《四书字》。

独立装帧的家谱在巴伐利亚国立图书馆藏品中仅有两份，都来自优勉瑶盘姓家族：《盘家家先单》和《盘法盖家先》。但是在一份荆门瑶的抄本(Cod. sin. 605)中附有《李家宗枝图》。通常在抄本空白的前衬页或后衬页处会找到具有谱系性质的记录，或是具有类似功能的祖先墓址的列表。

严格意义上的医书只有一册——《仙传痘疹奇书》，书主是19世纪的一位汉族医生，记录了各种痘疹的症状和治疗方式。各种较短的、通常残缺不全的文本(如《看病书》《赦病表书》《救病表书》)多数是占卜书，用来帮助人们确定病因和治疗方法，或者与在治疗仪式中所使用的表式和符有关。

欧雅碧

读者须知

1. 书本规格

横幅卷轴（Querrollen）原本只用于以“评皇券牒”或“过山榜”为题撰写的文书。但在晚些时候，越来越多常包含大量绘画的其他内容也被写在这种形式的文书上，并常以纺织品为衬底。这让人不禁产生这样的印象，那就是这种制作方法是特别为了迎合“市场”而出现的。这些由桑皮纸折页黏合在一起形成的卷轴，大部分由一条中轴线切分为两个上下相对的纵向书写区域。藏品中最长的卷轴长约 9 米（Cod. sin. 700）。

大多数文书遵循中国的书本规格，由中间折叠、单面供书写的纸张构成，这些纸张在打开的单口一侧被装订在一起。就连一本欧洲笔记本中的一页（Cod. sin. 968）和一份美国爱心包裹①的包装纸（Cod. sin. 156）也按照这样的装订法来使用。按照惯例，书芯根据装订情况和书写内容在天头、地脚处被裁剪，在此过程中，旁注、页码及某一列的首尾字常被殃及。和欧洲书本相反，“切口”（Schnitt）只是在书的天头和地脚，“版口”（Falz）不是在装订区域，而是在书芯内含页相叠的页面上。

在那些直到最后一次装帧都只是暂时由以竖着折叠搓捻而成的纸捻线穿过书边捆扎②且未被裁剪的文书中，常可看到其上端保留了手工纸不规则的边缘。这表明制作文书使用的通常是半张被横着裁成两半的手工纸，而且制纸所用脱水筛曾有标准化或者大体通用的尺寸。如同明清时期的印本，大部分早期瑶族文书有固定的规格。与东南亚那些晚期的文书变体（包括那些极小或极窄的小册子）相反，早期文书的常规尺寸为 25 厘米×18 厘米至 20 厘米×14 厘米，比清印本的常规尺寸 20 厘米×13 厘米还要稍大些（目录中给出的测量数据指的是文书的高度和宽度，即最大的外轮廓尺寸，取整到 0.5 厘米）。如同印本一样，纵页亦更受青睐，其宽度大概是长度的三分之二。在个别情况下，早期荆门瑶道公派文书的规格与此有出入，它们几乎是正方形的。

---

① 译校者注：爱心包裹（CARE-Paket），即二战结束后美国向欧洲运送的食品包裹。CARE（美国向欧洲汇款合作社，Cooperative for American Remittances to Europe 的缩写）是发起这项活动的组织。

② 即毛装法。

2. 折页计数

我们应当避免在描述东亚书籍时常使用“双页”（Doppelblatt）概念（参见 Helliwell 1998：43）。这一概念指涉的其实差不多仅是从中间折叠，在单口一侧装订的折页。这样的折页一般不是正反两面（recto-und verso-Seiten）都被书写，而是只有正面页被书写。但在这本目录中，“双页”指的是两张被叠放在一起装订的折页，这样的方式大概是为了加厚封页（Deckblatt）、前衬页（Vorsatzblatt）或后衬页（Nachsatzblatt）。经常可以观察到的情况是，人们喜欢用尺寸大一倍的纸张折叠两次来做封页，下端边缘多余的折线会在裁剪的过程中去除。如果拆开侧面的版口，就会出现一张中间对折的折页以及两个单页，这些单页通常后来才被用来书写题记（Kolophon）、补遗（Nachtrag）或其他文书。因此，对页面进行编码时不可避免地会出现问题。如果尚能辨识出是这样被拆开的“双页”，那么它将被视为一个整体来计数。

写主有时自己会对折页进行计数，但从不对单张页面进行计数。[①] 对应在目录里出现的描述是“fol. 1a”和“fol. 1b”。如果它们在版口处被撕开或者被剪开，并在内页写有文字，那么它们将被记为“1av”（1a 的反页）和“1bv”（1b 的反页）。

页码并非像在欧洲一样书写在天头或地脚的中间，而是被隐藏在了装订区域，更确切地说是在装订的边缘处。这样一来，只有在装订松散的时候折页编码才可见，但多数时候它都在裁剪书芯的过程中成为牺牲品。绝大多数的页码都不是用常见的中文数字，而是根据不同的“防伪”符号系统来编排。与西方惯例不同，这绝非是为了便于引用一篇文章或便于找到某些字段（参见 Schneider 1999：158）。也许它在装订时被用作查找纸张正确顺序的线索，并方便计算写主的报酬。只在极少的晚期文献中，页码被放在了清晰可见的地方，且常常用阿拉伯数字书写。写主常常写下那些写有文字的纸张的数量，少数情况下也记录下了它们的价格。1902 年前后，抄写一份含 17 张折页的文书所得报酬为 8 个铜板：“十七遍八钱”（Cod. sin. 513：19a）。

一般折页编码从正文的第一张折页计起，而前衬页、后衬页、标题页以及没有完全写满的纸张在通常情况下都不计数。偶尔在比较厚的文书以及大多数把若干文书补装在一起的文献里，才会对其中的每篇文章单独进行折页计数。然而，因为折页不始终按照页码顺序进行装订，页码又不再可见，也由于一些折页已散佚，而后来写的前衬页、后衬页和封皮又不再能与正文区分开来，所以当前这本目录所计折页页码仅依据现存折页的顺序，以保证系统整理的一致性。

---

① 译校者注：对折页进行计数的方法，是将书中一张对折的纸视为一个整体，两面都共享一个号码，仅在号码后附加一个符号以示区分。对页面的计数方法就是今天常用的页码标识法，即每一面被视为一个单位，有独立的一个号码。

3. 纸张

在部分瑶族文书的题记内，书主和写主[1]旁边有时也会给出纸张的捐赠人姓名（Cod. sin. 1039：32b）。还会出现这样的情况，那就是书写补遗的写主会表明纸张不足，他必须另添两张折页（Cod. Sin. 1039：1a）。在一份插入的记录中就很仔细地写下了某位名为李云镇的人，从一位叫李经阳的人那里借了一张大平纸："李云镇借李经阳大平纸正足"（Cod. Sin. 572：24a）。这样的文字内容反映了在瑶族社会中，纸是珍贵的物品。

巴伐利亚州立图书馆图书修复研究院（Institut für Buchrestaurierung der Bayerischen Staatsbibliothek）分析了一批馆藏有代表性的文书。结合其得出的研究结果以及民族志的描述，文书使用的纸张主要有以下两种：（1）由构树（二名法：Broussonetia papyrifera L.）提取出的韧皮纤维制成的软而柔韧的纸张，在此目录中简称为"桑皮纸"（Maulbeerpapier）。（2）由一般以竹子为主的草类纤维纸浆制成的更脆且粗糙的纸张，简称为"竹纸"（Bambuspapier）。

后者尤其存在于晚期的文书以及大部分优勉瑶文书中。不同地域制作这种纸张需要的功夫及工时有所不同，一般可长至数月，但其最重要的处理步骤都是相似的。先剥掉当作原料使用的一年生竹笋的绿色表皮，再清洗韧皮，并把它放在浓度极高的石灰液中使其软化。在历经多次添加碳酸钾清洗与烧煮的工序后，把纤维捣碎或磨碎成泥状，然后在一个槽内和水以及从植物中提取的汁液一起搅拌。不同地区所用的植物有所不同。通过搅拌可以保证各种成分分布均匀，对纸张"施胶"（Leimung）[2]，并提高其"书写强度"（Schreibfestigkeit）。最后将纸浆抄进绷着布的框[3]内，再把这样形成的初成纸张仍置于这个筛子上放在太阳下晒干。纸上对应的织物印痕就是在这些工序下产生的（参见 Chazet 1999：270–271、279；Pourret2002：507–508）。

早期文书及几乎所有荆门瑶道公派文书用的都是掺入了一部分稻草的桑树韧皮纤维做的纸。因此产生的独特之处在于纸上有一条条间距仅数毫米的平行的横条纹，这些横纹会随着时间的推移和纸损耗程度的加深而愈加清晰可见。它们是用竹筛荡料入帘时留下的。在该过程中无需额外添加施胶物质，因为桑树皮乳汁管里的黏汁已起到黏着作用。将湿的纸张立即从竹筛上剥下，一张张堆叠起来，再用板子压紧，直至水分脱除，然后才可以把它们涂抹在炉子上烘干。这种炉子是专为造纸砌成的，建有平滑的砖墙。桑皮纸通常情况下产自汉族聚居区，可能通过在瑶族聚居区走街串巷的"流动职业写主"（fahrende Berufsschreiber）被传播开来。正如从不同文书（Cod. sin. 446：2a；Cod. sin. 304：41b）的内容

① 译校者注："书主"即瑶族文书的所有者，"写主"即负责抄写文书之人。

② 译校者注：施胶是造纸工序中增强纸对水溶液的抗渗透性和防扩散性的一道流程。

③ 译校者注：该工具名为"抄纸帘"，即造纸时使用的脱水筛。

推断出来的那样，来自广东的纸张因为特别“白”而名声大振，曾最受青睐。[①]

4. 装订

瑶族文书的订线并非穿过单张折页或书帖[②]（Lagen）上的折叠线，然后在订口处把它们装订成一个书芯，而是穿过整个书芯。因此在描述东亚书籍时常用的“线装”（Fadenbinding）这一概念不适用，此目录避免使用该词。特别符合早期瑶族文献的“经典”线装法是将订线穿过书边，在四五个地方穿过书背。但这并不是写主或书籍制作者所为，而是由之后的书主所为，是他们对这些自己图书馆里的文献统一进行的装订及裁剪。[③] 大部分只是先用竖着折叠搓捻而成的纸捻线进行了“毛装”（Interimsheftung），之后再进行线装，但并不去除这些纸捻线。与之相反的是，晚期文书或来自中国南部邻国的文书通常情况下有超过五处穿过书背的订线，另外常常还配有一个小环，以便挂在家庭神龛上（参见 Pourret 2002：53，图 87）。瑶族文书的装订与常见的东亚书籍装订方式一样，都是只在书芯的右侧装订，只有在与此有出入时才会附上一份相应说明。最常用的装订法术语如下所示：

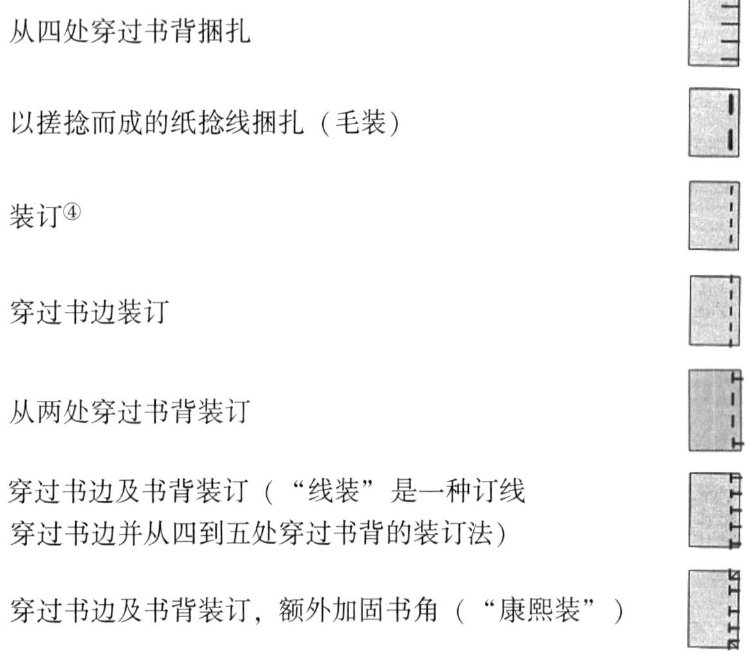

---

① 关于造纸法参见：费孝通 1948；Santesson1940；Needham1985；Harders-Steinhäuser/Jayme1963；中国科学院自然科学史研究所 1987。

② 译校者注：书帖指的是装订过程中在纸张折叠后，将数页纸张按顺序配页成套组合起来的一沓纸的总称。

③ 参见：池上幸治郎/Stephan1986；Martinique1983。

④ 译校者注：如图所展示的那样，此处的“装订”（geheftet）实际指涉的是订线只穿过书边，不穿过书背，且订线不越过书边两端的装订法，订线在书边和书背处均不交叉。该装订法在原书目录正文中通常写为“穿过书边装订”（seitlich geheftet）。为避免产生歧义，在目录正文部分，该装订法统一翻译为“边订（不交叉）”。

5. 书衣样式

瑶族文书在通常情况下和大多数东亚书籍一样，在一侧装订纸质封面，但没有“书背”（Buchrücken）。罩住书背部分的书皮或布制函套差不多总是暗示着该文书来自中国以外的地区，或者是新装订的。在此目录中使用的“书衣”（Einband）概念指的是“保护壳”（Schutzdecke）的任意一种形式，“封页”“前衬页”和“后衬页”抑或“正文页”（Textblatt）无法每次都被严格区分开来。

早期文书的书壳通常由较厚的纸张或数层染成深棕色或者浸渍过的纸粘贴在一起制成。这些被粘贴、染色或浸渍的纸张在晾晒工序中经常同时形成筛子印痕，我们无法确定这样的印痕是否是有意为之。除此之外，我们发现了将二次利用的其他材料制成书衣的情况：有的文书内有其他瑶族文书的标题页或已经书写过的纸张（常常被粘贴在一起、被倒置装订或在版口处被撕开）（Cod. sin. 779）；有的文书内有卷轴画的一部分（Cod. sin. 1015）；有的文书内有印刷品的纸张，如中国雕版印刷品、泰国杂志等（Cod. sin. 502、346）；有的文书内有当时老挝法国殖民管理局的表格（Cod. sin. 818）；有的文书内有云南或老挝北部当地官府的公函（Cod. sin. 994）；有的文书内有用傣仂语书写的包含佛教内容的册页（Cod. sin. 819、994）；极少文书内还有干燥处理过的兽皮（Cod. sin. 874）。

6. 书写区域

文书书写方向与传统的汉文古籍写本和印本一样，是在纵列内从上到下、从右往左书写。只有在横幅卷轴和附录、列表（罗列了包括仪式经费、举行的仪式、祖先姓名及墓址等内容）以及内容提要中，才会出现位于纸张上半页或下半页的特别书写区域。若是在含绘画的化解不祥命理[①]的卦书（Cod. sin. 346）中也出现了特别书写区域，则是因为被其用作模本的中国印刷品（Cod. sin. 502）上已经存在这样的书写区域。词汇列表通常被编为两列：以稍小字书写的注释靠在正文稍右的位置（Cod. sin. 168）。[②] 这种方法也在为仪式科仪文书做注或说明时使用。

早期瑶族文书并没有一个用于标明书写区域的系统。只是偶尔会为了隔开版面在天头处画上明显的线，在更少的情况下会按照韵律用一条线在页面正中将一列文字划分成两个七言诗句。只在一些晚期文书，尤其是孩子上课用的教科书、占星用的示意图以及卦表中，会把书写区域打上行线或者小格子。在一个文本中，字没有写在行线与行线之间，而是完全写在了行线上（Cod. sin. 990）。

很显然，在书写区域的底下放置模子“打暗线”（Blindlinierung）的办法很受欢迎。

---

① 译校者注：此处具体是指“关”“煞”或“害”等对命运产生的影响。

② 译校者注：即词汇以大字书写，位于一列，而对某词的注释则以稍小的字写在该词右边。

有时还能在纸张之间找到嵌在里面的模子，在一本书里模子甚至被一起装订在了里面（Cod. sin. 200）。[①] 如果模子上额外还有横线（Cod. sin. 812），那么就能像大部分中国雕版印刷品一样，每行字数都相同。[②] 有时会将纸在书写前竖着折叠数次，这样就形成了一条条“立体”的暗线（Cod. sin. 167、257、629）。

7. 书写与口传

根据教科书、词典还有写在前后衬页和其他空白处的大量草稿，我们可以推断出瑶族在新中国汉语教育政策普及之前学习汉语的情况。小男孩和男青年在度戒仪式之前必须抄写他们老师文书中的仪式文献，这些文献他们会在将来用到。这样一来，大部分人至少具备初级汉字识字能力，特别是如果他们属于道公派的话。

即便如此，大量瑶族文书还是由包括汉族人在内的职业写主抄写或者根据口述被记录下来。有一位海南文昌的韩连准就曾根据古书抄录了一篇文献（“依古抄成存读”；Cod. sin. 366：21a）。而相反的，来自广西的潘治农则根据口传缀字成文（“依口代笔”；Cod. sin. 631：10b、28a、57）。

书衣、标题页或文中空白处关于职业写主的信息不少，大部分文书都有的题记就包括了结尾语、标题和日期、谦辞、对读者的期许、持有说明以及关于写主的信息。

在一篇典型的包含了必不可少的谦辞的文献中，写主李朝杨为自己因老眼昏花导致文书 28 张折页的字写得很差道歉（“氏毕李朝杨年当五十岁眼蒙字不正。正字廿八遍”；Cod. sin. 693：3a）。类似的还有那些用“出版社章”[③]（Verlagssiegel）来强调自己的专业性的人，他们的态度也相当谨慎（Cod. sin. 423、424、459、652）。

几乎只有职业写主标明了自己的籍贯：他们大都来自广西，却有大部分在邻省云南为委托人工作。另外，就像文书书主一样，他们也喜欢用化名，这些化名背后隐藏着一个非常复杂的代号系统（Cod. sin. 317：1b、11b；Cod. sin. 335：书衣，fol. 1a、26b、27b）。

写主的报酬是按照写满的折页数去除标题页和前后衬页支付的。在 19 世纪左右的越南北部，完成一份 67 张折页的瑶族文书的报酬为 1 两白银、3 块铜板以及 3 块零钱[④]（Cod. sin. 398：62b）。

---

① 译校者注：该模子被装订在第一张折页中（Cod. sin. 200：fol. 1），与该文书其他折页相同，也由一张桑皮纸制成。纸上有毛笔绘的行线，共有上下两个区域，每个区域内有 7 列 7 行，即 49 个长方形的小格子。观察被书写的折页可以发现，写主在书写时将该模子放置在要书写的页面底下，把字写在这些小格子内。

② 译校者注：一般模板上只有竖线，若亦绘有横线，则形成一个个整齐排列的小格子，可写出每列每行字数相同的非常规整的版面。

③ 译校者注：如 Cod. sin. 423、424 中写主的印信铭文为“可世堂”。

④ 译校者注：此处与文书原文有出入，原文为“此书共计六十七篇，此取手工银壹两贰加［?］三分”（Cod. sin. 398:62b）。

文书的传抄也不是无偿的。比如 1912 年抄写一份“秘语”不仅需支付 6 块铜钱，还需要向写主提供膳食。就算是申请人自己抄写，也需要支付 3 块铜钱（Cod. sin. 948：30b）。我们来比较一下，1837 年抄写一份类似的母本需要支付价值 3 两白银 6 块铜板的酒和肉，而口传需要支付 1 两白银 2 块铜板（Cod. sin. 1042：18a）。[①] 所耗费时间的记录也能在少量文书中找到，如 1837 年一个写主 4 天可以写 75 张纸（Cod. sin. 631：1a）。

文书不能被随意转手。题记里经常警告道，文书不得转让给未被授权者，即不能随意传给同一道家学派的度戒者（Cod. sin. 588：20a）。同时，文书也不得遗失（Cod. sin. 658：68a），原书主的名字被登记在书中，在借阅完毕之后必须物归原主（Cod. sin. 741：35a）。有这样一些类似诅咒的警告：它们警告不守规矩的文书商家将会在未来变得一穷二白（Cod. sin. 378：书衣），而无良的文书偷窃者会遭遇极大的灾祸（“无心偷去返师大凶谨”：Cod. sin. 1045：40b）。在第一种情况下还有用伪梵文书写的神秘文字来加重诅咒。

8. 持有说明

几乎所有文书都附有持有说明。大部分文书的书衣、标题页或题记上依次记有多个继承者或买主的姓名。通常也会同时记录传度人（Traditionsübermittler）的名字（传度人，即提供文书或抄本许可、在必要的情况下亦提供抄写服务的人，有些是有偿的，有些是无偿的）。文书持有人被记作“书主”“置主”或“东主”，他们的法名亦被登记在后，法名是他们在度戒仪式上被授予的，与特定的道家流派和师公、道公的传统有关。这也为区分不同瑶族的分支提供了可能：道公派法名如“道”“玄”“妙”和梅山教师公派法名如“胜”都来自荆门瑶；而闾山教以优勉瑶为主的信徒则只使用法名“法”和“郎”。

女性差不多只被记录在被装订进文书内的小型家谱中，她们在其丈夫的度戒仪式中获得法名（荆门瑶为“氏”，优勉瑶为“氏者”或“娘”）。

9. 标题

标题一般写在书衣或一张背后留白的折页上，这样的折页通常为双层纸。除此之外还写有书主、传度人和书主的名字及成书日期或“交付”（Übergabe）日期，常常还附有对后代的题词。

为方便读者找到文书标题，此目录中的标题附加信息用圆括号括起，并且没有纳入索引。如果标题已佚，但文献可以通过其他办法识别，则将相应的说明置于方括号内。

10. 日期及地点

约三分之二的文书注明了日期，日期一般写在标题页或题记中，也出现在表式和附录

① 这样的信息全都来自秘语。

（内容包括借贷信息、举行的度戒仪式、家庭成员的出生日期或小型家谱）中。如果这些对应信息没有其他附注的话，我们直接把它们录入到目录中，但并不始终精确按照时间顺序对这些文书进行排序。日期基本上都以干支循环纪年法、皇帝年号和农历来记录。虽然1911年公历已经被官方接受，这样的纪年方式仍然被保留至今日，因为在宗教领域，传统农历仍占优先地位。关于月份存在着不同的命名系统，除了著名的中国六十甲子循环以外还有另一个循环（“三元”），该循环周期长达180年。慕尼黑藏品中最早的一份文书日期是1720年，大约三分之二成书于19世纪，最晚的成书于1980年。

成书地点的记录则并不常见，只有职业写主乐于留下他们的籍贯。在目录中我们尽量对目录中的地点按照地域分类整理。地名一般出现在打醮仪式的开头，用于告知仪式委托人所请的神灵，但做斋仪式的开头很少，在卦书和秘语中则完全没有。而在附录中，比如在祖先墓地列表（Cod. sin. 474：28a–31b）或仪式举办地列表中都能找到地名，还有更多的地名被记载在表式里，这些表式在优勉瑶文书中应该都能找到。在表式中，地名常被留白，在仪式进行时才需要填写，但有时会写他们能够预料到的市名或省名，例如“大清国”“云南道”“南掌国”（老挝北部）或“暹罗道”。有时表式中也会有详细的具体到最小地理单位的地点信息，如“大清国云南道临安府建水县孟校青山王下龙江滩边村”（Cod. sin. 1015：1a）。

很大一部分没有地点信息的文书也都能按照地域分类。巴伐利亚州立图书馆的大部分早期文书很有可能来自云南，较少的来自广西、广东、贵州或越南北部，而很多晚期文书则来自老挝和泰国。

11. 转写

在文献里我们经常可以找到用汉文、老挝文或泰文写的注释，它们大部分出自后来的书主之手，内容不仅包括汉字的释义和发音，还包括科仪动作说明。通过这些注释以及其他草稿，我们可以找到其成书地域的线索，至少是文书短时间内被使用过的地域。就连部分文献的读法也能通过同音汉字或注音展现出来。比如一份文书（Cod. sin. 1000）中有用优勉瑶官方的拉丁字母转写法①书写的对文字的注音。但它能反映的并不是那些字的优勉瑶语读音，而是其汉语的变音读法。这一论断可以从民族志文献中得到印证（参见黄贵权1994：202–203），同时这也是为什么在文书内容极其不统一的情况下，此目录使用了中华人民共和国官方的转写法——拼音的原因，即便这些文书肯定不是用普通话朗读的。

① 译校者注：指20世纪80年代针对优勉语创制的瑶文统一方案。

对文书的转写我们按照分写①（Getrenntschreibung）、小写的规则，只有第一个音节的首字母大写。但为了领会内容，所有专业术语的拼音都小写并且合写（Zusammenschreibung），用斜体，另附汉字于后。而例外的是那些频繁用到的概念如“斋”“醮”“师公”“道公”，即年号和道家流派的词汇，这些要首字母大写、合写，但是无需后附汉字。人名需首字母大写、分写，地名需首字母大写、合写，即便是在汉语圈以外未被识别的地点也需用拼音转写。

12. 句读、校勘及特殊写法

在大多数正文中，段与段通过加小标题和特定的惯用语被划分开来，比如“又到”“又论”和“重集”。另外用红笔画的装饰性的元素也起到视觉性划分书写区域的作用，这些元素有角、火焰、环形、飘带、星宿标志、符以及艺术字等。

为正文作句读通常参照的是修辞学的标准，少数情况下参照句法学标准。红点类似句号，常被用于划分格律韵脚和突出标明特定段落的重要性。一片较大的留白时常也可替代标明韵脚的红点。师公派文书把两个七言体的句子用页面中间留出的空白隔开。但奇怪的是，有些情况下非师公派的其他文书会模仿师公派的这种句读法，但这些文书里这样的划分并未参照修辞学或格律学的划分法。小的圆圈也像点一样用作句号，叠字符号记为“々”，汉字“厶”或“某”则用来标记未填写的部分，在朗读和抄写文书时必须填写。波浪号用作缩写记号，被放在句末，表示不确定长度的段落，在诵读时必须有所补充。多数或直或波浪式或锯齿式的红线标记的是韵脚组，或有相同韵脚或相同结尾方式的行列。如果一个字被红圈圈上，说明该字被重点突出，如果在上面画有螺旋式的形状，则是将该字变为符（Talisman）。书主或写主的姓名都会以红色书写，以便与正文区分开来，在少数情况下甚至整篇题记都用红色书写。

除了文书中业已存在的句读标记，本目录中还使用缩进和留白（位于韵脚，标题、小标题之后，跋与题记之前等）表示句号。为了方便读者，我们把“正文起始”和“正文结尾”两栏根据句意标明句读。

校勘记号容易被看漏或错解。遗漏之处被补充在列与列之间的区域；换位记号如“上”“下”“レ”“ノ”“ソ”“ハ”或其他线条、勾，则一般被置于字的右侧。删除错误的地方时需要在该处下方画线（但几乎不使用直接划掉的方式），如有错误的字则在字的旁边标记一个点、圈、叉或一段线条。要去掉前书主的名字时，如果名字没有被直接用“不用”二字标记出来，通常会用更彻底的办法，就是将该纸张涂黑或者“刮去”（Wegrubbeln）。

---

① 译校者注：“分写”（Getrenntschreibung）在本书中是指一个词内每个汉字的拼音之间都留有一个空格的转写方式。而与其对应的“合写”（Zusammenschreibung），则是将一个词内每个汉字的拼音连在一起的转写方式。此段介绍了原书将汉字转写为拼音的格式规范，由于中译本删除了原书的拼音，这些转写规范在中译本中无法呈现，特此说明。

只要技术允许，与普通标准不符的“特殊写法”（Sonderschreibung）原则上将在本目录中予以保留。原文中的异体字转录为繁体字①，写主做的校勘和删减亦将转录，未能清楚辨识的字用大括号括起。

13. 印章、附录及绘画

在文书中经常出现的印章大部分是私人名章，作为文书持有说明。章上铭文大都能表明他们属于哪一个道家流派：“太上老君”表明是优勉瑶中的闾山教；“三元考招印”表明是荆门瑶师公派下的梅山教；“道经师宝”或“三宝印”表明是荆门瑶的道公派（大部分为正一教）。除非另有说明，印章都是红色。

在“附录”（Beigaben），也就是之后在手稿空白处补充的与正文没有直接关系的文字中，有很多不同种类的备注，特别是关于借贷（多数与庄稼、银子和鸦片有关）的记录、家谱、祖先墓地列表、不同货币的汇率表、仪式列表，以及仪式所用祭器和费用种类、神灵名称、甲子名称，还有草稿。

绘画大部分是为了提高文书在（西方占主导地位的）图书市场的价值而在后来补充的。原本根据正文类型的需要，文书中的绘画仅限于步罡踏斗图解、符和不祥命理导致后果的示意图。

欧雅碧

① 译校者注：中译本将原书中的汉字都统一转化为简体字。

参考文献

本参考文献为引用论著及延伸资料选，个别条目仅用于指导读者参阅已经出版的文书。

［德］赫尔穆特·班萨（Hermut Bansa）．“书有其命运”书籍修复中科学与实践的结合——以州立修复学专业学院范本文献为例（*Habent sua fata libelli. Integration von Wissenschaft und Praxis in der Buchrestaurierung. Dargestellt an den Dokumentationen zu exemplarischen Arbeiten aus der Staatlichen Fachakademie zur Ausbildung von Restauratoren*）．慕尼黑：K. G. Saur，2000.

［美］鲍菊隐（Judith M. Boltz）．道教文献通论——十至十七世纪（*A Survey of Taoist Literature：Tenth to Seventeenth Centuries*）．伯克利：University of California Press，1987.

［法］洛朗·谢齐（Laurent Chazée）．老挝人——农村及民族多样性（*The Peoples of Laos. Rural and Ethnic Diversities*）．曼谷：White Lotus Press，1999.

陈国符．道教源流考．两卷．北京：中华书局，1963.

［美］理查德·D. 库什曼（Richard D. Cushman）．叛乱之地与莲花小屋——瑶族民族史学的问题（*Rebel Haunts and Lotus Huts：Problems in the Ethnohistory of the Yao*）．安娜堡：University Microfilms International，康奈尔大学博士论文，1971.

邓有铭，盘福东．瑶族农民起义史．桂林：漓江出版社，1993.

费孝通，张之毅．云南三村（*Earthbound China. A Study of Rural Economy in Yunnan*）．伦敦：Routledge & Kegan Paul，1949.

［美］芭芭拉·格莱姆斯（Barbara Grimes）（编）．民族语——全世界的语言（*Ethnologue：Languages of the World*）．达拉斯：美国国际语言暑期学院，1996 年第 13 版，2002 年第 14 版．http：//www. christusrex. org 及 http：//www. ethnologue. com.

广西壮族自治区编辑组（编）．广西瑶族社会历史调查，第一卷．南宁：广西民族出版社，1984.[①]

“过山榜”编辑组（编）．瑶族“过山榜”选编．中国少数民族社会历史调查资料丛刊．长沙：湖南人民出版社，1984.

① 编辑者注：本书与后一条参考文献一样，是国家民委《民族问题五种丛书》中《中国少数民族社会历史调查资料丛刊》的一种。

[德] M. 哈德斯史坦因豪斯（M. Harders-Steinhäuser），G. 热艾米（G. Jayme）. 八种不同纳西手稿的纸张原料及制造法研究（Untersuchung des Papiers acht verschiedener Na-khi Handschriften auf Rohstoff und Herstellungsweise）. [美] 约瑟夫 · F. 洛克（Joseph F. Rock），[德] 沃夫冈 · 福格特（Wolfgang Voigt）（编）. 中国西藏边疆纳西部落的生活及文化（*The Life and Culture of the Na-khi tribe of the China-Tibet Borderland*），德国东方手稿目录补充卷（Verzeichnis der orientalischen Handschriften in Deutschland，Supplementband），威斯巴登：Franz Steiner，1963，53—70.

[英] 赫利威尔（David Helliwell）. 中国古籍的修复与装订——为西方文献维护者翻译和改编（见肖振棠，丁瑜. 关于传统修复技术的手册）（The Repair and Binding of Old Chinese Book. Translated and adapted for Western conservators [From a manual of traditional restoration techniques by Xiao Zhentang and Ding Yu]）. 东亚图书馆期刊（East Asian Library Journal），1998（8. 1），27—149.

[德] 费利克斯 · 海茵泽（Felix Heinzer）. 关于科仪文书的说明（Zur Beschreibung liturgischer Handschriften）. 手稿研究者国际会议（*Internationaler Handschriftenbearbeitertagung*），1999 年 9 月 20—22 日，莱比锡 . http：//dfg. de/foerder/biblio/handschriften/heinzer. html.

[德] 贺东劢（T. O. Höllmann），傅敏怡（M. Friedrich）（编）. 给神灵的讯息——瑶族宗教文书（*Botschaften an die Götter. Religiöse Handschriften der Yao*），威斯巴登：Harrassowitz，1999.

黄方平 . 过山瑶支系与亚姓习俗文化剖析 . 谢剑，张有隽（编）. 瑶族研究专辑，新亚学术集刊 12：143—151.

黄贵权 . 瑶族的书面语及其文字初探 . 郭大烈，黄贵权，李清毅然（编）. 瑶文化研究 . 昆明：云南人民出版社，1994：193—207.

黄贵权 . 云南瑶族支系及其称谓分布 . 郭大烈，黄贵权，李清毅然（编）. 瑶文化研究 . 昆明：云南人民出版社，1994，256—258.

黄贵权 . 瑶族度戒意义的历史演变 . 郭大烈，黄贵权，李清毅然（编）. 瑶文化研究 . 昆明：云南人民出版社，1994，100—115.

黄贵权 . 云南蓝靛瑶巫术初探 . 郭大烈，黄贵权，李清毅然（编）. 瑶文化研究 . 昆明：云南人民出版社，1994，81—99.

黄贵权，李清毅，广西瑶学会 . 瑶族度戒初探 . 瑶学研究 3. 南宁：广西人民出版社，1993，386—398.

黄钰，黄方平 . 国际瑶族概述 . 南宁：广西人民出版社，1993.

黄钰 . 评皇券牒集编 . 南宁：广西人民出版社，1990.

中国科学院自然科学史研究所（编）. 古代中国科学技术（*Ancient China's Technology*

and Science）. 中国知识系列丛书（China Knowledge Series）. 北京：外文出版社，1987，第2版.

［日］池上幸治郎，［美］芭芭拉·斯蒂芬（Barbara Stephan）. 日本书籍装订——一位巧匠大师的指南（*Japanese Bookbinding. Instructions from a Master Craftsman*）. 纽约，东京：Weatherhill，1986.

李本高. 瑶族"评皇券牒"研究. 长沙：岳麓书社，1995.

梁瓯第. 广西的傜民教育. 边政公论，1944（3.1），51—59.

连金发. 道教科仪文本的语言顺应（Language Adaption in Taoist Liturgical Texts）. ［美］姜士斌（David Johnson）. 中国民间宗教的仪式及经文：五宗个案（*Ritual and Sculpture in Chinese Popular Religion*，*Five Studies*）. 中国民间文化项目出版物（Publications of the Chinese Popular Culture Project），卷3. 伯克利：Chinese Popular Culture Project，1995，219—246.

［美］李瑞福（Ralph A. Litzinger）. 创造历史——对瑶族历史的争论（Making Histories. Contending Conceptions of the Yao Past）. ［美］斯蒂文·赫瑞（Stevan Harrell）. 中国民族边疆文化交汇（*Cultural Encounters on China's Ethnic Frontiers*）. 西雅图、伦敦：University of Washington Press，1994，117—139.

［美］李瑞福（Ralph A. Litzinger）. 另一个中国——瑶族和民族归属政策（*Other China*：*The Yao and the Politics of National Belonging*）. 达勒姆：Duke University Press，2000.

刘复，李家瑞. 宋元以来俗字谱. "中央研究院"历史语言研究所单刊之三. 台北："中央研究院"历史语言研究所，1992（由1930年北平发行的版本重新印刷）.

刘小春. "还盘王愿"与"盘王大歌"浅探. 瑶学研究，1992，202—210页. 南宁：广西民族出版社.

［美］西尔维亚·J. 龙巴德（Sylvia J. Lombard），赫伯特·C. 柏内尔（Herbert C. Purnell）. 瑶英词典（*Yao-English Dictionary*）. 康奈尔大学东南亚项目（Southeast Asia Program，Cornell University），语言学系列丛书（Linguistics series），卷2，No. 69. 纽约：Cornell University，1968.

毛宗武，蒙朝吉，郑宗泽①. 瑶族语言简志. 中国少数民族语言简志丛书. 北京：民族出版社，1982.

毛宗武，赵勋，郑宗泽，蒙朝吉，中国社会科学院民族研究所. 汉瑶词典（勉语）. 中国少数民族语言系列词典丛书. 成都：四川民族出版社，1992.

［美］马庭理（Edward Martinique）. 中国传统书籍装订术——其进化及技术研究（*Chi-*

① 译校者注：原书为郑宗泽，误。

nese Traditional Bookbinding. A Study of its Evolution and Technique)，亚洲图书馆学研究系列丛书（Asian Library Series）19. 旧金山：中国文献中心（Chinese Materials Center），1983.

［英］李约瑟（Joseph Needham），钱存训（编）. 中国科学技术史（*Science and Civilisation in China*），卷5，第一部分：化学及化学工艺——造纸及印刷（Chemistry and Chemical Technology：Paper and Printing）. 剑桥：Cambridge University Press，1985［1954］.

［越］阮克颂. 越南瑶族分类（摘要）. 未刊手稿. 瑶族研究国际研讨会，桂林，1996年11月20至24日.

［越］阮克颂，等. 梁红奋（译）. 越南的瑶人. 贵阳：贵州民族研究所，1983.

［老］玛尤里·敖西瓦（Mayoury Ngaosyvathn），伯伊班·敖西瓦（Pheuiphanh Ngaosyvathn）. 南掌——老挝古代王国名的诞生及在邻国的接受情况（Lan xang：The Name of the Classical Kingdom of Laos，its Inception and its Reception by Neighboring Countries）. 泰国——云南项目通讯（*Thai-Yunnan Project Newsletter*），第20期，1993年3月. http：//www. nectec. or. th/thai-yunnan/20. html#6.

［德］欧雅碧（Lucia Obi），宋馨. 瑶族宗教文书——巴伐利亚州立图书馆瑶族文书收藏情况概览（Religöse Schriften der Yao. Überblick über den Bestand der Yao-Handschriften in der Bayerischen Staatsbibliothek）. 东亚自然与民俗学学会简讯（*Nachrichten der Gesellschaft für Natur-und Völkerkunde Ostasiens*）67. 1-2，1997，39—86.

普学旺，梁红. 奇异独特的信息符号——云南民族语言文字. 云南民族文化知识丛书. 昆明：云南教育出版社，2000.

［美］杰斯·普尔瑞（Jess G. Pourret）. 瑶族——中国、越南、老挝、泰国的优勉瑶与荆门瑶（*The Yao. The Mien and Mun Yao in China，Vietnam，Laos and Thailand*）. 芝加哥：Art Media Resources Ltd.，2002.

［美］赫伯特·C. 柏内尔（Herbert C. Purnell）. 优勉瑶世俗歌曲的韵律结构（The Metrical Structure of Yiu Mien Secular Songs）. 雅克·勒穆瓦讷（Jacques Lemoine），乔健（编）. 华南瑶族——国际研究现状（*The Yao of South China：Recent International Studies*）. 巴黎：Pangu，1991，369—394页.

卿希泰（编）. 中国道教史. 4卷. 成都：四川人民出版社，1988—1995.

任继愈（编）. 中国道教史. 上海：上海人民出版社，1994，第4版.

［德］贺碧莱（Isabelle Robinet）. 道教史（*Geschichte des Taoismus*）. 慕尼黑：Eugen Diederichs Verlag，1995.

芮逸夫（编）. 苗蛮图册. 影印苗蛮图集之一. 台北："中央研究院"历史语言研究所，1973.

［瑞］C. G. 山蒂森（C. G. Santesson）. 法属印度支那的箭毒（Poisons de flèches de l'Indochine Francaise）. 民族（*Ethnos*），1940（5），59—69.

［德］卡琳·施耐德（Karin Schneider）. 古文字学与手稿学导论——日耳曼语方言短篇语法集（*Paläographie/Handschriftenkunde. Eine Einführung. Sammlung kurzer Grammatiken germanischer Dialekte*）. 补充卷（Ergänzungsreihe）B. 图宾根：Max Niemeyer，1999.

［美］沃尔特·希勒（Walter Shearer），孙宏开. 中国非汉语的语言及方言使用者（Speakers of the non-Han Languages and Dialects of China）. 汉语研究（*Chinese Studies*）20. 纽约：The Edwin Mellen Press，2002.

［日］白鸟芳郎. 傜人文书. 东京：讲谈社，1975.

［日］白鸟芳郎，上智大学泰国西北部历史文化调查团. 东南亚山地民族志——瑶族及其近邻诸民族. 上智大学泰国西北部历史文化调查团报告. 东京：讲谈社，1978.

［美］司马虚（Michel Strickmann）. 道在瑶中——道教与华南的汉化（*The Tao among the Yao：Taoism and the Sinification of South China*）. 歴史における民众と文化. 酒井忠夫先生古稀祝贺纪念论集. 东京：国书刊行会，1982，23—30.

［日］田畑久夫，金丸良子. 云贵高原的瑶族——中国少数民族志. 东京：ゆまに书房，1995.

吴永章. 瑶族史. 中国少数民族专史丛书. 成都：四川民族出版社，1993.

徐益棠. 广西象平间傜民之村落. 边政公论，1944（3.2），38—43.

晏红兴. 沙瑶男子的度戒. 中南民族学院学报，1993（3），36—38、40.

叶明生. 福建省龙岩市东肖镇闾山教广济坛科仪本汇编. 王秋桂（编）. 中国传统科仪本汇编. 卷1. 台北：新文丰出版股份有限公司，1996.

曾召南：神霄派. 胡孚琛（编）. 中华道教大辞典. 北京：中国社会科学出版社，1995，58—60.

张劲松. 瑶族度戒仪式调查及初探. 民俗曲艺，1993（83），41—64.

张劲松，赵群. 湖南省蓝山县汇源乡瑶族度戒科仪. 民俗曲艺，1996（100），53—122.

中国民族年鉴编辑部. 中国民族年鉴总第七期. 北京：中国民族年鉴编委会，2001.

周耀文，罗美珍. 傣语方言研究. 中国少数民族语言方言研究丛书. 北京：民族出版社，2001.

朱霞，李晓岑. 云南少数民族造纸技术的调查和研究. 民族研究，1999（1），49—62.

缩写及标识

｛｝　大括号内的内容为根据汉字及/或其读音推测出的识别内容。

［ ］　方括号内的内容为编者添加的内容，如注解、对推测为脱衍字的补充、字的顺序或标题。

／　表示由写主提供的另一种读法及写法，以及书写和读音的变体（如名字中使用的同义字）。

□　表示一个缺字（缺字没有细分为是纸张上的一处缺损，还是一个无法识读或无法查证的字）。

…　表示不确定长度的缺文。

（）　为了便于在索引中更简便地找到标题，标题的附加部分用圆括号括起并且不放入索引；日期的转换①和地点所属区域的转换②也同样置于圆括号中。

---

① 译者注：指将清朝以前使用的皇帝年号纪年转换为公历日期。

② 译者注：指将不同时期地理名称、行政区域名称转换为目前通行的名称。

目 录

1 **Cod. sin. 147**[①]

18.8 厘米×14.5 厘米，边订（不交叉）[②]，含挂环；受损的粗纤维竹纸制书衣；14 张粗纤维竹纸折页；一些折页被撕开，有虫蛀，除此以外品相佳；每页 7 列，每列 10 字。

标题（fol. 1a[③]，正文行）：九经书

正文起始（fol. 1a）：初开置天地置立九经书[④]

正文结尾（fol. 14b）：书是人间知天下广传扬

无地点。日期（fol. 14b）：庚申岁三月廿八日（推测为 1920 年或 1980 年）[⑤]。

用于教授汉字及儒家道德观念的《三字经》式课本，推测为孩童所用。优勉支系。

始终由一位相对熟练的写主执笔，个别文字由他人执笔，部分使用圆珠笔，有增补（在列旁重复行文）；在天头、地脚和页中均有用来分隔版面的横线。

书主姓赵（书衣）。

参见［德］贺东劢（Thomas O. Höllmann）、傅敏怡（Michael Friedrich）：《给神灵的讯息——瑶族宗教文书》（*Botschaften an die Götter. Religiöse Handschriften der Yao*），威斯巴登：Harrassowitz，1999，第 40—41 页，目录第 8 条。

2 **Cod. sin. 148**

18.2 厘米×13.5 厘米，边订（不交叉）[⑥]，含挂环；受损的粗纤维竹纸制书衣，后部

---

① 译校者注：每条目录右上角的“Cod. sin. ×”是该文书在巴伐利亚州立图书馆中的索书号。“Cod. sin.”是巴伐利亚州立图书馆根据图书分类法分配给这批文书的分类代码，其中“Cod.”指手抄本，“sin.”指汉学。

② 译校者注：本书中“边订（不交叉）”（seitlich geheftet）通常是指仅穿过书边而不穿过书背的装订形式。核查该瑶族文书原件，文书以黑色订线穿过书边并从 5 处穿过书背装订，德文原书有误，特此更正。

③ 译校者注：这是编者对文书页面的计数方式，详见前文“读者须知”。“fol.”是中世纪古文字学和抄本学使用的术语“folio”的缩写，即“叶”，指一叶可用于书写的介质，对应到本书涉及的瑶族文书中则是文书中的一张折页。“fol.”后的数字指这张折页在文书中的位置，计数顺序遵循的是中文古籍从右至左的排序方式。而数字之后的“a”或“b”则分别表示一张折页的右半页和左半页。因此，此处的“fol. 1a”意为文书的第一张折页的右半页。

④ 译校者注：原书在“正文起始”“正文结尾”部分使用了句读符号——逗号表示句读，实心圆点表示分段，部分抄本则无句读。该处及以后注释中的“原书”均指德文原书。

⑤ 译校者注：原书此处误写为“1941 年”（辛巳年），已更正。

⑥ 译校者注：核查该瑶族文书原件，文书以白色订线穿过书边并从 5 处穿过书背装订，原书有误，特此更正。

已佚；26 张竹纸制折页；每页 6—7 列，每列 12—15 字。

标题（书衣，fol. 2b、3a）：天下文章破里明

第一篇

正文起始（fol. 3a）：天下文章破里明，世间传报众详情，皇帝在北京，道理通天下①

正文结尾（fol. 19a）：鱼鲁之册读熟壹本破理且详情也

第二篇

正文起始（fol. 19b）：又是小工理

正文结尾（fol. 24a）：万事计休和事提木工平也

无地点，老挝语的注释暗示其至少短时间内在老挝北部被使用过。日期（fol. 19b）：皇上民国管下五十一年任寅岁七月十三日（民国五十一年七月十三日，1962 年）。

用于教授汉字及儒家道德观念的课本。推测为优勉支系。

第一篇文章的字体工整、熟练，第二篇文章由相对生疏的写主执笔；有玫红色句读；从 fol. 10a 起有老挝文语音注释、印章（fol. 18b）、铅笔画（星星图案，fol. 25b、26a）。

附录：中文及老挝文草稿（fol. 1a-2b、24b，封面）；老挝文段落（fol. 25-26a，封底内页）。

书主［?］：赵｛冯境｝（fol. 1b、封底）。

参见［德］贺东劢（Thomas O. Höllmann）、傅敏怡（Michael Friedrich）：《给神灵的讯息——瑶族宗教文书》（*Botschaften an die Götter. Religiöse Handschriften der Yao*），威斯巴登：Harrassowitz，1999，第 40—41 页，目录第 7 条。

3 **Cod. sin. 149**

19. 8 厘米×12. 5 厘米，以粗糙的绳子穿过两处边订（不交叉），绳子亦用作挂环；严重受损的书衣由厚且硬的纸张制成；22 张折页由变黑的极脆的竹纸制成，每页纸张质量不同；有火烧、虫蛀痕迹；fol. 14-17 被粘在一起；每页 6 列，每列 11—18 字。

标题（fol. 2a）：记开许传度四府良愿用

正文起始（fol. 2a）：许上醮坛里内，许上十二炉明香，十二水碗 .

正文结尾（fol. 17a）：…戒四府良愿进落家门头…

地点（fol. 10a 表式中）：大清国云南道。日期（fol. 17a）：皇上大清光绪十三（1887 年）。

良愿仪式科仪，该仪式和度戒仪式一起举行。优勉支系。

始终由一位熟练写主执笔，部分地方有红色句读及分段标记，个别字为之后添加。

① 译校者注：原书此处误写为“天下文章破里明，世间传报众，详情皇帝在北京，道理通天下”，句读有误，已更正。

题记包括日期及标题（fol. 17a），题词及持有说明（fol. 1b）。

附录：家谱（fol. 1a）；关于传度仪式的文段（fol. 17b–21b）；草稿（fol. 21b，封底）。

书主及祭主：盘进兴（fol. 1b）；在家谱中列出的姓名（fol. 1a）：冯氏者、盘氏者、赵法聪、赵四、盘漆一郎。

4 **Cod. sin. 150**

19. 4 厘米×12. 5 厘米，边订（不交叉），含挂环；书衣由以布筛荡料入帘而成的纸张制成；23 张折页，亦为以布筛荡料入帘而成的纸；品相佳；fol. 21b、22a–b 空白；每页 6 列，每列12—14 字。

无标题

正文起始（fol. 1a）：说々踏上圣前踏圣后，开筶三声京动神明

正文结尾（fol. 20b）：且马回弓转路回凤回一双去前保后扭人丁姑口

无地点；老挝语的注释暗示其至少短时间内在老挝北部被使用过。日期（fol. 21a）：壬子年正月十五（抄成）（推测为 1912 或 1972 年）；癸丑年五月二十九（记号）（推测为 1913 或 1973 年）。

用于祭拜祖先的还愿仪式的科仪。优勉支系。

始终由一位相对生疏的写主执笔；注释为老挝语。

题记含人名及日期（fol. 20b–21a）。

附录："有心弗起回斋转"（fol. 23a–b）；用泰文（老挝文）及中文写的草稿（书衣）。

书主［?］：邓有林（fol. 20b）；祭主［?］：盘奉为郎（fol. 20b），赵李香娘（fol. 20b）；后继书主［?］：赵央安（fol. 1b），皇光林（书衣，也许与 Cod. sin. 159 老挝写工皇发林/王元林是同一人）；［度戒?］仪式的见证人：赵贵安（封面内页）。

5 **Cod. sin. 151**

25. 5 厘米×17. 5 厘米，重新边订（不交叉）；书衣已佚；27 张折页，起始和结尾处可能有一些已佚，由以布筛荡料入帘而成的硬且脆的竹纸制成；被煤烟染黑，书芯边缘受损；每页 7—9 列，每列 14—20 字。

无标题

正文起始（fol. 1a）：又到解给亡人手牖入围旁房内．引魂入围房内

正文结尾（fol. 27b）：右手执人日克莱吞…女．岁寒男女作争

无地点。日期（在表式内）：大清国（推测为 19 世纪末）。

法、葬礼用符及七言歌。优勉支系。

fol. 1–2a、2b–7b、8a–17a、17b–20b、21a–26b 各由另一位写主执笔；用圆珠笔增补的字（fol. 17a）；用圆珠笔进行的改动（fol. 19a）；插入的纸条上有蓝色和玫红色污渍；符（fol. 1b–2a），步罡踏斗图解（fol. 22a–23b）。

书主：李富龙。

6 **Cod. sin. 152**

20 厘米×17 厘米，两篇文书（fol. 1–18、fol. 19–51）采用穿过书边和 8 处穿过书背的装订法装订；有挂环；书衣已佚；51 张折页，由不同品质的竹纸制成；版口处被撕开，有虫蛀；fol. 34a、46b 将勘误贴在文书原文上，fol. 15b、41b、42a 空白，fol. 1、18 为双页；每页 7—9 列，每列 12—15 字。

标题（标题页 fol. 1a）：（一本）请天地鬼□设墓鬼书（一共在内）；（fol. 31b）：叫天叫地；（fol. 18b）：时书（一本）

第一篇

正文起始（fol. 3a）：天界功曹奏到天界功曹殿上天门土地

正文结尾（fol. 18a）：壬戌日出行吉，忌寅卯时空亡．癸亥日出行逢血光

无地点。度戒仪式“卦灯”日期，在该仪式上盘法太获得此文书（fol. 2b）：辛亥岁十一月二十一日辰巳时（卦灯记）（推测为 1911 年）；官府授予的仪式“簿法”的日期①，他在该仪式上使用了这本文书（fol. 2a）：皇上二年二月六月二十四日（簿法计号②）（推测为 1912 年）。

卦书，主要用于葬礼及治疗仪式。优勉支系。

始终由一位写主执笔；个别字被勘误；含表格（fol. 8a）、掌诀（fol. 9a）。

附录：“具立请桥鬼名”（书衣内页、fol. 1a）。

第二篇

正文起始（fol. 19a）：一声鸣角去哀哀，打开上界天门天宝③开

正文结尾（fol. 31b）：今日今时释念天公地母之古，道场完满了，吾师退步下文梯

地点（在 fol. 21b 表式中）：西道猛隍城东州猛声洞管上淰冲太阳寨（在 fol. 46b 表式中）：大清国西京道承宣使司龙皇府管入城东州管入猛声猛不长洞管上淰麻冲太阳寨（清

① 译校者注：原书对“簿法”的理解有误。经贵州省从江县优勉瑶赵师公介绍，“簿法”并不是仪式类型，而是指从师父那获得该法，“簿”在此处作动词使用。因此，“皇上二年二月六月二十四日（簿法计号）”指的是师父传授该法的日期。该抄本还出现了“拨法”，其意义应与“簿法”相同：“又到盘法太拨法日用皇上中华民国二十二年癸酉岁十二月初二日”（fol. 30b）。

② 译校者注：原书此处误写为“记号”，抄本原文为“计号”，已更正。

③ 译校者注：原书此处误写为为“天堂”，抄本原文为“天宝”，已更正。

朝，琅勃拉邦府)。度戒仪式中挂名为官府所指派的地点（fol. 32a）：广西道桂林府（为虚构）[①]。成书日期（fol. 31b）：皇上中华民国二十二年癸酉岁十二月初二日（1933 年）；挂名为官府所指派的日期［？］（fol. 21b）：壬辰年中太岁八月十五（推测为 1952 年）。[②]

做法事之指示“法”、表式与七言歌，用于还愿仪式，该仪式在度戒仪式中举行，[③]遵循挂名为官府的指派“簿法”。

由不同写主执笔；用于占卜的掌诀（fol. 32b）。

附录：“又到盘法太簿法日用”（fol. 31b-32a）；“六壬掌诀”（fol. 32b-34a）；“又到招兵三戒人用话”（fol. 34b-38b）；“收兵了”（fol. 39a-41a）；“且五吹学法纸数用”（fol. 42b-46b）；“又看耗四季鼠之图起论”（fol. 49a-50a；参见［德］贺东劢（Thomas O. Höllmann）、傅敏怡（Michael Friedrich）：《给神灵的讯息——瑶族宗教文书》（*Botschaften an die Götter. Religiöse Handschriften der Yao*），威斯巴登：Harrassowitz，1999，第 46—47 页，目录第 13 条）；“［甲子歌］”（fol. 50b-51a）。

书主：盘文贵（fol. 18b），盘法太（fol. 2a）；度戒仪式中作为［传说中的?］法师、见证人及参与者被登记在册的人：盘法太（fol. 2a），盘法清（fol. 2a），李法应（fol. 2a），李法元（fol. 2a），李法今（fol. 2a），赵法坛（fol. 2a），赵法官（fol. 2a），李清五郎（fol. 32a），李法全（fol. 32a），赵林五郎（fol. 32a），陈法卯（fol. 30a），赵法行（fol. 32a），赵法应（fol. 2a），邓法聪（fol. 2a），盘拨秦（fol. 2a），邓法朗（fol. 2a）。

邓家主（在 fol. 18a 页表式中）。

---

① 译校者注：抄本原文为“盘法太职位升在广西道桂林府注管天下鬼神封字为号”。此处的“广西道桂林府”并非真实的地点，而是指盘法太通过度戒仪式后所获得的虚构官位。瑶族文书中将这类官位称为“度戒官位”，它是度戒者在死后世界的权力象征，其方位选择通常与度戒者的生辰八字相关。

② 译校者注：此处存疑，“壬辰年中太岁八月十五”应指的是师公的出生日期。该日期出现的文段的小标题是“又到或圣用（fol. 19a）”，用于师公在“请圣”时向玉帝自表身份，即说明自己的出生地、生辰八字、父母亲的法名、何时挂灯、何时度戒等信息，以此表明自己是“老君亲弟子”，从而获得身份的正统性。因此，在这段唱词中通常会出现多个日期，包括出生日期与各类仪式的举行日期，各个日期的具体所指需要仔细甄别。出现“壬辰年中太岁八月十五”的原文是（fol. 21b）：“家主上情意者伸通，初戒师男当初以来父母所生……壬辰年中太岁八月十五，父母执阳落地，爹父借问李父，白花男子红花女子？李父说报白花男子，大家欢喜在心……”对该日期的判断有几个参考标志：一是通过小标题“或圣用”以及首句出现的“上情意者”，可以知道该段内容与“请圣”步骤相关；二是通过“当初以来父母所生”这样的套话可以知道从此句开始便是师公自表身份的唱词；三是通过“白花男子红花女子”可以知道此处的“壬辰年中太岁八月十五”指的是师公的出生日期，而不是仪式举行的日期。若“壬辰年”是师公的出生日期，结合该抄本较为明确的成书年份“中华民国二十二年癸酉岁（1933 年）”，可知“壬辰年”应是 1892 年而非 1952 年。

③ 译校者注：还愿仪式不一定与度戒仪式一起举行，存在支系差异。荆门瑶的还愿仪式要与度戒仪式一起做，还愿之时，除祭祀盘王外，还同时请其他神灵降临赐福。如家中小孩自小体弱多病，许下盘王愿后，一般在小孩长大度戒时予以还愿，多以一家一户的方式举行，并且度戒时度戒者家中长期以来任何人许下的愿望此时都要一起还。（参见徐祖祥：《瑶族的宗教与社会——瑶族道教及其与云南瑶族关系研究》，云南人民出版社，2006 年，第 123-124 页。）优勉瑶的还愿仪式有大小之分，以家庭为单位举行的还愿仪式可以单独举行，不需要和度戒仪式合并；以村寨为单位举行的还愿仪式通常会等到度戒仪式时合并举行，将还愿仪式作为度戒仪式的煞尾。

7 **Cod. sin. 153**

27 厘米×17. 5 厘米，以竖着折叠搓捻而成的纸捻线穿过书边捆扎（毛装）；受损的脆竹纸制书衣，封底已佚；53 张桑皮纸制折页，推测结尾几页已佚；最后 10 张下端边缘受损；fol. 1b、53a-b 空白；每页 8—9 列，每列 14—20 字。

标题（标题页 fol. 1a）：喽啰书（一本）

正文起始（fol. 3a）：两边声起更鼓金，后生打起我行罡

正文结尾（fol. 52b）：有罪赦下太阳筸，筸头落地保人丁

无地点。日期（fol. 1a）：大清咸丰八年戊午岁八月廿三日（依古抄成）（1858 年）。

用于祭拜神灵和湖南及广州籍祖先的还愿仪式的七言歌。优勉支系。

由不同的相对生疏的写主执笔。

附录：叩王罗衫放广衫神放长明月（fol. 2a-b）。

写主：李进彰（fol. 1a）。

8 **Cod. sin. 154**

23. 5 厘米×18. 5 厘米，在一侧捻线穿过两处装订；薄纸制书衣，已起皱；30 张折页，由以布筛荡料入帘而成的黄色脆［竹?］纸制成；有水渍，除此之外品相佳；fol. 30b 已佚；每页 8—9 列，每列 18—20 字。

标题：［超度书］

正文起始（fol. 1a）：又到造亡人桥用．谨请敕造桥仙师主，东方造桥神本师

正文结尾（fol. 30b）：乞圣慈天恩地眼高照凡民为凭若整付

地点（fol. 6a、8a-b、9b、11b、13a 表式中）：大清国云南道；（在 fol. 28b 页的表式中）：大清国安南道（越南）。日期（fol. 15b、17a 表式中）：皇上民国；皇上中华民国。

用于丧葬仪式的法、表式、符及七言歌。优勉支系。

始终由一位相对生疏的写主执笔；符（fol. 19b-22b、26b），一枚铭文为“太上老君敕令”的印章（封面及封底）。

被作为书主［?］登记：李福文。

9 **Cod. sin. 155**

22 厘米×18. 5 厘米，边订（不交叉），含挂环；由二次利用的另一文书的若干张纸制成书衣，封面已佚；56 张折页，推测首尾几页已佚，竹纸；fol. 12 有煤烟污渍，fol. 1a 已佚；每页 8 列，每列 10—16 字。

标题（fol. 1b）：送之大吉

正文起始（fol. 1b）：初八日病主肚腹发热家中有灶神不安

正文结尾（fol. 56a）：愁重重桢造房并得病逢著枯焦不到头

无地点。日期（fol. 56a）：民国廿二年癸酉岁六月初二日（依古抄成）（1933 年）。

用于治疗仪式的卦书。优勉支系。

始终由一位写主执笔；示意图[①]（fol. 6b、19b、20a、33a、38b、39b、40b、44a、50a、51b），符（fol. 34b），表格（fol. 19a、43b、45a、45b）。

附录："又到众王关请文"（fol. 56a-b）。

书主：邓一郎（fol. 12a）。

10 **Cod. sin. 156**

21 厘米×14.5 厘米，由 5 张从中间对折的印度支那战争时期美国爱心包裹的包装纸组成，在打开的那一边像中国书籍那样采用穿过书边和书背装订；品相佳；每页 8—9 列，每列 14 字。

无标题[②]

正文起始（fol. 1a）：唱歌便唱情意，我今唱出古言诗[③]

正文结尾（fol. 5b）：十二月云猴树上叫正是福生郎．完笔了

无地点及日期；爱心包裹包装纸的使用暗示其成书于 1970 年后的老挝。用于造船竣工仪式的七言科仪。[④] 导致干旱的［？］神灵乘坐该船被驱逐出境。优勉支系。

---

① 译校者注：该文书内的示意图几乎均为占卜所用。如 fol. 6b 为"八卦图"，页面中心有一虚线框起的长方形，内写两列文字"人来即报病［？］""时有分生死"。长方形外八个方向各写有一列关于占卜疾病的文字，如"坎病流重难安""艮病乃凶"等。fol. 19b 为"禄祟马台"，图中有一条虚线画的曲线，下方有文字"大小""月从数"等。fol. 20a 为"八卦飞掌之图"，图内有被直线及曲线框起的"离、坎、巽、震、艮"等卦名。

② 译校者注：原书此处误写为"标题（fol. 1a）：唱歌便唱情意"，此句实则是正文起始，并非标题，已更正。

③ 译校者注：原书此处误写为"｛秘｝今唱出古言歌，木｛叶｝便随根木衣"。除将首句误认为标题导致断句错误之外，此处还有 3 个俗字被误读：（1）"我"被误读为"秘"；（2）"诗"被误读为"歌"；（3）"底"被误读为"衣"。因此抄本正文的前两句是"唱歌便唱情意，我今唱出古言诗；木叶便随根木底，莫后底尾叶归头"。其中"我"与"诗"都是较容易辨认的俗字，而"底"字形似"衣"增加一点，非常容易误读为"衣"字。通过与同类抄本"Cod. sin. 395"的类似字句相比较可知，此字确实是"底"的俗字。

④ 译校者注：此处存疑。"造船"应是仪式的一个步骤，并非独立的一项仪式。不仅要"造船"，还需要"送船"。"船"是瑶族仪式的常见道具，使用方法基本都是将一些象征邪祟的替代物放进船内，再将船送走烧掉以此驱除邪祟，只是送船的唱词会根据仪式类型有所变化。校者在贵州省从江县优勉瑶寨参与过的安宅与解怪仪式中看到，师公将鸡毛、塑料等污秽物放进稻草船内，仪式结束后再命人将稻草船送至河边烧掉，以此保佑家宅安宁；贺州盘瑶在举行打醮仪式时也有"抬龙船游乡""祭龙船""烧龙船"等步骤（参见马志伟：《民俗文化空间的传承与变迁——贺州大平瑶族乡仁喜坪盘瑶打醮仪式田野考察》，载《宗教学研究》2018 年第 2 期）；贺州土瑶在举行葬礼的过程中需要"送野鬼"，将一只稻草船放在门前，并制作一个小草人躺在小床上，用猪肉、米、酒进行仪式后，便将草人放入船内将其拿到户外烧掉送走（参见程晖：《土瑶神像画研究——以广西贺州市沙田镇土瑶为例》，广西民族大学硕士学位论文，2016 年）。就目前的文献检索与田野调查结果来看，瑶族没有独立的"造船仪式"，"造船""送船"仅是仪式中的一个步骤，并且多种仪式都含有该步骤，但无论在何种仪式中，"船"的作用都是稳定的——驱除野鬼精怪，从而庇佑人丁与家宅平安。

由相对生疏的写主执笔；重复叠句以红色圆珠笔标出（fol. 2a）。

参见［德］贺东劢（Thomas O. Höllmann）、傅敏怡（Michael Friedrich）：《给神灵的讯息——瑶族宗教文书》（*Botschaften an die Götter. Religiöse Handschriften der Yao*），威斯巴登：Harrassowitz，1999，第34—35页，目录第2条。

11 **Cod. sin. 157**

28厘米×18.5厘米，穿过书边及书背装订，含挂环；深棕色粗布制函套包住书背装订；180张折页，由以布筛荡料入帘而成的纸张制成；有水渍、污渍，第一张折页有虫蛀形成的大面积缺损；fol. 1a、180b已佚，fol. 1b空白；每页平均10列，每列14字。

标题（fol. 178b）：大盘王书

正文起始（fol. 2a）：设醮各位神圣道场起根．道坛初起法事元开

正文结尾（fol. 178b）：七殿泰山冥王，八殿平等冥王，九殿都｛市｝冥王，十殿转轮冥王．揜灾揜难天尊，度灾度难天尊，执命保命天尊

仪式地点（fol. 179b）：｛隍衍｝；淰舫（未识别）；泰语注释暗示其至少短时间内在老挝北部或泰国被使用过。日期（fol. 178b）：民国拾一年壬戌岁贰月望拾日（依古腾抄）（1922年）。附录中提及的仪式日期（fol. 179a）：丙寅岁十月初六日（推测为1926年）；己巳岁五月廿六日（推测为1929年）；甲戌岁十一月十一日（推测为1934年）。

用于祭拜盘王的还愿仪式七言歌。优勉支系。

始终为一种流畅的字体；用圆珠笔和铅笔写的中文及泰文注释。

附录：“天差差，地差差”（fol. 178b-179a）；不同还愿仪式的举办流程（fol. 179a-b）及关于借贷（fol. 180a）的记录。

书主：盘有坤（fol. 178b）；罗列出的仪式参与者（fol. 179b）：李法贵、李法行、邓氏者、李法｛央｝。

12 **Cod. sin. 158**

29.5厘米×22厘米，穿过书边并从9处穿过书背装订，含挂环；深棕色粗布制“书壳”，内嵌纸张以起到加固作用；133张桑皮纸折页；版口处常被撕开，有污渍、火烧痕迹、水渍，头尾两张折页的页边处受损严重；每页8列，每列14—22字。

标题：［开坛书］

正文起始（fol. 1a）：香烟渺渺坛极兮，日月头进上北斗

正文结尾（fol. 133a）：上开光罗氏姐，地下开光罗

无地点。日期（fol. 133a）：［皇］上光绪十九年癸巳岁三月初一日（1893年）。

部分为七言形式的科仪，用于还愿仪式，该仪式和与度戒仪式一起举行。优勉支系。

始终为一种熟练流畅的字体；个别字用铅笔勘误或添补；编有页码，fol. 1-8 有红色句读。

题记含持有说明、题词、页数（133）以及写主的报酬（fol. 133a-b）。

书主：盘财仙（fol. 133b）。

13 **Cod. sin. 159**

25 厘米×17.5 厘米，边订（不交叉），含挂环；布制函套，上下两端均由三条小带子束住；88 张品质和大小不同的折页，从 fol. 63 页起纸张规格尺寸变小；头尾两张折页受损，其余品相佳；fol. 1-3 版口处被撕开且空白，fol. 65a 空白，fol. 3b、88b 已佚；每页 7—8 列，每列 13—16 字。

标题：[开坛书]

正文起始（fol. 6）：又到开坛上光拜师执圣起根话．差光用．去时三拜老师父，回时三拜本师爷

正文结尾（fol. 88a）：此条教白弟一点，弟二收领，弟三收任々立々三转杀尾话一同杀

无地点及日期；老挝文草稿暗示其至少短时间内在老挝北部被使用过；推测为 20 世纪。

七言科仪，用于还愿仪式，该仪式和与度戒仪式一起举行。优勉支系。

相对不熟练的写主，许多特殊写法；汉字及老挝文的草稿（fol. 2a）。

写主及书主：皇发林/王元林（fol. 2av，用圆珠笔书写，也许与 Cod. sin. 150 的写主皇咒林是同一人）。

14 **Cod. sin. 160**

23.5 厘米×19.5 厘米，穿过书边并从 7 处穿过书背装订，含挂环；书衣已佚；133 张折页，推测首尾几页已佚，不同品质的竹纸；首尾两页受损；每页 8—9 列，每列 14 字。

标题：[开坛书]

正文起始（fol. 1b-2a）：…执进左手打…众王众将十二□□姐妹百鹤小娘，三庙圣王行四官

正文结尾（fol. 133b）：你把眼魂交还我，两眼强如北斗星

地点及日期（fol. 3b 表式中）：大清国允南道官下（云南）。

还愿仪式科仪，该仪式和度戒仪式一起举行，大部分由七言构成。优勉支系。

由不同写主执笔，许多特殊写法；分段标记，有些地方的标记及句读为红色，有些地方划了线。

附录：“执进左手打”（fol. 1a-b）。

15 **Cod. sin. 161**

24.5 厘米×17.5 厘米，穿过书边并从 9 处穿过书背装订，含挂环；受损严重，后来添加的书衣由多层竹纸制成；41 张桑皮纸折页；除有火烧痕迹、污渍外品相佳；fol. 1a-3a、4b 空白。

标题（标题页 fol. 4a）：送亡书．超度书（二卷）

正文起始（fol. 5a）：若以变水供红符水，入门变亡

正文结尾（fol. 41a）：同村师父来相送，门前条路断师声；紧接着有一个符，符内文字如下：又到下枷锁押□棺椁用

无地点。日期（fol. 4a）：皇上大清咸丰七年丁巳岁正月拾三日（1857 年）；附录日期（fol. 3b）：光绪二十一年乙未岁正月二十一［日］（1895 年）。

用于葬礼及超度亡灵的仪式科仪。优勉支系。

相对熟练的写主；符（fol. 16b、17b、22a、40a、41a）；步罡踏斗图解（fol. 18a-b）；铭文为“太上老君敕令”的印章（封底）。附录：关于李氏者和盘法位第六子出生的日期记录（fol. 3b）。

写主：祝明财（fol. 4a）。

16 **Cod. sin. 162**

24.5 厘米×15.5 厘米，穿过书背装订，含挂环；深蓝色粗布函套包住书背装订，因为超出书芯，在一侧可由 4 条小带子系紧；书背上额外附纸加固；196 张折页，推测首尾几页已佚，fol. 9-185 为桑皮纸，fol. 1-8、186-196 为竹纸，推测为后来添加；版口处常被撕开，首尾页及页边部分受损严重；fol. 1、196 残缺不全，fol. 192a、193a、195a 空白，fol. 195 版口处被撕开，内页有字迹；每页 5—8 列，每列平均 20 字。

标题（fol. 181a）：师歌书；（fol. 195b）：书歌［开坛书］

正文起始（fol. 9a）：□□兴旺人口平安，家主思作门路部书，一许二帮三转四根

正文结尾（fol. 181a）：闻说今朝有状清，老君门下好排兵．到此完了

无地点。成书日期（fol. 181a）：皇上中国民国七年戊午岁三月十八日（依古抄）（1918 年）；一项附录的日期（用圆珠笔写，fol. 7b）：大王民国三年岁（1914 年）。

用于还愿仪式的科仪，部分来自《开坛书》的七言段落。优勉支系。

流畅熟练的字体，一些段落由他人执笔；有个别修改和红色的分段标记，其中部分标记被画成藤蔓样式；注释用圆珠笔及毛笔书写而成。

题记含标题、日期、书主、写主、页数（180）及一篇对后代的题词（fol. 181a）。

附录：fol. 98 和 99 之间插入的一张竹纸上写着补充性的文字；草稿、姓名、列表，由不同人执笔的小段，部分为七言（fol. 1a-8b、181-196a）；姓名列表［家谱?］（fol. 97av）。

写主：盘财福（fol. 181a）；祭主及书主：邓有官（fol. 181a）；后继书主：赵完升（fol. 183b）；作为后继书主［?］被登记：赵完财、赵完进（fol. 1a、97av、163b），李进林（fol. 8b），邓□□（fol. 181b），赵万福（fol. 195av）。在谱系中，推测由赵完进写入的其男性祖先有（fol. 97av）：如保、进完、今进、文仙、完才、文府、文才、进府、文官、进福、万保、完凤、富完安、承官、今现、万才、富现、富林、万林、承龙、连进。

17 **Cod. sin. 163**

24 厘米×15 厘米，穿过书边并从 8 处穿过书背装订，书衣残页由一张法语表格制成；32 张折页，推测结尾几页已佚，为以布筛荡料入帘而成的不同品质的竹纸；品相佳；每页 6 列，每列 16—19 字。

无标题

第一篇正文

正文起始（fol. 1a）：伸香意者用．香烟渺渺太亟分々，月出东方莲花保朵，黄龙岭上奉

正文结尾（fol. 18b）：有钱同使有马同骑有酒同享有事同担

第二篇正文

正文起始（fol. 19a）：小无离身脱赞小无离马脱安小欠超度处

正文结尾（fol. 32b）：奉向一同家主，千年使不散，万岁使不尽年

地点（表式中）：大寮国永珍道八府厶县厶寨（老树万象）。日期（fol. 5a）：民国官卜。

用于丧葬仪式及还愿仪式的七言歌。优勉支系。

相对不熟练的写主，许多特殊写法，有红色段落标记。

被记入的书主［?］名：邓修明（fol. 2a）。

18 **Cod. sin. 164**

21. 5 厘米×15. 5 厘米，边订（不交叉），多层竹纸制成的书衣；26 张脆竹纸折页；品相佳；fol. 26b 空白；每页 8 列，每列 14—16 字。

标题（标题页 fol. 1a）：混沌书

正文起始（fol. 2a）：混沌初分置天地，天下无全一个人．阴阳未分朦胧在，并无日月照阴阳

正文结尾（fol. 24b）：到出定桥路，铜钱落地定水火，三个定阴，四定阳，三阴四阳

方里及场

无地点。日期（fol. 24b）：上皇民国三十四年丙戌岁七月（丙戌年为1946年，但民国三十四年为1945年）（我赵今才买来作五毫钱）二十四年乙亥季春（抄完）（1935年）；（fol. 25b）：民国二十四岁次乙亥季春月朔一日午时（完了抄古人字样未有无措）（1935年）。附录日期（不同度戒仪式的日期，fol. 25a）：光绪二十五年己亥岁十二月初二日午时（赵法官卦三台保命灯）（1899年）；（fol. 25b）：［光绪］二十五年己亥岁十二月初二日，己亥日□宿闭日戌亥二时（赵法信卦起三台灯）（1899年）；（fol. 26a）：民国十四岁次丙寅年十二月初五日辰巳二时（赵法胜卦起三台保命灯）（1925年）；（fol. 25a）：皇上民国二十四岁次乙亥年季春月朔一日（1935年）。

度戒中一项仪式的科仪。优勉支系。

书写熟练流畅。

题记含日期及写主的谦辞（fol. 25b–26a）。

附录：不同的度戒仪式中卦灯仪式的日期（fol. 25a–26a）；仪式与祭者：赵法官、赵法信、赵法省。

书主：赵今才（fol. 1a）及赵金/今明（fol. 1a、1b、8a、25b）；后继书主［?］：赵富文（fol. 1a），赵法位（fol. 24b）。

19 **Cod. sin. 165**

19厘米×11厘米，以捻线穿过两处边订（不交叉），含挂环；厚竹纸制书衣；火烧痕迹、水渍、虫蛀；每页6列，每列14字。

标题（标题页 fol. 1a）：造船歌

正文起始（fol. 1a）：唱歌便唱歌有意，唱水便唱水有源，且唱南山木出处，南山木出有根原

正文结尾（fol. 7b）：去游々，去游々，本方地主你莫留，解开船榄放船流，欢々喜々到阳州

无地点。日期（fol. 1a）：嘉庆拾三年戊辰岁正月十七日（1808年）。附录日期（度戒仪式日期，fol. 9b–10b）：癸丑年十一月二十九日（1853年）；辛酉年十一月十九日（推测为1861年）；己卯年十一月初三日（推测为1819或1879年）；己卯年十月初三日（推测为1819或1879年）。

用于造船竣工仪式的科仪。瘟王乘该船被驱逐出境。优勉支系。

字体统一且书写流畅；符（fol. 7b）。

书主：赵字院（fol. 1a）。

附录（fol. 9b–10b）：度戒仪式的日期；该仪式与祭者为：赵法香、赵法位、盘法明、

赵法灵、冯法周、赵法贵、李法护、赵法龙、盘法灵、盘法周、赵法坛。

20 **Cod. sin. 166**

25 厘米×17.5 厘米，以竖着折叠搓捻而成的纸捻线边订（不交叉）；受损的书衣由以布筛荡料入帘而成的厚竹纸制成；21 张竹纸折页；有水渍、火烧痕迹；fol. 21 空白；每页 8 列，每列 14—16 字。

标题（书衣）：□□招魂书

正文起始（fol. 1a）：□□又招魂敕桥法用．此桥不是非凡之桥，化为太上老君阴□□

正文结尾（fol. 20b）：冬季禄马到冬季禄马全归

无地点及日期，推测为 20 世纪。

用于葬礼及超度亡灵仪式的科仪。优勉支系。

字体统一且书写流畅。

书主：赵龙仙（fol. 4a）。

21 **Cod. sin. 167**

23 厘米×16.5 厘米，穿过书边并从 10 处穿过书背装订，含挂环；纸制书衣；23 张［竹］纸制折页；有水渍、虫蛀，除此之外品相佳；fol. 20-23 空白；每页 8 列，每列 19—22 字。

标题（书衣）：看病书（在内）；（fol. 14b）又是奏请地狱鬼的话用

正文起始（fol. 1a）：又到看看病书吉凶．初一得病东南方木下土伤神家先土地为祟

正文结尾（fol. 19b）：唐葛周将军，恭叩祖师明行

地点（fol. 15b、18b）：大清国永珍道承宣布政使司猛昽府（推测为老挝琅勃拉邦）。日期（封底，用圆珠笔登记）：癸亥岁十月廿八甲子日（推测为 1923 年）；（封底）：廿十四庚申中｛吕｝（推测为 1920 年）。

伪医书，用来诊断或治病的卦书；第二部分为超度亡灵的赦罪书及表式。优勉支系。

相对不太熟练的写手；关于人体受到有害影响的图示。

书主［及写主?］：李有思（书衣）。

参见［德］贺东劢（Thomas O. Höllmann）、傅敏怡（Michael Friedrich）：《给神灵的讯息——瑶族宗教文书》（*Botschaften an die Götter. Religiöse Handschriften der Yao*），威斯巴登：Harrassowitz，1999，第 58—59 页，目录第 26 条。

22 **Cod. sin. 168**

18.5 厘米×15.5 厘米，以黑线从 10 处穿过书背装订；纸质书衣，残缺不全；19 张折

页，推测起始几张已佚，以布筛荡料入帘而成的纸制成；部分版口处被撕开，有水渍及使用痕迹；fol. 1 残缺不全，fol. 16b 已佚；每页平均 4 列，每列各 7 字。

标题（fol. 19b）：（一本）杂子；（fol. 12a）：（一本）□书；（fol. 18b）：日用通书

正文起始（fol. 1a）：天时字式．悻醒．覞．歡卓

正文结尾（fol. 19）：夔齐□

日期（fol. 18b）：中华民国七年戊午岁（1918 年）[①]；附录日期（fol. 17a）：戊午岁五年十三四日（推测为 1918 年）；（fol. 17b）：己未年（推测为 1919 年）。

占卜用短文及绘图；中文繁体字列表（推测来自中国经典如《孟子》或《诗经》），附中文语音注释。来源于汉人，后继书主推测为优勉支系。

熟练且流畅的字体，泰语（傣仂语）注释（fol. 8a）；掌诀（fol. 13a）；增补的图画（动物、植物及人像）。

书主：李文才（fol. 19b）。

参见［德］贺东劢（Thomas O. Höllmann）、傅敏怡（Michael Friedrich）：《给神灵的讯息——瑶族宗教文书》（*Botschaften an die Götter. Religiöse Handschriften der Yao*），威斯巴登：Harrassowitz，1999，第 42—43 页，目录第 9 条。

23 **Cod. sin. 169**

23.5 厘米×15 厘米，以竖着折叠搓捻而成的捻线一侧捆扎（毛装），再在上面以粗绳装订，含挂环；书衣受损严重，被煤烟染黑；18 张厚竹纸制折页；除极度泛黄外品相佳；每页 6 列，每列 10 字。

标题（fol. 1a 正文行，fol. 18b）：九经书

正文起始（fol. 1a）：初开置天地，置立九经书，上界置天子，下界置农夫

正文结尾（fol. 18b）：书是人间宝，天下定安邦，九经书一本，教训小儿郎

无地点；老挝文注释暗示其至少短时间内在老挝北部被使用过。日期（fol. 18a）：民国陆拾肆年乙卯岁陆月拾贰日（完笔）（1975 年）。

从中国儒学经典中摘录的用于教授汉字及儒家道德观念的课本。推测为优勉支系。

熟练的写主，字很大且清晰；老挝语语音注释。

书主：赵新生；写主诃/谢新华的签名为行书体（fol. 18a）；参见 Cod. sin. 173、992、1028、1029。

① 译校者注：原书此处是“戊午年为 1918 年，民国七年为 1917 年”，该解释有误，1918 年（戊午年）确实是民国七年，已更正。

24 **Cod. sin. 170**

20 厘米×14 厘米，穿过书边并从 8 处穿过书背装订，含挂环；书衣轻微受损；18 张折页；品相佳；fol. 1a 已佚；7 列，每列 13—14 字。

无标题

正文起始（fol. 2a）：说了一明童子，行江三步，打筶三声，歌动神明，大皇交过厶岁厶年厶日厶时原在一洞家主

正文结尾（fol. 18b）：化得一百二百阴间，自分自拆化钱齐了，收领了，请复各人出世庙庭不有纸不会写白干杀了

无地点。日期（封底内页）：民国五十七年戊申十一月十三日（依古抄成）（1968 年）。

“良愿”仪式科仪，为祭拜祖先而举行，人们认为是他们导致家庭成员患病。

始终由一位熟练的写主执笔；从 fol. 9b 起画行线；用圆珠笔增添了一列（fol. 9b）。

附录：以毛笔书写的请灶神文书（fol. 1b）。

题记含日期、写主、书主及谦辞（封底内页）。

25 **Cod. sin. 171**

23. 4 厘米×18 厘米，边订（不交叉），含挂环；脆竹纸制书衣；111 张折页，其中部分画行线；脆竹纸，品相佳；fol. 40b、41a、97b、98a、107a-b、108a、109b、111a 空白；每页 8 列，每列 15—20 字。

标题（fol. 110a）：（一本）书歌

正文起始（fol. 1a）：有茶未存献，有酒未存餐，俱来洒净众香坛，香坛面有秽，作九龙清水洒光明

正文结尾（fol. 99b）：瘟灾之气七灾八难天堂过保安家主出宫员好々鸟叶五图尾①

无地点及日期；老挝语注释暗示其至少短时间内在老挝北部被使用过；推测为 20 世纪。

还愿仪式科仪，该仪式和度戒仪式一起举行。优勉支系。

字体统一且流畅；老挝语的注释及草稿（fol. 110b、111b）；封面内页有绘画。

附录：“又到星位歌用”（fol. 104b-106b），“谨请合昏童子”（fol. 108b-109a）。

书主［及写主?］：李如财（fol. 3a、110a）；作为后继书主［?］被登记的（fol. 110b）：邓法珠、邓法灵、邓法升、邓法宣。

---

① 译校者注：此处存疑，推测抄本原文是“保安家主出官员”，“官”字被误读为“宫”字，此句是瑶族文书中常见的禳灾祈福词。

26 **Cod. sin. 172**

25 厘米×17. 5 厘米，两本文书（fol. 1-76、fol. 77-102）被装订在一起；布制函套，原纸质书衣已佚；102 张折页，推测头尾一些已佚，fol. 1-76 为桑皮纸，fol. 77-102 为竹纸；折页边缘被撕破；fol. 93-94 残缺不全，fol. 69b 已佚；fol. 1-76：每页 8 列，每列 14—18 字；fol. 77-102：每页 8 列，每列 17—18 字。

标题：［开坛书］

第一篇正文

正文起始（fol. 1a）：…殿上排山箬，殿上请上养，则土地养肉

正文结尾（fol. 76b）：□□先锋二圣我无送，好声收十我香门

无地点及日期，推测为 19 世纪早期。

还愿仪式的科仪，以七言写成，该仪式和度戒仪式一起举行。优勉支系。

第二篇正文

正文起始（fol. 77a）：本二师我无送，好声收什我香门

正文结尾（fol. 101b）：能解杀生厄，能解畜生厄，太星北斗出元君

无地点；老挝语注释暗示其至少在短时间内在老挝北部被使用过。无日期（预计比第一篇文书晚得多）。

还愿仪式的科仪。优勉支系。

不同的写主执笔；一些字及段落被用圆珠笔修改或增补；部分沿着版口被撕开的折页内侧也有字迹；老挝文注释（fol. 39b）。

27 **Cod. sin. 173**

24. 5 厘米×16. 5 厘米，以竖着折叠搓捻的捻线沿边捆扎（毛装），再从其上穿过书背及书边装订，含小挂环；厚竹纸制书衣；19 张折页，由以布筛荡料入帘形成的品质不同的纸制成；除有火烧痕迹外品相佳；fol. 13a-19b 画行线并且未写有文字；每页 7 列，每列16—20 字。有 5 个串在一起的中国清朝乾隆、嘉庆、道光和咸丰年间（1736—1862 年）的钱币。

标题（书衣）：占金钱｛卦｝课书

正文起始（fol. 2a）：第一星震卦上上

正文结尾（fol. 10b）：凡敬心诚求无不验也

无地点；老挝语的注释暗示其至少短时间内在老挝北部被使用过。日期（fol. 10b）：大中华民国肆拾柒年戊戌岁贰月初壹日（1958 年）。

钱币占卜法的教科书。优勉支系。

字体端正清晰；老挝语的批注及草稿（封底内页）；钱币组合图。

题记含日期及写主的草书签名（fol. 10b）。

附录由其他写主所写：“又到出行日用”（fol. 11a-12b）；吉日表，“论求财上山打肉吉用”；（封底内页）：草稿，之后添加的绘画（圆珠笔绘，fol. 1a-b）。

写主：诃/谢新华（fol. 10b；参见 Cod. sin. 169、992、1028、1029）；作为书主被登记的：赵金寿、赵法卯、盘氏者（fol. 10b）。

参见［德］贺东劢（Thomas O. Höllmann）、傅敏怡（Michael Friedrich）：《给神灵的讯息——瑶族宗教文书》（*Botschaften an die Götter. Religiöse Handschriften der Yao*），威斯巴登：Harrassowitz，1999，第 50—51 页，目录第 18 条。

28 **Cod. sin. 174**

21 厘米×14. 5 厘米，穿过书边及书背装订，含挂环；书衣为以布筛荡料入帘形成的厚竹纸；封面已佚；37 张折页由以布筛荡料入帘形成的品质不同的纸制成；除有污渍及水渍外品相佳；fol. 8b、36a-37b 空白；每页 6—8 列，每列 12—17 字。

无标题

第一篇正文

正文起始（fol. 1a）：家主祖宗香火上清兵将，奉到大罗殿上

正文结尾（fol. 8a）：鬼在不安人在不生，五奉太上老君急令敕

第二篇正文

正文起始（fol. 9a）：奏到连州大庙请上连州唐王圣帝

正文结尾（fol. 11a）：二郎一行圣众

第三篇正文

正文起始（fol. 17b）：又到安祖疏龙疏意用

正文结尾（fol. 35b）：正保安家主合家等言上献证盟

地点及日期（表式中 fol. 17b、21a、23b、25b、32a）：大清国云南道承宣布政使司（推测为 19 世纪末）。

法、表式及祭祀祖先、神灵及地主[①]的段落，人们在墓前与他们签订虚构的购买墓地的契约。优勉支系。

不同的写主执笔；符（fol. 11b-17a）。

后继［?］书主：邓有福（以圆珠笔书写，位于封底）。

① 译校者注：文书中的“地主”均为神灵名，而非家庭拥有土地，其成员不参加劳动之人。

29 **Cod. sin. 175**

24.5 厘米×17.5 厘米，边订（不交叉），含挂环；布制函套的边缘超出了书芯，因此文书得以被包在函套内；在其下方的书衣由多层纸张制成；33 张折页，由以布筛荡料入帘形成的竹纸制成；fol. 16b–17b、29b–30b 空白。

标题：（又到）超度疏意（在内）

第一篇正文

正文起始（fol. 1a）：波波世界南胆部州今据大清国厶道承宣布政使司厶府厶寨立宅往奉

正文结尾（fol. 16a）：太阳来照不比圣王为大

无地点。日期（fol. 14a）：民国十四六丁酉岁十一月廿六日（1957 年）。①

丧葬仪式“超度”所用表式（fol. 1a–9、14a–b）及举行还愿仪式的段落（fol. 9a–14a、15 a–16a）。优勉支系。

字体易识读，分段标记，部分句读为红色。

第二篇正文

正文起始（fol. 18b）：又到三原人送终疏用据

正文结尾（fol. 29a）：上奏证盟

地点（在不同表式中）：大法寮国或大法寮国永珍道（法属老挝永珍）。无日期。

葬礼用表式集。优勉支系。

附录：卦表（fol. 31a–b，封底内页）；草稿（fol. 31a–33b）。

“太上老君敕命”印章（fol. 14b、31b，布制函套，纸制书衣背面）。

书主：赵金寿（fol. 12a）。

30 **Cod. sin. 176**

26.4 厘米×16.9 厘米，穿过书边及书背装订，含挂环；纸制书衣；28 张折页，由竹纸［?］制成，除有水渍外品相佳；fol. 28a 空白；每页 8 列，每列 14—20 字。

标题（书衣）：叫大起根用．赦病表书；（fol. 1a）叫天起根

正文起始（fol. 1a）：一声鸣角哀々，打开上界天门，天倍开上界四方五天门，天兵降为吾家主厶人

正文结尾（fol. 27b）：作家堂头上病患疏连祖宗香火三清不安为灾作祸当天修设

地点（在表式中）：大清国龙子道凹华府城东如猛声洞；挂名为官府所指派的一项度

① 译校者注：1957 年（丁酉年）是民国四十六年，此处疑为抄书人的笔误。

戒仪式的地点（在表式中）：北京道顺德府。日期（书衣内页）：皇上中华民国管下四十四年丙申岁五六月初六日（丙申岁为1956年，民国四十四年为1955年）。

打醮、治疗仪式及葬礼所用的表式及法。优勉支系。

不同的写主执笔；铭文为“太上老君敕令”的印章（书衣）。

附录：家谱（fol. 27b）；“又到看亡魂回家用”（fol. 28b–29a）。

书主：赵今寿/受（书衣，fol. 1a）；被写入谱系中的人（fol. 27b）：赵法升、［赵］法顺、李氏者、赵法卯。

31 **Cod. sin. 177**

27厘米×18.5厘米，以合股线沿书边装订，含植物纤维制挂环；书衣已佚；18张折页，推测首尾几页已佚，纸张质量不同；边缘严重受损；fol. 1a、18b已佚；在fol. 13中插了一张讣告；每页8—9列，每列14—20字。

无标题

正文起始（fol. 1b）：开筵奉挂真容宝相请圣齐…金阙玉皇圣鉴知当坛仰差三元将

正文结尾（fol. 18a）：灵鬼不知无踪无迹速变速化吾奉太上老君敕令

地点（fol. 5a）：大清国云南道。日期（fol. 18a）：道光二十二年壬寅岁十二月十八日戌时（1842年）。

法、葬礼用表式及符。优勉支系。

附录：［一位书主?］父亲盘法金的死亡信息记录，他于丙午年（推测为1846年）七月十一日去世（在插入的纸张中）。

书主：李有升（fol. 18a）。

32 **Cod. sin. 178**

24厘米×18厘米，以细绳穿过书边并在8处穿过书背重新装订；竹纸制书衣含“书背”，33张竹纸制折页；有污渍及水渍；每页8列，每列14—18字。

标题（书衣）：析院霄鬼［黄表］，招魂牒了，楱命词，地狱赦，已样（供在）书；（fol. 1a）：（又到）桥舟书（壹本在内）；（fol. 17b）：已样（供乙本）书（在内可也）

第一篇正文

正文起始（fol. 1a）：又到桥头会庙有白头白发老人六十分

正文结尾（fol. 17b）：皇上厶年厶月厶日奉真祈福追魂保安主法厶同妻厶氏者合家等

第二篇正文

正文起始（fol. 18a）：奏到阴落众神走到审事生死御前

正文结尾（fol. 33a）：还愿伸明保安家主厶同妻厶氏合家等，下情谨疏，百拜伸地点（在 fol. 16a 表式中）：大寮国（老挝）；（在 fol. 19a、31a 表式中）：大清国龙子道承宣布政使司城东州部猛声洞官上淰卡冲河头；（fol. 33b）：远政道官入使州入猛腊官上（云南勐腊）；（书衣）：猛声同同淰沣河头。日期（书衣内页）：皇上中华民国管下四十年辛卯岁六月二十四日（1951 年）；（fol. 28a）：皇上中华民国官下四九年庚子岁｛六｝（写成元笔）（推测为 1960 年）；（fol. 33b）：辛丑岁十一月二十八日（推测为 1961 年）；（fol. 17b）：壬子岁八月初乙日（写来）（推测为 1972 年）。

用于葬礼及治疗仪式的表式、法及七言歌。优勉支系。

不同的不熟练的写主执笔，圆珠笔绘画；玫红色“太上老君敕令”印章（书衣内页及外页）。

题记含日期、持有说明及给后代的题词（fol. 17b，封底内页）。

书主［及第一篇正文的写主?］：赵金寿（书衣内页，fol. 17b）；后继书主：其孙赵万财（fol. 17b），赵法卯（fol. 12a、33b，封底内页），赵法官（封底），赵法｛秀｝（封底内页）。

33 **Cod. sin. 179**

25. 5 厘米×17 厘米，穿过书边并从 7 处穿过书背装订，含塑料挂环；粗布制函套，原纸质书衣已佚；33 张折页，推测首尾几页已佚，由以布筛荡料入帘形成的竹纸制成；有污渍、水渍、火烧痕迹及虫蛀；fol. 32 和 33 之间有一张折页被撕去，fol. 1-4、32 残缺不全；每页 8 列，每列 14—20 字。

无标题

正文起始（fol. 3a）：又到弟二任白纸香火同根｛奏｝上七个小才马不错

正文结尾（fol. 33b）：注簿判官缴功赦书向来准勉赦首，皇上厶年厶月厶日，日号叩赦书速行请师厶法

地点及日期（在 fol. 29a 的表式中）：大清国安南道（越南）。

用于良愿仪式的七言歌及表式，该仪式和度戒仪式一起举行。优勉支系。

不同的熟练的写主执笔。

附录［?］：仪式资金列表（fol. 1-2）。

一项仪式的与祭者：盘法胜（fol. 15b），盘□□（fol. 1b、2a），邓广四郎（fol. 1b），邓应三郎（fol. 15b），盘法安（fol. 15b）。

34 **Cod. sin. 180**

25 厘米×18 厘米，穿过书边并从 7 处穿过书背装订，含挂环；多层纸制书衣；52 张不同品质的竹纸制折页；有裂口、污渍；fol. 1-2 有虫蛀；每页 8—9 列，每列 14—18 字。

无标题

正文起始（fol. 5a）：申香起根用．大皇大皇香烟渺々，坛极分々，道场初起发事

正文结尾（fol. 50a）：路上众圣庙堂南木山齐齐证证踏上坛，又到上坛歌用

无日期及地点；泰语注释暗示其至少短时间内在老挝或泰国北部被使用过；20 世纪。

还愿及良愿仪式所用不同的文书段落，各由不同写主所写："龙怜财马白纸良钱"（fol. 8a–43a）；"家神上合下本礼"（fol. 44a–48a）；"五师手拿一封五杠良鼓"（fol. 49a–50a）。

各由一位相对不熟练的写主执笔；泰语注释（fol. 5a）。

附录："又到金邪师用"（fol. 3a–4b）；"关于度戒中卦灯仪式的段落"（fol. 50b）；清册（fol. 51a–52a）。

书主：赵敲胜（封面），赵进秀胜（封底）。

35 **Cod. sin. 181**

26 厘米×16 厘米，边订（不交叉），含挂环；竹纸制书衣受损；28 张以布筛荡料入帘形成的品质不同的竹纸制成的折页；有火烧痕迹、水渍，最后 4 张折页有虫蛀；每页 8 列，每列 17—18 字。

标题（书衣）：叫天书

正文起始（fol. 2a）：一声鸣角去哀哀，打开上界天门天堂开

正文结尾（fol. 28b）：更申甲子佴乾清来降同此化银钱出入由宜今甲我身

地点（fol. 22a）：大清国龙隍道哑华府城东州管入猛声洞（推测为老挝琅勃拉邦）；挂名为官府为赵法安指派的地点（在 fol. 8a 表式中）：东京道桂林府。日期（fol. 1b）：皇上民国丙中岁十月廿五戌时（1956 年）；（fol. 6b、25a、26b）：四十八年七月廿日（1959 年）。

用于治疗仪式及葬礼的七言歌、法、咒及表式。优勉支系。

不同的写主执笔；淡淡的"太上老君令敕"印章（fol. 2a）；一幅用于相面的脸的铅笔画（fol. 1b）。

写主：高志洲（fol. 6b，行书体签名）；书主：龙有安（书衣、fol. 6a）；作为后继书主［?］被登记：赵法安（fol. 8a）。

36 **Cod. sin. 182**

25 厘米×17. 5 厘米，穿过书边及书背装订，含挂环；书衣受损，由缝在纸上的深蓝色粗布所制，其边缘超出书芯约 2 厘米；45 张折页，纸张质量和尺寸不同；品相佳；fol. 4b、11a、13a、38b、45b 空白，最后的折页被倒置；每页 8 列，每列 15—16 字。

标题（标题页 fol. 1a）：救病黄表文

正文起始（fol. 5a）：又是救病黄表脚疏一纸，北极驱邪院本坛结出赦病墨表一函文疏

正文结尾（fol. 43b）：上元一品赦罪天官中元二品赦罪地官下元三品解厄水官

地点（fol. 1b）：龙皇道承宣布政使司吅濰府成东州猛声洞官过埝马应冲龙为寨（推测为老挝琅勃拉邦）；（fol. 6a）：大清国西京道龙皇府猛声猛不长洞（老挝琅勃拉邦府）；（fol. 8b）：西京道承宣布政使司龙皇府官入城东州猛声洞官上埝马河头冲龙为寨（老挝琅勃拉邦府）；（fol. 28b）：西大清国京道承宣布政使司龙皇府官入城东州官入猛声猛不长洞官上埝马应冲太阳寨行游社王司下（老挝琅勃拉邦府）；挂名官府指派盘法太的地点（fol. 5b）：广西道桂林府。日期（fol. 5b）：皇上中华民国管下二十三年初六日（1934年）；（fol. 29b）：皇上中华民国管下二十三年甲戌岁（1934年）。

表式集。优勉支系。

相对熟练的写主，局部有红色句读；铭文为“太上老君敕令”的印章（fol. 5a–b、6a）。

附录：表式（fol. 2a–4a）；各表式的颜色[①]（fol. 43b）；六十个甲子列表（fol. 44a）；一张表式的残片（fol. 45b）。

书主：盘文贵（fol. 1a）；在表式中被登记：盘法太（fol. 5b、6a），盘法乡（fol. 8b）。

37 **Cod. sin. 183**

26.5厘米×20.5厘米，穿过书边及书背装订，“书背”由一条纸带制成，含挂环；书衣已佚；62张折页，推测起始几张已佚；脆竹纸；除有裂口外品相佳；fol. 55–61空白；每页8—11列，每列14—16字。

标题：[开坛元盆]

正文起始（fol. 1）：青天白日百日青天

正文结尾（fol. 52）：金打马鞍银打｛镫｝，满身都是宝珠装，马便抽头脚便动，驴骡犊特马行前

无地点。此文是为赵法央度戒仪式内的卦灯仪式写下，该仪式日期（封底内页）：癸巳年十一月十三日（推测为1893年）。

元盆仪式科仪，该仪式和度戒仪式一起举行，大部分为七言。优勉支系。

不同的、大部分较为熟练的写主执笔。

附录：关于仪式费用的不同种类的清单（fol. 62a–b）。

书主：赵法央（fol. 62a）。

---

① 译校者注：fol. 43b记录了不同类型的表规定使用的纸张颜色，但文义无法完全理解，如“引用白纸，抽文摞休词和词用白纸，□□疏用白纸写，己摞是表用黄纸写不错，赦书用红□用红纸”。

38 **Cod. sin. 184**

30 厘米×25 厘米，穿过书边并从 5 处穿过书背装订，含挂环；棕色粗布制函套，在此之下为纸制书衣，封底已佚；145 张不同品质的纸制折页；有水渍、污渍；fol. 82a 空白，fol. 83 为双页，fol. 67 用透明胶带修复，fol. 53、54 下端边缘有缺损；每页 11 列，每列 14—23 字。

标题（fol. 145b）：书歌开坛元盆（在内）

正文起始（fol. 2）：香烟香烟妙妙太亟吩々，月跌进上北斗进行，道场初起法事

正文结尾（fol. 145b）：请受郎请受郎今请受主家公妻/娘儿郎，请受家公妻/娘儿归位郎今归去一时不相逢

无地点。日期（fol. 145）：大汉中华民国廿四年次乙亥岁八月初九日（写）（1935 年）。

元盆仪式科仪，该仪式和度戒仪式一起举行，含《开坛书》七言节选。优勉支系。

字体易识读，从 fol. 85a 起由第二位写主执笔；局部含红色句读与分段标记；个别字用圆珠笔添加。

题记含标题、日期、页码（150）及对祭主的祝福（fol. 145b）。

写主［?］：李富龙（书衣内页）；书主：冯福文（fol. 145a），同时其化名“弓音”（为冯姓所用）亦被登记。

39 **Cod. sin. 192**

24 厘米×21 厘米，穿过书边并从 6 处穿过书背装订，含挂环；书衣已佚；58 张部分画了行线的易碎的竹纸制折页；fol. 1、58 受损严重；书衣已佚；fol. 58 已佚，fol. 11a 空白，fol. 4 和 fol. 8 内插入了红色纸捻线；每页 7—11 列，每列 16—17 字。

标题（书衣内页）：（又到）洪恩赦书

正文起始（fol. 1a）：圣力｛忧｝总在方寸之内人心有善

正文结尾（fol. 58a）：下城无任缴功屏营之至谨奏，皇上厶年厶月厶日厶时臣乞恩再拜上奏

无地点。日期（书衣内页）：皇上民国三十八年己丑岁二月十九日（1949 年）；（书衣）：甲子年十月廿七日戌时（推测为 1984 年）。

丧葬仪式、祭拜祖先及治疗仪式所用表式集。优勉支系。

不同的熟练的写主执笔；局部含红色分段标记；铭文为“太上老君敕令”的印章（fol. 51b）。

附录：六十甲子列表（fol. 58a）。

书主：盘承卯（fol. 17a），同时其化名“双音承卯”（为盘姓所用）亦被登记（封面内页）。

40 **Cod. sin. 193**

24 厘米×19 厘米，穿过书边并从 8 处穿过书背装订；纸制书衣，封底已佚；47 张厚竹纸制折页；最后的几张折页在边缘处受损；fol. 1a-b、44a 空白；每页 8 列，每列 14 字。

标题（fol. 3a）：捉保老歌

正文起始：（fol. 3a）：第一名保老公保老公，生身头上百逢逢，执领众官宽曲酒，请上湖南做上公

正文结尾（fol. 38a）：头向天马尾下地变钱张使变马张马寿

地点（在 fol. 46a 表式中）：永珍道管上寨阳念敬州敬管上会拿洞（老挝永珍辖区）。之后增补的日期（fol. 46a）：壬戌岁四月廿四日（推测为 1922 年）。

法、咒及还愿仪式用歌。优勉支系。

很好识读的字体；红色分段标记；铭文为“太上老君敕令”的印章（fol. 2b）。

附录：祖先在中国老挝交界处的埋葬地址（fol. 38b-40b）；北斗列表（fol. 40b-41b）；两首无题歌（fol. 42b-43b）；含地点及日期的表式（fol. 46a）；泰文及中文的草稿（fol. 2b、41a、45a）。

书主［?］：赵今角（用铅笔登记，fol. 2a）。

41 **Cod. sin. 194**

23. 5 厘米×20 厘米，穿过书边并从 5 处穿过书背装订，含挂环；脆竹纸制书衣；28 张竹纸制折页；除有污渍外品相佳；fol. 1a、28 空白；每页 10—11 列，每列 14—17 字。

标题（fol. 1b）：论看男女贵庚命星之图

正文起始（fol. 1b）：十一岁男土星女火星，十二岁男水星女水星

正文结尾（fol. 28a）：右关仰当日功曹奏事使者准此，皇上厶年厶月厶日本院关行

无地点。日期（fol. 1b、28b）：皇上民国三十七年戊子岁二月初一（1948 年）；皇上民国四十年辛卯岁正月十三日（抄成）（1951 年）。

闾山派的卦表及表式。优勉支系。

字体统一且易识读。

书主：盘承卯（fol. 1b、3a、28a）。

42 **Cod. sin. 195**

24. 5 厘米×18 厘米，边订（不交叉）；多层［竹?］纸制书衣；27 张竹纸制折页；有

污渍、水渍；fol. 1a 空白；每页 8 列，每列 17—19 字。

标题（fol. 1b）：万物法；（封底）：万物之法

正文起始（fol. 1b）：具收犯法教通用．口状过牙三请众师父回来拥护师男敕水之法通用

正文结尾（封底内页）：速变速化准我五奉太老君急令敕

无地点。日期（fol. 1b）：丁亥年六月二十四日亥时（推测为 1947 年）；（封底内页）：辛未年月二十三日已时（推测为 1931 年）；（封底）：丙戌年三月二十七日（抄成）（推测为 1946 年）。

卦表、法、符及七言歌，用于造船仪式，这些船只会将病魔从村社群体中带离。优勉支系。

不同的相对不熟练的写主执笔；符（fol. 12b、22b）。

附录：六十甲子列表（fol. 1b）。

写主：盘法堂（fol. 1b）；书主/另一个写主：盘承卯亦以化名“双音”（盘姓）被登记（封底、fol. 1b）；后继书主［？］：李富贵（封底）。

43 **Cod. sin. 196**

21.7 厘米×17 厘米，穿过书背装订，书衣已佚；81 张品质不同的竹纸制折页；版口处被撕开，有火烧痕迹、污渍，个别折页被粘在一起；fol. 21 被撕下，fol. 81b 已佚，fol. 1-6a、67b-81a 空白；每页 8 列，每列 14—18 字。

标题：［开坛书］

正文起始（fol. 6b）：又到拜师父开坛用．师父短，一拜祖师来逶，二拜本师来路

正文结尾（fol. 67a）：家主今日请归位，望你回来保人丁，上界神明排在上界殿，玉皇圣主两边排

无地点及日期，推测为 19 世纪末至 20 世纪初。

用于还愿仪式的七言科仪，该仪式和度戒仪式一起举行。优勉支系。

不同的写主执笔；有用圆珠笔书写的草稿（fol. 71b）。

44 **Cod. sin. 197**

23 厘米×20 厘米，穿过书边并从 9 处穿过书背装订，含塑料挂环；粗麻布制函套；112 张脆竹纸制折页；折页边缘受损，第一张折页残缺不全，最后四张折页空白；每页 10—11 列，每列 14—17 字。

标题（fol. 40b、48a）：开坛书

正文起始（fol. 2a）：□□连娘偷作笑，麻在水底暗想

正文结尾（fol. 108a）：望你用心教我会，样你师公一路行

无地点及日期，推测为 19 世纪末至 20 世纪初。

用于还愿仪式的七言体科仪，该仪式和度戒仪式一起举行。优勉支系。

始终由一位熟练的写主执笔；有红色分段标记。

题记含标题及持有说明（fol. 48a）。

书主及写主：李如进（也以法名“李法胜”登记）（fol. 1b、40a），以及其子李进宝、李进福（fol. 48a）。

45 **Cod. sin. 198**

22 厘米×17 厘米，穿过书边并从 5 处穿过书背装订，含挂环；受损书衣为包装纸所制，封面已佚；87 张折页，推测起始几张已佚，竹纸；边缘受损，有虫蛀；fol. 69 被撕去；每页 8—9 列，每列 14—18 字。

标题：[开坛书]

正文起始（fol. 1）：踏上一街打二街，引光童子两边排，引光童子两边转，铜米铁唎两边排

正文结尾（fol. 87）：帝皇得见书来看，未知何处出妖精，便差左承靠右相，一程去到大雄山

无地点及日期，推测为 19 世纪末至 20 世纪初。

用于还愿仪式的七言体科仪，该仪式和度戒仪式一起举行。优勉支系。

不同的熟练的写主执笔。

46 **Cod. sin. 199**

27 厘米×18 厘米，边订（不交叉）；棕色粗布制函套；46 张桑皮纸制折页；有水渍、火烧痕迹，边缘被撕破，首尾两张折页受损；每页 8 列，每列 19—24 字。

无标题

正文起始（fol. 1a）：又论黄道黑道日

正文结尾（fol. 46a）：定日招客座家堂，执破大凶官成收，二日足余粮开闭此日不宜用

地点（fol. 46a）：大清国云南道承宣布政使司。日期（在 fol. 45a 表式中）：皇上道光（1821—1850 年）。

卦书。推测来自中国。

始终由一位熟练的写主执笔；绘有表格（fol. 1b－6b、15b、18b－19a、21a－b、28b－29a、37a－38a）及占星图（fol 16a－b、36b）。

47 **Cod. sin. 200**

24.5 厘米×18.5 厘米，用粗糙的绳子穿过书边并从 5 处穿过书背重新装订，含挂环；厚竹纸制书衣；88 张桑皮纸制折页；品相佳；fol. 1、88 空白；每页平均 10 列，每列 14 字。

标题（fol. 87b）：盘王大路书

正文起始（fol. 2a）：起声唱歌词．歌堂林里起歌词

正文结尾（fol. 87b）：大塘花发早早々样清春

无地点。日期（fol. 87b）：大清咸丰二年壬子岁四月初九日（1852 年）。

为祭拜传说中的祖先盘王所作七言歌。优勉支系。

熟练的写主执笔。

目录（fol. 1a-b）；题记含标题及日期（fol. 87b）。

附录：被装进书中的行线模板（在 fol. 1 中）；内夹彩色纸条。

书主：李进章。

48 **Cod. sin. 201**

24.5 厘米×15.5 厘米，边订（不交叉），含挂环；严重受损的纸制书衣；38 张折页由以布筛荡料入帘形成的品质不同的竹纸制成；有水渍、火烧痕迹、虫蛀；fol. 1a 原本为空白；每页 8 列，每列 14—21 字。

标题（封面内页）：（一本）开坛（用）

正文起始（fol. 3a）：物是开坛用．紫薇ムム三清大道十极高真除邪转正急救良民

正文结尾（fol. 38）：小师度贺众神圣众官任任在开坛说今朝有相请保家安主得粮

无地点及日期，推测为 20 世纪。

用于还愿仪式的七言体科仪，该仪式和度戒仪式一起举行。优勉支系。

始终为一种容易识读的字体；有用圆珠笔写的注释（fol. 1a）。

书主李有思的引言（封面内页）中含标题及不允许将该文书转手给不相干人等的警告。为“开坛”作的引言（fol. 2b）。

书主：李有思（封面内页）；后继书主：李进元（fol. 1a）。

49 **Cod. sin. 202**

25.2 厘米×22 厘米，重新边订（不交叉）；竹纸制书衣；28 张部分画行线的折页，由不同品质的软纸所制；边缘被撕破；fol. 24-28 是后来装订进去的，fol. 23b 已佚；每页 8 列，每列 14 字。

标题：[开坛书]

正文起始（fol. 1a）：去时又过青云脚，回时又过白云中，皇主三郎坛上座，师男说话两头通．又是引师男跳用．众官齐整宽在位，师男团圆一齐临

正文结尾（fol. 23a）：闻说今朝有收请，本方观看一齐临．广福王出世歌

无地点及日期；泰文注释暗示其至少短时间内在老挝或泰国北部被使用过；推测为19世纪末至20世纪初。

用于还愿仪式的七言体科仪，该仪式和度戒仪式一起举行。优勉支系。

熟练的写主；个别字用泰文（泰文/老挝文）作注。

附录：六十甲子列表（fol. 24a–b）；“又到跳破鬼起根话”（fol. 25a–27b）；与地主签订的购买地产作为墓地的合同（fol. 28a–b）。

50 **Cod. sin. 203**

22.7 厘米×18 厘米，以粗绳边订（不交叉），含塑料挂环；脆竹纸制书衣，封底已佚；12 张折页，推测末尾几页已佚，竹纸；fol. 1a–b 空白，fol. 12 严重受损；每页 9 列，每列 14 字。

标题（书衣）：超魂书；（fol. 10b）：赞代

正文起始（fol. 2a）：立起桥头来请圣，白纸写书请鲁班，请得鲁班兄弟众，来到桥头问主人

正文结尾（fol. 12b）：第六位武曲星君，第七位破军星君

无地点及日期，推测为 20 世纪。

闾山派用于葬礼的法。优勉支系。

始终为一种较生硬的字体，有些字采用特殊写法。

51 **Cod. sin. 204**

25 厘米×19 厘米；以竖着折叠搓捻而成的捻线在一侧捆扎（毛装）；轻度受损的厚竹纸制书衣，封底已佚；46 张竹纸制折页；标题页有水渍，其余无使用痕迹；fol. 1a–b、42b–46 空白；每页 8 列，每列 14—16 字。

无标题

正文起始（fol. 2a）：香不是非凡明香，香是家主修明功果析所分解明香

正文结尾（fol. 42a）：一朝一夜转归降两目双々齐降林，两目双々齐下降，飞元走马到坛前

无地点及日期；云南与广东在文中被称为是祖庙所在地；推测为 20 世纪。

还愿仪式科仪，该仪式和度戒仪式一起举行，含《开坛书》七言选段。优勉支系。

始终由一位相对生疏的写主执笔。

52 **Cod. sin. 205**

25.4 厘米×19.5 厘米，穿过书边及从 5 处穿过书背装订，含挂环；受损的多层［竹?］纸制书衣；封底已佚；61 张折页，推测末尾几张已佚；有虫蛀，折页边缘被煤烟染黑；fol. 61b 已佚；每页 8—9 列，每列 14—20 字。

无标题

正文起始（fol. 1a）：又到请圣太极咒用．太极分高｛厚｝，央极长属天

正文结尾（fol. 59a）：若有十方人相请，朝朝骑马有名声，铜钟｛劫｝在高楼上，高楼大鼓远全声

无地点。一项度戒仪式“卦灯”的日期（fol. 59b）：民国四十九年庚子岁十二月二十一日辰时（1960 年）。

来自《开坛书》的用于良愿仪式及度戒仪式的法、咒及歌。优勉支系。

始终为一种容易识读的字体。

书主：邓法｛野｝（fol. 59b）；［他的?］度戒仪式的与祭者（fol. 59b）：邓法向、邓法林、赵卯三郎、邓法卯、邓法钱。

53 **Cod. sin. 206**

27.5 厘米×21 厘米，穿过书边及书背装订，含挂环；竹纸制书衣，封面已佚；37 张部分画有行线的折页，推测起始几页已佚；fol. 1-7、37 为脆竹纸，fol. 8-36 为［桑皮?］纸；有火烧痕迹；fol. 1b、7b、37b 已佚，fol. 2a-4a、36b-37a 空白；每页 9—10 列，每列 12—19 字。

无标题

正文起始（fol. 8a 一张表的第一行）：远黄道，已黄道，时黄道

正文结尾（fol. 36a）：壬辰日九龙正宅主富贵大吉利也癸巳日九龙大吉

无地点及日期，推测为 19 世纪末。

卦书。

始终为一种较规整的字体。

附录：“又到和尚公明”（fol. 5a）；卦表，“又到论看绝烟火日”（fol. 1a-7a）。

54 **Cod. sin. 207**

26 厘米×19 厘米，穿过书边并从 9 处穿过书背装订，含挂环；书衣已佚；16 张部分画行线的折页，推测起始几页已佚，厚而脆的竹纸；有火烧痕迹，最后几张折页被粘在一

起；每页 10—11 列，每列 13—20 字。

无标题

正文起始（fol. 1a）：…里目头初进上庭里礼北斗初行，大王大王保安家主

正文结尾（fol. 15b）：读了大疏转同一封大…转同

无地点。日期（在表式中）：大清国（推测为 20 世纪初）。

用于还愿仪式及度戒仪式中“卦灯”的表式及歌。优勉支系。

始终由一位写主执笔；部分有用铅笔画的行线。

书主：赵富献（fol. 13b）。

55 **Cod. sin. 208**

21. 5 厘米×15. 5 厘米，穿过书背装订，含挂环；书衣已佚；13 张折页，推测首尾几页已佚，竹纸；书芯边角受损；每页 8—10 列，每列 14 字。

无标题

正文起始（fol. 1a）：万衍未平置戥称，过海天平为正功

正文结尾（fol. 13b）：玉王便在深塘里两个金童在面前

无地点；老挝语的注释暗示其至少短时间内在老挝北部被使用过。日期（fol. 5b）：号民乙丑岁二月初拾日（抄）（1925 年）。

用于葬礼的法及各种不同形式的歌曲（献给送子神，内容关于无德官僚和毒品）。

始终由一位写主执笔；用圆珠笔写的老挝文注释（fol. 5b）。

书主及写主［?］：邓金县（fol. 5b）；作为后继书主被登记：盘承仙；在一份（捐赠?或祭祀?）列表中被登记（fol. 11b）：赵位三郎、阳行大官、冯贵六郎、陈大老爷、邓龙二郎、盘广乙郎、李城五郎、黄金七郎、陈法有、昭｛赵｝法盖、杨法清、｛汤｝法保。

56 **Cod. sin. 209**

25. 5 厘米×16 厘米，边订（不交叉），含挂环；原色粗布制函套，罩在书背上并超出了边缘，因此得以包住书芯；其下为竹纸制书衣；60 张折页，由以布筛荡料入帘形成的［竹?］纸所制；除有水渍及煤烟痕迹外品相佳；每页 7 列，每列 14 字。

标题（书衣）：开坛执枚书

正文起始（fol. 1a）：一拜祖师来路远，二拜本师来路长，三百香门多兴旺，四拜闾山十九郎

正文结尾（fol. 60b）：事古完满真完满，事务到头真到头，到头完满了回来赏浪我兵头

无地点。日期（fol. 60b）：大中华民国四十六年丁酉岁八月初六日（1957 年）；西历

一千九百五十七年（1957 年）。

用于还愿仪式的七言科仪，该仪式和度戒仪式一起举行。优勉支系。

始终由一位熟练的写主执笔；题目用红色标出，标有页码（在装订处用汉语数字；每 10 张折页在天头处用阿拉伯数字）。

题记含日期、写主及持有说明（fol. 60b）。

写主：高志洲（fol. 60b）；书主：赵金宝（fol. 60b），推测与赵富金宝（封底）和赵□□（封面，被抹去）为同一人。

57 **Cod. sin. 210**

33 厘米×32 厘米，推测为手织未染色的布制成，其中一面以红黑二色作画并写有文字；有污渍。

布的每个角各有一圆形版块：（1）写有“盘王敕令”；（2）写有“王帝子”；（3）仿造的罗盘，上面写有“甲子”；（4）写有“地财天财月恩，天恩，天利合”。布中间有两个含图画的方形版块，其中一个写有“四名天庭”，内有建筑、人物、动物和武器的绘画。

地点［?］：桂阳道（贵阳，贵州）①。无日期，推测为 20 世纪。

相对熟练的写主。

书主及写主［?］：赵道易。

58 **Cod. sin. 226**

18 厘米×15 厘米，穿过书边并从 4 处穿过书背装订；多层竹纸制书衣，封面残缺不全；38 张脆而薄的［宣?］纸制折页；有火烧痕迹、污渍、虫蛀；fol. 37a、38a 空白；每页 7—8 列，每列 8 字。

标题（书衣）：（一本）芫荽书；（fol. 1a）：四言杂字；（fol. 34b）：入学读书四言茼蒿书

正文起始（fol. 1a）：四言杂字．蔬菜章类，芫荽茼蒿，葱蒜韭菜

正文结尾（fol. 34b）：把持行市，屡惑人心，同居炊爨，和睦不分

地点（在 fol. 35a 表式中）：大清国广西道。时间（fol. 34b）：皇上宣统三年辛［亥］岁四月初十日（1911 年）。

为初识字者提供的词汇列表；含有表示动物、植物、食品、家用器具、亲属称谓、职业的汉字，并在各汉字旁标有中文语音注释。

fol. 1a–31b 始终由一位熟练的写主执笔，fol. 32a 起由不同写主执笔；每四个字之后，

① 译校者注：此处指涉的疑为现湖南郴州桂阳县，而不是贵州省贵阳市。

即在每列中间及结尾各有一个印上去的红点。

题记含标题、日期及题词（fol. 34）；页码数 34（fol. 1a）。

由另一位写主执笔的附录：表式（fol. 35a-b），关于借贷的备注（fol. 36b），草稿（fol. 36a、37b）。

书主：冯金周（fol. 37b）；后来［?］的书主：盘有昌旺（书衣）。

59 **Cod. sin. 227**

18.7 厘米×12.5 厘米，以合股线穿过书边并从两处穿过书背装订，含挂环；竹纸制书衣；9 张不同品质的竹纸制折页；有污渍；fol. 5b、9b 空白；每页 5—7 列，每列 14—17 字。

标题（书衣）：怀胎六甲书计，灵符法，下阴箭刀

正文起始（fol. 1a）：谨请东方理鱼黄捶之水，谨请南方里鱼黄捶之水

正文结尾（fol. 8a）：敕符法用．红河符九个

无地点及日期，推测为 20 世纪。

用于治疗仪式和求子仪式的法、符及咒。优勉支系。

不同的写主执笔；符（fol. 7a-b、8a），占据整页篇幅的道教神仙肖像（fol. 8b、9a）。

书主：□有昌（书衣）。

60 **Cod. sin. 228**

24 厘米×13.5 厘米，穿过书边并从 6 处穿过书背装订，挂环仅存部分；多层竹纸制书衣，封底严重受损；37 张竹纸制折页；有污渍；6—8 列，每列 16—22 字。

无标题

正文起始（fol. 1a）：又论分柄之法．功德钱分，年月利全，我师是天师上帝身下来分月府日宫金星

正文结尾（fol. 37b）：纳李枚，归得阿凄日宫月府月满了

无地点及日期，推测为 20 世纪。

用于求子仪式、妇女生产仪式、向天庭递交奏章的仪式及葬礼的秘语。荆门，推测为师公派。

由相对不熟练的写主执笔，许多特殊写法，末尾几页由另一位写主执笔；红色的分段标记及部分章节标题由另一位写主添加；画有符及后来补充的人物形象。

书主：邓金宝（封面内页）。

61 **Cod. sin. 229**

23.5 厘米×18 厘米，穿过书边及书背装订；受损的粗纤维竹纸制书衣；25 张脆竹纸

制折页；轻度受损；每页 7—8 列，每列 8—16 字。

标题（书衣、fol. 1a）：（一本）飞章；（fol. 25a）：飞章科

正文起始（fol. 2a）：奉道醮/斋主厶请拜上香复位再拜．入步嘘

正文结尾（fol. 25a）：尚来滕章事毕上达御前上祈斋主，获福道法兴行洞赖善~

无地点。日期（fol. 25a）：皇号宣统年七月初十日五时（1909 年）。（书衣）：☐子丙厶年七月初十日午时（推测为丙辰年，即 1916 年）。

用于向天庭递交奏章的仪式科仪。荆门，道公派。

不同的写主执笔；之后添加红色分段标记及其他标记；画有符及步罡踏斗图解。

题记含标题、日期及持有说明（fol. 25a）。

附录：神目（fol. 25b、封底内页）。

书主：邓道光（书衣，fol. 1a、1b、2a、25a），李道灵（fol. 1a、1b），李道真（fol. 1b）。

62 **Cod. sin. 230**

22 厘米×16. 5 厘米，穿过书边及书背装订，含挂环；书衣已佚；26 张折页由以布筛荡料入帘形成的软纸制成；无使用痕迹；每页 8—9 列，每列 14 字。

标题（fol. 1b）：受械川光唱用．秘台川光科用

正文起始：（fol. 2a）：下元初真弟子，一念抱香在炉台，结成云雾透三台，香炉出在宝盖领，呈瓶出桃源来

正文结尾（fol. 26a）：一保二保都保好，三朝施主上龛前，拜送下元上马去，保敬才马达阴司

无地点及日期，推测为 20 世纪。

用于度戒仪式的七言歌。荆门，师公派。

始终由一位不熟练的写主执笔；每列起始和中间，即每七个字后有一个小红圈；题目用红色标记。

记有书主［?］的姓名（fol. 1a）：李云早、李妙早、李众申、李云兴。

63 **Cod. sin. 231**

28. 5 厘米×15 厘米，边订（不交叉）；破损的书衣由多层硬纸制成，这些纸张中部分写有文字且有筛纹；69 张桑皮纸折页；fol. 1 为草稿纸所制，内页向外折叠；fol. 67-69 空白；每页 8 列，每列 28 字。

标题（书衣）：地理

正文起始（fol. 3a）：寻龙点穴家传地理正尊国语歌，{踪} 厶君子道些，恩寿恩主恩

咤恩柴

正文结尾（fol. 67b）：中央者土之位也土侵人四时季月

地点（fol. 41a）：宜春县左坳社（江西省）。无日期，推测为19世纪。

关于堪舆的课本，源自汉族。

始终为一位熟练的写主执笔，有红色分段标记、句读、其他标记及勘误。

绘有风水图解及表格、一座墓的位置示意图（fol. 11b）、符（fol. 13a）、罗盘（fol. 18a-22a-b，30b-36b）以及八卦图（fol. 26a）。

附录：治疗眼疾的方子、祝寿诗以及关于医术的对联（封面内页）；甲子列表（封底内页）。

参见［德］贺东劢（Thomas O. Höllmann）、傅敏怡（Michael Friedrich）：《给神灵的讯息——瑶族宗教文书》（Botschaften an die Götter. Religiöse Handschriften der Yao），威斯巴登：Harrassowitz，1999，第46—47页，目录第15条。

64 **Cod. sin. 232**

28厘米×17厘米，从4处穿过书背装订；由多层其他文书的旧料再次使用制成的书衣；42张桑皮纸制折页；边缘被撕破；fol. 1a、2a-b空白；每页平均9列，每列8—19字。

标题：［仙传痘疹寄书下卷］

正文起始（fol. 3a）：脸如崩珠，自知下部桃花，挂彩钿于观阜

正文结尾（fol. 42a）：玄主枢机而耳垂，骨椎治医忌灰煤，若教圭阁枝先发，发黑终难用药倍

无地点及日期，推测为19世纪。

韵文形式的关于治疗天花的医学文书。

绘有疾病症状的图示。

始终由一位熟练的写主执笔，小字由潦草的行书写成；红色句读、标记、注释及勘误。

附录：在“次名福八名荣运年”下面有多个小的椭圆形铭文为“一看［?］”的印章（fol. 1av）；治疗天花的方子（fol. 2a-b）；不同的方子（fol. 42b-43a）。

参见［德］贺东劢（Thomas O. Höllmann）、傅敏怡（Michael Friedrich）：《给神灵的讯息——瑶族宗教文书》（Botschaften an die Götter. Religiöse Handschriften der Yao），威斯巴登：Harrassowitz，1999，第46—47页，目录第16条。

65 **Cod. sin. 233**

25.2厘米×17.7厘米，穿过书边并从6处穿过书背装订；受损的书衣由以布筛荡料入

帘形成的厚纸制成；14 张软［桑皮?］纸制折页；在版口处多被撕开；fol. 1a-b、13b-14b 空白；每页 12 列，每列 20—22 字。

标题（书衣）：麻疯秘语

正文起始（fol. 2a）：又主初来请到传师人之法．传想念到师父厶人若麻疯死来请传去做得不得传师说不怕做得先烧香喃师父

正文结尾（fol. 12b）：一龙猪胆，一野人胆手置

无地点。成书日期（fol. 13a）：大清光绪十五年四月二十五日（抄完毕）（1889 年）。

秘语，用于超度因麻风病死去之人的亡灵。荆门，推测为道公派。

字体统一且流畅，有红色句读及分段标记。

附录（fol. 12b-13a）关于治疗费用及此秘语的用法。

书主：黄金嘱（书衣、fol. 7b）。

参见［德］贺东劢（Thomas O. Höllmann）、傅敏怡（Michael Friedrich）：《给神灵的讯息——瑶族宗教文书》（*Botschaften an die Götter. Religiöse Handschriften der Yao*），威斯巴登：Harrassowitz，1999，第 56—57 页，目录第 25 条。

66 **Cod. sin. 234**

25. 3 厘米×19. 2 厘米，边订（不交叉）；书衣由另一本文书的数张折页制成，封面已佚；29 张折页，推测末尾几页已佚，桑皮纸；品相佳；fol. 1b 空白；每页 9 列，每列 16—18 字。

标题（fol. 1a 标题页）：天师戒度科

正文起始（fol. 2a）：洞中玄虚光朗太玄~　奉道初真授械弟子厶唱拜上香一二三稔宝香再拜．运动步嘘

正文结尾（fol. 28b）：仰谢高真师造帅将而返驾今将财马迳诣付炉化炼讽三界承财土地

无地点。日期（fol. 28b）：戊戌岁伍月十二日（推测为 1898 年）。

度戒仪式的科仪。荆门，道公派。

始终为一种熟练且流畅的字体。

题记含写主名及日期（fol. 28b）。

附录："另集结发句在尾"（fol. 28b-29b）。

写主：卢经贤（fol. 1a）；书主：卢道缘（fol. 1a、4b、28b）。

67 **Cod. sin. 235**

26. 5 厘米×19. 5 厘米，边订（不交叉）；受损的棕色厚纸制书衣；20 张桑皮纸制折

页；边缘被撕破；fol. 19b-20b 空白；每页 9 列，每列 16—18 字。

标题（书衣）：礼境单时科

正文起始（fol. 1a）：先入启师也，十方速净天尊，金真演教天尊，洞中玄虚，向来早午晚时诵持，咒水遍敷十方洞赖

正文结尾（fol. 19a）：□我高功范，无边莫举留监斋醮与缴，还无我亦明，皈依求之道。早午晚朝事毕，师圣还堂

无地点。日期（fol. 5a）：大清国（推测为 19 世纪末至 20 世纪初）。

三朝醮仪式科仪。荆门，道公派。

不同的写主执笔，有红色句读。

题记含写主及谦辞（fol. 19a）。

写主：盘妙颜（fol. 19a）；原［?］书主：李经斋（书衣，fol. 3a）；后继书主及写主［?］：李道朝（fol. 3b）。

68 **Cod. sin. 236**

24 厘米×17. 5 厘米，边订（不交叉）；受损的书衣，以布筛荡料入帘形成的纸制成，封底已佚；20 张桑皮纸折页；边缘被撕破；fol. 10a 有被火烧出的洞，fol. 1b、2a-b、20a-b 空白；每页 8 列，每列 15—18 字。

标题（书衣）：朝天百拜科削罪；（fol. 19b）：百拜朝天削罪科；（fol. 1a 标题页）：朝天百拜

正文起始（fol. 3a）：太上正一百拜朝天谢罪宝忏，先举启堂诵唱，道酒洒净祝香启圣如常伏以斋戒事

正文结尾（fol. 19b）：参受天师门下弟子表章封．亟上诣府丹县官愿降临坛为凡传奏，厶日悬疏圣取关驾辇家者．百朝天削罪科拜

地点及日期（fol. 17b）：大清国云南道（推测为 19 世纪末至 20 世纪初）。

做斋仪式科仪。荆门，道公派。

由不同的熟练的写主执笔，局部有红色的句读及分段标记。

书主：邓朝光（fol. 1a）。

69 **Cod. sin. 237**

24 厘米×21 厘米，边订（不交叉）；书衣已佚，推测头尾几页已佚，不同品质的［桑皮?］纸，fol. 35 竹纸制；边缘被撕破，有污渍；fol. 1a 已佚，fol. 8a-b、fol. 30-35 为后来添补，fol. 34 和 35 之间有被撕去的两张折页的剩余部分；每页 9—11 列，每列 10—18 字。

标题：［喃灵科］

正文起始（fol. 1b）：亡灵得解脱，随道往生天，志心皈依命礼，青华常乐界

正文结尾（fol. 35b）：界有情登道岸，现存获福过去超升升上法桥逍遥快乐，度仙上圣天尊

无地点日期，推测为 19 世纪中。

用于送亡灵上路的做斋仪式科仪。荆门，道公派。

至 fol. 29b 为一位熟练的写主执笔，fol. 8a–b、30a–35b 由另一位相对生疏的写主执笔。有红色句读及分段标记，个别红字为之后添补。

书主：李金清（fol. 35b）。

70 **Cod. sin. 238**

25.5 厘米×22.5 厘米，边订（不交叉）；受损的桑皮纸制书衣；13 张桑皮纸制折页；品相佳；fol. 1b、12b、13a–b 空白；每页 8 列，每列 14—16 字。

标题（fol. 1a、2a、11b）：五斗道场

正文起始（fol. 2a）：五斗道场启．步嘘启，太上散花灯十方遍精诚诸天悉开朗，我今亦光影，五脏生华荧，焰光照太虚

正文结尾（fol. 11b）：十方臣等志心稽首礼谢无上，正真三宝，宝华完满天尊．五斗道场终毕

无地点。日期（fol. 1a）：乾隆四拾捌年癸卯岁庚申月（启腾集）（1783 年）；（fol. 12a）：壬戌月（批完）。

祭拜包括北斗星君在内的五斗星君的打醮仪式科仪。荆门，道公派。

始终为一种清晰且易识读的字体。

题记含标题、姓名及日期（fol. 11b–12a）。

书主：李经珠（fol. 1a、2a、11b）。

71 **Cod. sin. 239**

25.7 厘米×19.5 厘米，以搓捻形成的纸捻线边订；多层部分写有文字的旧纸制成的书衣；18 张桑皮纸制折页；fol. 1a–b、2b 空白；每页 9 列，每列 18—21 字。

标题（书衣）：礼境三时科；（fol. 2a）：礼境三朝演时科

正文起始（fol. 3a）：金阙化身天尊，醮坛正肃法事当行，记演治水解秽玄章神咒．念演洞中玄虚

正文结尾（fol. 17b）：醮主愿得长生与道含真，早/午/晚朝事毕师圣还堂各请复位赐福也．礼境演朝终毕

地点（fol. 8a）：大清国云～。完笔时间（fol. 2a）：道光拾捌年戊戌岁闰肆月拾捌丁时

（完笔）（1838 年）。

为除秽举办的三朝醮仪式科仪。荆门，道公派。

始终为一种熟练且流畅的字体。

附录：一张插入封面内页中的未书写的纸。

书主：卢道缘（fol. 2a、8b）及其子卢经莲、卢经贤（fol. 2a）；后继书主：邓妙{廷}（fol. 2a）。

72 **Cod. sin. 240**

26.5 厘米×20 厘米，重新边订（不交叉）；严重受损的桑皮纸制书衣，封底已佚；28 张桑皮纸制折页；边缘受损，有裂口、污渍、虫蛀；每页 9—11 列，每列 16—22 字。

标题（书衣）：神目科；（fol. 1a）：土府神目；（fol. 24b）：散花供愿神目科（一本）

正文起始（fol. 1a）：土府神目．承天万土神母地祇，上清土德地侯真君

正文结尾（fol. 23b）：天门开百福地□户闭千灾．川流子孙，散花供愿．神目科壹本终

无地点。日期（书衣）：道光捌年四月（1828 年）。

特定仪式中被邀请的神祇名单。[①] 荆门，道公派。

熟练的写主执笔，最后一张折页上有红色句读及分段标记。

题记含标题、持有说明及对后代的题词（fol. 23b）。

附录："又清醮香头"（fol. 24a-27a）；"大信请"（fol. 28a-b）。

书主［及写主?］：邓云合（书衣，fol. 14b、23b）；作为后继［?］书主登记：邓道兴（fol. 28a）。

73 **Cod. sin. 241**

23.5 厘米×22.5 厘米，边订（不交叉）；受损的书衣由多层不同品质的纸制成；21 张桑皮纸制折页；品相佳；fol. 1b、17a-b 空白，fol. 18a 已佚，fol. 18b 被倒置装订；每页 10—12 列，每列 14 字。

标题（书衣）：盘皇桥枱歌（壹本）

正文起始（fol. 2a）：稽首恭迎盘古帝，五姓欢喜筵归

正文结尾（fol. 16b）：撑寻东杨唱歌专，歌头歌尾专游々

无地点。日期（fol. 1a）：太岁戊戌年三月二十四日抄四月初一完．下元道光拾八年（浮簿）（1838 年）。

---

① 译校者注：又称为"神目"。

用于祭拜盘王的七言科仪。荆门，师公派。

易识读的字体。

书主：盘妙绽（fol. 1a）。

74 **Cod. sin. 242**

23.5 厘米×20 厘米，以竖着折叠搓捻而成的纸捻线穿过书边捆扎（毛装）；薄桑皮纸制书衣；14 张桑皮纸制折页；除边缘被撕破外品相佳；fol. 1b 空白；每页 7—8 列，每列 14—16 字。

标题（书衣）：升堂科

正文起始（fol. 1a）：监斋请高功句．我今击鼓向同々，县似鸣轮在碧中

正文结尾（fol. 17b）：步虚宥唱梵音声，到此讽经行道．升堂科完终．小臣蒋金华

无地点及日期［该书主另一文书 Cod. sin. 281 日期记为乙亥，推测为 1875 年］。

做斋仪式科仪。荆门，道公派。

由同一位熟练的写主执笔，红色句读及分段标记。铭文为未能识别的方形［名?］章（fol. 1a；参见 Cod. sin. 281、915）。

书主：蒋金华（fol. 1a）；后继书主：邓金相（书衣）。

75 **Cod. sin. 243**

24.5 厘米×21.5 厘米，边订（不交叉）；深色硬纸制书衣；17 张桑皮纸制折页；有裂口、污渍，有些折页被粘在一起；每页 8—9 列，每列 14—18 字。

标题（书衣）：礼境三时科；（fol. 17b）：丹抄．早午晚朝时

正文起始（fol. 1a）：灵通普化大尊，念演洞中玄虚光朗太幺

正文结尾（fol. 17b）：监斋过纠无我亦无明，各称各位．丹抄完

无地点。日期：大清国（推测为 19 世纪早期）。

做斋仪式科仪。荆门，道公派。

熟练的写主执笔，有中文注释及勘误。

书主：邓演冠（fol. 17b）；后继书主：李妙御（书衣），邓玄章（书衣），盘应圣（fol. 1a、9b）。

76 **Cod. sin. 244**

25.5 厘米×17.5 厘米，边订（不交叉）；书衣由另一文书的若干折页制成；书背由一本中国雕版印刷品的折页制成；48 张桑皮纸制折页；除有污渍、裂口外品相佳；fol. 1b 空白，fol. 48 为后来添加；每页 9 列，每列 14—18 字。

标题（fol. 1a 标题页、fol. 48b）：南灵科

正文起始（fol. 2a）：勘叹人生如电影，鸟飞兔走难留

正文结尾（fol. 48a）：大圣大慈大悲大｛躬｝南无大孝目连尊者．南灵科终

书衣旧料的制成地点（在表式中）：大清南掌国猛龙道属猛先青山王下淰巴江边恢河头水表高岭村（推测为老挝琅勃拉邦）。日期（fol. 1a）：嘉庆二十四年六月十五日刻暗（开笔乱抄也）（1819 年）。

做斋仪式科仪，用于送别亡灵。荆门，道公派。

熟练的写主执笔；有红色句读及分段标记；有中文注释及修改。

写主：盘文才（fol. 1a），盘黄寸（fol. 40b）；书主：盘妙颜（fol. 1a、34b）；后继书主：盘妙｛玉｝（fol. 30a），盘金僚（fol. 1a），盘道机（fol. 48b），邓妙｛连｝（fol. 1a）；做斋仪式与祭者（书衣）：盘妙辉、李氏、盘应机、李氏等。

77 **Cod. sin. 245**

26. 8 厘米×19. 5 厘米，边订（不交叉），含挂环；书衣由另一文书的若干折页制成；42 张桑皮纸制折页；除有水渍外品相佳；fol. 1b、2a-b、41a-42b 空白；每页 8—10 列，每列 14—20 字。

标题（fol. 1a 标题页、fol. 40b）：南灵科

正文起始（fol. 2a）：勘叹人生随电影，鸟飞兔走难留

正文结尾（fol. 40b）：琉璃殿中，登自在，顶礼无上，师宝尊，步厶到仙皆．二合．生天德道天尊．南灵科终毕

无地点及日期，推测为 20 世纪初。

做斋仪式科仪，用于送别亡灵。荆门，道公派。

相对生疏的写主执笔；有紫色句读及分段标记；在天头处有用于隔开版面的横线。

书主：卢云太/态（fol. 1a、40b）。

78 **Cod. sin. 246**

23. 3 厘米×20. 2 厘米，以搓捻而成的纸捻线从 3 处穿过书背捆扎；以布筛荡料入帘形成的厚［竹?］纸制书衣；19 张桑皮纸制折页；有污渍；fol. 19 被撕去，有缺损；每页 10 列，每列 14 字。

标题（书衣）：接圣科

第一篇正文

正文起始（fol. 1a）：稽首打只茶饭右，复有㰖楼下水船，立下著山谢你打，口边著吹任横吹

正文结尾（fol. 8a）：到次接圣完毕了

第二篇正文

正文起始（fol. 8a）：又香花伍供启宣．番首你打阳手古，复首又打古涟々

正文结尾（fol. 19b）：□□□司上坛头

无地点。日期（书衣）：皇上光绪三十四年戊申岁四月初五日（完笔）（1908 年）；五月初五日戊辰日丁未旬。

用于请神①及献祭仪式的七言科仪。荆门，师公派。

始终为一种流畅的字体，有红色分段标记。

题记含写主的谦辞（fol. 19b）。

书主及写主：邓云堂（书衣）；后继书主［?］：许法财（书衣）。

79 **Cod. sin. 247**

27 厘米×20 厘米，由数种不同文书的部分书页合订而成，沿书边、书背装订，含小挂环；厚纸制书衣，封底已佚；16 张［桑皮纸制?］折页，纸张规格不同；fol. 1b 空白；每页10—11 列，每列 20—23 字。

标题：［斋秘语?］

正文起始（fol. 6a）：又飞血湖章法．先想其章是金龙升送上月府日宫金星三三九重天至金单星午天尽处

正文结尾（fol. 16a）：想传邓帅皆飞往至九天金单星下三天祭鬼处也

无地点及日期，推测为 19 世纪末至 20 世纪初。

做斋仪式的秘语。荆门，道公派。

由同一位熟练的写主执笔，行书体；有红色分段标记，有页码；铭文为“□□号记”的名章（书衣）。

附录：两个字“严宝”（书衣）；“叩师师诸司兵马拥身斋子”（fol. 1a-b）；“又祭各佛子法”（fol. 2a-2b）；“又祭各佛子法”（fol. 3-5）。

传度师：邓妙｛宴｝（fol. 1b）；写主［?］：黄经达（fol. 1a）；书主：黄玄杰（fol. 1b）。

80 **Cod. sin. 248**

25. 6 厘米×19 厘米，边订（不交叉）；竹纸制书衣为后来添加，封底已佚；30 张桑皮纸折页；有裂口；fol. 1 推测为后来添加，fol. 1b 空白，fol. 30b 已佚；每页 9 列，每列

① 译校者注：又称为“会圣”“接圣”等。

16—17字。

标题（书衣、fol. 1a）：天师戒度颗

正文起始（fol. 2a）：洞中玄虚光朗太玄~　奉道初真授械弟子厶唱拜上香，一二三稔宝香再拜，运动步嘘

正文结尾（fol. 30a）：仰谢高真师造帅将而返驾，今将财马迳诣付炉化炼，讽三界承财土地咒~

无地点。完笔日期（fol. 30a）：道光甲辰岁伍月廿五日（抄完毕）（1844年）。

度戒仪式科仪。荆门，道公派。

始终由同一位熟练的写主执笔，有红色分段标记；步罡踏斗图解。

书主：邓道海（fol. 4b）；后继书主：邓玄利（书衣、fol. 1a）。

81 **Cod. sin. 249**

27厘米×19.5厘米，边订（不交叉）；书衣已佚；56张桑皮纸制折页；fol. 56有缺损，fol. 1a已佚；每页12列，每列21字。

标题：［斋醮秘语？］

正文起始（fol. 2a）：一论斋醮人来初请之法：先烧香叩师捲收传三魂七魄闪传额上去连共传身破入月底

正文结尾（fol. 56b）：即诸天宝金银散洛地与主长生福寿禄增也大吉矣

无地点。附录日期（fol. 1b）：道光廿四年（立簿记）（1844年）。

做斋、打醮仪式所用秘语。荆门，道公派。

始终为一种易识读的字体，有红色句读及分段标记；符（fol. 11a）。

附录：注明时间的关于借贷生意的记录；合伙人：李胜秀、黎氏（fol. 1b）。

书主：卢道解（fol. 29a、33b）。

82 **Cod. sin. 250**

27厘米×33厘米，边订（不交叉）；受损的由多层桑皮纸制成的书衣；10张折页，由逐渐变黑的桑皮纸制成；有裂口、污渍；fol. 10空白；每页13列，每列20—21字。

标题（书衣，fol. 1a标题页）：茭筒破狱科

第一篇正文

正文起始（fol. 2a）：天堂享太福，地狱五苦声，酆都罢对天尊，洞中玄虚光朗太玄，十方肃静天尊，向来诵持咒水

正文结尾（fol. 5a）：永度散涂吾苦八难，超升三界逍遥上清无道含眞

第二篇正文

正文起始（fol. 5a）：启师破狱科．金阙化身天尊念演洞中

正文结尾（fol. 9b）：上方锯解，下方无简，中央普掠

无地点。日期（fol. 1a）：天运太岁己卯八月（录）（1819 年或 1879 年）。

用于超度阴间亡灵的做斋仪式科仪。荆门，道公派。

始终为一位熟练的写主；有红色句读、分段标记及中文注释。

书主：邓演天（fol. 1a）；后继书主：李玄机（fol. 1a），登云瞻（fol. 1a）；登记为仪式法师：邓金盛（书衣）。

参见［德］贺东劢（Thomas O. Höllmann）、傅敏怡（Michael Friedrich）：《给神灵的讯息——瑶族宗教文书》（*Botschaften an die Götter. Religiöse Handschriften der Yao*），威斯巴登：Harrassowitz，1999，第 68—69 页，目录第 36 号。

83 **Cod. sin. 251**

25 厘米×21 厘米，边订（不交叉）；竹纸制书衣；封底已佚；23 张桑皮纸制折页；除褶皱外品相佳；fol. 1b 空白；每页 9 列，每列 16—17 字。

标题（fol. 1a 标题页）：正一雷府解冤科

正文起始（fol. 2a）：奉道正一雷府解冤救患祈福保安切念醮主厶来诣炉前

正文结尾（fol. 23a）：浇茶跪酒奉上圣以还天稽首拜辞扬圣．回驾返驾天尊，宝华完满天尊，留恩赐福天尊

无地点。日期（fol. 23a）：皇上｛光｝绪十九年癸巳岁正月初日（抄成了）（1893 年）。

正一派打醮仪式科仪，用于祭拜雷神及超度冤魂。荆门，道公派。

始终由一位字迹潦草的写主执笔；有红色句读及分段标记，有页码；后来补绘的一只老虎（fol. 3b）及一匹马（fol. 5a）。

题记含日期、写主、持有说明、谦辞及对后代的题词（fol. 23a）。

写主：邓乐昌（fol. 23a）；书主：邓云堂（fol. 1a、2b、3a、8b、13a、19b、23a）。

84 **Cod. sin. 252**

24. 5 厘米×19. 5 厘米，边订（不交叉）；在原书衣（封面已佚）上后来添加的书衣由多层部分被粘在一起的另一文书的折页旧料制成；在其上有一张［包装?］纸，在书背处装订；19 张桑皮纸折页；除有污渍外品相佳；每页 8 列，每列 14—15 字。

标题（书衣）：宿启科

正文起始（fol. 1a）：金阙化身天尊，念演天地自然秽气分散，洞中玄虚光~醮坛整宿法事当行

正文结尾（fol. 18b）：回拜五道前用宝庄严福流醮主愿得长生与道含眞

无地点及日期；推测约为 19 世纪。

打醮仪式前启坛请圣的科仪。荆门，道公派。

始终为一种流畅的字体；有红色句读及分段标记。

附录：部分为另外的一篇科仪（fol. 6a）；页码数 18（原书衣）。

书主：邓云｛旦｝（fol. 6a），邓云联（fol. 11b）；后继书主［?］：李经林（书衣）。

85 **Cod. sin. 253**

21. 7 厘米×20. 5 厘米，边订（不交叉）；书衣为另一文书的折页旧料所制；27 张桑皮纸折页；有裂口、污渍；每页 8 列，每列 11—12 字。

标题（fol. 1a）：小关告科．小关告符吏敕坛在中．会圣在尾

第一篇正文

正文起始（fol. 2a）：奉道一正筵生醮主ムム来诣金炉前唱拜上香々入金炉福回再拜

正文结尾（fol. 6b）：小关告完笔

第二篇正文

正文起始（fol. 6b）：又入敕坛用去．又入会圣开．金阙化身天尊

正文结尾（fol. 22b）：敕坛科完笔了

第三篇正文

正文起始（fol. 18a）：又重集会圣在尾．大道洞玄虚

正文结尾（fol. 22b）：尚来酒陈告毕处备十供凡仪普伸奉献

无地点。完笔日期（fol. 1a）：甲寅年五月（提笔完）（推测为 1854 年）。

做斋仪式前启坛请圣的科仪，用于建立和净化神坛并请神。荆门，道公派。

始终由一位熟练的写主执笔，有红色分段标记；符（fol. 8a、17b、26a），步罡踏斗图解（fol. 16、17a）。

附录："从入十供科成醮斋献或家献"（fol. 22b）；"重集小大斋洞中咒"（fol. 22b）；"又｛诵｝经用也"（fol. 24a）；"三元皈依戒度用"（fol. 25a-26a）；"皈依戒度"（fol. 27b）。

书主：盘经毫（fol. 1a、8b、16a、17a）。

86 **Cod. sin. 254**

26. 5 厘米×19 厘米，边订（不交叉）；书衣由另一本文书的脆竹纸折页制成；28 张桑皮纸制折页；边角被磨损、有洞，除此之外品相佳；fol. 1b 空白；每页 8 列，每列 19—20 字。

标题（fol. 1a 标题页）：雷府解冤科

正文起始（fol. 2a）：奉道正一雷府解冤救患祈福保安切念醮主ムム来诣炉前一二三念眞上宝香

正文结尾（fol. 28b）：志心称念宝华完满倾光回驾回鸾返驾天尊．向来化财送鹤驾还宫洞赖善缘~

地点及日期（fol. 4a、8a、13b）：大清国云南道（推测为 19 世纪）；附录的日期（封面）：戊戌年（推测为 1898 年），丁酉年（推测为 1897 年）（书衣）。

打醮仪式科仪，用于祭拜雷神。荆门，道公派。

始终为一位写主，有红色句读及分段标记、中文注释、符（fol. 27a、28a-b）。

附录：两位祖先的出生日期［?］（封面）。

书主：李道照（fol. 1a），与盘氏一起也作为仪式的祭主（书衣）；后继书主：李显才（fol. 20b、21b），李应桂（fol. 1a）；被称为祖先的：李显振、邓氏（封底）。

87 **Cod. sin. 255**

26 厘米×19.3 厘米，边订（不交叉）；受损的书衣由染成棕色的有筛纹的桑皮纸所制；17 张桑皮纸制折页；fol. 1b 有大面积缺损，fol. 17a 空白；每页 10 列，每列 12 字。

标题（书衣、fol. 1a）：丧家遶棺科．夫妻慈母十王唱

第一篇正文

正文起始（fol. 2a）：夫妻遶棺科启，道宝至尊能广全，度说众生诸苦海，证盟报孝遍周全，演说妙恩缘

正文结尾（fol. 12b）：再祝弟兄诸姐妹，来委何年会，伏惟殄种别今时，谁不痛伤悲

第二篇正文

正文起始（fol. 12b）：又慈母遶棺科．第一怀胎恩守护累却生身苦

正文结尾（fol. 16b）：扶持送葬了还山，将去地埋葬，大圣辞祝别~ 痛哀伤~心肝

无地点及日期，推测为 19 世纪。

葬礼科仪。荆门，道公派。

始终为一种熟练、流畅的字体。

题记含标题名及持有说明（fol. 17b）。

书主：盘朝正（书衣，fol. 12b、17b）；作为后继书主［?］登记：盘金明（fol. 17b），盘满男（fol. 17b），盘金升（fol. 17b），盘玄｛郁｝（fol. 1a）。

88 **Cod. sin. 256**

26 厘米×24 厘米，边订，从 3 处穿过书背，用合股线重新装订；受损的书衣由薄［桑

皮?］纸制成；12 张折页，推测末尾有几张已佚；每页 10 列，每列 16—20 字。

标题（封底）：急时救患秘语

正文起始（fol. 1a）：一论主初来请法：先念传师唐文保葛文仙周文达下降献伍供了

正文结尾（fol. 12b）：出金星一界天门又出日宫一界火门又到出月府一界水门至阳界仲主妻眷厶氏同前

无地点及日期，推测为 19 世纪中。

用于祭拜太上老君的仪式秘语。荆门，推测为师公派。

始终为一位熟练的写主，有红色分段标记。

89 **Cod. sin. 257**

25.5 厘米×22 厘米，边订（不交叉）；受损的厚纸制书衣，残全不全；21 张桑皮纸制折页；有裂口、折痕、污渍；fol. 1b、2a、21a 空白，fol. 21b 已佚；每页 8—9 列，每列 16 字。

标题（标题页 fol. 1a）：大小斋神目．拔亡三七贡王神目．竹年青醮神目．土府神目．延生醮目．凶路贡王救苦青玄救苦目

正文起始（fol. 3a）：拔亡三七贡王圣目．上左班．又下班一百五十一名．十方巳德大道圣众．十方玄老君丈人

正文结尾（fol. 19b）：墓内直日功曹使者．本境厶大王．厶家厶代祖迺先灵各位．当日士力风火等神．圣前恭望~

无地点及日期，推测为 19 世纪。

不同的打醮及做斋仪式中被呼唤的众神列表。荆门，道公派。

始终为一种流畅的字体；有红色句读及分段标记。

由另一位写主所写的附录：补遗（fol. 1b、20b）。

书主［及写主?］：蒋道玉（fol. 1a、20a）。

90 **Cod. sin. 258**

27 厘米×20.5 厘米，以绳子边订（不交叉）；书衣由硬［竹?］纸所制；27 张桑皮纸制折页，推测起始几张已佚；有污渍，边缘被撕破，有洞；起始的折页为后来添加，fol. 27b 空白；每页 11 列，每列 16—18 字。

标题（书衣）：（一本）集秘语．安龙伸魂解冤大刑坟｛歒｝棺木也

正文起始（fol. 1a）：又祭老寿人日回法．先想传身为他母胞胎取二位新人夫

正文结尾（fol. 26b）：十二快丹养他自在舟个衣前割了衣甲乙急如律令，同前升十二个了法书

无地点。完笔日期（fol. 26b）：道光九年己丑岁六月十六日（秘完笔）（1829 年）。

仪式秘语，用于安抚地龙及镇墓。荆门，道公派。

熟练的写主，有红色句读、分段标记及其他标记；个别列及标题为后来添加；符（fol. 8a、9a）；与列同宽的步罡踏斗图解（fol. 18a）。

题记含日期和题词（fol. 26b）。

由另一写主执笔的附录：草稿，符（fol. 27a）。

书主：卢道鲜（fol. 18b）；后继书主：盘玄颜（书衣）。

91 **Cod. sin. 259**

26.5 厘米×19.5 厘米，两本文书（fol. 1-16、fol. 17-35）穿过书边捆扎，含挂环；受损的厚纸制书衣，其外页有筛纹，内页有泰文（傣仂文）；35 张桑皮纸制折页；有污渍、裂纹，首尾折页受损；fol. 1b 空白；每页 8—12 列，每列 14—23 字。

标题（书衣）：小关科（在头）土府（供）筵生三时（在尾）；（标题页 fol. 1a）：小关告送圣共安龙科；（fol. 35b）：土府筵生三时科（一本）

第一篇正文

正文起始（fol. 2a）：奉道正一安龙伸斗解冤值福保安初念醮主厶来诣圣前请拜上香

正文结尾（fol. 6b）：速去速来，洞赖善功成无上道．小关告科完毕

第二篇正文

正文起始（fol. 6b）：入送圣文去也．仰祈三元五师思圣帅将吏兵

正文结尾（fol. 8b）：洞赖善缘成无上道．倾光回驾天尊．送圣科完毕

第三篇正文

正文起始（fol. 8a）：重禄安龙科．洞中玄虚～奉到安龙谢墓醮主厶凡世香（显）

正文结尾（fol. 12a）：一切土皇墓所光荣洞赖善～

第四篇正文

正文起始（fol. 12a）：又入三献科．衣前请圣目也．伏闻墓中禁忌安谢龙神

正文结尾（fol. 15b）：当因前圣以兴隆遣邪归正天尊

第五篇正文

正文起始（fol. 15b）：入安镇科．谨按东方青帝镇墓龙王

正文结尾（fol. 16b）：向来三尊圣号一赞完成同赖善～辞圣回｛辞｝

第六篇正文

正文起始（fol. 17a）：金真演教天尊，醮斋坛整启作法事当行念演洞中玄虚～

正文结尾（fol. 35a）：步嘘退朝，学仙行为急，奉戒至乐成，去煞正气处，仙圣若相寻，若不信法言，何为太山林

日期及地点（fol. 24a）：大清国云南道（推测为 19 世纪中期。）

做斋仪式前启坛请圣的科仪，建造墓地时用于安抚地龙，亦用于延寿。荆门，道公派。

流畅的字体，第二篇正文由另一位写主执笔，并在若干处有句读。

第二本正文的题记含标题（fol. 35b）。

附录：草稿（封底内页）。

写主：李道严（fol. 1a、8a、13b、15b）；书主：温老三（书衣、fol. 7a）；后继书主［？］：温云玉（fol. 34b）。

92 **Cod. sin. 260**

26 厘米×19 厘米，以竖着折叠搓捻而成的捻线在一侧捆扎（毛装）；书衣已佚；62 张折页，推测头尾几张已佚，桑皮纸；有污渍、裂纹；每页 8 列，每列 16—18 字。

标题：［诸品经］

正文起始（fol. 1a）：急如律令．净口神咒，灵宝天尊，安尉自刑，弟子魂魄，五藏玄真

正文结尾（fol. 62b）：善男信女人而有起动变化风雨转黑暗竭

无地点及日期，推测为 19 世纪。

道教经典节录集。荆门，道公派。

熟练的写主；用圆珠笔写的泰文注释（傣仂文，fol. 7b、8a）。

93 **Cod. sin. 261**

25. 5 厘米×19. 7 厘米，用线在一侧重新捆扎；书衣已佚；33 张桑皮纸制折页；除有裂纹、折痕、污渍外品相佳；每页 10—12 列，每列 19—22 字。

标题（书衣 fol. 1a）：救患秘语

正文起始（fol. 3a）：一论初请之法．先存取传三个影容七个魂影传左三魂右七魄闪入左脚同骨内

正文结尾（fol. 31b）：情通殿逢帐氏首事劳烦师祖无事吾退月府日宫金星元始天尊了

无地点。日期（fol. 32a）：道光十八年戊戌岁秋季（抄完）（1838 年）。

用于抵御恶灵、疾病及其他不祥的秘语。荆门，道公派。

始终为一种流畅的字体，有红色分段标记，若干处有红色句读；方形“道经师宝”印（fol. 1a、31b）。

题记（fol. 31b-32a）：标题、持有说明及完成手稿所需费用。

附录：借贷字据（fol. 1a）；页码数 29（fol. 1a）；延寿仪式所用的秘语摘录（fol. 2a）；

不同的仪式指南（fol. 32a–33a）。

书主：蒋道上（fol. 31b），蒋法贤（fol. 2b、31b）；传度师：李云暹（fol. 2b）；作为后继书主［?］登记：李胜琉（fol. 33a）；在附录中被登记：蒋云经（fol. 1a），李云书（fol. 1a）。

94 **Cod. sin. 262**

23.7 厘米×17.5 厘米，穿过切口装订；严重受损的棕色纸制书衣；67 张桑皮纸制折页；部分版口处被撕开，有火烧痕迹、污渍、水渍；fol. 37–65 下方边角有大面积缺损。

标题（书衣 fol. 1a）：杂良书中卷

正文起始（fol. 2a、表）：三九六，十二月

正文结尾（fol. 66b）：占周公出行图

无地点。成书时间（fol. 1a）：光绪十五年八月拾三日（抄院书）（1889 年）；附录时间（fol. 1b）：大清光绪廿七年三月初五日（立簿）（1901 年）；（fol. 67a）：太岁癸酉年乙卯月辛酉朔甲子旬越至癸酉日（推测为 1933 年）。

关于占卜及风水的说明手册。推测来自中国。

熟练的写主，一些字有经修改；绘有表格（fol. 2a–5a、16b–20b、42b–43a、44a–b、64b）、示意图①（fol. 15b、45a–46a、66b）及手诀（46b、52b、56b、59b）。

附录：含日期的借贷记录，为书主举办婚礼所用（fol. 1a）；借钱和粮食的记录（fol. 1b、67 a–b）；标题及一位［后来?］书主（fol. 67b）。

书主：李道和（fol. 1a）；后继书主：李朝妙（fol. 67b）；在附录中作为贷方被登记（fol. 67b）：赵元通、赵德卯、冯胜文、冯胜珠、赵进财、李进金、冯金｛先｝。

95 **Cod. sin. 263**

23 厘米×17 厘米，一侧重新捆扎，含挂环；书衣由尚未制成革的兽皮制成；74 张桑皮纸折页；版口常被撕开，有火烧痕迹、裂口，首尾两张折页严重受损；fol. 50、74 残缺不全。

无标题

正文起始（fol. 2a）：学道当［勤苦修］信运丹诚，烧香归太□真气杂声香

正文结尾（fol. 73b）：神仙返驾天尊

---

① 译校者注：fol. 15b 的示意图题为“占六元掌顺行”，被置于《占择六十甲子受戒》一文中。fol. 45a–46a 有五个示意图，都位于页面上半部分，标题分别是“占四大亡［?］鬼入墓图”（fol. 45a）、“占安葬日周堂”（fol. 45a）、“占除灵周堂”（fol. 45b）、“占修斋打周堂”（fol. 45b）、“占出柩周堂”（fol. 46a）。fol. 66b 的示意图题为“占周公出行图”。

地点及日期（fol. 23b、42b）：大清国云南道（推测为 19 世纪初）。

“盟真”“玉京”“救苦”类做斋仪式科仪。荆门，道公派。

熟练的写主；有之后添补的红色句读及分段标记、若干中文注释。

书主：盘道亮（fol. 22a）；后继书主：盘玄财（fol. 63a）。

参见［德］贺东劢（Thomas O. Höllmann）、傅敏怡（Michael Friedrich）：《给神灵的讯息——瑶族宗教文书》（*Botschaften an die Götter. Religiöse Handschriften der Yao*），威斯巴登：Harrassowitz，1999，第 25 页，兽皮制书衣图。

96 **Cod. sin. 264**

25 厘米×15. 5 厘米，穿过书边及书背装订；脆纸制封面，封底由另一文书中写有文字的一张折页制成；除有折痕、污渍外品相佳；每页 6—8 列，每列 12—20 字。

标题（书衣、标题页 fol. 2a）：谢雷伤科

正文起始（fol. 3a）：奉道解谢雷伤教主厶~香水了人关告

正文结尾（fol. 14a-b）：长生保命天尊，八卦护身天尊，宝华完满天尊，倾光回驾天尊，不可思议功德．谢雷伤科终

无地点。日期（fol. 1a）：大清嘉庆贰拾三年戊寅岁丁未月中旬（1818 年）。

用于祭拜雷神的打醮仪式科仪。荆门，道公派。

不同的写主执笔，有红色分段标记。

题记含标题及持有说明（fol. 14b）。

写主：李经珠（fol. 1a）；书主：李玄慧（fol. 14b），李玄柱（fol. 14b）。

97 **Cod. sin. 265**

26. 5 厘米×19. 5 厘米，边订（不交叉）；受损的竹纸制书衣；32 张桑皮纸制折页；除有水渍、轻微虫蛀外品相佳；fol. 32a 空白。

标题（书衣）：新文科；（标题页 fol. 1a）：道教师教僧教新文科；（fol. 1b）：新文道师同用

第一篇正文

正文起始（fol. 2a）：太上天尊经，天下请圣神鬼经，玉皇三清，造天造地经

正文结尾（fol. 10a）：｛浮｝ 献众 ｛皇｝ 师采奉献上圣众 ｛皇｝

第二篇正文

正文起始（fol. 10a）：次玄教献拾供也．香炉烟气奏连连

正文结尾（fol. 29b）：行马坛官出到外执简化才

无地点。日期（fol. 29b）：咸丰年十二年正月二十八日申时太岁壬戌年（1862 年）。

有道公派、师公派及佛教影响的度戒仪式科仪。荆门。

始终为一种潦草的字体，有行为指南，有红色分段标记，名字用红色标出，红色句读；后来增补的一些段落和注释。

题记含日期、页码（28）、书主及对后代的题词（fol. 29b）。

附录："击鼓用"（fol. 29b-30b）；"又别经叫亡用"（fol. 31b）；荆门妇女头巾刺绣花样中使用的文字的列表，"双人头巾字"（fol. 32b）。

书主以化名"宫音"（为邓及冯姓人所用）、名"显坚"登记（fol. 1a、7b、10a）。

98 **Cod. sin. 266**

26.5 厘米×21 厘米，用绳子在一侧捆扎；之后补订的桑皮纸书衣，封底已佚；26 张桑皮纸折页，末尾几页推测已佚；有水渍；fol. 26 残缺不全；每页 8 列，每列 17—19 字。

标题（标题页 fol. 1a）：茭龙破狱科；（fol. 1b）：狱门五方在炼度尾救苦旛在尾

第一篇正文

正文起始（fol. 2a）：天堂享太福厶念洞中玄虚~伏以一炷氤氲禄珠，馥郁缠焚金炉之内，便通圣造之前

正文结尾（fol. 7a）：又道诵亡亡酆中~送龙化狱前．茭龙科终

第二篇正文

正文起始（fol. 7a）：又启师狱科启．金阙化身天尊，念演洞中咒．十方肃静天尊，向来诵持妙咒

正文结尾（fol. 26a）：向来敕破地狱煞点神灯功德无限良因，奉为斋主厶厶集此功勋专神

无地点。日期（fol. 1a）：丙辰年四月十五日（抄完）（1856 年）。

正一派的做斋仪式科仪，用于超度阴间亡灵。荆门，道公派。

始终为一位熟练的写主；阴间大门的绘图（fol. 24b）。

原书主［及写主?］：李道容/镕（fol. 21b、24b）；作为后继书主［?］被登记：邓玄按（fol. 2a、18b），李云｛籙｝（书衣），李外通（fol. 1a）。

99 **Cod. sin. 267**

26.5 厘米×20.5 厘米，以搓捻而成的纸捻线在一侧捆扎，含挂环；书衣已佚；16 张薄桑皮纸制折页，起始几页推测已佚；书芯边缘及书角受损；每页 8 列，每列 21—25 字。

标题（fol. 16b）：伸斗科

正文起始（fol. 1a）：流滇，振九江，洒人々长寿，洒鬼々灭形，一洒如霜，二洒如雪

正文结尾（fol. 16b）：送圣还宫洞赖善功善完成无上道，倾光回驾天尊．伸斗科完笔

终尾

地点（fol. 3a）：大清南掌国猛龙厶厶菁山王下厶水表高岭村（南掌国猛龙，推测为老挝北部琅勃拉邦）。日期（fol. 16b）：癸丑年腊廿一日次（完笔）（推测为1853年）。

正一派的打醮仪式科仪，用于祭拜北斗。荆门，道公派。

始终为一位熟练的写主；有红色分段标记，神灵名及动作说明用红色标出，有红色句读；两张符（fol. 6a）以及北斗形状的灯（fol. 6b）的图示。

100 **Cod. sin. 268**

26厘米×21厘米，边订（不交叉）；之后补装的书衣，由一张以布筛荡料入帘而成的纸制成，罩在书背上并被装订在上面；26张桑皮纸制折页；有裂口、水渍，书芯上端边角严重受损；每页12列，每列22—29字。

标题（书衣、标题页 fol. 1a）：丧家秘语

正文起始（fol. 2a）：次件老人做道家预修斗路瓶法结布用．斗露瓶即是玉清救苦华玄清华玄举李清玄是祖母元君

正文结尾（fol. 26b）：洞庭湖十二铁板同板盖过不动也．衣旧退回路也

无地点。日期（书衣、fol. 1a）：道光元年吉月吉日吉时（抄毕也）（1821年）。

做斋仪式的秘语。荆门，道公派。

不同的写主执笔；有红色分段标记；用于封住棺材盖的符（fol. 24a-b）；符（fol. 13a-b、17b、21b、23b、24a）；一枚淡淡的方形印，推测为“道经师宝”（fol. 1a）。

附录：“镇”的不同方法（fol. 34b-35a）。

书主：李妙能（fol. 5a）；后继书主：李经清（fol. 1a），李玄贵（书衣、fol. 1a），李玄｛琴｝（fol. 1a），李玄琇（书衣）。

101 **Cod. sin. 269**

26.5厘米×21厘米，用绳子在一侧重新捆扎；书衣已佚；36张折页，推测首尾几页已佚，严重变黑的薄桑皮纸；有裂口，折页边缘处有缺损；fol. 1a已佚；每页8列，每列14—17字。

标题：［喃灵科］

正文起始（fol. 1b）：亡灵见道经师忏礼，道经师大道，元始灵宝道德天尊

正文结尾（fol. 36）：随师觉性早园明好判白云呈三奠酒祝别在前

无地点及日期，推测为18世纪末至19世纪初。

用于送别亡灵的做斋仪式科仪。荆门，道公派。

始终为一位熟练的写主；从 fol. 11b 起有已褪色的红色句读。

写主以化名“｛陋｝河郡子”被登记（fol. 15a）。

102 **Cod. sin. 270**

24. 7 厘米×18. 8 厘米，穿过书边及书背重新装订；书衣已佚；15 张桑皮纸制折页；有虫蛀，起始几页有火烧出的洞，除此之外品相佳；fol. 1b 空白；每页 9 列，每列 22—23 字。

标题（标题页 fol. 1a）：玉皇中卷

正文起始（fol. 2a）：高上玉皇本行集经卷之中．太上光明圆满大神咒第二．尔时天地始祖五老上帝稽首长跪

正文结尾（fol. 15b）：玄中教主大法师，流芳演派度群迷，紫气贯经霓清净，无为天地悉皆归

无地点。日期（fol. 1a）：咸丰伍年春月朔六日吉旦（抄）（1855 年）

献给玉皇大帝的道教经典文书。荆门，道公派。

始终为一位熟练的写主；有页码；折页加标题页（“皮”）共计 16 页（fol. 1a）。

原书主：李妙福（fol. 1a，被抹去）；后继书主：邓道谕（fol. 1a）。

103 **Cod. sin. 271**

23. 5 厘米×17. 5 厘米，以竖着折叠搓捻而成的纸捻线穿过书边捆扎（毛装），含挂环；书衣已佚；22 张桑皮纸制折页；除有水渍外品相较佳；fol. 1a 已佚；每页 10 列，每列 18—19 字。

无标题

正文起始（fol. 2a）：先叩祭师龛堂念格道正先叩祭师证盟献伍供神师了

正文结尾（fol. 21b）：高明大帝各案天府饱满了吉利也

无地点。日期（fol. 12a）：太岁癸酉年十月初三日（1873 年）；（fol. 21b）：太岁宣统贰年庚戌七月十二日辰时（抄完）（1910 年）。

秘语。荆门。

始终为一种易识读的字体；有红色分段标记，神灵名以红色标出；符（fol. 7b、8b）、若干红色“三元考召印”（fol. 1a-b、2a、13a、21b）。

题记含日期、印章及持有说明（fol. 21b）。

书主：蒋经｛寮｝（fol. 12b、21b）。

参见［德］贺东劢（Thomas O. Höllmann）、傅敏怡（Michael Friedrich）：《给神灵的讯息——瑶族宗教文书》（*Botschaften an die Götter. Religiöse Handschriften der Yao*），威斯巴登：Harrassowitz，1999，第 27 页，图 IV. 2 三元考召印。

104 **Cod. sin. 272**

24 厘米×17 厘米，穿过书边及书背装订；书衣已佚；47 张折页，推测首尾几页已佚，桑皮纸；首尾两张折页轻微受损；每页 6—7 列，每列 18 字。

标题（fol. 27a）：清醮宿启科；（fol. 27b）：清醮设醮科

第一篇正文

正文起始（fol. 1a）：金真演教天尊，醮坛整肃法事当陈，念演天地自然秽气分散，洞中玄虚~

正文结尾（fol. 27a-b）：向来良霄建坛宿启朝真礼圣证鉴醮功完诚洞赖善缘成无上道．清醮宿启科完笔

第二篇正文

正文起始（fol. 28a）：次重集清醮设醮科启．玉磬声分动，金鼓敬重鸣，宝炉香再热，纳惆望从容．臣各恭敬仰望天颜烧香设醮奉请

正文结尾（fol. 47b）：横事不扰祸似冬茆不生自灭耕种丰登一切祈…

无地点。日期：大清国（推测为 19 世纪）。

用于打醮仪式前启坛请圣以及用于除秽的打醮仪式的科仪。荆门，道公派。

始终为一种规整的字体；有红色句读、红色分段标记；个别字及动作说明以红色标出。

后继书主［?］：杨妙乐（fol. 27b、35a）。

105 **Cod. sin. 273**

23. 5 厘米×16. 5 厘米，穿过书边及书背重新装订；严重受损的书衣由薄桑皮纸制成；23 张薄桑皮纸制折页；除书芯的边角轻微受损外品相佳；fol. 23b 已佚，22b、23a 空白；每页 8 列，每列 22—27 字。

标题（书衣、fol. 20b）：告斗科

正文起始（fol. 1a）：奉道正一玉皇告斗救患祈案醮主来仪圣请拜上香．一念宝［香］二念真香三念明香已不复回拜

正文结尾（fol. 20b）：诸尊圣号无量不可思议功德向来财马化炼奉送鸾返天洞赖善缘成无上道．告斗科完毕

地点（在 fol. 21a 表式内）：大清国暹罗道。附录日期（fol. 22a）：光绪太岁（1875—1908 年）。

用于祭拜北斗的打醮仪式科仪。荆门，道公派。

始终由一位写主执笔；有红色句读及分段标记，动作说明以红色标出；符（fol. 6a-b、

20b），步罡踏斗图解（fol. 5b）。

附录：由李金匣填写的表式（fol. 21a–22a）。

书主：李金/｛完｝礼（fol. 6b、7a、13a、16a）；之后的书主：李经田/金匣（书衣、fol. 21a），李道贺（fol. 6a），李道贵（fol. 6a）。

106 **Cod. sin. 274**

25 厘米×19 厘米，以搓捻而成的纸捻线在一侧装订；书衣由厚且硬的棕色纸制成，有虫蛀；fol. 1b、31a、32a–b 空白；每页 7—8 列，每列 18—24 字。

标题（书衣）：丧家秘语；（fol. 16b）：丧终秘法；（fol. 29a）：丧重秘语；（fol. 31b）：丧重金语

正文起始（fol. 2a）：一论老道预修升度法．预修人想是虫蛴化身去到西江水金龙｛杭｝

正文结尾（fol. 29a）：兵马朝揖十二方位是虫然虫推春推亡故睡若迷々不醒也

无地点。日期（fol. 1a）：皇号咸丰五年乙卯岁下朔二十三日申时（完毕）（1855 年）。

用于葬礼的秘语。荆门，道公派。

始终为一位熟练的写主；有红色句读及分段标记，神灵名及动作说明以红色标出；符（fol. 19b、27a），红色方形“道经师宝”印章（fol. 1a、5b、6a、16b、18b、19a、20a、28a、31b）。

题记含标题及持有说明（fol. 29a、31b）。

附录：“十二库名”（fol. 2a）；“一论度籙之法”（fol. 29a）；“一论赵籙之法”（fol. 30a）。

书主：盘妙任（fol. 2a、13a、16b、20a、28a、29a、31b，用红色笔录入）。

107 **Cod. sin. 275**

22 厘米×18 厘米，穿过书边及书背装订；书衣由以布筛荡料入帘形成的厚竹纸制成，封底受损严重；27 张以布筛荡料入帘形成的竹纸制折页；有水渍，最后三张折页严重受损，最后一张折页残缺不全；每页 9 列，每列 15—18 字。

标题（书衣）：救患秘语（一本）

正文起始（fol. 1a）：人来出初请拜法．主人据纸来拜先存主男女夫

正文结尾（fol. 27b）：前是对平返平占…吉也

无地点。日期（书衣）：光绪三十一年乙巳岁三月初十日完毕｛合记｝之法（1905 年）。

用于驱逐恶鬼、疾病及其他不祥的秘语。荆门，师公派。

始终由同一位写主执笔；有橙色分段标记，神灵名也以橙色标出；符（fol. 4b、7b）；一枚淡淡的方形印章，疑似为“三元考召印”（封面）。

原书主：邓道财（书衣、fol. 21b）及其父邓玄显（书衣）；后继书主：盘玄四（书衣），邓经清（书衣）。

108 **Cod. sin. 276**

23. 5 厘米×16. 6 厘米，穿过书边及书背重新装订；书衣已佚；35 张折页，推测末尾几页已佚，以布筛荡料入帘形成的薄而脆的纸；严重变黑，有裂口、水渍；每页 8 列，每列 10—19 字。

标题（标题页 fol. 1a）：道范科

正文起始（fol. 2a）：水喷魔功摄灯开夜府冥

正文结尾（fol. 35b）：大圣中兴乙气天君

无地点及日期，推测为 19 世纪。

做斋、打醮及度戒仪式科仪的段落。荆门，道公派。

熟练的写主，个别段落为其他写主所添补，含特殊写法；有黑色或红色的句读及分段标记。

附录：“占亡人落枕掌式”（fol. 35b）。

书主：李玄琼（fol. 1a）。

109 **Cod. sin. 277**

25 厘米×18. 5 厘米，穿过书边及书背装订；书衣由一本孩童手写的初级课本中若干有文字的单页[①]制成；25 张桑皮纸制折页；多处版口被撕开；每页 9 列，每列 14 字。

标题（书衣）：小桥台科

正文起始（fol. 1a）：番首你打鸣锣鼓，复手又打起桥梁

正文结尾（fol. 25b）：收化地桥财马上答阴宫懿慈通泰

无地点及日期，推测为 19 世纪。

用于祭拜送子神——帝母的七言歌。荆门，师公派。

始终为一种易识读的字体，个别段落由其他写主添补。

书主及卖家：李金通（书衣）；后继书主［?］：李法庆（fol. 6a），李法荐（fol. 9a）。

① 译校者注：此目录中的“单页”（Einzelseite）指和现今书籍一样，在一张纸的两面都写有文字的页面，纸未被对折。而与其对应的“双页”（Doppelblatt）则是指两张被叠在一起装订的折页，参见前文“读者须知”章节。

110 **Cod. sin. 278**

19. 5 厘米×15 厘米，穿过书边及书背装订；书衣由染成棕色的厚纸制成，封底已佚；53 张折页，推测末尾几页已佚，非常薄且质量不同的桑皮纸；边缘被撕破；fol. 16b、24b、25b、35a 空白；每页 7—10 列，每列 13—21 字。

标题（标题页 fol. 1a）：杂秘黄泉蜜语；（fol. 50b）：天仙语．麻疯语（一本）

第一篇正文

正文起始（fol. 1b）：黄泉法．先叩师庄身了仰师帅吏兵护庄度天船承载三界九品神兵了一棹

正文结尾（fol. 24a）：金星李镇蠵冯浮养养罗裙盖边大吉大利了也

用于葬礼的秘语。荆门，推测为道公派。

第二篇正文

标题（fol. 25a）：天仙语麻疯天机法

正文起始（fol. 26a）：主初来请之法：传偲念到师父厶人，若麻疯死来请传做得不得，传师父烜做得

正文结尾（fol. 49b）：若是在村便祭本境功德之钱共借命，若是在外不可祭也

无地点。附录日期（fol. 51a）：丁寅岁十一月末（不是通用的甲子组合，推测为 19 世纪末）。

题记含标题及持有说明（fol. 50b）。

仪式秘语，用于安抚因麻风而死之人的灵魂。荆门，道公派。

始终由同一位相对生疏的写主执笔。

附录：关于借贷的附有日期的记录；其中的参与者：李家、李老二、盘老三（fol. 49b、51a）；“具立药名不可乱传也”（fol. 49b－50a）；“又用存金银和谷屋至法”（fol. 51a－53b）。

第二篇正文的传度师：李应颜（fol. 25a）；书主：李金财（书衣、fol. 1a、25a）；后继书主：盘玄恩（fol. 25a），盘金丝（fol. 25a、50b）。

111 **Cod. sin. 279**

24. 4 厘米×16. 5 厘米，以绳子从 4 处穿过书背捆扎，含挂环；书衣由以布筛荡料入帘形成的硬纸制成，封底已佚；43 张不同品质的桑皮纸制折页；除有虫蛀外品相佳；fol. 1b 空白；每页 7—10 列，每列 13—21 字。

标题（书衣）：救患秘语；（fol. 1a）：（一本）小百解

正文起始（fol. 2a）：治眼黄法：烧香叩师政盟，唐文保，葛文仙，周文达

正文结尾（fol. 42b）：收放落十二宫火堂倾灭乘了大士利示也

无地点。日期（fol. 1a）：皇号光绪二十六岁五月初四日（完毕）（1900 年）。

用于抵御恶鬼、疾病及其他不祥的仪式秘语。荆门，师公派。

始终为一位熟练的写主；有红色句读及分段标记；一枚方形印章，铭文不可辨（fol. 1a）。

书主［及写主?］：盘道照（fol. 1a、17b）；后继书主：盘妙声（fol. 1a）；后继书主：盘经先（fol. 1a）。

112 **Cod. sin. 280**

22 厘米×16. 5 厘米，以竖着搓捻折叠的纸捻线在一侧捆扎（毛装）；书衣由染成棕色的有筛纹的厚纸制成；17 张折页，推测起始几页已佚，桑皮纸；除有水渍外品相佳；fol. 17b 空白；每页 10 列，每列 20—23 字。

标题（书衣）：诸神秘语；（fol. 11b）：百解

第一篇正文

正文起始（fol. 1a）：陈明张金宝无银保佑廿八宿个々星宿饱满了

正文结尾（fol. 11b）：理林祭鬼不许人道法伯啧人也．百解完毕

第二篇正文

正文起始（fol. 12a）：一论阴阳二败法．想家宅在月府内

正文结尾（fol. 17a）：六个茶油子与二位辛人吃无穷无尽存床中为一个龙不尽

无地点及日期，推测为 19 世纪末。

秘语。荆门，道公派。

始终为一种规整的字体；每列的起始、动作说明及神灵名都以红色标出；一枚淡淡的方形“道经师宝”印（fol. 11b-12a）。

书主：李玄明（fol. 11b）。

113 **Cod. sin. 281**

26. 3 厘米×23 厘米，以竖着搓捻折叠的纸捻线在一侧捆扎（毛装）；书衣已佚；23 张桑皮纸制折页；多处版口被撕开，有虫蛀，首尾两页受损；fol. 1b、23a-b 空白；每页 10—11 列，每列20—23 字。

标题（标题页 fol. 1a）：尊典经下卷

正文起始（fol. 2a）：太上三…经卷…太清境太清经一十二部卷下

正文结尾（fol. 22b）：小劫经毕．太清境洞神经一十二部绻下完

无地点。完笔日期（fol. 1a）：乙亥年六月初（抄完）（推测为 1875 年）。

道教经典文书摘录。荆门，道公派。

熟练的写主执笔；个别选段的结尾画有符（fol. 3b、5a、7a、9a、11a、12b－13a、14b、16a、17b、19a、20b、22a-b）；一枚方形小［名?］章，铭文不可辨（fol. 23b，参见 Cod. sin. 242、915）。

写主：蒋金华（fol. 1a）；其子及书主：邓玄｛颉｝（fol. 1a），蒋玄旌（fol. 1a）；后继书主及卖家：邓金相（fol. 1a）。

114 **Cod. sin. 282**

24.2 厘米×21 厘米，穿过书边及书背重新装订，含挂环；受损的书衣由厚纸制成；35 张折页，推测结尾几页已佚，桑皮纸；有污渍、裂口及洞；fol. 2–3 几乎全部丢失，fol. 1b 空白；每页 8 列，每列 10—18 字。

标题（标题页 fol. 1a）：太上朝天谢罪法忏科

正文起始（fol. 2a–4a）：谢罪法忏四卷…校定世人罪福之籍十二月遇腊日是王｛侯｝腊之日

正文结尾（fol. 35b）：金阙上帝而献颂曰．王帝宣天旨普放幽夜魂，人万俱解冤，五道悉开通，酆都绝罢对

谢罪仪式科仪。荆门，道公派。

无地点及日期，推测为 19 世纪末至 20 世纪初。

熟练的写主执笔，字体大；个别字被更正。

书主：邓经尊（fol. 1a）。

115 **Cod. sin. 283**

26 厘米×21 厘米，穿过书边及书背装订；书衣由另一本文书的折页制成，封面已佚；34 张折页，推测首尾几页已佚，桑皮纸，fol. 33－34 品质不同；有污渍、裂口及洞；fol. 1a、3b、4a–b、30、32b、33a 已佚；fol. 1b、2a–b、3a、31、32a、33b、34a–b 残缺不全；每页 8—9 列，每列14—20 字。

标题（fol. 32a）：桉龙科

正文起始（fol. 1b）：…五龙皇．乘．白北方神．中央．九凤破碎相．四兽八卦君吐气布祥□

正文结尾（fol. 32a）：向来钱财归库福留醮主送圣还□补福消灾同赖善功成无上道．桉龙科完毕

无地点及日期，推测为 19 世纪初。

用于安抚地龙的打醮仪式科仪。荆门，推测为道公派。

始终为一位熟练的写主，字体大；局部有黑色句读；有零星的修改。

由另一位写主执笔的附录：草稿（fol. 33b）；补遗（fol. 34a-b）。

书主：蒋玄杰（fol. 16a）。

116 **Cod. sin. 284**

26 厘米×21.7 厘米，穿过书边及书背装订，含挂环；书衣已佚；26 张折页，推测首尾几页已佚，桑皮纸；有污渍和裂口；fol. 1 残缺不全，fol. 21b、26b 已佚，fol. 22a 空白；每页 9 列，每列 16—21 字。

标题（fol. 6b）：（入）神斗科；（fol. 20a）：神斗

第一篇正文

正文起始（fol. 1a）：［正］一安龙谢土申斗补粮谢雷解冤祈安醮主ムム来仪圣前

正文结尾（fol. 20b）：补福消灾，洞赖善功情完成无上道．神斗完毕

第二篇正文

正文起始（fol. 20b-21a）：此重集棺木科文殄也．先启洞中酒请目也

正文结尾（fol. 26a）：消祸散仰｛酬｝真别纳杯去来无回执瓶二奠酒献

无地点。日期（fol. 1b）：大清国（推测为 19 世纪中叶）。

用于祭拜北斗的打醮仪式科仪。荆门，道公派。

由不同的熟练的写主执笔；有红色分段标记；符及步罡踏斗图解（fol. 9a）。

书主：盘玄御（fol. 6b、17a、21a）。

117 **Cod. sin. 285**

19 厘米×12.5 厘米，穿过书边及书背装订；受损的书衣，封面由桑皮纸制成，封底由多层脆竹纸制成；51 张不同品质的桑皮纸制折页；除有裂口、火烧痕迹外品相较佳；每页 6 列，每列 14 字。

无标题

正文起始（fol. 1a）：□转声为棠达头用．□声唱．歌堂林里□声齐

正文结尾（fol. 51b）：皇上ム年ム月ム日具状求旱断雨保安众等

地点及日期（在 fol. 16b、20a、24a、50a 表式中）：大清国云南道。

七言歌及表式，用于造成家庭中疾病、不祥的祖先的葬礼。推测为优勉支系。

流畅的字体；有页码。

118 **Cod. sin. 286**

17.5 厘米×12.2 厘米，穿过书边及书背重新装订；严重受损的书衣由多层粘在一起的

棕色纸制成；33 张桑皮纸制折页；有污渍、裂口及洞，除此之外品相佳；fol. 1b－2b、31b－33b 空白；每页 7 列，每列平均 18 字。

标题（书衣，标题页 fol. 1a）：破列肉衡秘语

正文起始（fol. 3a）：又袭破列肉衡之法

正文结尾（fol. 31a）：正月二月三月九月降生踏他母□丁母叫一声死胎

无地点。日期（fol. 1a）：光绪廿一年乙未岁姑洗上旬六日（鸡头终毕）（1895 年）。

秘语。荆门。

流畅的字体；有红色分段标记，局部有红色句读；一枚淡淡的方形印章，四字铭文不可辨（fol. 1a）。

传度师：黄胜聪（fol. 1a）；书主：邓经贤（书衣，fol. 1a、4b、10b、15a）。

119 **Cod. sin. 287**

20 厘米×14 厘米，以搓捻而成的纸捻线在一侧捆扎（毛装），另外又用线从 5 处穿过书背捆扎；封面由很硬的厚纸板［?］制成，封底由纸张制成；13 张不同质量的纸张制成的折页；除有污渍、水渍外品相佳；fol. 1a、11a－13b 空白；每页 6 列，每列 12 字。

标题（书衣）：谢灶鬼经书

正文起始（fol. 2a）：淰演｛褊｝酒经盆洞中咒

正文结尾（fol. 10b）：太上紫薇帝君急如律令

无地点和日期，推测为 20 世纪。

祭拜灶神的仪式科仪。荆门［?］。

由不同的较生疏的写主执笔，有红色句读和分段标记；一枚圆形泰文印章（书衣）。

120 **Cod. sin. 288**

19.4 厘米×11.5 厘米，穿过书边及书背装订；书衣由另一本文书的多张折页制成；27 张桑皮纸制折页；除有污渍外品相极佳；fol. 26b－27b 空白；每页 7 列，每列 20 字。

标题（书衣）：（一本）百解小；（标题页 fol. 1a）：百解金语

正文起始（fol. 2a）：一论赐粮用．□薄法师手拎白布架天桥法

正文结尾（fol. 25b）：现字字是金宝了念通天达地大吉也

无地点。完笔日期（fol. 1a）：光绪三拾二岁丙午年九月二十六日未时（冬笔）（1906 年）。

不同场合使用的秘语。荆门。

熟练的写主执笔，有红色分段标记，个别段落被抹去；有一匹马的图画（fol. 26a）。

附录："一论赐粮用"（fol. 1b）；"际城皇宫惠名"（以蓝墨水记录，fol. 25b－26a）。

写主：卢妙恩（fol. 1a）；书主：卢玄宗（fol. 1a、25a）。

121 **Cod. sin. 289**

19.3厘米×12.5厘米，穿过书边及书背装订，含挂环；受损的书衣由另一本文书中染成棕色的折页制成；58张折页，fol. 1-2竹纸，fol. 3起为桑皮纸；有污渍、裂口及洞；fol. 1a-3a、57a-58b空白；每页6列，每列平均13字。

标题（fol. 51a）：（上）论语（卷之三终）

正文起始（fol. 5a）：子曰：学而时习之不亦说乎

正文结尾（fol. 51a）：上论语卷之三终

无地点。完笔日期（fol. 51b）：咸丰壬戌岁（抄录）（1862年）；由一位后继书主所写的题记的日期（fol. 57a）：大汉元年壬子岁八月五日（1912年）；由家庭成员举办的仪式日期（fol. 52a）：咸丰十三年癸亥岁八月十六日（1863年）；（fol. 53b）洞治皇二□□年癸亥岁九月初一日（1863年）；（fol. 54a）：桐治皇四年乙丑岁闰月第二个五月初十一（1865年）；（fol. 56a）：皇上光绪二十五年己亥岁六月十四日（1899年）。

孔子经典著作《论语》。为优勉支系所有。

熟练的写主执笔；有大量的红色标记及中文注释；在天头及地脚有用来隔开版面的横线。

题记含标题、日期、持有说明及谦辞（fol. 51b-52a）；另一位后继书主执笔的题记含学习经过的记载（fol. 57b）；页码计为47（fol. 52a）。

附录：含有日期的祭拜仪式的记录，是由邓法田和黄氏为祭拜祖先邓明和邓清举办的仪式（fol. 52a）；仪式花费列表（fol. 52a-53a、54b-55a）；含日期的一项针对疾病的仪式的记录，由邓法德和盘氏举办（fol. 53b）；含日期的一项针对疾病的仪式的记录，由邓旺一郎和盘氏四娘举办（fol. 54a）；含日期的一项仪式的记录（fol. 56a）；甲子列表（fol. 56b-57a）；关于一项由邓旺一郎举办的祭祀仪式的记录（fol. 57b）。

该文书在以下学生［及书主?］间流通：邓进升（fol. 51a、51b、52a），邓元府（fol. 51b），邓进显（fol. 3b、4b），邓进广（fol. 3b、4b）。

122 **Cod. sin. 290**

19.5厘米×16厘米，边订（不交叉）；书衣由染成棕色的厚纸制成，这些纸来自一本双面都用泰文（傣仂）书写的折本；22张桑皮纸制折页；fol. 14-21缺损严重，fol. 19b-21a空白；每页9列，每列平均20—23字。

标题（书衣）：（其本）{秘语}．黄泉（在尾）；（fol. 22b）：小百解．教消病秘

正文起始（fol. 3a）：一论人初来请之法．先想主人拎{纸}存人夫是日宫妻是月府

正文结尾（fol. 16a）：天是吾地是我管天地大道了大吉也

无地点。日期（fol. 1a）：光绪拾九年癸巳岁拾岁｛月｝二拾八日（1893 年）；（fol. 2a）：太岁辛亥年六月初三日（立书）（推测为 1911 年）。

不同场合用秘语。荆门。

较生疏的写主执笔，fol. 2a、21a 由其他写主执笔；局部有红色句读及分段标记；有一匹马的图画（fol. 1b）。

题记含标题及持有说明（fol. 21b、22b）。

附录："又论整治黄泉之法"（fol. 16a-19a）；关于历书的记录［?］（fol. 22a）。

传度师：李玄识（fol. 1a、21b）；书主：邓圣□（fol. 21b、22b）；后继书主［?］：李妙利（以圆珠笔记录，fol. 1a）。

123 **Cod. sin. 291**

23 厘米×18 厘米，以竖着搓捻折叠的纸捻线在一侧捆扎（毛装）；封面已佚；42 张折页，由较厚且软的不同品质的纸制成；最后几张折页及封底有小面积缺损；fol. 29b 有煤烟渍，fol. 1a、2b、42a-b 空白；每页 8 列，每列平均 14 字。

标题（标题页 fol. 2a）：礼师科；（fol. 12b）：正一登科仪

正文起始（fol. 3a）：法通三界天尊．演步虚．太上传真教~

正文结尾（fol. 41a）：宝华完满天尊．何来付财散界．鹤驾还同赖善缘一切信礼

无地点。日期（fol. 41b）：乾隆三十三年十二月初二日（抄完）（1768 年，不过估计实际时间在此之后）。

打醮仪式科仪。荆门，道公派。

较生疏的写主执笔，字体大；有红色分段标记，部分有句读。

由其他写主执笔的附录：一篇关于盘古的文章的两列（fol. 1b）。

书主：邓道泰（fol. 2a、12b）。

124 **Cod. sin. 292**

12. 5 厘米×17 厘米，边订（不交叉），含合股线制挂环；书衣由另一本文书多张染成棕色的折页粘贴在一起制成；43 张桑皮纸制折页；品相极佳；fol. 1b、42b 空白；每页 10 列，每列 24 字。

标题（标题页 fol. 1a）：丧家秘语；（fol. 41b）：度亡天机（一卷）

正文起始（fol. 2a）：次鸣古召水酒亡．传先叩师存亡故厶道公为儿传

正文结尾（fol. 41a）：亡古使用无尽不想阳间生天好也．

无地点。日期（fol. 1a）：丙子年六月二十三日（完毕）（推测为 1936 年）；

(fol. 41b)：六月二十二日（院毕）。

丧礼用秘语。荆门，道公派。

易识读的字体；有红色分段标记；符及八卦图（fol. 18a-b、19a-b、27b、28a、31a-b、35a）；一枚方形四字铭文印章，铭文推测为“道经师宝”（fol. 1a、18a）。

题记含另一个标题、持有说明及日期（fol. 42a）。

附录：“按龙科醮主”（fol. 43a-b）。

传度师：蒋金乾（fol. 1a）；书主：盘道士（fol. 1a）；后继书主：其第六子［?］盘玄银（fol. 1a）。

125 **Cod. sin. 293**

23. 5 厘米×19 厘米，边订（不交叉）；受损的书衣由多张粘在一起的染成棕色的纸制成，罩在书背上装订；17 张桑皮纸制折页；有裂口、污渍；fol. 17a-b 空白；每页平均 10 列，每列平均 20 字。

标题（标题页 fol. 1a）：师道二教受戒秘语（共一本）

正文起始（fol. 2a）：巫教受戒秘语初请存弟子法．先烧香叩师收六凶了

正文结尾（fol. 16b）：高真六合无｛穷｝高明大帝各案天府库饱满了也

无地点。完笔日期（fol. 1b）：大清咸丰拾壹年辛酉岁三月中五日马时（完毕）（1861 年）。

道公及师公派度戒仪式的秘语。荆门。

熟练的写主执笔；有红色句读及分段标记；符（fol. 7b），三枚方形“三元考召印”（fol. 1a）。

传度师：李妙演（fol. 1a）；书主：邓经显（fol. 1a、5a）；后继书主：邓妙｛顾｝（fol. 1a）。

126 **Cod. sin. 294**

26. 5 厘米×15. 5 厘米，边订（不交叉），含挂环；书衣由多层染成棕色的含筛纹的纸制成；37 张软［桑皮?］纸制折页；有污渍、折痕；fol. 1b、31-37 空白；每页平均 9 列，每列 20—23 字。

标题（书衣、标题页 fol. 1a）：丧家秘语（一本）

第一篇正文

正文起始（fol. 2a）：一论丧事人初请之法

正文结尾（fol. 20a）：若迷々不不醒也．丧家完也

第二篇正文

正文起始（fol. 20a）：一论｛契｝那散廷法大小通用

正文结尾（fol. 24a）：依前打落取专实

第三篇正文

正文起始（fol. 24a）：重集斋短秘语．一论咒咀短坏法

正文结尾（fol. 30b）：十二库官宝满了也，接纸依斋存亡如常吉也

无地点及日期，推测为 19 世纪末至 20 世纪初。

丧礼及下葬仪式用秘语。荆门，道公派。

易识读的字体；标题页的文字为其他写主执笔；有严重褪色的红色分段标记，个别字被勘误；符（fol. 8b、12b、17a-b）。

传度师：黄云释（fol. 1a）；书主：邓云盒（fol. 1a）；后继书主：邓妙才（书衣）。

127 **Cod. sin. 295**

23 厘米×21. 5 厘米，边订（不交叉）；受损的书衣由外面被染成棕色的厚纸制成；42 张桑皮纸制折页；版口处多被撕开，有污渍，版芯的边角被磨损，有残缺；fol. 1a-b 空白；每页平均 9 列，每列 14—16 字。

标题（书衣，fol. 40b）：喃灵科

正文起始（fol. 2a）：勘笑人生如电影，鸟飞兔走难留

正文结尾（fol. 40b）：我今分付诸神圣普施符吏广无边

无地点。日期（fol. 41a）：乾隆壬辰年壬申月甲寅朔下旬（抄）（1772 年）。

用于送亡灵上路的做斋仪式科仪。荆门，道公派。

熟练的写主执笔；局部有红色句读和分段标记；个别字被勘误或为后来添补，褪色的字部分被修复。

题记含标题、日期及持有说明（fol. 40b-41a）。

附录："此投十王表去"（fol. 41a-42b）；"初奠又杰｛合｝奠别用"（封底内页）。

书主［及写主?］：黄妙经（fol. 17a、28a、40b）。

128 **Cod. sin. 296**

24. 5 厘米×18. 5，用线从 4 处穿过书背捆扎；受损的书衣由外面被染成棕色的厚纸制成；40 张桑皮纸制折页；有污渍、水渍、裂口及折痕；fol. 40a 已佚，fol. 40b 空白；每页平均 10 列，每列平均 14 字。

标题（被撕开的封底内页）：开山科

正文起始（fol. 1a）：打鼓郎君何州请，对坛力师是何人

正文结尾（fol. 39b）：十二之酒都饭了不｛亮｝从头钩薄销

无地点及日期，推测为 19 世纪早期。

用于“开山”仪式的七言歌。荆门，师公派。

熟练的写主执笔；个别字被勘误。

书主：邓胜圆（fol. 1b、19b），推测与“邓妙圆”相同（fol. 20a）；后继书主：李妙灵（封面、封底）；作为后继书主［?］被登记：邓道孔（fol. 15a、18b）。

129 **Cod. sin. 297**

28 厘米×22 厘米，重新边订（不交叉）；受损的厚纸制书衣；49 张桑皮纸制折页；版芯的边角被磨损；fol. 1 为双页，fol. 35b、49a-b 空白；每页 7—13 列，每列 14—27 字。

标题（书衣）：□献供接圣｛科｝用□□；（标题页 fol. 1a）：师公接圣科

正文起始（fol. 2a）：古连々古连々，香司玉女上坛前

正文结尾（fol. 48b）：引归家中作番香，千叫伏待在龛前

无地点。日期（fol. 1a）：乾隆五拾六年十月旬（抄完丑笔）（1791 年）。

师公就职的度戒仪式科仪。荆门。

fol. 2a-7b、8a-b、8b-11a、11b-13b、14a-29a、29b-35a、36a-39a、39a-48b 各由不同的写主执笔；个别字、列及标题由不同的写主添加或勘误。

书主：邓法｛宏｝（fol. 1a）。

130 **Cod. sin. 298**

25 厘米×22 厘米，边订（不交叉）；书衣由写有文字的、被染成棕色的厚纸制成；21 张不同品质的桑皮纸制折页；结尾的折页纸张很脆，有裂纹；fol. 15a 有缺损；每页平均 11 列，每列平均 16 字。

标题（书衣）：延生说醮（在头）净坛（在尾）；（标题页 fol. 1a）：清醮说醮科，净坛（在尾）

第一篇正文

正文起始（fol. 2a）：奉道清醮祈安信士厶．念□步嘘

正文结尾（fol. 13b）：云飞福留醮至道返玄元送圣还宫洞敕．说醮科完

第二篇正文

正文起始（fol. 13b）：净坛科启．祭雷声普化天尊，太上传真教

正文结尾（fol. 17b）：想来五龙法水遍洒醮/斋坛同赖善功成无上道净坛完笔

地点：安南道（越南）。日期（fol. 1a）：太岁乙亥年九月下旬（抄完笔）（推测为 1875 年）；附录日期（fol. 1b）：皇号庚午年七月十四日（推测为 1870 年）。

用于净坛的打醮仪式科仪。荆门，道公派。

正文和附录由不同的写主执笔；局部有红色句读和分段标记。

附录：下一篇正文的起始部分以及一位后继书主的姓名（fol. 18a-21b）；含日期的关于借贷的记录；参与人：写主邓云｛璿｝、邓云誊、邓氏（fol. 1b）。

书主［?］：邓演天（fol. 1a、13a）；后继［?］书主：李玄机（fol. 1a），德金宝（推测也是附录 fol. 18a-21b 的写主），邓云誊（fol. 5b），邓｛玉｝□（fol. 1a）。

131 **Cod. sin. 299**

25.5 厘米×19 厘米，边订（不交叉）；严重受损的书衣，封底已佚；55 张不同品质的桑皮纸制折页；有氧化斑；fol. 1a、2b 已佚，fol. 3 在版口处被撕开，其内页有字迹，fol. 55b 空白；每页平均 8 列，每列平均 14 字。

标题（书衣，fol. 3a、46a、51b）：喃灵科

正文起始（fol. 5a）：勘笑人生如电影，鸟飞｛兔｝走难留

正文结尾（fol. 46a）：自在顶礼玄上师宝尊步到仙街．二合．喃灵科终

无地点。日期（fol. 51b）：天子咸丰七年辛巳岁捌月初七日午时（抄完成）（1857 年）。①

用于送亡灵上路的做斋仪式。荆门，道公派。

易识读的字体，附录为他人执笔；局部有红色句读及分段标记，个别字被修改或添补。

题记含标题、日期及持有说明（fol. 51a）。

附录："此集忏诸地"（fol. 4a-b）；"出棺倒香停句子"（fol. 46a-50a）；"又再｛明｝连忏悔"（fol. 52a-55a）；各由他人执笔的段落（fol. 1b-2a、3a）。

书主及写主［?］：誊道能（fol. 51b）；后继书主：蒋云达（书衣，fol. 3a、5a），胜云玉（fol. 3a、46a）。

132 **Cod. sin. 300**

25.3 厘米×20 厘米，以竖着搓捻折叠的纸捻线在一侧捆扎（毛装）；受损的书衣由多层薄［桑皮?］纸制成；34 张半透明的长纤维薄［桑皮纸?］制折页；部分版口处被撕开；每页 8 列，每列 13—16 字。

标题（书衣）：完满释服科．化依用

正文起始（fol. 1a）：奉道沐浴化依孝男厶等初念上香再拜．入步虚

正文结尾（fol. 34b）：稽首拜辞诸圣众奉送诸神各返驾．倾光回驾宝华完满天尊

① 译校者注：咸丰七年（1857 年）为丁巳年，而非辛巳年，此处疑为抄书人的笔误。

无地点及日期，推测为 19 世纪中叶。

葬礼用科仪。荆门，道公派。

始终为一位熟练的写主，字体大；有严重褪色的红色分段标记及句读。

书主［及写主?］：李道显（书衣、fol. 28a）；后继书主［?］：腾显章（书衣、撕开的书衣内页）。

133 **Cod. sin. 301**

24 厘米×21. 5 厘米，以竖着搓捻折叠的纸捻线在一侧捆扎（毛装）；厚而软的纸制书衣；44 张长纤维脆［桑皮纸?］制折页；有水渍、污渍、小裂口及折痕；fol. 44 为空白双页；每页 7 列，每列 16 字。

标题（标题页 fol. 1a）：尊典经中卷

正文起始（fol. 2a）：上清境洞玄经十二部卷中．至妙厶品无上之真隐奥难明

正文结尾（fol. 43b）：利益如是．上通灵符佩服可以延生去病．上通经毕

无地点。完笔日期（fol. 43b）：乾隆十六年四月十一日（1751 年，推测实为更晚时间的抄本）。

经典道教文书的选录。荆门，道公派。

熟练的写主执笔；有红色分段标记；每个段落末尾都有符；有页码数 41（fol. 1a）。

书主：李道钦（书衣、fol. 1a）；后继书主：邓金｛图｝（fol. 1a），邓经聪（fol. 1a），邓金真（fol. 1a），李云皆（fol. 1b）。

134 **Cod. sin. 302**

27 厘米×21 厘米，以线从数处穿过书背捆扎；浅色竹纸制书衣，从 3 处用合股线装订；45 张折页，推测首尾几页已佚；严重变成棕色的竹纸，有水渍，书芯的边角被磨损，首尾两页有缺损；每页 9 列，每列 14—18 字。

标题（书衣）：道范科

正文起始（fol. 1a）：□□□人，妙道永宁，得见尊仪，永保长生，太上紫微帝君如律令

正文结尾（fol. 45b）：汝等一切畜生道脱离毛角早生天

地点（在 fol. 24b 表式内）：安南大越国（越南）。无日期（推测为 19 世纪末）。

做斋、打醮及度戒仪式科仪选录。荆门，道公派。

熟练的写主执笔；有红色句读及分段标记。

写主以化名“黄无名”被登记（fol. 11b、32b）；原书主：邓金｛容｝（fol. 8a、12a、20a、29b、31a、31b、34b，被抹去）；后继书主：李今能（fol. 21b），李今利（fol. 21b），

邓云金（fol. 21a），邓云殿（fol. 21a），李才/生琼（书衣）、邓老八（fol. 12a），邓李老大（fol. 12a）。

135 **Cod. sin. 303**

23.5 厘米×22 厘米，以绳子边订（不交叉）；受损的染成棕色的纸制书衣；45 张折页，推测起始几页已佚，桑皮纸；版口处多被撕开，首尾两张折页及折页边缘有缺损；fol. 45 空白；每页 8 列，每列 10—14 字。

标题（书衣）：新集迓王科

正文起始（fol. 1a）：稽首皈依救苦主，众生皆瞻仰．亡人一七到秦王，二七到初江

正文结尾（fol. 44b）：电火奉行境恭送钱，别云程｛黎｝回鸾返驾天尊，倾光回驾天尊，无量不可思议功德

无地点及日期，推测为 19 世纪末之 20 世纪初。

用于超度阴间死者的做斋仪式科仪。荆门，道公派。

较生疏的写主执笔；有大量特殊写法。

作为书主［？］被登记：盘道灵（fol. 8a、37a）。

136 **Cod. sin. 304**

25 厘米×19 厘米，边订（不交叉），含仅存部分的挂环；严重受损的染成棕色的纸制书衣；42 张桑皮纸制折页；大部分版口处被撕开，有污渍；fol. 1b-2b、42a 空白；每页 9 列，每列 14—20 字。

标题（书衣、标题页 fol. 1a）：喃灵科（一本）

正文起始（fol. 3a）：勘笑人生随电影，鸟飞兔走难留

正文结尾（fol. 40b）：字怨字叫天般命眼暗吒々刊不真应十方得上达保｛庇｝儿孙后｛世｝良

无地点。完笔日期（fol. 1a）：道光二十四年甲辰岁四月中旬十八日（1844 年）。

送亡灵上路的做斋仪式科仪。荆门，道公派。

熟练的写主执笔；有红色句读及分段标记；符（fol. 31b）。

附录："再对王前求哀忏悔"（fol. 40b）；"｛僊｝神超北府飞鸿上南宫"（fol. 41b）；神灵名、关于借贷的记录（fol. 42b）。

写主：邓金堂（fol. 1a）；书主：黄玄省（fol. 1a、9a）。

137 **Cod. sin. 305**

25 厘米×17.5 厘米，重新边订（不交叉）；严重受损的纸制书衣；在其上有一张竹

纸，后来罩在书背上并被装订在上面；75 张不同规格的桑皮纸制折页；有墨渍、洞；fol. 1b、75b 空白；每页 8 列，每列平均 20 字。

标题（书衣）：洪恩秘语 . □楼秘；（标题页 fol. 1a）：洪恩秘语

正文起始（fol. 2a）：一论主初来请法 . 先叩师证盟烧香即是感当府玄关所

正文结尾（fol. 75a）：若不好者金日吾参将官盟除不容也了便重偗 . 新恩弟子依前梅山｛权｝法大吉

无地点。日期（fol. 1a）：己卯岁光绪五年三月初一日（院）（1879 年）；（书衣）：［光］绪七年（1881 年）。

用于祭拜送子神帝母的仪式秘语。荆门，师公派。

熟练的写主执笔；有红色分段标记和其他记号；一枚方形“三元考召印”（fol. 1a）；天府以及作为升天“指引者”——北斗星宿的图画（fol. 34b-37a）。

附录：另一本文书的标题页，含标题、写主及日期——“一本谢雷贡王雷府水府科，置主盘道士永□二月初八日完毕”（原书衣内页）。

传度师：李显衡（书衣、fol. 1a）；书主：盘法士（书衣、fol. 1a、26a、27a、34a、46a）；后继书主［?］：盘玄皆（fol. 1a），盘经鲜（书衣），李金衡（fol. 75a）。

138 **Cod. sin. 306**

24 厘米×22. 5 厘米，边订（不交叉）；严重受损的厚纸制书衣，罩在书背上并被装订；33 张桑皮纸制折页；有污渍、裂口及洞；fol. 27a 有缺损，fol. 1b 空白；每页平均 8 列，每列 16 字。

标题（书衣、标题页 fol. 1a）：延生宿启科

正文起始（fol. 2a）：雷声普化天尊集法众等念灭魔神咒洞中玄~

正文结尾（fol. 32a）：延生宿启科完毕 . 早/午朝事请师复位还堂，如法延生 . 宿启科完毕

无地点。日期（fol. 1a）：龙飞己丑年正月吉旦（竟笔批记）（推测为 1829 或 1889 年）；附录日期（fol. 32a）：壬戌年十一月（推测为 1862 年）。

用于祈求长生的打醮仪式前启坛请圣的科仪。荆门，道公派。

熟练的写主执笔，fol. 24 起为其他写主执笔；有红色句读及分段标记；中文注释。

题记含标题、日期、写主、持有说明及手稿目录（“总共壹单四十科”）（fol. 32a-33a）。

由其他人执笔的附录：“安班句”（fol. 33a）。

写主：黄院堂（fol. 1a），黄经玫（fol. 32a）；书主：其长子黄妙典（fol. 32a）；后继［?］书主：邓道鲜（书衣，fol. 1a、2a、13a、28a、32a）。

139 **Cod. sin. 307**

25. 5 厘米×20. 5 厘米，穿过书边及书背装订；受损的由多层棕色纸制成的书衣；32 张桑皮纸制折页；有污渍、火烧痕迹、裂口；fol. 28 残缺不全，fol. 32b 空白；每页平均 9 列，每列 17—18 字。

标题（书衣、fol. 16b）：土府单时科．（标题页 fol. 1a）：清醮单朝科；（fol. 16b）：清醮三时

第一篇正文

正文起始（fol. 4a）：济｛弄｝门上善言功归不寻我诵群魔皆速道琳琅真香

正文结尾（fol. 16a-b）：我亦无明早/午朝事毕．复称复位复称复位．土府单时科终

第二篇正文

正文起始（fol. 16b-17a）：清醮三时重启．先排列伍供师前．奉道清醮祈安醮主厶上香稔香~

正文结尾（fol. 32b）：醮主愿得长生与道含真．我道高功犯无边莫居留监寨与缴过无我亦无明早/午/晚朝事毕．复称复位复称复位．玉皇清醮科完毕

地点（fol. 6a）：大清国云南道。日期（fol. 1a）：道光拾柒年丁酉岁八月中旬十四日（抄完）（1837 年）。

用于祭拜土府的打醮仪式“三时”科仪。荆门，道公派。

熟练的写主执笔；有红色句读及分段标记，零星的中文注释；符（fol. 3a、29a）。

由其他人执笔的附录：诗歌形式的段落（fol. 1b）；另一篇正文的题目“神目科”（fol. 2a）；“普告炼度咒”（fol. 2b），邓妙珍的补遗（fol. 16a）。

书主及该文书卖家：邓金堂（书衣，fol. 1a、4a）；买家及后继书主：黄玄能（书衣、fol. 1a），邓妙珍（fol. 1a、2a、16a）。

140 **Cod. sin. 308**

26 厘米×21 厘米，边订（不交叉）；书衣由另一本文书中多张染成棕色的、浸渍过的折页制成，封底已佚；36 张［桑皮纸?］制折页，fol. 29 起为厚而脆的竹纸；有污渍、裂口；fol. 1 严重受损；每页平均 10 列，每列 14 字。

标题（标题页 fol. 1a）：通用大献接圣科．喷度狌灵川光在尾．青灯奉送在中．［刘应先锋］唱．三元部表

正文起始（fol. 2a）：香司献：番首打只调杨古复首又打古连々

正文结尾（fol. 36a）：拜送川光郎童子，监官宰度在灯坛

无地点；老挝文注释暗示其至少短时间内在老挝北部被使用过。日期（fol. 1a）：□寅

岁九月（推测为19世纪末至20世纪初）。

用于请神的祭祀仪式的七言歌。荆门，师公派。

始终由一位熟练的写主执笔；老挝文注释（fol. 2a）。

邓院利写的关于购买该文书［?］的记录（fol. 36b）。

书主：邓法璋（fol. 1a）；后继书主：邓完/院利（fol. 2a、36b）。

141 **Cod. sin. 309**

24厘米×22厘米，边订（不交叉）；染成棕色的纸制书衣；34张桑皮纸制折页，从fol. 6起为很脆的纸；有煤烟渍、水渍、折痕；fol. 1b、5b、6b、34a-b空白；每页平均10列，每列18—19字。

标题（标题页fol. 1a）：丧家蜜语

第一篇正文

正文起始（fol. 2a）：又件亡过世鸣鼓召水法

正文结尾（fol. 5a）：下地府去接度亡故厶证盟超度度书

第二篇正文

标题（fol. 6a）：丧家蜜语全本

正文起始（fol. 7a）：又丧家人去斩木做板法

正文结尾（fol. 33a）：过去五天九天至尽天｛卯｝陈国土陈迺々｛晓｝前葬也

无地点。日期（fol. 1a）：丁未年夏季下旬廿九日辰刻（完毕其秘语）（推测为1847年）；附录日期（fol. 33b）：同治八年己巳岁五月廿七日（银簿正谨）（1869年）。

葬礼秘语。荆门。

由两位不同的写主执笔；有红色分段标记、符（fol. 21b-22a）；一枚方形印章，推测有不可辨的铭文（fol. 1a、6a）；页码计数30（fol. 1a）。

附录：关于借贷的记载；其中的参与者：盘法运及李金晃（fol. 33b）。

传度师：邓经院（fol. 1a、6a）；书主：李妙鱼（fol. 1a、6a）。

142 **Cod. sin. 310**

24.5厘米×22厘米，边订（不交叉）；受损的染成棕色的纸制书衣，封底残缺不全；40张桑皮纸制折页；有污渍、裂口；fol. 40a空白，fol. 1为双页，fol. 1、40大面积缺损；每页平均8列，每列14—16字。

标题（标题页fol. 1a）：斋醮神目科．斋醮头贡□（在头）醮延生神目（在尾）；（fol. 40b）：献十供科

第一篇正文

正文起始（fol. 2a）：无上玉京盟真救苦上班神目．赴十方已德道大圣众

正文结尾（fol. 14b）：三界监经醮运财力士风火等神．香花请．大斋神目完

第二篇正文

正文起始（fol. 14b）：又请三天玉虚上班神目．玉皇慈光十七化现天尊

正文结尾（fol. 26b）：三界空鸾驾等神．香花请．吉斋神目完了

第三篇正文

正文起始（fol. 27a）：凶路谢王斋神目．普亡用次目也

正文结尾（fol. 30b）：神虎官将追摄神众．香花请．诸斋醮神目完毕

第四篇正文

正文起始（fol. 30b）：又召六｛负｝冤家文

正文结尾（fol. 36b）：伏望高真府｛垂监｝纳．献供完毕也

第五篇正文

正文起始（fol. 36b）：救苦斋神目也

正文结尾（fol. 37b）：五狱地府四渎河源酆都五狱主者之神

无地点。日期（后来添加，fol. 1a）：嘉庆皇号十一岁丙寅年九月十一日（抄完其书）（1806 年）。

在打醮和做斋仪式中被提及的神祇名单。荆门，道公派。

熟练的写主执笔；局部有黑色句读。

题记含标题、日期及持有说明（fol. 40b）。

书主［及写主?］：邓经尊（fol. 1a、30b）；后继书主：李金财（fol. 1a）。

143 **Cod. sin. 311**

25.5 厘米×18.5 厘米，穿过书背装订；书衣由以布筛荡料入帘而成的纸制成；25 张不同品质的［桑皮纸?］制折页；除有污渍外品相佳；每页 7—8 列，每列平均 13 字。

标题（书衣）：斋说醮修斋用

正文起始（fol. 1a）：先入步虚一首．玉声声莘动金炉香气浓

正文结尾（fol. 25b）：诸圣已回軿今将财马经诣天门风传化炼回鸾返驾天尊

无地点。完笔时间（封底）：光绪参拾贰年七月（院毕）（1906 年）。

打醮和做斋仪式科仪选录。荆门，道公派。

潦草的字体；局部有黑色句读。

写主和书主：邓云堂（书衣）。

144 **Cod. sin. 312**

24.5 厘米×19 厘米，以绳子在一侧装订，含小挂环；受损的书衣由多层粘在一起的竹

纸制成，罩在书背上装订；32 张［桑皮纸?］制折页；除有污渍外品相极佳；fol. 30b-32a 空白；每页平均 9 列，每列 19—21 字。

标题（书衣）：（一本）患救秘语；（标题页 fol. 1a）：教患秘语天机；（标题页 fol. 2a、29b）：教患秘语；（封底）：净教患天机金语

正文起始（fol. 3a）：纳伍供法．想九月霜降郎禾米

正文结尾（fol. 29b）：宗师案袗裙复回归路大吉也

无地点。日期（fol. 2a）：大清光绪廿八岁壬寅年四月廿八日（1902 年）；（fol. 29b）：光绪宗代｛典｝中月（推测为光绪朝“天中”，即某个五月）。

用于抵御恶鬼、疾病和其他不祥的仪式上使用的秘语。荆门，师公派。

潦草且有些生疏的字体，有许多特殊写法；红色句读和分段标记；个别字为之后被框起来，用红色突出显示；一枚方形［名?］章，铭文不可辨（书衣、fol. 2a）。

题记含标题、日期及持有说明（fol. 29b）；跋含不许将该文书转送不相干人等的告诫（fol. 32b）。

附录：“重集解结之法安龙申”（fol. 30a）。

写主：邓妙通（书衣，fol. 1a、9b、29b）；书主：邓云/胜璇（书衣，fol. 29b、32b）；后继［?］书主：邓妙聪（fol. 2a）。

145 **Cod. sin. 313**

25. 5 厘米×17. 5 厘米，穿过书边并从 6 处穿过书背装订；受损的脆［竹纸］制书衣；14 张长纤维脆［竹?］纸制折页；有污渍、裂口、虫蛀；fol. 13b、14a 空白，fol. 14 在版口处被撕开，内页有字迹；每页平均 8 列，每列 14—18 字。

标题（书衣）：谢雷府境水雷府科；（封底）：谢雷科

正文起始（fol. 1a）：奉道正一谢雷王祭解切念醮主厶等来诣｛炉｝前请拜上香

正文结尾（fol. 13a）：香花请．臣等恭望圣

无地点。日期（fol. 14av）：中华民国十年辛酉岁林｛钟｝望初九日申时（院毕）（1921 年）。

用于祭拜雷神、本境神及水神的打醮仪式科仪及神灵名列表节选。荆门，道公派。

较生疏的写主执笔；有红色句读及分段标记。

题记含日期及写主的谦辞（fol. 14av）。

附录：不同仪式场合的对联（fol. 14bv）。

写主：李老三（封底）；附录写主［?］：黄｛癸九｝（fol. 14bv）；书主：李经传（书衣，fol. 5b、8a）；后继写主：邓经龙（书衣）。

146 **Cod. sin. 314**

24.5 厘米×19 厘米，以搓捻而成的纸捻线从两处穿过书背装订；受损的纸制书衣；20 张桑皮纸制折页；有火烧痕迹、水渍、红色污渍（化开的印泥）、折痕；fol. 1b、20b 空白；每页平均 8 列，每列 20—23 字。

标题（书衣）：新整丧事秘；（标题页 fol. 1a）：丧家秘密

正文起始（fol. 2a）：一论超亡开丧秘密法．一主来请．烧香叩师想帝道

正文结尾（fol. 19b）：为根灵角树｛桶｝上三十六条楼把过万世不得动作也

无地点。日期（书衣）：大清道光拾壹年辛卯岁四月廿七吉旦（抄）（1831 年）；（fol. 20a）：大清道光拾壹年辛卯年五月初一日吉旦（完笔）（1831 年）；该文书转手日期（fol. 1a）：道光拾贰年壬辰岁五月廿六日（给与也）（1832 年）。

葬礼用秘语。荆门，道公派。

熟练的写主执笔，字体大；有红色句读、分段标记及对个别汉字的标记；符（fol. 6a-b、8a、12b、13a、18b）；一枚方形“道经师宝”印章（书衣、fol. 1a）。

题记含标题、日期、页码数 24 及持有说明（fol. 20a）。

传度师：黄道玉（fol. 1a）；书主：黄道盛（书衣，fol. 1a、18a）。

147 **Cod. sin. 315**

23 厘米×18 厘米，穿过版口装订，含挂环；书衣由另一本文书的折页制成；25 张桑皮纸制折页；有虫蛀，fol. 15-16 有大洞，fol. 1 为双页；每页平均 11 列，每列 20—22 字。

标题（书衣）：小白解金语言；（标题页 fol. 1a）：诸杂秘语．大整黄泉法（在头）□法（在中）；（封底）：小白秘

正文起始（fol. 2a）：整黄泉之法．先叩师帅庄身仰师帅吏兵马

正文结尾（fol. 24b）：造亡故ㄙㄙ亡形骨节成形存归师父管吉也

附录地点（fol. 25a）：云男生临安府见水院（云南省临安府建水县）。日期（fol. 1a）：皇上晃绪二十年甲午岁五月十一日（抄号）（1894 年）。附录日期（fol. 25a）：太岁丁丑年（推测为 1937 年）。

不同场合使用的秘语。荆门。

熟练的写主执笔，字体较小；有红色或黑色的分段标记及句读；符（fol. 10b-11a）；一枚铭文不可辨的印章（fol. 1a）。

附录：祝福语；含日期的关于借贷的记录（fol. 25a）。

书主［及写主?］：邓玄皆（fol. 1a、25b）；后继书主：卢云龙（书衣）。

148 **Cod. sin. 316**

25 厘米×19 厘米，以搓捻的纸捻线从两处穿过书背一侧装订；受损的桑皮纸制书衣；13 张桑皮纸制折页；有裂口、洞、水渍和折痕；每页平均 10 列，每列 21—32 字。

标题（书衣）：集秘（一本）

正文起始（fol. 2a）：又论三丘五墓之法．先叩师庄身护传了踏上月府

正文结尾（封底内页）：病人年粮九｛拾｝九岁空头不华大吉□了也

无地点。日期（fol. 1a）：光绪拾七年辛卯岁正月初九日（给付用达）（1891 年）。

不同秘语的文集。荆门，推测为道公派。

熟练的写主执笔，字体较小；有红色分段标记；一枚铭文不可辨的方形印章（fol. 1a）；后来添加的模仿纳西文字元素的绘画、肖像（fol. 4a-b、7b）。

附录：甲子表（fol. 1b）。

传度师：卢妙恩（fol. 1a）；书主：李玄识（书衣、fol. 1a）。

149 **Cod. sin. 317**

21 厘米×17 厘米，以竖着搓捻折叠而成的纸捻线在一侧捆扎（毛装）；挂环由纸捻线制成；受损的桑皮纸制书衣；25 张桑皮纸制折页；严重的污渍、裂口、洞、折痕；fol. 25 空白；每页平均 9 列，每列 15—16 字。

标题（书衣）：土府延生单时（同用）；寅朝科；（书衣内页）：单时科

正文起始（fol. 1a）：早朝用．金真演教．午朝用．雷声普化天尊．晚朝用金阙化身

正文结尾（fol. 24a）：利人利物天尊．午朝终，晚朝又不抄，依前午

无地点。日期（fol. 24a）：太岁戊申年｛蕤宾｝五月十三（念完）（推测为 1848 或 1908 年）。

用于延寿的三朝醮科仪。荆门，道公派。

流畅的字体；有褪色的红色句读和分段标记。

跋为律诗格式，含谦辞及页码数 23（fol. 24b）。

写主/书主以化名姓“宫音太元郡”（推测为邓或冯姓所用，fol. 1b）及名“腾胜”（fol. 11b）被登记；后继书主：李妙利（书衣）。

150 **Cod. sin. 318**

25 厘米×18 厘米，以毛线穿过书边重新装订；受损的书衣由以布筛荡料入帘而成的脆竹纸制成；15 张桑皮纸制折页；有裂口、折痕；fol. 1b、2a-b、15b 空白；平均 9 列，每列 13—15 字。

标题（书衣）：玉枢经；（标题页 fol. 1a）：玉枢妙经上部

正文起始（fol. 3a）：九天应元雷声普化天尊玉枢宝经．出日尔时九天应元雷声普化天尊在玉清天中

正文结尾（fol. 15b）：神霄部官众三界万灵皆大欢喜信受奉行．九天应元雷声普化天尊玉枢宝经

无地点及日期，推测为 20 世纪。

道教神霄派的经典文书。荆门，道公派。

规整且流畅的字体。

写主：李玉琏（fol. 1a）；书主：李妙庆（书衣，被抹去），卢玄琮（fol. 1a）；后继书主：李玄琼（书衣、fol. 1a），李妙阶（fol. 1a）。

151 **Cod. sin. 319**

24. 7 厘米×17 厘米，以搓捻而成的纸捻线一侧装订；书衣由多层以布筛荡料入帘而成的纸制成；8 张桑皮纸制折页；有污渍、折痕；fol. 8b 空白；每页 10—11 列，每列 14—17 字。

标题（书衣）：阎罗道场

正文起始（fol. 1a）：阎罗道场启皈依去也．皈依道法本自然

正文结尾（fol. 8a）：身入法门皈依正道，偈经道场会讽经．向来然案演闫罗经偈道场会

无地点。日期（书衣）：皇号庚酉年六月廿日（抄完笔）（不是惯用的甲子组合，推测为 20 世纪）。

用于超度阴间死者的做斋仪式科仪。荆门，道公派。

较熟练的写主执笔。

书主（书衣）：卢玹琮。

152 **Cod. sin. 320**

23 厘米×16 厘米，穿过书边及书背装订；脆竹纸制书衣，封面已佚；31 张［桑皮纸?］制折页；fol. 1 为双页；除起始几页有水渍外品相极佳；每页 8 列，每列 15—18 字。

标题（标题页 fol. 1a）：迓王科（壹部）

正文起始（fol. 2a）：安魂定魂天尊．稽首皈投救苦主众生皆眷仰

正文结尾（fol. 29b）：超度六道四生五音男女孤魂滐魄等众出离生界

无地点。日期（fol. 1a）：光绪八年戊辰岁三月初十日（完笔）（戊辰岁为 1868 年，而光绪八年为 1882 年）。

用于超度阴间死者的做斋仪式科仪。荆门，道公派。

熟练的写主执笔；有红色分段标记。

附录："孤魂脚"（fol. 30a）；"众女唱""金真歌""待道公歌""待楼歌"（fol. 30a–32a）。

书主及写主：盘玄达（fol. 1a）；后继书主：盘金莲（fol. 1a、30b），盘金能（fol. 1a），邓妙｛琏?｝，邓玄贤（fol. 1a），邓云天，盘院达（fol. 30b），邓高财（fol. 30b），邓妙｛像｝（封底）。

153 **Cod. sin. 321**

24.5 厘米×18 厘米，边订（不交叉）；书衣由缺损严重的厚黄纸制成；25 张折页，推测起始几张已佚，桑皮纸；有裂口、折痕；fol. 1b 空白；每页平均 18 列，每列平均 13 字。

标题（书衣、fol. 25b）：度人经；（标题页 fol. 1a）：度人经部

正文起始（fol. 2a）：太上洞玄灵宝无量度人上品妙经．云篆太虚浩劫之初

正文结尾（fol. 24a）：随处现音万范开张地人天长．度人经之终．度人经本愿集卷之终

无地点。日期（fol. 1a）：丁巳岁六月二十八（抄完）（推测为 1917 年）。

道教经典"度人"文书。荆门，道公派。

较熟练的写主执笔，字体大。

由其他写主执笔的附录："赞云"（fol. 24b–25a）；借贷记录；其中的参与者：□云惠（fol. 1a，被抹去）。

书主：李院莲（fol. 1a）。

154 **Cod. sin. 322**

24.5 厘米×15 厘米，穿过书边及书背装订；受损的书衣由多层染成黄色的纸张制成；13 张桑皮纸制折页；有水渍，下缘未裁剪；fol. 1b、13b 空白；每页平均 9 列，每列 20—24 字。

标题（书衣、标题页 fol. 1）：道家秘语

正文起始（fol. 2a）：羽化真灵．初来请烧香叩师存生名了

正文结尾（fol. 13a）：青宵路手川下地府接引亡灵厶证盟超度生界

无地点及日期，推测为 19 世纪。

道公所用秘语。荆门。

熟练的写主执笔，字体小；有红色分段标记及句读；符（fol. 4a–b）；一枚方形印章，铭文推测为"道经师宝"（fol. 1a）。

传度师：李金安（书衣），许经忠（书衣）；书主：李玄和（书衣、fol. 1a）；后继书主［?］：李金历（fol. 1a），李妙杰（书衣），李道灵（书衣），李道通（书衣），李道利（书衣），李道明（书衣）。

155 **Cod. sin. 323**

24. 5 厘米×18 厘米，部分已松散的单侧装订；受损的书衣由染成棕色的厚纸制成，包住书背装订；19 张桑皮纸制折页；边缘被撕破，书芯下端边角被磨损，有污渍；fol. 1 为双页，fol. 1b、18a-b、19a 空白；每页平均 9 列，每列平均 15 字。

标题（书衣、标题页 fol. 1a）：玉皇下卷

正文起始（fol. 2a）：太上洞玄灵宝高上玉皇本行集经下卷天真护持品第四．尔时昊天上帝闻说经法从座而起

正文结尾（fol. 15b）：于是众等说是分页毕稽首皈依奉辞而退．太上洞玄灵宝高上玉皇本行集经卷下

无地点。日期（fol. 19b）：咸丰玖年五月贰十参立（1859 年）。

献给玉皇的道教经典篇章。荆门，道公派。

熟练的写主执笔，字体大。

附录："金阙玄穷主"（fol. 16a）；"无上玉皇上帝心印妙经"（fol. 16a-17a）；"太上弥罗无上天霄玄真境妙□"（fol. 17b）。

写主：李玉琏（fol. 1a）；书主：李妙庆（书衣）；后继书主：李玄琼、李妙阶（fol. 1a）。

156 **Cod. sin. 324**

26 厘米×17. 5 厘米，以线从 3 处穿过书背捆扎，含挂环；书衣已佚；41 张折页，推测起始几张已佚，严重变黑的［桑皮纸?］；有污渍、水渍、折痕、洞；fol. 1a 已佚；每页平均 9 列，每列 24—29 字。

无标题

第一篇正文

正文起始（fol. 1b）：栽铁树木｛羌阑｝过九头狮子口含过元始□降官文过过水火二城万丈城池也到此处集伤案法

正文结尾（fol. 14b）：日宫金宫月府元始腹内取亡故厶念三扁也

第二篇正文

正文起始（fol. 15a）：一论人咒□装身用此法

正文结尾（fol. 40b）：依前雷令一拍除破落月府日宫金星金单星

无地点及日期，推测为 19 世纪末。

用于超度亡灵的仪式秘语。荆门，道公派。

流畅的字体，字体较小；从 fol. 15a 起为另一位熟练的写主执笔；又另一位写主执笔的附录（fol. 41a）。

第一部分的写主：李道威（fol. 4a）；书主：其子李金快（fol. 4a）。第二部分的写主：盘妙典（fol. 5b、27a）。附录的写主及后继书主［？］：李云利（fol. 41a）。

157 **Cod. sin. 325**

24. 5 厘米×19 厘米，用蓝线穿过书边及书背装订；书衣由脆［竹纸？］制成；25 张折页；有轻微污渍，品相佳；fol. 1b 空白；每页平均 9 列，每列 18—20 字。

标题（书衣、标题页 fol. 1）：太上尊典经书中卷

正文起始（fol. 2a）：太清境洞玄灵宝金衡一十二部．洞玄经，元阳经，元辰经，大却经，上开经，内音经，炼生经，灵秘经，消魔经，无量经，安魔经，上通经，上清经，洞玄经

正文结尾（fol. 25b）：太上洞玄灵宝大洞经灵符佩服可以延生去病太上洞经中卷终

无地点。完笔日期（fol. 1a）：咸丰肆年甲寅岁季夏月念廿五谷旦（抄）（1854 年）。

道教经典摘录。荆门，道公派。

熟练的写主执笔；每段摘录末尾有符。

写主：李妙福（书衣、fol. 1a，被抹去）；后继书主［？］：邓道论（书衣）。

158 **Cod. sin. 326**

24. 5 厘米×20 厘米，以竖着搓捻折叠而成的纸捻线一侧捆扎（毛装），用线在装订处加固；书衣由很脆的长纤维纸制成；22 张折页同样由脆的长纤维纸制成；除起始几张折页下端边角被磨损外品相佳；fol. 22 空白；每页 7 列，每列 13—18 字。

标题（书衣）：清醮单朝科

正文起始（fol. 1a）：金阙化身天尊，念引洞中玄虚，清净之水～

正文结尾（fol. 21b）：皈依来至道，回拜宗水用，悉庄严福录斋主，愿得长存与道含真．承完是笔号

地点（fol. 4b、7b）：大清国广西右江道；写主的籍贯（书衣）：宾州上林。日期（书衣、fol. 21b）：乾隆五年庚申岁闰六月初六日午（1740 年）。

三朝醮仪式科仪。荆门，道公派。

规整的字体，个别列为其他写主添加（fol. 8a-b、17b）。

写主：周演（书衣）；书主：盘道灵（书衣）。

159 **Cod. sin. 327**

25.5 厘米×19 厘米，以纸捻线边订（不交叉）；纸制书衣被沿着装订处裁剪；15 张折页由桑皮纸制成；除有水渍外品相佳；fol. 1b、2b、15b 空白；每页 9 列，每列 18 字。

标题（标题页 fol. 1a）：会圣科．启竖立旛科

第一篇正文

正文起始（fol. 3a）：会圣阐经初启祝香．步虚．大道洞玄灵法通三界天尊

正文结尾（fol. 8b）：上祈圣造下鉴修宗洞赖善缘成无上道．会圣完科了

第二篇正文

正文起始（fol. 8b）：重集竖旛科启．奉道正一竖旛存亡斋主厶~步虚唱

正文结尾（fol. 15a）：一如告会赦々生方，讽经三界承财土地，置主卢道缘承集

无地点及日期，推测为 19 世纪。

做斋仪式科仪。荆门，道公派。

熟练的写主执笔，字体大。

书主及写主：卢道缘（书衣）。

160 **Cod. sin. 328**

27 厘米×18 厘米，穿过书边及书背装订；书衣由长纤维的硬纸制成；12 张长纤维纸制折页；除局部有虫蛀外品相佳；每页 11 列，每列 21—24 字。

标题（封面、封底）：度人经

正文起始（fol. 1）：太上洞玄灵宝无量度人上品妙经．道言昔于元始青中碧落空歌大浮

正文结尾（fol. 12）：玄穹交纳稽首奉辞辰宫赍送洞赖善缘功成无上道．度人大部经毕

无地点。日期（封面、封底）：中华民国九年庚申岁八月初七日（院毕）〔1920 年；明显是抄自一“洞治柒年戊［辰岁］”（封底，被抹去）即 1868 年的母本〕。

关于“度人”的道教经典。荆门，道公派。

熟练的写主执笔，小字；局部有红色分段标记。

书主及写主：李经传（封底）。

161 **Cod. sin. 329**

26.3 厘米×19 厘米，以竖着搓捻折叠而成的纸捻线一侧捆扎（毛装）；书衣由染成深棕色的厚纸制成，内页有筛纹；21 张桑皮纸制折页；有水渍、折痕；fol. 20a-21a 空白；每页 10—11 列，每列 22—26 字。

标题（书衣）：蜜秘语（号）；（标题页 fol. 1a）：洪恩秘

正文起始（fol. 1a）：人初来请法．纸山龛法师三任想天地

正文结尾（fol. 19b）：可水仪瘟神凶人看见玉皇｛帝归｝每人退回不敢进来也

无地点。附录日期（fol. 21b）：咸丰甲寅年十二月二十一日（1854 年）。

用于祭拜送子神——帝母的仪式秘语。荆门，师公派。

流畅的字体；有红色及黑色的句读、分段标记及个别字的标记；符（fol. 4a）；个别段落被抹去及勘误（fol. 18a）。

由其他写主执笔的附录：秘语、符（fol. 1a–b）；含日期的关于一场婚礼的借贷情况的记录；其中的参与人：李玄学（fol. 21b）。

传度师：李胜朝（fol. 1a）；书主：李应国（fol. 1a）。

162 **Cod. sin. 330**

24.7 厘米×18.8 厘米，穿过书边及书背装订；受损的纸制书衣；22 张桑皮纸制折页；部分版口处被撕开，有污渍、折痕；fol. 1a–b、2a、22a–b 空白；每页平均 8 列，每列 15—16 字。

标题（书衣、标题页 fol. 2a）：新恩科；（fol. 16a）：初真受戒科；（fol. 21b）：受戒新恩科

第一篇正文

正文起始（fol. 3a）：学道当勤苦，修身炼丹田，烧香｛侵?｝太上，真气杂声香

正文结尾（fol. 16a）：诸尊圣号无量不可思议功德．初真受戒科完毕

第二篇正文

正文起始（fol. 16a）：重集开解科启．奉道正一开解弟子厶来诣香案炉前

正文结尾（fol. 21b）：一丹八度过周流许世劝人修．受戒新恩科完毕

无地点。日期（fol. 21b）：大清咸丰元年丙辰岁五月上旬二十五日（抄完毕）（1856 年）。①

度戒仪式科仪。荆门，道公派。

熟练的写主执笔；字体大，有红色句读及分段标记。

题记含日期及持有说明（fol. 21b）。

书主：邓法达（书衣，fol. 2a、16a、21b），邓朝光（书衣、fol. 16a）。

163 **Cod. sin. 331**

22.9 厘米×17.2 厘米，穿过书边及书背装订，含纸捻线制挂环；受损的薄桑皮纸制书

① 译校者注：咸丰元年（1851 年）是辛亥年，咸丰六年（1856 年）才是丙辰年，此处疑为抄书人的笔误。

衣；14 张桑皮纸制折页；有污渍、裂口、折痕；fol. 14b 空白；每页平均 10 列，每列 20—22 字。

标题（书衣）：送亡法（共）亡故死值构陈火发六枕大财法

正文起始（fol. 1a）：一论送亡故法．猪一命｛典｝师功德三钱六｛分｝无可也

正文结尾（fol. 14a）：又存家财六畜依前为师同知

无地点及日期，推测为 19 世纪。

葬礼用秘语。荆门，道公派。

流畅的字体；有红色分段标记；三枚方形“道经师宝”印（书衣）。

传度师：蒋云财（书衣）；书主：卢妙恩（书衣、fol. 3b）。

164 **Cod. sin. 332**

26. 3 厘米×20. 5 厘米，从一处穿过书背单侧装订；受损的书衣，封面为桑皮纸，封底为厚的粗纤维竹纸；29 张桑皮纸制折页；有裂口、洞、折痕、污渍；每页平均 8 列，每列 16—21 字。

标题（书衣）：斋醮神目；（书衣内页）：行年醮目

正文起始（fol. 1a）：十方已德大道圣众，十方玄老诸君丈人

正文结尾（fol. 28b）：功曹运财力士等神

无地点及日期，推测为 19 世纪。

在做斋和打醮仪式中祈求的神祇名单。荆门，道公派。

流畅的字体，有红色分段标记和列中红点。

附录：“｛占｝延生桥日月吉凶横推”（fol. 29a-b）。

书主：李玄恩（书衣，fol. 14a、28a、29a）；后继书主：李道朝（书衣）。

165 **Cod. sin. 333**

23 厘米×18. 3 厘米，从两处穿过书背单侧装订；受损的书衣由一张正面染成棕色的纸张制成，包住书背装订；35 张折页，推测首尾几页已佚，桑皮纸；版扣处被撕开，有污渍；fol. 1a、2a 有大面积缺损，fol. 35b 已佚；每页 8—10 列，每列 15—18 字。

标题（fol. 12b）：谢境科；（fol. 12b、22a）：水府科；（fol. 22b）：谢雷科

第一篇正文

正文起始（fol. 1a）：奉道正一谢境醮主厶［来诣圣前念］拜上香

正文结尾（fol. 12b）：灵通普化天尊，任意保当也，保当化财用也．谢境完毕

第二篇正文

正文起始（fol. 12b-13a）：重到水符科在中儿．重集水符科在中用．奉道正一赎魂救

患处谢水符五海湖神祈福保安炉念说主厶等

正文结尾（fol. 22a）：孝兄顺弟恭信受奉行作祈而退．太上说水府五海符妙经．水符完毕

第三篇正文

正文起始（fol. 22b）：又到谢雷科．洞中玄～切｛亶｝□～清净之水～奉道正一谢雷救患祈福保安醮主

正文结尾（fol. 33b）：谢主送圣还宫洞赖善缘成无上道．一切信礼．谢雷科完毕

地点（fol. 1b）：大清国云南道。日期（fol. 34a）：咸丰十年六［月］二十日（立存）（1860 年）。

用于祭拜本境神、水神及雷神的打醮仪式科仪。荆门，道公派。

不同的写主执笔；有许多特殊写法，局部有红色分段标记。

附录：神目，“洪是请圣目文”（fol. 34a–35a）。

写主及书主：黄云龙（fol. 7b、12b、22a、22b、34a）。

166 **Cod. sin. 334**

24 厘米×15 厘米，边订（不交叉）；受损的书衣由染成棕色并被浸渍过的厚纸制成；40 张桑皮纸制折页；有污渍、水渍、裂口和折痕；fol. 1b、2b、32a、40a–b 空白；每页平均 7 列，每列10—16 字。

标题（标题页 fol. 1a）：谢雷谢境谢水府科

第一篇正文

正文起始（fol. 3a）：奉道正一谢雷境符教主厶等来诣圣前念拜上香

正文结尾（fol. 23b–24a）：诸尊圣号无量不可思议功德，一切信礼．谢雷科完毕

第二篇正文

正文起始（fol. 24a）：重集谢境科启抄洞中玄虚天有天星，此间土地，清净之水

正文结尾（fol. 31b）：回别五云居腾奏～倾光回驾天尊，到此讽经回向至取送圣科缴□也化才大吉

第三篇正文

正文起始（fol. 32b）：重集水符官科启抄．洞中玄虚，天有天星，金阙都司，世间土地，清净之水

正文结尾（fol. 39a）：尚来道还金阙经返琅琊同赖善完成无上道

地点（fol. 4a）：大清国南掌国暹罗道（老挝北部）。日期（fol. 1a）：皇上光绪十七年辛卯岁五月初五日（抄成可也）（1891 年）；（fol. 39b）：皇上光绪十七年辛卯岁四月初二日（收完笔记号）（1891 年）。

用于祭拜本境神、水神及雷神的打醮仪式科仪。荆门，道公派。

熟练且较潦草的字体；有褪色的红色句读及分段标记；有页码；后来添加的动物图画（fol. 21a、33b、34a）。

题记含日期、写主、书主、写主报酬［?］及页码数 36（fol. 39b）。

附录：草稿（fol. 2a）。

写主［?］：邓乍昌（fol. 39b）；书主：李金财（fol. 1a、23b、24a、32b、28a、39b）。

167 **Cod. sin. 335**

27.4 厘米×21 厘米，以订线穿过书边及书背装订；由一张桑皮纸制成的严重受损的书衣，包住书背装订，内页有筛纹；27 张桑皮纸制折页；有污渍、小裂口及洞；fol. 1b 空白；每页 9—10 列，每列 20—21 字。

标题（书衣）：丧家秘愚｛语｝；（标题页 fol. 1a）：诸伤地狱（在头），送终（在尾也），丧事（仝本在内集吉）；（fol. 26b）：金言

正文起始（fol. 2a）：又论送众命性灵法．厶钱二分银根

正文结尾（fol. 26b）：亡人不夜之天回本坛也

无地点。日期（fol. 26b）：大清道光陆年夏季孟五月末旬（依本腾籙）（1826 年）。

葬礼用秘语。荆门，道公派。

较熟练的写主执笔；有红色句读、分段标记及个别字的标记；符（fol. 16b、17a、23a）；一枚方形“道经师宝”印（fol. 1a、9b、24b-25a、26b）。

附录：“一论大丧场皈依法用”，书主李云传的补遗（fol. 27a）。

题记含誊写日期、持有说明、谦辞、对后代的寄语及页码数（fol. 26b）。

传度师及写主［?］：盘玄荣（书衣、fol. 1a）；书主：李云传（fol. 1a、26b）；二者亦以化名“陑阿［郡］”（为盘姓所用）和“陇陑［郡］”　（为李姓所用）被登记（fol. 27b）。

168 **Cod. sin. 336**

25.5 厘米×19 厘米，以一种植物的茎（藤?）边订（不交叉）；［竹纸?］制书衣；12 张折页，fol. 1-4桑皮纸，fol. 5-12 竹纸；有裂口，折页边缘有缺损；每页 8—9 列，每列 15—16 字。

标题（书衣）：释服科复炉科共（一本）

第一篇正文

正文起始（fol. 1a）：重集释服科．一年之中十二月三岁十王结绝

正文结尾（fol. 4b）：此退福施食与主插花也

第二篇正文

正文起始（fol. 5a）：奉道玉京盟真救苦斋主厶等上香一二三稔上香

正文结尾（fol. 12b）：向来还炉倍约注足了然洞赖善完成无上道

无地点及日期，推测为 20 世纪。

丧期结束时的斋仪及“玉京”“盟真”和“救苦”类斋仪。荆门，道公派。

两篇正文始终由同一位熟练的写主执笔。

书主：黄文广（书衣）。

169 **Cod. sin. 337**

25. 5 厘米×20 厘米，在两处穿过书背单侧装订，以竖着折叠搓捻而成的纸捻线捆扎，裂开的挂环由毛线制成；严重受损的桑皮纸制书衣，封底已佚；46 张薄桑皮纸制折页；版口处多被撕开，有污渍、洞、折痕；fol. 17-21 有火烧出的小洞，fol. 1b 有大面积缺损，fol. 1a 已佚；每页平均 8 列，每列 14—15 字。

标题（fol. 46a）：喃灵科

正文起始（fol. 1a）：勘笑人生如电影，鸟飞兔走难留

正文结尾（fol. 46a）：冥程得度任逍遥．初奠．喃灵科终

无地点及日期，推测为 19 世纪早期。

用于送亡灵上路的做斋仪式科仪。荆门，道公派。

附录：“绕棺句”（fol. 46a-b）；“报恩行道”（fol. 46b）。

熟练的写主执笔；有红色句读、分段标记及个别字的标记；页边缘及列旁有注释及勘误；符（fol. 39a），步罡踏斗图解（fol. 46b）。

170 **Cod. sin. 338**

25. 3 厘米×19 厘米，以竖着折叠搓捻而成的纸捻线边订（不交叉）；书衣由灰色的厚纸制成；18 张桑皮纸制折页；有污渍、虫蛀的小洞；fol. 1、18 皆为双页，fol. 1b、16b、17a、18a-b 空白；每页平均 9 列，每列 21 字。

标题（书衣、标题页 fol. 1a）：救苦大部经

正文起始（fol. 2a）：救苦经咒连头．九头狮子坐五色经宝苔超亡归净界

正文结尾（fol. 16a）：正月长斋诵咏是经为上世亡魂断地科终．救苦经完

无地点。日期（fol. 1a）：乾隆伍十六年辛亥岁姑洗月朔（1791 年）。

道教经典。荆门，道公派。

流畅的字体；步罡踏斗图解（fol. 3b），符（fol. 4a、6b）。

由其他写主执笔的附录：对联，“重集村楼对大门”（fol. 17b）。

写主：邓金官（fol. 1a）；书主：蒋道宴（fol. 1a）；后继书主：邓云玉（御）（fol. 1a、2a、16a，书衣），邓玄利（书衣、fol. 1a）。

171 **Cod. sin. 339**

6 厘米×3. 5 厘米×3. 5 厘米及 5. 8 厘米×3. 4 厘米×3. 4 厘米；深色木，有使用痕迹及红色印泥残留。

两枚闾山派师公印章，印章柱头上各有一只动物的蹲像，推测为狮子或“龙犬”盘瓠。

铭文：“太上老君”，位于方形印的中心区域。

该文字的两边各有一个“目”字，表示“日”和“月”；下方有北斗和南斗的标志。

172 **Cod. sin. 342**

43 厘米×34 厘米，精细的机器织本色布；已逐渐变黑，有两个火烧出的洞。

布：

神灵、祖先、传说人物及正史或野史人物的黑色白描。两条龙将画面一分为二。这些人物形象之间绘有动物、武器（箭、刀及斧）和汉字（寿）。

文字：“玉帝敕龙赦眼”，“后代猺民”，以及所绘人物的姓名。

无地点。日期：道光元年甲辰岁八月初四日（甲辰岁为 1844 年，道光元年为 1821 年）。该绘者及写主［?］还创作了慕尼黑藏品中的其他物品，大部分时间可定为 20 世纪初。

173 **Cod. sin. 343**

23 厘米×13 厘米，以竖着折叠搓捻而成的纸捻线穿过书边捆扎（毛装）；粗布制函套，其下还有一张纸制书衣的残页；78 张桑皮纸制折页；版口处多被撕开，有污渍、火烧痕迹及虫蛀形成的缺损；fol. 1b、74a、76a–78b 空白；每页平均 7 列，每列 14—19 字。

标题（标题页 fol. 1a）：洗育解结法书；（fol. 71a）：折解门禁收京青水｛送｝亡法用

第一篇正文

正文起始（fol. 2a）：此是女人解结用

正文结尾（fol. 14a）：速变速化准我太上老君令敕

第二篇正文

正文起始（fol. 15a）：又到塞路第三四步用

正文结尾（fol. 71a）：奉到和事殿上清和事将军献事将军把事将军散事将军

无地点。日期（fol. 14a）：皇上［同］治六年丁卯岁正月初一日（簿下）（1867 年）；

(fol. 71a)：铜治六年丁卯岁正月初一日（簿下）(1867年)。

丧礼用“法”及七言歌。优勉。

流畅而熟练的字体；局部有红色分段标记；步罡踏斗图解（fol. 57a-60a、67b-68a）；符（fol. 10b、12a、60b-63a、75a）；大量后来添补的中国式绘画。

附录：“又到首勾凶去日用”(fol. 71b-73b)；“此酒不是非凡之酒”(fol. 74b-75b)。

书主：赵法金（fol. 14b）；作为一项度戒仪式［?］的师父被登记：李法清(fol. 75b)，李法官（fol. 75b)，赵官一郎（fol. 14b、71a)，赵法行（fol. 14b、71a)，赵法顺（fol. 14b)，赵财陆郎（fol. 14b)，赵演一郎（fol. 14b)，赵林一郎（fol. 14b)。

174 **Cod. sin. 344**

22厘米×17厘米，以竖着折叠搓捻而成的纸捻线穿过书边捆扎（毛装)，仅存部分，另外又以订线在一处穿过书背捆扎；书衣已佚；26张厚竹纸制折页；fol. 1上端边缘受损，fol. 15-23有火烧出的洞；每页7—9列，每列14字。

标题：［流乐书］

正文起始（fol. 1)：□路长々部□□，书开来々为流喽

正文结尾（fol. 26)：又罡里鱼在水氐，又置大船水面□

无地点及日期；泰文注释暗示着其至少短时间内在泰国北部或老挝被使用过；推测为20世纪。

不同的七言歌，此外还有关于瑶族历史、生命无常及死后灵魂的旅程的歌。优勉支系。

较生疏的写主，fol. 14b-15a由其他写主执笔；圆珠笔写的泰语注释（fol. 22b)；大量后来添补的红黑色绘画（人物画及符)。

附录：紫薇斗数（fol. 14b-15a)。

后继书主［?］：{盘抬相}（fol. 12a)。

175 **Cod. sin. 345**

24.5厘米×14.4厘米，穿过书边及书背装订；书衣由缝在纸上的有条纹的布制成；48张不同质量的纸制折页，大部分为桑皮纸；书芯的下端边角磨损严重；fol. 35a、36a、46a、47a-48b空白；每页6—8列，每列10—20字。

标题：(fol. 34b)：合盆书

正文起始（fol. 1a)：上元男女，中元男女，下元男女

正文结尾（fol. 34b)：大红马大黄牛

无地点。日期（fol. 34b)：皇上中华十九年庚午岁十二月二十九日初一朝（{抄} 成)

(1930年)。

用于测定合婚的表格及含绘画的卦书。优勉支系。

不同的写主；fol. 2b-3a、4a-7a、8a-10a、11a-13a、14a、18a、23a-25b、27a画线，在天头以横线隔开版面；图画形式的合婚卦象（fol. 31a-37a）。

题记含日期及持有说明（fol. 34b）。

附录："金命生人"（fol. 35b）；还愿仪式列表（fol. 36b-41a）；"记号生狂血用"（以绿色水彩笔书写，fol. 41b）；"具号请王用"（fol. 42a-45b）；"秀乐阴母正有意"（圆珠笔书写，fol. 46a）。

书主及写主［?］：盘承龙（fol. 34b）。

参见［德］贺东劢（Thomas O. Höllmann）、傅敏怡（Michael Friedrich）：《给神灵的讯息——瑶族宗教文书》（*Botschaften an die Götter. Religiöse Handschriften der Yao*），威斯巴登：Harrassowitz，1999，第54—55页，目录第22号。

176 **Cod. sin. 346**

21厘米×13厘米，以竖着折叠搓捻而成的纸捻线穿过书边捆扎（毛装）；书衣已佚；48张折页，推测结尾几页已佚，桑皮纸；除起始几页边缘受损外品相佳；fol. 1a已佚；fol. 1-37：每页4—8列，每列8—14字；fol. 38-43：每页7列，每列20字；fol. 44-48：每页5列，每列5字。

标题：［关煞百中经］①

正文起始（fol. 2a）：夜啼关．子午卯酉怕逢羊□

正文结尾（fol. 37a）：五命相六害．子年三六七十二月

无地点。附录日期（fol. 1b）：（第五红花）年庚生甲申岁九月二十七日申时（建生）（1884年）。

不祥命理的影响及相关化解对策的卦书。推测为优勉支系，抄自一源自中国（汉族）的母本。

熟练而规整的字体；局部有后来添加的圆珠笔句读和批注；含页码；对命运有损的"关"的图画位于页面上半部分（fol. 2a-37a、43-47）。

---

① 译校者注：瑶族相信每个人都有命带的关煞，生辰八字不同则所带的关煞不同，不同的关煞所招致的后果也不同，例如"拐棍关"会使人犯懒，"白虎煞"则会有性命之忧。因此，瑶族人每年都需要请师公推算当年所犯关煞并请师公进行解关。该抄本分为两部分，第一部分是《关煞百中经》的节选，用于测算命主所犯何种关煞；第二部分则是关煞之外的其他命理内容，如合婚、寄姓等。在第一部分中，每页分上下两部分：上半部分题有关煞名目并配有绘图，如"桃花煞""红艳煞""截路六害""天狗六害""短命关煞""夭寿关"等；下半部分写有该关煞的推算口诀，少数提及禳解此煞所需的祭品，例如"天狗关……若犯作要用羊一只猪一个狗一个架梯十二步鸡二只青菜二碗大谷三斗布三分□解送吉"。其中前26幅的关煞名目与Cod. sin. 502相同，但排列顺序、绘画内容及文字说明均不同。

附录：注明日期的有关家中一个孩子出生的记录（fol. 1b）；“论天右羊刃六害”（fol. 37b）；“论十二时辰衣｛禄｝子媳吉凶所断”①（fol. 38a-40a）；“看男女五音｛寄｝姓用”②（fol. 40b-42b）；“男女本命花根”（fol. 42b-48b）；“推看男女十二桥子媳多少相刑”（fol. 48b）。

书主：盘贵县（fol. 1b）。

参见［德］贺东劢（Thomas O. Höllmann）、傅敏怡（Michael Friedrich）：《给神灵的讯息——瑶族宗教文书》（*Botschaften an die Götter. Religiöse Handschriften der Yao*），威斯巴登：Harrassowitz，1999，第52—53页，目录第20号。

177 **Cod. sin. 347**

30厘米×20厘米，穿过书边及书背装订，含挂环；染成棕色的粗布制函套，其下的书衣由多层脆［竹纸?］制成；44张折页由以布筛荡料入帘形成的平滑的脆竹纸制成；fol. 19-23、29-39在边缘处有大面积缺损；后来插入的标题页由不同品质的薄竹纸制成；fol. 43b空白；每页17—18列，每列28—30字。

标题（标题页）：大书歌

正文起始（fol. 1a）：又到伸香意者起根用．日出东方莲花宝朵，黄龙岭上奏事江河，还愿有案，水路有源③

正文结尾（fol. 43a）：七灾八难天庭过，保安家主得聪明

无地点。日期（标题页）：皇上民国四十四年乙未年二月二十二日午时（1955年）。

还愿仪式七言歌，用于祭拜传说中的远祖盘王，并与度戒仪式一起举行。优勉支系。

活字印刷，个别汉字来自另一套字符集；含页码；局部有手写紫色句读、分段标记及其他记号；对个别汉字的修改为手写；后来插入的标题页含日期、标题及书主。

书主：盘富贵（标题页）。

参见［德］贺东劢（Thomas O. Höllmann）、傅敏怡（Michael Friedrich）：《给神灵的讯息——瑶族宗教文书》（*Botschaften an die Götter. Religiöse Handschriften der Yao*），威斯巴

① 译校者注：原书此处误写为“论十一时辰衣｛绻｝子媳吉凶所断”，“二”被误读为“一”，“禄”被误读为“绻”，已更正。此段内容是在说明十二时辰出生的人对应的不同命理结果，例如“子时生人……男女牛马仓库财帛衣禄不少富贵命也”。中国传统命理以预测事业与财富为主要目的，“衣禄”“官禄”“财禄”等都是命理书的常用术语。

② 译校者注：原书此处误写为“看男女五音｛寿｝姓用”，“寄”被误读为“寿”，已更正。“寄姓”是瑶族的民间风俗，也称“拜寄”。凡小儿体弱多病，或易哭多动，不好抚养，父母便请先生“看父母”，推算命中有无其他父母，按其生辰时日和五行所犯或所缺推算应该拜寄自然物或人做寄娘（爷）。寄物是根据小孩的生辰八字所缺的五行，拜寄代表该五行属性的自然物，常见的有石头、树、水井、桥等；寄人是将小孩的生辰八字与五行结合起来推算，看拜寄哪一姓人，再去寻找这一姓人中的“齐全之人”进行拜寄。参见冯智明：《广西红瑶——身体象征与生命体系》，198-199页，北京，生活·读书·新知三联书店，2015。

③ 译校者注：原书此处为“到伸香意者起根用．日出东方莲花宝朵黄龙岭，上奏事江河还愿”，句读有误，已更正。

登：Harrassowitz，1999，第 44—45 页，目录第 11 号。

178 **Cod. sin. 348（1-9）**

多层薄桑皮纸，上面的一层纸先在其上作画，然后剪下，再缝制上去；以编织而成的带子和粗线加固；有使用痕迹、污渍、折痕、裂口及缺损；褪色严重。

纸制面具。①

戴在师公或度戒者的额上；来自不同且不相关的系列；正面为神灵的肖像画，部分反面有文字（神灵名或所有者名）。无地点及日期，推测为老挝或泰国北部，20 世纪。推测为荆门，师公派。

Cod. sin. 348（1）

29 厘米×25 厘米；男性人物，推测为神灵信使——功曹；嘴唇上部和下巴处蓄须，镶黑边的红色官帽，带红领的服装上有褪色的玫红色及红色花朵纹饰，浅蓝色背景内有云朵纹饰，以橙色勾边。两侧都有起加固作用的编织带子，黑色和米色相间。背面写有所有者李法应的名字。

Cod. sin. 348（2）

27 厘米×27 厘米；男性神灵；嘴唇上下及下巴蓄须，带长翅的红黑色帽子，红色领子及蓝色花朵纹饰的长袍，蓝色背景含云朵图案，以橙色勾边。两侧都有加固用的编织带子。下巴以下缺损。（之前的?）所有者李法应和盘云玉两个名字在背面被划掉并以盘法阶取代。

Cod. sin. 348（3）

25 厘米×18 厘米；男性神灵；嘴唇上下方蓄须，黑色帽子上有长翅、果实及叶子，红色服饰；边缘受损严重，褪色，尤其是面部颜色严重变淡；纸张之间缝入了加固用的绳子。

Cod. sin. 348（4）

27 厘米×26. 5 厘米；男性神灵，嘴唇上方和下巴蓄须，可能是太尉；黑红色道冠，有红色领子、蓝色花纹的长袍，背景内有浅蓝色云朵纹饰，橙色勾边。额头处有缺损。两面

① 译校者注：这种纸做成的面具为矩形，每一面具上只绘有一种神灵，通常的说法是戴上何种面具就能拥有何种神灵的力量。除面具外另有一种“神头”，即“七星帽”，呈扇面状，上面部分为三角形，每个三角形都绘有一神灵，像帽子一样戴在头上。

都有编织而成的蓝色米色相间用以加固的带子。所有者李法应和盘云玉的名字位于背面。

参见［德］贺东劢（Thomas O. Höllmann）、傅敏怡（Michael Friedrich）：《给神灵的讯息——瑶族宗教文书》（*Botschaften an die Götter. Religiöse Handschriften der Yao*），威斯巴登：Harrassowitz，1999，第 79 页，左下图。

Cod. sin. 348（5）

27.5 厘米×25 厘米；女性神灵，推测为九娘或王母；戴装饰奢华的帽子及耳环，红色领子的长袍，背景内有蓝色填充的彩色回形纹；边缘严重受损，左侧的加固绳已佚。所有者邓□□的名字位于背面。

参见［德］贺东劢（Thomas O. Höllmann）、傅敏怡（Michael Friedrich）：《给神灵的讯息——瑶族宗教文书》（*Botschaften an die Götter. Religiöse Handschriften der Yao*），威斯巴登：Harrassowitz，1999，第 79 页，右下图。

Cod. sin. 348（6）

26.5 厘米×23.5 厘米；太上老君或王母；布满皱纹的脸和白发髻，头饰上有两张小脸，黑红色服饰，背景有编织纹；下端边缘严重受损；两边都有蓝色米色相间的编织而成的带子加固。

参见［德］贺东劢（Thomas O. Höllmann）、傅敏怡（Michael Friedrich）：《给神灵的讯息——瑶族宗教文书》（*Botschaften an die Götter. Religiöse Handschriften der Yao*），威斯巴登：Harrassowitz，1999，第 79 页，左上图。

Cod. sin. 348（7）

21.5 厘米×21.5 厘米；男性神灵；圆眼，嘴唇上下方的胡须蓬乱，有长翅的黑色帽子，耳侧各有一张蓝色侧脸，绿、蓝、红色带纹饰的服饰；右侧的加固绳已佚。所有者盘云玉的名字及所绘神灵令公相的名字位于背面。

参见［德］贺东劢（Thomas O. Höllmann）、傅敏怡（Michael Friedrich）：《给神灵的讯息——瑶族宗教文书》（*Botschaften an die Götter. Religiöse Handschriften der Yao*），威斯巴登：Harrassowitz，1999，第 79 页，右上图。

Cod. sin. 348（8）

26.5 厘米×24 厘米；女性神灵，戴装饰奢华的帽子和耳环，推测是九娘或王母；红蓝色带黑领的长袍，背底勾红边。脸的左下部分已佚。对所有者的称呼（置主）位于背面。

Cod. sin. 348（9）

24.5 厘米×19.5 厘米；男性神灵；嘴唇上下方及下巴处蓄须，黑帽上有火焰纹，红色服饰含灰绿相间的领子，背景有黑色云朵纹饰，橙色勾边。所有者盘法阶的名字和所绘神灵名“中元□□□将”位于背面。

参见［德］贺东劢（Thomas O. Höllmann）、傅敏怡（Michael Friedrich）：《给神灵的讯息——瑶族宗教文书》（*Botschaften an die Götter. Religiöse Handschriften der Yao*），威斯巴登：Harrassowitz，1999，第 28—29 页、78—79 页，目录第 44 号。

179 **Cod. sin. 349**

26 厘米×19.5 厘米，边订（不交叉），含挂环；受损的书衣由多层黄纸制成；26 张桑皮纸制折页；有水渍，fol. 9、10 有火烧痕迹，除此之外品相佳；fol. 1b 空白；每页 11 列，每列 22—26 字。

标题（标题页 fol. 1a）：杂秘救患法天机（一本）；（fol. 18a）：救患秘语，祈嗣法；（fol. 25b）：杂秘救患法

第一篇正文

正文起始（fol. 2a）：一论人初请法．想政谢面目是金星李真握黄万气娘

正文结尾（fol. 18a）：一年下一日一日不似一时吉也．救患秘语终毕

第二篇正文

正文起始（fol. 18a）：重集祈嗣法．求花架桥法

正文结尾（fol. 21a）：祈嗣法终

第三篇正文

正文起始（fol. 21a）：又件颠倒法

正文结尾（fol. 25b）：元始箬过天罗地网，箬过当天万代不通吉也．杂秘救患法终书抄完

无地点。日期（fol. 1a）：天子道光十三年癸巳岁六月二十五日（终笔）（1833 年）；附录日期（fol. 26b）：癸巳年六月（1833 年）；一名家庭成员的出生日期（fol. 26a）：（一女本命）壬戌年三月十五日（下生）（1862 年）。

用于驱赶恶灵、疾病及其他不祥的秘语。荆门，师公派。

附录：“字求”（fol. 26a）；记有日期的关于借贷的记录；其中的参与者：邓云连、李云｛府｝、李经良、邓胜弁（fol. 26b）；关于一位家庭成员的出生记录（fol. 26a）。

传度师：邓法值（fol. 1a）；写主及书主：邓胜弁（fol. 1a、17b、18a、25b）；后继书主：黄显恩（fol. 1a）。

参见［德］贺东劢（Thomas O. Höllmann）、傅敏怡（Michael Friedrich）：《给神灵的讯息——瑶族宗教文书》（*Botschaften an die Götter. Religiöse Handschriften der Yao*），威斯巴登：Harrassowitz，1999，第60—61页，目录第28号。

180 **Cod. sin. 350**

28.5厘米×19.5厘米，穿过书边及书背装订，部分已散开，含挂环；受损的书衣由多层厚［竹纸?］制成；31张折页，页码缺少18；以布筛荡料入帘而成的厚竹纸；有污渍、折痕及裂口；每页平均8列，每列14—17字。

标题：［开坛书］

正文起始（fol. 1a）：一朝一夜转归降，两木双双齐降坛

正文结尾（fol. 31b）：清秀山头龙虎庙，担旗入庙做先锋

无地点及日期，推测为20世纪初。

还愿仪式七言形式的科仪，与度戒仪式一起举行。优勉支系。

熟练的写主执笔，编有页码。

附录：关于借贷的记录；其中的参与者：李如寿、李进钱（封底内页）。

181 **Cod. sin. 351**

24.5厘米×18.5厘米，穿过书边及书背装订；后来插入的受损书衣由染成棕色的纸制成，包住书背并在一处装订；30张折页，推测起始几页已佚，桑皮纸；有污渍、裂口；fol. 30a空白；每页平均8列，每列20—23字。

标题（书衣）：百解秘语．斋亡秘语；（fol. 29a）：斋亡秘语

正文起始（fol. 2a）：一论喃川心鬼用．茆人一首针五口川绵

正文结尾（fol. 29a）：腹内存亡厶退回也

无地点。附录日期（fol. 30b）：咸丰七年丁巳岁次七月初三日（立簿记）（1857年）。

葬礼用秘语。荆门，道公派。

规整的字体；有红色句读及分段标记。

附录：仪式列表，“彭玄金十方之路也”（fol. 1a-b）；关于借贷的记录；其中的参与者：蒋老师、彭老、李老散、邓老大、邓老三、邓金珠、蒋者三、蒋老大、蒋老二、□妙福、□玄和（fol. 30b）。

书主：李道君（书衣、fol. 29a）；后继书主［?］：彭玄金（fol. 1a、18a）。

182 **Cod. sin. 352**

23厘米×18厘米，穿过书边及书背装订；受损的桑皮纸制书衣，封面残缺不全；29

张折页，［桑皮?］纸；有污渍、折痕；fol. 1 为双页，fol. 27b 空白；每页平均 8 列，每列 19—21 字。

无标题

正文起始（fol. 3a）：先收什雌雄二鬼法．执剑先阑井为万丈深

正文结尾（fol. 27a）：是五雷上中天响万里神来朝右兵是金星也

无地点及日期，推测为 20 世纪。

占卜及葬礼用秘语。荆门，道公派。

易识读的字体；红色分段标记；符（fol. 10a、17b、18a、21a、24b），掌诀（fol. 1b、28b、29a）。

附录："占眼跳日吉凶"（fol. 1a-2b）；由其他写主执笔的用于占卜的段落（fol. 28a、29a-b）。

书主：李妙现（fol. 7a、13a、20b）；后继书主：李道典（fol. 28a），李朝杨（fol. 2b）；作为师父被登记：李经誊（fol. 13a）。

183 **Cod. sin. 353**

24 厘米×22.5 厘米，边订（不交叉）；受损的多层纸制书衣；29 张［桑皮?］纸制折页；有污渍、折痕；fol. 1 为双页，fol. 1b、29b 空白；每页平均 9 列，每列 16—17 字。

标题（书衣）：万宝金书秘语．早晚程供（在尾）．不伦清醮三朝同用；（标题页 fol. 1a）：（一论）早晚整麻疯之法．（一论）金灵法早晚拔用．丧伤共斋（壹绻终）

第一篇正文

正文起始（fol. 2a）：一计治麻疯法．在龛叩师证盟存蔽师主人丁振画字

正文结尾（fol. 14a）：轮王群知来午坲．十王名完毕修整码风法完终

第二篇正文

正文起始（fol. 14a）：重集金灵案拔阴阳仝用此法．传法师又铛来传三师

正文结尾（fol. 18b）：金阙大殿去登帝也大吉利示

第三篇正文

正文起始（fol. 18b）：重集一论疯麻人亡丧斋初请存人丁振宅指法庄身同前想身为玉皇上帝

正文结尾（fol. 27a）：乾坤良選坎离振兑

无地点。日期（fol. 1a）：下元甲子壬申年参月中旬（□抄完）（1812 年）；（书衣）：皇录壬申年三月上旬（集全乞）（推测为 1812 年）。

秘语，用于葬礼及安抚因麻风死亡的灵魂的仪式。荆门，道公派。

熟练的写主执笔；有红色句读及分段标记；符（fol. 2a-b、3a、8b、21a-b、24a-b、

25a-b、27a)，星宿图（fol. 8b、24a、26a、27b）；一枚方形印章，铭文推测为“太上老君令敕”（fol. 1a）。

附录：“又件进供祖境解冤之□”（fol. 27a-29a）。

书主：李经瞻（fol. 1a、20a），李道典（fol. 27a、书衣）；后继书主［?］：李胜严（fol. 1a），李妙珍（fol. 1a）。

184 **Cod. sin. 354**

23. 5 厘米×15 厘米，以线从 3 处穿过书背捆扎；受损的书衣由多层脆纸制成，封底已佚；12 张脆竹纸制折页；有洞、裂口；每页平均 6—7 列，每列 13—15 字。

标题（书衣）：元宵鬼（合）造船（两条供一本记号析）

第一篇正文

正文起始（fol. 1b）：起根元消鬼奏用．三十六元宵鬼神奏至九州门外

正文结尾（fol. 6a）：准我五奉太上老君急々令敕．元宵鬼话々

第二篇正文

正文起始（fol. 6a-b）：又是到造船用．未成造船先造水

正文结尾（fol. 8b）：十一十二寅上起十月，逢冬打卯□家望家重家计

无地点及日期，推测为 20 世纪。

造船仪式之法，该船用于新年驱逐本地恶灵。优勉支系。

不熟练的写主，有许多特殊写法；符（fol. 1a、10b-11b），步罡踏斗图解（fol. 9a-10a），人物形象绘画。

写主：赵今｛贵｝（书衣）。

185 **Cod. sin. 355**

123 厘米×26 厘米，横幅卷轴，两块布条缝合在一起制成；有污渍，边缘有一点开线。

标题：十二姓瑶人贺神敬圣图

正文起始：五兄罡，第二步三台罡，七星罡

正文结尾：大勇将军捉妖精焚香拜圣

无地点及日期，推测为 20 世纪。

瑶族十二姓问候神灵的惯用语；用于治愈疾病、抵御灾害，以及仪式中祭祀者变身、净坛封坛的法。优勉支系。

相对不太熟练的写主，仿照篆书的字；人物形象图画，符，仪式用具及步罡踏斗图解。

文中提到的师父：王法云，｛王｝法贞。

参见［德］贺东劢（Thomas O. Höllmann）、傅敏怡（Michael Friedrich）：《给神灵的讯息——瑶族宗教文书》（*Botschaften an die Götter. Religiöse Handschriften der Yao*），威斯巴登：Harrassowitz，1999，第 84—85 页，目录第 49 号。

186 **Cod. sin. 356**

165 厘米×23.5 厘米，由四块缝在一起的布条制成的横幅卷轴；有污渍、大面积的墨渍；共 106 列，每列 14 字。

无标题

正文起始：慌秋执草抬盘䜣，抬盘闻运永造｛够｝游

正文结尾：乱化三天纸上在，那人读听莫谈｛南｝，谓尽梱心难造意，难来造得众人知

无地点及日期，推测为 20 世纪。

关于生与死不可知性的七言歌。推测为优勉支系。

较熟练的写主，个别用圆珠笔写的注释；有人物形象图画，推测为后人添加。

187 **Cod. sin. 357**

92 厘米×41 厘米；横幅卷轴，由一块条形布制成；布料边缘开线，有污渍；共 53 列，分为两个版块，各版面每列 15—19 字。

标题：具十二姓瑶人过山傍传万代

正文起始：天不合盘血出生来躲在一个大后氏后出盘王置天置地

正文结尾：随帝有大臣守得一个瑶人做乡官

无地点及日期，推测为 20 世纪。

关于瑶族野史的文书，按照《过山榜》及《评皇券牒》类“榜文”的传统所写。优勉支系。

规整的字体；传说中和历史上的王者肖像及地图。

188 **Cod. sin. 358**

46 厘米×44 厘米；写有文字并有绘图的布，推测为机织布；严重变黑，有污渍和小洞。

标题：送终棺椁

一场葬礼的场景，以黑红二色勾勒人物轮廓，一些场景附文字说明。优勉支系。

无地点及日期，推测为 20 世纪。

相对较熟练的写主，文字方向及排版方式有所不同；在主场景之间有符、龙、奇特地

域的绘画。

参见［德］贺东劢（Thomas O. Höllmann）、傅敏怡（Michael Friedrich）：《给神灵的讯息——瑶族宗教文书》（Botschaften an die Götter. Religiöse Handschriften der Yao），威斯巴登：Harrassowitz，1999，第 72—73 页，目录第 39 号。

189 **Cod. sin. 359**

34 厘米×32 厘米；一块图文并茂的布；粗织，未滚边；布边缘轻微开线。

标题：唐代捉神灵符

在每一个仿照罗盘绘成的图区内均绘有仪式器具和属于一位师公的“神兵”，都为黑色轮廓图；其中还有占星学的概念及符。优勉支系。

无地点及日期，推测为 20 世纪。

相对较熟练的写主，文字方向及排版方式有所不同。

参见［德］贺东劢（Thomas O. Höllmann）、傅敏怡（Michael Friedrich）：《给神灵的讯息——瑶族宗教文书》（Botschaften an die Götter. Religiöse Handschriften der Yao），威斯巴登：Harrassowitz，1999，第 56—57 页，目录第 24 号。

190 **Cod. sin. 360**

26. 5 厘米×16. 5 厘米，穿过书边及书背装订，含挂环；粗布制函套，其前端边缘超出书芯 5 厘米，其下方的书衣由［桑皮?］纸制成，封面已佚；88 张光滑的［桑皮］纸制折页；有污渍，边、角严重受损；fol. 88 空白；每页平均 8 列，每列 14 字。

标题（fol. 88a）：游乐三庙圣王歌书

正文起始（fol. 1a）：□过行平十二游教仙师一行圣众未执成

正文结尾（fol. 86b）：圣神宽喜保家主千年万代得宽良

无地点。完笔日期（fol. 87a）：皇上咸丰二年壬子岁三月十二日（抄成完笔）（1852年）。

用于祭拜庙王的七言歌，在唱歌的节日“歌堂”中被吟唱。优勉支系。

熟练的写主；个别注释和修改由其他写主执笔；在整个文书中有后来添加的中国漫画式绘画。

题记含日期、标题及写主（fol. 87a）。

其他写主执笔的附录：瑶族的迁徙及分布区域的说明（fol. 88b）。

写主及书主：盘福珠（fol. 88b）。

191 **Cod. sin. 361**

23 厘米×380 厘米，由多层纸制成的横幅卷轴，［竹?］纸与颜色更淡一些的［桑皮?］

纸粘在一起；边缘有缺损，卷轴的后部已佚，结尾处贴了一根小竹条，以便将其卷起；两个版面，各版面每列 6—12 字。

标题（滚动条上部边缘）：平皇券牒

正文起始：第二表秦始王戊寅岁．天下合船□□□□合作释迦在外天二人｛后｝出盘王

正文结尾：七千户人供给是□□□大榍来对合船…流出□海…

无地点。日期（上部边缘）：光绪廿四年戊戌岁一八九八年（抄）。

关于瑶族的野史。优勉支系。

潦草的字体；传说人物和历史人物的图画，地图速写。

写主［及绘者?］：冯金旺（上部边缘）。

参见［德］贺东劢（Thomas O. Höllmann）、傅敏怡（Michael Friedrich）：《给神灵的讯息——瑶族宗教文书》（Botschaften an die Götter. Religiöse Handschriften der Yao），威斯巴登：Harrassowitz，1999，第 48—49 页，目录第 17 号。

192 **Cod. sin. 362**

28. 5 厘米×14. 5 厘米，穿过书边及书背装订；受损的书衣由以布筛荡料入帘而成的纸制成；26 张折页，推测起始几张已佚；以布筛荡料入帘而成的竹纸；污损严重，有折痕；每页平均 8 列，每列 18—28 字。

标题（fol. 26）：神签书

正文起始（fol. 1a）：请神到语观音经咒也．伏以叩灵签三叩有赞神明包极万像

正文结尾（fol. 26a）：仙人占穴在中央，四畔山｛琼｝并水绕，代代儿孙进田庄

地点（fol. 26a）：大中华民国云南省景东县；写主籍贯：｛文井｝镇公所（未识别）。日期（fol. 26b）：民国四十年季春月下浣廿日下弦齐镇李君臣抄书字书主冯进昌为号来神签书（1951 年）。

签卜用的文书。优勉支系。

熟练的写主；有红色分段标记；整个文书中有后来添加的中式绘画。

题记含标题、成书地点及日期、书主及其籍贯（fol. 26a-b）。

写主：李君臣（fol. 26a-26b）；书主：冯进昌（fol. 2a、2b）。

193 **Cod. sin. 363**

27. 5 厘米×17 厘米，以塑料绳边订（不交叉），含挂环；书衣由另一文书的多张折页制成，受损严重；55 张折页，以布筛荡料入帘而成的［竹?］纸；有火烧痕迹、水渍、虫蛀形成的大面积缺损；fol. 1b 已佚，fol. 1av 有文字；每页平均 10 列，每列 24—26 字。

无标题

正文起始（fol. 2a）：又到求财大疏．｛娑｝婆世界南瞻部州．今据．暹罗道厶府厶县厶冲厶寨立宅居住奉

正文结尾（fol. 55a）：昊天金阙玉皇大帝御前捉进奉真祈福保｛秽｝遣送秏精保安家主厶人合家等封

地点（在 fol. 3b 表式内）：暹罗国南掌道龙猛喃府（推测为老挝琅勃拉邦旁的楠府）；（fol. 5a、5b 表式内）：暹罗国南掌道（老挝北部）；（fol. 7a 表式内）：暹罗国南掌道猛龙府（推测为老挝北部琅勃拉邦）；（fol. 6b 表式内）：暹罗国南掌道猛喃府（推测为老挝琅勃拉邦旁的楠府）。日期（表式内）：中华世界（1911 年以后）。

表式集。优勉支系。

始终由同一位写主执笔；编有页码；整本文书内有后来添加的中式绘画。

写主［?］：邓进周（fol. 1v）；书主［?］：盘承才（fol. 1r），盘富进（fol. 1r）；作为后继［?］书主登记：盘法度（fol. 1r），盘法聪（fol. 1r），盘法升（fol. 1v），盘法广（fol. 1r）。

194 **Cod. sin. 364**

25.5 厘米×20 厘米，边订（不交叉）；书衣已佚；59 张折页，推测首尾几张已佚，桑皮纸；有些版口处被撕开，有污渍、虫蛀形成的洞，头几页尚存的折页有大面积缺损；fol. 1a 已佚；每页平均 8 列，每列 14 字。

无标题

正文起始（fol. 1b）：极极走无踪玄坛降…真上道现我大神通玄宫高上帝玉皇大天尊

正文结尾（fol. 59b）：还愿圣王知…了得分离…有勾真有勾

无地点及日期，推测为 19 世纪初。

七言形式科仪，用于与度戒仪式一起举行的还愿仪式，附《开坛书》摘录。优勉支系。

熟练的写主；有大量后来添加的图画（出生场景、肖像、符）。

195 **Cod. sin. 365**

21.2 厘米×13.5 厘米，穿过书边并从 8 处穿过书背装订；受损的纸制书衣，封面已佚；45 张折页，推测首尾几张已佚，以布筛荡料入帘而成的脆竹纸；有裂口、污渍；fol. 7b 无文字，后来添加图画；每页平均 7 列，每列 16—18 字。

无标题

正文起始（fol. 1a）：玉印原来四四方，王姥名字在中央

正文结尾（fol. 43b）：太圣北斗七元官，□男□生水火，伤连｛患｝□病

无地点。日期（fol. 6b）：皇上光绪八年壬午岁正月初二日（抄院）（1882 年）；（fol. 45b）：光绪拾参年丁亥岁正月廿参日（1887 年）。

用于度戒仪式的七言歌及表式。优勉支系。

不同的写主执笔；局部有红色分段标记；大量后来添加的中式绘画。

196 **Cod. sin. 366**

21. 2 厘米×13. 5 厘米，边订（不交叉），含挂环；受损的书衣由多层以布筛荡料入帘而成的纸制成；22 张折页，以布筛荡料入帘而成的竹纸；有污渍、折痕；fol. 22b 已佚；每页平均 8 列，每列 17—19 字。

标题（书衣）：大破里

正文起始（fol. 2a）：风有声音话有靶水有源头木有根

正文结尾（fol. 20b）：命定如此命命定情理也矣终

写主籍贯（fol. 21a）：琼州海口文昌县翁田埠。完笔日期（fol. 21a）：中华民国四十三年甲午岁二月廿四日（依古抄成存读）（1954 年）。

用于教授汉字及儒家思想的课本。优勉支系。

规整的字体；有红色句读，个别字以玫红色点标出；个别修改及注释位于列旁及页面边缘；后来添加的中式绘画（在页面边缘，fol. 1b 占整页）。

题记含日期、地点及写主（fol. 21a）。

附录：草稿（书衣内页，fol. 1a、22a）；“小儿剃头吉日”（fol. 21b）。

写主：韩连准（fol. 21a）；书主：赵进安（书衣，fol. 1a、1b）。

197 **Cod. sin. 367**

24. 5 厘米×17 厘米，穿过书边并从 6 处穿过书背装订；受损的桑皮纸制书衣；19 张折页，严重变黑的［竹?］纸品质不同；有污渍、裂口、折痕，边角被磨损，有虫蛀；fol. 17b、18a 空白；每页平均 8 列，每列 14 字。

标题（书衣）：跳鬼书（在案）

正文起始（fol. 1a）：众宫欢曲且欢曲，立耳听声郎上光

正文结尾（fol. 19b）：道德身｛看缘｝衣｛归｝，罗妻大｛处处｝开通

无地点及日期，推测为 20 世纪。

用于还愿仪式的掺杂了《开坛书》段落的七言歌。优勉支系。

较生疏的、潦草的字体；有红色句读及分段标记；整本文书中都有后来添加的人物画。

书主：李有清（书衣、书衣内页、fol. 8a）。

198 **Cod. sin. 368**

22. 3 厘米×16. 5 厘米，穿过书边及书背装订，含蓝色毛线制成的挂环；书衣已佚；8 张严重变黑的竹纸制折页；有裂口；每页平均 8 列，每列 19—20 字。

无标题

正文起始（fol. 1a）：大清国厶道厶冲厶寨行游社下立宅居住奉

正文结尾（fol. 7b）：上催求职证盟谨封

附录地点：巴喝洞（fol. 8b）（可能是云南南部的扒河）。完笔日期（fol. 8a）：民国十三年甲子岁｛荷｝月十六日未时（抄完）（1924 年）。

用于不同场合的法及表式，其中包括合婚、求子及葬礼。优勉支系。

易识读的字体；整本文书中都有后来添加的中式绘画。

附录：祖先列表（盘氏者、罗氏者、盘法朝、盘法旺、盘法清）及他们的墓地（fol. 8b）。

199 **Cod. sin. 369**

25. 3 厘米×19 厘米，穿过书背单侧装订，含挂环；多层竹纸制书衣；24 张薄竹纸制折页；除有污渍外品相佳；fol. 1a-b 空白；每页平均 8—9 列，每列 20—22 字。

标题（书衣内页）：安龙谢墓（用）

正文起始（fol. 4a）：又到安龙谢墓疏意用．娑婆世界南瞻部州大清国厶南掌厶道厶州厶府厶县厶社厶村厶冲厶寨厶立宅居住奉

正文结尾（封底内页）：上一献阴催封，投进真催疏保安家主厶人合家等莫堂土也封

地点及日期（fol. 4a 表式内）：大清国厶南掌厶道（老挝北部）；（fol. 10b）：大民国南掌国（1911 年后）。

葬礼用表式集。优勉支系。

不同的熟练的写主执笔；符（fol. 2a-3b），一枚“太上老君敕”印（书衣，fol. 4a、5a、7a、8a-b）；大量后来添加的中式绘画。

书主：赵有庭（书衣内页）；后继书主：盘进兴（书衣内页）。

200 **Cod. sin. 370**

21 厘米×15. 7 厘米，穿过书边及书背装订；书衣已佚；59 张折页，推测首尾几张已佚，竹纸；有裂口、虫蛀形成的洞；fol. 36b 无文字，后来添加图画；每页平均 8 列，每列 15—18 字。

标题（fol. 36a）：上情意者

第一篇正文

正文起始（fol. 1a）：一炉明香第二明扶老深皮，第二炉明香第三明扶老耐位

正文结尾（fol. 36a）：三分意者四份□壮意者不到胜管押在香炉脚下

第二篇正文

正文起始（fol. 37a）：又贝伸明表意［疏］. 诚惶诚恐稽首｛顿｝首俯伏百拜上言

正文结尾（fol. 40b）：释罪保安家主厶人同妻厶氏合家等封

第三篇正文

正文起始（fol. 41a）：救病表用. 太上奉行北极驱邪院川通闾梅二教三戒弟子

正文结尾（fol. 59b）：尽行赦冤十二赦厶人原曰白话逆佛一□

地点（fol. 3a 表式内）：大清国厶云南道；（fol. 41v、45b、49a、52b、58b 表式内）：中华民国暹罗道。日期（fol. 39b）：皇上民国（1911 年后）；（fol. 36a）：皇上壬子年新正月二十四日（写完）（推测为 1912 年）。

还愿仪式科仪，与度戒仪式一起举行；两份用于治疗仪式和葬礼的表式集。优勉支系。

不同的熟练写主执笔；有个别处被勘误；有红色分段标记，在第一篇正文内有红色句读；大量后来添加的中式绘画。

第一篇正文的题记含日期及持有说明（fol. 36a）。

第一篇正文的写主：盘富德（fol. 21a、36a）；第二和第三篇正文的写主［?］：盘承明（fol. 40b、41a）。

201 **Cod. sin. 371**

28 厘米×16. 8 厘米，以红毛线边订（不交叉）；书衣由以布筛荡料入帘而成的厚［竹浆? 竹?］纸制成；17 张折页，推测起始几页已佚，以布筛荡料入帘而成的［竹?］纸；污损严重，有裂口、洞、折痕；每页平均 8 列，每列 17—18 字。

无标题

正文起始（fol. 1a）：说说踏上圣前踏上圣□，打筶三声惊动神明

正文结尾（fol. 17b）：说法是□前保□说大兴大旺大吉大利

无地点。日期（fol. 17b）：民国五十九年（1970 年）；（封底）：民国六十五年（1976 年）。

用于祭拜祖先的还愿仪式科仪。优勉支系。

潦草的字体；有个别用圆珠笔写的注释；在整本文书内有大量后来添加的中式人物画。

写主：冯承县（fol. 7a）。

202 **Cod. sin. 372**

20.5 厘米×13.5 厘米，穿过书背单侧装订；函套由置于两块黑布之间被压平的［桑皮?］纸制成，其下方有纸制书衣残留物；72 张［桑皮?］纸制折页；严重受损，部分已腐烂成絮状，有污渍，结尾几页有大面积缺损；fol. 72 残缺不全；每页平均 7 列，每列 15—17 字。

标题（标题页 fol. 1a）：疏书传本

正文起始（fol. 3a）：灶王大疏．娑婆世界南瞻部州．今据．大清国厶承宣布政使司厶府厶县厶冲立宅居

正文结尾（fol. 69a-b）：月厶日吉良上奏…符通用

写主籍贯（fol. 71b）：粤西（广西省）。日期（fol. 71b）：…十四年己卯岁春季辰月朔日初五日（抄）（1819 年）。

不同仪式场合用表式集。优勉支系。

熟练的写主；有红色句读，个别字用红色标出；符（fol. 67b-69b）；后来添加的红黑色人物画；一枚“太上老君敕令”印（fol. 69b）。

序（fol. 1a-b）含写主谦辞；目录（fol. 2a-b）。题记（fol. 71b）含日期、写主籍贯、持有说明、谦辞、写主的题词及抄书所花的费用。

书主：李如昌（fol. 71b）。

203 **Cod. sin. 373**

22.3 厘米×16 厘米，穿过书边并从 7 处穿过书背装订；在边角处额外用订线加固（康熙式），含挂环；受损的书衣由多层竹纸制成；45 张不同品质的竹纸制折页；轻微污损，有虫蛀；每页平均 8 列，每列 14—16 字。

标题（书衣）：求金银宝，推败（一供在内）

正文起始（fol. 1a）：具立星号用．子生人第一位贪狼星君注照本命

正文结尾（fol. 45b）：大月以上数下小月以下数上

地点（fol. 2a、8a、24a、31b 表式内）：大清国龙皇道承宣布政使司厶府厶猛村寨社（推测为老挝琅勃拉邦；清代）；（fol. 8a、10b、16a、30a 表式内）：大清国龙皇道承宣布政使司厶猛咙爬班永真府官上厶洞厶村厶寨行游社（老挝永珍府琅勃拉邦；清代）。日期（fol. 5a 表式内）：皇上官下民国（1911 年后）。

表式及卦书集。优勉支系。

熟练的写主；个别字用红色框出；文书前半部分以红色横线在天头、地脚及页中分隔版面；大量符、占星图（fol. 18b），后来添加的图画（武器、符，fol. 23b）。

附录：“金神七煞日”（书衣内页）。

204 **Cod. sin. 374**

25 厘米×14 厘米，穿过书边及书背装订；受损的书衣由外面染成棕色的厚纸制成，封面已佚；42 张折页，推测起始几页已佚，光滑的脆［竹?］纸；有污渍、水渍、虫蛀，边缘和装订处有缺损，折页松散；每页平均 8 列，每列 14—20 字。

无标题

正文起始（fol. 1a）：十二蛇…犯者大瘟定死人．看飞廉煞日凶．正犬二蛇当，三马四｛夆｝羊

正文结尾（fol. 38b）：看绝烟火惟恐分居用者看此日大不吉也

无地点。附录日期（封底内页）：（二女生子）乙亥年八月三十日（推测为 1875 年）。

卦书。推测为优勉支系。

熟练的写主；个别字用红色标出；绘有符（fol. 38a）及大量后来添加的人物画。

附录："看四季病凶日"（fol. 39a-42b）；含日期的关于一名家庭成员的出生记录（书衣内页）。

205 **Cod. sin. 375**

17. 2 厘米×14 厘米，穿过书边并从 3 处穿过书背装订，含挂环；书衣由以布筛荡料入帘而成的厚［竹?］纸制成；15 张折页，以布筛荡料入帘而成的［竹?］纸；除有污渍外品相佳；每页平均 8 列，每列 14—17 字。

无标题

第一篇正文

正文起始（fol. 1a）：又到解煞请鬼名用．三十六关煞奏到广州乃洞官煞殿上

正文结尾（fol. 3a）：鱼上水门身□浪天桥□树入南京

第二篇正文

正文起始（fol. 4a）：又到解杀歌．众师解你头痛关煞五师解了得央阳

正文结尾（fol. 11b）：陀罗阿脚帝沙婆婆沙阿

第三篇正文

正文起始（fol. 14a）：又是烧□孝歌

正文结尾（fol. 15b）：孝道三年孝仗满，脱下孝衣放火烧

附录地点（封面内页）：中｛向｝南上任麦平（未识别）。日期（fol. 3a）：民国六十年辛亥岁二月二十七日未时（抄成元笔）（1971 年）①；附录日期（封面内页）：壬子岁十

① 译校者注：原文此处误写为"1972 年"，已更正。

二月二十四日（推测为 1972 年），癸丑岁正月十六日丑时，十七日未时（推测为 1973 年）。

用于治疗仪式及丧礼的法。优勉支系。

较潦草的字体；个别字被用红色框出；部分有后来添加的占星图（fol. 12b、13b），符（fol. 3b、11b–12a、13a、14b–15b，封底内页），步罡踏斗图解（fol. 15a）；后来用圆珠笔添加的页码。

附录（封面内页）：含日期的关于盘法位患病、死亡及葬礼的记录，包括其埋葬地。

206 **Cod. sin. 376**

27 厘米×17 厘米，穿过书边并从 7 处穿过书边装订；受损的书衣由外面染成深色的厚纸制成，封面已佚；10 张折页，以布筛荡料入帘而成的软［竹?］纸；严重受损，有污渍、裂口；fol. 1–2 有大面积缺损，fol. 9b–10a 空白；每页平均 8 列，每列 16 字。

标题（fol. 10b）：破理大书

正文起始（fol. 1a）：天下文章破理明，世间传报众详情

正文结尾（fol. 9a）：置定世间依语教后人，千言万语在书中．留传后代教儿童

无地点及日期，推测为 20 世纪。

用于教授汉字及儒家思想的课本。推测为优勉支系。

熟练的写主，字体大；后来用圆珠笔添加的红色句读；列旁有个别勘误及注释；在天头上有后来添加的中式绘画。

附录：草稿（fol. 10b）。

写主及书主：冯金远（fol. 10b）。

207 **Cod. sin. 377**

27 厘米×20 厘米，穿过书边及书背装订；书衣已佚；29 张折页，推测首尾几页已佚，桑皮纸；品相极差，污损严重，页边大面积缺损；每页平均 11 列，每列 24 字。

无标题

正文起始（fol. 1a）：命灶君陛下投进恭望…付赐纳受谨具保安向后人丁清吉．谢土疏意

正文结尾（fol. 29b）：名香起头打马点兵出坛…

地点及日期（fol. 26a、27a 表式内）：大清国云南道（推测为 19 世纪初）。

用于不同场合的表式集，主要为葬礼。优勉支系。

熟练的写主；后来添加的中式绘画。

208 **Cod. sin. 378**

19.5 厘米×13.5 厘米，穿过书边单侧装订，含植物纤维制挂环；受损的书衣由厚

［竹?］纸制成，封底已佚；32 张桑皮纸制折页，fol. 1、21－27 为竹纸；有污渍、裂口；每页平均 6—7 列，每列 14—19 字。

标题（书衣）：释罪天地黄表疏．脚引．大赦．小赦．邪师［黄表］

正文起始（书衣）：藏众人身法．谨请祖谨请本师藏变阴阳二容化为金同雷兵

正文结尾（fol. 32b）：河度开禁把截厶处验实放行

无地点。日期（fol. 24a）：皇上光绪十年甲申岁二月初七日（抄完了）（1884 年）。

葬礼用表式集，包括“藏众人身法”（书衣-fol. 1b）、“释罪天地疏意”（fol. 2a－6b）、“皇恩□赦明厶戒弟子法”（fol. 7a－9b）、“廿四赦文意”（fol. 10a－16b）、“初步踏上龙仙峒”（fol. 17a－b）、“诗对□｛段｝”（fol. 18a－20b）、“收邪师黄表”（fol. 21a－24b）、“又到怪黄表用”（fol. 25a－27b）、“又到和禁表意用”（fol. 28a－32b）。优勉支系。

不同的写主执笔；fol. 17a－b 画有行线；有后来添加的中式绘画。

附录（封面内页）：家庭成员赵氏者的出生日期（壬申年，推测为 1872 年）及死亡日期（癸未年，推测为 1943 年），以及□法元的出生日期（癸亥年，推测为 1923 年）。

作为师父被登记：盘法灵、邓法德（fol. 24b）。

209 **Cod. sin. 379**

25 厘米×15 厘米，穿过书边及书背装订，含塑料制小挂环；受损的书衣由外面被染黑的纸制成；17 张严重变黑的竹纸制折页；有污渍、水渍、折痕；fol. 17 无文字，有后来添加的绘画；每页平均 8 列，每列 14—16 字。

无标题

第一篇正文

正文起始（fol. 1a）：敕船法用．敕变不星非凡之船，々化为大龙小龙船

正文结尾（fol. 11b－12a）：戊申年□八月内初全初四后成书，不烟那条修书现，因味世今作被时，初前齐在旧山国，山原宫管补边州

第二篇正文

正文起始（fol. 12a）：读疏文开疏文伸疏用杀尾话

正文结尾（fol. 14b）：阳筶开心转意开意转心赦罪放行也

无地点。日期（fol. 11b）：民国五十七年戊申岁第二个七月初六日（1968 年）；（fol. 12a）：戊申年□八月内。

用于造船仪式的法，本地的恶灵将被装在船上驱赶出去。优勉支系。

流畅且熟练的字体，个别段落由其他写主执笔，圆珠笔写的注释（fol. 9a）；大量后来添加的符及人物画。

题记含日期及诗歌形式的跋（fol. 11b－12a）。

附录："又到看眼跳日"（fol. 14b-16b）。

写主：李富州/周（fol. 11b、封底）。

参见［德］贺东劢（Thomas O. Höllmann）、傅敏怡（Michael Friedrich）：《给神灵的讯息——瑶族宗教文书》（Botschaften an die Götter. Religiöse Handschriften der Yao），威斯巴登：Harrassowitz，1999，第 36—37 页，目录第 3 号。

210 **Cod. sin. 380**

23 厘米×14.5 厘米，以竖着折叠搓捻而成的纸捻线在一侧捆扎（毛装），含挂环；书衣由浅色的厚长纤维［竹?］纸制成；12 张折页，厚长纤维［竹?］纸；版口处多被撕开，边缘被烧焦；fol. 9 为双页，fol. 12a 已佚，fol. 12b 残缺不全，fol. 3、5、6、8、9 在版口处被撕开，内页有后来添加的绘画；每页 7—8 列，每列 18 字。

无标题

正文起始（fol. 1a）：说々踏上路前路上路口开告三声敬动神名

正文结尾（封底内页）：去须如前保｛次｝为奉一双说々

无地点。日期（封底）：公元一九伍九年己亥岁正月初四日（提抄笔成）。

用于祭拜祖先的还愿仪式科仪。优勉支系。

熟练的写主，小字；个别字被勘误或为后来添补；后来添加的神灵图画（fol. 3v、5v、6v、8v、9v）。

附录：草稿（书衣）。

211 **Cod. sin. 381**

21 厘米×13 厘米，以搓捻而成的纸捻线各在一处穿过书边及书背装订；书衣已佚；33 张折页，推测结尾几页已佚，不同品质的竹纸；边缘被烧焦，有水渍；fol. 1a 已佚；每页 5 列，每列 11—14 字。

无标题

正文起始（fol. 2a）：藏身敕水用．东方敕起太上老君

正文结尾（fol. 35b）：又到番犯敕桃枝用

无地点及日期，推测为 20 世纪。

用于葬礼的法。优勉支系。

始终由一位熟练的写主执笔，字体大；有红色分段标记；天头处有一条横线用于分割版面；编有页码（6—34）；后来添加的大量符（fol. 1a-b、2b、5a、6a、7a-8b、10b-13b、15a、16a、17a、18a、20b、23a、24a-27a、30b、32a、33a）及下葬仪式场景图（fol. 1br、28b）。

212 **Cod. sin. 382**

18 厘米×13. 5 厘米，穿过书边及书背装订，再用订线重新装订，含挂环；［竹?］纸制书衣，封底已佚；26 张［竹?］纸制折页；除有虫蛀、水渍外品相佳；每页平均 5 列，每列 14—16 字。

标题（书衣）：招魂书（一本）奏星（在内）

正文起始（fol. 1a）：招魂造桥用．谨请东方造桥神，又请造桥朱二官①

正文结尾（fol. 26a）：过黄河度脱七灾八难，度过花根□正叶团圆□□记性记八明

无地点及日期，推测为 19 世纪末至 20 世纪初。

做法事之指示“法”，用于葬礼。优勉支系。

熟练的写主，字体大；有一列（fol. 15a）为其他写主执笔；八卦图（书衣内页）；整本文书中都有后来添加的示意图、符及艺术字。

书主：祝□旺（书衣）。

213 **Cod. sin. 383**

17 厘米×12 厘米，穿过书边及书背装订，含小挂环；竹纸制书衣，封面已佚；18 张竹纸制折页；书芯左下方的角被磨损；fol. 1 残缺不全；每页 7 列，每列 14 字。

标题（fol. 8a–b）：猛声歌

第一篇正文

正文起始（fol. 1a）：{倾慌} 伸驾回情意，回转居住金殿京

正文结尾（fol. 8a）：回转九京御门府，齐家断定到官堂

无地点。日期（fol. 8a）：民国四十七年戊戌岁七月十八日（抄成一本猛声歌读听解愁）（1958 年）。

关于一位女性一生的七言诉苦歌。推测为优勉支系。

熟练的写主；其他写主用圆珠笔写的注释（fol. 8a）；后来添加的图画（fol. 3、6）。

第二篇正文

正文起始（fol. 9a）：东南西北分明了，正置玉皇圣殿修

正文结尾（fol. 18b）：置古分表度流世，交把万人传万年

无地点。日期（fol. 18b）：皇上民国四十七年戊戌岁八月二十九日酉时（1958 年）。

关于瑶族历史的七言文。推测为优勉支系。

由相同的写主执笔；卦表（fol. 8b）；全书都有后来添加的红黑色图画（武器、以红

---

① 译校者注：原书此处误写为“又请造桥朱一官”，已更正。

色框出的图示)。

书主：赵元/文进(fol. 8a)，金珠龙(fol. 8b)。

214 **Cod. sin. 384**

19. 5 厘米×13 厘米，采用穿过书边并从 10 处穿过书背的装订；书衣由多层染成深棕色且浸渍过的纸制成；17 张桑皮纸制折页；有水渍，除边缘被轻微烧焦外品相佳；fol. 17b 空白；每页 8 列，每列 18 字。

标题(fol. 1a)：同文考订四书辨体中庸；(fol. 16a)：中庸

正文起始(fol. 1a)：子程子曰．不偏变质谓中，不易之谓庸，中者天下之正道

正文结尾(fol. 16a)：诗曰．德犹如毛毛輶有伦．上天之载无声无臭至矣

写主籍贯(fol. 16b)：粤东(广东)。日期(fol. 16b)：道光贰拾六年五月廿五日(1846 年)。

中国儒学篇章(《中庸》)。推测为优勉支系所有。

熟练且规整的字体；有红色句读；个别字有注释；天头和地脚处各有一条红色横线以隔开版面；一枚“太上老君敕令”印(fol. 16b)。

题记含标题、写主及其籍贯、谦辞以及对之后读此文的读者的劝告(fol. 16b)。

写主以化名“天水氏”(为盘、李、许姓所用)被登记(fol. 16b)。

215 **Cod. sin. 385**

20 厘米×13. 5 厘米，以纸捻线从两处穿过书边装订；书衣由以布筛荡料入帘而成的厚[竹?]纸制成；23 张竹纸制折页；fol. 1 严重受损，除此以外品相佳；每页 6—8 列，每列 12—18 字。

标题(书衣内页)：符做鬼请鬼传书(在内传用)，法书(在内)

正文起始(fol. 1a)：桥王父母奏到桥王殿上，奏到桥德殿上，奏到桥登殿上

正文结尾(封底内页)：东方收出南收出西方北方五方央收出

无地点。日期(书衣内页)：民国六十三年甲寅岁九月初六日(1974 年)。

用于治疗仪式及葬礼的法及神目。优勉支系。

始终由同一位较不熟练的写主执笔；有零星红色分段标记；在天头、地脚处各有一条用圆珠笔画的横线，用于分割版面。

216 **Cod. sin. 386**

24 厘米×22 厘米，穿过书边及书背装订；棕色粗布制函套，其前端的边缘超出了书芯；纸制书衣已佚；12 张折页，推测起始几张已佚，厚而脆的竹纸；有煤烟渍、水渍；

现存的第一张折页和 fol. 12 严重受损，fol. 8a-12b 空白；每页 9—10 列，每列 17—19 字。

标题（布制函套底面）：具十二姓瑶人过山傍号

正文起始（fol. 1b）：后代出富贵大人出富贵

正文结尾（fol. 7b）：子孙强是丑人一半吉

无地点及日期，推测为 20 世纪。

基于“过山榜”这一类传统而作的史书性文书。优勉支系。

较熟练的写主；有符，老虎、龙、山川及人物的图画（fol. 1a-4b、7b，布制函套底面内页）。

217 **Cod. sin. 387**

24. 4 厘米×21 厘米，以订线从多处穿过书背捆扎；深棕色布制函套；纸制书衣已佚；20 张折页，推测首尾几页已佚，薄而脆的竹纸，最后两张竹纸折页的质量不同；起始几页的边缘受损；每页 10—12 列，每列 14—25 字。

无标题

第一篇正文

正文起始（fol. 1a）：庚子禾刀星，辛丑煞贡星，壬寅直星，癸卯捕木星

正文结尾（fol. 5b）：宿头元了可也

第二篇正文

正文起始（fol. 5b）：又论看六十甲子酬原吉日用

正文结尾（fol. 9b）：家先落水亡｛合｝坛设吉设凶．先生号也

第三篇正文

正文起始（fol. 9b）：又到看十二日辰病板木忌日有无之

正文结尾（fol. 18b）：此是天狗不用日

无地点及日期，推测为 20 世纪。

熟练的写主，个别的注释为蓝墨水所写；表格外框及行线用铅笔所绘；后来添加的红黑色符；步罡踏斗图解及其他图画（fol. 8a-b、9a、10a）。

由其他写主执笔的附录：甲子表格（fol. 19a-20b）。

书主以化名“双音先生”（推测为盘姓所用，fol. 2b）、化名“先生”被登记（fol. 9b）。

218 **Cod. sin. 388**

21. 5 厘米×15 厘米，以竖着折叠搓捻而成的纸捻线在一侧捆扎（毛装）；纸制书衣，封底已佚；9 张折页，推测结尾几张已佚，桑皮纸；除有小面积缺损外品相佳；fol. 9b 空

白；每页 6 列，每列 13—16 字。

无标题

正文起始（fol. 1a）：清上香火和尚愿许惟头｛母｝鸡上坛，许上三十六下坛，二十四分盘王

正文结尾（fol. 9a）：□□无有流落无疏表打｛令｝干

无地点。日期（fol. 9a）：皇上民国十七年戊辰岁九月二十七日（院笔了）（1928 年）。

还愿仪式所需经费列表。优勉支系。

始终由同一位较不熟练的写主执笔；后来添加的红黑色的人物形象画（书衣内页，fol. 2a-b、3b-5a、7b-9a）。

219 **Cod. sin. 389**

19. 5 厘米×14 厘米，以植物纤维边订（不交叉），含挂环；书衣已佚；15 张严重变黑的脆［竹?］纸制折页；有污渍、裂口，首尾两张折页有大面积缺损；fol. 1a 已佚；每页平均 6 列，每列 6—16 字。

标题（fol. 15a）：（一本）钱卦书

正文起始（fol. 1b）：具谨烦动□民□方就保号夫病

正文结尾（fol. 15a）：行诚看有验万万信伏

无地点。日期（fol. 15a）：皇上光绪三十八年壬子岁二月初一（抄成一本钱卦书）（1912 年，显然该写主不清楚光绪年号在 1908 年已停用）。

钱卦书。推测为优勉支系。

相对较不熟练的写主执笔；每一页各有一张钱币组合图样以显示算卦结果。

题记含标题、时间及对后代的题词（fol. 15a）。

附录：由其他人执笔的补遗（fol. 15b）。

书主［?］：邓金榜（fol. 1b）。

220 **Cod. sin. 390**

21 厘米×13 厘米，穿过书边及书背装订，含挂环；受损的黑色软纸制书衣，封底已佚；51 张折页，以布筛荡料入帘而成的硬［竹?］纸，从 fol. 30 起为桑皮纸；严重污损，有裂口、折痕，折页松散，结尾几张折页有缺损；每页平均 7 列，每列 15—20 字。

标题（书衣）：超度｛表｝引疏；（fol. 50b）：（一本）疏书

正文起始（fol. 2a）：开禁休词何词一道．北极驱邪院当坛给出何词一纸

正文结尾（fol. 49b）：呈进保安法厶合家谨封

地点（fol. 17b、24a、29a、30a、31b、35b、37a、44a 表式内）：大清国云南道。日期

(fol. 50a)：道光贰拾五年二月初五日（1845 年）。

用于丧葬仪式的表式集。优勉支系。

不同的写主执笔；两张符（fol. 51b），圆珠笔写的注释（fol. 47a）；一枚铭文推测为“太上老君敕令”的印章（fol. 1a、17b、49b）。

目录（fol. 1a-b）；题记（fol. 50a-b）含日期、写主及对后代的题词。

写主：赵忠周（fol. 50b）；书主：李法聪（书衣）；后继书主［?］：李富银（书衣）。

221 **Cod. sin. 391**

19 厘米×12.5 厘米，以竖着折叠搓捻而成的纸捻线在一侧捆扎（毛装）；受损的薄桑皮纸制书衣；7 张桑皮纸制折页；有污渍、折痕；fol. 1a、7b 空白；每页平均 6 列，每列 13—16 字。

标题（标题页 fol. 1a）：祭虫用，请社王地主外里众神为主，叫王帝王作主，告船送，水虫用

正文起始（fol. 2a）：奏到同江大庙请唐朝圣母

正文结尾（fol. 7a）：太上老君亲口船吾奏太上老君令敕

无地点及日期，推测为 19 世纪末。

用于请神及对抗害虫的法。优勉支系。

附录：草稿（fol. 1b、7b，封底）。

作为师父或祖先被登记（fol. 6a）：邓法升、盘为二郎、李法太、盘龙一郎、赵氏二娘。

222 **Cod. sin. 392**

17.5 厘米×11.5 厘米，从两处穿过书背单侧装订，含挂环；严重受损的书衣由一本雕版印刷而成的日历中的两页制成，封底已佚；14 张桑皮纸制折页；严重污损，有折痕；fol. 1a 空白，fol. 1b 已佚；每页平均 6 列，每列 17—19 字。

无标题

正文起始（fol. 3a）：子程子曰．大学孔氏之遗书，而初学入德之门也

正文结尾（fol. 14a）：第六章□诚｛身｝之本初学□为当务之急读者不可以其近而忽之也

无地点及日期，推测为 19 世纪末。

中国的儒学教科书。推测为优勉支系所有。

熟练的写主；有红色句读、黑色分段标记。

附录：由其他人执笔的学生/使用者列表，包括罗进财、邓财坤、邓财元（fol. 1b、

2a-b）；对后继使用者的劝告（fol. 14b）。

223 **Cod. sin. 393**

18. 5 厘米×14. 5 厘米，穿过书边及书背装订，含挂环；受损的［桑皮?］纸制书衣；25 张脆竹纸制折页；严重污损，有裂口，fol. 1、20 有大面积缺损；fol. 19a、25b 空白；每页平均 8 列，每列 13—14 字。

标题（fol. 18b）：（又到）三十六之法老君退毒之法；（fol. 24a）：退毒执骨法书；（封底）：三十六之法

第一篇正文

正文起始（fol. 1a）：又请师父退毒用法淰

正文结尾（fol. 18a）：敕产难．又到三十六之法老君退毒之法

第二篇正文

正文起始（fol. 19b-20a）：又到李老君退毒法用．奉请门廷李老君，门前负位众神兵①

正文结尾（fol. 24b）：普庵到此无禁忌，地司到此无禁忌

无地点。日期（封底）：民国五十五年丙午岁正月初一（1966 年）。

做法事之指示“法”，用于抵御不祥影响。优勉支系。

两篇正文各由一位熟练的写主执笔；绘有大量符。

题记含标题及书主（fol. 24b）。

书主［与写主?］：冯金龙（fol. 24b）；后继书主：冯承兴（fol. 24b、封底）；作为师父［?］被登记：冯法官、冯法升、盘法德、冯法财及盘应四郎（fol. 1a、3b、5b）。

224 **Cod. sin. 394**

24. 5 厘米×18. 5 厘米，穿过书边及书背装订，含挂环；受损的纸制书衣，封面已佚；33 张厚且有污损的竹纸制折页，部分很脆；折页边缘有缺损；fol. 1a、33b 空白，fol. 2b 已佚；每页平均 7 列，每列 14—18 字。

标题：［叫天书?］

正文起始（fol. 2a）：一声鸣角去哀哀，去到梅山殿上来

正文结尾（fol. 33a）：随旛引度往生天，天汤有路好超生

无地点及日期，推测为 19 世纪末至 20 世纪初。

用于葬礼及超度仪式的七言歌及表式。优勉支系。

---

① 译校者注：原书此处误写为“又到李老君退毒法用．奉请｛达｝李老君门前”，已更正。

较潦草的字体；绘有符（fol. 7a-b、8a、32a-33a）及步罡踏斗图解（fol. 25b-31b）。

写主：邓今珠（fol. 6b、7a-b、8a、17b、20a、26a、29b、30a-b）。

225 **Cod. sin. 395**

24.5 厘米×17.5 厘米，穿过书边及书背装订，含挂环；严重受损的竹纸制书衣；43 张厚竹纸制折页；严重污损，有裂口、缺损；fol. 43b 已佚，fol. 1a-b 残缺不全，fol. 34b 空白；每页平均 8 列，每列 15—20 字。

标题（fol. 2a）：又造船唱用

正文起始（fol. 2a）：唱歌便问唱歌□，有齐唱出当初古时言

正文结尾（fol. 43a）：今日吾师来解散

地点（fol. 38a 表式内）：大清国宣罗道猛龙府厶洞（推测为老挝琅勃拉邦）。日期（fol. 6b）：嘉庆贰｛十年｝孟夏月[①]（1815 年）。

用于造船仪式的七言歌，借此将祖先的灵魂送至阴间。用于不同场合的法、咒、表式及符。优勉支系。

潦草的字体；符（fol. 7a、8a-b、16a、35a-37b），步罡踏斗图解（fol. 30a-32b）。

写主及书主：赵睿｛享｝[②]（fol. 6b）；作为师父［?］被登记：赵法进（fol. 7a），李法进（fol. 7a），李法安（fol. 7a），盘法德一郎（fol. 28a），邓传一郎（fol. 28a），盘法真（fol. 13a-b、28a），王士贞（fol. 16a），王［法］云（fol. 16a），［王］法贞（fol. 16a），赵法德（fol. 13a-b），赵法介（fol. 10a），赵法清（fol. 10a）。

226 **Cod. sin. 396**

23.5 厘米×12.5 厘米，从上下两端穿过书背装订；函套的上下两边被缝起来，因此阅读该文书时必须将整个函套翻开；其下方有纸制书衣；95 张桑皮纸制折页；fol. 1、95 尺寸较小；起始几页严重污损；每页平均 7 列，每列 15—18 字。

无标题

正文起始（fol. 2a）：遵抄象吉选择通要

正文结尾（fol. 94b）：秋三月戊巳庚辛九帝富贵

无地点。日期（fol. 95a）：中华民国四十三年甲午岁八月初四日（抄成）（1954 年）。

卦书。推测为优勉支系。

熟练且规整的字体；局部有红或黑色分段标记，表格用红色勾边；绘有占星图

---

① 译校者注：原书此处误写为“嘉庆贰十年□孟夏月”，然而抄本原文此处仅 8 个字。其中“十年”二字写法特殊，不知是否识读准确，因此加上了大括号予以标示。

② 译校者注：此处存疑，抄本原文为“嘉庆贰｛十年｝孟夏月赵睿｛众享｝亲手十”。

(fol. 22b、59b、90b–92b)。

附录:“又到□□□论日”(fol. 1a–b);“神后大吉”(fol. 95b)。

227 **Cod. sin. 397**

23. 5 厘米×17. 5 厘米,穿过书边并从 7 处穿过书背装订,含挂环;布制函套含布扣穿骨签;在其下方有纸制书衣的残留物;61 张折页,由布筛荡料入帘而成的品质不同的竹纸制成;版口处多被撕开,严重污损,折页边缘有缺损;fol. 1a–b、57a、59a–61b 空白;fol. 2a、60a 已佚;每页平均 10—11 列,每列 20—24 字。

标题(fol. 2b):通书

第一篇正文

正文起始(fol. 3a):又论太岁日

正文结尾(fol. 14b):吉星来照耀□招福禄

第二篇正文

正文起始(fol. 15a):牛宿造作主灾凶. 三灾八难在其中

正文结尾(fol. 55b):竹木入地土犯服肚心痛解送鬼神收更吉

无地点及日期,推测为 20 世纪。

卦书。优勉支系,推测来自中国。

熟练的写主;局部有红色句读及分段标记;表格、占星图及后来添加的人物和动物图。

由其他人执笔的附录:“占失物占病用”(fol. 55b–56a)。

书主及写主:李于凤(fol. 2b);后继[?]书主:李承财(fol. 14b、15a、16a、17b、20a、25b、26a、27b、34a、38b、43b、44b)。

228 **Cod. sin. 398**

20. 2 厘米×16. 5 厘米,穿过书边及书背装订;严重受损的染成棕色的纸制书衣,封面已佚;64 张折页,推测起始几页已佚,桑皮纸;严重污损,有裂口,折页边缘和书芯边角有缺损;fol. 63a–64b 空白,fol. 1a 已佚;每页平均 7 列,每列 19—20 字。

无标题

正文起始(fol. 1b):歌头六郎歌尾十郎王鲜八郎

正文结尾(fol. 62b):安坟山二十面隔犯此符

地点(在大量的表式中):安南大越国东京道归化府(越南北圻归化府);(fol. 21b、31b):大清国云南道。无日期,推测为 19 世纪。

用于不同场合的表式集。推测为优勉支系。

熟练的写主；在天头、地脚处有红色横线用以分割版面；红色的有华丽纹饰的分段标记；大量的符，个别字写成艺术字的形式。

题记含折页张数及写主的报酬（fol. 62b）。

229 **Cod. sin. 399**

23. 2 厘米×14. 8 厘米，穿过书边及书背装订，含挂环；书衣由以布筛荡料入帘而成的［竹?］纸制成；9 张以布筛荡料入帘而成的厚竹纸制折页；严重污损；fol. 9a–b 空白；每页平均 6—7 列，每列 18—20 字。

标题（书衣、fol. 1b）：推生烧魂书

正文起始（fol. 1b）：第一道．敕下吹生灵符

正文结尾（fol. 8b）：昭文开门急々如令敕

无地点。日期（封底）：民国三十九年庚寅岁四月内日（下笔抄成）（1950 年）；附录日期（fol. 1a）：民国四十六年丁酉岁七月十九日（1957 年）。

用于不同场合的法和咒。优勉支系。

易识读的字体；有红色句读及分段标记；个别字用圆珠笔修改；符（fol. 7a）。

附录（fol. 1a）：含日期的交易记录；其中的参与者：邓妹安、邓贵连、邓贵财。

题记含标题、写主及日期（封底）。

写主：邓文思（封底）。

230 **Cod. sin. 400**

22 厘米×16 厘米，穿过书边装订；受损的书衣由脆［竹?］纸制成；26 张折页由长纤维的脆［竹?］纸制成；有裂口、折痕；fol. 1b 空白；每页平均 8 列，每列 14—16 字。

无标题

正文起始（fol. 2a）：又论入门吉凶法．入门见我人梳头

正文结尾（fol. 26b）：化七娘用牲送五日吉

无地点。完笔日期（fol. 26b）：民国三十九年庚寅岁五月十九日（抄成）（1950 年）。

关于用占卜法诊断疾病的文书。推测为优勉支系。

相对较不熟练的写主；八卦图（fol. 20a、22b）。

题记含日期和写主（fol. 26b）。

附录：草稿（fol. 1a）。

写主：赵金财（fol. 26b）。

231 **Cod. sin. 401**

25. 5 厘米×16 厘米，以搓捻的纸捻线和绳子边订（不交叉）；书衣已佚；56 张折页，

推测首尾几页已佚；品质不同的［桑皮?］纸，版口处多被撕开；有水渍、油渍；fol. 1a、56b 已佚，fol. 12a、13a、38b 轻微受损，48b-56a 严重受损；每页 6 列，每列 18—22 字。

标题（fol. 19a）：开光疏书（一本）

正文起始（fol. 1b）：旗兵马一行圣众位前蛸进

正文结尾（fol. 56a）：即日诚心冒干

地点及日期（fol. 18a、24b、53a 表式内）：大清国云南道；（fol. 19b、28a、47a）：大清国广西道。

开光仪式用表式集。优勉支系。

始终为一种流畅的字体；个别字为他人添加；局部有红色分段标记及对个别字的标记；符（fol. 16a-17b）。

附录：法（用圆珠笔所写，fol. 13a）。

书主：邓进乡（fol. 19a、28a）。

232 **Cod. sin. 402**

24.5 厘米×15 厘米，穿过书边及书背装订；书衣由以布筛荡料入帘而成的厚［竹?］纸制成；21 张［竹?］纸制折页；品相极佳；每页 7—8 列，每列 14—20 字。

标题（书衣）：设鬼；（封底）：簿三十六之法

正文起始（fol. 1a）：{别} 咧一心奉请二心接福通明意 {付} 拿真

正文结尾（fol. 16a）：押下其灾库厶哄娘厶敢管师男本山头上

挂名为官府指派的度戒仪式地点（fol. 20a 表式内）：佳林道临安府（虚构）。日期（封底）：丙午年十二月初一（簿三十六之法）（推测为 1966 年）；（书衣）：辛亥岁四月十三（抽成置书）（推测为 1971 年）；（fol. 18a 表式内）：中华民国（1911 年后）。

用于还愿仪式的表式和七言歌，与度戒仪式一起举办。优勉支系。

除注释和附录外始终由同一位写主执笔；个别字和段落有注释（部分用圆珠笔）或为后来添加（fol. 2b、13a）；有 4 处褪色印记，推测铭文为“太上老君敕令”（书衣）。

附录：表式（fol. 16b-18b）；“小儿花结日用”（fol. 18b-20a）；用圆珠笔写的律诗式段落（fol. 20a-b）；“退毒法”（fol. 21a-b）；草稿（书衣内页）。

写主及书主：赵金昌（fol. 9a、16b，书衣）。

233 **Cod. sin. 403**

24 厘米×18 厘米，以塑料线穿过书背重新装订；书衣由以布筛荡料入帘而成的［竹?］纸制成，封底已佚；26 张折页，推测结尾几张已佚，黄色硬竹纸；品相极佳；fol. 1a 已佚；每页 8—9 列，每列 14—18 字。

无标题

正文起始（fol. 1b）：又到答安词意用．北极驱邪院间梅坛给出断魂神案词一道

正文结尾（fol. 26b）：今据大清国安南道承宣布政使司

地点及日期（fol. 24a、26b 表式内）：安南道（越南）；（fol. 15a 表式内）：大清国云南道承宣布政使司临安府建水县（云南建水，清代）；（fol. 12b）：皇上民国（1911 年后）。

表式、符及法的集子。优勉支系。

由不同的写主执笔，部分写主不太熟练；局部有分段标记及框型标记；个别字被勘误或为后来添补；符和人物形象画（fol. 20b-21）。

书主：李□□（书衣）。

234 **Cod. sin. 404**

20. 5 厘米×14 厘米，以竖着折叠搓捻而成的纸捻线穿过书边捆扎（毛装）；薄纸制书衣，封面严重受损，封底已佚；32 张长纤维薄纸制折页；fol. 2 严重受损，fol. 16a-28b 边缘有拇指大小的缺损；fol. 12a-13b、15b 空白；每页 6—8 列，每列 13—20 字。

标题（fol. 1a）：开禁鬼名用；（fol. 10a）：九州罡步用；（fol. 32b）：法书（壹本）

正文起始（fol. 1a）：开禁鬼名用．奏到金堂殿上，请禁堂土地禁井大王

正文结尾（fol. 32b）：听我吾师真不灵动作速变速化，吾奉太上老君令敕

地点（fol. 22b、24b）：大清国云南道。日期（fol. 32b）：甲申岁道光四年润七月十六日（拨法/依旧本抄腾）（1824 年）。

用于葬礼的法和表式。优勉支系。

不同的写主执笔；个别字用圆珠笔作注（fol. 28b）；形式为红色三瓣花的分段标记（fol. 16a、22b、24b、28b）；fol. 28b 有句读；步岂踏斗图解（fol. 3b-9a）；符（fol. 10b-11a、15a、29a-32a）。

题记含标题、谦辞、持有说明及度戒仪式的时间，此时间也是该文书的完笔时间（fol. 32b）。

写主及书主：邓法荣（fol. 10a、32b）。

235 **Cod. sin. 405**

24. 4 厘米×19 厘米，穿过书边并从 11 处穿过书背装订，含挂环；书衣由粗纤维硬竹纸制；14 张粗纤维脆竹纸制折页；有水渍和裂口；fol. 13b-14b 空白；每页 10 列，每列 13—16 字。

标题（书衣）：地狱鬼用；（封底）：地狱书；（fol. 12b）：（一本）地狱井用的书

正文起始（fol. 1a）：起根地狱设鬼用阴落罗神奏到事生死卫门殿上，奏到十殿宣王

正文结尾（fol. 12b）：万雷罡九步

地点（fol. 4b 表式内）：大清国西京道龙王府一城东州县（推测为琅勃拉邦，清代）。日期（fol. 12b）：皇上中华民国五十年辛丑岁正月初六日（抄成）（1961 年）。

葬礼用文书及表式。优勉支系。

始终由同一位较不熟练的写主执笔，许多特殊写法；步罡踏斗图解（fol. 10b-12a）。

题记含日期、标题及姓名（fol. 12b、封底）。

写主［化名?］：赵｛狗府｝（封底）；书主：赵换贵（书衣，封底），［赵?］妹安（封底）。

236 **Cod. sin. 406**

21. 5 厘米×14. 5 厘米，以订线穿过书边及书背装订，含挂环；书衣由以布筛荡料入帘而成的厚［竹?］纸制成；31 张以布筛荡料入帘而成的［竹?］纸制折页；fol. 6a-12b 有大面积墨渍，除此之外品相佳；fol. 1、3 为单页，fol. 31 为双页，fol. 2、31 在版口处被撕开，内页有字迹，fol. 1b-2b、31b 空白；每页 6 列，每列 12 字。

标题（书衣）：增广贤文

正文起始（fol. 4a）：昔时贤文诲汝谆谆，集韵增广多见多闻

正文结尾（fol. 30b）：奉劝君子名宣字巳，只此呈示，万无一失也

写主籍贯（fol. 31a）：广东丰顺；泰语注释暗示着其至少短时间内在泰国北部被使用过。日期（fol. 31a）：中华民国五十六年丁未岁七月十九（1967 年）。

用于教授汉字以及儒家道德观的课本。推测为优勉支系。

始终由同一位写主执笔；附录、题记和注释各由另外一位写主执笔；红色句读；泰文写的含声调的注音（fol. 4a）；个别字用毛笔、铅笔或圆珠笔勘误或为后来添补。

行书体的题记含姓名、地点及日期（fol. 31a）。

附录：律诗形式的文段（fol. 1a）。

写主：徐历办（fol. 31a）；书主：赵金财（书衣）；一位书主或写主也以化名“宫声”被登记（推测为冯和许姓用的“宫音”，书衣内页）。

237 **Cod. sin. 407**

18. 5 厘米×12. 5 厘米，以毛线穿过书背重新装订；书衣已佚；24 张折页，推测首尾几页已佚，脆而厚的竹纸；有虫蛀形成的缺损；每页 6—9 列，每列 11—14 字。

无标题

正文起始（fol. 1a）：纸草烧穷无路生投此人良孝之心

正文结尾（fol. 24b）：阳筶仗归贪狼州何白县月落

无地点。日期（fol. 3a 表式内）：皇上民国（1911 年后）。

用于葬礼的法、七言文及表式。优勉支系。

不同的写主执笔；个别字被修改或为后来添补，部分用圆珠笔书写；符（fol. 18a、21b、23a）。

238 **Cod. sin. 408**

18 厘米×11. 5 厘米，以毛线穿过书背重新装订；书衣已佚；23 张脆而厚的竹纸制折页；现存的首尾两张折页严重受损；有虫蛀，尤其是在折页下端边缘处，首尾两页有大面积缺损；fol. 1a 已佚；每页 6—7 列，每列 14—16 字。

无标题

正文起始（fol. 1b）：□□童执盖々过五师□侵过五师□化变燕子飞上三十三天

正文结尾（fol. 24b）：速变速化五奉太上老君急々令敕

无地点及日期，推测为 20 世纪。

用于度戒仪式的法和咒。优勉支系。

始终为一种易识读的字体，零星几个字被勘误或为后来添补；有隶属于北斗的星宿列表（fol. 19b）。

239 **Cod. sin. 409**

26. 5 厘米×22 厘米，两本文书（fol. 1-13，fol. 14-25）以纸捻线松散地捆扎在一起；书衣已佚；25 张不同品质的桑皮纸制折页；有虫蛀、墨渍；每页 8—10 列，每列 14—20 字。

无标题

第一篇正文

正文起始（fol. 1a）：超度疏意用．今据．大清国云南道承宣布政使司厶府厶县厶山厶冲立宅

正文结尾（fol. 13b）：心里烦闻我师言法食献从今饱满出斋关

地点及日期（fol. 1a 表式内）：大清国云南道。

用于葬礼的表式。优勉支系。

始终由同一位不熟练的写主执笔；个别字为后来添补或被勘误；符（fol. 7b-9a）。

第二篇正文

正文起始（fol. 14a）：超度疏意用．福求神不应求鬼不灵无方可叩有路堪投就将香信

正文结尾（fol. 24b）：庙担当准五奉太上老君急令敕

地点及日期（表式内）：大清国广西道桂林府林川县官下一都三图冲桵村。

用于葬礼的表式、法及七言歌。优勉支系。

不同的写主执笔；只有一个字（fol. 14a）被修改。

在文中作为起咒对象的［虚构?］的师父：赵法卯（fol. 16a、16b），邓法才/财（fol. 16a、22a），邓位五郎（fol. 22a），邓鹤一郎（fol. 24a），李法前（fol. 24a）。

240 **Cod. sin. 410**

20.5 厘米×12.5 厘米，穿过书边及书背装订；书衣已佚；36 张［桑皮?］纸制折页；雕版印刷；书芯边角部分被磨损，首尾两张折页严重受损；fol. 36b 已佚；每页 9 列，每列 18 字。

标题（刻在印刷品的版心内）：四书正文

正文起始（fol. 2a）：牛之性，牛之性犹人之性与．告子曰．食色性也，仁内也非外也，义外也

正文结尾（fol. 23a）：圣人之告若此甚也．然而无有乎尔．则亦无有乎尔

无地点及日期，推测为 20 世纪初。

儒家经典《孟子》选段。来自中国。

有印刷上去的页码及句读；另外还有手写的红色句读、标记及分段记号；用黑墨水手写的增补（fol. 29b、30b、35b、36av）。

书主［?］：盘文明（以手写，fol. 30a-b）。

241 **Cod. sin. 411**

26 厘米×18 厘米，以竖着折叠搓捻而成的纸捻线捆扎（毛装），部分已松散，在其上又重新穿过书边及书背装订，含挂环；受损的书衣由厚且硬的纸制成；12 张折页，推测首尾几页已佚，严重变黑的桑皮纸；有裂口、折痕及缺损，尤其是在边缘处；每页平均 9 列，每列 15—22 字。

无标题

正文起始（fol. 1a）：□□马之害稼野兽｛熊｝兔猪鹿及一切耗神不得损伤

正文结尾（fol. 12b）：天慈圣光俯垂洞鉴

无地点。日期（表式内）：大清国（推测为 19 世纪末）。

用于不同仪式场合的五言歌、法及表式。优勉支系。

熟练的写主，有零星修改；八卦图（fol. 9b-10a），符（fol. 10b）。

书主：冯家乡（书衣）；后继书主［?］：冯才进（封面内页）。

242 **Cod. sin. 412**

20 厘米×14 厘米，以竖着折叠搓捻而成的纸捻线在一侧捆扎（毛装），含挂环；后来插入的［?］受损的书衣由以布筛荡料入帘而成的纸制成；16 张厚而脆的竹纸制成的折

页；有污渍、裂口及缺损；fol. 14a-15b 残缺不全；每页平均 7 列，每列 14—17 字。

无标题

正文起始（fol. 1a）：又到亲家里用．□□来混沌天氏，盘古圣王开天立地

正文结尾（fol. 13b）：浅下海底龙门无情无意抽手遮为

无地点及日期，推测为 20 世纪。

关于瑶族历史的七言歌。优勉支系。

始终由一位生疏的写主执笔。

243 **Cod. sin. 413**

25.5 厘米×19.5 厘米，以竖着折叠搓捻而成的纸捻线在一侧捆扎（毛装），封面由一张纸制成，封底由一份英文日报的一页制成；12 张折页，推测首尾几页已佚，桑皮纸；有污渍、裂口，折页边缘有大面积缺损；每页平均 9—10 列，每列 16—19 字。

无标题

正文起始（fol. 1a）：□未｛赴｝治病患在身倒卧在床九死一生

正文结尾（fol. 12b）：银钱已十贯亡师所管听五帅

地点（fol. 3a、9a、10a、12a 表式内）：大清国云南道。日期（fol. 2b、9a 表式内）：皇上道光十九年厶月厶日（1839 年）。

闾山派用于葬礼的表式及咒的模板。优勉支系。

流畅的字体。

为李姓家族所有（fol. 4b）；度戒仪式参与者：李升一郎（fol. 4b）；作为起咒对象的［已故？］师父：赵保一郎（fol. 5b），赵转三郎（fol. 5b）。

244 **Cod. sin. 414**

20.3 厘米×15.7 厘米，以粗绳穿过书边及书背装订，含挂环；桑皮纸制书衣；5 张厚竹纸制折页；有污渍、轻微虫蛀；每页平均 5—7 列，每列 8 字。

标题（书衣、封底）：百家姓

正文起始（fol. 1a）：赵钱孙李，周吴郑王，冯陈褚卫，蒋枕韩杨

正文结尾（封底）：第五言福百家姓续

无地点。日期（封底内页）：一九六〇十一□月（兴臣子抄）。

姓氏词典，每列各八个中文姓氏。优勉支系，推测来自中国。

较熟练的写主执笔；红色分段标记，列中和列尾有红点。

附录：草稿（书衣）。

书主：冯进兴（封底）。

245 **Cod. sin. 415**

20 厘米×12.5 厘米，边订（不交叉）；书衣已佚；24 张折页，推测起始几页已佚，粗纤维竹纸；有裂口、污渍，起始的折页有虫蛀导致的缺损；fol. 17b-24b 空白；每页平均 6 列，每列 12—14 字。

无标题

第一篇正文

正文起始（fol. 1a）：莲洲唐王圣帝奏到莲洲大庙奏到出世莲词

正文结尾（fol. 11b）：阳｛州｝十三庙圣王阳筶赦出烧香男女人丁

第二篇正文

正文起始（fol. 12a）：□□烧了阳处神明表用．府仗百拜上言．今据

正文结尾（fol. 17a）：皇上大中华民国厶年厶月厶日给引行

地点及日期（fol. 12a、15b 表式内）：大清国安南道承宣布政使司厶府厶乡厶寨厶猛厶冲岭脚平厶社（越南）；皇上大中华民国（1911 年以后）。

祭拜三庙王的还愿仪式时所唱歌曲及用于葬礼的表式。优勉支系。

由不同的较生疏的写主执笔。

246 **Cod. sin. 416**

21.5 厘米×12.5 厘米，穿过书边装订；受损的桑皮纸制书衣；14 张桑皮纸制折页；有污渍，首尾两张折页有大面积缺损；每页平均 9 列，每列 22 字。

无标题

正文起始（fol. 1a）：请师父来葬亡人用．阴阳师父敕变亡人死尸化为柴头把化…

正文结尾（fol. 12b）：左手右手屋柱化为其麟狮子

无地点及日期，推测为 19 世纪初。

用于度戒仪式及葬礼的法、表式集符。

熟练的写主执笔；符（fol. 4a、8a-b）。

由其他写主执笔的附录："大位十保执命．桥王父母乙百二十分"（fol. 13a-14b）。

247 **Cod. sin. 417**

20 厘米×13.5 厘米，穿过书边及书背装订；纸制书衣，残缺不全；16 张不同品质的竹纸制折页；有污渍、裂口、折痕、缺损；fol. 16b 空白；每页平均 6 列，每列 12 字。

标题：［天下文章破理明］

正文起始（fol. 1a）：比龙日月在天照光明，君王坐朝官万民

正文结尾（fol. 16a）：奉劝后人记念聪明熟读熟记取不差鲁之形也

无地点及日期，推测为 20 世纪。

用于教授汉字以及儒家道德观的课本。优勉支系，来自中国。

熟练的写主执笔。

248 **Cod. sin. 418**

18 厘米×13 厘米，以竖着折叠搓捻而成的纸捻线穿过书边捆扎（毛装），已几乎松散；书衣已佚；7 张折页，推测起始几页已佚，桑皮纸；有裂口、红色污渍、折痕；每页平均 4 列，每列 4—6 字。

无标题

正文起始（fol. 1a）：篇学~

正文结尾（fol. 7b）：□□天□□地□□□□或

无地点及日期，推测为 19 世纪初。

主要用在道教典籍中的难字的字典。每个条目都各以一个小字批注（多为注音）。荆门，推测来自中国。

熟练的写主执笔，编有页码。

249 **Cod. sin. 419**

19 厘米×12 厘米，以订线穿过书边装订；多层竹纸制书衣；29 张脆竹纸制折页；有裂口及污渍；fol. 1a-b、21b-27a、29a-b 空白；fol. 1b、29b 已佚；每页平均 6 列，每列 14—16 字。

标题：［还庙王愿 . 天堂良愿丹 . 许兵分］

第一篇正文

正文起始（fol. 2a）：起根请鬼名用 . 功曹奏到功曹殿上，家主祖宗香火上坛

正文结尾（fol. 11a）：银钱七串一串三皮钱扛钱串还恩答谢四脚牲申麻绵

第二篇正文

正文起始（fol. 11b）：具立天堂良愿丹 . 请上众位家先男巷女巷一行

正文结尾（fol. 15a）：一行圣众拜请回头转面

第三篇正文

正文起始（fol. 15b）：又到许兵分用 . 许上众堂太祖家先男巷一百二十分

正文结尾（fol. 21a）：帮上一任十二堂马三百六十扛纸

无地点；泰文注释暗示其至少短时间内在老挝或泰国北部被使用过。两项举办还愿仪式的日期（fol. 21a）：壬寅年八月初三日（推测为 1962 年）；甲｛辰｝年八月十八日（推

测为 1964 年)。

用于祭拜祖先和三庙王的还愿仪式的科仪及祭品清单的一部分。优勉支系。

不同的写主执笔；用圆珠笔/毛笔写的中文和泰文的草稿（fol. 27b-28b)。

250 **Cod. sin. 420**

22.5 厘米×17 厘米，以订线穿过书边及书背装订；受损的书衣由外面被染成棕色的纸制成，封面残缺不全；16 张竹纸制折页；有裂口、洞、火烧痕迹；fol. 1 残缺不全；每页平均 8 列，每列 14—15 字。

标题（fol. 15b、17a)：奏星书；(书衣)：赦患｛枸｝意书

正文起始（fol. 2a)：奏星用．五月初一弟一位贪狼星々，百鹤含香奏上来

正文结尾（fol. 15b)：太圣逍□灭罪天尊，太圣长生保命天尊

无地点。日期（fol. 15b)：皇上民国十八年己巳岁正月初六日（抄完）(1929 年)；(fol. 16a)：民国十九年庚戌岁七月十四（1930 年)。[①]

法和七言歌，尤其为葬礼时所用。优勉支系。

字体统一且易识读。

题记含标题、日期及对后代的题词（fol. 15b)。

附录：对联（fol. 16a、封底内页)；表式（封面内页)。

书主及写主：李承福（fol. 5a、6a、7b、16a、17a)，其兄弟李承现（fol. 16a）及其父李文财（fol. 16a)。

251 **Cod. sin. 421**

26 厘米×18.5 厘米，穿过书边及书背装订，含挂环；受损的书衣由多层粗纤维脆竹纸制成；12 张粗纤维脆竹纸制折页；有裂口及污渍；每页平均 7 列，每列 14 字。

无标题

正文起始（fol. 1a)：正好教正好教，证是师父教师男

正文结尾（fol. 12b)：浪杯浪酒郎参寸，脱童完满拜我回乡

无地点及日期，推测为 20 世纪。

度戒仪式科仪，包含对待师父的行为准则。优勉支系。

字体易识读；最后一张折页有页码。

252 **Cod. sin. 422**

26.5 厘米×18.5 厘米，以竖着折叠搓捻而成的纸捻线穿过书边捆扎（毛装)；严重受

① 译校者注：民国十九年（1930 年）是庚午年，此处疑为抄书人的笔误。

损的书衣由多层粗纤维竹纸制成；24 张脆竹纸制折页；有裂口、污渍、折痕；fol. 24b 空白；每页平均 8 列，每列 14—18 字。

标题（fol. 12a）：跳梅歌．良愿

第一篇正文

正文起始（fol. 1a）：改换唱．啰竹花开换｛叶｝/枝啰竹花改换开表，郎今改换好歌头/词

正文结尾（fol. 11b）：郎今改换好歌头/词，列鬼了赏师父又脱童．照古用作不｛义｝

第二篇正文

正文起始（fol. 12a）：又到打令用．何物托何物排何物合浪

正文结尾（fol. 24a）：皇上厶年厶月厶日奉真引急々行．又入厶师弟子职位用

地点及日期（fol. 15a、18a、21b 表式内）：大清国云南道（推测为 20 世纪）。

还愿仪式“良愿/元盆”用七言歌，用于祭拜祖先及传说中的远祖盘王。优勉支系。

生疏的写主，有许多特殊写法；编有页码。

附录：家谱，“列过老伍家先”。列出的李氏祖先与他们的妻子名：李易五郎、黄氏五娘，李学一郎、李氏二娘，李清一郎、邓氏六娘，李须六郎、邓氏五娘，李寿六郎、李氏二娘，李｛违｝五郎、赵氏一娘，李胜三郎、赵氏二娘（fol. 4a-b）。目录：“鉴盘送，看地破，吃阁老饭，打瘟皇，祭五伤了，跳梅山歌还了，又到打令用”（fol. 12b）。

书主：［李］老伍（fol. 4a）。

253 **Cod. sin. 423**

19.5 厘米×12.5 厘米，穿过书边及书背装订，在两角额外用订线加固（康熙装）；书衣由一本优勉支系文书中的多张竹纸折页制成；26 张桑皮纸制折页；书芯边角有缺损；每页平均 4 列，每列 8—10 字，每个字用一个小字作注。

标题（标题页 fol. 1a）：小字窠

正文起始（fol. 1b-2a）：六言杂字书在内．芦六．葳灰．□雷．蔻叩

正文结尾（fol. 21a）：□寿．冰兵

附录地点（fol. 25a）：南掌国…猛珍…（老挝北部）；附录日期（fol. 26a）：同治玖年厶月厶日（发示告示）（1870 年）。

字典/识字课本，每列各八至十个汉字，每个汉字的右边有一个小字提示其中文发音或另一种写法。所有的字都被归类在不同的篇章内，每个篇章与儒家经典或（德育）课本有关。

始终由一位熟练的写主执笔，fol. 25b-26b 用小字写；在天头和地脚以红色横线分隔版面；书衣上有五个大的红色艺术字。

附录：一则关于偷盗的公告模板，含日期和地点（fol. 21b–26b）。

写主：以化名“可世堂”被登记（fol. 1a）。

254 **Cod. sin. 424**

19. 5 厘米×12. 5 厘米，穿过书边及书背装订；书衣由一本优勉支系文书的多张竹纸折页制成，受损；26 张桑皮纸制折页；有污渍和折痕；每页平均 4 列，每列 8 字。

标题（fol. 1a）：小字窠；（fol. 1b）：四书字

正文起始（fol. 1b–2a）：四书字在内 . □向 . □止 . □时 . □信 . 仗丈

正文结尾（fol. 26b）：□客 . □具 . □当 . 麦墨 . □高

无地点及日期［老挝北部南掌猛珍；1870 年；参见出自同一位写主的 Cod. sin. 423。］

源自中国经典书目的字典/识字课本，每 8 个字为一列，每个字右边有一个小字提示其中文发音或另一种写法。

熟练的写主执笔；书衣上有 5 个大的红色艺术字。

写主：以化名“可世堂”被登记（fol. 1a）。

255 **Cod. sin. 425**

23. 5 厘米×13 厘米，从 8 处穿过书边及书背装订，含挂环；受损的多层竹纸制书衣，封底已佚；36 张厚而脆的竹纸制折页；有污渍，fol. 29b 有火烧出的洞；fol. 36b 空白；每页平均 5—7 列，每列 14—17 字。

无标题

正文起始（fol. 1a）：{引} 歌 {引} 出歌词 {引} 地补，天光落日歌堂散

正文结尾（fol. 36a）：娘桥歌堂未成散，师人进倍首盘筵

无地点及日期，推测为 20 世纪。

用于祭拜祖先及其传说的远祖盘王的还愿仪式“良愿”中所唱之歌，多为七言的形式。优勉支系。

较不熟练的写主执笔。

256 **Cod. sin. 426**

26 厘米×19. 5 厘米，穿过书边及书背装订，含挂环；书衣由另一文书的多张折页制成；30 张不同品质的竹纸制折页；有污渍、折痕、裂口、缺损；fol. 10 原本为双页，在版口处被撕开；每页平均 8 列，每列 13—15 字。

标题（书衣）：设赦书送圣天地表疏意说（在内）；（封底内页）：文表疏意；（书衣内页）：解术词和词壹下（在内）解杀救病表寅卯赦送瘟□

正文起始（fol. 1a）：诚惶诚恳稽首｛倾｝首｛府｝白拜上言今据

正文结尾（fol. 30b）：皇上厶年厶月厶日时奉真追送邪神瘟鬼坛司行

地点（fol. 4a、9a、11a 表式内）：安南国（越南）；（fol. 1a 表式内）：大清国安南道承宣布政使司猛龙府厶寨（立宅居住）（推测为老挝琅勃拉邦，清代）；托名为“官府指派”的陈法应度戒仪式的地点（书衣内页）：广东道广南府（推测为云南广南县）。完笔日期（书衣内页）：民国廿六年丁丑岁六月（抄书立字）（1937 年）；一张表式中的日期（fol. 10b）：皇上中华民国二十厶年（1930 年代）；一项仪式的举办日期（封底）：丙子年正月初五日寅时（薄）（推测为 1936 年）；一位家庭成员的出生日期（书衣）：戊戌岁二月初三日（推测为 1958 年）。

表式、赦罪书及符，用于葬礼。优勉支系。

熟练的写主；个别字由他人添补；一枚方形黑色印章，铭文推测为“太上老君敕令”（封底）。

题记含完笔日期、写主及一个标题（封底内页）。

附录：陈法应在度戒仪式中被授予官位时使用的表式，已填写内容（书衣内页）。

写主：李龙一郎（书衣内页）；书主：陈福/富财（书衣、fol. 19a）；作为后继书主［?］被登记：陈福/富山（书衣），陈法应、陈法保、陈法贞、陈法用、盘法旺（fol. 1b）。

257 **Cod. sin. 427**

22. 2 厘米×17 厘米，从 7 处穿过书边及书背装订，含挂环；受损的布制函套，前端的边缘超出书芯约 12 厘米，含用于闭合的小带子；其下方为纸制书衣；47 张脆竹纸制折页；有虫蛀，首尾两页及折页边缘有大面积缺损；fol. 1b、47b 空白，fol. 46b、47b 残缺不全，fol. 45b 已佚；每页平均 8 列，每列 13—15 字。

标题（fol. 12b）：退生书；（fol. 13b）：送亡书

第一篇正文

正文起始（fol. 2a）：又到救病赎命词 . 大清国厶道厶府厶县厶州厶同立宅居住，奉真求现病信吉厶同妻合家等

正文结尾（fol. 12b）：五奉太上老具上准君急令敕

第二篇正文

正文起始（fol. 13a）：第一起马藏身法用存变吾师身不是吾师

正文结尾（fol. 47a）：…前投进追修衣服物

无地点。日期（fol. 36b）：皇上中华民国官下丙子岁五月初一日（抄成）（1936 年）；（fol. 11b）：皇上中华民国官下四十年辛卯岁六月二十四日五时（抄成）（1951 年）；（fol. 13b）：四月二十一日（立笔抄）正月初一日（抄成）。

用于葬礼的法、表式、符及七言歌。优勉支系。

不同的熟练的写主执笔；从 fol. 14a 起有零星几个句读及红色分段标记；符（fol. 3b、4a、5b、6a、11b、17b）；一枚“太上老君敕令”印章（fol. 1a）。

第一篇正文的题记含日期、标题、写主及对后代的题词（fol. 12b）；第二篇正文的题记含日期和持有说明（fol. 36b）。

由他人执笔的附录：“又是变肉变酒法用”（fol. 13a）。

写主及书主：盘富唱/昌（fol. 1a、13b、19b、37b）；书主及写主［?］：盘承福（fol. 11b、12a、12b、26b）。

258 **Cod. sin. 428**

24 厘米×18. 5 厘米，穿过书边及书背装订，含挂环；严重受损的多层竹纸制书衣；44 张桑皮纸制折页；有污渍、裂口；fol. 1a、44b 已佚，fol. 43a、44a 空白；每页平均 8 列，每列16—17 字。

标题（fol. 42b）：禾魂书，钱财关，解煞表（一路），释罪宗师（一步书，三步书在内）

正文起始（fol. 2a）：又到投禾魂用．弟子阴阳师父拥护师男本身

正文结尾（fol. 42a）：皇上厶年厶月厶日厶时奉真上奏

地点（fol. 6b 表式内）：大清南掌国暹罗道（老挝北部，清代）；（fol. 12b、18a、22a、29a、32a、35a、36b 表式内）：大清南掌国厶寨行游社（老挝北部，清代）；附录中一个托名为官府安排的地点（fol. 43b）：院喃道临安府（推测为云南临安府）。日期（fol. 42b）：中华民国三十二年癸未岁七月初二日（云笔了）（1943 年）。

闾山派用于不同场合尤其是为保护田地举办的仪式的表式、法。优勉支系。

不同的写主执笔；一枚黑色的印章，铭文推测为“太上老君敕令”（fol. 42b）。

题记含日期、标题及持有说明（fol. 42b）。

附录：又到星位在内计心（fol. 1b）；托名“官府指派”的盘法财的度戒仪式（fol. 43b）。

书主：盘承福（fol. 31a、42b）；后继书主［?］：盘法财（fol. 43b）。

259 **Cod. sin. 429**

23 厘米×17 厘米，穿过书背装订，在旁边另有单边装订，含挂环；受损的竹纸制书衣，封面已佚；45 张竹纸制折页；边缘被撕破，有虫蛀、污渍、缺损；fol. 35a-45a 空白；每页平均 6 列，每列 15—16 字。

无标题

正文起始（fol. 1a）：又到皇恩大赦文一意仗以圣边无边总在寸方之内

正文结尾（fol. 33b）：右仰当日唐葛周三将军准此．皇上厶年厶月厶日给引行

地点及日期（fol. 10b 表式内）：大清国云南道承宣布政使司普洱厶府厶县行游；（fol. 7b 表式内）：大民国云南道（1911 年后）；（fol. 45b 表式内）：大民国南掌国暹罗道猛难府｛作｝洞官下小浛归河｛蹪｝冲龙为寨平安社（推测为老挝琅勃拉邦楠府，1911 年后）。

较熟练的写主执笔；一枚黑色印章，铭文推测为“太上老君敕令”（封底）。

附录：草稿（书衣内页，fol. 41b、42b）；神目（fol. 34a－b）；阿拉伯数字列表（fol. 45b）；填写了地点的表式（fol. 45b）。

书主：盘贵胜（fol. 31a）；后继书主［?］：赵有旺福（fol. 41b、42b）。

260 **Cod. sin. 430**

23. 5 厘米×17. 5 厘米，穿过书边及书背重新装订，含挂环；受损的脆竹纸制书衣；44 张不同品质的竹纸制折页；有裂口，末尾几张折页有大面积缺损；fol. 1b-3b、40a、41a-44b 空白；每页平均 7 列，每列 12—14 字。

标题（书衣、标题页 fol. 1a、fol. 40b）：设鬼书

正文起始（fol. 4a）：说说踏上圣前，踏上圣后，开筶三声，筶头请圣，惊动神明

正文结尾（fol. 39b）：准我吾奉太上老君急急令敕

无地点。日期（fol. 40b）：皇上民国四十四年乙未岁三月初五日午时（写造成）（1955 年）。

用于祭拜祖先的还愿仪式科仪。优勉支系。

较熟练的写主执笔，字体大；有勘误，列旁有注释。

题记（fol. 40b）含日期、标题及持有说明。

书主：盘富升（fol. 1a、40b），盘承林（fol. 1a、40b）；后继书主［?］：赵富攀（用圆珠笔写，fol. 1a）。

261 **Cod. sin. 431**

25 厘米×31. 5 厘米，穿过书边及书背装订，含挂环；书衣已佚；38 张折页，推测首尾几张已佚，桑皮纸；版口处多被撕开，有水渍、污渍，书芯上端边缘有大面积缺损；fol. 1a 已佚，fol. 1b-2a、38b 残缺不全，fol. 2、3 在版口处被撕开，内页有字迹；每页平均15—20 列，每列15—20 字。

标题（fol. 2bv）：大通书

正文起始（fol. 1b）：十三吉，十四…一六七吉，十八赤，十九大空

正文结尾（fol. 38b）：月大初一从外向主顺行…月小初一从向师道行

无地点。日期（fol. 35a 表式内）：大清国厶道…厶寨（推测为 19 世纪）。

卦书。优勉支系。

书中由一位熟练的写主执笔；有红色句读和分段标记，含页码；用红色勾边的表格（fol. 4b－6b、14b、16a、17a－19b、22b－25a、31a－b、32b－34b、35b－38b），掌诀（fol. 11a、19a），符（fol. 35a），邓元帅肖像（fol. 32a）；示意图，“安看火周堂”（fol. 12b）；示意图，“入宅周堂”（fol. 32b）；示意图，“一看门光星”（fol. 33a）。

书主：邓财香（fol. 2bv）；后继书主［?］：邓江一郎（fol. 2bv）。

附录：家谱，“五代代留”（fol. 3bv），其中被记录的家庭成员，包括邓林卯/邓林四郎财卯，邓安凤/邓安二郎进凤，［邓］法定金/邓法订贵全，［邓］法明珠/邓法明富珠。

262 **Cod. sin. 432**

23 厘米×18. 5 厘米，穿过书边及书背装订；受损的纸制书衣，封面已佚；51 张折页，推测起始几页已佚，脆竹纸；有裂口、缺损、污渍；fol. 1-5 残缺不全，fol. 40a-51b 空白；每页平均 10 列，每列 14—20 字。

无标题

正文起始（fol. 1a-b）：｛找｝师爷来护…师男 . 不说自话不唱自声

正文结尾（fol. 39b）：大声一声天地动，回来打破拾童成

无地点及日期，推测为 20 世纪。

用于祭拜祖先的还愿仪式科仪，绝大部分为七言形式。优勉支系。

不同的写主执笔。

附录：簿记，汉字旁有泰语注释（fol. 40b）。

263 **Cod. sin. 433**

19 厘米×14 厘米，以竖着折叠搓捻而成的纸捻线穿过书边捆扎（毛装），绝大部分已松散；书衣已佚；19 张折页，推测首尾几张已佚；桑皮纸；有裂口、污渍；每页平均 8 列，每列各 16 字。

无标题

正文起始（fol. 1a）：承五变五师吃鬼将，六变五师执鬼，鬼分明

正文结尾（fol. 13b）：皇上厶国厶年厶月厶日厶时本院札行

地点（fol. 10b、12a 表式内）：大清国暹罗道。购墓合同的日期（fol. 12a）：皇上中华民国二十四年乙亥岁十乙月乙日（1935 年）。

闾山派用于葬礼的法和表式。优勉支系。

由不同的较不熟练的写主执笔；后来添加的人物、动物和武器图画（fol. 7b、13b、14a、15b、18a）。

附录：咒的模板和符（fol. 14b-15b）；“高千高万”（fol. 16a-17b）；“烧牙齿之法”（fol. 18b-19b）。

书主：李法广（fol. 15b），以作为度戒仪式师父“簿师”被登记（fol. 3b），可能与Sä李为同一人（姓名后缀 Sä 为泰语所写，fol. 15b）；文书中被称为［虚构的?］师父之人：邓法金、冯限五郎、邓护三郎（fol. 3b）。

264 **Cod. sin. 434**

20.3 厘米×13.5 厘米，以纸捻线边订（不交叉），绝大部分已松散，含纸捻线制挂环；受损的书衣由黄色竹纸制成，封面已佚；17 张桑皮纸制折页；有污渍、缺损；fol. 16a 无文字，后来添加绘画；fol. 17b 已佚；每页平均 6 列，每列 17—19 字。

标题（fol. 15b）：观音求筶书（一本）

正文起始（fol. 1a）：先请神目用观音娘娘，玉皇大帝圣王，无亮令

正文结尾（fol. 14a）：诵经保平安消灾增福寿

无地点。祖先罗氏者的死亡日期（fol. 17a）：己巳年十月十八日（推测为 1809 年）；祖先李法元的死亡日期（fol. 16b）：辛未年五月初六日刻时（归阴）（推测为 1811 年）；追予祖先李法元的度戒仪式日期（fol. 17a）：皇上古茄庆十九年甲戌岁十一月二十七日（奉真传度）（1814 年）。一项仪式的举办日期（fol. 14b）：咸丰二年壬子岁正月初一寅卯二时（簿法）（1852 年）。

以筶占卜的卦书。优勉支系。

易识读的字体；有黑色分段标记；一枚黑色印章，铭文推测为“太上老君敕令”（fol. 17a）；整本文书都有后来添加的中式绘画。

附录：一项仪式的举办日期和参与的师父李法筵和赵法清（fol. 14b）；佛教神目（fol. 15b）；祖先罗氏者的死亡日期和祖先李法元的死亡日期及其被追予的度戒仪式日期（fol. 16b-17a）。

书主［及写主?］：赵元林（fol. 15a）。

265 **Cod. sin. 435**

21.5 厘米×15.5 厘米，以竖着折叠搓捻而成的纸捻线穿过书边捆扎（毛装）；受损的书衣由浅棕色厚纸制成，封面已佚；12 张折页，推测起始几页已佚，脆而薄的竹纸；有污渍、裂口及缺损；fol. 11a-12b 空白，fol. 12a-b 整页绘有图画；每页平均 8 列，每列 14 字。

无标题

正文起始（fol. 1a）：二郎一行众声都有位且效座好々日々都来立过外里本底生

正文结尾（fol. 10b）：学法便学老君法，莫学释迦法不真

无地点及日期，推测为 20 世纪。

推测为用于还愿仪式的七言歌，与度戒仪式一起举行。优勉支系。

较生疏的写主，有许多特殊写法；天头、地脚及页中各有紫色横线以分隔版面；整本文书都有后来添加的图画。

附录：草稿（封底）。

266 **Cod. sin. 436**

23 厘米×17 厘米，以竖着折叠搓捻而成的纸捻线穿过书边捆扎（毛装）；书衣已佚；28 张折页，推测首尾几页已佚，桑皮纸；版口处多被撕开，有污渍，折页边缘有缺损；每页平均 12 列，每列 11—17 字。

标题：［合盆书？］

正文起始（fol. 1a）：土水夫妻中平利男儿一个送归尸

正文结尾（fol. 28b）：天医，一四，二八，九三，四一，八二，三九，一六，二九，三八，七四，六一，九二，八三，四七，游魂

无地点及日期，推测为 19 世纪末至 20 世纪初。

用于合婚及选择结婚吉日的卦表。推测来自中国。

熟练的写主；占星图及表格，天龙的图画“天龙大图”（fol. 2b）；整本文书都有后来添加的中式绘画。

267 **Cod. sin. 437**

18 厘米×10 厘米，以竖着折叠搓捻而成的纸捻线穿过书边捆扎（毛装）；书衣已佚；21 张［桑皮？］纸制折页，版口处多被撕开；有污渍，折页边缘有缺损；每页平均 5 列，每列 14—15 字。

标题（标题页 fol. 1a）：…吊九良星法，收｛晒｝，合婚，下雪山法共…

正文起始（fol. 2a）：吊九星符用

正文结尾（fol. 19b）：六笛慢吹鼓慢打拥护小师行正罡

无地点。日期（fol. 1a）：大清嘉庆拾六年十二月初八日（抄成）（1812 年）。[①]

用于不同场合的法、七言歌及符。优勉支系。

---

① 译校者注：原书此处误写为“1811 年”，已更正。农历纪年与公历纪年存在时间差，大清嘉庆拾六年十二月初八日对应的公历日期是 1812 年 1 月 12 日。

熟练的写主；符；后来添加的中式绘画。

由他人执笔的附录："日头过岭"（fol. 20a）；"不奉请开天执符"（fol. 20b）；"记水古名"（fol. 21a）；"奉到广东道龙桥大庙"（fol. 21b）。

书主：李财进（fol. 1a），李财珠（fol. 19b）。

268 **Cod. sin. 438**

18 厘米×14.5 厘米，以竖着折叠搓捻而成的纸捻线穿过书边捆扎（毛装）；严重受损的书衣已佚；16 张薄竹纸制折页；有裂口、虫蛀，折页边缘有大面积缺损；fol. 15、16 残缺不全，fol. 8b、9a–14b 空白，fol. 7b 无文字，后来添加绘画；每页平均 8 列，每列 14—18 字。

标题（fol. 2b、8a）：求才法

正文起始（fol. 2a）：左手拿起铁锤化为五雷□上不打天下不打地□

正文结尾（fol. 6b）：□之路速变速崩急急如令敕壹步了

无地点；泰文注释暗示其至少短时间内在老挝或泰国北部被使用过；祖先赵妹坛的墓址（fol. 16a）：归化付（推测为老挝北部归化府）；祖先邓氏的墓址（fol. 9b）：猛了地（推测为云南勐腊）。日期（fol. 2b）：皇上同治四年乙丑岁六月初十日（抄成）（1865 年）；（fol. 8a）：皇上同治四年乙丑岁（黄法旺上本求财法一本抄成记号）（1865 年）；一项还愿仪式［?］的举办日期（fol. 16b）：皇上同治四年乙丑岁拾二月十六日（还恩答谢了）（1865 年）；祖先赵妹坛的死亡日期（fol. 16a）：己未十二月（推测为 1859 年）；祖先邓氏的死亡日期（fol. 8b）：辛巳岁六月二十八日丑时（推测为 1821 年）。

闾山派的法。优勉支系。

较熟练的写主；铅笔写的泰文注释（fol. 12b）；后来添加的中式绘画。

题记含日期、标题及写主（fol. 7a）。

附录：一名黄姓家庭成员的命理（fol. 1a）；符（fol. 1b）；邓氏的死亡日期和墓址（fol. 8b）；祖先列表（fol. 15a–15b）：黄法晓、黄法财、邓妹聪、盘妹｛闭｝、赵氏；赵妹坛的死亡日期及墓址（fol. 16a）。

写主：黄法旺（fol. 7a）。

269 **Cod. sin. 439**

17.5 厘米×14 厘米，以订线穿过 3 处边订（不交叉）；薄桑皮纸制书衣；14 张桑皮纸制折页；有污渍、折痕；fol. 1a–b、13b–14b 空白，fol. 1b 有后来添加的绘画；每页 6 列，每列 8 字。

标题（书衣）：千字文书

正文起始（fol. 2a）：天地元黄，宇宙洪荒，日月盈昃，辰宿刘张

正文结尾（fol. 12a）：孤陋寡闻，愚蒙｛等｝诮，谓语助者，焉哉乎也

无地点。日期（fol. 12b）：民国伍拾肆年岁次乙巳于孟仲月上完月（滕）（1965年）。

用于教授汉字及儒家思想的课本。推测为优勉支系。

熟练的写主，字体大；红色句读，个别字用汉字作注；在天头、地脚及页中各有横线以分割版面；后来添加的中式绘画。

题记含日期、写主的草书签名（fol. 12b）。

附录："人家的对敬请"（fol. 13a）。

写主：王□｛辉｝（fol. 12b）；书主［?］：黄元仙（书衣）；后继书主：黄金｛寿｝（书衣，用圆珠笔写）。

270 **Cod. sin. 440**

17.5厘米×12.5厘米，两本文书（fol. 1–8，fol. 9–17）被穿过书边及书背装订在一起；书衣已佚；17张折页，推测起始几页已佚，桑皮纸；严重污损，有裂口、洞；每页平均6列，每列14字。

无标题

第一篇正文

正文起始（fol. 1a）：手把大刀及小锯，｛解｝得小头归两边

正文结尾（fol. 8b）：三魂七魄速变上桥回头转回速变化吾奉

第二篇正文

正文起始（fol. 9a）：一件烟冷病法．奉请前代祖师后代本师，君请前代老师陈法林后代师陈法升

正文结尾（fol. 17a）：得蓌禁日月符□皇火

地点及日期（在表式内）：大清国云南道。

闾山派用于治疗仪式及葬礼的法。优勉支系。

第一本文书由同一位熟练的写主执笔，第二本文书由不同的写主执笔；有后来添加的中式绘画。

题记含持有说明和题词（fol. 17b）。

书主及写主［?］：李财连（fol. 17b）；在书中被提及的［虚构的?］师父：陈法林、陈法升（fol. 9a）。

271 **Cod. sin. 441**

16.5厘米×13.5厘米，穿过书边及书背装订；书衣已佚；27张折页，推测首尾几页

已佚，脆竹纸；有污渍、裂口，首尾两张折页严重受损，折页边缘有缺损，fol. 1a-2b 残缺不全；每页平均 6—7 列，每列 10—14 字。

无标题

第一篇正文

正文起始（fol. 1a）：［北极驱］邪院给出北批文一道．今据

正文结尾（fol. 14b）：亥敕镇｛煞｝日

第二篇正文

正文起始（fol. 15a）：甲子日紫气当阳之日寅卯时出行主有酒食

正文结尾（fol. 28a）：青龙足日出行求财不得□

地点与日期（fol. 2a、5b 表式内）：大清国云南道；（fol. 8a 表式内）：大清国广西道。

表式和符，用于葬礼时安抚地龙的仪式；卦书。优勉支系。

不同的写主执笔；符（fol. 12b-14b），占星图（fol. 25a、26a、27a）。

书主：李富杳（fol. 14b）。

272 **Cod. sin. 442**

17 厘米×13 厘米，穿过书边及书背装订；书衣已佚；7 张折页，推测首尾几页已佚，浅色纸；有裂口；fol. 1、7b 有大面积缺损；每页平均 6 列，每列 8 字。

标题：［千字文书］

正文起始（fol. 1a）：仁慈隐恻．造次弗离节义廉颠沛匪亏

正文结尾（fol. 6b）：愚蒙等诮，谓语助者，焉哉乎也

无地点。日期（fol. 6b）：民国伍拾参年甲辰岁于孟夏月三上完日（1964 年）。

用于教授汉字及儒家思想的课本。推测为优勉支系。

熟练的写主执笔，字体大；天头和地脚各有一条玫红色横线以分割版面；根据韵律用红点分段；后来添加的中式绘画。

题记含日期（fol. 6b-7a）。

附录：中文数字列表（fol. 7a）；“一寸光阴”（fol. 7b）。

273 **Cod. sin. 443**

25 厘米×13. 5 厘米，穿过书边及书背重新装订；受损的纸制书衣，封底已佚；39 张折页，推测起始几页已佚，光滑的黄色纸张；严重受损，有污渍、裂口及缺损；fol. 1-5、36-39 残缺不全；每页平均 6 列，每列 18—22 字。

无标题

正文起始（fol. 6a）：处备香酒钱封长串还愿牲头长沙木

正文结尾（fol. 39b）：厶月日奉真超拔折解保安善主厶同妻子厶氏合家等□拜谨拆解疏同

无地点。表式内的日期：大清国；推测为19世纪末至20世纪初。

用于不同场合的表式集。优勉支系。

不熟练的写主；整本文书中都有人物形象白描。

书主［?］：{冯才进}（fol. 1b）。

274 **Cod. sin. 444**

26厘米×19.5厘米，边订（不交叉）；书衣已佚；25张桑皮纸制折页；版口处大都被撕开，有污渍、缺损，尤其在边缘处；fol. 1b、25b已佚；每页各10列，每列14字。

标题（fol. 1a）：小桥台地乔科

正文起始（fol. 2a）：番首你打鸣罗古，复首又打启乔梁

正文结尾（fol. 25a）：［今日命］师来解度，大刀斩断只狗鸟

无地点。完笔日期（fol. 1a）：道光十二年壬辰岁正月廿五日（抄完）（1832年）。

用于祭拜送子神帝母的七言歌。荆门，师公派。

熟练的写主；大量后来添加的中式绘画。

写主［?］以李姓家族所用的化名“正音”（fol. 15a、19a、21b）和“陇陋［郡］”（fol. 16a）被登记；书主：李胜埘（fol. 14a、17b、20a、22b）；［后继?］书主：李院颜（fol. 1a，被抹去），盘金巨（fol. 8a）。

275 **Cod. sin. 445**

22.5厘米×14.5厘米，以竖着折叠搓捻而成的纸捻线穿过书边捆扎（毛装）；纸制书衣残缺不全；19张桑皮纸制折页；有污渍、裂口及缺损；每页平均8列，每列22—23字。

标题（fol. 19a）：意者书式本字；（fol. 19b）：意者书□

正文起始（fol. 1a）：意者灵．马向西京意者重々马向东京意者量々跪落洋场

正文结尾（fol. 19a）：筶押在香炉脚下，脚筶领了上情意者计度分明

无地点。日期（fol. 19a）：…八月十九完笔依古藤箓抄成（推测为19世纪）。

用于祭拜［邓?家］祖先的还愿仪式科仪。优勉支系。

熟练的写主；后来添加的中式绘画（fol. 19a-b）。

题记含日期、标题和谦辞（fol. 19a-b）。

后继［?］书主：李越周（fol. 19b）；推测原本为邓姓家庭所有（fol. 10a、18b文中有所提及）。

276 **Cod. sin. 446**

21.5 厘米×15.5 厘米，穿过书边及书背装订，部分已松散；受损的书衣由以布筛荡料入帘而成的厚纸制成；10 张折页，以布筛荡料入帘而成的厚纸已严重变黑；有污渍、折痕；每页平均 6—8 列，每列 8—14 字。

标题（书衣）：百家姓

第一篇正文

正文起始（fol. 1a）：赵钱孙李，周吴郑王

正文结尾（fol. 5b）：墨哈谯笪，年爱阳佟，第五言福．百家姓续完

第二篇正文

正文起始（fol. 6a）：今年又说阳春早，人人早起计官生

正文结尾（fol. 10a）：立成一本耕春记，各人读了慢思量

无地点及日期，推测为 20 世纪初。

中文姓氏词典。优勉支系，来自中国。

熟练的写主，字体大；有个别用中文写的注音；红色句读；后来添加的中式绘画。

题记：用草书写的对读者的道德教诲（fol. 10a-b）。

书主：冯承银（书衣）。

277 **Cod. sin. 447**

20 厘米×17 厘米，穿过书背装订；书衣已佚；17 张脆竹纸制折页；有污渍、裂口，折页边缘有缺损；fol. 1a、3a-b 已佚；每页平均 7—8 列，每列 14—16 字。

无标题

正文起始（fol. 1b）：□钱童子唱歌了．□□台吃坛弟二吃坛弟三破坛

正文结尾（fol. 16a-b）：聪明符法｛意｝用．敕令变聪明符敕

无地点及日期，推测为 20 世纪。

用于度戒仪式的法、表式集七言歌。优勉支系。

熟练的写主；符（fol. 16b）；祭坛示意图（fol. 5a）；后来添加的中式绘画；占一整页的肖像画（fol. 16a）；一枚“太上老君敕令”印章（fol. 1b）。

附录：“开心符”（fol. 17b）。

为邓姓家庭所有（fol. 15a-b）。

278 **Cod. sin. 448**

19.5 厘米×13.5 厘米，边订（不交叉），含挂环；书衣已佚；8 张折页，由以布筛荡

料入帘而成的厚而硬的竹纸制成；有虫蛀，封底及 fol. 6 有大面积缺损；每页 6 列，每列 14 字。

标题（fol. 8a）：（一本）盘古记

正文起始（fol. 2a）：自从盘古开田地，三皇五帝置人民，多少古人听中孝，贤良中孝在朝廷

正文结尾（fol. 8a）：二十四孝□感应，至今万代示流传，识得书中行孝义，世□莫忧也莫□. 奉成一本盘古记流传后代子孙□

无地点及日期，推测为 20 世纪。

七言形式的关于孝的德育课本。推测为优勉支系。

始终由一位较生疏的写主执笔；占一整页的绘画（封面内页）；后来添加的中式人物小画（fol. 2b、3b-4a、5b-7a）。

附录：正文中一个段落的摘抄（fol. 1a）；仪式费用［?］清单（fol. 8b，用圆珠笔书写）。

279 **Cod. sin. 449**

18.5 厘米×16 厘米，穿过书边并从 8 处穿过书背装订，含挂环；书衣已佚；7 张折页，推测首尾几页已佚，厚而硬的竹纸；折页边缘有缺损；每页 8 列，每列 10 字。

标题：［九经书］

正文起始（fol. 1a）：孟子诫曰．养男须教道，养女须教礼，男女无教道，出入无礼仪

正文结尾（fol. 7b）：莫害良善人，由命不由人，闲口深藏言，安身处处牢

无地点及日期，推测为 20 世纪。

以儒家价值观为依托的德育课本，含中国经典篇章选段。推测为优勉支系。

始终由同一位较生疏的写主执笔；列中和列尾有玫红色圆点；个别字被勘误；整本文书都有后来添加的中式人物绘画。

280 **Cod. sin. 450**

19.5 厘米×13 厘米，以竖着折叠搓捻的纸捻线一侧捆扎（毛装），在其上方又再从 8 处穿过书背装订，含挂环；书衣由多层桑皮纸制成；18 张桑皮纸制折页；折页边缘及书芯边角受损；fol. 1a-b、2b、18a-b 空白，fol. 18a 后来添加绘画，fol. 17a 已佚；每页 6—7 列，每列 14—16 字。

标题（标题页 fol. 2a）：开禁书

第一篇正文

正文起始（fol. 2a）：敕水法用敕变年中铁山之水时中铁山之水

正文结尾（fol. 11b）：众圣众官复在位，打罗打鼓执兵头

间山派用于葬礼的法。优勉支系。

第二篇正文

正文起始（fol. 12a）：当初盘古开天地置｛得｝人民不娶妻不分东南去西北青山脚底受孤恓

正文结尾（fol. 16b）：见子｛甬｝文见山样，那人信去好朝看

关于瑶族起源的历史传说。优勉支系。

无地点及日期，推测为 19 世纪初。

两篇正文各由一位熟练的写主执笔；有个别勘误，局部有紫色句读；后来添加的中式绘画及占一整页的图画（fol. 18a）。

附录："又到吞骨法"（fol. 17b）。

书主：［邓?］福安（fol. 2a）；后继书主［?］：邓富胜（fol. 18a）。

281 **Cod. sin. 451**

26. 5 厘米×19. 5 厘米，边订（不交叉）；桑皮纸制书衣，封面已佚；25 张折页，推测起始几页已佚，桑皮纸；有污渍、折痕、洞；fol. 25b 空白；每页平均 10 列，每列 18—20 字。

标题（fol. 11b）：关告科，敕坛科

第一篇正文

正文起始（fol. 1a）：五龙吐出瑶池水，四灵九凤丹井来

正文结尾（fol. 11b）：向来化炼奏文牒关财马三有六十分｛仰｝祈符吏依位传奏感通同

第二篇正文

正文起始（fol. 11b-12a）：敕坛科启．步虚．或大斋取会圣科入次，小斋依此去．奉道拔亡斋/醮主厶等来传奏诣圣前请拜上香

正文结尾（fol. 25a）：万帝众王天尊，五星列曜唤｛含｝五方，五帝孝续天尊

无地点。日期（fol. 5a）：道光元年癸未岁二月十八日午时（邓经沾号记）（癸未岁为 1823 年，道光元年为 1821 年）。

做斋仪式关告敕坛科仪。荆门，道公派。

不同的写主执笔；局部有黑色句读；步罡踏斗图解（fol. 13a、13b、19b、21a），符（fol. 21b），后来添加的中式绘画。

写主的谦辞（fol. 25a）。

书主及写主：邓经沾（fol. 5a、22b）。

282 **Cod. sin. 452**

20.5 厘米×18 厘米，以竖着折叠搓捻而成的纸捻线在一侧捆扎（毛装）；15 张折页，推测头尾几页已佚，桑皮纸；版口处多被撕开，有污渍、缺损；fol. 1a 已佚，fol. 15a-b 残缺不全；每页平均 8 列，每列 10—18 字。

标题：[合盆书？]

正文起始（fol. 1b）：水合却男七八一月妨三妻

正文结尾（fol. 15b）：首子父母奶女三九二八五十一四十正七六十二

无地点及日期，推测为 19 世纪。

确定合适的婚姻伴侣及与结婚有关的吉日的集子。推测来自中国。

熟练的写主；画有红色行线；整本文书都有后来添加的中式绘画。

283 **Cod. sin. 453**

23.5 厘米×17 厘米，穿过书边单侧装订，含挂环；受损的书衣由多层染成棕色的含筛纹的纸张制成，被套在书背上装订；6 张桑皮纸制折页；有水渍，边缘被撕破；fol. 5b-6b 空白，5b 有后来添加的绘画；每页平均 10 列，每列各 20 字。

无标题

正文起始（fol. 1a）：重集小儿病炼黄原之法．先叩师装身了带师兵马四帅护传上至三天

正文结尾（fol. 5a）：春天花起切切孔雀带花寻后来至早星为主腹内子庇

无地点及日期，推测为 19 世纪末至 20 世纪初。

用于治疗仪式的秘语。荆门，推测为师公派。

较熟练的写主；红色分段标记；后来添加的中式绘画（封面内页，fol. 5b）。

附录：草稿（fol. 6b）。

284 **Cod. sin. 454**

21.5 厘米×17 厘米，穿过书边及书背装订；书衣已佚；31 张折页由不同品质的长纤维脆［竹？］纸制成；有裂口，装订区域上端有大面积缺损；fol. 1a 已佚；每页平均 8 列，每列 17—19 字。

无标题

正文起始（fol. 2a）：具立宗枝图数目看用．又具高安众匙米用七碗分作七合

正文结尾（fol. 31b）：题话难做不做□□书抛丢不要抛把圣｛游｝人执领了

无地点。附录日期（fol. 1b）：民国廿二［年］癸酉［岁］三月初十日（1933 年）。

用于不同还愿仪式的科仪的一部分。优勉支系。

易识读的字体；后来添加的中式绘画。

附录：含日期的关于通过［?］冯法坛“购买”一块地皮用作墓地的记录（fol. 1b）。

书主［及写主?］姓冯（fol. 29a）。

285 **Cod. sin. 455**

24 厘米×13 厘米，穿过书边及书背装订；书衣已佚；33 张桑皮纸制折页；版口处多被撕开，严重受损，有缺损；fol. 32a 空白，fol. 33 残缺不全；每页平均 6 列，每列 25 字。

标题（fol. 31b）：断签法书（一本）

正文起始（fol. 1a）：［鲤］鱼十四步，移山桑庙罡，☐脚占神占庙罡七步①

正文结尾（fol. 30b）：第子一心专拜请吾师差将出门庭

无地点。完笔日期（fol. 30b）：嘉庆十八年癸酉岁夏季廿柒日（抄）（1813 年）。

做法事之指示“法”，用于断签仪式。优勉支系。

流畅的字体；红色句读及分段标记；步罡踏斗图解（fol. 1a–b、4b–6b），符（fol. 21a–24a、29a–31b）。

题记含日期、标题、写主及谦辞（fol. 31b）。

附录：“度戒对”（fol. 32b）。

写主：赵龙林（fol. 31b）。

286 **Cod. sin. 456**

19 厘米×14 厘米，以订线穿过书边及书背重新装订；书衣由（含相同正文的）另一文书的折页制成，封底已佚；14 张脆且粗糙的竹纸制折页；有污渍、裂口，fol. 2–5 有火烧形成的洞；fol. 1b、7a 无文字，有后来添加的绘画；每页平均 7—8 列，每列 14 字。

无标题

第一篇正文

正文起始（fol. 2a）：自从盘古开天地，先治江上后治民

正文结尾（fol. 6a）：思量讨个后婚嫂知人知面不知心

第二篇正文

正文起始（fol. 7a）：桥儿桥女灵磨析，一条被盖两条心

正文结尾（fol. 14b）：十二阳月春梅花开，蒙正当初去监斋

无地点及日期，推测为 20 世纪。

---

① 译校者注：原书此处误写为“［鲤］鱼十四步，移山桑庙筵，☐脚占神上庙罡七步”，已更正。

关于孝的德育课本。优勉支系。

生疏的写主；列中有红点，在天头、地脚及页中各有一条铅笔画的横线以分割版面；后来添加的中式绘画（书衣内页，fol. 6b、7a）。

287 **Cod. sin. 457**

25. 5 厘米×24. 5 厘米，穿过书边装订，部分已松散，含挂环；受损的纸制书衣，封面已佚；27 张桑皮纸制折页；有污渍；fol. 23-27 有大面积缺损，fol. 27b 已佚；每页 10 列，每列 15—19 字。

标题：[斋宿启科?]

正文起始（fol. 1a）：头一行官将三元驿龙骑吏四灵五道九宫八卦五德将军

正文结尾（fol. 27a）：金阙御前左右卷廉大将军持宸真人灵官典伏望圣慈俯垂同鉴□□

无地点。日期（fol. 19b）：大清国（推测为 19 世纪初）。

推测为用于做斋仪式前启坛请圣的科仪。荆门，道公派。

熟练的写主；红色句读及分段标记；后来添加的中式绘画。

写主：蒋金华（fol. 19a）

288 **Cod. sin. 458**

26 厘米×21 厘米，边订（不交叉），部分已松散；受损的书衣由染成棕色的薄桑皮纸制成，封面已佚；21 张桑皮纸制折页；有污渍、折痕、裂口及缺损；fol. 13-15 可能是后来装订进去的；fol. 15b、20b-21b 无文字，但有后来添加的绘画；每页平均 10 列，每列 18—21 字。

标题：[伸斗科]

正文起始（fol. 1a）：神感集洒天々静洒地々明交泰朝元亨利真急准玄科宣杨律令

正文结尾（fol. 20a）：向来轻财宝马符吏赍奏足｛逵｝下□放火丙丁化炼

无地点。日期（fol. 6a）：大清国；附录日期（fol. 21b）：壬申年九月初十日（推测为 1932 年）。

用于祭拜北斗的打醮仪式科仪。荆门，道公派。

较熟练的写主，字体大；fol. 13-15 由他人执笔；局部有黑色句读；步罡踏斗图解（fol. 3a、3b），符（fol. 4b、5a、14a）；后来添加的武器、鱼及“云南瑶族”的图画。

附录：后来装订进来的表式，“告斗状式”（fol. 13a-15a）；含日期的关于借贷的记录；其中的参与者：邓胜华、邓院照（fol. 21b）。

书主：邓经沾（fol. 1b）。

289 **Cod. sin. 459**

24. 5 厘米×20 厘米，以竖着折叠搓捻而成的纸捻线在一侧捆扎（毛装），在其上方又穿过书边及书背装订；染成深色的厚纸制书衣，封面已佚；20 张折页，推测起始几页已佚，纸张较软；版口处多被撕开；fol. 20b 空白；每页 8 列，每列 16—17 字。

标题（fol. 19b）：单朝科

正文起始（fol. 1）：正一灵官马大元帅，正一雷霆邓大元帅

正文结尾（fol. 19b）：皈依至道，回拜宗师，用悉庄严，福留斋主，愿得长生，与道含真。单朝科终。

地点及日期（fol. 3a）：大清国云～（清朝云南地区），推测为 19 世纪。

用于三朝醮仪式的科仪。荆门，道公派。

熟练的写主，字体大；最后一张折页编有页码；整本文书都有后来添加的中式绘画；一枚方形写主印或“出版社”印，铭文为“崇德堂记”（fol. 15a、19b）。

书主：李妙翰（fol. 15a、19b）。

290 **Cod. sin. 460**

19 厘米×13 厘米，以订线穿过书边及书背装订；书衣已佚；10 张折页，由光滑且较脆的纸制成；fol. 1-4 装订处受损；fol. 9b、10b 空白；每页 6—8 列，每列 8—14 字。

标题（标题页 fol. 3b）：（又到）甲子歌

正文起始（fol. 4a）：甲子乙丑海中金，具浪面☐细寅｛畜｝

正文结尾（fol. 8a）：将｛作?｝难买少年时

无地点。日期（fol. 9a）：皇上今年今月（推测实为 20 世纪）。

关于中国六十甲子的歌。优勉支系。

不熟练的写主；整本文书中都有后来添加的中式绘画。

附录：甲子列表（fol. 1a-3b）；祝福语（fol. 8b）。

书主及写主：盘进兴（fol. 3a、8a、9a、10a）。

291 **Cod. sin. 461**

24 厘米×17 厘米，以竖着折叠搓捻而成的纸捻线在一侧捆扎（毛装），部分已松散；书衣由多层染成棕色的纸制成，包住书背；16 张桑皮纸制折页；版口处多被撕开；fol. 1、16 残缺不全；每页 7 列，每列 14 字。

无标题

正文起始（fol. 2a）：初世收．郎在湖南未在州/京，郎在湖南松柏院妹在贵州未听声/

双泪流

正文结尾（fol. 16a）：班竹拜皮好｛橄｝古，打破川正放斋娘，深山竹［木刘王］｛种｝，［园边］榕树圣人连｛净｝

无地点及日期，推测为 20 世纪后半叶。

用于歌堂或还愿仪式的七言歌，含《盘王歌》的选段。优勉支系。

较生疏的写主；编有页码；目录（fol. 16b）；整本文书都有后来添加的中式绘画。

292 **Cod. sin. 462**

27. 5 厘米×20. 5 厘米，以竖着折叠搓捻而成的纸捻线在一侧捆扎（毛装）；书衣已佚；19 张折页，推测起始几页已佚，薄桑皮纸；fol. 1a 轻微受损，fol. 19b 空白；每页 10 列，每列 18—19 字。

无标题

正文起始（fol. 1）：白口表阳．今据．大清国云南道承宣布政使司厶府厶县厶里厶山厶冲立宅居住奉

正文结尾（fol. 18a）：又引付与亡故父母亲厶公｛婆｝魂下收执为冯．皇上厶年厶月厶日引充职位

地点（fol. 15a 表式内）：云南道开化府文山县；地点“南金道临安城外南庄”与 1777 年为写主的曾祖父母王道可和其妻向氏立的祖先牌位有关。日期（fol. 18b）：嘉庆二十五年冬季（1820 年）。

用于祭拜祖先的还愿仪式科仪。优勉支系。

熟练的写主，字体大；编有页码；整本文书有后来添加的中式人物画。

题记：为王道可和向氏所写的献词（fol. 18b）；律诗形式的跋（fol. 19a）。

写主：王成纶（fol. 18b）。

293 **Cod. sin. 463**

21. 5 厘米×13. 5 厘米，穿过书边及书背装订；书衣已佚；66 张折页，由光滑且柔软的纸制成；品相佳；fol. 1a-b、6a-b 空白；每页 6 列，每列 11—16 字。

标题（fol. 4a）：梅山三十六洞科；（fol. 6b）：送亡超度亡魂三十六洞歌句科书；（fol. 43b）：梅山（一卷）；（fol. 44a）：（又席用又具）番坛敕席

第一篇正文

正文起始（fol. 2a）：北极驱邪院给送入梅程引

正文结尾（fol. 43b）：今夜送到梅山殿，逍遥快乐往天生．齐全完了．梅山一卷

第二篇正文

正文起始（fol. 44a）：又席用又具番坛敕席

正文结尾（fol. 65b）：要来提兵归坛不灵动作．吾奉太上老君急々敕令

无地点。日期（表式内）：大清国（推测为 19 世纪）。

主要用于葬礼的七言歌、法和表式。优勉支系。

附录：卦书，“看鼠空买出山吉凶”（fol. 55a–61b）；法（fol. 62a–63a），“又搬家下黄河水法”（fol. 63a–64b）。

题记含标题和用途（安抚会让人生病的祖先，fol. 43b）。

始终由同一位熟练的写主执笔；整本文书都有后来添加的中式绘画。

294 **Cod. sin. 464**

21 厘米×17. 5 厘米，穿过书边及书背装订，含塑料挂环；严重受损的书衣由外面被染成棕色的厚［竹?］纸制成，封底边缘被折进去；19 张品质不同的纸制成的折页；首尾两张折页受损；每页 8 列，每列 8 字，fol. 19a–b 每页 8 列，每列 8—14 字。

标题：［专家杂字］

正文起始（fol. 1a）：传家贵宝，目前杂家字，眉毛眼睛，天庭脑子

正文结尾（fol. 19b）：粉团四季月月红，苦命金凤指甲花

无地点；泰文草稿暗示其至少短时间内在老挝或泰国北部被使用过。日期（封底内页）：民国五拾三年□日（1964 年）。

初学识字者所用的词汇表；有关于动物、植物、食物、家用器具、亲属称谓、职业、身体部位等的汉字。优勉支系，来自中国。

fol. 1–19a 和 19a–b 各由一名写主执笔；每四个字后有一个红点；个别字用其他颜色作注（主要为注音）；多个印记，铭文为“太上老君敕令”（fol. 1a）；小的花瓣形状印章印出的花边，以分隔版面（fol. 1a）；在页中和地脚各有后来添加的与文字相反的几行（fol. 9a、13b、16b、17a）；整本文书都有后来添加的瑶族风格的绘画。

附录：用汉字和泰文写的草稿，姓名（书衣、书衣内页）；数字列表（封底内页）。

书主：李有盟（书衣、书衣内页）；后继书主［?］：赵富银（书衣）。

295 **Cod. sin. 465**

21. 5 厘米×13 厘米，穿过书边并从 7 处穿过书背装订，含挂环；书衣已佚；36 张桑皮纸制折页，推测首尾几页已佚，fol. 1a–6b、32a–36a 有大面积缺损；fol. 36b 已佚，fol. 36a 残缺不全；每页 7 列，每列 14—22 字。

标题：［开坛书］

正文起始（fol. 1a）：说又光禄师父说风吹日子事务到边禄专师男出门

正文结尾（fol. 36a）：大烧石壁连｛冰｝…

无地点及日期，推测为19世纪初。

七言形式的科仪，包含《开坛书》的选段，用于还愿仪式，可与度戒仪式一起举行。

附录："又开点｛稿蛋｝话"（fol. 36a）。

始终由一位熟练的写主执笔，小字；部分列尾有一个［后来用圆珠笔添加的］点；天头画有横线以分隔版面；个别字被修改；整本文书都有后来添加的中式绘画。

296 **Cod. sin. 466**

17.5厘米×17厘米，在书背前后两面各放置一根小竹条，并穿过书背装订，含小挂环；书衣已佚；14张粗糙且硬的竹纸制折页，版口处多被撕开；首尾两张折页及边缘严重受损；每页8—9列，每列7—14字。

无标题

正文起始（fol. 1a）：请上收禁师爷收禁师父传十老师

正文结尾（fol. 7b）：又到皇姥咒□丧｛解｝煞用

无地点及日期，推测为20世纪。

做法事之指示"法"，用于度戒仪式。优勉支系。

不同的生疏的写主执笔，有许多特殊写法；符，"保胎灵符"（fol. 8a）；后来添加的中式绘画（fol. 3a、8a-9b、10b-13b）。

附录：甲子歌（fol. 14a-b）；草稿（fol. 8a-13b）。

作为一项度戒仪式的参与者被记录（fol. 1a）：盘法龙、盘法贵、李法林、邓法财、赵法保。

297 **Cod. sin. 467**

23厘米×14厘米，以竖着折叠搓捻而成的纸捻线在一侧捆扎（毛装），额外又用回形针固定；轻微受损的折页由布筛荡料入帘而成的厚［竹?］纸制成；18张折页，布筛荡料入帘而成的长纤维［竹?］纸制成；fol. 11-18有大面积墨渍；fol. 18b空白；每页6列，每列10字。

标题（书衣、封底内页）：初开抄本；（fol. 1a第一列）：九经书

正文起始（fol. 1a）：初开置天地，置立九经书，上界置天子，下界置农夫

正文结尾（fol. 18a）：是使众生了，不差一路行，书是人间保，天下定安邦

无地点及日期；泰文注释暗示其至少短时间内在泰国或老挝北部被使用过；推测为20世纪。

以儒家思想为基础的德育课本，含中国经典篇章选段。优勉支系。

附录：“懒人谋食”（书衣内页）。

始终由一位熟练的写主执笔，字体大；每五个字后有一个小的圆形印章；个别字被（同一位写主）用毛笔勘误，或用蓝色圆珠笔与铅笔用中文和泰文作注；整本文书都有后来添加的中式绘画。

书主：李才连（书衣），李富寿（书衣）。

298 **Cod. sin. 468**

19.5 厘米×13 厘米，穿过书边及书背装订；书衣已佚；35 张折页，推测首尾几页已佚，脆竹纸；现存的首尾两张折页严重受损，有缺损；fol. 35b 已佚，fol. 9a、10b、30b 无文字，有后来添加的绘画；每页 8 列，每列 12—14 字。

标题：［增广贤文］

第一篇正文

正文起始（fol. 1a）：…莫把真心空计较，儿孙自有儿孙福

正文结尾（fol. 8b）：只此呈示万无一失，移路之行也

第二篇正文

正文起始（fol. 11a）：说々踏上灶庭头上打箸三声惊动神明．清朝过了民国所官厶皇官下厶年厶岁厶月厶日厶时原在一同家主

正文结尾（fol. 30a）：相送神去车马回转路收灾吉患说手担保人丁人口合家清吉平安

无地点。日期（fol. 8b）：大汉民国三拾七年戊子岁拾壹月廿七日（抄完）（1948 年）；（fol. 30a）：大汉民国三十七年戊子岁十二月初一日（抄完）（1948 年）。

以儒家思想为基础的德育课本的节选和一本用于祭拜祖先的还愿仪式科仪。优勉支系。

始终由同一位写主执笔；局部有玫红色句读；个别字用毛笔或圆珠笔添加在上端边缘；天头处有横线以分割版面；后来添加的中式绘画（fol. 8b-9a、19b、29b-30b、32b-33b、24b）；一枚“太上老君令敕”（fol. 8a）。

附录：“一拜祖师来路远，二拜本师来路长”（fol. 9a-10b）；“前世小儿欠花债物多少”（fol. 31a-35a）。

299 **Cod. sin. 469**

18 厘米×14 厘米，两本文书（fol. 1-11 和 fol. 12-28）以竖着折叠搓捻而成的纸捻线在一侧捆扎被捆扎在一起（毛装），并从两处穿过书背装订；书衣已佚；28 张桑皮纸制折页；首尾两张折页和边缘受损，fol. 1-2 在装订处有大面积缺损；每页 6—8 列，每列 12—16 字。

无标题

正文起始（fol. 1a）：藏屋法用．弟子阴阳答在师男藏政龙君

正文结尾（fol. 11b）：簿法老师政□□烧五师立石壁立东井南西北中央火烧礼内

第二篇正文

正文起始（fol. 12a）：解｛秽｝水用．谨请东方雪山童子雪山童郎

正文结尾（fol. 28b）：速变速化准五奉太上老君急令敕

无地点。一位亲戚的死亡日期（fol. 28b）：己酉岁正月初（推测为 1909 年）。

闾山派的法。优勉支系。

不同的写主执笔；局部有后来插入［?］的红墨水和蓝圆珠笔写的分段标记和句读；个别字和段落被作注（大多是注音）；符（fol. 11a、18b、20a）；步罡踏斗图解（fol. 15b、16a–18a）；后来添加的中式绘画（fol. 2a、4b、6b–8a、9a、11b、16a–b、18a–b、21a–b、28b）。

附录：书主/书主妻子［?］黄氏者的死亡日期（fol. 28b）；作为祖先被登记：赵雪一郎（fol. 10a），赵法真（fol. 10a）。

300 **Cod. sin. 470**

19. 5 厘米×13 厘米，穿过书边及书背装订；书衣已佚；40 张折页，推测首尾几页已佚，桑皮纸；版口处多被撕开，有红色污渍，首尾两张折页和边缘受损严重，有缺损；每页 7 列，每列18—20 字。

无标题

正文起始（fol. 1a）：即日诚心冒干，破投，圣造光中具呈意者，伏惟念家主厶人自于徙以来深年承奉，三庙圣王圣众在坛

正文结尾（fol. 40b）：卜向今月厶日吉良命师具墨俵极文引一［纸］

日期和地址（表式内）：大清国云南道；中华世界大越国厶喃（1911 年后）。

闾山派的法和表式。优勉支系。

始终为一种流畅的字体；局部有红色分段标记及句读；个别字用红色作注；一枚“太上老君令敕”印章（fol. 31b）；整本文书都有后来添加的中式绘画。

用红墨水登记的书主［?］：李进龙（fol. 7a）。

301 **Cod. sin. 471**

27 厘米×19 厘米，穿过书边及书背装订，部分已松散；书衣已佚；37 张折页，推测首尾几页已佚，桑皮纸；版口处多被撕开，有缺损，特别是在折页边缘处和书芯边角；fol. 37b 已佚；每页平均 8 列，每列 14 字。

标题：[三庙圣王歌?]

正文起始（fol. 1a）：捕抬了．又杀性使者来

正文结尾（fol. 33a）：家主今日流落三庙王道场满散了，回来赏劳我兵头，又龙王庙成完，龙城复席

无地点及日期，推测为19世纪。

用于祭拜三庙王的还愿仪式的七言形式的科仪。优勉支系。

熟练的写主，字体大；整本文书都有后来添加的中式绘画。

附录："又到解冤用"（fol. 33a-37a）。

302 **Cod. sin. 472**

21.2厘米×13.5厘米，以竖着折叠搓捻而成的纸捻线在一侧捆扎（毛装）；受损的书衣由以布筛荡料入帘而成的竹纸制成，封底已佚；68张折页，以布筛荡料入帘而成的竹纸；严重污损，有裂口，书芯边角被磨损；每页平均6—7列，每列14—16字。

标题（fol. 68b）：金卷[合盆书]

正文起始（fol. 1a）：上元中元上元下元中元上元中元

正文结尾（fol. 55b）：八月吟神六害鈇扫胞胎九月寡宿

无地点及日期，推测为19世纪末。

测算合婚的集子。优勉支系。

始终由一位熟练的写主执笔；关于家庭构成的图示；用红色圆珠笔后来添加的行线（fol. 12b）。

由其他写主执笔的附录："又论推金木水火土男女牲口我财吉凶"（fol. 56a-67b）。

写主及书主：赵财凤（fol. 55b）；后继书主：冯金德（fol. 55b、封面内页）。

303 **Cod. sin. 473**

18厘米×15.5厘米，穿过书边单侧装订，含纸制挂环；书衣由以布筛荡料入帘而成的竹纸制成；30张折页，以布筛荡料入帘而成的竹纸；有污渍、虫蛀；每页7列，每列8字。

标题（书衣、fol. 1a）：全家贵宝；（fol. 28a）：百家性

第一篇正文

正文起始（fol. 2a）：全家贵宝，目前杂字，眉毛眼睛，天庭脑子

正文结尾（fol. 23b）：苦命金凤包指甲

第二篇正文

正文起始（fol. 24a）：赵钱孙李周吴郑王

正文结尾（fol. 28a）：司徒司空．百家姓终．读｛熟｝壹本记载心仲

无地点及日期，推测为 20 世纪。

初学识字者用的七言形式词汇表；七言形式的中国姓氏列表。优勉支系，推测来自中国。

熟练的写主；红色句读；列旁有勘误；后来添加的中式绘画；一枚“赵有庭”名章的 3 处印记（fol. 1b）。

题记含持有说明和格言（fol. 23b）。

附录：草稿（fol. 1a-b）；数字表（fol. 29a-30b）。

书主［?］：赵有庭（书衣，fol. 1b、23b）。

304 **Cod. sin. 474**

24. 5 厘米×17. 5 厘米，穿过书边及书背装订，含塑料挂环；书衣已佚；32 张脆竹纸制折页；有裂口、虫蛀、缺损；fol. 1 和折页边缘有大面积缺损，fol. 25b、32b 已佚；每页平均 7 列，每列16—18 字。

无标题

第一篇正文

正文起始（fol. 2a）：具立遣六畜牒文道［北极驱］邪院当天给出追炆收六畜文牒一道

正文结尾（fol. 20a）：大中华民国厶年厶月厶日奉真安追厶人正魂真魄急准牒行

第二篇正文

正文起始（fol. 20a）：又到解煞表意用

正文结尾（fol. 27b-28a）：请上东方五海龙王□□大王香烟拜香烟或在

地点（fol. 12a 表式内）：大清国东京道（越南北圻）；（fol. 16a 表式内）：大民国南掌国东京道（老挝北部南掌、越南北圻，民国时期）；（祖先墓址，fol. 28a-31b）：广西道桂林、云南开化府、临安府、暹罗孟南府（泰国北部的楠府或老挝琅勃拉邦的楠府）。日期（表式内）：大民国（1911 年后）；祖先冯法周的下葬日期（fol. 31b）：乙未年九月十一日（推测为 1955 年）；祖先冯法政的出生及死亡日期（fol. 31b）：壬子年三月十二日（推测为 1912 年），癸亥年十一月三日（推测为 1983 年）。

葬礼用表式集。优勉支系。

不同的写主执笔，列旁有圆珠笔写的零星几处修改；后来添加的中式绘画；一枚“太上老君敕令”印章（fol. 4a、5a-b、6a、15a-b、16a-b、18a）。

题记含持有说明及格言（fol. 20a）。

附录：“庚申庚戌庚子庚寅生人西斗星注照”（fol. 1b）；一篇赦罪文的部分（fol. 32a）；用圆珠笔写的关于祖先冯法政的内容（fol. 31b）；书主的祖先列表及他们的墓

址，“且立祖图公木坟山安葬处”（fol. 28a–31b），包括冯香四郎、冯明三郎、冯金三郎、冯沉一郎、冯用四郎、冯清一郎、赵氏一娘、罗氏一娘、冯妹满、冯氏一娘、赵氏二娘、{冯} 位二郎、盘氏二娘、李氏二娘、冯添一郎、邓氏二娘、冯进二郎、李氏二娘、冯审一郎、赵氏二娘、邓氏者、盘氏四娘、冯财二郎、邓氏五娘、冯盖七郎、赵氏三娘、冯肖一郎、{刘} 氏六娘、盘氏五娘、冯法州、冯氏者、冯法周、冯法政。

后继［?］书主：冯春广（fol. 20a）。

305 **Cod. sin. 475**

25. 5 厘米×19 厘米，穿过书边及书背装订，部分已松散；书衣已佚；23 张折页，推测首尾几页已佚，桑皮纸；有裂口、水渍、污渍；每页平均 7 列，每列 14—16 字。

无标题

正文起始（fol. 1a）：盘古圣人南方西方北方中央五方福江盘王圣帝盘古圣人行圣众

正文结尾（fol. 23b）：吃了茶牙秀雪开伏望众官茶来献

无地点及日期，推测为 19 世纪初。

用于祭拜祖先的良愿仪式科仪。优勉支系。

熟练的写主；局部有红色句读；编有页码；后来添加的瑶族风格的绘画。

306 **Cod. sin. 476**

18. 5 厘米×12. 5 厘米，穿过书边及书背装订，含挂环；书衣由多层以布筛荡料入帘而成的纸制成；62 张折页，推测起始几页已佚，桑皮纸；除有污渍外品相佳；fol. 62a–b 空白，fol. 2b 已佚；每页 7 列，每列 14 字。

标题（fol. 61b）：歌书

正文起始（fol. 1a）：为子二年打水上，妙々遥々在水流，流过师公邓界手，流过邓中飞法流

正文结尾（fol. 61b）：{闻} 说今朝有状请，凶星退位上天宫．元了．太上老君敕令

无地点。完笔日期（fol. 61b）：道光拾四年 {柒} 月（抄成）（1834 年）。

用于祭拜祖先的良愿仪式科仪，含《开坛书》选段。优勉支系。

熟练的写主；整本文书都有后来添加的中式绘画。

题记含标题、日期、写主和页码 66（fol. 61b）。

写主：邓富胜（fol. 61b）；后继［?］书主：邓富原（封面内页）。

307 **Cod. sin. 477**

20 厘米×17. 5 厘米，边订（不交叉），含挂环；书衣由多层脆竹纸制成；16 张折页，

推测首尾几页已佚，脆竹纸；轻微污损，有虫蛀；fol. 1a 空白；每页平均 8—10 列，每列 19—21 字。

标题（fol. 1b）：求衣禄疏

正文起始（fol. 2a）：大清国厶府厶冲厶寨立宅居住奉．今据．真新求衣禄

正文结尾（fol. 16b）：又到批祖催疏同

无地点。日期（fol. 14a 表式内）：大民国（1911 年后）。

表式集，用于与事业发展有关的仪式。优勉支系。

易识读的字体；后来添加的中式绘画。

书主：赵有庭（fol. 1b）。

308 **Cod. sin. 478**

19. 2 厘米×13 厘米，穿过书边及书背装订；竹纸制书衣，封面已佚；32 张竹纸制折页；轻微污损，边缘被撕破；每页平均 7 列，每列 15—16 字。

无标题

正文起始（fol. 2a）：具请师父鬼名用．奏到天台脚下四角生死卫门

正文结尾（fol. 32b）：各归位各归原不位不回头．字丑莫谈可也．元毕了

无地点。该文书转给他人的日期（fol. 30a）：咸丰七年丁巳岁九月廿日（传法）（1857 年）；后继书主［?］邓法保的出生日期（fol. 1b）：皇上咸丰十年辛酉岁三月十二日上旬（推测为 1861 年）①。

用于不同仪式场合的法。优勉支系。

熟练的写主；整本文书都有后来添加的人物、动物及武器绘画。

题记含日期、度戒仪式见证人，在该仪式中此文书被转交（fol. 30b）。

附录：后来添加的人物画（fol. 1b）；含日期的关于家庭成员和后来书主［?］邓法保的记录（fol. 1b）。

书主：邓富朝（fol. 30b，被抹去），冯法连（fol. 16a）；后继书主［?］：邓法元（fol. 1a、16a），邓法保（fol. 1b、30b）；度戒仪式见证人：邓法聪、冯有一郎（fol. 30b）；作为［虚构的?］师父被登记：盘法林、邓法德、盘周三郎、赵法进（fol. 31a）。

309 **Cod. sin. 479**

25 厘米×16 厘米，穿过书边及书背装订；书衣已佚；22 张折页，推测首尾几页已佚，

---

① 译校者注：原书此处为“推测为庚申年，即 1860 年”。咸丰十年（1860 年）是庚申年，咸丰十一年（1861 年）是辛酉年，此处疑为抄书人的笔误。在日常书写中，干支纪年法的出错率较小，因此该抄本应成书于辛酉年，而抄书人将“咸丰十一年”误写为“咸丰十年”。

以布筛荡料入帘而成的软［竹?］纸；严重受损，有污渍、裂口和缺损；fol. 1a 已佚；每页平均 8—9 列，每列 14—22 字。

标题（fol. 13b）：解煞

第一篇正文

正文起始（fol. 1b）：弟州大庙，请上同年同月同日同时年

正文结尾（fol. 13a）：解煞师父来解煞，□□□□送关煞，千年万岁不回来．具帝家先

第二篇正文

正文起始（fol. 13b）：论看男女贵庚命星之图

正文结尾（fol. 22a）：水塞断长江水不流一令神仙

无地点。日期（fol. 20b）：皇上宣统三年辛巳［亥］岁四月二十日（依古抄完了）（1911 年）。

关于不祥命理对命运的影响及化解办法的文书。优勉支系。

两篇文书各由一位熟练的写主执笔，字体大；占星图[①]（fol. 21a）；整本文书都有后来添加的中式绘画；一枚方形“太上老君敕令”印章（fol. 3a、8b、9a-b）。

第一篇正文的题记含写主名及对后代的题词（fol. 13b）；第二篇正文的题记含完笔日期和持有说明（fol. 20b）。

由他人执笔的附录：补遗（fol. 1a、21a、23b）。

第一篇正文的书主及写主：冯荣昌（fol. 11a-b、13b、14b、20b、21a、22a-b）；作为［虚构的?］师父被登记：冯龙三郎（fol. 21b），赵法龙、赵法添、赵法前（fol. 22b-23a）。

310 **Cod. sin. 480**

26 厘米×19 厘米，穿过书边及书背装订；在纸制书衣上装订有粗布制函套；107 张桑皮纸制折页；有污渍、裂口、大面积缺损，在修复处新衬一张底纸，底纸部分有行线并写有泰文；fol. 102-107 残缺不全；每页平均 9—10 列，每列 14—21 字。

标题（标题页 fol. 1a）：盘王书

正文起始（fol. 2a）：□大初上．北斗行香烟妙妙

正文结尾（fol. 101b）：天下鬼神都送了脱童归去转香门

无地点及日期，底纸上的泰文暗示其至少在泰国北部被使用过，推测为 19 世纪。

用于祭拜传说中的远祖盘王的还愿仪式科仪，与度戒仪式一起举行。优勉支系。

熟练的写主，字体大；一些特殊写法；红色分段标记，局部有红色句读，有页码；后来添加的中式绘画。

---

① 译校者注：该图名为“论看男女贵庚命星之图”。图中有五个围成半圆形的“雷”字，雷字下方有一个由许多小格子构成的方形，两边还有螺旋状纹饰；方形下方又有五个同样围成半圆形的“虎”字。

附录：关于写主报酬的记录（fol. 1a）；由他人执笔的一篇文书的残篇，“又到执鬼名用”（fol. 102a-107b）。

书主：盘承坤（fol. 1b）。

311 **Cod. sin. 481**

23 厘米×16 厘米，穿过书边并从两处穿过书背装订，含挂环；粗布制函套，桑皮纸；版口处多被撕开，有污渍，在修复处新衬一张底纸；fol. 1b 空白，fol. 60 一半被裁掉；每页平均 8 列，每列 16—18 字。

标题（标题页 fol. 2a）：通书；（fol. 60b）：杂良书

正文起始（fol. 2a）：福生曰酉卯戌辰亥巳子午未寅申青龙黄｛道｝

正文结尾（fol. 60a）：床若犯此星十个孙儿九亡．移床周堂

无地点。完笔日期（fol. 60b）：咸丰十年庚申岁七月初四日（抄成）（1860 年）。

用于算卦及风水的手册。优勉支系，推测来自中国。

熟练的写主；用于算卦的示意图（fol. 37a-b、38a-b、58b、60a）；后来添加的瑶族风格的绘画。

题记含标题、日期、写主及谦辞（fol. 60b）。

附录：“又论买牛马猪羊吉”（fol. 61a）。

写主：李进寿（fol. 1a、60b）；书主：盘承珠（fol. 28a）；后继书主［?］：李财寿（fol. 27b）。

312 **Cod. sin. 482**

25 厘米×19. 5 厘米，穿过书边并从 7 处穿过书背重新装订；书衣已佚；23 张折页，推测首尾几页已佚，脆竹纸；品相差，有污渍、裂口、缺损；fol. 4 残缺不全；每页平均 7—8 列，每列 14—18 字。

无标题

正文起始（fol. 1a）：更鸡啼无作时，邪神小鬼上门楣

正文结尾（fol. 23b）：正月正，云雾渐山自水火烟

无地点及日期，推测为 20 世纪。

用于葬礼的法和七言歌。优勉支系。

较生疏的写主；个别字用黑色框出；有页码，但装订未按照页码顺序，而是被随意装订在一起；后来添加的中式绘画。

313 **Cod. sin. 483**

20 厘米×13. 5 厘米，穿过书边及书背装订，含挂环；书衣已佚；34 张折页，竹纸；

首尾两张折页严重污损，有洞；fol. 25 有缺损，fol. 34b 已佚；每页平均 6 列，每列 14 字。

标题（fol. 22b）：围堂歌书

第一篇正文

正文起始（fol. 1a）：新刻围堂歌传本一卷拜神圣拜神无圣乙无难/知

正文结尾（fol. 22b）：众王种得太阴木，抛上太阴朔行/千万年．巾巾笔抄元

第二篇正文

正文起始（fol. 22b）：又解神意歌一条．以度｛犯｝神怕家主二度｛犯｝神怕落牲

正文结尾（fol. 24b-25a）：千般言语释不尽，｛板｝圣向｛迦｝莫挂阳．衣古滕抄不错．抄元了衣古抄

第三篇正文

正文起始（fol. 26a）：又到招兵回转立圣啼兵其根话用

正文结尾（fol. 34a）：我两都是梅山脚下子，龙虎飘一洞离船，天上星对北斗，｛觉｝中久采对□□

无地点。日期（fol. 22b）：嘉庆拾伍年庚午岁中秋月依古滕抄壹本围堂歌书（1810 年）。

七言形式的科仪的一部分，用于还愿仪式。优勉支系。

每篇正文由一位熟练的写主执笔，含大量的特殊写法；大量后来添加的中式绘画。

第一篇正文的题记含标题、日期、委托人、写主及对后代的题词（fol. 22b）；第二篇正文的题记含书主、写主及谦辞（fol. 25a）。

第一篇正文的写主以化名“泗城郡才宝”被登记（fol. 22b）；第二篇正文的写主：盘富惠（fol. 25a）；书主：赵进思（fol. 22b），赵承财（fol. 25a，被划掉）；［后继?］书主：赵有财（fol. 25a）。

314 **Cod. sin. 484**

25 厘米×49 厘米，穿过书边并从 12 处穿过书边装订；书衣由以布筛荡料入帘而成的［竹?］纸制成；20 张脆而薄的纸制成的折页；轻微污损，最后几张折页有裂口；fol. 20a 空白；每页平均 8—10 列，每列 14—18 字。

标题（封面内页）：请鬼名

正文起始（fol. 1a）：一焚真香二焚火香三焚炉中八宝真香香烟渺渺

正文结尾（fol. 20b）：保筵长保安家主厶法合家等

地点（fol. 19a 表式内）：南掌国宣罗道猛龙府（推测为老挝北部琅勃拉邦）。日期（表式内）：皇上民国（1911 年后）。

用于还愿仪式的法、咒和表式。优勉支系。

较潦草的字体；局部被划掉或有修改；后来添加的中式绘画。

附录：用圆珠笔所写的草稿（封面内页）。

书主［?］：李财龙（封面内页）。

315 **Cod. sin. 485**

27 厘米×20. 5 厘米，从 7 处穿过书边及书背装订；书衣已佚；58 张折页，推测结尾几页已佚，桑皮纸；首尾两张折页严重受损，有污渍、缺损；fol. 1a 已佚；每页平均 7 列，每列 14 字。

标题（fol. 2b，后来添加）：喃灵科

正文起始（fol. 4a）：勘笑人生如电影，鸟飞兔走难留

正文结尾（fol. 58b）：王殿前愿忏罪消灭罪灭无上大罗天．忏地狱用

无地点。推测旁注（fol. 51b、14b：云南省，广西道）为后来由绘者添加。无日期，推测为 19 世纪初。

用于送亡灵上路的做斋仪式科仪。荆门，道公派。

规整、熟练的字体，字体大；有红色句读和分段标记；页面边缘及列旁有个别笔记及附注；后来添加的人物及动物绘画。

附录：五律形式的段落（fol. 1b–3b）；“伏请高功通□叶真，午朝用”（fol. 4a）。

书主［及写主?］以化名“南杨［郡］”（为邓姓所用）被登记（fol. 5a）；书主：邓云珠（fol. 2a），邓经点（fol. 2a），邓有艰（fol. 47a）。

316 **Cod. sin. 486**

20 厘米×13 厘米，从两处穿过书边及书背装订，含挂环；受损的多层竹纸制书衣；19 张折页，fol. 1–17 为桑皮纸，fol. 18–19 为脆竹纸，推测是后来装订进去的；有污渍、裂口、粘在一起的折页，边缘有缺损；fol. 17b 空白；每页平均 6 列，每列 14—16 字。

标题：［招魂书］

第一篇正文

正文起始（fol. 1a）：召生人魂敕鸡用．咄．此鸡不是非凡之鸡，鸡是右来引魂之鸡

正文结尾（fol. 13b）：右牒给付本坊土地并查捉司官．准此．皇上道光三年癸未岁厶月厶日牒

第二篇正文

正文起始（fol. 13b）：奏星用．此竹不是非凡竹；竹在紫薇山上生

正文结尾（fol. 17a）：大圣北斗七元官能解厄痘患

第三篇正文

正文起始（fol. 18a）：人话代人无出世，代人出世在广州

正文结尾（fol. 18b）：赞人代说病人身

地点（fol. 12b 表式内）：广西道。日期（fol. 13b 表式内）：皇上道光三年癸未岁厶月厶日（1823 年）。

用于治疗仪式和葬礼的法、表式及七言形式的文章节选。优勉支系。

每篇正文由一位书主执笔；天头、地脚和页中均有红色横线以分割版面（fol. 1-17）；用红笔添加的列（fol. 4b）；后来添加的人物、动物及武器绘画。

附录：草稿（封底）。

317 **Cod. sin. 487**

19 厘米×12. 5 厘米，边订（不交叉）；书衣由另一本文书的多张竹纸制成，残缺不全；47 张脆且半透明的纸制成的折页；版口处多被撕开，内页有后来添加的绘画；fol. 1、2、23、32、36 残缺不全，fol. 13b、19b、21a、35a、38b、40a、43b、45a 已佚，fol. 20a-b、36b、37a、44a-b 无文字，后来添加绘画；每页 7—8 列，每列 14—20 字。

标题（fol. 30b）：增广贤文

第一篇正文

正文起始（fol. 1a）：同胞共乳看娘面，千朵桃花一树生

正文结尾（fol. 11a）：六十甲子论流传，算｛寿｝由命不由人

第二篇正文

正文起始（fol. 12a）：昔时贤文海尔谆谆，集韵增广多见灵闻

正文结尾（fol. 30b）：后来君子道分毫不乱更无差只此呈示万无一失也

第三篇正文

正文起始（fol. 31a）：不唱三皇并五帝，且唱五帝并三皇

正文结尾（fol. 37b）：为人滇要读书偏，黄金银尽黄要｛筐｝

无地点。日期（fol. 37b）：民国五十一年壬寅岁八月十五日（1962 年）。

用于教授汉字及儒家思想的课本。优勉支系，推测来自中国。

第二篇正文的题记含写主、日期、标题及对后代的题词（fol. 30b）。

附录：“又到甲子”（fol. 11a-b）；六言形式的德育课本段落，“三光宝正连连好子了”（fol. 38a）；甲子列表（fol. 39a-b）；七言形式的德育课本段落（fol. 40b-43b、45b-46b）；“又到小鬼论”（fol. 46b-47b）。

不同的写主，且大部分为较生疏；有玫红色句读（fol. 1-30）；符（书衣）；后来添加的动物及人物绘画。

第二篇正文的书主及写主：盘富贵盛（fol. 30b、47a）；后继书主：其孙［盘］承广、［盘］承周、［盘］承府（fol. 30b）。

318 **Cod. sin. 488**

25 厘米×16.5 厘米，穿过书背装订，含小挂环；书壳由深棕色的布制成，正面严重损毁；33 张折页，推测首尾几页已佚；脆而光滑的纸张；版口处多被撕开，折页边缘和起始几张折页严重受损，有缺损；fol. 5a 已佚；每页平均 8—9 列，每列 14—23 字。

无标题

正文起始（fol. 1a）：此卦因中有福之象，凡事荣谋大□□. 十二阡

正文结尾（fol. 33b）：用向社祠土地保当敬六畜日光□

无地点及日期，推测为 19 世纪末至 20 世纪初。

卦书。推测来自中国。

较拙劣但易识读的字体；后来添加的中式绘画。

319 **Cod. sin. 489**

24.5 厘米×19 厘米，穿过书边单侧装订，含挂环；受损的书衣由多层以布筛荡料入帘而成的［竹?］纸制成；25 张折页，竹纸；有污渍、虫蛀、裂口；每页平均 8 列，每列 14—17 字。

标题（书衣）：解煞书

正文起始（fol. 1a）：奏到金雷官三十六七十二关煞殿上

正文结尾（fol. 25b）：脱下孝衣火烧了耕种丰登十万仓

无地点及日期，推测为 20 世纪。

关于不祥的命理对命运的影响及其化解办法的文书；用于葬礼的法、咒及七言歌。推测为优勉支系。

较生疏的写主；后来添加的中式绘画。

写主：赵有庭（fol. 16a、封面内页）。

320 **Cod. sin. 490**

20.5 厘米×13 厘米，穿过书边及书背装订；书衣已佚；44 张不同品质的纸制折页；版口处多被撕开，有污渍、虫蛀、缺损，fol. 28a 残缺不全；fol. 1a、13a 已佚；每页平均 8 列，每列 24—26 字。

标题（fol. 41b）：疏表书（一卷）

正文起始（fol. 1b）：大坛香火众圣年々祈求拜设多蒙感应

正文结尾（fol. 41b）：奉真求财保安弟子厶同妻厶氏合家等拜

地点（fol. 2b 表式内）：大清国云南道承宣布政使司官下厶府建水县；（fol. 42b 表式

内）：大清国云南道承宣布政使司临安府建水县官下厶处。日期（fol. 41b）：嘉庆二年丁巳岁夏月（抄滕）（1797 年）。

表式集，尤其针对葬礼及良愿仪式。优勉支系。

熟练的写主；符（fol. 16a-17b）；一枚方形“太上老君敕令”印章（fol. 16a）；整本文书都有后来添加的中式绘画。

由他人执笔的附录：“解送瘟表”（fol. 42a-44b）；草稿（fol. 14b、23a、29a、39b）。

书主［及写主?］：赵德文（fol. 41b）。

321 **Cod. sin. 491**

20.5 厘米×13.5 厘米，穿过书边及书背重新装订，含挂环；书衣由多层以布筛荡料入帘的硬纸制成，封底已佚；38 张折页，推测起始几页已佚；桑皮纸；版口处多被撕开，边缘被烧焦，最后的几张折页严重受损；每页 8 列，每列 15—20 字。

标题（fol. 38b）：合盆（一本）

正文起始（fol. 1a）：上元．甲子乙丑丙丁卯戊辰庚辛

正文结尾（fol. 32a）：有推男女命中食禄之法

无地点。日期（fol. 32a）：咸丰十二年岁次壬戌岁七月初八日（1862 年）。

用于合婚的卦书集。推测为优勉支系。

始终由同一位熟练的写主执笔；折页画有行线，局部有红色句读；后来添加的中式和“瑶族”式的绘画。

附录：“又到记法各｛骨｝用”（fol. 32b-39b）。

书主［及写主?］：王有贵（fol. 39b）。

参见［德］贺东劢（Thomas O. Höllmann）、傅敏怡（Michael Friedrich）：《给神灵的讯息——瑶族宗教文书》（Botschaften an die Götter. Religiöse Handschriften der Yao），威斯巴登：Harrassowitz，1999，第 54—55 页，目录第 23 号。

322 **Cod. sin. 492**

27 厘米×19.5 厘米，以布带在一侧装订，含挂环；书衣已佚；42 张折页，推测末尾几页已佚，软而柔韧的桑皮纸［?］；现存的首尾两张折页已佚，有水渍、缺损；根据页码来看 fol. 1 已佚；每页 10—15 列，每列 8—9 字。

无标题

正文起始（fol. 2a）：众王未到郎先到，六月早禾郎赶前

正文结尾（fol. 42b）：筈子小师岭上过筈头落地不开阳，全报圣，小师全报圣人娘

无地点及日期，推测为 19 世纪。

七言歌，推测用于还愿仪式，与度戒仪式一起举办。优勉支系。

始终由一位熟练的写主执笔；编有页码；整本文书中都有后来添加的中式绘画。

323 **Cod. sin. 493**

33.5 厘米×21.5 厘米，穿过书边及书背装订；书衣已佚；14 张厚且如棉絮般柔软洁白的折页；有水渍，最后几张折页有火烧痕迹；每页 10 列，每列 21—22 字。

无标题

正文起始（fol. 1a）：即日报诚叩干．圣造洪恩广舒连目贝呈意者伏惟言念若主厶

正文结尾（fol. 14b）：天地圣贤开恩赦罪保安苦主厶同妻厶氏者合家眷厶等

地点（fol. 14b 表式内）：南掌国（老挝北部）。日期（fol. 7a）：大中华民国岁次辛巳三十年孟秋月（置）（1941 年）。

表式集。推测为优勉支系。

始终为一种潦草且较生疏的字体；整本文书都有后来添加的中式及瑶族风格绘画，绘有穿中式和瑶族服装的人物。

后继书主［?］：李东明（fol. 7a）。

324 **Cod. sin. 494**

27.5 厘米×21 厘米，穿过书边并从 7 处穿过书边装订，含挂环；受损的染成棕色的厚纸制书衣，封底已佚；58 张折页，推测结尾几页已佚，脆竹纸；版口处多被撕开，现存的首尾几张折页部分严重受损；每页 16—18 列，每列 8 字。

无标题

正文起始（fol. 1b）：［真］花吉壬寅癸卯日

正文结尾（fol. 58b）：正月子，二月午，［三月］□，四月｛酉｝，五月辰，六月戌，七月亥

无地点及日期，推测为 20 世纪。

算卦用手册。推测来自中国。

不同的写主执笔；不同朝向的“鬼”字演变而来的图示（fol. 29b）；表格（fol. 46b、50b-52b、54a-b、56a-b）；整本文书都有后来添加的瑶族风格的绘画（鸟、劳作场景）。

由他人执笔的附录：关于中国时辰的诗句（封面内页）。

325 **Cod. sin. 495**

25 厘米×29.5 厘米，穿过书边及书背装订；书衣已佚；55 张折页，推测起始几页已佚，桑皮纸；有小洞，fol. 55 残缺不全；每页 12 列，每列 14 字。

标题（fol. 53a）：盘王大路歌

正文起始（fol. 1a）：四角抬盘四个横，四角抬头四角钉，天上星，打落抬盘四角钉

正文结尾（fol. 53a）：歌堂亦是今日散，姊妹亦是今日归

附录中的地点（不同祖先的墓址，fol. 53b-55a）：梧州府（广西）、平乐府（广西）、桂林府（广西）。日期（fol. 53a）：嘉庆二年丁巳岁六月初八日（依本腾出）（1797 年）。

用于祭拜传说中的远祖盘王的七言歌，在还愿仪式中吟诵。优勉支系。

不同的写主执笔；整本文书都有后来添加的中式绘画。

题记含日期、标题及持有说明（fol. 53a）。

附录：家谱，“册簿”；被记录的祖先及其妻子，包括黄国凤及其妻盘氏，黄成归、邓氏，黄成相，黄成聪、李二娘，黄成躯、赵氏，黄金有、邓氏二娘，黄元城，黄元进，黄元府、李氏一娘，黄通明，黄春寿、赵氏二娘，黄春福，赵妹石，冯湖海，黄氏、盘氏（fol. 53b-55a）。

书主：黄法仙（fol. 53a）。

参见［德］贺东劢（Thomas O. Höllmann）、傅敏怡（Michael Friedrich）：《给神灵的讯息——瑶族宗教文书》（Botschaften an die Götter. Religiöse Handschriften der Yao），威斯巴登：Harrassowitz，1999，第 44—45 页，目录第 12 号。

326 **Cod. sin. 496**

29 厘米×22 厘米，穿过书背单侧装订；布制函套，背面有洞；71 张折页，推测首尾几张已佚，桑皮纸；折页边缘及书芯边角严重，有虫蛀；fol. 59a - 64b 为后来装订，fol. 1a、29a 已佚；每页 8 列，每列 14—15 字。

无标题

正文起始（fol. 1a）：…大圣元始安镇…以万法之中烧香集福

正文结尾（fol. 71b）：犀牛角叫去衡々连送本坊同祖公

无地点及日期，推测为 19 世纪初。

用于祭拜祖先及三庙王的还愿仪式科仪，大部分为七言形式。优勉支系。

正文位于 fol. 1a-58b、65a-71b，中间插入了一份由他人执笔的附录/补充［?］“一条神棍部游々”（fol. 59a-64a）。优勉支系。

熟练的写主，字体大；符（fol. 7a）；后来添加的中式绘画。

327 **Cod. sin. 497**

28. 5 厘米×21 厘米，穿过书边及书背重新装订；粗布制函套，在其下方为外面染成棕色的厚纸制成的书衣，封底已佚；68 张折页，桑皮纸；尤其是起始几页有大面积虫蛀形

成的缺损；fol. 68b 已佚；每页 9 列，每列 14 字。

标题：［开坛书］

正文起始（fol. 1a）：第一请神々不到，第二请神々不齐，第三请神々到了，众官任任在香坛

正文结尾（fol. 68a）：书危十含招人比，暗处能依竹里官，□□□□公无见除磨摄续荡邪宗

无地点。日期（封面内页，推测为后来添加）：皇上中华民国十一年八月初十日（1922 年，推测实为 19 世纪）。

用于还愿仪式的科仪，与度戒仪式一起举行；部分为七言形式。优勉支系。

熟练的写主；整本文书都有后来添加的含文字说明（“猺人”“瑶族女人”等）的瑶族风格绘画。

书主：盘富安（书衣）。

328 **Cod. sin. 498**

25. 5 厘米×19. 5 厘米，以竖着折叠搓捻而成的纸捻线在一侧捆扎（毛装），再在其上穿过书边及书背装订，部分已松散；严重受损的书衣由染成棕色的薄纸制成；87 张折页，按照页码顺序 fol. 1、15、21、36、61、63 已佚，薄桑皮纸；折页边缘及书芯边角严重受损；fol. 87b 空白；每页 8 列，每列 12—14 字。

标题：盘王歌

正文起始（fol. 2a）：起声唱：一双阳鸟起声□，阳鸟起声在树尾，即小起声在席□

正文结尾（fol. 86b）：三百贯钱请和尚，和尚合锣送上京

无地点及日期，推测为 19 世纪末至 20 世纪初。

用于祭拜传说中的远祖盘王的七言歌，在还愿仪式中吟唱。优勉支系。

熟练潦草的字体；编有页码；整本文书都有后来添加的中式绘画。

由他人执笔的附录：“奉道连州大庙”（fol. 87a）。

329 **Cod. sin. 499**

26 厘米×21 厘米，穿过书边及书背装订，含小挂环；深色粗布制函套，在其下方有残缺不全的纸制书衣；169 张桑皮纸制折页；版口处多被撕开，首尾两张折页尤其是边缘处严重受损，有水渍；fol. 78b 有墨渍，fol. 1a、108b、169a 已佚；每页 8 列，每列 14—16 字。

标题：［开坛书］

正文起始（fol. 1b）：殿上．宗祖［家先］或在阳州大殿祖里头，或在香炉脚下香案

面前

正文结尾（fol. 167b）：主人敬圣々拥护，千般拥护不｛差牙｝，千般都是叩灵圣，青天门下聪凡家，踏上何盘去执圣

无地点（但祖先籍贯号称为湖南）。日期（fol. 167b）：民国岁次辛酉年三月初三日（抄成）（推测为 1921 年）。

用于祭拜传说中的远祖盘王的七言歌，在与度戒仪式一起举行的还愿仪式中吟唱。优勉支系。

始终由同一位熟练的写主执笔；局部有红色句读和分段标记；个别字被修改或为后来添加，红色的汉字注释（fol. 64a）；整本文书都有后来添加的中式绘画。

330 **Cod. sin. 500**

28 厘米×21 厘米，以彩色毛线穿过书边及书背装订，含挂环；未染色的粗布制函套，每个边都超出书芯 2—3 厘米，其内页有彩绘图画；93 张折页，推测首尾几页已佚，桑皮纸；部分边缘严重受损；fol. 91a 已佚；每页 7 列，每列 14—15 字。

标题：［盘王歌］

正文起始（fol. 1a）：日落西鹧鸪无伴隔江啼/底

正文结尾（fol. 93b）：出路逢官心莫协，抽手涧离相协

无地点及日期（但祖先的籍贯湖南和贵州被提及）；泰文报纸暗示其至少短时间内在泰国北部被使用过；推测为 19 世纪初。

用于祭拜传说中的远祖盘王的七言歌，在还愿仪式中吟唱。优勉支系。

始终由同一位熟练的写主执笔；个别字和小标题为后来添加；整本文书都有后来添加的瑶族风格绘画；fol. 18a-20b、21b-23a、38a、84a、85a、92a 有贴在上面并被涂上一层保护膜的纸，纸上写有文字；糊有报纸（泰文、拉丁字母）。

331 **Cod. sin. 501**

25.5 厘米×17 厘米，穿过书边及书背装订；粗布制函套，其边缘超出书芯 1—4 厘米；其下方有残缺不全的纸制书衣；29 张桑皮纸制折页；有水渍，上端边缘有大面积缺损；fol. 1b、28b 空白，fol. 29 残缺不全；每页 7—9 列，每列 5—23 字。

标题（标题页 fol. 1a）：总历书

正文起始（fol. 2a）：夜啼关．子午卯酉怕逢羊

正文结尾（fol. 28a）：☐养人可要架阴桥

无地点。［由他人后来添加的?］日期（书衣）：戊子年六月廿二子（推测为 1888 年）。

关于不祥命理对命运的影响及化解办法的卦书。优勉支系，推测根据一中国母本

制成。

始终由同一位熟练的写主执笔；折页上半部分用三种颜色绘有不祥命理可能导致的结果[①]（fol. 2a-19a）；折页上半部分用黑白色绘有关于本命的图画[②]（fol. 22b-24b）；垂直的纹饰带（fol. 25a-26a）；用于在阴间建桥的表格（fol. 26b-28a）。

书主：盘进旺（书衣）。

332 **Cod. sin. 502**

19.5 厘米×13 厘米，穿过书边及书背装订；纸制书衣，封底严重受损；78 张竹纸制折页；fol. 5a-74b 装订有一份编有页码的雕版印刷品，纸质脆而光滑；fol. 1a-4b、63b、66b 及印刷品文书的部分（fol. 5a、6b、20a-b、23b）已佚，fol. 1b、2b 空白；每页 10—15 列，每列20—35 字。

标题（印在书芯的版心内）：百中经

正文起始（fol. 3a）：□德紫□从未顺欲求｛咟｝栽亥中寻[③]

正文结尾（fol. 74b）：丁丑流年百中经

无地点。书芯的版心内印刷有推测天象的年份：道光四年（1824 年）[④] 至光绪二年（1876 年）。

关于不祥命理对命运的影响及其化解办法的卦书。优勉支系，推测来自中国。

书芯的版心有黑色鱼尾、标题、页码，最后一张折页有日期。在折页上半部分有命理可能产生的影响的绘画。

附录：关于本命的树形图[⑤]（fol. 16a-17a）；关于命理导致的结果的绘画[⑥]（fol. 17b-

---

① 译校者注：这些图画为“关”“煞”导致的结果的绘画，与藏品中其他文书中关于“关”“煞”的绘画类似，参见 Cod. sin. 346、502。

② 译校者注：fol. 22b-24b 一共有 5 幅绘画，总标题为“论看男女本命花根好歹吉凶之图”，按照五行顺序排列，分别为“金命男女花根”“木命男女花根”“水命男女花根”“火命男女花根”及“土命男女花根”，将命理通过树上的花朵展现出来。每幅画内绘有一棵树，若干向上延展的枝丫，纸上绘有叶子和圆形脸状花朵，花朵右侧写有月份。绘画下方有对该本命的预言，如“木命”：“叶上根下最好养衣禄命根基无夭寿延长”（fol. 23a）。

③ 译校者注：原书此处误写为“□德紫□从来顺欲求｛咟｝栽亥中寻”，已更正。

④ 译校者注：原书此处误写为“1822 年”，已更正。

⑤ 译校者注：该树形图（Baum-Diagramm）并非如今人们分析数据时所用树形图，而是指将命理以树上花朵的模样展现出来的绘画，藏品中若干文书内都有类似绘画，其中一些含标题“男女本命花根”“论看男女本命花根好歹吉凶之图”等（参见 Cod. sin. 346、501）。fol. 16a-17a 依次绘有“金命”“木命”“水命”“火命”“土命”的树形图，每幅图内绘有一棵树向上延展的若干枝丫，枝上绘有叶子和葫芦形的花朵，花朵上部内写有数字，或“土”字，或“正”字，下部绘有人脸。每幅图上方各有一首预测诗，如“木命”：“根下最好春，见在花枝上。三六寿年长，衣禄终身享”（fol. 16b）。

⑥ 译校者注：fol. 17b-19b 一共有 26 幅描绘不祥命理“关”的绘画，题如“急脚关”“铁蛇关”“阎王关”“五鬼关”“天吊关”“落井关”“四季关”“和尚关”等。每幅画内写有一列文字，说明何时出生之人会遇到此种劫数，如“急脚关”文字为“正二三月子亥时生人犯此关”（fol. 17b）。

19b)；星宿表[①]（fol. 20a-25b)；部分为七言形式的德育课本（fol. 75a-b）。

写主/书主［?］以化名“双音”（为盘姓家族所用）被登记（封面)；书主：盘承旺、盘先昌、盘有生（fol. 1a、2a)。

参见［德］贺东劢（Thomas O. Höllmann)、傅敏怡（Michael Friedrich)：《给神灵的讯息——瑶族宗教文书》(*Botschaften an die Götter. Religiöse Handschriften der Yao*)，威斯巴登：Harrassowitz，1999，第 52—53 页，目录第 21 号。

333 **Cod. sin. 503**

20.5 厘米×13 厘米，穿过书边及书背装订；书衣由另一本文书的多张染成棕色的折页制成，封面已佚；21 张折页，桑皮纸，fol. 1 竹纸；书芯的下端边缘有大面积半圆形缺损；fol. 1 在版口处被撕开并在内页有字迹；每页 8 列，每列 8 字。

标题（fol. 2a，第一列)：传家杂字

正文起始（fol. 2a)：传家杂字习者终用之不错．传家贵宝，目前杂字

正文结尾（fol. 20b)：粉团四季月月红．若命金风包□

无地点。日期（fol. 20b)：道光廿年五［月］十七日（连期抄成）(1845 年)[②]；附录日期（fol. 1a)：皇上道光二十年庚子岁七月初（1840 年)。

初识字者用的词汇表；其中包括关于动物、植物、食品、家用器具、职业、身体部位等的词汇。优勉支系，推测来自中国。

始终由一位熟练的写主执笔；个别字被修改或注释（注音)；附录、注释由另外一位写主执笔；每四个字后，即列中有一个红点；整本文书都有后来添加的瑶族风格绘画。

附录：草稿、姓名（fol. 1a、1av、1b、1bv)。

书主及写主［?］：盘龙元/缘（fol. 1a、20b)；后继书主［?］：盘元县（fol. 21a)。

334 **Cod. sin. 504**

20 厘米×14.5 厘米，穿过书边及书背装订，麻绳制挂环仅残存部分；书衣已佚；23 张折页，推测结尾几页已佚；严重变黑的脆竹纸；折页边缘被撕破，书芯的边角严重受损；fol. 1 残缺不全；每页 6—7 列，每列 13—16 字。

无标题

正文起始（fol. 2a)：{未} 有娇妻十三个，没个冤家称我心

正文结尾（fol. 23b)：包公抬起头传看，看见四姐赛□□

---

① 译校者注：fol. 20a-25b 一共有 12 幅星宿图，按照十二地支的顺序排列，依次为“子年星图”“丑年星图”“寅年星图”等。

② 译校者注：原书此处误写为“1840 年”，已更正。

无地点及日期，推测为 19 世纪末 20 世纪初。

七言形式的犯罪故事节选：一位妇女通过“法术”从监狱中解救了她受到不公正指控并被判处死刑的丈夫，惩治了真正的罪人并将此事面陈传说中的审判官包公。

不同的较生疏的写主执笔；个别字为后来添加或被修改；编有页码；后来添加的中式绘画。

335 **Cod. sin. 505**

20 厘米×14 厘米，穿过书边及书背装订，含挂环；书衣由厚纸板制成；29 张折页，推测起始几张已佚，桑皮纸；书芯右下角被磨损；每页 7 列，每列 20 字。

无标题

正文起始（fol. 1a）：想庄传身是天地原生母亲娘主来拜请

正文结尾（fol. 29b）：想传身是孔雀身刀是

无地点及日期，推测为 19 世纪末至 20 世纪初。

用于不同仪式场合的秘语。荆门。

不同的写主执笔；有红色分段标记，局部有红色句读；后来添加的中式绘画。

336 **Cod. sin. 506**

19. 5 厘米×13. 5 厘米，以竖着折叠搓捻而成的纸捻线在一侧捆扎（毛装）；书衣已佚；33 张桑皮纸制折页；有水渍，边缘、角落及现存的首尾两张折页部分严重受损；fol. 17b-18a 空白；每页 6 列，每列 14—15 字。

无标题

正文起始（fol. 1a）：敕变收□铁鞭敕变上元唐将军［中］元葛将军下元周将军

正文结尾（fol. 29b）：香炉札稳万年不许退移准吾奉太上老君急敕

书主不同祖先的墓址（fol. 29a-30b）：云南道开化文山；云南道猛马（云南南部）；云南道临安府建水县猛喇；广西柳州府；广西道四城府（应指广西泗城府）。无日期，推测为 19 世纪。

用于葬礼的法。优勉支系。

不同的写主执笔（fol. 1a-3b 较生疏，fol. 4a-28b 规整熟练）；局部有红色分段标记；个别字被作注（部分为红色）；步罡踏斗图解（fol. 16a、21b-23a）；后来添加的中式绘画（fol. 22b-24a）。

附录：“许和尚小愿”（fol. 32a-33b）；家谱，其中含墓址及地主的信息，墓址在仪式中通过虚拟的方式从地主这一神祇处获得。提及的祖先：邓向二郎、赵氏三娘、邓明四郎、冯氏二娘、邓贤叁郎、邓周六郎、邓氏三娘、邓钱一郎、赵氏二娘、邓财一郎、赵氏三娘、赵氏一娘、邓良四郎（fol. 29a–30b）。

337 **Cod. sin. 507**

20 厘米×13. 5 厘米，穿过书边及书背装订，书背两面都放置了竹制支撑条；书衣由多张不同品质的纸制成；24 张竹纸制折页，版口处多被撕开；标题页为有行线的纸；有虫蛀，折页边缘处有大面积缺损；fol. 1a–b、2a 空白，fol. 24b 已佚；每页 6 列，每列 12 字。

标题（标题页 fol. 2b、23b）：六言人

正文起始（fol. 3a）：成家业耕本，教子读书成人

正文结尾（fol. 23a）：学得此书一半，也就草得□人

无地点。附录日期（fol. 24a）：皇上大清咸丰二年壬子岁二月十五日（1852 年，但完笔时间推测更早）。

七言形式的德育课本兼词典，每一句最后的音节都为“人”。优勉支系，推测来自中国。

熟练流畅的字体，零星的特殊写法；每一句后都有句读；个别字被用红色作注；后来添加的中式绘画（fol. 1a–b、2a–b、23b、24a）。

附录：关于借贷的记录；其中的参与者：李进如、盘承秀（fol. 24a）。

338 **Cod. sin. 508**

17. 5 厘米×10. 5 厘米，以竖着折叠搓捻而成的纸捻线在一侧捆扎（毛装）；书衣已佚；27 张折页，推测起始几页已佚，桑皮纸［?］；品相佳；fol. 25b、26a 空白，fol. 27 残缺不全；每页 7 列，每列 15—17 字。

无标题

正文起始（fol. 1a）：鹤黄金收犯之木起有一分，收犯之水起有二｛分｝

正文结尾（fol. 23b）：化五湖四海天庭速化为吾奉太上老君令敕

无地点及日期，推测为 20 世纪。

用于不同场合的法。优勉支系。

由不同的较熟练的写主执笔；符（fol. 14a–b）。

附录：陈氏宗族成员的列表（fol. 24a–b）；赵氏宗族的外祖父（fol. 26a），地主的名字，其墓地的地皮通过地主获得（fol. 27）；书主所在的赵氏宗族成员的列表（fol. 24–25）。被记录的祖先：赵法任、赵法元、｛赵｝法明、赵法旺、陈法金、邓氏、陈法财、李氏、陈法胜、黄氏、陈法学、黄氏、陈法贵、盘氏、陈法州、李氏、陈法显、赵氏、李氏。

339 **Cod. sin. 509**

24. 5 厘米×18 厘米，以竖着折叠搓捻而成的纸捻线在一侧捆扎（毛装）；书衣已佚；20 张折页，推测结尾几页已佚，极薄的桑皮纸，在边缘处有缺损；fol. 1a 已佚，fol. 1b 残缺不全；每页 8 列，每列 19—22 字。

无标题

正文起始（fol. 1b）：开神咒尊太上传经教流传教□

正文结尾（fol. 20）：真祈求作福释罪保安家主厶人

地点及日期（表式中）：大清国广西道，推测为 19 世纪。

用于感谢地龙、安定墓地的科仪，“谢龙安墓法事”。推测为优勉支系。

熟练的写主；在天头和地脚各有一至两条红色横线以分隔版面。

为邓姓和赵姓家庭所有。

参见［德］贺东劢（Thomas O. Höllmann）、傅敏怡（Michael Friedrich）：《给神灵的讯息——瑶族宗教文书》（*Botschaften an die Götter. Religiöse Handschriften der Yao*），威斯巴登：Harrassowitz，1999，第 68—69 页，目录第 35 号。

340 **Cod. sin. 510**

25 厘米×18. 5 厘米，穿过书边及书背装订，部分已松散，在其上重新边订；书衣由染成深棕色的纸制成，残缺不全；41 张折页，桑皮纸，版口处多被撕开；fol. 24-39 在书芯上端边缘有大面积半圆形缺损，fol. 40-41 残缺不全；每页 9 列，每列 25—27 字。

无标题

正文起始（fol. 1a）：成金银宝贝纳三师传取三师日宫

正文结尾（fol. 41b）：从头点至尾三三九变成形推春至九月

无地点及日期，推测为 19 世纪末。

秘语。荆门，推测为道公派。

熟练的写主，小字；有红色分段标记；符（fol. 15a-b、31b）；后来添加的绘画（着中式或瑶族服饰的人物形象）。

书主：邓妙坚（fol. 12a、26b）。

341 **Cod. sin. 511**

22. 5 厘米×17 厘米，穿过书边及书背装订；书衣已佚；23 张长纤维软纸制成的折页；fol. 1a、5a 已佚；每页 7—8 列，每列 14—17 字。

标题（fol. 13b）：（壹本）解关科（完毕启壹本）谢雷科（在未）

第一篇正文

正文起始（fol. 1b）：…厶厶等处备录酒之仪到圣符吏前供

正文结尾（fol. 13a）：善通奏事洞赖善缘成无上道

第二篇正文

正文起始（fol. 14a）：奉道正一礼谢雷水救患祈福保安切念醮主厶等

正文结尾（fol. 23b）：当家香火福得灵官木时运财力士风火等神恭望圣降~

无地点。日期（fol. 13b）：民国廿三丙子年六月十三日（完）（1936 年）①。

用于祭拜祖先、土主及雷神的打醮仪式科仪。荆门，道公派。

不同的写主执笔；有红色分段标记及句读；后来添加的神灵图画。

题记含日期、标题及谦辞（fol. 13b）。

书主：邓金相（fol. 2a、11a、19a）；后继书主［?］：李法学（fol. 22b）。

342　　Cod. sin. 512

26 厘米×20. 5 厘米，以竖着折叠搓捻而成的纸捻线在一侧捆扎（毛装），含纸捻线制成的小挂环；书衣已佚；34 张折页，桑皮纸；fol. 1a-b、2a 严重受损，书芯左下角有大面积缺损；每页 12 列，每列 24 字。

标题：［合盆书］

正文起始（fol. 1a）：占天龙之图

正文结尾（fol. 34b）：春季狗，夏季狗，秋季狗，冬季狗

无地点及日期，推测为 19 世纪初。

卦表集，用于测算合婚及所有和婚姻有关的活动的吉日。可能来自中国。

熟练的写主；文书写在表格式的红色框内；图示（fol. 1a-b、31a-b），后来添加的着中式或瑶族服饰的人物画像，部分伴有文字“越南猺人”。

343　　Cod. sin. 513

24 厘米×18 厘米，穿过书边边订，含小挂环；受损的书衣由染成深色的厚纸制成，包住书背；19 张折页，［竹?］纸；有虫蛀，fol. 18 被烧焦，fol. 19 在下端边缘有缺损；fol. 1 残缺不全；每页 8—9 列，每列 13—18 字。

标题（书衣）：谢雷科；（fol. 19b）：谢雷科，谢雷诸目，水府诸目，谢境请目，诸雷府目

正文起始（fol. 2a）：奉道正一谢雷/境/水救患祈福保安□念醮主厶等

① 译校者注：原书此处误写为“1934 年”，已更正。民国时期的丙子年只有民国二十五年（1936 年），此处疑为抄书人将“民国廿五丙子年”误写为“民国廿三丙子年”。

正文结尾（fol. 19a）：向来献茶净供簿礼｛商｝具有疏，疏有谨当｛宣读｝

无地点。日期（fol. 19a）：光绪廿八年壬寅岁七月初一日辰时（完｛不｝了）（1902 年）。

用于祭拜雷神、本境神及水域神灵的打醮仪式科仪。荆门，道公派。

较生疏的写主，有大量特殊写法；有红色分段标记；后来添加的关于中国功夫的绘画。

题记含标题、日期及持有说明（fol. 19a-b）。

书主：蒋妙通（fol. 1a、13b、19a）；后继书主［?］：邓经富（fol. 3b、10b）。

344 **Cod. sin. 514**

23 厘米×20 厘米，以竖着折叠搓捻而成的纸捻线在一侧捆扎（毛装），在其上再穿过书边及书背装订；书衣由多张部分被粘在一起的质量不同的纸张制成，封面残缺不全；40 张桑皮纸制折页；品相佳；fol. 1a-b 空白；每页 11 列，每列 18—20 字。

标题（书衣）：救患天机（一本）；（标题页 fol. 2a）：救患巫教秘

正文起始（fol. 3a）：一论主人拜请之法想传师公郎是众生母政谢厶鬼

正文结尾（fol. 40b）：那边水急如龙急如火滔々凡总无养来得送师

无地点。日期（fol. 2a）：皇号道光拾伍年乙未岁署四月念廿五日（抄毕）（1835 年）。

用于抵御疾病及其他不祥的仪式秘语。荆门，师公派。

不同的写主执笔；有红色分段标记，神灵名被用红色标出；符（fol. 9a、10a、11a、28a-b、33b-35b）；后来添加的关于中国功夫的绘画。

附录（fol. 2b）：文书标题及相关仪式的列表。

原书主蒋显乾（fol. 2a）将该文书/仪式传统转给蒋法望（fol. 2a）。

345 **Cod. sin. 515**

23 厘米×17 厘米，边订（不交叉）；书衣由染成棕色的厚纸制成；35 张桑皮纸制折页；fol. 1a 残缺不全，fol. 1b、34b 空白；每页 8 列，每列 16—20 字。

标题（书衣）：化依科；（fol. 35a）：沐浴谢王化依科

正文起始（fol. 2a）：稽首皈投救苦主，众生皆瞻仰，亡人□七到奉皇，二七到初江

正文结尾（fol. 35a）：补福消灾洞赖善功缘成无上道

无地点及日期，推测为 19 世纪。

用于葬礼的做斋仪式科仪。荆门，道公派。

熟练且流畅的字体；每列起始和韵脚处都有一个红点；后来添加的着中式或瑶族服饰的人物绘画。

写主及书主：盘妙珠（fol. 18b）。

346 **Cod. sin. 516**

26 厘米×20 厘米，以竖着折叠搓捻而成的纸捻线在一侧捆扎（毛装），在其上方又穿过书背单侧装订；书衣由染成棕色有筛纹的纸制成；61 张桑皮纸制折页，品相佳；fol. 52 后有 7 张额外装订进来的折页作为补充；fol. 44－45、59－60 粘在一起，fol. 1b 空白，fol. 54a 有绘者［?］后来添加的文字；每页 8 列，每列 20—22 字。

标题（书衣）：供恩金语；（标题页 fol. 1a，为后来添加）：供恩秘语；（fol. 52b、60a）：千金秘蜜；（fol. 61b）：千金秘语；（fol. 60b）：千金语

正文起始（fol. 2a）：初人来请法．他纸未曾有气，我师左手掌中

正文结尾（fol. 52b）：公上朝庭指日我々大高升参相大官员实完．千金秘密全本

无地点。日期（fol. 60a-b）：同治拾肆年八月初三（1874 年）；（fol. 60a-b）：九月十九日，十月十五日（推测为 1874 年）。

用于不同仪式场合的秘语。荆门，师公派。

熟练的写主；有红色句读及分段标记；神灵图像（fol. 9b），八卦图（fol. 22b、23a）及天象示意图（fol. 32a-33a）；步罡踏斗图解（fol. 22a-b、37b），掌诀（fol. 23b）；后来添加的瑶族风格绘画。

题记含日期及写主（fol. 52b）；另一篇题记含标题、日期、持有说明及不准将此文书转让给不相干人等的警告（fol. 60a）。

附录：补遗，“一论请圣之法，旧本不有神取新名在车”（fol. 53a-59b）。

写主以化名“陑河”［推测为李姓所用“咙陑”］被登记（fol. 52b）；书主：李胜长（fol. 53a）。

347 **Cod. sin. 517**

24 厘米×21.5 厘米，两本文书，都以竖着折叠搓捻而成的纸捻线穿过书边捆扎（毛装）（fol. 1-17 和 fol. 18-30），再穿过书边装订；书衣已佚；30 张桑皮纸制折页，推测起始几页已佚；最后的折页被烧焦，有虫蛀和水渍；fol. 18 为双页，fol. 1a 已佚；fol. 1-17 每页 11—12 列，每列 18—20 字，fol. 18-30 每页 12 列，每列 16—19 字。

标题（fol. 16a）：禁事之法

第一篇正文

正文起始（fol. 1b）：刀又日宫月府脚是刀除去吉也．天狗法

正文结尾（fol. 15b）：日宫月府天川过地十二条海底上东方寅卯君也

无地点。附录日期（fol. 17b）：光绪五年八月十二日（1879 年）；大清道光拾年庚寅岁五月中旬十七日（1830 年）。

用于不同仪式场合的秘语。荆门。

不同的写主执笔；有红色分段标记；符（fol. 6b-9a）；整本手稿都有后来添加的“越南瑶族”绘画；一枚黑色方形印章，铭文不可辨（fol. 11b-12a）；一枚铭文推测为“道经师宝”的印章（fol. 9a-b、19a-b、20b）。

题记含持有说明及题词（fol. 16a）。

附录：“重集禁事之法”（fol. 16a-17a）；含日期的关于借贷的记录；其中的参与者：邓玄能（fol. 17b）。

第二篇正文

正文起始（fol. 18a-19a）：老君秘语集全．羽士蒋道玉收照用应上达十方．一论求花桥之法．功德三钱六卜正祭

正文结尾（fol. 26a）：一世执为觉老，二世执为状元，三世为信士官

无地点及日期。

三位不同的仪式师父的秘语集。荆门，道公派。

不同的熟练的写主执笔；有红色分段标记；后来添加的着中式或瑶族服饰的人物绘画。

附录：“又天虫食禾苗之法”（fol. 27a），“论黄泉法”（fol. 28a-29b），“阴阳二□法”（fol. 30a-b）。

个别秘语的传度师：金严□（fol. 5b），滕云开（fol. 18a），邓妙斌（fol. 18a），蒋道上（fol. 18a），李妙福（fol. 30b）；书主：蒋道玉（fol. 16a、18a）；后继［?］书主：蒋云通（fol. 30b）。

参见［德］贺东劢（Thomas O. Höllmann）、傅敏怡（Michael Friedrich）：《给神灵的讯息——瑶族宗教文书》（*Botschaften an die Götter. Religiöse Handschriften der Yao*），威斯巴登：Harrassowitz，1999，第36—37页，目录第4号。

348 **Cod. sin. 518**

19厘米×13.5厘米，穿过书边及书背重新装订，含挂环；后来插入的［?］书衣由脆竹纸制成；71张桑皮纸制折页；起始几张严重受损，结尾几张有虫蛀；fol. 1a-b残缺不全，fol. 1b、2b空白，fol. 2版口处被撕开，内页有字迹，fol. 3b已佚；每页6列，每列14—17字。

标题（封底）：书己十｛样｝，□｛样｝书（在内）

正文起始（fol. 3a）：大清国厶道承宣布政司厶处立宅居住奉

正文结尾（fol. 71b）：昊天金阙玉皇大帝投进奉师祈求作福伸明旧愿保安

地点（fol. 4a）：安南大越国厘京道（越南北部厘京道）；一位祖先的墓址（fol. 2av）：

猛眼大中猛腊猛□猛｛龙｝猛顺（云南南部或老挝北部）。附录日期（fol. 2av）：任辰年正月癸（推测为1892或1952年）；后来添加的日期（书衣）：皇上民国五十五年二月三十（1966年）。

用于不同仪式场合的表、牒及札的集子。优勉支系。

熟练且规整的字体；局部有红色分段标记；用于安墓的符（fol. 15a-b）；后来添加的一匹马的绘画（fol. 18b）；不同印章的淡淡的印记，铭文推测为“太上老君敕令”（封面及封底，fol. 18b、53b）。

附录（fol. 2av）：祖先邓法｛守｝的死亡日期及墓地；草稿（fol. 2bv）。

后继［?］书主：盘文贵（封底）。

349 **Cod. sin. 519**

19厘米×16.5厘米，重新边订（不交叉），含小挂环；受损的书衣由多层以布筛荡料入帘而成的脆［竹?］纸制成；42张粗纤维硬竹纸制折页；边缘被磨损；fol. 39a-42a空白；每页6—7列，每列11—15字。

标题（书衣）：请煞鬼书用

正文起始（fol. 1a）：又到天地鬼用．上界大公地母一甲奏到大堂大庙中

正文结尾（fol. 38a-b）：午生人，第七位破军星，计号不错

地点（fol. 42b）：大寮国永珍道琵崩府（推测为老挝永珍，琅勃拉邦）。日期（fol. 32b、35b、37b）：民国（1911年后）。

用于不同仪式场合的法和表式。优勉支系。

始终为一位生疏的写主；个别字和小标题被标记或被框出（部分用红色）；一枚方形“太上老君令敕”印章（fol. 11a、12b、33a、34a、35b、36b、37b）。

书主：赵金卯（书衣内页）。

350 **Cod. sin. 520**

20厘米×16厘米，穿过书边及书背装订；书衣由以布筛荡料入帘而成的［竹?］纸制成；15张脆竹纸制折页；轻微污损，折页边缘及书芯边角受损，最后一张折页被撕破；fol. 1a-3b空白，fol. 2为单页，fol. 15b已佚；每页平均8列，每列10—14字。

标题（书衣）：地狱书；（fol. 15a）：做鬼书

正文起始（fol. 4a）：具上集地狱鬼名．奉道阴落众神，奏到事生死御门十殿灵王，奏到十殿转花街殿上

正文结尾（fol. 15a）：皇上厶年厶月厶日吉出赌命祈词一纸准此

地点（fol. 5b表式内）：大清国西京道承宣布政使司龙王府城东州厶县（推测为老挝

琅勃拉邦）。完笔日期（fol. 15a）：皇上中华民国官下十八年己巳岁政月初六日（依古抄成）（1929年）。

闾山派用于葬礼的表式集。优勉支系。

较生疏的写主；一枚“太上老君令敕”印章（封底）。

题记含日期、标题及持有说明（fol. 15a）。

书主：李文广（fol. 15a）。

351 **Cod. sin. 521**

20.2厘米×15.5厘米，穿过书边及书背装订；受损的多层竹纸制书衣；20张竹纸制折页；品相极佳；fol. 1b、20b空白；每页平均8列，每列14—17字。

标题（标题页fol. 1a）：架乔疏，架桥表；（fol. 16a）：架乔书

正文起始（fol. 2a）：听命词角声．一声鸣角去开々，赦罪三官下凡来

正文结尾（fol. 16a）：投进奉｛俱｝修斋报恩保孝男厶合等．拜疏上伸

地点（fol. 5b表式内）：大僚国（老挝）；（fol. 10b表式内）：大清国永珍道承宣布政司使厶府（老挝永珍）；（fol. 17b）：大僚国永珍道承宣布政司使猛咙府念他州管上部狆洞管入念买粗河冲龙惟寨行游社（老挝永珍琅勃拉邦）。日期（fol. 10a）：皇上民国（1911年以后）；（fol. 17b）：五十六年丁未岁十二月初七日（抄成一本书）（1967年）。

用于建造通往阴间的桥梁的仪式表式。优勉支系。

较生疏的写主；红色“太上老君敕令”印章（封面及封底）。

题记含地点及完笔日期（fol. 17b）。

附录：“又到送亡开路引意用”（fol. 16a-17b）；“又到持粮度命用”（fol. 18a-20a）。

书主［及写主?］：李如进（fol. 1a、16a）。

352 **Cod. sin. 522**

24厘米×18.5厘米，边订（不交叉）；书衣由一本泰国杂志中的几页制成；15张折页，推测起始几页已佚，严重变黑的桑皮纸；有污渍、缺损；fol. 15b空白；每页平均8列，每列18—20字。

无标题

正文起始（fol. 1a）：香坛礼内求劝师男阴阳师父

正文结尾（fol. 14b）：皇上厶年厶月厶日本司给牒

地点（fol. 7b）：南掌国（老挝北部）；（fol. 2a表式内）：大清国南掌国暹罗道厶府；制成书衣的泰国杂志的出版地点暗示其至少短时间内在泰国北部清莱被使用过。日期（fol. 3b）：皇上中华民国（1911年以后）；（fol. 14b）：皇上民国三十年辛巳岁四月廿六日

（抄成书）（1941 年）；泰国杂志的出版年份：1961 年。

用于不同仪式的法和表式。优勉支系。

附录："又到写百样表筒用"（fol. 15b）。

熟练的写主执笔。

353 **Cod. sin. 523**

17. 2 厘米×11. 5 厘米，穿过书边及书背装订，含挂环；书衣由多层外面被染成棕色的脆竹纸制成，已受损；16 张硬竹纸制折页；有污渍、小裂口；fol. 1a、14a–16b 空白；每页平均 6 列，每列 13 字。

标题（封底内页）：定地书

正文起始（fol. 1b）：铜钱十六文定用．一心奉请地里先生踏地看地关地先生鬼角先生

正文结尾（fol. 13a）：人来进财有福禄大吉

无地点。日期（封底内页）：皇上中华民国十七年次戊辰岁三月初九日（依古滕抄）（1928 年）。

关于祖先墓地的风水和摇卦的手册。优勉支系。

较生疏的写主执笔；局部有勘误。

题记（封底内页）含标题、日期、书主及对后代的题词。

附录：表式，"六请踏地先生"（封面内页）；用于安抚地龙的仪式表式（fol. 1b）。

写主：赵太贵（fol. 13b）；书主、写主之子：赵富升；后继书主：赵承昌（fol. 12b）；在附录中被记录：盘今昌（fol. 13b）。

354 **Cod. sin. 524**

21 厘米×14. 5 厘米，从一处穿过书背装订，含挂环；受损的书衣由多层厚而硬的［竹?］纸制成；18 张折页，以布筛荡料入帘而成的［竹?］纸；有污渍；fol. 17a 空白；每页 7 列，每列 12—14 字。

标题（fol. 2a，第一列）：新编六言杂字；（fol. 18b）：新记六言杂字

正文起始（fol. 2a）：新编六言杂字．同音名用最详，蒙童熟读心记，临写仔细思量

正文结尾（fol. 14b）：甘罗十二为丞相，跳上龙门仲状元

无地点。完笔日期（fol. 14b）：皇上民国二拾参年甲戌岁五月二十三日（完书）（1934 年）。

六言或七言形式的德育课本兼词典。推测来自中国。

易识读的字体；韵脚后有红点，个别处有修改；一枚"太上老君敕令"印章（封底内页）。

题记（fol. 14b）含日期及写主。

附录：由他人执笔的补遗，草稿（书衣内页，fol. 1a、17b-18b）；“甲子歌”（fol. 15a-16a）；月份和对应的甲子列表（fol. 16a-b）。

写主及书主：邓承财（fol. 1b、14b）；后继书主：盘进仙（fol. 17b）。

355 **Cod. sin. 525**

22.5 厘米×14.5 厘米，以竖着折叠搓捻而成的纸捻线在一侧捆扎（毛装），藤［?］制挂环仅存部分；受损的书衣由多层脆竹纸制成，封面已佚；25 张折页，推测起始几页已佚，桑皮纸；有污渍、裂口、缺损；每页平均 6 列，每列 15—18 字。

标题（fol. 1a）：超度疏

正文起始（fol. 1a）：超度疏．今据．大清国云南道

正文结尾（fol. 19b）：弟子职位陛在北京道朝内府正任之府皇字

地点（fol. 1a）：大清国云南道。日期（fol. 4a 表式内）：皇上嘉庆（1796—1820 年）；（fol. 7a、12b、14b 表式内）：皇上乾隆（1736—1795 年）；附录日期（fol. 25b）：十一月廿七日。

用于解除亡人痛苦的法和表式。优勉支系。

熟练的写主；有红色分段标记；符（fol. 9a-11a）；一枚红色“太上老君敕令”印章，已褪色（fol. 1a、25b）。

由他人执笔的附录：“出号对”（fol. 19b-20a）；“又到休词一道”（fol. 20a-23b）；表式，“食旛志奉请”（fol. 25a）；含日期的关于借贷的记录，其中的参与者：邓进保、［邓］文通、［邓］有金（fol. 25b）。

参见［德］贺东劢（Thomas O. Höllmann）、傅敏怡（Michael Friedrich）：《给神灵的讯息——瑶族宗教文书》（*Botschaften an die Götter. Religiöse Handschriften der Yao*），威斯巴登：Harrassowitz，1999，第 62—63 页，目录第 31 号。

356 **Cod. sin. 526**

19 厘米×12.5 厘米，以订线从 4 处穿过书背单侧捆扎；受损的书衣由以布筛荡料入帘而成的棕色脆［竹?］纸制成；8 张折页，也同样由以布筛荡料入帘而成的棕色脆［竹?］纸制成；有污渍、裂口；每页 6 列，每列 14 字。

无标题

正文起始（fol. 1a）：慌愁造纸愁文意，流来朝衣度愁慌

正文结尾（fol. 8b）：远处深沙不赐屋，朝中食伞不遮身，莫把本身打阑浅

无地点及日期；持有说明暗示其至少短时间内在泰国北部被使用过；推测为 20 世纪。

以儒家思想为基础的德育课本。优勉支系。

较熟练的写主执笔。

作为［书主?］用泰文被登记在封面内页：Nai Deng（邓先生）。

357 **Cod. sin. 527**

17.7 厘米×14 厘米，穿过书边及书背装订，含小挂环；受损的书衣由多张脆竹纸制成；6 张折页同样由脆竹纸制成；严重受损，有裂口、缺损；fol. 5b–6b 空白；每页平均 8—9 列，每列14—18 字。

无标题

正文起始（fol. 1a）：又到桥法求花用．此桥不是非凡之桥，々是五师敕变化为阴桥，来男来女桥

正文结尾（fol. 4b–5a）：我五奉太上老君急々如令敕

无地点及日期，推测为 20 世纪。

法，用于建造让孩子来到阳间的花桥。优勉支系。

较不熟练的写主。

附录：圆珠笔写的草稿（fol. 5a）。

358 **Cod. sin. 528**

19.5 厘米×17 厘米，两本文书（fol. 1–8 及 fol. 9–29），以植物茎［?］穿过书边并从 8 处穿过书背装订，含小挂环；书衣已佚；29 张折页，推测结尾几页已佚，脆竹纸；有污渍、裂口、缺损，首尾两张折页严重受损；fol. 8b–10b 空白，fol. 10（另外的纸张类型）残缺不全，fol. 1a 已佚；每页 8 列，每列 14—20 字。

标题（fol. 22b）：（又是）赦书（同用己样赦同供谁分内里）

第一篇正文

正文起始（fol. 1b）：…者是有人…不见轻好只见加漆

正文结尾（fol. 8a）：下旬念二并念七，此是天休不可当

第二篇正文

正文起始（fol. 11a）：又到贺礼圣歌起根周．手拿铜录牙牙｛签｝转声后生沙笑在东庭

正文结尾（fol. 22b）：架桥通到今｛鸡｝殿，今｛鸡｝店上执□□

第三篇正文

正文起始（fol. 22b）：又是赦书同用己样赦同供谁分内里

正文结尾（fol. 29b）：三十三天玉皇大帝准此赦冤千般罪｛孽｝放行

地点及日期（fol. 4a 表式内）：大清国南掌国厶道厶府厶埇（老挝北部南掌，推测实为 20 世纪）。

用于葬礼的表式、赦罪书（fol. 1b-8b、22b-29b）及七言歌（由《开坛书》摘录，fol. 11a-22b）。优勉支系。

不同的较生疏的写主执笔；红色的“太上老君敕令”印章（fol. 10a、23a、24a、25a、26b、28a）。

359 **Cod. sin. 529**

12 厘米×16 厘米，穿过书边及书背装订；书衣由以布筛荡料入帘而成的厚［竹?］纸制成，封面严重受损；16 张折页，同样由以布筛荡料入帘而成的［竹?］纸制成；严重受损，有裂口及缺损；fol. 11b-16a 空白；每页平均 8 列，每列 14 字。

无标题

正文起始（fol. 3b）：诗初见花开在堂前，拜保｛廷｝抬执奉杯

正文结尾（fol. 9a）：诗曰．为人不有千日好，花开不有百日红，天氐人多详不尽，□上花多开不齐．抄完了

地点（fol. 3a）：文华寨（推测为云南）。日期（书衣）：民国三六年丁丑岁三月（丁丑年为 1937 年，民国三十六年为 1947 年）。

七言歌。优勉支系。

较熟练的写主执笔；有用圆珠笔画的行线。

附录：十二生肖绘画（封底内页）；“我在一乡过二乡，我今来到你香坛”（fol. 9a-b）；“朝阳花开当阳现”（fol. 10a-11a）；河流［?］名列表（fol. 12b）；草稿（fol. 16b）；四十一个学生名，其中四个已不可辨认（封面内页至 fol. 3a）：邓富珠、赵富清、赵金兴、邓富昌、盘富香、盘富珠、盘富华、盘金进、盘富胜、盘金清、赵贵福、赵贵珠、赵贵财、赵贵周、赵富连、赵贵福、赵贵近、赵贵清、黄金坤、冯财昌、冯财清、冯富情、冯财珠（两次被提及）、冯财安、冯富进、冯财福、冯富升、赵有寿、邓富龙、冯财广、赵进财、盘承府、盘承兴、盘承印、李富珠、邓文清、赵云安。

书主及老师［?］：赵□□（封面）。

360 **Cod. sin. 530**

26 厘米×23 厘米、26 厘米×20.5 厘米，两本文书（fol. 1-24 及 fol. 25-39）穿过书背及书边装订；书衣已佚；39 张折页，变黑的桑皮纸；版口处常被撕开且受损，有水渍及虫蛀形成的缺损；fol. 1a-b 残缺不全，fol. 1b 在天头处被装订；fol. 1-24 每页 13 列，每列 22—25 字，fol. 25-39 每页 10—12 列，每列 23—27 字。

标题（fol. 1a）：清醮法

第一篇正文

正文起始（fol. 2a）：论收六凶雌雄之法．叩师证盟坐正～先执刀画个井字

正文结尾（fol. 24b）：并官讼一切消灭祸散如霜水容了大吉也

第二篇正文

正文起始（fol. 25a）：又玉皇赦却章．拜了各至金单星金龙申入月府日宫金星

正文结尾（fol. 33a）：正存亡故各圣三十六肿腰天府库满了．九帝玉皇各满了．为道同知也．清醮完笔

无地点及日期，推测为 19 世纪。

用于打醮仪式的秘语。荆门，道公派。

两篇文书都为一种熟练规整的字体；有红色分段标记，局部有红色句读；后来添加的着优勉支系服饰的人物形象及模仿纳西文字元素的绘画（fol. 39a–b）。

附录："又论架长生老寿桥之法"（fol. 39a–b）。

写主及书主：盘道席（fol. 1a、7a）。

361 **Cod. sin. 531**

17 厘米×12. 5 厘米，穿过书边及书背装订；书衣已佚；11 张脆竹纸制折页；严重受损，有裂口及缺损；fol. 11a–b 空白，fol. 1a–b、11a 有后来添加的绘画；每页平均 6 列，每列 13—15 字。

无标题

正文起始（fol. 2a）：论五刑相生．金生水，水生木，木生火，火生土，土生金

正文结尾（fol. 11a）：拜设若还依此日管取五谷什倍收

无地点及日期，推测为 19 世纪末。

用于算卦、占星及合婚的手册。优勉支系。

熟练的写主执笔；红色句读及分段标记；后来添加的符（fol. 1b）及红黑色的人物绘画（fol. 1a）。

362 **Cod. sin. 532**

19. 5 厘米×13. 5 厘米，以竖着折叠搓捻而成的纸捻线在一侧捆扎（毛装），在其上及其下还有穿过书背的装订；书衣由染成深棕色的布制成；14 张折页，推测起始几张已佚，以布筛荡料入帘而成的［桑皮？］纸；严重受损，有大面积缺损；fol. 1a、14a 空白，fol. 1 残缺不全；每页平均 6 列，每列 14 字。

标题（fol. 14b）：番九牛

正文起始（fol. 4a）：番九牛犯敕将军用．敕变将天师，敕变李天师，敕变黑天师，敕变雷天师，敕变五方五位番犯天师，敕变速化，吾奉太上老君敕令急令敕

正文结尾（fol. 13b）：五方五位番犯将军速变速化，吾奉太上老䍐急令敕

无地点。日期（fol. 14b）：道光十壹年五月下…（抄元）（1831 年）。

用于驱鬼的番坛（fol. 4a-6b）仪式的七言科仪的部分，以及通过算卦（fol. 6b-13b）诊断疾病的文书。优勉支系。

熟练的写主；绘画（人物形象，fol. 6b-13b），整本文书都有后来添加的绘画和红黑色的符。

题记（fol. 14b）：含日期、标题及持有说明。

附录：五行及甲子的对应表（fol. 1a-b）；瑶族姓氏及其对应读音的列表（fol. 1b）；符，“灵符变三道”（fol. 2a、3a）；后来添加的葬礼场景的绘画（fol. 3a）。

书主及写主［?］：李嘉（fol. 14b）。

363 **Cod. sin. 533**

23 厘米×13 厘米，以竖着折叠搓捻而成的纸捻线在一侧捆扎（毛装）；书衣已佚；31 张桑皮纸制折页；首尾两张折页严重受损，有污渍、裂口、缺损；fol. 1-6 残缺不全，fol. 31b 已佚，fol. 29 为双页；每页平均 5 列，每列 14 字。

无标题

第一篇正文

正文起始（fol. 6b-7a）：太上老君敕令急令敕…敕盔不是非凡之布，红沙细布敕变金盔

正文结尾（fol. 13b）：邪神不伏者天师拿捉界上玉皇前吾奉敕

第二篇正文

正文起始（fol. 14a）：第一行罡到村头，吾师行罡拦九州

正文结尾（fol. 31a）：又念法用．咄．一塞鬼路成日月，二塞鬼路成□

无地点及日期，推测为 19 世纪末。

法及科仪的部分，用于驱鬼的番坛仪式。优勉支系。

较生疏的写主；符（fol. 29a-b），步罡踏斗图解（fol. 22a-29a）。

364 **Cod. sin. 534**

22 厘米×13 厘米，穿过书边及书背装订，含挂环；函套由深棕色布制成，超出文书各边缘约 4 厘米；在其下的书衣由以布筛荡料入帘而成的脆［竹?］纸制成；19 张桑皮纸制折页；有污渍、裂口，在折页边缘处有缺损；fol. 19a-b 空白；每页平均 6—8 列，每列

14—17 字。

无标题

第一篇正文

正文起始（fol. 1a）：看论男女十二命吉凶．正月生人宝瓶之命，其人注有病患

正文结尾（fol. 9b）：可也，注此，十月十九日还了

第二篇正文

正文起始（fol. 10a）：又到姐妹进谷回唱歌用．盘古初开置天地，置立五姓置人民，置立人头猺人在

正文结尾（fol. 12a-b）：具立香｛复｝根原传后子孙｛复｝途路．留子孙看分明用前日第一大王，第二沈皮，第一大王，第二沈波，第三保安家主不若孝白明子孙｛移｝除传后代具心好

第三篇正文

正文起始（fol. 13a）：眼前文字急难字略说些切与众知．混沌初开置天地，日月云雷电雹辉

正文结尾（fol. 17b）：粳米｛蔗｝糖磨荳腐，｛蒙｝酒酿醋面槽｛粄｝，日用三十言不尽，幼随身体熟思之

无地点及日期，推测为 19 世纪末。

用于合婚的集子，推测为《合盆书》（fol. 1a-9b）；历史神话七言歌（fol. 10a-12b）；字典（fol. 13a-17b）。优勉支系。

两位不同的熟练写主执笔（fol. 1-2 及 fol. 13-17）；一位道教神灵的红黑色肖像（fol. 18a）；一枚红色印章，铭文推测为“太上老君敕令”（书衣）。

题记含持有说明和对后代的题词（fol. 12b）。

附录：甲子表（fol. 19a）；“迟丙子年二月八人”（fol. 19b）；草稿［?］（书衣）。

书主［?］：盘法安（fol. 12b）。

365 **Cod. sin. 535**

20 厘米×13 厘米，以订线边订（不交叉），部分已松散；受损的书衣由［桑皮?］纸制成；18 张［桑皮?］纸制折页，fol. 14 为其他质量的黄色纸张；有污渍、裂口；每页平均 6—7 列，每列 16—17 字。

标题（书衣）：法书（一本）．超度送亡．设花鬼敕用．祭兵．敕席任用．传法用

正文起始（fol. 1a）：下符用．奉请祖师在吾前本师在吾后

正文结尾（封底内页）：太鬼闻罡法下死，水鬼｛闻｝吾师法下亡

无地点及日期，推测为 19 世纪末。

用于葬礼、度戒仪式及驱鬼仪式的法。优勉支系。

较熟练的写主；编有页码；一场葬礼场景的绘画（fol. 14a）；后来添加的红黑色的人物形象和星宿图；一枚淡淡的印章，铭文推测为“太上老君敕令”（书衣、fol. 1a）。

书主：黄法林（书衣）。

366 **Cod. sin. 536**

17 厘米×13 厘米，以订线从两处穿过书背捆扎；受损的书衣由以布筛荡料入帘而成的染成深棕色的纸制成；18 张厚［竹?］纸制折页；严重受损，折页边缘有缺损；每页 7 列，每列 12 字。

标题：［增广贤文］

正文起始（fol. 1a）：昔时贤文诲汝谆谆，集韵｛增广｝多见多闻

正文结尾（fol. 18b）：人穷志莫穷□□千日好花无百日红杀

无地点及日期，推测为 19 世纪末。

用于教授汉字及儒家思想的课本。推测为优勉支系。

端正的字体；有红色句读，已褪色；有改动，列旁有他人执笔的中文注释；折页天头处有后来添加的红黑色人物、动物及用具的绘画。

367 **Cod. sin. 537**

18. 5 厘米×11. 5 厘米，以塑料绳边订（不交叉），从两处穿过书边装订，含小挂环；受损的书衣由以布筛荡料入帘而成的［竹?］纸制成；14 张厚而脆的［竹?］纸制折页；有污渍、裂口；每页平均 6 列，每列 14 字。

标题（书衣）：许愿书

第一篇正文

正文起始（fol. 1a）：社｛遥｝土地社德大王上．奉到｛番｝瘠土地殿上

正文结尾（fol. 9b）：求男求女求官银化银钱化财马

第二篇正文

正文起始（fol. 9b）：社｛迷｝土地三十六分，社德大王六十分

正文结尾（fol. 14b）：权耗三十六分，已禁二十四分

无地点及日期，推测为 20 世纪。

用于还愿仪式的咒；用于还愿仪式的费用列表。优勉支系。

较熟练的写主；符，后来添加的红黑色人物形象绘画。

附录：一篇卦书的摘录（书衣）；阎王的列表（封面内页）。

推测为邓姓家庭所有（fol. 9b）。

368 **Cod. sin. 538**

20 厘米×13 厘米，以竖着折叠搓捻而成的纸捻线穿过书边及书背装订，含挂环；书衣由以布料荡料入帘而成的厚［竹?］纸制成；20 张折页，也由以布料荡料入帘而成的厚［竹?］纸制成；严重受损，有污渍、裂口及缺损；fol. 1a 已佚；每页平均 7 列，每列11—15 字。

无标题

正文起始（fol. 1b）：学校…朋友多．一同读书．一同工作．今天的功课今天做．明天还有新功课

正文结尾（fol. 20b）：一同吃，大家吃｛得｝很高兴

无地点及日期；泰文注释暗示其至少短时间内在老挝或泰国北部被使用过；推测为 20 世纪下半叶。

一本［来自台湾的?］初识字者所用的初级课本的手抄本。优勉支系。

规整的字体；中文和泰文的注释；褪色的玫红色句读，后来添加的不同绘画。

书主［及写主?］：｛李｝金广（fol. 16a）；后继使用者［及书主?］：李金财、李金寿、李金兴、李金｛坤｝（fol. 12a）。

369 **Cod. sin. 539**

17. 5 厘米×13 厘米，穿过书边及书背装订；书衣由脆竹纸制成，封底已佚；8 张折页同样由脆竹纸制成；首尾两张折页边缘严重受损；有虫蛀；fol. 3-5 残缺不全，fol. 1b-2a、8b 空白；每页 8 列，每列 8 字。

标题（fol. 3a、7a）：百家姓

正文起始（fol. 3a）：百家姓明终．赵钱孙李周吴郑□

正文结尾（fol. 7a）：第□言福百家姓续

无地点。日期（fol. 7b）：民国伍参年甲辰岁八月除二［日］酉时（完终抄成）（1964 年）。

中文姓氏词典（fol. 3a-7a）。所有姓氏以四言的形式八个字一列，瑶族的特殊姓氏写在首位。优勉支系，但母本推测来自中国。

始终由一位写主执笔，附录和注释由第二位写主执笔；整本文书都有后来添加的红黑色瑶族风格绘画。

附录：七言形式的几列（fol. 1a）；个别汉字（fol. 2b、7a，封底）；“日用常事”（fol. 7b-8a）。

题记（fol. 7b）含日期及写主。

书主：赵有凤珠（fol. 7b）；后继书主［?］：赵进陛（书衣、fol. 2b）。

370 **Cod. sin. 540**

20 厘米×12. 5 厘米，以竖着折叠搓捻而成的纸捻线在一侧捆扎（毛装）；书衣由以布筛荡料入帘而成的长纤维纸制成，封底已佚；13 张折页，推测结尾几页已佚，同样由以布筛荡料入帘而成的长纤维纸制成；版口处多被撕开，边缘角落受损，有缺损；每页 6 列，每列 14 字。

标题（书衣）：法书（一本十方应用）

第一篇正文

正文起始（fol. 1a）：敕桃树法用．此杵不是非凡之杵，々是仙人置造红桃之杵

正文结尾（fol. 8b）：千言万语都番々，犯神犯鬼各归天

第二篇正文

正文起始（fol. 9a）：盘古圣王置天地，置立天地至清山

正文结尾（fol. 13b）：抬与点灯光流亮，江河水步至龙｛邻｝，抛钱下海连流转，酒盏落为｛观｝

无地点。日期（书衣）：咸丰四年四月廿初七日申□（抄元了）（1854 年）。

法、步罡踏斗图解及七言歌，用于驱鬼的番坛仪式（fol. 1a-8b）；瑶族历史传说概况（fol. 9a-13b）。优勉支系。

熟练的写主；符（fol. 2a），步罡踏斗图解（fol. 2a-3b）；整本文书都有后来添加的中式绘画。

书主：盘文｛旺｝（书衣）。

371 **Cod. sin. 541**

17 厘米×12 厘米，以竖着折叠搓捻而成的纸捻线在一侧捆扎（毛装）；书衣由薄的长纤维［桑皮?］纸制成；8 张薄［桑皮?］纸制折页；有几页的下端边缘被撕破，有缺损；每页 6 列，每列7—14 字。

无标题

正文起始（fol. 1a）：超发兵用．路上大将修路

正文结尾（fol. 8a-b）：吾师发锣发鼓声々起声々吹起黄今角，声々送到老君门

无地点及日期，推测为 20 世纪。

建造通到阴间的桥梁的科仪，用于招募神兵。荆门，师公派。

较生疏的写主；整本文书都有后来添加的红黑色中式绘画。

书主：黄金味（书衣）。

372 **Cod. sin. 542**

21 厘米×17.5 厘米，穿过书边并从 7 处穿过书背装订，含挂环；书衣已佚；17 张折页，以布筛荡料入帘而成的黄色脆竹纸，部分版口处被撕开；有虫蛀、缺损；fol. 16 为双页；每页 8 列，每列 12 字。

标题（fol. 1a）：陆言杂字

正文起始（fol. 1a）：陆言杂字劝语，传与世间后人，成家立业根本，教子读书成人

正文结尾（fol. 17b）：读了一本之书，留心世上教人

无地点及日期，推测为 20 世纪。

六言形式的德育课本兼词典，每句最后的音节都是“人”。优勉支系，推测来自中国。

较生疏的写主；在起始几页的列中和列尾都有一玫红色点以划分韵律；在天头和地脚各有玫红色的线以分隔版面；个别字用毛笔或圆珠笔勘误或作注（注音）；在页中有后来添加的与文字垂直的红黑色瑶族风格绘画及汉字。

［后继?］书主：李进昌（fol. 3a）。

373 **Cod. sin. 543**

18.5 厘米×14 厘米，以绿色塑料绳穿过书边及书背装订，含挂环；受损的书衣由多层脆竹纸制成，封底已佚；151 张不同品质的脆竹纸制折页；品相佳；fol. 30b、91b–93b、96b、119b–121a 空白；每页 5—10 列，每列 11—20 字。

无标题

正文起始（fol. 1a）：造船送病用．唱歌不作你莫笑，因谓家主造龙船

正文结尾（fol. 151a）：早据平安无得差错｛狼?｝烟须全牒者．皇上厶年月日□真本□追生魂文牒行真

表式内的地点（fol. 56a）：大中华国暹罗道；（fol. 87b）：大清国南掌厶道（老挝北部）；（fol. 149a）：大中华南掌国暹罗道。日期（fol. 22a、38a、145a）：中华民国（1911 年后）；（fol. 40a）：民国廿六年丁丑岁七月十六日（抽成）（1937 年）。

闾山派用于不同仪式的法、咒、符及七言歌，由以下部分组成[①]："造船送病用"（fol. 1a-4b）；"六声名去连々，手把竹篙急行前"（fol. 5a-6b）；"谨请东方茅山洪符水源童子"（fol. 7a-30a）；"教白话｛大｝解煞请鬼名用"（fol. 31a-39b）；表式，"民国廿六年丁丑岁七月十六日抽成漳｛特｝送圣表"（fol. 40a-46b）；"又到变锁链堂法用"（fol. 47a-66b）；"又到超度｛祭｝反起头用"（fol. 67a-85a）；符，表式（fol. 85b-91a），"又到追生魂牒"（fol. 94a-116b）；对联，"新年对"（fol. 117a-119a）；"送赦书声唱用"（fol. 121b-122a）；"又起本命牌"（fol. 122b-126a）；"弟子定签头定签头头"（fol. 126b-127a）；"又到造桥送亡人．三戒亡师可用．造天桥"（fol. 127b-144b）；"请依宝｛盖｝兵，扭桥兵，红旗凉伞兵，睡牸之床兵"（fol. 145a-151b）。优勉支系。

不同的写主执笔；一些字被修改过；步罡踏斗图解（fol. 47a-48a、55a-b、98b）；符（fol. 10b、12b-17a、20b-22b、33b、78b、85b、97a、99a、102a-b、108a-114b、125a-b）。

一位书主及写主：冯金珠（fol. 126b）。

附录：甲子表（fol. 151b）；fol. 32 内插入了一张折页（23 厘米×32.5 厘米），上有师父名（李法保、赵法度、邓法行、邓法学）、神灵及仪式的绘画。

---

① 译校者注：该抄本是非常典型的合抄本，贵州省从江县优勉瑶师公将此类文书称为"杂书"，指一本抄本记载的内容混杂，没有明显的主题内容。同时，该抄本又由不同的抄书人抄成。复杂的内容与不同的字迹对研究者判断该抄本的内容形成了干扰，出现了两种误判情况：一是由同一抄书人抄写，但是内容并不相关的文段被研究者错误地合并在一起，例如"谨请东方茅山洪符水源童子（fol. 7a-30a）"同时包含了用于驱鬼捉邪的法术、符咒以及用于葬礼的幡和"赦罪表"，研究者误将这两部分内容杂糅在一起。二是由不同抄书人相继抄写的同一部分内容被研究者错误地分开，例如"造舡送病用"与"六声名去连々，手把竹篙急行前"都用于解怪仪式，前者是仪式时演唱的"造船歌"，后者是送船时吹奏牛角的唱词。因书写字迹不同，研究者错误地将"六声名去连々，手把竹篙急行前"与前文"一声名角去游游……二声名角去元元……三声名角去分分……四声名角去刑刑……五声名角洋洋"拆分开。

在从江县师公的指导下，校者重新梳理了该抄本的内容构成，以供参考：（1）"造船送病用"（fol. 1a-5a）（祈福禳灾仪式，通过"船"送走邪祟）；（2）"收犯"用的法术与符咒（fol. 5b-21a）（若某人经常受伤，通过占卜算出是无意中犯了某一鬼神，就需要"收犯"）；（3）葬礼使用的幡与表式（fol. 21b-30a）；（4）解关仪式用的科仪与表式（fol. 31a-43b）（祈福禳灾仪式，化解关煞的危害）；（5）解怪仪式用的表式（fol. 44a-46b）（祈福禳灾仪式，送走致人生病或灾厄的精怪）；（6）"又到变锁链堂法用"（fol. 47a-49a）（此法用于"开锁"，当祖宗神被外人恶意"锁住"，就需要通过此法术开锁）；（7）"断签"（fol. 49b-56b）（断签"是仪式的一个步骤，"签"由竹子制成，长度类似于筷子，仪式过程中需要将竹签斩断并放在稻草船内送走。东斗星仪式以及非正常死亡的葬礼都需要"断签"，前者只需要一根竹签，后者需要一百多根竹签）；（8）"退败"相关的三则表式与法术（fol. 57a-63b）（"祈福禳灾仪式，退败"指"退送三十六败神"，败神会导致"人丁破败、官非重临、钱财退败"）；（9）开山仪式（fol. 64a-67b）（若逢大范围砍伐山场耕种五谷，都必须请师公来举行开山仪式祭拜神灵，祈求农业生产顺利丰收，族人富足安康）；（10）丧葬仪式（fol. 68a-91b）；（11）追魂仪式（fol. 92a-101b）（"追魂"是通过仪式将病人走失的魂魄追回，使病人痊愈）；（12）催生、安墓的法术与符咒（fol. 102a-116b）；（13）对联（fol. 117a-119a）；（14）"送赦书声唱用"（fol. 121b-122a）（焚烧表式、"送表"的唱词）；（15）"又起本命牌"（fol. 122b-126a）（当小孩容易夜哭时，可制作一块"本命牌"放在他的床头。"本命牌"尺寸为二寸四或三寸六，牌上写有小孩的年庚八字与本命星君）；（16）丧葬仪式（fol. 127a-146b）；（17）表式三则，包括"阴阳和献开赦表""又具住件耳结意号用"以及"追生魂牒文"（fol. 147a-152b）（"阴阳和献开赦表"：修建家宅地基时若冒犯了神灵，导致家宅不兴，就要举行仪式并使用"开赦表"祈求神灵宽恕；"又具住件耳结意号用"：该表式较为特殊，用于自证清白，"瑶民并无窝藏匪类面生逮人母印为非生事，若有此等自干认罪"；"追生魂牒文"用于"追魂"仪式）。

374 **Cod. sin. 544**

23.5 厘米×20.5 厘米，以订线穿过书背装订，含挂环；厚竹纸制书衣，封底已佚；28 张桑皮纸制折页；边角轻微受损；每页 8—10 列，每列 14—18 字。

标题（fol. 19b）：超度书

第一篇正文

正文起始（fol. 1a）：赦表用．神嗯广布圣德巍々凡叩有准普救众生

正文结尾（fol. 19b）：速变速化五奉太上老君敕令急令敕

第二篇正文

正文起始（fol. 20a）：赦表脚引用．北极驱邪院当坛给出超度赦文脚引一纸

正文结尾（fol. 28b）：五师到了．有何难有何难．｛于｝男女｛付｝符急角

地点（fol. 1a、2b 表式内）：大清国广西道；祖先［?］的墓址（封面内页）：大清国贵州道承宣布政使司官下安顺府官下余驻归化营与古远城里苗府官下｛游｝□康左司官过拿以冲官入以露小冲岭脚泙为龙村平安地社王祠下；（封面内页）：大清国云南道承宣布政使司官下连府见水州县猛垃埇官上龙通冲｛游｝。日期（fol. 19b）：大清乾隆廿二年戊寅岁十一月初十日立誊出超度书（1757 年）。①

用于葬礼的七言歌、咒及表式。优勉支系。

不同的写主；个别字被修改；符（fol. 7a-9a、24b、28b）；一枚“太上老君敕令”印章（fol. 1a、8b-9a）。

题记含日期、标题、写主、书主及谦辞（fol. 19b）。

写主（fol. 19b）：赵珠承/珠；书主：赵得明/赵明（书衣，fol. 1a、19b），邓□□（fol. 1a）。

参见［德］贺东劢（Thomas O. Höllmann）、傅敏怡（Michael Friedrich）：《给神灵的讯息——瑶族宗教文书》（*Botschaften an die Götter. Religiöse Handschriften der Yao*），威斯巴登：Harrassowitz，1999，第 58—59 页，目录第 27 号。

375 **Cod. sin. 545**

24 厘米×19 厘米，穿过书边及书背装订，含挂环；书衣已佚；32 张脆竹纸制折页；fol. 1 及最后几张折页严重受损，有洞；fol. 8b、30b-32b 空白；每页 8 列，每列 14—19 字。

标题（fol. 5a）：纸马咒（一本），又到阳鬼用

① 译校者注：乾隆二十二年（1757 年）是丁丑年，乾隆二十三年（1758 年）才是戊寅年。此处疑为抄书人的笔误。

正文起始（fol. 1a）：太上弥罗火上天妙々是金阙□玉清宫

正文结尾（fol. 28a）：皇上厶年厶月厶日本院给出追魂牒一道，急々行程准此

地点（表式内）：云南道；第二位使用者的墓址（附录）（fol. 5a）：民国三十一年癸未岁十一月廿九未时（衣古抄来）（癸未年为1943年，民国三十一年为1942年）。第二位使用者的出生及死亡日期（fol. 28a–29a）：庚申岁、乙酉岁（推测为1920、1945年）；乙未岁、乙酉岁（推测为1895、1945年）。

用于算卦的法、咒、表式及示意图。优勉支系。

不同的写主；宇宙示意图①（fol. 9、14a、15a–b、25a）；人物形象图（fol. 17a–23b）。

附录："具出坟墓祖图传后记号"（fol. 28a–29a）；祖先列表（赵法学、赵法罡、邓氏者），出生及死亡日期（1895和1945年）及墓址。

书主：赵富保（fol. 5a、30a）。

376 **Cod. sin. 546**

24.5厘米×19.5厘米，穿过书边并从9处穿过书背装订，含挂环；封面由脆而薄的纸制成，封底由厚［竹?］纸制成；21张不同品质的薄竹纸制折页；fol. 1–2由厚纸制成，fol. 4严重受损，fol. 21有洞，fol. 21b空白；每页8—9列，每列16—18字。

标题：［超度疏意］

正文起始（fol. 5a）：超度疏意用今据．大清南掌道承宣布政使司厶府县厶冲立宅居住奉

正文结尾（fol. 21a）：佑仰当日奉事功曹唐葛周将军．准此．皇上厶年厶月厶日会关奉行

地点及日期（fol. 5a）：大清南掌道（老挝北部）；（fol. 9b）：大清国湖广道（湖广即湖南、湖北南部、广东西部、广西东部）；（表式内）：大清国云南道；推测为19世纪末至

① 译校者注：本书使用的"宇宙示意图"（kosmologische Diagramme）一词概括了不同类型的用于占卜的图示，如该文书中含以下图示：fol. 9a：天师周掌图（一个大圆，中心有一个留白的小圆，大小圆之间被分为八等份，每个等份里写有"天掌、地掌、人掌、着［?］掌、时掌、星掌、风掌、水掌"八个词，图标右侧写有文字"论大月初一从天顺行"、左侧写有文字"论小初一从地逆行"）。fol. 14b：周堂掌图（一个大圆，中心有一个留白的小圆，大小圆之间被分为六等份，每个等份里写有"大限、马限、禄限、水限、黄泉、留限"六个词，图标右侧文字为"论大限论到留限常□病"，左下角文字为"数到禄限旺安身"）。fol. 15a：无标题（一个大圆，中心有一个留白的小圆，大小圆之间被分为八等份，每个等份里写有"黄泉、命尽、五墓、小吉、太山、大吉、三丘、命穷"八个词，图标上端文字为"大吉叩神保兴旺"，下端文字为"三丘五墓随时过"）。fol. 15b：周堂图（一个大圆，中心有一个留白的小圆，大小圆之间被分为八等份，右下角的一个等份内又被分为两个等份，每个等份里写有"星辰、灶君、香火、太山、十师、先祖、黄泉、命中、流连"九个词，图标右侧文字为"论男从星辰向灶君初一顺行"，左侧文字为"女命从先祖向十师初一并行"）。fol. 25a：推鱼影图（一个大圆，中心有一个留白的小圆，大小圆之间被分为十二等份，其中十一个等份里均各绘有一条鱼，八条面朝圆心，三条面朝圆外，图示外围写有"初一、初二"等表示三十天的字，图标右侧写有文字"又占推鱼影吉日"）。

20 世纪初。

用于葬礼的表式集。优勉支系。

不同的写主；符（fol. 1a-4a）；“太上老君敕令”印章（封面及封底）。

377 **Cod. sin. 547**

25.5 厘米×20 厘米，穿过书边及书背装订，含挂环；书衣已佚；38 张不同硬度的脆竹纸制折页；版口处多被撕开，首尾两张折页及边缘处严重受损；fol. 35b 已佚；每页 11—12 列，每列 12—18 字。

无标题

正文起始（fol. 1a）：救病疏用．今据．大民国暹罗道管人厶府厶州厶县厶冲厶寨行游社下立宅居住奉

正文结尾（fol. 38b）：真祈福追｛犊｝生魂用保安家主厶人合家等

地点（fol. 1a、38b）：大民国暹罗道；（fol. 26b、29a、31a、33a、34b）：南掌国（老挝北部）。日期（fol. 23b）：皇上民国四十四年乙未岁初三日（抄成）（1955 年）。

闾山派用于治疗仪式的卦表及表式集。优勉支系。

不同的写主；个别字为后来添加或作注；与列同宽的符（fol. 17a-b、18b、22a）。

写主［?］：刘德安（fol. 26b）；书主：刘姓家（fol. 19a）。

378 **Cod. sin. 548**

20 厘米×14 厘米，穿过书边及书背装订；书衣已佚；25 张折页，fol. 25 以前的可能有一张已佚，由以布筛荡料入帘而成的竹纸制成；品相极佳；fol. 1a 已佚，fol. 1b-2a、22b-23b、24b-25b 空白；每页 6—8 列，每列 15—19 字。

标题（fol. 24a）：法书

正文起始（fol. 3a）：收｛晒｝收犯收吊收瘟供分用．敕变东方水源童子，敕变南方水源童子

正文结尾（fol. 22a）：追鬼传来了，回桥来分纸，谢师父了，烧纸化钱了送鬼了回到半路又｛隔｝路回到家闭门簿师赵法贵老师赵连一郎政盟师三清

无地点。日期（fol. 24a）：皇上光绪十八年壬辰岁十二月初六日辰时（抄院）（1892 年）。

用于不同场合的法。优勉支系。

始终由一位写主执笔；步罡踏斗图解（fol. 4a-6a），符（fol. 8a、11b）；一副棺材的绘画（fol. 2b、23b）；整本文书都有后来添加的红黑色瑶族风格绘画及字。

题记（fol. 24a）含日期、标题、持有说明及谦辞。

写主及书主：盘有文（fol. 2b）；作为［师父？］被登记：赵法贵、赵连一郎（fol. 7b、22a）。

379 **Cod. sin. 549**

24 厘米×14 厘米，以订线从两处穿过书背捆扎；书衣已佚；20 张［桑皮？］纸制折页；首尾两张折页严重受损，边缘处轻微受损；fol. 10a-b 原本空白，有后来添加的绘画；每页 6 列，每列 14—18 字。

无标题

正文起始（fol. 1a）：闭井用东方下有五雷之火南方下有五雷之火

正文结尾（fol. 19b）：辰戌丑，未立甲，寅申己，亥立甲

无地点。一项度戒仪式的日期（fol. 19b）：辛卯年十一月十七（薄法）（1951 年）。

用于度戒仪式的法及《开坛书》的部分段落。优勉支系。

不同的写主；后来添加的红黑色中式绘画。

题记（fol. 19b）含度戒仪式的日期，在该仪式上口传［？］此文书，以及相应的见证人。

度戒仪式的师父及见证人：赵法龙、盘法旺（fol. 19b）；亦作为见证者的虚构的［？］师父：赵法位、赵法顺、罗法然（fol. 17b），盘法旺、邓法定（fol. 18a），罗经坛贤、赵情四郎、罗法旺、赵盖七郎、赵茶二郎、罗法盖、罗法定、罗法念、罗法官（fol. 20b）。

380 **Cod. sin. 550**

23 厘米×17. 5 厘米，以绳子从 3 处穿过书背在一侧捆扎；后来插入的［？］书衣由染成棕色的厚纸制成；13 张折页，由以布筛荡料入帘而成的厚［竹？］纸制成；有墨渍、水渍，fol. 1-3 在折页上端边缘有半圆形缺损，fol. 3a-b、7a、12a 有洞，个别字缺损；fol. 13a-b 空白；每页 8 列，每列 12 字。

标题：［六人杂字］

正文起始（fol. 1a）：成家立业根本教子读书成人

正文结尾（fol. 12b）：总然有些想思必定不肯拉人

无地点及日期，推测为 20 世纪。

六言形式的德育课本兼词典，每句最后的音节都是“人”。推测来自中国。

规整的字体，每六个字后有一个红点（fol. 1a-2a）；个别字用红色点作记号，或用铅笔、圆珠笔、毛笔勘误或注音；fol. 2b 起有后来添加的红黑色中式绘画。

381 **Cod. sin. 551**

17 厘米×51 厘米，从 8 处穿过书边及书背装订，含挂环；严重受损的书衣由多层外面

被染成深棕色的脆竹纸制成，封底已佚；11 张折页，推测结尾几张已佚，脆竹纸；除下端边缘受损外品相佳；每页 8 列，每列 10 字。

标题：［九经书］

正文起始（fol. 1a）：初开置天地，置立九经书，上界置天子，下界置农夫

正文结尾（fol. 11b）：相论争闲气其实莫来由

无地点及日期，推测为 20 世纪。

以儒家道德观为基础的德育课本，含中国经典书籍选录。优勉支系。

熟练的写主；每个韵脚后有一个黑色或玫红色的点，后来添加的人物及动物绘画。

书主：赵富银（书衣）。

382 **Cod. sin. 552**

19 厘米×12 厘米，穿过书边及书背装订，含挂环；书衣由以布筛荡料入帘而成的竹纸制成，封面已佚；19 张折页，同样由布筛荡料入帘而成的竹纸制成；fol. 1 在版口处被撕开，其内页有绘画；fol. 18b 已佚；每页 6 列，每列 19—22 字。

标题（fol. 8a）：天下文章破理明

第一篇正文

正文起始（fol. 1a）：甲子乙丑海中金，丙寅丁卯炉中火

正文结尾（fol. 8a）：学得知不求人，读了一本记在心中

第二篇正文

正文起始（fol. 8a）：要读文章破理明．天下文章破理明，世间传报众详情

正文结尾（fol. 17b）：十一月为冬月十二月为腊月之冬

无地点及日期，推测为 19 世纪末。

六言或七言的歌曲，关于占星且以儒家思想为依据（“甲子歌”“论福生歌”“论重集歌”“论黄道头用”“论二十八宿”“论星用”“论节气”）；以儒家道德观为基础的德育课本。优勉支系。

始终为一种规整的字体；局部有红色句读，后来添加的绘画（fol. 18ar、18av）。

附录：月份对应的星宿及生肖的列表（fol. 19a）；家谱，其中被登记之人：邓｛良｝二郎、赵氏五娘、邓氏六娘、邓｛锭｝一郎、邓顺一郎、赵氏一娘、李氏者、邓枉二郎、盘氏一娘、邓保一郎、盘氏四娘、邓法行（fol. 19b 至封底内页）。

后继［?］书主：盘文｛褚｝（fol. 8a）。

383 **Cod. sin. 553**

20. 5 厘米×16. 5 厘米，穿过书边及书背装订，含被拆开的挂环；书衣已佚；17 张脆

而硬的竹纸制折页；品相佳；fol. 1a-2a、16a-b 空白；每页 6—8 列，每列 10—17 字。

无标题

正文起始（fol. 3a）：又论福生歌．正月子，二月丑，三月寅，四月卯，五月辰

正文结尾（fol. 14b）：{草} 果消牙合消烧头烧马尾好来

祖先的墓址（fol. 14b-15b）：淰等何头冲龙为寨座南向北 {喀} 晶地主；淰等何头冲龙为寨座东南 {嘣} 嗼地主；淰杨何头冲 {嘣} 利地主；淰等何头冲座东向丙 {喀} 晶地主（推测为老挝）。祖先的出生及死亡日期（fol. 14b-15b）：辛未年（推测为 1931 年）；丙戌年（推测为 1946 年）；癸卯年（推测为 1963 年）；丁巳年（推测为 1977 年）。

用于推测生子及合婚的卦书。优勉支系。

始终由一位书主执笔；下半页有符（fol. 5b、6b-11a）；后来添加的红黑色中式绘画（fol. 1a、5b、7b、9b、11a-b、12a、13a-b、14a-b）。

附录："又论福生歌"（fol. 2b）；"又到祖坟墓哂"，祖先墓址列表（包括对地主的说明，祖先被埋葬在地主的地皮上）：盘法胜、赵氏者、李法财、李氏者、盘法卯、盘了妹（fol. 14b-15b）。

384 **Cod. sin. 554**

20.5 厘米×16.5 厘米，以细绳在一侧松散地捆扎；书衣已佚；7 张折页，推测起始几页已佚，脆竹纸；fol. 6b-7a 空白；每页 6—10 列，每列 12—16 字。

无标题

正文起始（fol. 1a）：南供合人且合承顶预望女不算先路满以了

正文结尾（fol. 6a）：书字明落休休不德若奈，竹 {挹} 合撑

地点（附录）：大潦法国永珠道 {郢} 崩州猛咙淰他府官入才福河头龙为寨行 {游} 社下（老挝永珍琅勃拉邦）。[书主?] 殁年 48 的母亲的出生日期（夹进去的折页）：{丁未} 岁 {六} 月十一（推测为 1907 年）。

德育课本（fol. 1a-2b），一项还愿仪式的祭品列表（fol. 3a-5b）及一七言形式的科仪的部分（fol. 6a）。优勉支系。

不同的较生疏的写主，许多特殊写法；局部句尾用黑色标出；后来添加的中式绘画。

附录：fol. 3 内有夹进去的一张折页（22 厘米×24 厘米），内含已填写内容的书主为已故母亲送葬用的表，"又到开路引一纸"，含地点及日期；其中被提及之人：盘法承及李法珠。

参见 [德] 贺东劢（Thomas O. Höllmann）、傅敏怡（Michael Friedrich）：《给神灵的讯息——瑶族宗教文书》（*Botschaften an die Götter. Religiöse Handschriften der Yao*），威斯巴登：Harrassowitz，1999，第 62—63 页，目录第 30 号。

385 **Cod. sin. 555**

18 厘米×13 厘米，以许多小针穿过书边装订，含挂环；书衣由粗纤维软［竹?］纸制成，封面已佚；7 张折页，同样由粗纤维［竹?］纸制成；品相佳；每页 6—9 列，每列 14—17 字。

标题（fol. 2b）：甲子［歌］

正文起始（fol. 1a-b）：甲子乙丑丙寅丁卯戊辰己巳庚午．甲子乙丑海中，{丙} 寅丁卯炉中火乙

正文结尾（fol. 7b）：开坛执招吾师道，囚风 {焰} 々斩乾坤，白衣使者身看绿仗

无地点及日期，推测为 20 世纪。

用于占星的歌曲，“甲子歌”（fol. 1a-2b），“月连又起”（fol. 2b-3b），“二十八宿”（fol. 3b-4a）；仪式所需经费列表，“祖宗上坛三十六分”（fol. 4b-6a）；咒及七言歌，“大上弥罗鱼上天眇眇”（fol. 6a），“又功曹咒”（fol. 6b-7b）。优勉支系。

不同的写主；一些字曾被修改或为后来添加；编有页码；整本文书都有后来添加的红黑色中式绘画。

386 **Cod. sin. 556**

21 厘米×13 厘米，以竖着折叠搓捻而成的纸捻线在一侧捆扎（毛装）；在其上又以订线装订；书衣由薄桑皮纸制成；5 张桑皮纸制折页；品相佳；每页 7—8 列，每列 15—20 字。

标题：收 {晒} 书

正文起始（fol. 1a）：收 {晒} 法用．敕变东方水源童子南方西方敕变北方水童子

正文结尾（fol. 5b）：千年万代不敢转乡．准五奉太上老君急急如令敕

无地点。日期（封底）：道光贰三年癸卯岁十二月初七日（1843 年）。

法。优勉支系。

始终由一位较生疏的写主执笔；个别字被勘误或为后来添加；后来添加的红黑色中式绘画。

记载在书衣上的师父［?］名：赵才一郎，黄法清、赵法龙、赵金一郎、赵法周。

387 **Cod. sin. 557**

16. 5 厘米×14 厘米，以毛线和绳子从多处穿过书背单侧捆扎，含挂环；书衣已佚；8 张折页，由以布筛荡料入帘而成的竹纸制成；首尾两张折页及边缘受损；fol. 1b 已佚；每页8—9 列，每列 12—17 字。

无标题

正文起始（fol. 2a）：许愿上坛三十六，下坛廿四分，当坛付江三十六分

正文结尾（fol. 8b）：三各师众人吃了二师占兵归坛送客回了，事目清吉

无地点及日期，推测为 19 世纪末。

用于还愿及良愿仪式的费用种类及列表。优勉支系。

熟练的写主；个别段落被删去或被修改；后来添加的黑红色瑶族风格绘画（fol. 1a）及被红黑色框出的列（fol. 1a、2a、5a、7a-b、8a-b）。

题记含使用说明及对后代的题词（fol. 8b）。

388 **Cod. sin. 558**

19 厘米×12. 5 厘米，以竖着折叠搓捻而成的纸捻线在一侧捆扎（毛装），在其上又以订线从 3 处穿过书背捆扎；桑皮纸制书衣，封面已佚；13 张折页，推测起始几页已佚，桑皮纸；起始几张折页严重受损；fol. 11-13 空白；每页 6 列，每列 14—17 字。

标题（fol. 10b）：传度道场

正文起始（fol. 1a）：又来变过中完甲子年生三百六十四岁

正文结尾（fol. 10b）：谢将引度师上奏开斋黄表一亟 . 传度道场完了

无地点及日期，推测为 19 世纪。

闾山派用于度戒仪式的法及表式。优勉支系。

不同的熟练的写主执笔；局部有红色句读；后来添加的中式绘画（fol. 10b-13b、封底内页）。

389 **Cod. sin. 559**

20. 5 厘米×19 厘米，以订线从 4 处穿过书背捆扎；书衣已佚；10 张折页被随意捆扎在一起，推测首尾几页已佚，粗纤维竹纸；fol. 9 被倒置装订，fol. 8 原本空白，现有后来添加的绘画；每页 8—9 列，每列 12—14 字。

无标题

正文起始（fol. 1a）：收孝了，收孝归家安乐

正文结尾（fol. 10b）：一日六甲二日六甲三日六甲四日六甲五日六甲

无地点及日期，推测为 20 世纪。

用于葬礼的科仪的部分“收孝了”（fol. 1a-b、9a-b），以及驱鬼仪式科仪部分“又到吹｛爬｝法”（fol. 2a-b、10a-b），“一声鸣角开东微”（fol. 6a-8a）；关于甲子的段落“又到传六甲”（fol. 2b、10a-b），以及关于不祥命理的影响的段落“关煞”（fol. 3a-5b）。优勉支系。

始终由一位写主执笔；个别字为后来添加或勘误；折页被随意捆扎在一起；整本文书都有后来添加的红黑色瑶族风格绘画。

390 **Cod. sin. 560**

22 厘米×11.5 厘米，以竖着折叠搓捻而成的纸捻线在一侧捆扎（毛装），在其上又以绳子装订，但几乎已完全散开，含挂环；书衣已佚；27 张折页，推测首尾几页已佚，桑皮纸；边缘角落严重受损，fol. 1 残缺不全；每页 5 列，每列 14—18 字。

无标题

正文起始（fol. 2a）：高楼望见焦叶扇，望见高楼□开□

正文结尾（fol. 27b）：□白米排々送出外，相送王转庙□

无地点及日期，推测为 19 世纪末。

七言歌。优勉支系。

始终由一位熟练的写主执笔；局部有黑色句读；个别字由写主勘误或添加；整本文书都有后来添加的红黑色中式绘画。

391 **Cod. sin. 561**

20 厘米×16.5 厘米，以粗绳穿过书边及书背装订，含挂环；严重受损的书衣由以布筛荡料入帘而成的粗纤维脆竹纸制成，封底已佚；30 张折页，同样由以布筛荡料入帘而成的粗纤维竹纸制成；版口处多被撕开，内页有后来添加的绘画；严重受损，有虫蛀，折页边缘有缺损；fol. 17b-18a 空白；每页平均 7 列，每列 12—14 字。

无标题

正文起始（fol. 1a）：具出相病舟．功曹计上三十六分下坛许上三十六分

正文结尾（fol. 30b）：财占病兵戈十意万事行々大［吉利］

无地点及日期，推测为 20 世纪。

用于还愿仪式的经费种类及数额列表，以及仪式上提及的神祇名单（fol. 1a-3b）；用于祭拜盘王的七言歌，“又是盘王歌”（fol. 4a-b）；用于钱卦的七言形式的文书，［钱卦书］（fol. 5a-17a、18b-19b、30a-b）；关于瑶族姓氏的七言歌，“置民圣音”（fol. 19b-23b）；七言歌，“又到｛洛｝洋歌”（fol. 24a-29b）。优勉支系。

不同的写主执笔，有些字被勘误；大量后来添加的红黑色的以建筑及风景为背景的人物轮廓画。

392 **Cod. sin. 562**

21 厘米×13 厘米，穿过书边单侧装订，含挂环；受损的书衣，封底由脆竹纸制成，封

面由另一文书的两张规格小一些的两页制成；43 张不同品质的桑皮纸制折页；有污渍、裂口，在书芯边角处有大面积缺损；fol. 42b 已佚；每页平均 7 列，每列 18—22 字。

标题：[超度书]

正文起始（fol. 5a）：又到超度变屋法用．此屋不是非凡之屋

正文结尾（fol. 40b）：逍遥金树．佛恭惟亲故父母厶一位政魂之灵位快乐宝灵台

无地点。日期（fol. 26a、28b 表式内）：大清国厶年；一场仪式的举办日期（书衣内页）：庚寅岁五月初五日（推测为 1890 年）。

符、步罡踏斗图解、表式及用于葬礼的七言科仪的部分。优勉支系。

熟练的写主；有些字被勘误；步罡踏斗图解（fol. 1a－2b），符（fol. 2b－4b、19b、30b、41a）。

附录："木丁人草根"（fol. 40a）；在一场仪式中被提及的神祇名单（fol. 40b）："…方南西北中央五老君"（fol. 42a-b）。

书主［?］：马敕转（fol. 2b）；后继［?］书主：盘法情、马小□（书衣）；祖先［?］：马□法、张氏者（书衣）。

393 **Cod. sin. 563**

18. 7 厘米×10. 2 厘米，以订线边订（不交叉）；受损的竹纸制书衣；12 张长纤维脆竹纸制折页；除有污渍外品相佳；fol. 11b－12b 无文字，有后来添加的绘画；每页平均 5—6 列，每列16—18 字。

无标题

正文起始（fol. 1a）：上三清下三清王皇圣主教大王｛次｝犯灭犯

正文结尾（fol. 11a）：冷死万年灭火神速々冷良不要工起包冷敕

无地点及日期，推测为 20 世纪。

用于治疗仪式的法，尤其针对烧伤。优勉支系。

较生疏的写主；整本文书都有大量后来添加的红黑色人物草图。

394 **Cod. sin. 564**

21 厘米×14. 7 厘米，以竖着折叠搓捻而成的纸捻线装订，几乎已完全散开；受损的脆竹纸制书衣；10 张折页同样由脆竹纸制成；轻微污损，有折痕；每页平均 8 列，每列13—16 字。

标题（书衣内页）：设祖宗书（一本）

正文起始（fol. 1a）：壬癸水家门头上，男人收禁官府口舌

正文结尾（fol. 10a）：家神得出，外神不敢乱入，总来吹转一杯外栏头上养物猪才

鸡才

无地点及日期，推测为 20 世纪。

用于祭拜祖先的还愿仪式科仪摘录。优勉支系。

较生疏的写主；整本文书都有后来添加的红黑色人物形象草图。

附录：草稿，其中有可能是后来一位姓邓的书主的名字（书衣）。

写主及书主：黄春明（书衣、封面内页）。

395 **Cod. sin. 565**

20 厘米×14. 5 厘米，以竖着折叠搓捻而成的纸捻线在一侧捆扎；书衣已佚；12 张折页，由以布筛荡料入帘而成的厚而硬的变黑的纸制成；品相佳；每页平均 8 列，每列10—16 字。

无标题

正文起始（fol. 1a）：第一课开学了．开学了，学校里来了好多新同学

正文结尾（fol. 12b）：那个人戴着帽子，穿着大衣

无地点及日期，推测为 20 世纪。

初识字者使用的［台湾?］初级课本手抄本。优勉支系。

熟练的写主；始终都有句读（欧洲标点符号）；偶尔在列旁有对个别字的标记或修改；红黑色人物形象草图；个别字为后来用红色添加。

396 **Cod. sin. 566**

18. 2 厘米×14. 3 厘米，以订线从 3 处穿过书背捆扎，再以小竹条放在书背的两侧装订；受损的书衣由多层黄色的脆纸制成；22 张厚而脆的竹纸制折页；有裂口及虫蛀形成的缺损；fol. 19b-22b 原本空白，有后来添加的绘画；每页平均 8 列，每列 12 字。

标题（书衣内页）：陆言杂［字］；（fol. 1a、19a）：陆言杂字｛劝｝语

正文起始（fol. 1a）：陆言杂字劝语，传与世间后人

正文结尾（fol. 18a）：若还不记载字，费了银钱去人

无地点。完笔日期（fol. 18a）：五拾壹年八月初一日（抄终）（1962 年）。

六言形式的德育课本兼词典，每句最后的音节都是“人”。优勉支系，推测来自中国。

较生疏的写主执笔；红色句读；天头、地脚及页中各有横线以分隔版面；在列旁有个别字的勘误及中文注音；后来添加的红黑色草图。

附录：数字表（fol. 18b）；草稿（fol. 19a）；符（fol. 19a-21a）。

写主及书主：赵进龙（书衣内页）。

397 **Cod. sin. 567**

25 厘米×24 厘米，以粗绳在一侧捆扎；受损的厚而硬的纸制书衣包住了书背；54 张长纤维薄桑皮纸［?］制折页；有裂口、折痕及使用痕迹；fol. 1b、54a-b 空白；每页平均 8 列，每列15—16 字。

标题（书衣、标题页 fol. 1a）：大斋宿启科

正文起始（fol. 2a）：金阙化身天尊．次按洞中咒～十方肃静天尊

正文结尾（fol. 53b）：坛事毕请师还堂复位．宿启科终

地点（fol. 3b）：大清国云南道；（fol. 35a）：大清国云南道开化府。日期（fol. 1a）：乾隆四拾六年辛丑岁甲午月初日（启眷批记）（1781 年）。

用于做斋仪式前启坛请圣的科仪。荆门，道公派。

熟练的写主，大而规整的字体；有黑色句读及分段标记；列旁有个别注释；整本文书都有后来添加的红黑色绘画。

写主及书主：李经珠（fol. 1a、35b、53b）；后继书主：李道玫（fol. 1a），李道璋（fol. 1a）。

398 **Cod. sin. 568**

23.6 厘米×21 厘米，以订线边订（不交叉）；封面由染成棕色的厚纸制成，封底由风干的兽皮制成；12 张变黑的桑皮纸制折页；有小裂口；fol. 1b 原本空白，有后来添加的绘画；每页平均 12—13 列，每列 20—24 字。

标题（书衣、标题页 fol. 1a）：师教救天机

正文起始（fol. 2a）：又收车雌雄法．想收取金顶容银顶弟李衡三师影容

正文结尾（fol. 12b）：便除诸煞｛务｝洛｛东｝成金宝．纳三师也．完毕也

无地点。日期（fol. 3b、8a）：大清国～（推测为 19 世纪末）。

用于进入师公行列的度戒仪式的秘语。荆门，师公派。

熟练的写主，小字；有红色句读及分段标记；后来添加的“瑶族”画的绘画及模仿纳西文字元素的图画（fol. 1b、12）。

写主及书主：李玄明（fol. 1a、7b），可能与“李显明”是同一人（fol. 1a、2a）。

399 **Cod. sin. 569**

24.7 厘米×22 厘米，以竖着折叠搓捻而成的纸捻线在一侧捆扎（毛装）；受损的厚纸制书衣；51 张桑皮纸制折页；有小裂口、污渍；每页平均 7 列，每列 11—12 字。

标题（书衣、fol. 50b）：大斋关告科；（fol. 1a）：玉京盟真救苦延生关告科

第一篇正文

正文起始（fol. 1b）：玉京/盟真救苦延生关告科．先请师清奉斋/醮主诣师前上香复位拜五师天中尊~但见仙人房．广流恩化天尊．谨｛称｝职位．上清参受/大洞~

正文结尾（fol. 30a）：仰劳符吏依位传奉感通同赖善缘成无上道．关告科终

第二篇正文

正文起始（fol. 30a）：又入静坛科．金阙化身天尊．五龙吐出瑶池水

正文结尾（fol. 50a）：向来然烛赞咏焰影光明．和．同来善缘成无上道．静坛科终

无地点。日期（fol. 50b）：｛时｝大清乾隆四十六年蕤宾又月念六日（1781 年）。

用于做斋仪式前启坛请圣的科仪。荆门，道公派。

字体大且易识读；局部有红色分段标记；符（fol. 13b、14b、15a、16b、47a）；步罡踏斗图解（fol. 47a）；整本文书都有红黑色后来添加的模仿纳西文字元素的绘画及瑶族风格绘画；一枚淡淡的方形四字铭文印章，铭文推测为“道经师宝”（fol. 1a）。

题记（fol. 50b）含标题、日期、写主及对后代的题词。

附录（fol. 50b–51b）：由另一位写主执笔的补遗，“稽首皈依救苦主”。

写主：李经颜（fol. 1a、19a、30a、31b、50b）；后继［?］书主：李道｛家｝（fol. 1a）。

400 **Cod. sin. 570**

23. 3 厘米×19. 3 厘米，以竖着折叠搓捻而成的纸捻线穿过书边装订，在其上又以绳子穿过书边装订；封面由染成棕色的、写有文字的纸制成，封底由薄桑皮纸制成；28 张桑皮纸制折页；有裂口、污渍；fol. 1b、28b 空白；每页平均 8 列，每列 14—17 字。

标题（标题页 fol. 1a）：仲斗科．收灯（在尾）

正文起始（fol. 2a）：奉道正一救患粮星告斗祈福保安醮主厶等

正文结尾（fol. 27b）：留恩赐福与信人散罢灯盆圣道返驾

无地点。日期（fol. 27b）：道光捌年戊子岁（抄完）（1828 年）。

用于祭拜北斗的打醮仪式。荆门，道公派。

字体易辨认；局部有红色分段标记及句读，符；有北斗图的符（fol. 10a）；整本文书都有红黑色的后来添加的模仿纳西文字元素的绘画（fol. 1a）。

跋：“天子重贤学文章教玺曹不图文章言出｛但｝回语智”（fol. 28a）。

书主：李贤（fol. 1a）。

401 **Cod. sin. 571**

24. 5 厘米×24. 5 厘米，以竖着折叠搓捻而成的纸捻线穿过书边及书背装订；书衣已

佚；30 张折页，推测起始几页已佚，桑皮纸；部分版口处受损严重；每页 10—12 列，每列16—20 字。

标题：［合盆书］

正文起始（fol. 1a）：金命男娶金女贫穷凶．娶水女为｛才｝妇吉少子孙

正文结尾（fol. 28a）：同扃为婚福禄自来六合昌吉保守和皆

无地点。一位家庭成员的出生日期（fol. 29a）：（第四男本命）戊辰六月初五日己亥时（建生）（推测为 1928 或 1988 年）；（fol. 30a）：｛戊｝申年二月（推测为 1968 年）。

带合婚表和卦书的历书。推测来自中国。

由同一位较不熟练的写主执笔；表（fol. 6b－11a、15b－16b、19b）；红色图示（fol. 15a、24a、27-28a）；后来添加的模仿纳西文字元素的绘画；掌诀（fol. 28b）。

附录：败一半一全（fol. 28b）；草稿（fol. 29b-30b）。

书主：邓仕凤（fol. 18a、21b、26b）。

402 **Cod. sin. 572**

25. 5 厘米×19. 5 厘米，穿过书边及书背装订；后来订上去的书衣由多层粘在一起的染成棕色的纸制成，纸上有筛纹，书衣包住书背；24 张桑皮纸制折页；品相佳；fol. 23b 已佚；第一篇正文每页 10—12 列，每列 19—25 字；第二篇正文每页 9 列，每列 18 字。

标题（书衣）：集谢，本境，雷主，水府（总全）．雷府解冤科；（标题页 fol. 1a）：（一本）集谢科．本境，雷主，水府（总全在内也）．小符吏（在头），大符吏（在尾）；（fol. 24b）：雷府解冤科（在尾也）

第一篇正文

正文起始（fol. 2a）：奉道正一礼谢雷府解冤祈安醮主厶来诣炉前请拜上香

正文结尾（fol. 10a）：男敬女恭福禄相随速礼而退□引真言菩萨．谢本境经完笔

第二篇正文

正文起始（fol. 10a）：到此入谢雷科启去．重洞中咒．运动步嘘延迎

正文结尾（fol. 13a）：信受奉行太上说．谢雷王妙经完毕

第三篇正文

正文起始（fol. 13a）：重启谢水符科．又启洞中咒．清净咒．步嘘引唱道

正文结尾（fol. 15a）：果诸尊圣号无量不可思仪功德一切信礼．集谢完毕

第四篇正文

正文起始（fol. 15b-16a）：解冤科．士臣李玄明承行显达．奉道正一雷府解冤醮主厶来诣炉前一念二念三念上相

正文结尾（fol. 23a）：仰仗神威｛风｝讽咒上献太上弥罗无上太

打醮仪式科仪，用于祭拜本境神、雷神、水府，以及安抚、超度冤魂。荆门，道公派。

无地点。日期（fol. 1a）：道公二十四年甲辰岁五月初五日（完首也）（1844 年）。

始终由同一位熟练的写主执笔，小字；红色分段标记；后来添加的模仿纳西文字元素的绘画。

题记含一个标题及持有说明（fol. 24b）。

附录：关于李云镇和李经阳的借贷记录（fol. 24a）。

书主：李玄明（fol. 8b、10a、13a、15a、24b）。

403 **Cod. sin. 573**

23. 5 厘米×19 厘米，以蓝色细毛线穿过书边及书背装订；书衣由一张以布筛荡料入帘而成的厚纸制成，包住书背；24 张桑皮纸制折页；品相佳；fol. 2 几乎完全丢失；每页 8 列，每列12—15 字。

标题（书衣，fol. 24a）：宿启科；（标题页 fol. 1a、23b）：宿启科（壹部）

正文起始（fol. 1a）：金阙化身天尊．醮主整宿法师当陈，念演洞中

正文结尾（fol. 23a-b）：已竟皈命礼无上正真三宝重摄香官还神如法．宿启科壹部

无地点。完笔日期（fol. 1a）：光绪拾捌祀壬辰陆月廿九日（完毕）（1892 年）；附录日期（fol. 24a）：丁丑岁四月十六日立簿（推测为 1937 年）。

用于斋醮仪式前开坛启圣的科仪。荆门，道公派。

熟练的写主执笔，字体大；有红色分段标记；后来添加的含签名的“云南湖南瑶”绘画（fol. 22a）。

由另一位写主执笔的附录：含日期的关于书主之子李经巢及其孙李妙通的借贷记录（fol. 23b-24a）。

书主及传度师［?］：李道君（fol. 1a、23b、24a）；写主：盘玄达（fol. 1a）。

参见［德］贺东劢（Thomas O. Höllmann）、傅敏怡（Michael Friedrich）：《给神灵的讯息——瑶族宗教文书》（*Botschaften an die Götter. Religiöse Handschriften der Yao*），威斯巴登：Harrassowitz，1999，第 38—39 页，目录第 5 号。

404 **Cod. sin. 574**

24 厘米×18. 5 厘米，以绳子穿过书边及书背装订，含已松散的挂环；受损的薄纸制书衣；36 张桑皮纸制折页；除有水渍、墨渍外品相佳；fol. 36b 已佚，fol. 36a 残缺不全；每页 11 列，每列 25—28 字。

标题（书衣、标题页 fol. 1a）：（一本）邙秘语

正文起始（fol. 2a）：先叩祭师证盟献伍供伸师了 . 先取赞火后一块先叩师

正文结尾（fol. 36a）：重回礼九帝吾治得太平造得天娘…贝进落重娄宝

无地点。日期（fol. 1a）：［光］绪三十年甲辰岁六月十三日（抄完）（1904 年）。

用于葬礼的秘语。荆门，推测为道公派。

较拙劣的字体，字体小；有红色分段标记，符（fol. 8a、10a）；后来添加的模仿纳西文字元素的绘画；两枚不同的方形印章，各有三列不可辨认的铭文（fol. 1a、29b、32b）；关于转让该文书所需金额的记录（fol. 1a）。

传度师：邓道｛兴｝（fol. 1a）；书主：盘道照（书衣）/李盘道照（fol. 1a）。

405 **Cod. sin. 575**

26 厘米×18 厘米，穿过书边装订，含小挂环；书衣由另一文书的多张染成棕色的折页粘在一起制成，包住了书背；15 张折页，推测结尾几页已佚，桑皮纸；品相佳；每页 10 列，每列 23 字。

标题（书衣）：诸百解

正文起始（fol. 1a）：赓贰此媒山伞文法 . 先叩师证盟了 . 印邓百威拎玉剑传拎伞来

正文结尾（fol. 15b）：你众三代亲向去不可去还厶人也此茆郎

无地点及日期，推测为 19 世纪末至 20 世纪初。

秘语。荆门。

较熟练的写主，有许多特殊写法；编有页码；后来添加的模仿纳西文字元素的绘画（fol. 3b、7b、8a–b、9b、12b、13b、14b）。

写在书衣上的名字：李妙解及其弟子李经诵。

406 **Cod. sin. 576**

24 厘米×19. 5 厘米，穿过书边及书背装订；书衣由风干的兽皮制成；29 张桑皮纸制折页；除折页上端边缘受损外品相佳；每页 11—12 列，每列 23—25 字。

标题（书衣）：道教天机；（标题页 fol. 1a）：道教桉龙天机

正文起始（fol. 2a）：一论阴阳二败法 . 想家宅月府内黑暗筳中是茶林府败公

正文结尾（fol. 29a）：退回安九头抢狮仔开口守金星退不得也

无地点。日期（fol. 1a）：道晃拾七年丁酉岁七月十五日（完毕）（1837 年）。

秘语，用于葬礼中安抚地龙的仪式。荆门，道公派。

不同的写主执笔；红色分段标记；后来添加的模仿纳西文字元素的绘画（fol. 1a–b、19a、23b、24b、25b、27b、29a–b）。

由另一位写主执笔的附录：插入的文书段落打断了主要文书（fol. 22a–27b、28a–b）；

关于借贷的记录，其中的参与者：盘塭夫（书衣内页）；“送圣法”（fol. 29a）；“都经开坛流□”（fol. 29b）。

传度师：蒋金华（fol. 1a）；书主及写主：李玄明（fol. 1a）。

407 **Cod. sin. 577**

23. 5 厘米×17. 5 厘米，以竖着折叠搓捻而成的纸捻线在一侧捆扎（毛装）；严重磨损的厚纸制书衣；30 张折页，推测结尾几页已佚，桑皮纸；品相佳；每页 8 列，每列 16—19 字。

标题（书衣）：晨昏祭鬼文（一本）；（标题页 fol. 1a）：晨昏祭鬼百文集圣目

正文起始（fol. 2a）：示下厶厶早晨/晚间烧香．启无量仙香神保患茗香

正文结尾（fol. 27a）：威权自在降福消灾阴阳辞别是下

地点（fol. 22b 表式内）：大清国云南道～厶水表高岭村；（fol. 2b 表式内）：大清国云～广南府。日期（fol. 2b 表式内）：乾隆已十年厶岁（1736—1795 年）。

表式及在某特定仪式中被祭拜的神祇名单。荆门，道公派。

熟练的写主；整本文书都有后来添加的模仿纳西文字元素的绘画。

题记含写主及谦辞（fol. 27b）。

附录：□结式（fol. 1b）。

写主：李道场（fol. 27b）；书主：李云潭（书衣，fol. 1a、28b）。

408 **Cod. sin. 578**

26 厘米×15. 5 厘米，穿过书边及书背装订；书衣由脆竹纸制成，已受损；16 张桑皮纸制折页；品相佳；每页 8 列，每列 20 字

标题（书衣、标题页 fol. 1a）：（一本）杂谢秘语

正文起始（fol. 2a）：一论主来初请之法．先叩师｛装｝传身｛原｝生他母主来请是为正醮厶厶

正文结尾（fol. 16）：取鏉缚邪人四季吊金星依前吊邪便除也．杂谢秘语终完毕

无地点。日期（fol. 1a）：太岁仲华民国二陆年丁丑陆月二五日（1937 年）；（书衣）：太岁仲丁丑年陆月二十…（推测为 1937 年）。

含不同秘语的集子。荆门。

易识读的字体；符（fol. 5a）；后来添加的模仿纳西文字元素的绘画（fol. 1a-b）；一枚黑色方形“三元考召印”（fol. 1a）；页码数 15（fol. 1a）；转让该文书的价格及对此书不敬会遭到惩罚的诅咒（书衣内页、fol. 1b）。

题记（封底内页）含标题、写主及谦辞。

附录：后继书主李道法的补遗（fol. 16a-b）。

传度师：李玄庆（书衣、fol. 1a）；写主及书主：李道贤（书衣、fol. 1a、封底内页）；后继书主［？］：李道颜、李道贵（书衣），李道法（封底内页）。

409 **Cod. sin. 579**

22.5 厘米×18 厘米，穿过书边及书背装订；受损的书衣由外面染成棕色的脆竹纸制成；30 张折页，由以布筛荡料入帘而成的脆竹纸制成，纸张质量不同；品相佳；fol. 29b-30b 空白；每页 7 列，每列 14 字。

标题（书衣）：南文歌．□婚恩歌

正文起始（fol. 1a）：抽首单门答玉帝，河州玉使出游春

正文结尾（fol. 29a）：破胆离肝盘皇造，识泪不汗乃久｛旬｝

无地点。日期（书衣）：…十一岁乙巳年七月二十□（1905 年）；（封底）：七月二十日（抄完毕）。

婚礼歌曲。推测为荆门。

不同的生疏的写主执笔，有许多特殊写法；整本文书都有后来添加的模仿纳西文字元素的绘画；一面绘有月亮和星辰的旗帜的绘画（fol. 26）。

附录：关于借贷的记录，其中的参与者：黄法錤（封底内页）；用艺术字写的汉字列表，“凤龙颜鵞鸾”，可能是刺绣花样（封底内页）。

书主：李玄眷（书衣）。

410 **Cod. sin. 580**

24.5 厘米×19 厘米，穿过书边及书背装订；严重受损的书衣由染成棕色的纸制成；20 张桑皮纸制折页；起始几页被严重污染，除此之外品相佳；fol. 20b 已佚；fol. 1b、14a-17b 每页 9 列，每列 22—27 字，其余页每列 16 字。

标题（书衣，标题页 fol. 1a、2a）：飞章科

正文起始（fol. 3a）：奉道斋/醮主请拜上香，一二三稔上香

正文结尾（fol. 19a）：用悉庄严奏莫我高功范无边完句．飞章科完

地点（fol. 5a）：大清南掌国（老挝北部）。日期（fol. 1a）：太岁晃绪三十［一］年乙巳岁（抄完毕）（1905 年）。

用于向天庭递交奏章的仪式科仪。荆门，道公派。

不同的熟练的写主，有其他写主所做的添补及注释；红色分段标记；符（fol. 15b）、步罡踏斗图解（fol. 14a、17b），后来添加的绘画。

题记含标题、书主及页码数 16（fol. 19a）。

附录："一论架道黄天桥之法"（fol. 1a）；"拜章衣此"（fol. 19b–20a）。

原书主及写主［?］：李妙顺（fol. 1a、4b、19a）；后继书主：李妙通（fol. 2a、2b、5b），李道君（fol. 2a），李经樔（fol. 2a）。

411 **Cod. sin. 581**

26 厘米×23 厘米，订线从 3 处穿过书背捆扎；函套由粗布制成，前端的边缘超出书芯约 5 厘米，其下方有纸制书衣；72 张折页，推测起始几页已佚，桑皮纸；版口处多被撕开，现存的首尾两张折页部分边角处严重受损，有虫蛀形成的缺损；每页 11—13 列，每列 14—24 字。

无标题

正文起始（fol. 1a）：占横推看日月

正文结尾（fol. 72b）：得病满身痛不起是香火灶鬼客鬼丧车鬼五道鬼伤

无地点及日期，推测为 19 世纪末至 20 世纪初。

用于算卦的手册，主要由表及图示构成。抄本的母本推测来自中国。

不同的较生疏的写主执笔；红色的分段标记及表格边框；个别字和段落为后来添加，或被勘误，或被抹去；图示（fol. 2a、6a、31a、32a–33a、48b、49a、72a）；符（fol. 31b、35b、43a、45a、68a）；与列同宽的羽毛［?］图示（fol. 30a）。

412 **Cod. sin. 582**

25.5 厘米×17.5 厘米，穿过书边并从 8 处穿过书背装订；厚纸制书衣；67 张软而有弹性的纸制折页；边角轻微受损，有裂口、缺损；每页 7 列，每列 15—22 字。

标题（书衣）：赦解书；（fol. 1a）：超度折解疏；（fol. 63b）：超度投读折解书（一卷）；（封面内页）：超度书

正文起始（fol. 1a）：留当且延迟有娱来便尊奉行连々，须至关者古关仰，当日奉事功曹唐葛周三将军，准此，皇上厶年厶月厶日厶关｛发｝．超度折解疏

正文结尾（fol. 63b）：断路符二道用桃木画．斩鬼符，敕斩邪鬼

地点（fol. 1a 表式内）：大清国云南道承宣布政使司厶府厶县厶乡厶里厶社。日期（封底，为后来添加）：民国拾参年九［月］拾五［日］立秋天（敕令）（1924 年）；（fol. 63a）：天运嘉庆二年丁巳岁二月二十二日（照依原本抄写）（1797 年）。

用于超度亡灵仪式的法、表式及符的集子。优勉支系。

始终由一位熟练的写主执笔，个别字有勘误，部分出自另一位写主之手；编有页码；符（fol. 60a–b、61a–b、62a–b、63a）；后来添加的黑色玫红色相间的中式绘画（fol. 29b、32b、33b、44b、47b、49b、50a、51b、52a、57b、58、61a）。

题记含标题、日期、书主、写主及页码数 65（fol. 63a-b）。

写主以化名“频川｛郡｝”被登记（fol. 63b）；书主：庞成龙（书衣）；后继书主：邓进清（书衣内页）；一位书主以化名“商音”（多为盘、黄或蒋姓人所用）被登记（fol. 63a）。

413 **Cod. sin. 583**

23 厘米×19.5 厘米，以竖着折叠搓捻而成的纸捻线在一侧捆扎（毛装）；书衣由染成棕色的厚纸制成；25 张桑皮纸制折页；品相极佳；fol. 1b、25a-b 空白；每页 8—10 列，每列 14—18 字。

标题（书衣）：天机秘语；（标题页 fol. 1a）：丧家秘（在头），诸伤案法（在尾），杂伤秘（在尾）；（fol. 2a）：诸伤案法，丧家秘语（共二本篆完）；（fol. 10a）：丧家秘语

第一篇正文

正文起始（fol. 3a）：丧家法．孝男初到门前．先叩师存孝男归本师身

正文结尾（fol. 10a）：白叠内里闭藏｛秽｝同内禁退回重牢闭．一句闲言．丧家秘语照依原本篆完

第二篇正文

正文起始（fol. 10b）：又论虎伤法．披头陈｛系｝头陈罗伤鬼李伤神

正文结尾（fol. 24a）：依前虎伤各伤食饱升上去禁金毛狮子带脖诸伤去禁

无地点。日期（fol. 2a）：皇号乾隆五拾一年丙午岁仲秋润七月念廿八日（篆完）（1786 年）。

用于葬礼的秘语。荆门，道公派。

始终由同一位熟练的写主执笔；局部有红色句读及分段标记；每列起始有红色圆圈形标记；个别字被写主勘误；一枚方形“道经师宝”印章（fol. 2a）。

序（fol. 2b）含题词、标题及姓名；题记（fol. 24b）含红毛笔写的标题、姓名及日期。

写主：盘玄上（fol. 2b、3a）；书主：李云潭（fol. 2b、24b）。

414 **Cod. sin. 584**

24.5 厘米×18.5 厘米，以细毛线穿过书边及书背装订；受损的书衣由以布筛荡料入帘而成的黄色［竹?］纸制成；18 张折页，同样由以布筛荡料入帘而成的竹纸制成；品相极佳；每页7—9 列，每列 15—18 字。

标题（书衣）：（一本）授秘械；（标题页 fol. 1a、封底内页）：授械秘（一本）

正文起始（fol. 2a）：初真弟子法先烧香叩师蕃取傅三魂

正文结尾（fol. 18b）：又庙鬼纳早星晚星降宫月府日宫金星瘟星晚星李金容也

无地点。日期（封底内页）：光绪年十二月初三日（抄完）（1875—1908 年）。

用于度戒仪式的秘语。荆门，道公派。

熟练的写主，许多特殊写法；局部有红色句读及分段标记；一枚方形印章，铭文推测为“道经师宝”（书衣、fol. 1a）。

题记含标题、日期及谦辞（封底内页）。

附录：关于邓金争和李氏｛者｝之间的交易记录（封面内页）；｛众｝帅给与弟子法（fol. 1b）。

传度师：李云善（fol. 1a）；书主及写主：邓云财（书衣，fol. 1a、2b）。

415 **Cod. sin. 585**

23. 5 厘米×18 厘米，以竖着折叠搓捻而成的纸捻线在一侧捆扎（毛装），在其上又用毛线装订；书衣由染成棕色的厚纸制成，纸张内页写有泰文（傣仂），严重受损，封面已佚；72 张折页，推测首尾几页已佚，桑皮纸；fol. 1-9 品质不同，推测为后来添加；版口处多被撕开，部分边角严重受损；fol. 72b 已佚，fol. 1 - 3 残缺不全；每页 7 列，每列 14 字。

标题（封底）：又入开山

正文起始（fol. 1a）：□□［爹］娘｛妻｝计教，买取沙唐四角分，□□四生吃四角，四人床上睡沈□

正文结尾（fol. 72a）：冯二秀才桥［上过］，冯进七官过桥心，马祀三官桥上过，梁总兵官过桥心

无地点及日期，推测为 19 世纪初。

用于“开山”仪式的七言科仪。荆门，师公派。

熟练而流畅的字体；韵脚有红点，有红色分段标记；个别小标题被抹去，个别字（部分为另一位写主用红笔所写）被勘误或添加；文书起始处添加的文字由另一位写主执笔（fol. 1a-9b）。

附录：不同货币的兑换表（fol. 3a-b、7b）。

书主［？］：邓胜福（fol. 52b，被抹去），邓胜箓（fol. 52b、42b）；后继书主：盘胜玉（fol. 18a）。

416 **Cod. sin. 586**

25. 5 厘米×17. 5 厘米，以订线在一侧捆扎；书衣由多层软且如棉絮般洁白的纸制成，封面已佚；21 张［桑皮？］纸制折页；书芯左下角有缺损，除此以外品相佳；fol. 20b、

21b 空白；每页6—8 列，每列 20—24 字。

无标题

第一篇正文

正文起始（fol. 4a）：又入山求财法用．安索用．日里班夜里扱你财江行水黄行山

正文结尾（fol. 17b）：准吾奉太上老君急令敕

第二篇正文

正文起始（fol. 18a）：抽头望清天望见祖师在眼前，奉请祖师在眼前

正文结尾（fol. 20a）：万人望通荣银过水荣水过钱々相连速变速化准吾奉

地点（fol. 15a）：广西道桂林府林川县官下。日期（fol. 17b）：道光二十四年十一月初九日（抄完）（1844 年）；（fol. 21a）：道光二十五年正月十五日（拨下炉开炉法用）（1845 年）；附录日期（fol. 21a）：道光二十八年十二月初二日（1848 年）。

法、表式、符及咒。优勉支系。

不同的写主执笔；个别字被勘误；符（fol. 10a、14b、16a-b、17b）；步罡踏斗图解（fol. 12a）；整本文书都有后来添加的模仿纳西文字元素的绘画及中式绘画。

附录：由另一位写主执笔的七言形式的段落，“在家起程酒，七不言八不语”（fol. 1a-2b）；不同货币的兑换表（fol. 3a-b）；含日期的罗朝广和赵富广之间的交易记录（fol. 21a-b）；个别的法（fol. 21a、21b）。

书主及写主［?］：黄灵五郎（fol. 18b）；在文书（fol. 13a）中提到/作为起咒对象的虚构的师父/祖先：赵法禄、邓法禄、赵法龙、李法漆。

417 **Cod. sin. 587**

24. 5 厘米×19 厘米，以竖着折叠搓捻而成的纸捻线在一侧捆扎（毛装）；后来装订进来的书衣由包装纸制成，已受损；48 张桑皮纸制折页；fol. 1-6 折页边缘严重受损，除此之外品相佳；每页 7—8 列，每列 14—15 字。

标题（封底）：架桥奏星的书；（fol. 1a，在正文中被提及）：沐浴化衣［科］；（fol. 34b）：释孝服科（在头），祝从人科（在中），赞材楼科（在尾）；（fol. 48b）：赞裓楼科

第一篇正文

正文起始（fol. 1a）：奉道沐浴化依孝男/妇厶厶初稔上香复回再拜

正文结尾（fol. 34b）：消灾拔度亡灵赖善缘功成无上道．化衣科终毕完

第二篇正文

正文起始（fol. 34b）：释孝服科启去．除孝服句．仰告十方三宝主，证盟功德廌亡灵

正文结尾（fol. 37b）：黑开五眼六通明不可思议功德

第三篇正文

正文起始（fol. 37b）：次点开光从人

正文结尾（fol. 41b）：打骨脚碎令丁随愿往生天尊．又祝从人科完毕

第四篇正文

正文起始（fol. 41b–42a）：重集赞材楼科启．奉道正一沐浴化衣贡王救苦宝车报恩孝男女等

正文结尾（fol. 48a）：变民赞车楼酒报恩礼义十方大吉利也

写主籍贯（fol. 48b）：粤西。日期（fol. 48b）：下元大清咸丰十年岁次庚申季春月二十日（抄完）（1860 年）。

用于葬礼中做斋仪式的科仪，仪式包括下葬仪式、赦罪仪式及献祭亡人仪式。荆门，道公派。

始终由同一位熟练的写主执笔，个别字以印刷体的形式标记；局部有红色分段标记；关于神灵等级的图画；以文字构成的图标[①]（fol. 12a–b、15a–b、19b–20a、25b、33a–b、34a–b）。

题记（fol. 34b）含持有说明、内容提要及对读者的警告；题记（fol. 48b）含标题、日期、写主籍贯、持有说明及题词。

写主李顺盛仅以其化名“天水堂顺盛”被登记（fol. 41b，参见 Cod. sin. 939）；书主：李道学（fol. 10b、20a、34b）。

418 **Cod. sin. 588**

23 厘米×16. 5 厘米，穿过书边并从 8 处穿过书背装订；书衣由以布筛荡料入帘而成的［竹?］纸制成；21 张折页，同样由以布筛荡料入帘而成的［竹?］纸制成；被油浸渍过，有虫蛀形成的缺损，除此以外品相佳；fol. 1a、21b 空白；每页 8—9 列，每列 15—17 字。

标题（书衣）：（一本）疯｛痲｝秘语

正文起始（fol. 2a）：主初来请到我师人之法．传想念到师父厶人｛著｝痲疯死来请传去

正文结尾（fol. 21a）：又另徒弟银三两，超存者符命银六钱，立酆都词后寻此去也

无地点。完笔日期（书衣）：太岁甲午年二月（抄终院）（推测 1954 年）；太岁乙未年正月十四日（给付）（推测为 1955 年）。

秘语，用于安抚患麻风而死的亡灵。荆门。

① 译校者注：如 fol. 9a 有三个以文字构成的图标，其中一个上方从上至下写有字体较大的“亡者忏礼”，下方从左至右有三个稍小的字“师、道、经”，再在下方从上至下有两个字体较大的“宝尊”，“师”和“经”字上下两端都有波浪线与“礼”和“宝”连在一起。

不熟练的写主；局部有玫红色句读及分段标记；符（fol. 1b）；一枚淡淡的方形印章，四字铭文不可辨（书衣、fol. 1b）。

fol. 1 是一张 27 厘米×19. 5 厘米大的被折叠的传单，一面印有老挝的故事画，大约流传于 20 世纪 70 年代，是关于民众应当反对越南军队的内容。

题记（fol. 20a）含不准将该文书转手给不相干人等的警告。

传度师：盘经诵；书主［及写主?］：李云珠（书衣、fol. 1b）。

参见［德］贺东劢（Thomas O. Höllmann）、傅敏怡（Michael Friedrich）：《给神灵的讯息——瑶族宗教文书》（Botschaften an die Götter. Religiöse Handschriften der Yao），威斯巴登：Harrassowitz，1999，第 60—61 页，目录第 29 号。

419 **Cod. sin. 589**

25. 5 厘米×19. 5 厘米，边订（不交叉）；书衣已佚；40 张折页，推测首尾几页已佚，纸张质量不同（fol. 1-21 为薄而脆的竹纸，fol. 22 起为软桑皮纸）；现存的首尾两张折页严重受损；fol. 1a、35b 已佚，fol. 1b、2a、40a-b 残缺不全；每页 7—10 列，每列 9—15 字。

无标题

正文起始（fol. 1a）：山河｛回向｝神仙…东霞扶桑官

正文结尾（fol. 40b）：咒曰 . 刀利禅献波□□□宛数□□

地点及日期（fol. 27b 表式内）：太清国云南道。

《道范科》［?］极其精简的版本。推测为荆门，道公派。

始终由同一位较生疏的写主执笔，许多字采用特殊写法；局部有红色句读及分段标记。

420 **Cod. sin. 590**

25. 5 厘米×25. 5 厘米，边订（不交叉）；书衣已佚；49 张折页，推测起始几页已佚，严重变黑的桑皮纸；版口处多被撕开，有虫蛀形成的缺损，书芯边角受损；fol. 49b 已佚，fol. 1-11 残缺不全；每页 14—15 列，每列 19—25 字。

无标题

正文起始（fol. 1a）：又祭土地鬼保猪之法 . 盆性托香姓度饭姓刨菜姓蔬…

正文结尾（fol. 49a）：念师帅将雷霹雳一拍一搥破落月府日宫金单星三天…

无地点及日期，推测为 19 世纪末至 20 世纪初。

用于葬礼的秘语。荆门。

熟练且流畅的字体，个别段落为另一位写主执笔；局部有已褪色的红色分段标记；个别字被勘误（部分为书主自己勘误）或添加；一些小标题伴有注释及“动作说明”；符（fol. 22a、26a、29a、30a-b、37b、39b、40b）；与列同宽的北斗图示（fol. 37b），一个小标题上有通过线连接在一起的三个点（“三台”星宿图）（fol. 43a）；后来添加的绘画（fol. 9a、10b、13b、14a-b、16b-17a、23b、24b-25a、30b、33av）。

书主：邓胜香（fol. 6a、10b、12b、14b、17a、21b、26b、28b、37b、45b、48b）。

421 **Cod. sin. 591**

20 厘米×12. 5 厘米，边订（不交叉），含挂环；书衣已佚；20 张桑皮纸制折页；第一张折页在边缘处轻微受损，除此之外品相佳；fol. 19b-20a 空白；每页 12 列，每列 15—20 字。

标题：[增广贤文]

正文起始（fol. 1a）：昔时贤文诲汝谆谆集韵增广多见闻

正文结尾（fol. 19a）：更无差此字桯示万无壹失

无地点。日期（fol. 19a）：皇上光绪二十三年三月中（抄完）（1897 年）。

用于教授汉字及儒家思想的课本。优勉支系。

始终由一位熟练的写主执笔；个别字为后来添加或被勘误（部分为写主自己所为）。

书主：邓进寿、[邓] 进堂、[邓] 进朝（fol. 20b）。

422 **Cod. sin. 592**

27 厘米×21 厘米，以竖着折叠搓捻而成的纸捻线在一侧捆扎（毛装），又在其上穿过书背装订；书衣已佚；47 张折页，推测首尾几页已佚，严重变黑的桑皮纸；版口处多被撕开，边缘处（尤其是 fol. 31 以后）严重受损；有煤烟渍、墨渍、水渍；fol. 1a-b、21b 局部已佚；每页 10—12 列，每列 22—30 字。

无标题

正文起始（fol. 1b）：先祭香火家神…属月府欺子属欺孙属…宝珠无量食与他吃了

正文结尾（fol. 47b）：是布桥开成传师父肚脐点斗宫肚脐存老

无地点及日期，推测为 19 世纪。

重点关于占星的秘语。荆门，推测为师公派。

不同的写主执笔，大部分为一种熟练且流畅的字体；有红色分段标记，个别字（很显然由写主自己）被勘误或添加，或通过打点强调；符（fol. 9b），与列同宽的北斗图示（fol. 11a）；一枚淡淡的方形印章，铭文推测为“三月考召印”（fol. 1b-3a）。

作为书主 [?] 被登记：李广度、李广滩、李广亿（fol. 9a）。

423 **Cod. sin. 594**

8 张接近方形、约 30 厘米×30 厘米大的未染色粗［棉?］布，绣有深蓝或黑色的艺术体汉字，所有字都位于布的边缘，并朝向中央，易识读，主要起装饰作用。每张布都在一个角上固定有一条细绳，用此绳可将布系起来形成包裹状，把银饰保存在里面。如不将其系起来，在婚礼或其他节日场合中则可将此布戴在头上。无地点及日期。荆门。

Cod. sin. 594（1）

34 厘米×34 厘米，有污渍、严重变黑且松松垮垮，可证明其曾被用作保存银饰的袋子。一共有 35 个汉字，在中央及每个角各有一个大字体，分别是“懿”“滕”“兰”“穹”“挂”。其余小字则分布在向中心围拢的两个同心圆内。

参见［德］贺东劢（Thomas O. Höllmann）、傅敏怡（Michael Friedrich）：《给神灵的讯息——瑶族宗教文书》（*Botschaften an die Götter. Religiöse Handschriften der Yao*），威斯巴登：Harrassowitz，1999，第 50—51 页，目录第 19 号。

Cod. sin. 594（2）

21 厘米×21 厘米，有污渍，呈灰色；一共有 8 个艺术字：1 个字位于中心，每个角各有 1 个字，每个角之间沿着边缘各有 3 个间距相等的字；4 个角的字都有雨字头，中心的字含绞丝旁，角与角之间的 3 个小字则含言字旁。

Cod. sin. 594（3）

35 厘米×35 厘米，米色棕色相间；5 个艺术字：中心 1 个绞丝旁的字体大，各角各 1 个雨字头的字，每个角之间各有 4 颗星。

Cod. sin. 594（4）

32 厘米×32 厘米，白色；一共 5 个艺术字：中央 1 个字，每个角各 1 个字；每个字都同时含绞丝旁和雨字头。

Cod. sin. 594（5）

32 厘米×32 厘米，有灰度的米白色；一共 5 个艺术字：中央 1 个字，每个角各 1 个字，角与角之间各有 4 颗星。

Cod. sin. 594（6）

33 厘米×33 厘米，灰色米白色相间，不含绳子；一共有 9 个艺术字：中央 1 个字，每个角各1个字，每个角之间沿着边缘各有1个小字；角上的字都有绞丝旁，角与角之间的字含鸟字旁；中心的是1个更复杂的多元素组合在一起的字。

Cod. sin. 594（7）

32厘米×30厘米，白色；一共9个字：中央1个字（实际是4个朝向中心的字组合在一起形成的，与上端边缘相接），每个角各1个字，角与角之间沿着边缘有4个字。外圈的字为鸟字旁和绞丝旁轮流出现，4个内里的字是“普通的汉字”：“能”“学”“后”“忆”。

Cod. sin. 594（8）

35厘米×36厘米，白色；一共有约60个汉字，分布在4个向中心“中”“正”两个字围拢的同心圆中；若把这些“普通的汉字”按照逆时针方向读，则可产生一篇上下连贯的文章。

424 **Cod. sin. 595**

5块有刺绣的抹额，各由约30厘米×15厘米大的白色手织［棉?］布制成，经线在布的两边各留出约60厘米的长度，每几条经线一组被搓捻在一起形成绳状。它们被用于戴在头上裹成多圈，也用于加固头上的银饰，这些银饰荆门的妇女们会在节日场合佩戴。布上绣有极小的用艺术体写成的深蓝到黑色的汉字，这些小字排列在一个长方形内，分布在极规整的行及列中，该长方形的框架由织入布内的深蓝色线构成，并由几何图形镶边。有时布背面有“刺绣辅助记号”，即明显可见的红线及红点。这些艺术字主要起装饰作用，左侧常有绞丝旁，在仪式用书的空白处有时可发现这些字（参见Cod. sin. 1036）；推测多由不精通汉字的妇女在20世纪初的越南北部使用。无地点及日期。

Cod. sin. 595（1）

28厘米×12厘米；不可识读的艺术字（显而易见的是，所有字都有绞丝旁）分布在7行中，每行5个字。

Cod. sin. 595（2）

30厘米×16厘米；字与字差不多彼此挤在一起，分布在约10行中，每行11字。这块严重变黑的布的中心有一个红色小字。

Cod. sin. 595（3）

25厘米×14厘米；字与字之间都很明确地彼此隔开，显而易见的是所有字都有绞丝旁，分布在8行中，每行7个字；用于加固的绳子长约70厘米。

Cod. sin. 595（4）

27厘米×15厘米；字与字之间都很明确地彼此隔开，多数都有绞丝旁，分布在12行中，每行9个字。

Cod. sin. 595（5）

24厘米×14厘米；字与字之间都很明确地彼此隔开，不是所有的字都有绞丝旁，分布在10行中，每行9个字；布窄窄的边缘①被翻折到背面缝上，一条红白相间的挂带②用于加固银饰。

425 **Cod. sin. 599**

25厘米×20厘米，穿过书边及书背装订，部分已松散；书衣由另一文书的多张有文字的染成棕色的折页制成，部分折页被粘在一起，已受损；22张桑皮纸制折页；有污渍、裂口及缺损；fol. 1a、20a–22a空白；每页平均10列，每列21字。

标题（书衣）：玉典经中卷；（fol. 1a）：尊典经卷中；（fol. 23b）：玉典经书中典

正文起始（fol. 2a）：上清境洞玄经一十二部卷之中．至妙品无上至真隐兴难明于是同声赞叹上白

正文结尾（fol. 19b）：天尊曰，臣等辛闻正教未达玄找惟愿慈□广

无地点及日期，推测为1808年（参见同一写主执笔的Cod. sin. 627、630、639）。

道教经典篇章摘录。荆门，道公派。

流畅且熟练的字体；每一个选段后都有符。

原书主邓经尊（书衣、fol. 1a）为其子邓经玩和邓金绵写下这本文书（fol. 1a）。

参见［德］贺东劢（Thomas O. Höllmann）、傅敏怡（Michael Friedrich）：《给神灵的讯息——瑶族宗教文书》（*Botschaften an die Götter. Religiöse Handschriften der Yao*），威斯巴登：Harrassowitz，1999，第88—89页，目录第52号。

426 **Cod. sin. 600**

25.5厘米×19.5厘米，以绳子从上下两处穿过书背装订，含挂环；受损的书衣由厚而如棉絮般柔软洁白的［竹?］纸制成；23张桑皮纸制折页；有裂口、折痕、污渍，首尾两张折页有缺损；每页平均11列，每列14字。

① 译校者注：只有抹额左右两侧边缘的布被翻到背面缝起。

② 译校者注：该挂带位于抹额背面。

标题（书衣）：小桥抬科；（书衣内页）：地桥科（壹本）；（fol. 23b）：地桥（壹本）

正文起始（fol. 1a）：番手打你鸣锣鼓，复手又打起桥［梁］. 社皇出榜□头挂，招取鲁班入宅堂

正文结尾（fol. 23b）：感谢众亲辞了别，个谁母饮实难饶. 地桥壹本终毕

无地点及日期，推测为 19 世纪末。

用于祭拜祖先及送子神帝母的仪式七言歌。荆门，师公派。

规整的字体；有红色句读及分段标记。

写主：黎法气（fol. 23b）；后继书主［?］：蒋云周（书衣内页）。

427 **Cod. sin. 601**

24. 5 厘米×22. 5 厘米，以竖着搓捻而成的纸捻线在一侧捆扎（毛装）；书衣已佚；63 张折页，由硬且如棉絮般柔软洁白的［竹?］纸制成；被煤烟染黑，有水渍，首尾两页边缘处有大面积缺损；fol. 1a–b 空白，残缺不全；每页平均 7 列，每列 14 字。

标题：［喃灵科］

正文起始（fol. 2a）：勘叹人生如电影，浮飞兔走难留

正文结尾（fol. 63b）：所厅三华聚顶五气朝元内有光照

无地点及日期，推测为 19 世纪末。

用于送亡灵上路的做斋仪式科仪。荆门，道公派。

流畅的字体，字体大；局部有红色句读；个别字由另一位写主添加（fol. 29b、30b）；符（fol. 39b）。

书主：盘经亮（fol. 14a、53a）。

428 **Cod. sin. 602**

26 厘米×20. 5 厘米，边订（不交叉）；书衣已佚；28 张桑皮纸制折页；有污渍、裂口及缺损；fol. 1a–b、2b 空白，fol. 28 已佚；每页平均 9 列，每列 16—19 字。

标题（标题页 fol. 2a）：说醮飞章科

第一篇正文

正文起始（fol. 3a）：玉磬声重重金鼓｛敬｝重鸣

正文结尾（fol. 14a–b）：云盖散满虚空同赖善缘成无上道. 说醮科终抄

第二篇正文

正文起始（fol. 14b–15a）：到此重集飞章科也. 奉道醮主厶请拜上香，一二三捻上香复回再拜

正文结尾（fol. 28a）：太极救苦天尊，九幽拔…珠陆度命天尊

无地点。完笔日期（fol. 14b）：太岁丙寅岁贰月朔（忠抄完氏笔）（1926 年）。

用于向天庭递交奏章的打醮仪式科仪。荆门，道公派。

流畅但潦草的字体；有红色分段标记；符（fol. 25a、25b）；步罡踏斗图解（fol. 23b、27a）。

附录含标题、日期和写主（fol. 14b）。

写主：李道威（fol. 14b）。

429 **Cod. sin. 603**

26.7 厘米×20.5 厘米，穿过书边及书背装订；书衣由染成棕色的厚纸制成；21 张折页，由软而光滑的［竹］纸制成；除起始几张折页及折页边缘有污渍外品相佳；fol. 1b 空白；每页平均 8 列，每列 16 字。

标题（标题页 fol. 1a）：礼境单时科

正文起始（fol. 2a）：入启师科 . 金真演教天尊 . 洞中玄虚 . 十方肃静天尊 . 向来早午晚时诵持咒水遍□ ｛敷｝ 十方 . 奉道三朝礼境祈福保安醮主

正文结尾（fol. 21b）：圣返天阙 . 皈依求至道回拜我师前

地点及日期（fol. 5b）：大清国云南道（推测为 19 世纪；圆形印章暗示其在更晚的时间在泰国北部被使用过）。

用于祭拜本境神的三朝醮仪式科仪。荆门，道公派。

熟练的写主执笔，字体大；一枚圆形泰文印章的部分（fol. 21b）。

写主以化名“宫音”（推测为邓或冯姓所用）被登记（fol. 9b）；书主：李妙宪（fol. 1a、7a、14b）；后继书主：蒋云微（fol. 1a），邓道利（fol. 1a）。

430 **Cod. sin. 604**

25 厘米×25 厘米，以绳子穿过书边及书背装订；书衣由另一本文书的多张染成棕色的折页粘在一起制成；24 张桑皮纸制折页；有水渍和折痕，除此之外品相佳；fol. 1b 及 24a 空白；每页平均 12 列，每列 18 字。

标题（书衣、标题页 fol. 1a）：无上东狱解冤左坛科；（fol. 24b）：无上东狱解冤在坛科

正文起始（fol. 2a）：三尺为巾敷下地排巾八卦礼乾坤 . 斋官鞠躬朝玉陛，我道皈依礼灵空

正文结尾（fol. 23b）：今则斋坛｛罢｝散，法事完满，请法师诵奉送阳官部众妙咒，请中坛举偈末时毕

无地点。日期（fol. 1a）：嘉庆拾二年丁卯岁四月初二日（抄起）（1807 年）；下元甲

子丁卯岁次（推测为 1807 年）。

用于超度亡灵的仪式科仪。荆门，道公派。

熟练的写主执笔。

题记含标题、日期及持有说明（fol. 24b）。

书主［及写主?］：邓玄瞻（fol. 1a、18a、24b）；后继书主：李玄清（fol. 1a），李云上（fol. 1a），李妙贤（fol. 1a）。

431 **Cod. sin. 605**

24.5 厘米×20 厘米，推测含 3 本文书（fol. 1a-10b、11a-39b、40a-41b），穿过书边及书背装订；书衣已佚；42 张桑皮纸制折页；有污渍、裂口，fol. 28 起有虫蛀形成的大面积缺损；fol. 2b 已佚，fol. 2a、42b 空白，fol. 40-41 为后来补订；每页平均 10—12 列，每列 14 字。

第一篇正文

标题（fol. 4a）：（壹本）川光十供科，二霄功曹

正文起始（fol. 4a）：番首你打阳首调，复手又打右同々

正文结尾（fol. 10b）：拜送神农王帝去，高山不断圣还天

无地点。附录日期（fol. 1b）：丁未十二月十三日（推测为 1847 年）；一位家庭成员的出生日期（fol. 1a）：己巳年正月八［日］寅时事（建生）（推测为 1869 年）。

用于度戒仪式的七言歌。荆门，师公派。

始终由同一位熟练的写主执笔。

附录：含日期的关于一位家庭成员邓氏三男的出生记录（fol. 1a）；含日期的关于借贷的记录，其中的参与者：李玄珍、邓道□（fol. 1b）；“又初开山法”（fol. 3a-b）。

写主及书主：邓老七（fol. 7b），推测与“邓老满”（fol. 9a）指同一个人；作为后继书主［?］被登记：李金｛立真｝（fol. 1a），邓道僚（fol. 1b），李玄珍（fol. 1a-1b，41a）。

第二篇正文

标题（fol. 11a）：（壹本）川光十供科，二霄功曹．川光科，十供科，解秽科，二霄功曹科，三台科，部表九夷三元唱科，解｛秽｝龙女（在尾），盘皇旗头（在尾）；（fol. 12a）：禄白面相，部表九夷，诸件川光，诸件十供，解秽娘子，二霄功曹，盘皇旗头

正文起始（fol. 13a）：安坛三台用．老翁自｛叫｝回文诗

正文结尾（fol. 39b）：上公氏了地公氏，地公原来八个娄

用于度戒仪式的七言歌。荆门，师公派。

无地点。日期（fol. 11a）：下元甲子（1804—1864 年）。

流畅的字体；有红色分段标记；汉字被排列成一座山的形状（fol. 11b）；目录（“坛前一步．坛宫九娘□. 三｛永龙｝诗一部．安坛三台．居共｛乱｝本”，fol. 12a）。

写主及书主：邓院照（fol. 11a、12a、37b）。

第三篇正文

标题（fol. 41b）：李家宗枝图全本

李姓家族家谱（fol. 40a-41b）：李妙快、李经宴、李经良、李经明、李院通、李妙上、李妙进、李院庆、李妙金、李妙供、李妙鲜、李院正、李妙千、李院开、李云乐、李云诵、李云经、李胜宽、李法胜、李道盛、李妙亮、李院角、李显明、李显珠、李玄明、李显姓、李显图、李妙贵、李院疆、李显应、李经义、李应篆、李应门、李云现、李胜亮、李胜云、李云耿、李国宝、李云经、李胜驾、李胜廖、李胜宽、李胜｛恚?｝、李胜恩、李云超、李云度、李云箅、李胜活、李法荣、李道雀、李道遶、李道演、李法兴、李显枢、李应御、李开宝、李公板。

一位祖先的籍贯（fol. 40a）：广东。日期（fol. 41b）：大清道光八年戊子岁十月望三日（1828 年）。

家庭成员的出生日期（fol. 41a）：丁酉年（推测为 1837 年）；戊午年（推测为 1858 年）。

附录：秘语（fol. 42a）。

题记（fol. 41b）含标题、日期、写主及祝愿。

写主及书主：李应珍（fol. 40a、41b）。

参见［德］贺东劢（Thomas O. Höllmann）、傅敏怡（Michael Friedrich）：《给神灵的讯息——瑶族宗教文书》（*Botschaften an die Götter. Religiöse Handschriften der Yao*），威斯巴登：Harrassowitz，1999，第 64—65 页，目录第 32 号。

432 **Cod. sin. 606**

25 厘米×22 厘米，以不同颜色的绳子穿过书边及书背装订；书衣由另一本文书的折页制成，部分折页粘在一起，封面染成棕色，封底未染色，有筛纹；32 张折页，推测结尾几页已佚，桑皮纸；品相佳；fol. 32b 空白；每页 7 列，每列 12 字。

标题（fol. 27b）：关告科（完毕次入）破狱科

第一篇正文

正文起始（fol. 1a）：稽首大圣大慈尊拔度救魂大斋用次启，奉道玉京盟真救苦延生斋主厶来诣师造前初念上香

正文结尾（fol. 27a-b）：感通洞赖善缘成无上道一切信礼．关告科完毕

第二篇正文

正文起始（fol. 27b）：次入破狱科．雷声普化天尊，念演洞中玄虚光郎太玄

正文结尾（fol. 31b）：普伸奉献谨称职位上言伏以洞斋科救苦成仪之

地点（fol. 4b、9b）：大清国云南道开化府。日期（fol. 32a）：嘉庆丙寅年五月初七日（抄完）（1806 年）。

用于超度阴间亡灵的做斋仪式科仪。荆门，道公派。

始终由同一位熟练的写主执笔，字体大；符（fol. 14a）。

433 **Cod. sin. 607**

24 厘米×25 厘米，以竖着折叠搓捻而成的纸捻线在一侧捆扎（毛装）；书衣由未染色的粗布制成，穿过书背装订；50 张折页，推测起始几页已佚，不同品质的桑皮纸；有水渍、污渍，除此之外品相佳；fol. 1b 已佚；每页 12 列，每列 14—15 字。

标题（fol. 1a、2a）：开山科

正文起始（fol. 3a）：年值功曹．唱功曹歌唱．妹是铜铛一个，弟是铛盖

正文结尾（fol. 50b）：鲁班大将桥上过，七十二贤过桥心，{溇} 王位下桥上过，三楼圣众过桥心

无地点。日期（fol. 28a）：道光三年癸未岁（1823 年）；（fol. 1a）：戊子年正月望四日（抄）（推测为 1828 年）；附录日期（在一张散开插入的折页上）：道光三年癸未岁二月初九［日］…（1823 年）。

用于“开山”仪式七言形式的科仪。荆门，师公派。

始终由同一位熟练的写主执笔，个别字为后来添加或勘误。

附录（fol. 28-29 之间）：另一本文书的散页，含日期，内有姓名“邓妙霖”。

书主：盘法瑛（fol. 1a）；写土：邓演天（fol. 1a、24a）；后继书主［?］：盘金令（fol. 2a），盘金威（fol. 2a）；李金清（fol. 2a），邓演 {气?}（fol. 17b）。

434 **Cod. sin. 608**

26. 5 厘米×18. 5 厘米，以竖着折叠搓捻而成的纸捻线在一侧捆扎（毛装）；书衣由染成深棕色的纸制成，纸上有筛纹；43 张桑皮纸制折页；品相佳；fol. 2b 空白，fol. 1 残缺不全；每页 9 列，每列 22—24 字。

标题（标题页 fol. 1a、fol. 2a）：救患秘语（壹本）

正文起始（fol. 3a）：一论初请之法．现存取位三个影客七个魂位左三魂右七魄

正文结尾（fol. 43b）：又祭青山六间法小名罗先悼李明威高狱诅嘱今星也

无地点及日期，推测为 19 世纪末。

秘语，用于抵御疾病并超度亡灵的仪式。荆门，师公派。

始终由同一位熟练的写主执笔，小字；有红色分段标记，星宿名用红色框出。

题记含写主、持有说明及谦辞（fol. 43b）。

传度师及写主［?］：李胜朝（fol. 1a、43b）；书主：卢道据（fol. 43b），李应国（fol. 1a、43b）；后继书主：蒋妙清（fol. 2a），李院军（fol. 2a）。

435 **Cod. sin. 609**

26 厘米×20 厘米，以粗糙的绳子穿过书边及书背装订，含挂环；书衣由厚纸制成；60 张折页，推测首尾几页已佚，桑皮纸；品相佳；fol. 1-9、16-60：每页 7 列，每列 14—16 字；fol. 10—15：每页 8 列，每列 14 字。

标题（书衣）：（一册）救患科

正文起始（fol. 1a）：先相妙咒当灵诵神｛职｝高超快乐天

正文结尾（fol. 60b）：五愿［五］□来接引，六愿六祖度升天

无地点及日期，推测为 19 世纪末。

用于抵御疾病并超度亡灵的仪式科仪。荆门，师公派。

fol. 1-9、16-60 由一位熟练的写主执笔，fol. 10-15（插入的另一篇关于地狱的七言文书）由一位生疏的写主执笔，含许多特殊写法。

书主［?］：李妙翰（fol. 5b、35b、39b）；后继书主［?］：李金蒋（书衣），李经总（书衣，fol. 47b、56b、57b）。

436 **Cod. sin. 610**

26 厘米×19. 5 厘米，穿过书边及书背装订；书衣由另一本文书的多张折页制成；38 张桑皮纸制折页；品相佳；fol. 1b、38b 空白；每页 9 列，每列 14 字。

标题（标题页 fol. 1a）：（一本）招兵罗伍二霄功曹科；（fol. 37b）：招兵罗伍科

正文起始（fol. 2a）：重集二霄功曹．年直唱．番首你打阳手调复手又打鼓无停

正文结尾（fol. 37b）：妹招集奉酬大会，答洪恩归位齐全．招兵罗伍科终笔

无地点。日期（fol. 1a）：道光拾捌年六月初六日（抄完笔）（1838 年）。

七言形式的科仪，用于招募神兵的仪式。荆门，师公派。

始终由同一位熟练的写主执笔。

题记含标题及持有说明（fol. 38a）。

书主卢胜缘（fol. 1a、7a、19a、37b）将此文书传给了其子卢法□（fol. 1a）和卢法贤（fol. 1a、4a、21a、37v）。

437 **Cod. sin. 611**

26. 5 厘米×23. 5 厘米，以竖着折叠搓捻而成的纸捻线在一侧捆扎（毛装）；书衣已

佚；12 张桑皮纸制折页；有污渍；fol. 1 为双页，fol. 1b 空白；每页 11—13 列，每列 21—22 字。

标题（标题页 fol. 1a）：玉皇经中卷

正文起始（fol. 1a）：高上玉皇本行集经卷中 . 大上光明圆满大神咒

正文结尾（fol. 12a）：玉皇赦罪天尊 . 玉皇经中卷终

无地点。完笔日期（fol. 1a）：［皇］号嘉庆戊寅岁拾壹月十别日（抄完笔）（1818 年）。

献给玉皇的道教经典文书。荆门，道公派。

始终由同一位熟练的写主执笔；天头处画有线条以分隔版面；含页码数 13（fol. 1a）。

书主：蒋胜｛选｝（fol. 1a）；后继书主：蒋道亮（fol. 1a）。

438 **Cod. sin. 612**

25. 5 厘米×19. 5 厘米，以竖着折叠搓捻而成的纸捻线在一侧捆扎（毛装）；书衣已佚；20 张桑皮纸制折页；有裂口，在折页边缘处有缺损；fol. 5a 为圆珠笔所写，fol. 1b、5b 空白；每页平均 8 列，每列 14—18 字。

标题（标题页 fol. 1a）：高上玉皇经，玉皇经上卷，玉皇经中卷

正文起始（fol. 2a）：高上玉皇本行集中卷 . 大上光明圆满大神咒

正文结尾（fol. 20b）：太阴真君九曜真君罗候真君

无地点及日期，推测为 19 世纪末。

献给玉皇的道教经典文书。荆门，道公派。

熟练的写主执笔；编有页码。

书主：邓妙任（fol. 1a）；后继书主及卖家：黄经泰（fol. 1a）；后继书主及买家：李妙辉（fol. 1a）。

439 **Cod. sin. 613**

25. 5 厘米×18. 8 厘米，以粗糙的绳子穿过书边及书背装订；受损的书衣由薄桑皮纸制成；33 张折页，桑皮纸制，下端卷起；除有折痕外品相佳；fol. 33a-b 空白；每页平均 9 列，每列 16—20 字。

标题（标题页 fol. 1a）：斋醮神目左班 . 飞章科（在尾）

第一篇正文

正文起始（fol. 2a）：清醮延生圣目左班 . 六十二位十方已德大道圣众

正文结尾（fol. 18a）：圣下运财土风来火等神恭塱圣慈降临坛所

第二篇正文

正文起始（fol. 17b）：飞章科．至鹤鸣山启师，金真演教天尊，奉道拔亡斋/延生醮主厶等来请师前

正文结尾（fol. 32a-b）：班师圣还堂脱下冠裳各称各位

无地点。日期（fol. 1a）：中华皇拾陆年丁卯岁次黄｛钟｝望十四｛日｝（誊乞）（1927 年）。

做斋仪式中必须提及的神祇名单；紧接着是用于向天庭递交奏章的仪式科仪。荆门，道公派。

较熟练的写主；局部有红色句读及分段标记；偶尔在两列间有勘误及注释；符（fol. 29b），步罡踏斗图解（fol. 27b、30b）。

写主：邓经璋龙（书衣），李玄暹（fol. 32b）。

440 **Cod. sin. 614**

25 厘米×20 厘米，以竖着折叠搓捻而成的纸捻线在上下两端穿过书背装订；书衣由另一本文书的一张桑皮纸折页制成，已受损；22 张桑皮纸制折页；书芯边角受损；fol. 1b、2b、22b 空白；每页平均 7 列，每列 14 字。

标题（标题页 fol. 1a）：朝天忏科，消罪用授械用；（标题页 fol. 2a）：百拜朝天忏科

正文起始（fol. 3a）：太上说百拜朝天谢罪宝忏，启堂领道洒净启圣

正文结尾（fol. 22a）：留恩赐福天尊长生保命天尊．朝天科终

地点（fol. 5b）：大清国云南道。完笔日期（fol. 22a）：嘉庆十八年壬申岁三月二十日（完毕）（1813 年）①。

用于超度亡灵的做斋科仪。荆门，道公派。

熟练的写主执笔，字体大；有红色句读及分段标记；一枚黑色印章，铭文推测为“三元考召印”（fol. 2a）。

书主：黄道玉（fol. 2a、22a）。

441 **Cod. sin. 615**

27 厘米×19 厘米，以竖着折叠搓捻而成的纸捻线在一侧捆扎（毛装），在其上又用细绳装订；书衣受损；57 张折页，由严重变黑、有污渍且局部烂成絮状的桑皮纸制成；版口多处被撕开，装订处及 fol. 1-6 有大面积缺损；fol. 57a 空白，fol. 41a、50b 已佚；每页平均 8 列，每列 17 字。

标题（标题页 fol. 1a）：道门幼学（一本）

---

① 校注者注：此处存疑，无法判定是抄书人笔误还是原书错误。嘉庆十七年（1812 年）为壬申年，十八年（1813 年）为癸酉年。

正文起始（fol. 2a）：大罗天止难通进，惟凭人世念真香

正文结尾（fol. 53a）：莫狗留监齐与无过吾亦无明各移各位

无地点。日期（fol. 1a）：咸丰元年金…日（终笔）（1851 年）；附录日期（fol. 1b）：咸丰元肆年甲寅岁三月初九日（立簿）（1854 年）。

道家学说导论，含经典文书选段及咒。荆门，道公派。

易识读且流畅的字体，附录为另一个写主执笔；黑色句读。

附录：关于邓道夆、邓云堂及邓院照之间的借贷记录（fol. 1a-b）；补遗（fol. 53b-56b）；关于其他借贷的记录（fol. 57b）。

写主：邓经照（fol. 11a、19b、21b、32a、38a、39b）；书主及其他写主［?］：邓老哈（fol. 19b、29b、39b、50a）；后继书主［?］：李妙周（书衣），李经璇（fol. 1a），邓妙通（fol. 1a）。

442 **Cod. sin. 616**

27 厘米×21 厘米，穿过书边及书背装订，部分已松散；受损的书衣由一张染成棕色的厚纸制成，包住了书背；59 张桑皮纸制折页；有水渍、污渍；fol. 1b、2a-b、3b 空白；每页平均 10 列，每列 14 字。

标题（标题页 fol. 1a）：红楼伴座科；（fol. 59b）：天娘伴座科

正文起始（fol. 4a）：香烧金炉文召请鳌山大庙请阴人请你造楼父母降

正文结尾（fol. 59a）：台了管道便成鬼，少驴灵王官下花．天娘半座科完

无地点。日期（fol. 1a）：嘉庆二十三年…（1818 年）。

用于祭拜送子神帝母的仪式科仪，七言形式。荆门，师公派。

熟练且规整的字体，个别字被勘误。

附录：“此倒楼句”（fol. 59b）；瑶族姓氏列表（fol. 59b）。

书主盘胜顺（fol. 1a、5b）将此文书转给卢玄/妙恩（fol. 1a、24b）。

443 **Cod. sin. 617**

26 厘米×26.5 厘米，穿过书边及书背装订，含挂环；书衣由未染色的厚纸制成，封面残缺不全；20 张桑皮纸制折页；有火烧痕迹、小面积缺损；fol. 20 被撕下；每页平均 12 列，每列 23—25 字。

标题（标题页 fol. 1a）：大小丧事度亡秘蜜

正文起始（fol. 2a）：一论回略化衣法．手持月内香柳枝召々香花请

正文结尾（fol. 18b）：斗牛丑位吴磨｛埸｝齐子虚光女宝瓶

无地点。日期（fol. 1a）：太岁丁巳年次则月朔七日吉旦（抄完誊笔）（推测为 1917 年）。

用于葬礼的秘语。荆门，道公派。

熟练的写主执笔，有红色分段标记；符（fol. 1a、9b、10a、15a-16b），六十四卦，人物形象绘画（fol. 11a、12a）。

附录："大丧事用赞"（fol. 1a）；"又论十三国土化财升度法"（fol. 18b-19b）。

写主邓道长（fol. 1a、13b）将此文书转给邓道社（fol. 1a）。

444 **Cod. sin. 618**

26 厘米×21 厘米，以竖着折叠搓捻而成的纸捻线在一侧捆扎（毛装），在其上再穿过书边及书背装订；受损的书衣由一张染成棕色的厚纸制成，包住了书背；30 张折页，一些已松散，桑皮纸；有污渍、裂口；fol. 2b、30a-b 空白，fol. 28a、29b 已佚；每页平均 10 列，每列 14 字。

标题（fol. 1a）：盘皇科（在头），接盘皇（在头），接圣科（在尾）；（fol. 2a）：庆贺盘皇桥台科

第一篇正文

正文起始（fol. 3a）：庆贺盘皇三元桥台科同用稽首躬仰盘古帝五姓欢喜入筵归

正文结尾（fol. 20b）：□帝邓几上金阙留恩赐福主张生

第二篇正文

正文起始（fol. 21a）：{又次} 开门．廷为圣起．稽首打只茶饭鼓，福手琼流下水船

正文结尾（fol. 27b）：一文二武接阴人

无地点。日期（fol. 2a）：□□道光廿年庚子岁四月十五日（终）（1840 年）。

祭拜送子神帝母的仪式科仪，七言形式。荆门，师公派。

熟练的写主执笔；局部有句读。

谦辞（fol. 20b）。

由另一位写主执笔的附录："重集曾白唱"（fol. 28b-29a）。

写主邓道翰（fol. 2a）亦以化名"宫音"被登记（fol. 13b）；后继［?］书主及第二部分的写主［?］：卢妙恩（fol. 1a、2a、21a、23b），盘应桂（fol. 2a）；后继书主：邓道便（fol. 1b）。

445 **Cod. sin. 619**

26. 2 厘米×20 厘米，以竖着折叠搓捻而成的纸捻线穿过书边及书背装订；书衣由另一本文书的折页制成，部分折页被粘在一起，已受损；35 张桑皮纸制折页，有裂口；fol. 1b 空白；每页平均 11 列，每列 14 字。

标题（标题页 fol. 1a）：（一本）受戒共诸川光科（在内）

正文起始（fol. 2a）：三师上香唱．五无朝天渐渐启，五音六律对神仙

正文结尾（fol. 35b）：拜送川光郎童子，日边皆月要分明

制书衣用的文书上的地点（封面）：大清国云南道开化府建水采州该官猛花菁山王下虚仃河头高岭村。日期（fol. 1a）：咸丰云南捌月初八日（旦出完毕）（1851 年）。

用于度戒仪式的七言歌。荆门，师公派。

熟练的写主执笔；局部有句读及红色分段标记。

写主及书主：卢胜绿（fol. 1a、10a）；后继书主：卢法莲、卢法贤（fol. 1a）；在被制成书衣的文书旧料上写下的名字：卢道绿、李氏、卢经贤、邓云明、黄氏、邓氏。

446 **Cod. sin. 620**

26. 5 厘米×18 厘米，订线从多处穿过书背捆扎；书衣已佚；24 张折页，推测起始几页已佚，厚而软的纸张；有污渍、折痕、水渍，fol. 1 有大面积缺损；每页平均 8 列，每列 8—9 字。

标题：［神目］

正文起始（fol. 1a）：十方玄老诸君丈人圣祖司命先生圣后

正文结尾（fol. 24b）：东霞扶桑□林大帝

无地点及日期，推测为 19 世纪末至 20 世纪初。

在特定仪式中被祭拜的神祇名单。推测为荆门，道公派。

较生疏的写主执笔；有红色分段标记；局部在列间和边缘处有勘误及注释。

书主：邓保才（fol. 15a）。

447 **Cod. sin. 621**

26. 5 厘米×20 厘米，以搓捻而成的纸捻线从两处穿过书背捆扎；书衣已佚；9 张桑皮纸制折页；有折痕、裂口、红色污渍；每页平均 12 列，每列 18—19 字。

标题（fol. 1a）：贱秘唱贰秘唱；（fol. 6b）：婚姻诸杀炼关秘密

正文起始（fol. 3a）：一论婚姻嫁娶祭神解诸煞存周了．又喃解正煞香

正文结尾（fol. 9b）：佩带符．长生保命八卦护身

无地点及日期，推测为 19 世纪末至 20 世纪初。

秘语及符的集子，由“一论婚姻嫁娶祭神解诸煞存周了”（fol. 3a-7b）和“又论炼关秘密一卷”（fol. 7b-9b）组成。

熟练的写主执笔；有红色句读及分段标记；符（fol. 6b、7a、8b、9a）。

附录：“捕鱼做鱼床法”（fol. 2a-b）；个别字用艺术体写成（封底）。

书主：邓悬/玄发（fol. 9b）。

448 **Cod. sin. 622**

26.5 厘米×20 厘米，以粗绳穿过书背装订，含挂环；书衣由另一本文书的多张折页制成，已受损；16 张桑皮纸制折页；有污渍、小裂口；每页平均 9 列，每列 14—15 字。

标题（标题页 fol. 1a）：竖旛伸斗（共科）；（fol. 1b）：竖旛科（在头）十方忏悔（尾）

第一篇正文

正文起始（fol. 2a）：奉道正一盟真/救苦贡王斋主厶~步嘘

正文结尾（fol. 8a）：向来化财辞圣存款沾恩洞赖．竖旛科完毕．救苦旛式．志心皈命礼度亡师主无上大浮黎土王清坤母元君长乐世界．竖旛科完．竖旛完笔

第二篇正文

正文起始（fol. 8b）：重入十方忏悔．志心皈命礼天堂路上地狱门前

正文结尾（fol. 16b）：万罪蠲消法冤仇和释上洞极北阴宫界竟登水莲净土之乡衣食自然与道含真．十方忏悔圆毕

写主籍贯（fol. 1b）：广西思恩府武缘县。日期（fol. 1a）：嘉庆二十一年丙子岁五月…（1816 年）。

用于祭拜北斗的打醮仪式科仪及用于赦罪、超度亡灵的做斋仪式科仪。荆门，道公派。

字体较大，且易识读；有红色句读及分段标记；一枚方形印章，四字铭文不可辨识（fol. 1a、3a、8a），另一枚方形印章，铭文有三栏，亦不可辨识（fol. 1a）。

附录：“救苦旛式”“玉皇旛式”“孤魂旛式”（fol. 8a）；“开印默念｛水咒｝法”（fol. 16b）。

写主：黄紫玉（fol. 1b）；原书主（“原主”）以化名“乐［安］郡”（为蒋姓所用）被登记（fol. 1a）；书主：李云｛府｝（fol. 1a、5b、8a）；后继书主［？］：蒋云□（fol. 1a），蒋经太（fol. 8b）。

449 **Cod. sin. 623**

24.7 厘米×21.5 厘米，以竖着折叠搓捻而成的纸捻线在一侧捆扎（毛装），在其上又以绳子装订；书衣已佚；27 张折页，推测起始几页已佚，桑皮纸；有水渍、火烧形成的缺损，除此以外品相佳；每页平均 8 列，每列 16 字。

标题：［诸章格式］

正文起始（fol. 2a）：又推月宫．正十月．太上虚无丈人宫二月太上玄姥零都宫．

正文结尾（fol. 27b）：诸位灵官使者午刺三天［门下］□□请进□过云程

表式内的地点及日期（fol. 4a）：太清国云南道；（fol. 4b）：大越国归花府水尾州呈兰洞青山王下铜厂河头水尾高岭村（越南）；（fol. 1b）：临安府建水县猛｛棱｝土司菁山王下慢杻水表高岭村；推测为 19 世纪。

表式集。荆门，道公派。

熟练的写主执笔；有已褪色的红色分段标记；星宿图示（fol. 21b、22a-b）。

附录："又推月宫"（fol. 1a）；后来添加的表式，含地点及一位书主名（fol. 1b）。

书主（登记在表式中，fol. 4b）：蒋云随；后继［?］书主（登记在表式中，fol. 1b）：蒋妙种。

450 **Cod. sin. 624**

26 厘米×20 厘米，以竖着折叠搓捻而成的纸捻线在一侧捆扎（毛装），在其上又穿过书边装订；书衣已佚；26 张桑皮纸制折页；有污渍、裂口、折痕、缺损；fol. 1b 空白，fol. 2a 已佚；每页平均 9 列，每列 14—19 字。

标题（标题页 fol. 1a）：大解冤科

正文起始（fol. 3a）：奉道正一雷府解冤救患祈安醮主厶来诣星前请拜上香

正文结尾（fol. 26a）：承财土地神者最灵~炉前祝赞保党如常

无地点及日期；一张表式（fol. 5b）上应填写了地点及日期（今居大清国~箐山王下厶水表高岭村），暗示该地域为云南边界非汉族地方首领土司所管辖；推测为 19 世纪。

用于超度亡灵的做斋仪式科仪。荆门，道公派。

较潦草的字体；符（fol. 11b），占整页篇幅的绘画［符?］（fol. 2b）。

附录："次玉皇赦式"（fol. 26a-b）；关于商业贸易的记录，其中的参与者：邓妙利、李妙任、邓妙顺（fol. 1a）。

书主：邓云戏（fol. 1a、12a）。

451 **Cod. sin. 625**

27 厘米×20. 5 厘米，穿过书边单侧装订；受损的书衣由染成棕色的厚纸制成，纸上有筛纹，罩住了书背，并被以一根搓捻而成的纸捻线装订在上面；20 张桑皮纸制折页；有煤烟污渍和墨渍，书芯边角有磨损形成的缺损；fol. 1b、2b、19b-20b 空白；每页平均 9 列，每列 18—19 字。

标题（书衣、fol. 1a）：玉皇上卷；（fol. 2a）：玉皇上卷经

正文起始（fol. 3a）：太上洞玄灵宝高上玉皇本行集经卷上．高上玉皇本行集经．持经要诀诀．凡诵经者必先至心诚意思

正文结尾（fol. 19a）：亲奉供养永无轮转是时｛四｝众闻是说｛巳｝欢喜踊跃难为曾

有．太上洞玄灵宝高上玉皇本行集经卷上终

无地点。日期（fol. 2a）：中元．乾隆五拾三年次戊申岁九月二十二日（起抄）（1788年）。

献给玉皇的道教经典文书。荆门，道公派。

较生疏的写主执笔。

书主：黎经运（fol. 1a、2a）。

452 **Cod. sin. 626**

27 厘米×23 厘米，以粗绳边订（不交叉）；受损的书衣由多层染成棕色的纸粘在一起制成，纸上有筛纹，书衣罩在书背上；32 张桑皮纸制折页；有污渍，部分严重受损，有裂口及缺损；fol. 1b、32a-b 空白；每页平均 11 列，每列 19—21 字。

第一篇正文

标题（书衣）：喃煞诸煞秘语伤□；（标题页 fol. 1a）：喃煞杂解天机（一本）

正文起始（fol. 2a）：又论天界禁盆法．叩师先身了仰诸司兵马个々提玉剑踏上月府日宫金星

正文结尾（fol. 15b）：喃煞灵符终毕

第二篇正文

正文起始（fol. 16a）：又论齐短法请风树下拜请咒咀大神

正文结尾（fol. 31b）：祭鬼名存得真花来到送与主人名是达天宝贵龙见送至花□水门安隐处也

无地点。完笔日期（fol. 1a）：大清道光元年十一月初日（执氏笔邓妙辉纂抄）（1821年）。

用于抵御威胁孕妇、小孩的危险的仪式秘语。荆门。

易识读的字体；有红色分段标记；符（fol. 11b-12b、13a-15b、17a-18a），宇宙示意图。

附录：不同文书转让给他人的价格（书衣）。

写主：邓妙辉（书衣、fol. 1a）；书主：邓妙颜（书衣、fol. 1a）；后继书主：黄云释（fol. 1a），黄胜释（书衣），黄玄能（fol. 1a）。

453 **Cod. sin. 627**

25 厘米×21 厘米，穿过书边及书背装订；受损的书衣由染成棕色的桑皮纸制成；17 张桑皮纸制折页，版口处多被撕开，在折页边缘处有缺损；fol. 1 为双页，fol. 1a、5b、7b、15b-17b 空白；每页平均 10 列，每列 15—19 字。

标题（书衣）：玉皇经下卷书；（fol. 1a）：玉皇卷下

正文起始（fol. 2a）：玉皇下卷．太上洞玄灵宝高上玉皇本行集经下卷．天真护时品之四尔时是天上帝闻说□法

正文结尾（fol. 15a）：十方湛寂真上道｛恢复｝大神通玉皇大天尊玄穹高上帝．玉皇卷下终也

无地点。日期（fol. 15a）：嘉庆十三年三月二十六日（抄目）（1808 年）。

献给玉皇的道教经典文书。荆门，道公派。

熟练的写主执笔。

书主：邓经尊（fol. 15a）。

参见［德］贺东劢（Thomas O. Höllmann）、傅敏怡（Michael Friedrich）：《给神灵的讯息——瑶族宗教文书》（*Botschaften an die Götter. Religiöse Handschriften der Yao*），威斯巴登：Harrassowitz，1999，第 88—89 页，目录第 52 号。

454 **Cod. sin. 628**

24 厘米×21 厘米，以订线从 4 处穿过书背捆扎，含挂环；书衣由另一本文书的多张桑皮纸折页制成，部分被粘在一起，书衣罩在书背上，已受损；41 张桑皮纸制折页；除有污渍外品相佳；fol. 1 为双页，fol. 1b 空白，fol. 41 被撕下；每页平均 12 列，每列 17—19 字。

标题（标题页 fol. 1a）：良缘一｛书｝

正文起始（fol. 2a）：斋醮人初来请法先烧香叩师先卷传三魂

正文结尾（fol. 40b）：先有阴秽后有阳秽兽，先洒罗太疑｛至｝昊玉顺

无地点。日期（fol. 1a）：太岁庚寅年正月五日（笔）（推测为 1890 年）。

用于斋醮仪式的秘语。荆门，道公派。

流畅且熟练的写主执笔；有红色分段标记；符（fol. 10a）。

写主：盘文承（fol. 4b、14b、33b、37b）；书主：蒋妙顺（fol. 4b、7a、8b、10a、13b、23b、27b、30b、32a、34a、39a）；后继书主及写主［?］：盘妙颜（fol. 30b）、李金宗、李玄鲜、李道桂（fol. 1a）。

455 **Cod. sin. 629**

26 厘米×17. 5 厘米，以黑线穿过书边及书背装订；受损的书衣由桑皮纸制成；37 张桑皮纸制折页；有污渍；fol. 1b-2b、37a 空白；每页平均 10 列，每列 19—22 字。

标题（标题页 fol. 1a）：早晚伸斗安龙解冤法．飞章（在尾）；（fol. 24b）：安龙

第一篇正文

正文起始（fol. 3a）：一论主初来请法．先念传师名玉清格道正上清唐道明太清李道德~下降~

正文结尾（fol. 24b）：传退身下来南辰巳地猪犬粪氏共师两路分离也．安龙完笔全本也

第二篇正文

正文起始（fol. 24b）：玉皇真城之法．先叩师蒋身存兵马

正文结尾（fol. 35a）：元始取铁索缚邪人．四季金星重衣前吊邪便除乘了吉也

第三篇正文

正文起始（fol. 35a）：早晚伸斗飞章金丝章法吉也．即想传取月府是太清公

正文结尾（fol. 36b）：即十帅真军铜狗去消凶星々即好也

无地点。日期（fol. 1a）：己亥年八月十六日（抄完笔也）（推测为 1839 年）；附录日期（fol. 37b）：道光二拾三年十二月十五日（重□立簿记在此）（1843 年）。

秘语，用于祭拜北斗的仪式，以及在下葬仪式中安抚地龙、超度亡灵的仪式。荆门，道公派。

一枚方形印章，铭文为“□□驱邪”（fol. 1a、3a、12a、13a、20b、21a）。

易识读的字体；有红色分段标记，局部有红色句读；符（fol. 18a）；天头处有横线用以分隔版面（fol. 3a–26b）。

附录：含日期的关于商贸的记录；其中的参与者：李金錤、李氏、邓云省（fol. 37b）。

写主：蒋公老（fol. 1a）；传度师：李云秀；书主：蒋玄知（fol. 1a、12a），他将此文书转给邓云恩（fol. 1a）。

456 **Cod. sin. 630**

24. 5 厘米×20 厘米，穿过书边及书背装订；受损的书衣由染成棕色的厚纸制成；10 张桑皮纸制折页，有污渍，被煤烟染黑，首尾两张折页有缺损；fol. 1、10 为双页，fol. 1b、10a–b 空白；每页平均 10 列，每列 20—24 字。

标题（书衣）：玉枢经大部书；（标题页 fol. 1a）：玉枢经

正文起始（fol. 2a）：玉枢经．九天应天雷声普化天尊玉枢妙经．尔时九天应元雷声番化天尊在玉清天中

正文结尾（fol. 9b）：奉行唵｛吽唎｝单罗念三遍，九天应元雷声普化天尊．玉枢宝经完毕

无地点及日期，推测为 1808 年（根据出自该写主之手的 Cod. sin. 559、627、639）。

神霄派的道教经典文书。荆门，道公派。

熟练且流畅的字体。

书主：邓经尊（fol. 1a）。

参见［德］贺东劢（Thomas O. Höllmann）、傅敏怡（Michael Friedrich）：《给神灵的讯息——瑶族宗教文书》（*Botschaften an die Götter. Religiöse Handschriften der Yao*），威斯巴登：Harrassowitz，1999，第 88—89 页，目录第 52 号。

457 **Cod. sin. 631**

25 厘米×19.5 厘米，穿过书边及书背装订；受损的书衣由染成棕色的厚纸制成；75 张桑皮纸制折页；上端边缘有火烧形成的大洞；fol. 1b、74a 空白，fol. 75 被撕下；每页平均 8 列，每列 14 字。

标题（书衣、标题页 fol. 1a、73b）：招兵科；（fol. 73b）：招兵科（一本）

正文起始（fol. 2a）：招兵川光用．［曲］子落了古叮当，八角楼薹天大光

正文结尾（fol. 67b）：今日到坛保灯主，冷冰热患起非非，拜送岭｛爷｝上马去，尔过山头慢谢情

写主籍贯（fol. 28a、67b）：广西省；（fol. 73b）：月西（推测为粤西）。起笔日期（fol. 1a）：道光十七年丁酉岁次五月十八日（起抄）（1837 年）；完笔日期（fol. 73b）：道光十七年丁酉岁次五月二十一日（抄完）（1837 年）。

用于招募神兵的仪式七言歌。荆门，师公派。

始终由同一位熟练的写主执笔，有个别黑色分段标记；五行算卦图示（fol. 36a-b）。

题记（fol. 67b）含书主、写主及谦辞；题记（fol. 73b）含标题、书主、写主、完笔日期、页码数（75）及谦辞。

附录："城子初生墟中篆，流逢从使共谈心"（fol. 68a-73b）；"便执报六白唱用"；"乂报执面相用"（fol. 74b，由另一位写主执笔）。

写主：潘治农（fol. 10b、15a、19b、28a、57b、67b、73b）；书主［及一份附录的写主?］：李妙福（fol. 1a、8a、17b、28b、30b、53a、63a、73b），可能与"李院福"指的是同一人（书衣）。

参见［德］贺东劢（Thomas O. Höllmann）、傅敏怡（Michael Friedrich）：《给神灵的讯息——瑶族宗教文书》（*Botschaften an die Götter. Religiöse Handschriften der Yao*），威斯巴登：Harrassowitz，1999，第 74—75 页，目录第 40 号。

458 **Cod. sin. 632**

25.8 厘米×20.5 厘米，从上下两端穿过书背重新装订；书衣已佚；94 张折页，严重变黑的桑皮纸制成；有水渍、污渍，折页边缘有大面积缺损；fol. 1a 已佚；每页平均 7 列，每列 13—14 字。

无标题

正文起始（fol. 1b）：五明官内与无极圣众，俱无极□明照无极世界，又见无极众生，受无极苦恼

正文结尾（fol. 93a）：千灵万圣下降跻々同临席会各认仙街依安接座，架黄道桥句．法桥广架迎三界，道路开通万圣临．今霄斋恩炼完满众灵万圣返还天

地点及日期（fol. 15b、82a、87a）：大清国~；写主籍贯（fol. 93b）：粤西；附录日期（fol. 94a）：道光八年十一月十六日（立记）（1828 年）；道光十年十二月十五日（记簿在此）（1830 年）。

用于超度亡灵的做斋灯仪[①]科仪。荆门，道公派。

熟练的写主执笔，个别注释为其他写主所写；局部有红色分段标记；被框起来的字作为符[②]（fol. 77a）；绘画，“十七慈光灯图用”（fol. 53b-54a）。

题记（fol. 93b）含书主、写主及写主报酬。

附录（fol. 94a）：含日期的关于商贸交易的记录，其中的参与者：李院安、李妙进。

写主名为“潘氏”，来自粤西（fol. 93b）；书主：邓云晃（fol. 93b），可能与“老邓”指同一人（fol. 93b）；后继书主［?］：邓院/妙红（fol. 24a、96b）。

参见［德］贺东劢（Thomas O. Höllmann）、傅敏怡（Michael Friedrich）：《给神灵的讯息——瑶族宗教文书》（Botschaften an die Götter. Religiöse Handschriften der Yao），威斯巴登：Harrassowitz，1999，第 70—71 页，目录第 37 号。

459 **Cod. sin. 633**

26. 5 厘米×20. 5 厘米，以竖着折叠搓捻而成的纸捻线在一侧捆扎（毛装）；书衣由另一本文书的折页制成，折页都被粘在一起，书衣包住书背；38 张桑皮纸制折页；有污渍；fol. 1b 空白；每页平均 9 列，每列 14—17 字。

标题（书衣）：戒度科；（标题页 fol. 1a）：戒度科（终），天师法忏，三法大道忏；（fol. 27a）：戒度科（终此也），天师法忏科（启）；（fol. 33b）：正一天师法忏（终），三法大宝忏；（fol. 38a）：三法大道忏（终）；（fol. 38b）：戒度科，天师法忏，三法大道忏（一共三件）

第一篇正文

正文起始（fol. 2a）：先净坛关告也．雷声普化天尊，太上传真教

正文结尾（fol. 27a）：任意保当也．向来化财~洞赖善~戒度科终此也

---

① 译校者注：参见 fol. 52a-57b“斋坛燃点七十慈光灯”科仪。

② 译校者注：该符位于页面右下角，呈上下宽、左右窄的椭圆形，内有四个从上至下排列的字“神水清明”，字的外部以三层椭圆将字框起，最外一层椭圆形的下方还连接着一条水平的螺旋纹。

第二篇正文

正文起始（fol. 27a）：天师法忏科启．步虚．大道洞玄灵有无不起~玄都引教天尊

正文结尾（fol. 33b）：向来拜礼正一天师法忏已竟仰祈大道师省保佑弟子参真进无．和．同赖善~正一天师法忏终

第三篇正文

正文起始（fol. 33b）：三法大道宝忏．次下跪法事请启．仰启三清竟无上三清寸，仰启大罗天无上玄空主

正文结尾（fol. 38a）：大圣元始天尊，太上道君天尊，太上老君天尊．次法事一会缴之量当任意行．或安心仰道场．或有拜玉皇法忏，玉枢法忏，若启谢师仪如法．三法大道宝忏终

无地点。完笔日期（fol. 1a）：咸丰丙辰岁十一月十一日（抄完）（1856年）。

度戒仪式科仪。荆门，道公派。

流畅的字体；有红色分段标记，局部在列中有红点；步罡踏斗图解（fol. 18a、33a）。

题记（fol. 38a-b）含标题、写主及书主。

书主及写主：李金衡（fol. 1a、27a、30a、38b）及其子李道谕（fol. 1a）；被制成书衣的旧料上登记的名字：盘玄真。

460 **Cod. sin. 634**

25厘米×24.5厘米，以竖着折叠搓捻而成的纸捻线在一侧捆扎（毛装）；受损的书衣由未染色的厚纸制成；35张桑皮纸制折页；有污渍、折痕；fol. 1b、2b空白，fol. 35b已佚，fol. 35a残缺不全；每页平均11列，每列14字。

标题（书衣）：二宵功曹（共）招兵科．二宵招兵科；（标题页fol. 1a）：二宵功曹（共）招兵（二科）

第一篇正文

正文起始（fol. 3a）：年直功曹唱．番首你打阳手古，复手又打古无停

正文结尾（fol. 29a）：习福｛夆｝师宽心坐，打鱼母得｛生｝前程．任意保送．到此看白衣过罗五娘寻此科唱．其此去尾也

第二篇正文

正文起始（fol. 29a）：招兵罗五唱．番首你打阳手调，复手又打原天长

正文结尾（fol. 35a）：政谢本龛三元三清我拜遶大海撑船…

无地点。日期（书衣、fol. 1a）：大清嘉隆六年端阳月上旬三日（抄终）；（fol. 1a）：

大清嘉隆六年端阳月上旬三日｛辰｝刻（完）（推测为嘉庆六年，即1741年[①]）。

七言歌，用于邀请天庭之船以及招募神兵的仪式。荆门，师公派。

两篇文书（fol. 1-29及fol. 29-35）各由一位写主执笔；有红色分段标记，每列起始、结尾及中间都有红点；页码数26（fol. 1a）。

第一篇文书的写主：李法鱼（fol. 1a、6b）；第二篇文书的书主及写主：李妙严（书衣，fol. 1a、14a），亦以化名“李无明”（fol. 22a）及“明堂”（fol. 20b）被登记；后继书主：邓法能（fol. 3a），李应祥（书衣，fol. 1a、16b），李应铟（书衣），李玄龙（fol. 1a），李玄｛辛｝、李玄任、李玄｛笙｝、李玄隆（fol. 2a）。

461 **Cod. sin. 635**

25.5厘米×19.5厘米，边订（不交叉），含挂环；受损的书衣由染成棕色的厚纸制成；39张桑皮纸制折页；有水渍、污渍、火烧痕迹；fol. 1为双页，fol. 39空白，装饰华丽的标题页；每页平均11—12列，每列26—30字。

标题（书衣）：百解金语；（标题页fol. 1a）：杂集百解法；（fol. 39a）：杂百解

正文起始（fol. 2a）：又祭送五海按垢法．功德乙两二钱也．先存取人之魂落传身后皆肺肝成一个三老衔氏下音氏盖过

正文结尾（fol. 38b）：又恭贺信人之声如雷桭天诸露散是离｛二｝位｛辛｝人始日上东方升光郎也好也

无地点。日期（fol. 1a）：下元甲子．道光贰拾七年丁未岁五月初七［日］终（1847年）；（fol. 39a）：皇号廿七年丁未岁五月初七日□时（冬）（1847年）；附录日期（fol. 1b）：咸丰五年二月初五日（立簿）（1855年）；咸丰十一年十二月初二日（立簿）（1861年）。

不同的秘语。荆门，道公派。

流畅的字体；有红色分段标记；一枚方形四字铭文印章，铭文推测为“道经师宝”（fol. 1a、2a、5b、26b、27a）。

题记（fol. 39a）含标题、日期、题词及持有说明；页码数40（fol. 1a）。

附录：含日期的关于贸易关系的记录，其中的参与者：李经｛瑢｝、邓经显（fol. 1b）；本境神的列表，“境王名”（fol. 1b）。

写主及书主：邓院照（fol. 1a、11b、18b、20a、25a、26a、27a、37a）；传度师：邓应海（fol. 27a）；后继书主：邓玄圣（fol. 39a），邓经照（fol. 1b、27b）。

---

① 译校者注：此处怀疑有误，嘉庆六年为1781年。

462 **Cod. sin. 636**

24 厘米×18.5 厘米，穿过书边及书背装订；书衣由不同文书的多张折页制成，部分折页被粘在一起；36 张［桑皮?］纸制折页；品相佳；fol. 1a 已佚，fol. 1b-2a 空白；每页 10—11 列，每列 14 字。

标题（fol. 2b）：（一本）桥台科，接圣科；（fol. 24a）：桥台

第一篇正文

正文起始（fol. 3a）：番首你打鸣锣鼓，复手又打启桥迨

正文结尾（fol. 24a）：感谢众王辞了别，个谁母歆实难去．桥台终

第二篇正文

正文起始（fol. 24a）：入盘古按圣去．稽首躬迎盘古帝，五姓欢喜入延归

正文结尾（fol. 27b）：政谢盘皇筵上坐，灯筵特祭你阴入

第三篇正文

正文起始（fol. 27b）：到此取桥台来读为师公知．借桥一妖唱

正文结尾（fol. 31a）：奉劝老人饮个盏，保郎寿命登千秋．桥台完

第四篇正文

正文起始（fol. 31a）：入歌唱．白纸架桥成金｛楼｝，架上三天王帝前

正文结尾（fol. 36b）：此路常行世々传

无地点及日期，推测为 19 世纪。

七言歌，用于祭拜送子神帝母以及请神仪式。荆门，师公派。

始终由同一位熟练的写主执笔；编有页码。

书主：邓法才（fol. 8a）。

463 **Cod. sin. 637**

23 厘米×22.5 厘米，穿过书边及书背装订；书衣由未染色的厚纸制成；28 张折页，为泛黄且脆的［桑皮?］纸；有折痕、水渍，除此之外品相佳；fol. 1b、27b-28b 空白；每页平均 11 列，每列 20 字。

标题（书衣）：诸章格；（标题页 fol. 1a）：诸章格式；（fol. 2b）：诸章头通用

正文起始（fol. 3a）：参受天师门下修真弟子为任奉行腾章士臣黄妙经诚惶诚恐稽首赖真再拜

正文结尾（fol. 25b）：法箓祖师三天扶教正一捕元静应显佑真军张佐天证盟

表式内的地点及日期（fol. 2a）：大清国云南道；（fol. 8a）：大清云南；（fol. 26a-b）：安南大越国归化府水尾川香山峒菁山王下慢瓜水表高岭村（居住）（越南）；（fol. 20a）：

安南大越国归化府水尾川呈兰峒菁山王下浍惯水表高岭村（居住）（越南）；（fol. 20a）：开化府永平里黑鸟高岭村（居住）（云南）；附录日期（fol. 1a）：四月廿七日（推测为19世纪末）。

用于不同仪式的表式集。荆门，道公派。

熟练的写主执笔；有红色分段标记。

由另一位写主执笔的附录：关于借贷的记录（fol. 1a）；含日期的补遗（fol. 26a-27a）。

书主：黄妙经（fol. 3a、20a、26b）；后继书主［?］：黄妙庆（fol. 25b），黄道挥（fol. 20a），黄道才（fol. 27a），刘经｛亮｝（fol. 1a、2b，用圆珠笔写成）。

464 **Cod. sin. 638**

23.8 厘米×18 厘米，穿过书边及书背装订；受损的书衣由多张未染色的纸张制成，部分纸张被粘在一起；41 张桑皮纸制折页；有污渍、火烧痕迹，书芯下端的边角有缺损；fol. 2a-b 空白；每页平均 11 列，每列 14—20 字。

标题（书衣）：盘皇，桥抬（同册科）；（书衣内页）：贺盘皇科，桥抬科（同册）；（fol. 1a）：贺盘科，桥抬科（同册）

第一篇正文

正文起始（fol. 3a）：借桥唱．忽闻凡界头天长相请借桥一妹娘

正文结尾（fol. 9a）：下元教主回宫去，门前枯木再生枝．庆贺歌完

第二篇正文

正文起始（fol. 9a）：接盘皇科重启集．稽首躬迎盘古帝，五姓欢喜八延归

正文结尾（fol. 13b）：白鹤飞枎来先伏，青鸾翩复去罗天．庆贺盘皇科终

第三篇正文

正文起始（fol. 13b）：重集桥台庆贺父母启．番首你打鸣锣鼓

正文结尾（fol. 34b）：说主请师来解度，大刀斩断大蛇身．庆贺科终

第四篇正文

正文起始（fol. 34b）：重集盘皇歌．入一堂一唱，不得入堂便拜神

正文结尾（fol. 40b）：前世话言恩流本子孙｛答｝世｛义｝移

无地点。日期（fol. 1a）：道光［贰］拾贰年壬寅岁四月中越（录完毕）（1842 年）。

七言歌，用于祭拜帝母和盘王的仪式。荆门，师公派。

好认的字体；一枚淡淡的圆形印章（fol. 1a）。

由另一位写主执笔的附录（fol. 1b）：关于贸易关系的记录，其中的参与者：李胜才、邓道兴、邓玄猪、李今章；“倒坛句，倒楼句”（fol. 40b-41a）；草稿（fol. 1a、34a）。

写主：李应万（fol. 10a、34b），亦以化名“［陇］陋［郡］李应万”被登记（fol. 34b）；书主：李院兵（fol. 1a），李院镇（fol. 1a）。

465 **Cod. sin. 639**

24.5 厘米×20 厘米，穿过书边及书背装订；书衣由多张粘在一起的染成棕色的纸制成，已受损；17 张桑皮纸制折页；有污渍，在折页边缘有缺损；fol. 1、17 为双页，fol. 1a-2b、16b-17b 空白；每页平均 10 列，每列 21—22 字。

标题（书衣）：度人经大部；（标题页 fol. 1a）：度人经

正文起始（fol. 3a）：太上洞玄灵宝无灵度人上品妙经．云｛乌｝大虚浩｛切｝之初迮遐迩或｛没｝或浮五方

正文结尾（fol. 16b）：说是领毕稽首奉行辟作礼而退太上洞玄灵宝救苦拔罪妙经

无地点。完笔日期（fol. 16b）：嘉庆十三年四月初二日（抄完毕）（1808 年）。

用于“度人”的道教经典文书。荆门，道公派。

熟练且流畅的字体。

书主：邓经尊（fol. 1a，参见 Cod. sin. 599、627、630）。

参见［德］贺东劢（Thomas O. Höllmann）、傅敏怡（Michael Friedrich）：《给神灵的讯息——瑶族宗教文书》（*Botschaften an die Götter. Religiöse Handschriften der Yao*），威斯巴登：Harrassowitz，1999，第 88—89 页，目录第 52 号；道藏，HY1。

466 **Cod. sin. 640**

26 厘米×19 厘米，穿过书边及书背装订；书衣由以布筛荡料入帘而成的硬纸制成；26 张折页，fol. 1-22 为桑皮纸，fol. 23-26 为黄色脆［竹?］纸；有水渍、小洞；fol. 1b、2b 空白；每页 10—11 列，每列 20—24 字。

标题（标题页 fol. 1a）：（一本）集小秘语

正文起始（fol. 3a）：一论邪遍肉儿人魂禾谷禁｛溶｝众生母拔取同用

正文结尾（fol. 26b）：传腹内胞胎卷取带嗣时々降生大吉也

无地点。完笔日期（fol. 1a）：天子癸酉七月廿九日（抄完给付天机谨々）（推测为 1873 年）。

秘语集。荆门，道公派。

较生疏的写主执笔，有许多特殊写法；有红色句读及分段标记；局部在列旁有勘误。

附录：关于五行的补遗（fol. 2a）。

写主邓道夆将此文书转给李玄（和）（fol. 1a）。

467 **Cod. sin. 641**

25.5 厘米×25 厘米，以竖着折叠搓捻而成的纸捻线在一侧捆扎（毛装）；受损的书衣由未染色的厚纸制成；28 张桑皮纸制折页；有裂口、缺损；fol. 1b、28a-b 空白；每页平均 8 列，每列 15—16 字。

标题（书衣）：新集授械，开解（全科）

第一篇正文

正文起始（fol. 2a）：学道当勤苦修身炼丹田．初真授械弟子厶恭诣师前一捻茗香

正文结尾（fol. 12b）：师慈今霄暂返来旦重迎．洞赖善缘~新恩科毕

第二篇正文

正文起始（fol. 12b）：此入满月开解科．月内持斋完开解度师存神变身奉道正一开解弟子厶等

正文结尾（fol. 17a）：宝华圆满天尊．尚来化财上奉．开解完毕

第三篇正文

正文起始（fol. 17a）：开解疏式．大清国广西~奉

正文结尾（fol. 18b）：万圣眼同明伏惟谨疏．太岁厶年~小谢瓮科新春用

第四篇正文

正文起始（fol. 19a）：金阙化身天尊恩神炼但~大道同玄虚念~

正文结尾（fol. 27b）：洞赖善缘成无上道．新春科毕

地点（fol. 17a 表式内）：大清国广西~；（fol. 3a 表式内）：大清国广西右江道泗城府凌云县（推测为广西左江）；（fol. 23a 表式内）：大清国广西左江道。日期（fol. 1a）：乾隆十五年八月二十八日（立记）（1750 年）；（fol. 8b）：太岁庚午年八月二十八日（记）（1750 年）。

度戒仪式科仪。荆门，道公派。

熟练的写主执笔；页码数 30（fol. 1a）。

书主：李玄璋（fol. 1a、12b）；后继书主：李妙经（fol. 1a）。

参见［德］贺东劢（Thomas O. Höllmann）、傅敏怡（Michael Friedrich）：《给神灵的讯息——瑶族宗教文书》（*Botschaften an die Götter. Religiöse Handschriften der Yao*），威斯巴登：Harrassowitz，1999，第 74—75 页，目录第 41 号。

468 **Cod. sin. 642**

24 厘米×22 厘米，穿过书边并从两处穿过书背装订；受损的书衣由染成棕色的厚纸制成，包住了书背；60 张折页，推测首尾几页已佚，被严重污损的桑皮纸；版口处多被撕

开，有缺损；fol. 60 残缺不全；每页平均 11 列，每列 20—25 字。

标题（书衣）：（一本）百解

正文起始（fol. 1a）：楼是月府日宫金星，三十六铜钱是三十六楼，我名是李白楼郎，李红楼郎，李金楼郎也

正文结尾（fol. 60b）：牛马食若奉时花发…

无地点及日期，推测为 19 世纪初。

秘语集。荆门，道公派。

熟练的写主执笔；有红色分段标记，局部有红色句读；符（fol. 5a、10b、20b、24b、25b、26a、29a、33b、34a、44a）。

书主［及写主?］：邓云祥（fol. 9a、11a、22b、31a、33b、40b、43b、51a、53a）；作为后继书主被登记：盘玄通（fol. 4b、13a），盘道圣（fol. 2a、4a），盘经太（fol. 1b、4a）。

469 **Cod. sin. 643**

24 厘米×15 厘米，以 3 条以竖着折叠搓捻而成的纸捻线穿过书边捆扎（毛装），在其上又穿过书边装订，含挂环；受损的书衣由多张未染色的厚纸制成；47 张桑皮纸制折页；有水渍、裂口；每页平均 9 列，每列 19 字。

标题（书衣）：（一本）诸品经大；（书衣第二层）：诸品经（全卷）．诸品经（一本）；（fol. 48a）：（一本）大诸品经

正文起始（fol. 2a）：诸品经全卷．道经师宝天尊，道德传经教，灵宝演内音，元始登玉座，云锦启琅｛亟｝

正文结尾（fol. 47a）：太上说李社保安妙经完毕一本大诸品经完毕

无地点及日期，推测为 19 世纪。

道教经典文书的选段集。荆门，道公派。

规整且熟练的字体；天头和地脚有红色线用以分隔版面（fol. 1－11）；页码数 46（fol. 47b）。

书主：邓应/演军（书衣，fol. 15a、47a）；后继书主：邓道财（书衣），邓玄聪（fol. 9a、21b）。

470 **Cod. sin. 644**

24 厘米×17. 5 厘米，穿过书边及书背装订；严重受损的书衣由极脆的纸制成，封底已佚；34 张折页，推测结尾几页已佚，严重变黑的薄而脆的［竹?］纸；有裂口，折页上部边缘有大面积缺损；fol. 1b 空白；每页平均 12 列，每列 23 字。

标题（标题页 fol. 1a）：（一本）按龙伸斗解冤救患秘语；（fol. 15b）：按龙告斗解冤秘语（同用之法）；（fol. 26a）：（一论）解冤家之法；（fol. 19b）：（一本）按龙伸斗解冤秘语天机

第一篇正文

正文起始（fol. 2a）：人初来请之法．想传为众生母坐都□府主拜此是正谢神宫厶鬼

正文结尾（fol. 15b）：兵马归天了．徒弟便回东方寅卯地也

第二篇正文

正文起始（fol. 15b）：重集按龙伸斗解冤秘同用之法．一论早晚主人初来请之法

正文结尾（fol. 26a）：四季五色花开影贤不断学无为也

第三篇正文

正文起始（fol. 26a）：一论解冤家之法．想传是罗修解金身以今问人相｛㖠｝□［榉举郁?］｛缚｝在月府元始复内

正文结尾（fol. 29a-b）：捕大吉也．一本按龙伸斗解冤秘语天机到此完毕也

无地点及日期，推测为20世纪。

用于安抚地龙、祭拜北斗、超度亡灵的仪式秘语。荆门，道公派。

易识读的字体；有红色句读、分段标记及其他记号；一枚模糊的方形“道经师宝”印章（fol. 2b、3a、6b-7a、8a、15b、16b、18a）。

附录（fol. 29b-34b）：“一论开光法书之法”。

写主及传度师：李玄顺（fol. 1a、15b），李道圣（fol. 1a、15b）；书主：李云通（fol. 1a、15b、22a），李云源（fol. 1a、15b、17a、22a），李云监（fol. 1a、15b、22a）；后继书主［?］：李道｛笙｝（fol. 26a、28a）。

471 **Cod. sin. 645**

24.7厘米×18.7厘米，以粗绳边订（不交叉），含挂环；受损的书衣由染成棕色且写有文字的厚纸制成，包住了书背，封底已佚；63张桑皮纸制折页；版口处多被撕开，有水渍、污渍、火烧痕迹、缺损；fol. 1残缺不全；每页平均7列，每列14字。

标题（书衣）：喃灵科；（书衣内页）：喃灵科（一本）；（fol. 1a）：谢墓科

正文起始（fol. 2a）：先相妙咒当灵持诵神｛职｝高超快乐天，不可思议功德

正文结尾（fol. 64b）：广显外家门一奠二奠三奠献□□歆受纳

写主籍贯（fol. 64b）：粤西武邑。日期（fol. 64b）：道光拾壹年辛卯岁次季春月望七日（抄完）（1831年）。

用于送亡灵上路的做斋仪式科仪。荆门，道公派。

熟练的写主执笔，字体大；有红色分段标记，局部的标记是汉字的形式。

题记含完笔日期、书主、写主、籍贯、页码数 63 及对后代的题词（fol. 64b）。

写主：潘海晏（fol. 64b）；书主：黄法椿（fol. 36b、52b、64b）；后继书主［?］：黄法｛索｝（fol. 9b）。

472 **Cod. sin. 646**

19.5 厘米×13.5 厘米，穿过书边装订；函套由染成深蓝色的布制成；16 张桑皮纸制折页；有水渍、虫蛀形成的洞；fol. 1b、16a-b 空白；每页平均 7 列，每列 15—17 字。

标题（标题页 fol. 1a）：送亡法书，将乔法（一共内）

正文起始（fol. 2a）：敕米变兵法用．咄．谨请祖师谨请本师敕变之米不是非凡之米

正文结尾（fol. 14b）：北方且一段，中央且一段，急々且一段．吾奉太上老君急急令敕

无地点。日期（fol. 15b）：道光捌年戊子岁十一月二十日（1828 年）。

用于葬礼的法。优勉支系。

较熟练的写主执笔；局部有红色句读及分段标记；一枚淡淡的印章，铭文推测为“太上老君敕令”（fol. 1a）。

题记（fol. 15b）含［使用此文书的一场仪式的?］日期及与祭者：｛邓｝法真、｛邓｝法念、［邓］法林（fol. 15b）。

附录：参加葬礼的师父，包括邓法行、赵法林、李法会、李法刚、李法顺、盘法旺、冯法胜、冯法向、吴法香、盘官三郎、李法全、李法度、吴法香、盘官三郎、李法全、李法度、罗法钱、罗法念、吴法真、吴法林、吴法念、李法才、赵法财、李法念（fol. 15a）。

473 **Cod. sin. 647**

19.8 厘米×11 厘米，以绳子在一侧捆扎；书衣已佚；11 张桑皮纸制折页；有小裂口、污渍；fol. 1b、9b-10b、11b 空白；每页平均 5 列，每列 17—18 字。

标题（标题页 fol. 1a）：初真戒度秘语在经坛用

正文起始（fol. 2a）：初真弟子解衣咒．师慈有悟解了威弥陀佛．睡念咒

正文结尾（fol. 9b）：金单星，罗天府，郡天府，顺天府，都广府，玄都案，南北二斗，六存星

无地点及日期，推测为 19 世纪末。

用于度戒仪式的秘语。荆门，道公派。

熟练的写主执笔；红色句读及分段标记；一枚淡淡的方形“道经师宝”印章（fol. 1a）。

写主邓妙谕（fol. 1a）将此文书转给了邓经穆和邓玄能（fol. 1a、9a）；后继书主［?］：［邓］云堂、邓妙显（fol. 1a）。

474 **Cod. sin. 648**

20 厘米×13 厘米，以绳子边订（不交叉）；受损的书衣由脆竹纸制成；31 张折页，推测首尾几张已佚，桑皮纸；有水渍，fol. 1、31 有大面积缺损；每页平均 8 列，每列 14—18 字。

无标题

正文起始（fol. 1a）：又到挂灯三台用．一变灯头化为麒麟狮子，二变灯尾化为麒麟狮子

正文结尾（fol. 31b）：□□□灯都照尽左边照得右边光

无地点及日期，推测为 19 世纪。

用于度戒仪式“卦三台灯”的法和七言歌。优勉支系。

较熟练的写主执笔；局部有红色分段标记；编有页码。

475 **Cod. sin. 649**

18 厘米×14. 5 厘米，以竖着折叠搓捻而成的纸捻线在一侧捆扎（毛装），再在其上装订；书衣已佚；15 张折页，推测起始几页已佚，桑皮纸；有污渍、裂口、缺损；每页平均 8 列，每列10—14 字。

标题（fol. 4a）：九经书；（fol. 12a）：千金九经；（fol. 15b）：九经

第一篇正文

正文起始（fol. 1a）：孝经传后代行善保安宁．孟子诫曰．养男胥教道，养女须教｛顺｝

正文结尾（fol. 11b-12a）：劝人反到我，金银使无千．州土终毕．药能医假病一解醉千秋．人学知之道，不学亦图然．李云静千金九经

第二篇正文

正文起始（fol. 12a）：万诫曰论也．龙归晚同云酒湿，射过深山｛章｝木香

正文结尾（fol. 15a）：绣花难好不间香．九经｛谢｝□完毕

无地点及日期，推测为 19 世纪。

用于教授汉字及儒家思想的课本。推测为优勉支系。

熟练的写主执笔；在每列的起始和末尾都有红点，有红色分段标记。

附录：个别字［持有说明?］用艺术字体写成（fol. 15a）。

书主［及写主?］：李云静（fol. 12a），亦以化名“陇陋群”被登记（fol. 1a、4a、4b、10b）；后继书主［?］：李老三（fol. 15b）。

476 **Cod. sin. 650**

24. 5 厘米×17. 5 厘米，穿过书边并从一处穿过书背装订；书衣已佚；46 张桑皮纸制折页；版口处多被撕开，有污渍、火烧痕迹、缺损；fol. 1a、46b 已佚；每页平均 9—11 列，每列 21—23 字。

无标题

正文起始（fol. 1b）：又将前｛亡｝后化法．□转运水上田｛烟｝了，消离｛五星｝路表闻尚上天桥

正文结尾（fol. 46a）：三长纸三只白鸽在三品□

无地点及日期，推测为 19 世纪末。

秘语。荆门，推测为师公派。

较熟练的写主执笔；有红色分段标记；天庭及北斗的示意图（fol. 9b）；被框起来的汉字作为符（fol. 10b、14b）。

477 **Cod. sin. 651**

24. 5 厘米×18 厘米，从 4 处穿过书背装订，含挂环；受损的书衣由多张粘且缝在一起的纸制成，纸的质量不尽相同；143 张薄桑皮纸制折页；版口处多被撕开，有污渍，折页边缘处受损；每页平均 11 列，每列 23 字。

标题（书衣）：太上…无上｛良｝缘…；（fol. 143b）：大斋秘院

正文起始（fol. 2a）：一论存墓殿之法．用仰传师父厶人又力传执阑天剑

正文结尾（fol. 139b）：早朝夜晚仟从使唤也．无主财物快归付家承受世々代々无穷无尽大吉利也

无地点。日期（fol. 139b）：皇号咸礼辛酉岁秋月下旬（完笔）（1861 年）。

用于做斋仪式的秘语。荆门，道公派。

流畅且熟练的字体；有红色分段标记；符（fol. 31b、33a、37b、38a、53b、66a、93a、102a、104a）；北斗图示（fol. 63a、98a）。

附录：缝进去的写有文字的折页（封面内页）；关于占卜已逝之人命理的段落，含掌诀图示（fol. 140a-b）；神灵及仪式用文书列表（fol. 141a-142b）。

题记（fol. 143b）含标题、页码数（132）及持有说明。

写主［及书主?］：李朝光（fol. 6b、143b）。

478 **Cod. sin. 652**

25 厘米×19. 5 厘米，边订（不交叉）；受损的书衣由多张染成棕色的纸制成，纸上有

筛纹；44 张桑皮纸制折页；有水渍、污渍，书芯边角轻微受损；fol. 1 为双页，fol. 8b 空白；每页平均 8 列，每列 16 字。

标题（标题页 fol. 1a）：关告（起头）安龙（一本）小喃灵（在尾）；（fol. 34a）：安龙科（完毕）小喃灵科（在尾）

第一篇正文

正文起始（fol. 2a）：奉道正一厶醮主厶醮眷氏等来诣圣前念拜上香

正文结尾（fol. 8a）：向来烧化财马上奉神通善通奏同赖善缘诚无上道．关告完

第二篇正文

正文起始（fol. 9a）：入安龙科．奉道正一安龙庆墓醮主厶来诣众圣前念拜上香

正文结尾（fol. 15b）：尚来诵经入琅｛极｝同赖善缘~

第三篇正文

正文起始（fol. 15b）：入灯科．灯光朗照天尊，伏闻天尊说教以清灾度危之门妙道

正文结尾（fol. 34a）：谨安中央｛董｝帝之气土德守墓龙王安．龙科完笔

第四篇正文

正文起始（fol. 34a）：小喃灵科在．尾奉请东极宫中大慈仁者

正文结尾（fol. 43a）：现存护福过去超升厶上法桥逍遥快乐．度人无量天尊，上登朱交府下人开光门

写主籍贯（fol. 1b）：思恩府（广西）。日期（fol. 1a）：道光贰拾参年癸卯岁五月十六日（抄）（1843 年）。

用于做斋仪式前启坛请圣的科仪；用于下葬仪式中安抚地龙的科仪；一篇用于送亡灵上路的科仪的节选版。荆门，道公派。

熟练的写主执笔；编有页码；一枚写主潘卓元的方形名章（fol. 1b）；一枚刻有其化名及“出版社名”——“崇德堂记”的印章（fol. 1a、8a、15b、34b）；一枚叶子状“吉星”印章（fol. 1a、8a、34b）；页码数 43（fol. 1b）。

附录：由其他写主执笔的补遗（fol. 43a–44a）。

写主：潘卓元（fol. 1b）；原［?］书主：盘道｛挥｝（fol. 34a，被抹去）；书主：李妙翰（fol. 1a、8a、15b、34a）；后继书主及附录的写主：李朝忠（fol. 43b）；后继书主及此文书的买家［?］：邓妙坚（fol. 1b）；作为后继书主［?］被登记：李老三（fol. 1a）。

479 **Cod. sin. 653**

24. 7 厘米×20. 8 厘米，穿过书边及书背装订，含挂环；受损的书衣由多张染成棕色的纸制成；30 张桑皮纸制折页；有污渍、水渍；fol. 1b、3b、30a–b 空白；每页平均 10 列，每列 24—25 字。

标题（书衣、标题页 fol. 1a）：诸杂百解秘语

正文起始（fol. 4a）：又论治黄泉之法．现存师护身

正文结尾（fol. 27b）：退下九天五天三天至东方早晚二星至ムム为信士人跪此了也

无地点。日期（fol. 1a）：□□□□二拾年中秋月望柒日｛戊｝申时（且讫毕）（可能是道光二十年，即 1840 年）。

不同秘语的集子。荆门，道公派。

熟练的写主执笔；有红色分段标记。

题记含页码数（25）及写主（fol. 27b）；写主的谦辞（fol. 3a）。

附录：目录（fol. 2a–3a）；关于商贸交易的记录，其中的参与者：邓道才、邓道念、邓道照（fol. 1a）；“又论人跌水死放鸭存亡之法”（fol. 28a–29b）。

写主：李朝宗（fol. 3a、29b），亦以“木子［=李］朝元”被登记（fol. 27b）；书主：蒋玄程（书衣、fol. 1a）。

参见［德］贺东劢（Thomas O. Höllmann）、傅敏怡（Michael Friedrich）：《给神灵的讯息——瑶族宗教文书》（*Botschaften an die Götter. Religiöse Handschriften der Yao*），威斯巴登：Harrassowitz，1999，第 66—67 页，目录第 34 号。

480 **Cod. sin. 654**

22.7 厘米×22 厘米，以搓捻而成的纸捻线在一侧捆扎（毛装），由未染成的厚纸制成的书衣后补订在上面；24 张折页，由脆的细纤维纸制成；品相佳；fol. 1b、2a、24a–b 空白；每页平均 8 列，每列 15—16 字。

标题（书衣、标题页 fol. 1a、fol. 23b）：演朝十方忏悔科

第一篇正文

正文起始（fol. 3a）：臣等伏闻乘震司春皓帝正四方之始

正文结尾（fol. 10b）：闻道之｛后｝与道含真．早朝忏悔完

第二篇正文

正文起始（fol. 10b）：重箓午朝启．臣等伏闻洪｛泳｝立置太极

正文结尾（fol. 15b）：登道岸闵道之后，夫与道含真．午朝完

第三篇正文

正文起始（fol. 15b）：晚朝启．东狱臣等伏闻皈命东岳泰山青帝真君

正文结尾（fol. 20b）：闵道之｛后｝，与道含真．晚朝忏完也

第四篇正文

正文起始（fol. 20b）：十方｛总｝忏文．臣等．皈神皈身皈命

正文结尾（fol. 23b）：蹑逍遥之境神游快乐之乡｛闻｝道之｛逡｝和与道含真．十方

三时忏悔终

无地点及日期；推测在云南归化府和云南开化府的交界地带；19 世纪末［参见黄妙经所有的另一本文书 Cod. sin. 637］。

用于超度亡灵的做斋仪式科仪。荆门，道公派。

熟练的写主执笔，个别段落由他人执笔；有红色分段标记。

附录（fol. 2b）：关于售卖该文书的记录。

写主及书主黄妙经（fol. 1a、15b、20b）将此文书卖予刘经亮（fol. 1a、2b）。

481 **Cod. sin. 655**

23. 5 厘米×17 厘米，穿过书边及书背装订，含挂环；受损的书衣由未染色的厚纸制成；40 张桑皮纸制折页；有污渍、洞；fol. 39b–40b 空白；每页平均 8 列，每列 14 字。

标题（标题页 fol. 1a）：接圣（一件），大献（二件），青灯（三件），部表（四件）

第一篇正文

正文起始（fol. 2a）：稽首打只茶饭古，复手琼流接众宫

正文结尾（fol. 9a）：成手成｛翅｝飞天界，大了还恩报答时．接圣完

第二篇正文

正文起始（fol. 9a）：十供香司唱启．鼓连々了鼓连々，香司玉女上坛前

正文结尾（fol. 26a）：拜送仙童回宫去，门前唱只凤凰飞．十供完

第三篇正文

正文起始（fol. 26a）：又青灯川光唱．交子交连鸡来鸡，乱发梳头结来成

正文结尾（fol. 32a）：正谢ムム我送拜，狌灵若簿再重番．青灯完

第四篇正文

正文起始（fol. 32a）：又三元部表唱．番首你打阳手调，复首又打古同々

正文结尾（fol. 39a）：表文交与ム先生，用心直送到天庭

无地点及日期，推测为 19 世纪。

用于请神仪式及向天庭递交奏章仪式的七言歌。荆门，师公派。

始终由同一位熟练的写主执笔，fol. 37b–38b 由另一位写主执笔；局部有红色分段标记，列旁有个别注释。

写主及书主：李应杨（fol. 1a）；书主：黄妙光（fol. 1a、36a），黄妙富（fol. 1a），他可能与“黄法副”（fol. 1a）指同一人；后继书主：黄法瓊（fol. 1a），蒋云晃（书衣、fol. 1a，被抹去），蒋云光（书衣）。

482 **Cod. sin. 656**

22. 5 厘米×17. 5 厘米，穿过书边及书背装订，含挂环；受损的书衣由多张粘在一起的

棕色纸张制成；37 张折页，为严重变黑的桑皮纸；版口处多被撕开，有火烧痕迹、缺损；fol. 2a-b、37b 空白，fol. 1b、3a、35b、37a 已佚，fol. 1、37 推测在版口处被撕开，后来变成了写有文字的双页；每页平均 8 列，每列 14 字。

标题（标题页 fol. 1a、fol. 34b）：小桥追科．（一本）小桥；（fol. 3b、34b）：小桥追科

正文起始（fol. 4a）：番首你打鸣锣鼓，复手又打启桥追

正文结尾（fol. 35b）：感谢众王辞了别，个谁母歆实难铙．一春完终毕

无地点。日期（fol. 1a）：同治五年丁卯岁七月下旬（完毕士也）（1867 年）；（fol. 34b）：同治五年丁卯岁柒月贰拾伍日（箓士也）（1867 年）。①

七言歌，用于祭拜送子神帝母的仪式。荆门，师公派。

易识读的字体；有零星几个勘误。

题记（fol. 34b）含标题、日期、页码数（31）及持有说明；跋为七言形式（fol. 35a）。

附录：草稿（fol. 36a）；关于借贷的记录，其中的参与者：盘妙贤（fol. 37b）。

写主［?］：李朝贵（fol. 1a）；书主：邓金通（fol. 1a），可能与“邓法通”（fol. 3b）指同一人；后继书主［及附录的写主?］：李显选（fol. 3b）；后继书主：蒋云胜（fol. 1a、3b、10a、14a、16a、18a），蒋胜声（fol. 3b）。

483 **Cod. sin. 657**

24 厘米×20 厘米，用绳子穿过书边装订；未染色布制函套，其下方由粗纤维竹纸的书衣制成，仅存部分；46 张桑皮纸折页；版口处多被撕开，有污渍、缺损；fol. 2a、46b 已佚，fol. 1b 空白；每页平均 8 列，每列 14 字。

标题（fol. 36b）：诸集川光．授戒灯部唱

第一篇正文

正文起始（fol. 3a）：箓白川光唱用．手拎箓箓白白连々，两头秀出好花明

正文结尾（fol. 36b）：{劳倾} 泰 {心} 今古手，八仙门外接神来．诸集川光完毕

第二篇正文

正文起始（fol. 36b-37a）：重起授械灯部唱．上元灯部唱．鼓分分了鼓分分，上元灯部到坛心

正文结尾（fol. 46a）：富坛保福是男妇，子孙后代坐朝场．尾尽终毕

无地点及日期，推测为 19 世纪。

---

① 译校者注：丁卯岁（1867 年）是同治六年，此处疑为抄书人的错误。

用于戒度仪式的七言歌。荆门，师公派。

熟练且流畅的字体；有红色分段标记，每列中间有一个红点；有个别勘误；写有页码数 43（fol. 2b）。

书主和写主：邓法滔（fol. 3a、37a、39b、46a）；后继书主［?］：李玄珍（fol. 1a）。

484 **Cod. sin. 658**

23. 5 厘米×17 厘米，以竖着折叠搓捻而成的捻线一侧捆扎（毛装）；受损的书衣由多层粘贴在一起染成棕色的纸张制成，其上方在装订处有一份法语报纸的部分残存；68 张质量不同的折页，主要为桑皮纸；有污渍、破洞；fol. 1 为双页，fol. 67b–68b 空白；每页平均 8 列，每列 14 字。

标题（书衣，封面页 fol. 1a）：开山科

正文起始（fol. 2a）：日直功曹唱号．番首你打阳手调，复手又打鼓分々

正文结尾（fol. 66b）：格别盏隔别盏□，院门弟子带来右封，卯官左封卯官．开山科竟完

无地点。日期（fol. la）：下元太岁庚申年四月二十五日（抄完）（推测为 1860 年）；（fol. 67a）：下元大清咸丰十年岁次庚申孟夏月下浣二十五日（抄完毕）（1860 年）。

开山科科仪七言歌。荆门，师公派。

熟练的写主。

题记（fol. 66b–67a）含完笔日期及持有说明；写有页码数 66（fol. 67b）。

书主：李院庆（fol. 1a、67a）；后继书主：蒋云晃（书衣，fol. 13b、23a、66b、67a）；写主以化名“水天郡盛宝”被登记（推测“天水郡盛宝”为盘盛宝的化名）（fol. 1b）。

485 **Cod. sin. 659**

25. 5 厘米×19 厘米，穿过书背装订；书衣由未染色粗布制成；45 张折页，严重污损、变黑的桑皮纸；版口处多被撕开，有水渍，首尾两张折页的边缘有缺损；每页 8 列，每列 16 字。

标题（fol. 42a，在正文中被提及）：玉京盟真贡王大斋

正文开始（fol. 1a）：金光速现覆护真神净急如~

正文结尾（fol. 44a）：法桥广度过々界道路开通过万灵．今日斋主已完｛备｝众真万圣降斋坛

无地点及日期，推测为 19 世纪初。

做斋仪式科仪。荆门，道公派。

附录由另一位写主执笔：“｛又支｝饭句”（fol. 44a–45b）。

熟练的写主执笔，字体大；有红色句读、分段标记；个别字被标记及勘误。

书主［?］：邓妙语（fol. 45a）。

486 **Cod. sin. 660**

25 厘米×20 厘米，以绳子及搓捻而成的纸捻线穿过书边及书背装订；书衣已佚；11 张桑皮纸制折页；除有水渍、污渍外品相佳；每页平均 11 列，每列 20—22 字。

标题（标题页 fol. 1a）：（又论一本）开卦之法；（fol. 1b）：（又论一本）开启卦

正文起始（fol. 2a）：又论解空亡法．先取公鸡又冠血，画符用铜钱三十六分

正文结尾（fol. 11a）：养禾苗也□道明承行吉通

无地点。日期（fol. 1a）：皇上光绪六年十二月初六日（完）（1880 年）[①]。

用于占卜的秘语。荆门，师公派。

相对熟练的写主执笔，许多特殊写法；有红色句读及分段标记；符（fol. 2a、7b）；一枚方形“三元考召印”印章（书衣）。

含有谦辞的写主的跋（fol. 11b）。

师公及传度师：李道明；书主：李金通（fol. 1a）。

487 **Cod. sin. 661**

24. 2 厘米×17. 5 厘米，穿过书边及书背重新装订；书衣佚失；47 张折页，由以布筛荡料入帘而成的厚纸制成；严重污损，有水渍；每页平均 8 列，每列 10—16 字。

标题（fol. 1a）：道范颗；（fol. 47b）：（一本）道范科；（fol. 44a）：道范

正文起始（fol. 2a）：又送圣步虚唱．回别五云夆．滕架九章歌

正文结尾（fol. 44a）：吾今｛祈｝拜奏先吾拜吾师先愿我章文上达｛大｝赤天．玉前阶下，玉前阶下．道范完

无地点。日期（fol. 43a）：大清光绪辛丑岁廿七年｛重｝阳月廿一日（终笔）（1901 年）。

做斋、打醮及度戒仪式科仪的段落。荆门，道公派。

熟练的写主；有红色句读、分段标记及对单字的标记；个别处有圆珠笔注释；卦（fol. 45b）。

题记含持有说明、完笔日期及页码数 42（fol. 43a）；八卦示意图（fol. 45b）。

由其他写主执笔的附录：“又灯头句，求财打卦用”（fol. 1b）；“又师公皈依”（fol. 44b-47a）；“皈依头用”（fol. 47a）。

---

① 译校者注：原书此处误写为“1879 年”，已更正。

书主及写主［?］：盘妙能（fol. 8b、29a、36a）；后继书主：李道阳（fol. 47b），李道明（fol. 47b）。

488 **Cod. sin. 662**

27 厘米×21 厘米，穿过书边及书背装订；缝在上面的函套由粗布制成；60 张折页，推测首尾几页已佚，薄桑皮纸；版口处大多被撕开，有污渍、缺损；fol. 60b 已佚；每页平均 8 列，每列 14 字。

标题：［开山科］

正文起始（fol. 1a）：大圣叫我四人问，叫我四人问取真

正文结尾（fol. 60a）：上元唐将［桥上过］，中元葛将［过桥心］，下元周将［桥上］过，梅山九郎［过桥］心

无地点及日期，推测为 19 世纪。

开山科科仪七言歌。荆门，师公派。

工整而熟练的字体；个别处有句读；有几处勘误及添补。

书主：李玄珍（布套函）。

489 **Cod. sin. 663**

23.7 厘米×19.5 厘米，穿过书边及书背装订；由一张薄桑皮纸制成的书衣包住了书背，残缺不全；24 张桑皮纸折页；除有墨渍、火烧痕迹外品相佳；fol. 1a-b、24a 空白；每页平均 9—10 列，每列 15—16 字。

标题（fol. 24b）：（一本）天师戒度科

正文起始（fol. 2a）：奉道正一□攒参受戒弟子厶厶捻香厶厶｛修｝再拜｛夆｝

正文结尾（fol. 23b）：说拜皈依洞真大道君，金龙出世天尊

无地点。日期（封底）：大清光绪庚子年七下旬三｛十｝日（妙完笔）（1900 年）。

戒度仪式。荆门，道公派。

相对熟练的写主执笔；红色句读和分段标记；步罡踏斗图解（fol. 13b、16b-17a）。

题记含写主和其谦词（fol. 23b）。

写主：蒋云周（fol. 23b）；书主：邓云堂（fol. 24b）。

490 **Cod. sin. 664**

25 厘米×24.5 厘米，边订（不交叉）；书衣为褐色纸张，残缺不全；27 张折页，桑皮纸；部分版口处被撕开，有严重污渍；fol. 1 为双页，fol. 11b、27b 空白；每页平均 11—12 列，每列 19—20 个字。

第一篇正文

标题（标题页 fol. 1a）：谢境谢雷科（完）；（fol. 27a）：谢雷谢境

正文起始（fol. 2a）：奉道正一醮主厶诣圣前请拜上香

正文结尾（fol. 11b）：刻在今日今时降香坛证盟礼谢谨｛款｝太岁厶年厶月厶日｛款｝上．谢境完毕

第二篇正文

标题（fol. 13a）：谢雷克解冤，吉醮（仝用）

正文起始（fol. 13a）：大清法主妙道上帝，九天应天元雷声普化天尊

正文结尾（fol. 26b）：无量不可思仪功德．向来付财奉送参驾还宫赖善上道

地点（fol. 2b）：大清国云南道；（fol. 6a、11a）：大清国云南道开化府。日期（fol. 12a）：嘉庆十年乙［丑］岁甲申［月］辛亥朔甲戌旬（1805 年）。

打醮仪式科仪，用于祭祀雷神和本境神。荆门，道公派。

熟练的写主。

题记含标题、书主和写主（fol. 27a）。

写主：邓道玺（fol. 1a、27a）；书主：邓演涛（fol. 1a），邓道通（fol. 11b、12a、27a）。

491 **Cod. sin. 665**

26 厘米×21 厘米，以搓捻而成的捻线在一侧捆扎；书衣已佚；22 张折页，开头和结尾可能有缺失，桑皮纸；有裂口、污渍、折痕；fol. 1b 空白；每页平均 7—8 列，每列 14—18 个字。

标题（fol. 1a）：敕坛净坛会圣全科

第一篇正文

正文起始（fol. 2a）：金阙化身天尊，玉锦初开｛囊｝，红炉结浮云

正文结尾（fol. 8b）：讽南斗火官—威权白天尊

第二篇正文

正文起始（fol. 8b）：净坛坛．乞为奉道厶斋贡王救苦主厶请到命道座家

正文结尾（fol. 18a）：十方荡秽天尊．敕水禁坛科终

第三篇正文

正文起始（fol. 18a）：请醮开启用．会圣科启．奉道斋主厶等下拜厶々上香

正文结尾（fol. 22b）：运声答无观者不见形香烟同引接听者不闻声

无地点。日期（fol. 1a）：乾隆五十八年…（抄完）（1793 年）。

打醮仪式中设坛、净坛及请神科仪。荆门，道公派。

熟练的字体；步罡踏斗图解（fol. 15b、17b），符（fol. 2b、17a）。

书主和写主［?］：邓经亮（fol. 15b）。

492 **Cod. sin. 666**

26 厘米×21 厘米，在一处穿过书背装订；书衣已佚；46 张折页，推测末尾几页已佚，桑皮纸；有裂口、折痕；fol. 1 为双页，fol. 1b、29a－b 空白；每页平均 9 列，每列 14—15 字。

标题（标题页 fol. 1a）：解冤科（一本）

第一篇正文

正文起始（fol. 2a）：先排伍供唱拜．步虚请

正文结尾（fol. 28b）：于是七元星大圣善通灵—大圣解冤释结天尊．解冤科终

第二篇正文

正文起始（fol. 30a）：重集大解冤科启．大圣解冤释结天尊．步嘘唱

正文结尾（fol. 46b）：为上良缘志心缘念解冤释结天尊，逍遥快乐消愆灭罪

无地点。完笔日期（fol. 1a）：｛嘉庆｝二十四年六月下澣（抄完）（1819 年）。

用于超度亡灵的科仪。荆门，道公派。

熟练的写主；符（fol. 8a）。

书主［和写主?］：邓院昭（fol. 1a、28b、46b），也以化名“南阳［郡］”（为邓姓所用）被登记（fol. 46b）。

493 **Cod. sin. 667**

27 厘米×21 厘米，以竖着折叠搓捻而成的纸捻线穿过书边捆扎（毛装）；书衣已佚；20 张桑皮纸制折页；有小的裂口、污渍；每页平均 8 列，每列 14—15 字。

标题（标题页 fol. 1a）：百拜朝天忏科

正文起始（fol. 2a）：重启百拜朝天削罪忏用．先举启堂诵唱道洒净祝香启圣．伏以斋戒事

正文结尾（fol. 20a）：八卦护身天尊．百拜朝天忏完毕

无地点。日期（fol. 1a）：为道光十三年学季四月廿十九日（完毕）（1833 年）。

用于超度亡灵的做斋仪式科仪。荆门，道公派。

流畅的字体；有红色分段标记，个别列开头有红点。

题记（fol. 20a）含标题、完笔日期及持有说明。

书主和写主蒋妙挥（fol. 1a、18b、20a）也以“乐安郡子”（为蒋姓所用）被登记（fol. 1a）。

494 **Cod. sin. 668**

23.5 厘米×19 厘米，以搓捻而成的纸捻线及绳子穿过书背捆扎，挂环脱落；书衣已佚；33 张桑皮纸制折页；除有污渍外品相佳，fol. 32b-33b 空白，fol. 33b 残缺不全；每页平均 12 列，每列 19—24 字。

标题（标题页 fol. 1a）：诸件杂法；（fol. 1b）：诸件杂法书．姐宗必语

正文起始（fol. 2a）：祭明降鬼法．想扶｛一｝盆上月府日宫金星内

正文结尾（fol. 32a）：符字是珍珠光亮男女化如婆歌鸟日日唸诗诗日日上吹上唱无停也

无地点。日期（fol. 1b）：大清光绪廿五［年］己酉岁七月十三日未时（完）（推测为光绪三十五年，即宣统元年，1909 年）。

不同的秘语。荆门，师公派。

易识读的字体；有红色分段标记；标有页码；符（fol. 23a、24b、32a）。

书主：盘胜连（fol. 1a）。

495 **Cod. sin. 669**

25 厘米×17.5 厘米，以细线从多处穿过书背捆扎；书衣已佚；72 张折页，推测首尾几页已佚，严重变黑的桑皮纸；版口处多被撕开，有水渍、火烧痕迹、虫蛀形成的洞；fol. 72b 已佚；平均 10 列，每列 22—24 字。

标题（fol. 30b）：初宵（完．重录）洪恩大会法

第一篇正文

正文起始（fol. 1b）：官火堂．烧入良基蘅｛向｝引去批成火烟过西天

正文结尾（fol. 30b）：下东方寅卯地回辞别也．初宵完

第二篇正文

正文起始（fol. 30b）：重录洪恩大会法

正文结尾（fol. 72a）：到楼句．金/红楼已座位□家，巧匠造成三尺高

无地点日期，推测为 19 世纪。

用于祭拜送子神帝母仪式的秘语。荆门，师公派。

熟练的写主执笔；有红色分段标记；含页码；天庭格局的图画（fol. 36b-37b）；符（fol. 4a、11b、30a）。

496 **Cod. sin. 670**

26.3 厘米×21 厘米，以订线从多处穿过书背捆扎；书衣由外面染成棕色的纸张制成，

封底严重受损；25 张折页，推测末尾几页已佚，严重变黑的桑皮纸；版口处偶被撕开，有污渍、缺损；fol. 14-17 规格较小，推测为后来装订进去的；每页平均 11 列，每列 23—24 字。

标题（书衣）：（一本）度亡金语；（fol. 23b）：送终三夜秘

正文起始（fol. 1a）：先烧香叩师装身，骨白是银甲肉黄是铜甲

正文结尾（fol. 23b）：卷亡故厶饱满不想回头也．送终三夜秘尽

无地点及日期（与 Cod. sin. 664 一样出自同一个写主之手，由此推测为 19 世纪初）。

用于葬礼的秘语。荆门，道公派。

流畅的字体；有红色分段标记；符（fol. 7a、7b、17a），一幅肖像画（fol. 15a）。

题记（fol. 23b）含书主和写主名。

由他人执笔的附录："总论诸色凶伤地狱法"（fol. 24a-25b）。

写主：邓道玺（fol. 23b）；书主：盘妙顺（fol. 23b）；后继书主：李道真（书衣），李应安（fol. 23b）。

497 **Cod. sin. 671**

25.7 厘米×18.5 厘米，边订（不交叉）；书衣严重受损，由带有筛纹的棕色薄桑皮纸制成；36 张桑皮纸制折页；有水渍、裂口，fol. 1-2 严重受损；fol. 1b、35b、36b 空白；每页平均 12—13 行，每列 20 字。

标题（标题页 fol. 1a）：修斋治邙行丧秘语（一本）

第一篇正文

正文起始（fol. 2a）：一论邙法．先叩师证盟了庄身现存取传三魂七魄

正文结尾（fol. 30b）：李文生，李贵子，李贤孙，李奉进，张道通公也

第二篇正文

正文起始（fol. 30b）：重集玉京意者．取向今月日处请命道恭喜就家厅一心修说无上良缘玉皇

正文结尾（fol. 36a）：存传师傅兵马退回依旧路万想退至筵中存魂

无地点。日期（fol. 1a）：道光二十三年癸卯岁六月上旬（完）（1843 年）。

用于葬礼的秘语。荆门，道公派。

工整的字体；有红色分段标记，每列开头有红点；个别处有勘误及注释；符（fol. 13a、15a-b、19a-b）。

写主：张国声（fol. 1a、5b）；书主：蒋道坚（fol. 1a）；后继书主［?］：蒋玄｛生｝（fol. 17a）。

498 **Cod. sin. 672**

24. 5 厘米×18. 5 厘米，穿过书边及书背装订；书衣由未染色的厚纸制成；14 张折页；［竹?］纸；有水渍、虫蛀，除此以外品相好；每页平均 10 列，每列 19—21 字。

标题（书衣）：礼境单时

正文起始（fol. 1a）：金阙化身天尊，灵通普化天寸，醮坛整肃法事严陈

正文结尾（fol. 14b）：向来钱归库里留恩谢主平安洞赖缘城无上道

地点和日期（fol. 3a）：大清国厶道厶府冲县（推测为 19 世纪末）。

用于祭拜地主的“三朝”打醮仪式科仪。荆门，道公派。

相对熟练的字体；标有页码。

书主：黄玄杰（书衣）。

499 **Cod. sin. 673**

24. 5 厘米×18. 5 厘米，穿过书边及书背装订；书衣由染成棕色的厚纸制成，书衣罩住书背；74 张折页，推测起始几页已佚，桑皮纸；版口处常被撕开，污损严重；fol. 1a 有大面积缺损，fol. 73b 空白，fol. 74b 已佚；每页平均 10 列，每列 14—20 字。

标题（fol. 74a）：（一本）通湧科

正文起始（fol. 1a）：香烧金炉文牒请竹竿大庙竹小庙

正文结尾（fol. 73a）：弟子正坛接圣归日宫太阳月府太阳准我太上老君急如律令

无地点日期，推测为 19 世纪初。

七言歌，用于抵御疾病及其他不详，请神的仪式。荆门，师公派。

熟练的写主。

题记（fol. 74a）包括标题及持有说明。

书主：罗经聪（fol. 74a）；后继书主：邓法才（fol. 11b、54b）。

500 **Cod. sin. 674**

26. 5 厘米×22 厘米，以竖着折叠搓捻而成的纸捻线穿过书边捆扎（毛装）；受损的书衣由多层粘贴在一起的棕色纸制成；20 张折页，桑皮纸；有裂口、污渍；fol. 1b，17b-20b 空白；每页平均 10 列，每列 14—19 字。

标题（书衣）：（一本）救患关告（在头也），解冤科（在尾）；（标题页 fol. 1a）：（一本）救患关告（在头），解冤（在尾）

第一篇正文

正文起始（fol. 2a）：奉道正一厶醮主厶醮眷厶氏等来诣圣前捻拜上香

正文结尾（fol. 9a）：向来烧化财马上奉神通，钱归库里马上云道还金阙经返琅亟善通奏士同赖善缘诚无上道．关告科完毕

第二篇正文

正文起始（fol. 9b）：重启解冤科．奉道正一雷府解冤醮主厶来诣炉前一念二念三念上香

正文结尾（fol. 17a）：讽经送圣取关告科尾，送圣了解依法服

无地点。日期（fol. 17a）：嘉庆二十五年正月十七日｛鸡｝还时（完也）（1820年）。

打醮仪式科仪，用于抵御恶鬼、疾病和其他灾祸，安抚冤魂。荆门，师公派。

始终为一种相对流畅的字体。

题记（fol. 27a）含书主、写主及完笔日期的说明。

写主：邓经颜（fol. 17a），邓文才（fol. 1a）；书主：邓学妙（fol. 4b、7b、9b、11a）；后继书主：李渺学（fol. 1a），李金相（fol. 1a），李朝忠（书衣）。

501 **Cod. sin. 675**

27 厘米×25. 5 厘米，穿过书背装订，含挂环；受损的书衣由未染色的厚纸制成，其边缘超出了书芯；42 张折页，桑皮纸；有裂口、污渍；fol. 1b、2b 空白；每页平均 9—14 列，每列 10—17 个字。

标题（书衣）：安龙科．谢墓科；（标题页 fol. 1a）：安龙科

正文起始（fol. 3a）：奉道正一安龙庆墓祈安醮主厶来诣香

正文结尾（fol. 41b）：更生永命天尊，宝华完满天尊，请尊圣号不可思议功德

无地点。完笔日期（fol. 1a）：嘉庆十九年丙子月十五日（抄完）（1814 年）；（由另一位写主补充）：春季三月｛启｝六月完毕。

打醮仪式科仪，用于下葬时安抚地龙。荆门。

不同的写主执笔；个别地方有红色句读和分段标记；一枚方形“道经师宝”印章（书衣，fol. 1a）。

另一写主执笔的附录：支出清单（fol. 2a）；“一阳世报恩斋主厶等”（fol. 42a）；“送圣步虚用”（fol. 42b）。

书主：邓道聪（书衣，fol. 1a）；后继书主和个别文段的写主［?］：邓金瑜（书衣，fol. 3b、41a）。

502 **Cod. sin. 676**

24. 5 厘米×17. 5 厘米，以竖着折叠搓捻而成的纸捻线穿过书边捆扎（毛装）；书衣由多张部分被粘贴在一起的桑皮纸制成；11 张桑皮纸制折页；品相佳；fol. 1b 空白；每页平

均 8 列，每列 20—22 字。

标题（书衣）：玉皇下卷，太阳经（在尾）；玉皇下卷，消灾经，诸品经（三本）；（标题页 fol. 1a）：玉皇下卷，太阳经（在尾）

第一篇正文

正文起始（fol. 2a）：太上洞玄灵宝高上玉皇本行集卷下．天尊护持品第四

正文结尾（fol. 11a）：人各有精命其神．太上洞玄灵宝高上玉皇本行集经卷下．玉皇下卷经终

第二篇正文

正文起始（fol. 11a）：此通是太阳经启．太上说礼谢太阳太阳消灾护命妙经．太阳出现满天红

正文结尾（fol. 11b）：无灾无难福自生．太上说太阳太阳消灾护命妙经

无地点。日期（fol. 1a）：太岁丁巳年十初［月］四日（抄记号）（推测为 1917 年）。

道教经典文章。荆门，道公派。

书主：李妙选（书衣，fol. 1a）；后继书主：邓道真（fol. 1a），李应寿（书衣），邓经富（书衣）。

503 **Cod. sin. 677**

12.7 厘米×14.7 厘米，以植物纤维［?］从两处穿过书背装订；书衣由多层纸张制成，封底染成棕色；18 张折页，fol. 1-5 为［后来添加的?］竹纸，fol. 6-18 为桑皮纸；有裂口、污渍；每页平均 6—7 列，每列 14—17 字。

标题（书衣）：（一本）颠倒秘语；（标题页 fol. 1a）：（重集）仙倒秘语；（fol. 1b）：（重集）天娘恶无想法

正文起始（fol. 6a）：先烧香叩师庄身是金升衣是当初□□国主

正文结尾（fol. 18b）：下易界在宗案退魂与｛快｝主大吉．又件颠倒文．法士蒋云光簿．长生保命八卦若身天

无地点。日期（fol. 1a）：太岁乙未年七月十五日（给付弟子盘经颜）（推测为 1895 年）。

秘语。荆门，推测为道公派。

不同的较生疏的写主执笔；有红色分段标记、注释及勘误；多处印有一枚方形“三宝印”印章（fol. 1a、1b）。

附录：“先叩证盟庄身并十方同用” （fol. 2a-5b）；不同文书的传抄价格（fol. 1a、1b）。

写主：蒋云光（fol. 18b）；传度师：黄金｛丛｝；书主：盘经颜（fol. 1a）；后继书主：

邓妙御、邓经（fol. 1b），邓道炤（fol. 1b）。

504 **Cod. sin. 678**

24 厘米×19 厘米，以粗绳穿过书边及书背装订；受损的竹纸制书衣，封面已佚；34 张折页，推测末尾几张已佚，桑皮纸；有水渍；每页平均 10 列，每列 17—19 字。

无标题

正文起始（fol. 1a）：又论胫中不通开法．想人此孔雀公在东方

正文结尾（fol. 34b）：一论亡故灵不成重炼法．或天伤水伤金用也．或衣前通用樌亡魂若天伤大处

无地点。日期（封底）：光绪二十三年丁酉年八月初八日（完毕）（1897 年）。

不同的秘语。荆门。

较生疏的写主执笔；有红色分段标记；标有页码。

附录：借贷的记录，其中的参与者为邓氏家族成员（封底内页）。

505 **Cod. sin. 679**

23. 5 厘米×21 厘米，穿过书边及书背装订；书衣由带筛纹的薄桑皮纸制成；19 张折页；严重变黑的桑皮纸；有水渍、火烧痕迹以及墨渍，书芯的边角有缺损；每页平均 11 列，每列 18—20 字。

标题（书衣）：道教书式（fol. 1a）；道教书（fol. 2a）；道教书式，诸傍式，普请状，延生书意者，三朝意者；（fol. 2b）：诸榜头（在尾）

正文起始（fol. 3a）：无上灵宝黄箓大斋上帝榜头同用

正文结尾（fol. 19b）：百病｛疸｝疫敕返祛离耕种丰荣，百物盛隆栏下一切｛饭求｝万般道泰

地点及日期（fol. 17b）：大清国云南道临安府建水县猛校青山王下平轻水表岭村（居住）；（fol. 16b）：大清国云南道临安府建水县猛梭世袭土司青山下平轻水表高岭村（推测为 19 世纪初）。

用于不同仪式的表式集。荆门，道公派。

始终为一种流畅熟练的字体。

书主及写主［?］：李妙杰（书衣，fol. 1a、2b、7b、17b）；后继书主［?］：李道云、李道通、李道明、李道利（书衣）。

附录：补遗（fol. 1b）。

506 **Cod. sin. 680**

24. 2 厘米×20 厘米，以竖着折叠搓捻而成的纸捻线在一侧捆扎（毛装）；受损的书衣

由较厚的桑皮纸制成；31 张桑皮纸制折页；有水渍、裂口及缺损；fol. 1b、31b 空白，fol. 5 只有 5 厘米宽；每页平均 11 列，每列 22—25 字。

标题（标题页 fol. 1a）：清醮秘语（一本）

正文起始（fol. 2a）：一论初请烧香之法叩师用．先烧香叩师

正文结尾（fol. 31a）：章是金龙背取五色云雾是灾｛殃｝去至玉帝消灾病患々至飞十々酉酉天大吉

无地点。日期（fol. 1a）：大岁乙未岁四月二十五日旬（院笔）（1895 年）。

打醮仪式中用于净坛的秘语。荆门，道公派。

始终为一位相对不太熟练的写主的笔迹；红色分段标记，列首和列尾有红点，个别处有红色句读；符（fol. 7a、11b、28b）。

写主及书主：邓经开（fol. 12a、12b、13a、14a、25b、26b）；作为后继书主［?］被登记：邓金执（fol. 9b、11a、14a），盘道｛划｝（fol. 26b）。

507 **Cod. sin. 681**

21. 5 厘米×19 厘米，以粗绳穿过书边及书背装订；含挂环；书衣由另一本文书的折页制成；20 张折页，粗竹纸；有裂口、缺损；每页平均 10 列，每列 14—15 字。

标题（书衣）：单时｛科｝；（标题页 fol. 1a）：（一本）单时｛科｝；（fol. 20a）：早午晚朝；（fol. 20b）：单时

正文起始（fol. 2a）：早朝．金真演教天尊．午朝．金阙化身天尊．晚朝．雷声普化天尊

正文结尾（fol. 20a-b）：早午晚朝完毕．脱下龙范各位各｛视｝各依，甲乙丙丁戊己急々如律令．向来烧财马下｛放｝圣前洞赖善成无上道，一切信□．单时完毕

地点（fol. a、11a）：（今居）大清国南掌国~（老挝北部）。日期（书衣）：甲申年七月五［日］…（推测为 1884 年）。

三朝醮科仪。荆门，道公派。

不熟练的写主执笔，很多特殊写法；红色句读和分段标记。

附录："又只解冤家皈依"（fol. 1b）；"玉皇牗贡王"（fol. 20b）。

书主及写主：李经御（书衣，fol. 1a、7a、11b、12a、17a、17b）；在书衣处写有：邓云合。

508 **Cod. sin. 682**

24. 5 厘米×18 厘米，穿过书边及书背装订；严重受损的书衣由染成棕色的纸张制成，封面已佚；59 张折页，严重变黑的［桑皮?］纸，纸张质量不同；有水渍、裂口及污渍；

fol. 1a、59b 已佚；每页平均 10 列，每列 18—22 字。

无标题

正文起始（fol. 2a）：人初来请烧香叩师之法．庄延中红桃元感当府

正文结尾（fol. 59a）：起拜师傅吉二方重｛延｝不断也．祭辈散食退师米宛法通天下人知

无地点及日期，推测为 19 世纪初。

秘语。荆门，推测为道公派。

熟练的写主；有红色分段标记，在列头和列尾有红点，个别处有红色句读；被框起来的字作为符（fol. 9b、18a、24a-b、36a、37b、44a、55b）。

书主或写主以笔名“宫音”（推测为邓姓或冯姓所用）被登记（fol. 8b）。

509 **Cod. sin. 683**

24 厘米×15. 5 厘米，以折叠搓捻而成的纸捻线从数处穿过书背捆扎；书衣由以布筛荡料入帘而成的竹纸制成；11 张折页，也由以布筛荡料入帘而成的竹纸制成；有水渍、污渍；fol. 5a-11b 空白；每页平均 7—8 列，每列 15 字。

标题（fol. 1a）：送圣．表彰式

正文起始（fol. 1a）：诚隍诚｛恳｝稽首｛颉｝首百拜言小臣贝奏．今据

正文结尾（fol. 4b）：准此．皇上厶年厶月厶日给付引行入职位

地点及日期（fol. 1a 表式中）：大清国云南道（推测为 19 世纪）。

不同仪式的表式集。优勉支系。

始终为一位较生疏的写主。

510 **Cod. sin. 684**

20. 7 厘米×16. 5 厘米，以植物纤维从一处穿过书背装订；书衣由竹纸制成，封底受损；12 张折页由较脆的竹纸制成，有污渍；fol. 12a-b 空白；每页平均 6—7 列，每列 14—17 字。

标题（fol. 1b）：示枝书

正文起始（fol. 2a）：许上元盆保｛擲｝行师一堂一炉名香

正文结尾（fol. 9b）：角音属木生在酉，官在寅，库在未，败在子，旺在卯，绝在申

无地点。日期（fol. 1b）：己巳年四月（1869 年或 1929 年）；还愿仪式的日期：辛未年（1871 年或 1931 年）。

做法事之指示“法”，用于不同仪式的歌及需要的物品、仪式费用列表。优勉支系。

熟练的写主执笔，个别段落由其他人执笔；祭坛的草图（fol. 7a）。

附录：还愿仪式的笔记（fol. 1b）；名单/家谱（fol. 10a-11b）。

书主［?］：赵有周（书衣）；参加还愿仪式的人员：黄法贵、赵法仙（fol. 1b）；在名单里被登记的人员（fol. 10a-11b）：赵福一郎、赵左一郎、赵财二郎、赵堂二郎、赵贵一郎、赵前三郎、赵官四郎、赵有一郎、赵今二郎、赵向四郎、赵灵三郎、赵元四郎、赵法灼、赵法倖、赵法贞、李法盖、赵法应、赵法敕、邓氏。

511 **Cod. sin. 685**

18.5 厘米×10 厘米，以竖着折叠搓捻而成的纸捻线在一侧捆扎（毛装）；受损的书衣由桑皮纸制成；11 张桑皮纸制折页；有裂口、折痕、小缺损；fol. 2b-3b、7a-8b 空白；每页平均 6 列，每列 13—14 字。

无标题

第一篇正文

正文起始（fol. 4a）：一请前师赵福二请老师承借保护右弟子

正文结尾（fol. 5b）：准我吾奉太上老君急令敕

第二篇正文

正文起始（fol. 6a）：开丹阿元二两．一两同配三钱阿元成王同

正文结尾（fol. 6b）：又到一两王配艮子六分王同配又三分艮子四

无地点。日期（fol. 10a）：庚寅岁六月一九日（簿下）（推测为 1830 年）；（fol. 1a）：道光廿十二年壬寅岁十一月十七日（1842 年）；（fol. 1b）：癸卯年二月初六日（推测为 1843 年）；（fol. 2a）：癸卯年二十五日（推测为 1843 年）。

做法事之指示“法”、歌和不同货币的换算表格。优勉支系。

不同的写主执笔；花朵和藤蔓式的纹饰（fol. 9a-b、11a-b）。

附录：含日期的商业交易记录，其中的参与者为赵金升、赵金才、赵金龙（fol. 1a-2a），盘法行、赵金全、赵法进（fol. 10a）。

512 **Cod. sin. 686**

23.5 厘米×18.5 厘米，部分装订已松散，穿过书边及书背装订；书衣由褐色纸张制成，残缺不全；37 张折页，桑皮纸，颜色严重变黑；大部分版口被撕开，有污渍、水渍、缺损；fol. 1a 空白；每页平均 9 列，每列 17—19 字。

标题：［喃灵科］

正文起始（fol. 1a）：勘笑人生随电影，鸟飞兔走难留

正文结尾（fol. 37b）：合掌世寸生宽喜，孝当竭力笑目连

无地点，推测为 19 世纪初。

做斋仪式科仪，用于亡魂超度。荆门，道公派。

不同的熟练写主执笔；红色句读和分段标记，部分地方有注释，标有页码，符（fol. 30a）。

写主：邓天才（fol. 16b），邓院照（fol. 17a、22b）；书主：黄金鲜（fol. 16、24a）。

513 **Cod. sin. 687**

24.5 厘米×16.5 厘米，穿过书边及书背装订；书衣由多张黄色薄纸制成；10 张折页，桑皮纸；有污渍；fol. 1a–b、9a–10b 空白；每页平均 10 列，每列 13 字。

标题（书衣）：另小百解语（一本）

正文起始（fol. 2a）：又论戠花接小儿命之法．先十指手儿扶筵｛盆｝上去

正文结尾（fol. 8b）：仰师证盟先除虫名．李氏妖，李氏告，李氏咒，李氏｛迺｝．减三朝一七好也

无地点及日期，推测 19 世纪初。

不同的秘语。荆门。

始终为一种熟练工整的字体；有红色分段标记。

书主及写主：李玄知（书衣）；后继书主：李道玫、李道璋（书衣）。

514 **Cod. sin. 688**

24 厘米×17 厘米，穿过书边及书背装订；受损的书衣由多张以布筛荡料入帘而成的脆纸制成；51 张折页，严重变黑的桑皮纸；有裂口、污渍；fol. 1b、50b、51a–b 空白；每页平均 10 列，每列 21 字。

标题（书衣，标题页 fol. 1a）：洪恩秘语（一本）

正文起始（fol. 2a）：一论主人初来请法．想纸是早星为主人造状，纸化成银

正文结尾（fol. 50a）：祈嗣者画弄璋二字，著保苗画播种二字，修斋者画超亡二字，著碗中也．此符用盖米碗

无地点及日期，推测 19 世纪初。

用于祭拜送子神帝母的仪式秘语。荆门，师公派。

易识读的字体；有红色分段标记，个别字用红点标记；步罡踏斗图解（fol. 25b），符（fol. 16a、50a）；标有页码。

书主：李应寿（书衣，fol. 1a）；后继书主［?］：黎胜僚、黎｛瀼｝明（书衣内页）。

515 **Cod. sin. 689**

23 厘米×16 厘米，以粗绳在两处穿过书背、在上部穿过书边装订，含挂环；书衣已佚；73 张折页，［桑皮?］纸，个别地方有污渍，除此以外品相佳；fol. 1b、73b 空白；每

页平均 9 列，每列 23—27 字。

标题（标题页 fol. 1a）：（一本）贡筵洪恩秘金语

正文起始（fol. 2a）：一论主人初请法．纸是早星为主人造状．纸化成银母化成福寿二字

正文结尾（fol. 72b）：诸｛佛｝库门满了过己位政谢下降总是金银进满了也．完毕．

无地点。日期（fol. 72b）：九月十六日（完笔抄成一本）（推测为 19 世纪末）。

用于祭拜送子神帝母仪式的秘语。荆门，师公派。

流畅熟练的字体；有红色分段标记，个别字用红色标记出来；步罡踏斗图解（fol. 33b），符（fol. 20b、61b）。

由他人执笔的附录：“又到楼”（fol. 73a）。

题记（fol. 72b）含日期、写主名及谦辞。

写主：赵云升（fol. 72b）；书主：李经镇（fol. 72b），邓玄机（fol. 1a）。

516 **Cod. sin. 690**

22. 5 厘米×15. 5 厘米，以订线及粗绳穿过书边装订，含挂环；受损的书衣由竹纸制成，封面已佚；37 张折页由粗纤维竹脆纸制成；有裂口、污渍；fol. 1a-9a、11a-b、30b-37b 空白；每页平均 8 列，每列 14—15 字。

标题（fol. 12a）：洪恩大会

正文起始（fol. 12a）：正月□儿作南龙女，二月□儿｛拔｝上花

正文结尾（fol. 29a）：先昔古｛贺｝董荣仪，化万空空玉帝陈，亲承主答用

无地点。日期（fol. 12a）：光绪五年六月十五日（1879 年）。

用于祭祀送子神帝母仪式的七言歌。荆门，师公派。

较生疏的写主执笔，许多特别写法。

附录：“门前对”（fol. 9b-10b）。

书主［?］以艺术字体书写，推测为邓□□（fol. 12a）。

517 **Cod. sin. 691**

24. 5 厘米×16. 5 厘米，穿过书边及书背装订；受损的桑皮纸制书衣，封底已佚；17 张竹纸制折页；有水渍、裂口及缺损；fol. 1、9 残缺不全，fol. 1 空白；每页 8—9 列，每列 10—22 字。

标题（书衣）：（一本）教廉科；（一本）教科

正文起始（fol. 2a）：水选扶功摄，登开｛夜｝府门，九天风静默，四海永登清

正文结尾（fol. 17b）：请命道流□通血湖经藏进奉

无地点及日期，推测为20世纪。

用于葬礼的科仪。荆门，推测为道公派。

较生疏的写主执笔，许多特殊写法；个别处有圆珠笔注释。

书主［?］：邓｛玄鐇｝、邓安｛心｝（书衣）。

518 **Cod. sin. 692**

22厘米×18厘米，以毛线从4处穿过书背捆扎；书衣由粗纤维脆纸制成；21张折页，也由粗纤维黄脆纸制成；有裂口；fol. 21a-b空白；每页平均9列，每列13—16字。

标题（书衣）：（一本）麻疯秘语；（fol. 20a）：痳疯秘语（一本）

正文起始（fol. 1a）：主初来请到我师之法．传想念师傅厶若麻疯死来

正文结尾（fol. 20a-b）：宗师有心投取使成金虚不得也．痳疯秘语一本

无地点。日期（书衣）：大清中华民国廿六年丁丑岁正月初一日（给付）（1937年）；（fol. 20b）：太岁丁丑年初一（抄完）（1937年）。

仪式秘语，用于超度因麻风病而死之人的亡灵。荆门，道公派。

较生疏的写主执笔；有红色分段标记，个别处有红色句读。

题记（fol. 20b）含标题、日期和持有说明。

书衣上登记的参加度戒仪式［?］的人员：黄寅唱、邓金利、李经照、邓玄聪、黄金合、黄经聪、邓妙杨、黄｛寅｝御。

519 **Cod. sin. 693**

24厘米×18厘米，穿过书边及书背装订，含挂环；书衣已佚；35张折页，由不同规格的桑皮纸制成；品相佳；fol. 2a-b、3b、4b、35b空白，fol. 35已松散；平均每页9列，每列15—16字。

标题（标题页fol. 1a）：桉龙科；（标题页fol. 3a）：桉龙科化衣目（在尾）；（fol. 4a）：（一本）桉龙科

正文起始（fol. 5a）：奉道正一安龙谢土祈醮主厶厶来诣圣前请拜上香一二三念香

正文结尾（fol. 33a）：到此启师破狱去也门外法衣痛经了召灵享食讽玉皇经度人经

无地点。日期（fol. 3a）：宣统四年壬子岁十月初五日（抄终毕）（1912年）。

打醮仪式科仪，用于在下葬过程中安抚地龙。荆门，推测为道公派。

熟练的写主；红色分段标记，每列开头有红点，个别处有红色句读。

附录：另一写主执笔的补遗（fol. 1a-b、33b-35a）。

写主：李朝杨（fol. 3a）；书主：邓经富（fol. 3a、4a）；后继书主：李妙广（fol. 3a），李云财（fol. 4a）。

520 **Cod. sin. 694**

23 厘米×18. 3 厘米，以粗绳穿过书边并从一处穿过书背装订，含挂环；书衣受损，桑皮纸；27 张折页，桑皮纸；有污渍；fol. 1a、25b-27b 空白；每页平均 10 列，每列 14—16 字。

标题（书衣，标题页 fol. 2a）：（一本）三宫科

正文起始（fol. 3a）：奉道正一酬斗求寿汰粮教主厶等来诣炉前一二三念上香

正文结尾（fol. 25a）：大罗注掌求寿信人厶等福禄寿无疆河称本命厶年厶月厶时建生长保命八卦护身

无地点。日期（fol. 2a）：太岁中华民国六年丁巳年七月十九日（抄终）（1917 年）。

打醮仪式科仪，用于祭祀北斗、南斗及三台。荆门，道公派。

易识读的字体；步罡踏斗图解（fol. 5b、6a），符（fol. 6b、7b、8a、13b）。

附录：草稿（fol. 1b、2b）。

书主［和写主?］：李云璇（fol. 2a、5b、20b）；后继［?］书主：李老二（书衣），李老三（书衣）。

521 **Cod. sin. 695**

25. 3 厘米×19. 5 厘米，穿过书边及书背重新装订；书衣受损，桑皮纸；16 张折页，桑皮纸；有污渍、裂口、缺损；fol. 16a 残缺不全，被上下颠倒地装订，fol. 16b 已佚；每页平均 7 列，每列 14—15 字。

标题（fol. 14b、16a）：小关告科

正文起始（fol. 1a）：奉道正一厶醮厶主等来诣圣造前念拜上香．一念｛名｝香，二念真香，三念宝香

正文结尾（fol. 14b）：向来道还金关经返琅极同赖善完成无上道一切信礼

地点（fol. 2a）：大清国云南道。日期（书衣）：七月十二日（号）（推测为 19 世纪）。

打醮仪式前开坛请圣的科仪。荆门，道公派。

熟练的写主；列头有红点，个别字用红点标出，分段标记。

附录：“重集保当缴尾用”（fol. 14b-15b）；“何人”歌的部分（fol. 16a—封底内页）。

书主：黄法椿（fol. 6b、16a，封底内页）；后继［?］书主：盘经伟（书衣）、黄云饭（fol. 1a）。

522 **Cod. sin. 696**

24. 5 厘米×17. 5 厘米，穿过书边及书背重新装订；受损的书衣由棕色粗纤维纸张制

成；42 张折页由以布筛荡料入帘而成的软纸制成；有裂口、污渍；fol. 1b、42a-b 空白；每页平均 8 列，每列 14 字。

标题（书衣）：诸川光科；（fol. 41b）：诸川光科唱，庆贺三元（在尾也）

正文起始（fol. 2a）：招兵川光．曲子乐了左叮当，八角楼台天大光

正文结尾（fol. 41a）：下元教主回宫去，门前枯木再生枝

无地点。日期（fol. 41b）：辛酉年四月（抄完笔）（1921 年）。

用于度戒仪式七言科仪。荆门，师公派。

熟练的写主；标有页码数 39（书衣）。

题记（fol. 41b）含标题、日期及持有说明。

书主：李妙庆（书衣，fol. 1a）；后继书主：蒋云晃（fol. 1a，37b，41b）。

523 **Cod. sin. 697**

25. 5 厘米×19. 5 厘米，穿过书边装订；书衣由外面染成棕色的桑皮纸制成，仅存部分；39 张折页；版口处被撕开，有水渍、污渍，第一张折页边缘缺损严重；fol. 39a 空白，fol. 39b 已佚；每页平均 9 列，每列 18—21 字。

标题（标题页 fol. 1a）：喃灵科（一本）

正文起始（fol. 2a）：勘笑人生如电影，鸟飞兔走难留

正文结尾（fol. 38b）：一吩付与孝男契，亡人领吩往生天

无地点。附录日期（fol. 1b）：大清道光二十七年丁未岁…望日祥时（1847 年）。

做斋仪式科仪，用于为亡魂超度。荆门，道公派。

易识读的字体；有红色句读和分段标记。

附录：含日期的补遗（封面内页）。

含标题的律诗形式的题记（fol. 38b）。

附录："此忏目连女人用"（fol. 35b-38a）；"敕楟句"（fol. 38a）。

书主及写主：黄道线（fol. 1a、26b）。

524 **Cod. sin. 698**

26 厘米×19 厘米，边订（不交叉）；书衣由棕色厚纸制成，封面已佚；24 张折页，柔软的［桑皮?］纸；有污渍、裂口、缺损；fol. 24b 空白；每页平均 8 列，每列 15 字。

标题（书衣，标题页 fol. 1a、24a）：告斗科

正文起始（fol. 2a）：先按洞中洒净除秽~奉道正一｛祈｝告叩斗捕粮求寿保安醮主厶等来诣炉前一二三稔上香~

正文结尾（fol. 24a）：洞赖善缘成无上道．告斗科完毕

无地点及日期，推测为 19 世纪至 20 世纪初。

打醮仪式科仪，用于祭祀北斗。荆门，道公派。

较生疏的写主执笔；红色分段标记；符和北斗图（fol. 6b）。

附录：“接女本命”（fol. 1b）。

书主：李妙经（书衣，fol. 1a、14b）；后继书主［？］：李玄章（fol. 19a，红色字），李经通（fol. 24b）。

525 **Cod. sin. 700**

45. 5 厘米×910 厘米，横幅卷轴；15 张以布筛荡料入帘而成的桑皮纸粘贴在一张纸质相同的衬底上；在每个黏合的边缘有垂直的花边装饰；fol. 1-9 通过一条垂直的中线被划分为两个书写区域，fol. 10、12、14 上绘有红黑色的道教偶像和历史人物画像，fol. 11、13、15 有与卷轴同高的列；有小裂口、污渍，除此以外品相佳。

标题（倒数第二列）：评皇券牒

正文起始：盘古圣王开天立地．平皇龙犬为盘名护

正文结尾：评皇券牒防身蠲免服役永远管山刀耕火种管身活命．如字准此．平皇一道给付｛职｝除已备私须至照者．右给付一十二姓王瑶子孙永远接照准此

无地点及日期，推测为 20 世纪后半叶。

含《过山榜》的关于瑶族起源的神话历史文献，《过山榜》据称为瑶族在景定元年（1260 年）所授，明太祖（1368—1398 年在位）时又重新获得，用于保障瑶族自由定居、免除赋税和徭役、在山区开荒以及其他特权。优勉支系。

熟练、工整的字体；一枚圆形“马蹄印”（直径平均 7 厘米）。

参见［德］贺东劢（Thomas O. Höllmann）、傅敏怡（Michael Friedrich）：给神灵的讯息——瑶族宗教文书（Botschaften an die Götter. Religiöse Handschriften der Yao），威斯巴登：Harrassowitz，1999，第 92—93 页，目录第 55 号。

526 **Cod. sin. 701**

26 厘米×21 厘米，两本文书（fol. 1-19 和 fol. 20-40），以搓捻而成的纸捻线和绳子在一侧装订；书衣已佚；40 张折页，桑皮纸；有污渍、裂口、缺损；fol. 40b 已佚；每页平均 7—8 列，每列 13—15 字。

第一篇正文

标题（标题页 fol. 1a）：小醮小斋，说醮三献

正文起始（fol. 2a）：清醮说醮科．玉声重动金鼓｛欲｝重鸣

正文结尾（fol. 19b）：诸尊圣张号无量不可思议功德

地点（fol. 4a）：南掌国～（老挝北部）。日期（fol. 1a）：皇号咸丰八年暑月十一日（抄完）（1858 年）。

打醮、做斋仪式的删节本。荆门，道公派。

各由一位熟练的写主执笔；红色句读和分段标记；一枚方形印章，四字铭文无法识别，推测为“道经师宝”（标题页 fol. 1a）。

其他写主书写的附录：“开山歌”（fol. 1b）。

第二篇正文

标题（fol. 39b）：飞章科

正文起始（fol. 20a）：奉到醮/斋主请拜上香一二三捻～步虚

正文结尾（fol. 39b）：玉皇上帝陛下御前法众运心回坛如法．华夏引师前讽经也．飞章科终

日期（fol. 39b）：嘉庆三年戊午岁庚/丙辰月乙丑｛朔｝甲戌旬越至乙亥日（抄完）（1798 年）。

用于向天庭递交奏章的仪式科仪。荆门，道公派。

熟练的写主；有红色句读及分段标记；步罡踏斗图解（fol. 34a、39a）；符（fol. 36b、37a）。

跋（fol. 40a）。

［第一本文书的］写主和书主：蒋玄璋（fol. 1a、3a）；［第二本文书的］写主：蒋云随（fol. 39）；补遗的写主：邓法传（fol. 1b）；［两本文书的?］后继书主：蒋经泰/太（fol. 2a、39b）。

527 **Cod. sin. 702**

27 厘米×20 厘米，用绳和藤条［?］穿过书背装订；后添加的书衣，薄［竹?］纸；43 张折页，推测开篇和结尾有缺失，严重变黑的桑皮纸；版口处被撕开，部分边缘处有较大缺损；fol. 1a 已佚；每页 9 列，每列 18—21 字。

无标题

正文开始（fol. 1b）：灵宝天尊安□身形，弟子魂魄五藏玄明

正文结尾（fol. 43b）：讽刀杀鬼天尊．遣邪归正天尊

无地点及日期，推测为 19 世纪。

做斋仪式科仪。荆门，道公派。

始终由同一位熟练的写主执笔；红色分段标记。

写主以化名“如南群”（fol. 9a），“无名厶子”（fol. 14a）被登记；书主：邓云利（fol. 2a、3a、4a、18a、25b、37a）；一项已举办的仪式的法师：邓道能（fol. 23b），邓道照（fol. 23b）。

528 **Cod. sin. 703**

26.5 厘米×20 厘米，重新边订（不交叉）（原来毛装的装订孔仍可见），含挂环；书衣由多层棕色薄纸制成，纸上带筛纹；34 张折页，桑皮纸；边缘被磨损，部分缺失；fol. 1b、31b-34b 空白；每页 8 列，每列 17—19 字。

标题（书衣）：贡王宿启科；（fol. 1a）：（一本）宿启全本．贡王宿启（集全）；（fol. 31a）：宿启科

正文开始（fol. 2a）：斋用．金真演教天尊．醮用．金阙化身天尊．斋坛整肃，法事严陈

正文结尾（fol. 31a）：斋主愿得长生与道含真．宿启科完毕全本

无地点。日期（fol. 1a）：道光十二年六月十七日辰时（抄完）（1832 年）。

开坛请圣科仪，用于延长寿命的做斋仪式。荆门，道公派。

熟练的写主执笔，最后几张折页的字变得更潦草、更小；有红色分段标记，神祇名称用红色字体标出；红笔写的勘误。

写主（fol. 1a）邓经颜将文书传给邓妙贤与邓妙忠（fol. 1a）。

529 **Cod. sin. 704**

25.5 厘米×20.5 厘米，上下两处穿过书背装订；书衣已佚；34 张桑皮纸折页；有火烧痕迹、污渍，除此以外品相佳；fol. 1a 残缺不全，fol. 1b 空白；每页 10 列，每列 16—19 字。

标题（标题页 fol. 1a）：天师戒度科；（fol. 34a）：玄门戒度科

正文起始（fol. 2a）：正一戒道关告科启．步虚引．一捻通三界，重焚秀九天～

正文结尾（fol. 34a）：讽太上弥罗无上天妙宥玄真境眇々至金阙．炉前任意保当也

地点（fol. 3a）：大清国云南道临安府。日期（fol. 34b）：大清道光四年甲申岁孟夏季念四旬（抄完）（1824 年）。

正一派的度戒仪式科仪。荆门，道公派。

熟练的写主；两幅步罡踏斗图解（fol. 26b）。

题记（fol. 34a）含日期及偷书的诅咒。

写主和书主：盘玄玲（fol. 8a、31a），亦以化名“角音”（fol. 34b，为盘姓和赵姓所用）被登记。

530 **Cod. sin. 705**

24 厘米×17.5 厘米，穿过书边装订；书衣由一折本里的厚纸制成，两面写有傣仿文；

37 张折页由质量不同的［桑皮?］纸制成；下端边缘有虫蛀痕迹；每页 8 列，每列 16—18 字。

标题（书衣，书衣内页）：集谢科；（fol. 37b）：集谢科（一本）；（fol. 37a）：谢雷科（一本）

正文起始（fol. 1a）：奉道正一谢雷境水符｛拶｝灾保患祈安醮主ム等来诣圣前请拜上香

正文结尾（fol. 36b-37a）：向来烧化财马经文上祈补福消灾洞赖善完成无上道

地点和日期（fol. 2b）：大清国南掌国（老挝北部，推测为 20 世纪）。

用于祭拜雷神及本境神的打醮仪式科仪，以抵御疾病及其他灾厄。荆门，道公派。

始终为一种易识读的字体；有红色分段标记；标有页码。

题记（fol. 37a）含标题及持有说明。

书主：李经镇（封面内页，fol. 37a）。

531 **Cod. sin. 706**

24 厘米×22 厘米，以粗绳穿过书边及书背装订；书衣由多层未染色的脆竹纸制成；18 张桑皮纸制折页，fol. 1a、17-18 为竹纸；品相佳；fol. 1b、2b、18b 空白；每页 12—13 列，每列 19—23 字。

标题（书衣）：杂谢诸鬼秘语；（标题页 fol. 2a）：（一本）谢诸鬼秘语天机

正文起始（fol. 3a）：又重袭谢诸鬼秘语．人来初请法，先庄传身是草生

正文结尾（fol. 16a-b）：声依前□硃投□｛祭｝生取粮料不尽~使用正达八不笑

无地址。日期（书衣）：太岁庚申年月旬十六日酉时（终）（推测为 1920 年）；（封底）：太岁庚申（推测为 1920 年）；（fol. 2a）：太岁庚申年三月下旬十六六日酉时（院笔）（推测为 1920 年）；（fol. 16b）：太岁庚申年五月十五日（给付弟子）（推测为 1920 年）。

不同的秘语集。荆门，道公派。

较生疏的写主执笔；有红色分段标记，列头和列尾有红点，个别字被用红色标出；一枚方形印章，三行铭文无法识别（fol. 2a、16b、6a），还有一枚方形印章，四字铭文无法识别（书衣，fol. 1a、17a）。

跋：“了一句．十望府恩欢愁”（fol. 16b）；题词（fol. 1a、封底内页）；传抄文书的价格（fol. 1a）。

附录：“又论大本龙｛树｝名”（fol. 17a-b）；“解神｛索｝法”（fol. 17b-18a）。

写主：邓老大（fol. 2a），李道通（fol. 1a、2a），李道聪（fol. 2a）；书主：邓金鈇（书衣，fol. 2a、16b，封底内页）。

532 **Cod. sin. 707**

26 厘米×24. 5 厘米，穿过书边装订；书衣由写有文字的棕色薄纸制成，封面已佚；43 张折页，变黑的桑皮纸；除有污渍外品相佳；fol. 1b、2b、43b 空白，fol. 44a 已佚；每页 11—13 列，每列 17—24 字。

标题（标题页 fol. 1a）：贡筵秘语（一卷）. 贡筵秘

正文起始（fol. 3a）：一论大小筵主人初来请法. 先庄身存取传三个影容七人魂影

正文结尾（fol. 40a）：灵｛留澍｝果熟一界星斗斋吃满了也

无地点。日期（在 fol. 1a 装订处）：丁卯年正月初三日（推测为 1867 年）；附录日期（fol. 1a）：咸丰六年丙辰岁五月十一日（1856 年）；（fol. 2a）：辛酉年十二月十四日（推测为 1861 年）。

秘语，用于祭拜送子神帝母的仪式。荆门，师公派。

不同的写主执笔；有红色分段标记；天象示意图（fol. 12b）；符（fol. 13a、15a、42b）。

附录：借贷记录，其中的参与者有蒋金静、盘玄官、黄玄志，盘玄郁、盘道阳、黄玄明（fol. 1a、2a）；“又论福炉存谷禾魂法”（fol. 40a-42a）；草稿、神目（fol. 42b）；对联，“盘皇公对式”（fol. 43a）；“师公上瑶台句”（fol. 44b）；一张插入的竹纸制折页，上有神目和祭品列表。

写主和传度师：李应阙（fol. 14a）；书主：盘法扬（fol. 5b）。

533 **Cod. sin. 708**

25 厘米×25 厘米，穿过书边及书背装订；书衣已佚；52 张折页，推测首尾几页已佚，桑皮纸；版口处多被撕开，有墨渍、火烧痕迹，折页边缘有磨损；fol. 52b 已佚；每页 11—13 列，每列 18—22 字。

无标题

正文起始（fol. 1a）：授戒呻奏. 正奏三元. 先参受～入意至通奏今则词难抑凡｛款｝难通师圣幽深

正文结尾（fol. 51b）：梅山湧出三元教，灯烛蝶蝗唤五台

地点和日期在表式中（fol. 6b、10a、30b、33a、36b、43b）：大清国云南道（推测为 19 世纪初）。

用于进入师公行列的度戒仪式的表式集。荆门。

始终由同一位熟练的写主执笔；标有页码。

附录：祭拜送子神帝母时仪式场地帝母坛的示意图（fol. 51b-52a）。

534 **Cod. sin. 709**

25.5厘米×23厘米，穿过书边及书背装订，部分已松散；极其破旧的书衣由外面染成棕色的厚纸制成，被撕开，其内页有字迹；90张折页由严重变黑的桑皮纸制成；版口处多被撕开，在折页边缘处有大面积缺损；fol. 1-80：9列，每列21—23字；fol. 80-83：每页9列，每列16—18字；fol. 84-90（规格更小些）：每页12列，每列20—21字。

标题（书衣）：道门诸式坛院式（在尾）；（书衣内页）：道门诸式（共）坛院对（在内）

第一篇正文

正文起始（fol. 2a）：延生申奏．奏九帝状式．太上三五都功~

正文结尾（fol. 83b）：启坛疏奏上诣三天门下省府请进

第二篇正文

标题（fol. 84a）：功据牒式．坛院式

正文起始（fol. 84a）：功据牒式．坛院式．今则开到于后一看诵太上灵宝本行妙经

正文结尾（fol. 90a）：东狱霞山扶桑丹霖大帝十乡神仙｛等｝卫诸灵官众

地点（fol. 18a、30b、76a）：安南大越国高平府（越南北部）。日期（fol. 83b）：己酉岁次十月二十六日（抄完）（推测为1729年）。

表式集。荆门，道公派。

三位不同的熟练的写主执笔：fol. 1-81、81-84、85-91；有红色分段标记；符（fol. 57a、70b），两张祭坛示意图（fol. 85b、86a），目录（fol. 1a）。

附录：表式，由另一写主执笔的更简短的文段（书衣内页，fol. 1b、90a-b）；两张祭坛图（封底内页）。

书主：黄妙经（书衣，fol. 17a、18a、39a、84a）；后继书主：黄金精（书衣），江夏群（黄姓所用化名，fol. 58b）。

参见［德］贺东劢（Thomas O. Höllmann）、傅敏怡（Michael Friedrich）：给神灵的讯息——瑶族宗教文书（Botschaften an die Götter. Religiöse Handschriften der Yao），威斯巴登：Harrassowitz，1999，第88—89页，目录第51号。

535 **Cod. sin. 710**

26.5厘米×23.5厘米，穿过书边并从一处穿过书背装订，植物纤维制挂环残缺不全；由染成棕色的纸张制成的书衣亦残缺不全；31张折页，严重变黑的桑皮纸；版口处多被撕开；fol. 1a-b空白，fol. 31b已佚；每页11列，每列19—23字。

无标题

正文起始（fol. 2a）：南方禁盆法．先庄身先叩师证盟念传师志斋踏上月府日宫金星去

三々九重天

正文结尾（fol. 31a）：二层帅打破开收取人魂完回合魂脱又箭同箭法了

无地点及日期，推测为 19 世纪初。

葬礼秘语。荆门。

始终为一种流畅的字体，fol. 30b-31a 由不同写主执笔；严重褪色的红色分段标记；框起来的字作为符（fol. 14b、17a）；一枚淡淡的方形印章，铭文不可识别（fol. 12b）。

书主：黄妙学（fol. 5a、22a、23a、24a、25b、31b）。

536 **Cod. sin. 711**

26 厘米×20. 5 厘米，穿过书边及书背装订，再以订线从多处穿过书背捆扎；后添加的书衣由多层薄纸制成；62 张折页，桑皮纸；版口处多被撕开，页边缘和页角损坏严重；fol. 1b、2b、4b、61a-b 空白，fol. 3b、60b 已佚，fol. 62 在版口处被撕开，内页有字迹。

标题（fol. 1a）：斋醮秘语（一本）．大斋良缘秘语；（fol. 2a）：斋醮秘（存册）；（fol. 3a）：斋醮秘语；（fol. 4a）：大斋良缘丧事秘语（一本）．斋醮秘（本）

正文起始（fol. 5a）：一论丧事人来初请法．先烧香叩师存想传身左右膀胱是金甲肉是银甲

正文结尾（fol. 60a）：出离地狱回至本坛．初化亡故便禁若病者存人魂．其秘乙两二钱便拔使不得者不可做也

无地点。一位家庭成员的出生和死亡日期：癸酉年六月初（推测为 1873 年）；甲寅年十一月（推测为 1914 年）。

做斋和打醮仪式科仪。荆门，道公派。

各由不同写主执笔的附录；部分地方有分段标记，红色句读和个别字及段落被标记出来；框起来的字作为符（fol. 9b、12a、15a、21a、22b、26a、27a）。

附录：邓氏的讣告，她 1933 年［?］生一子，42 岁卒，逝世时间推测为 1914 或 1974 年（fol. 3a）；一位后继书主执笔的做斋仪式程序（fol. 62a-b，封底内页）。

原始书主和写主：邓妙辉（fol. 1a、2a、4a）；书主：邓道疆（fol. 1a、2a、4a，封底）；该抄本母本的书主：邓云朝（fol. 2a），邓金赢（fol. 2a）；［虚构的?］师父：邓胜华（fol. 2a）。

537 **Cod. sin. 712**

25 厘米×19 厘米，穿过书边装订；受损的薄纸书衣，封底已佚；47 张折页，桑皮纸；第一张折页和页边缘受损；fol. 4a-b 被颠倒着装订；fol. 1b、2b、3b、5a、6a、7a 已佚，fol. 8a、46b、47a 空白；每页 9—10 列，每列 22—24 字。

标题（书衣，fol. 8b）：日午安龙秘语

正文起始（fol. 11a）：主人初请拜法．主人拎纸来拜先存主男女是日宫

正文结尾（fol. 11a）：养早星不老不正父母为浮云盖过早星初生也吉也

无地点及日期，推测为 19 世纪。

打醮仪式秘语，用于在下葬时安抚地龙。荆门。

始终由同一位熟练的写主执笔，附录为其他写主书写；红色分段标记和其他标记；个别字为后来补充；框起来的字作为符（fol. 13b、15b、30b、31a）；一枚褪色的红色方形印章，铭文为三列，无法识别（fol. 11a）。

第一个附录的题记（fol. 8b）含标题和姓名。

附录："安龙秘语"（fol. 1a–8b）；"三代沉论之法"（推测为后添加的 fol. 9a–10b）；文章和仪式的目录（fol. 47b）。

附录的写主（fol. 47b）：邓经｛讽｝；邓云☐在李胜镏和李玄太（fol. 8b）主持的度戒仪式上获得了此口传/文书；后继书主［?］：李经杰（fol. 11a、27b）。

538 **Cod. sin. 713**

26 厘米×19.5 厘米，以粗绳穿过书边及书背装订，含挂环；书衣由染成棕色的薄纸制成，残缺不全；35 张桑皮纸制折页；边角轻微受损；fol. 1b 已佚，fol. 35 几乎全部缺失；每页 10—11 列，每列 14—20 字。

标题（标题页 fol. 1a）：受戒技｛赞｝科（一本）；（fol. 29b）新文科（在尾）．皈依受戒道（在头）．师教戒度皈依（在中）．早朝直晚皈依诵经（在尾）．（共）叫｛天｝经．（共）清净咒雷圣咒

正文起始（fol. 2a）：奉道正一技替初真弟子厶捻香以｛备｝再拜

正文结尾（fol. 29a）：尚来依科传戒云周化疏财马功德上祈师造布流道无洞赖善完成无上道

无地点。日期（fol. 30b）：同治皇二年癸亥岁次六月十六日申时（抄完毕）（1863 年）。

道公和师公派度戒仪式科仪。荆门。

始终为一种易识读的字体；个别地方有红色和黑色句读，个别红色分段标记，步罡踏斗图解（fol. 19a）。

题记（fol. 30b）含标题、日期和持有说明。

附录："新文｛仰｝鬼用"（fol. 31a–35b）。

书主和写主［?］：盘玄郁（fol. 1a、30a）；后继书主［?］：盘今升（fol. 1a），盘今明（fol. 1a）。

539 **Cod. sin. 714**

26. 5 厘米×23. 5 厘米，穿过书边及书背装订，含黑毛线制挂环；严重受损的书衣由染成棕色的厚纸制成；107 张折页，推测起始几页已佚；桑皮纸；有虫蛀，首尾两张折页有大面积缺失；每页 8—9 列，每列 14—16 字。

无标题

正文起始（fol. 1a）：［大］王大王大王交过厶年厶月厶日原在证盟家主法厶｛家｝门头上香，坛里内烧起一炉二炉三炉明香

正文结尾（fol. 103b）：便是师父在人乡［阴］筶阳筶打｛寻｝转，胜筶洛地保师男

附录中提及的一位家庭成员的墓址及逝世日期（fol. 105a）：令未冲（推测为云南和越南交界处的村落）；（fol. 105a）：东京道（社殿）（越南北部）；日期：辛未年五月十一日（推测为 1931 年）。

还愿仪式的七言科仪，用于祭祀祖先及传说中的祖先盘王。优勉支系。

不同的写主执笔；有文字构成的示意图（fol. 68b、73a、81b、83a、91a、93a、98a）；被框起来的段落（fol. 67a），被涂抹掉的列（fol. 72a、77b、78a）。

由其他写主执笔的附录：“小脱童”（fol. 104-105a）；严重受损的折页上残缺不全的文段（fol. 105b-106a、106a-107a）；商业交易记录，其中提及：盘承昌，邓元卯（fol. 107a）。

540 **Cod. sin. 715**

25. 5 厘米×20. 5 厘米，穿过书边并从一处穿过书背装订；书衣由染成棕色的纸张制成，并包住了书背；44 张折页，严重变黑的桑皮纸；有水渍、污渍、虫蛀的洞，首尾两张折页有大面积缺失；fol. 1b 空白，fol. 43、44 残缺不全；每页 11 列，每列 24—17 字。

标题（fol. 1a）：帝母大会秘语（一卷）；天机秘语

正文起始（fol. 2a）：太小簉人初来请之法．先存夫妻男女早晚二星二存南北二斗

正文结尾（fol. 44b）：退下分茆岭下金星下日宫回洛月府回至东方□□□□□好也

无地点及日期，推测为 19 世纪初。

用于祭拜送子神帝母仪式的秘语。荆门，师公派。

始终为一种熟练流畅的字体；有红色分段标记；个别字及段落为后来添加（部分由该写主执笔）；被框起来的字作为符（fol. 10b、13a、43b），占整页篇幅的示意图，展示通过北斗登上天庭及天庭不同层级的画面（fol. 25b-27a）；页码数 24（fol. 1a）。

传度师：邓显颜（fol. 1a、44b）；书主：黄云释（fol. 7a），可能与黄胜释是同一人（fol. 1a）。

541 **Cod. sin. 716**

23.5 厘米×18.5 厘米，以折叠成的纸捻线穿过书边装订；书衣由一张单层桑皮纸制成，封底受损；25 张折页，桑皮纸；有水渍、污渍、火烧痕迹，除此以外品相佳；fol. 24b 已佚；每页 7 列，每列 16 字。

标题（fol. 1a）：表式．帝母表；（fol. 1b）：帝母表求花用祈嗣同用

第一篇正文

正文起始（fol. 3a）：帝母表式．奏表士臣厶代惟还愿祈嗣保花信士厶诚隍

正文结尾（fol. 15a）：参受三元门下~拜表事臣厶．诸表完毕

第二篇正文

正文起始（fol. 15a-b）：土地表式．

正文结尾（fol. 25b）：本音通天五祖司命灶君陛下

无地点。日期（在表式里）：大清国太岁厶年。

用于祭拜送子神帝母仪式的表式集。荆门，师公派。

附录：由另一写主执笔的表式（fol. 2a-b、15b）。

书主［和写主?］：邓法显（fol. 1a、3a、5a、7a、15a、18a、21a）。

542 **Cod. sin. 717**

24.5 厘米×20.5 厘米，在上端和下端穿过书背装订；书衣由外面染成黑色的厚纸制成，并包住书背；39 张折页，桑皮纸；版口处多被撕开，有火烧痕迹和墨渍，前几张折页下端边角处严重受损；fol. 2a-b、36a-39a 空白，fol. 1a、39b 已佚，fol. 2 在版口处被撕开，并在内页写有持有说明；每页 8—9 列，每列 14—17 字。

标题（书衣）：请醮．延生．生会；（fol. 1a、3a）：请醮科．延生关告．敕坛科．净坛科．会圣科

第一篇正文

正文起始（fol. 4a）：奉到清醮/延生醮主厶来诣炉前捻~

正文结尾（fol. 9a）：向来化奉财马奉送用取云乘速去速来~关告科终

第二篇正文

正文起始（fol. 9a）：次敕坛科启．次步虚．一念通三界重焚透九天~

正文结尾（fol. 13b）：向来化功德扶取洞善工...

第三篇正文

正文起始（fol. 13b）：次入厨堂科启．告白灶堂念步嘘念通

正文结尾（fol. 15b）：命律令喷水一口．和．十方肃净天尊

第四篇正文

正文起始（fol. 15b）：次敕坛一科称职~谨焚真香

正文结尾（fol. 21b）：诸尊圣号无量不可思议功德．敕坛科终

第五篇正文

正文起始（fol. 21b）：净坛科启．雷声普化天尊．太上传真教

正文结尾（fol. 28b）：诸尊圣号无量不可思议功德．净坛解秽科终

第六篇正文

正文起始（fol. 29a）：会圣科启．大道洞玄虚有念无不超炼质入仙真遂成

正文结尾（fol. 35b）：下鉴修宗同赖善功盛无上道．会圣科完终毕

地点和日期（fol. 25b）：大清国云南道临安府建水县（推测为19世纪初）。

打醮仪式科仪，用于延寿、净坛及请神。荆门，道公派。

不同的写主执笔；部分分段标记和句读；补充部分由其他写主书写；框起来的字作为符，步罡踏斗图解（fol. 10b、22b、15b、20b、27b）。

书主和写主［?］：李玄珍（fol. 2av、3a、9a、12a）；后继书主：李玄明（fol. 2br）、李云机（fol. 3a、2b），李金相（fol. 3a）。

543 **Cod. sin. 718**

23厘米×22.5厘米，边订（不交叉）；以布筛荡料入帘形成的厚纸制成的书衣；76张折页，桑皮纸；fol. 1-15装订处有大面积缺损；最后一张折页严重受损；fol. 1b、76a-b空白；每页7—10列，每列10—16字。

标题（书衣，标题页 fol. 1a、75a）：延生三时科

正文起始（fol. 2a）：金真演教天尊，洞中玄虚~十方肃静天尊

正文结尾（fol. 75a）：皈依来至道，回拜我宗师，皈依至道，回拜我圣帅．延生三时科终毕

地点（fol. 35a）：大清国云南道。日期（题记，fol. 75b）：大清乾隆四十四年已亥岁壬申月甲申旬癸未朔越至吉时（批完丑字批记）（1779年）。

三朝醮科仪，用于延寿。荆门，道公派。

不同的、熟练的写主执笔；部分地方有红色句读，分段标记，列首有红点。

题记（fol. 75a-b）含标题、日期、持有说明。

写主：李经珠（fol. 1a、29a、29b）；书主：黄妙经/晶（fol. 1a、39b、40a、53a）。

544 **Cod. sin. 719**

22厘米×22厘米，以黑色订线穿过书边及书背装订；书衣由厚而硬的纸张制成；9张

折页，桑皮纸；有虫蛀，边缘轻微受损；fol. 1b 空白；每页 9 列，每列 8—17 字。

标题（书衣，标题页 fol. 1a）：净坛科

正文起始（fol. 2a）：奉到~请拜上香~雷声普化天尊

正文结尾（fol. 9a-b）：诸尊圣号无量不可思仪功德．净坛科毕

地点（fol. 5b）：大清国云南道。日期（fol. 1a）：朝乾隆庚子年癸未月庚申朔下旬（1780 年）。

用于净坛的打醮仪式科仪。荆门，道公派。

始终为一种流畅熟练的字体；有红色分段标记；框起来的八卦作为符（fol. 8a）。

书主：黄妙经（fol. 1a）。

545 **Cod. sin. 720**

21. 5 厘米×17 厘米，在一侧重新装订（不交叉）；书衣由部分粘贴在一起的不同的纸制成，并包住书背；24 张折页，严重变黑且有污渍的桑皮纸；有水渍、虫蛀、缺损；fol. 24b 空白；每页 9—11 列，每列 17—24 字。

标题（书衣）：教患秘

正文起始（fol. 1a）：纳伍法．想九月霜降节禾米丰熟满天下

正文结尾（fol. 24a）：…近得此法银要二钱二分是实

无地点及日期，推测为 19 世纪。

用于抵御恶鬼、疾病和其他灾祸的秘语。荆门，师公派。

始终由同一位写主执笔；有红色分段标记；框起来的字作为符（fol. 4b、6b）。

附录：神目，“佛姥名”（fol. 24a）。

书主［?］：邓妙聪（书衣）。

546 **Cod. sin. 721**

25. 5 厘米×23. 5 厘米，两本文书（fol. 1-12、32-33，fol. 13-31），以竖着折叠搓捻而成的纸捻线在一侧捆扎（毛装）；书衣为棕色桑皮纸，封面已佚；33 张折页，桑皮纸；边缘和页角轻微受损，有缺损；第二本文书 fol. 13-31 为更小一些的规格；fol. 13 版口处被撕开，内页有字迹；每页 7—8 列，每列 13—18 字。

标题（标题页 fol. 1a、33b）：解冤科

第一篇正文

正文起始（fol. 3a）：奉道正一雷府解冤救患祈福保安醮主厶来诣香案炉前一二三捻上香

正文结尾（fol. 33b，正文从 fol. 12b-32a 中断）：佛说观音释结妙经

用于安抚冤魂的打醮仪式科仪。荆门。

第二篇正文

标题（fol. 13a）：安龙科

正文起始（fol. 14a）：洞中玄虚光郎~九世香统~

正文结尾（fol. 31b）：谨按中央戊巳土德黄帝一气守墓龙王

地点（fol. 9a）：大清国云南道。日期（fol. 33b）：乾隆廿九年正月（抄完一本解冤科）（1764年）。

在下葬时安抚地龙的打醮仪式科仪。荆门。

两本文书各为一位熟练的写主书写；附录为其他写主书写；第二本文书中有红色分段标记和部分句读。

题记（第一本文书，fol. 33b）含标题、日期、持有说明。

附录："佛说解冤咒用"（fol. 1b-2b）；"棺木膪"（fol. 2b）。

第一本文书的写主：李经璸（fol. 33b）；第一本文书的书主：李妙盒（fol. 1a、2b）。

547 **Cod. sin. 722**

24.5厘米×19.5厘米，穿过书边及书背装订；多层桑皮纸制成的严重损坏的书衣，封面已佚；80张折页，桑皮纸；在版口处多被撕开，首尾几张折页损坏严重，fol. 1a-3b残缺不全，fol. 1b、2b、80b空白；每页12—14列，每列15—22字。

标题（fol. 56b）：大斋醮秘语；（书衣内页后面）：大斋秘语

第一篇正文

正文起始（fol. 3a）：重集斋醮人初来请法．先烧香叩师

正文结尾（fol. 22b）：到此存坟地存斗米盆了．又启早朝形式了．又诵经．又论三师法语

第二篇正文

正文起始（fol. 22b）：又三宫酬斗全米同法

正文结尾（fol. 24a）：二十四山神出世重善相拥护墓门了也．又桉演延生土府大斋，三时早朝午朝晚朝，说醮同用此法，启道取宿启法

第三篇正文

正文起始（fol. 24b）：又论三时法

正文结尾（fol. 56b）：大斋醮秘语完毕

第四篇正文

正文起始（fol. 56b）：又脱孝服之法

正文结尾（fol. 58a）：

第五篇正文

正文起始（fol. 58b）：又重集丧家秘语法

正文结尾（fol. 79b）：不失教了也字报自知也

无地点。日期（在 fol. 80a 表式里）：天子万々年辛卯岁七月初四日（完毕也）（推测为 1891 年）。

做斋和打醮仪式秘语。荆门，道公派。

不同的写主执笔；红色分段标记，个别字用红色标记；作为符的字（fol. 14a、65a、69a、71a、77a）；一枚圆形印章，图案为肖像（fol. 56b、57a、58a、58b、79b、80a）。

题记（fol. 79b-80a）含日期和持有说明。

附录：几列文段（fol. 2a）。

[抄本母本的?] 写主：李道圣（fol. 79b），李玄顺（书衣，fol. 79b）；后继 [?] 书主：李云原/源，他的兄弟或者平辈家庭成员为李云监，李云通（fol. 79b）。

548 **Cod. sin. 723**

22. 5 厘米×17 厘米，装订部分已散开，额外以植物茎秆穿过书背捆扎在一起，含挂环；轻微损坏的纸质书衣；12 张折页，桑皮纸；有污渍，页边缘下部损坏，除此以外品相佳；每页 9 列，每列 14 字。

标题（书衣）：秋莲歌（一本）；（标题页 fol. 1a、12b）：秋莲歌

正文起始（fol. 2a）：外女初宵歌答．雄太利宵本等九

正文结尾（fol. 12a）：干慢｛冬｝尽衣｛段｝意，细线伤心衣陋风

无地点。日期（fol. 1a）：其皇道光十五年腊月上旬（抄完）（1835 年）。

用于男女组群交替演唱的七言歌。优勉支系。

始终为一种流畅的字体，附录各由不同写主书写；红色分段标记，在每列开头和中间有圆圈状标记。

题记（fol. 12b）含红色墨水写的标题和持有说明。

附录：词汇表，“重集字出”（fol. 1a）；“按客初中人唱用”（fol. 12a-b）。

写主：邓妙经（fol. 1a）；书主：邓妙宪（fol. 1a、4a），盘应机（书衣，fol. 1a、12b）；后继书主和附录写主 [?] 盘金僚（fol. 1a），邓妙趟（书衣）。

549 **Cod. sin. 724**

26 厘米×21 厘米，穿过书边及书背装订，含挂环；棕色纸书衣，封底由后来插订进去的一张以布筛荡料入帘而成的纸张加固；40 张折页，桑皮纸；有水渍、墨水渍、虫蛀形成的洞，最后几张折页在上端边缘处受损；每页 11 列，每列 20—27 字。

标题（封面内页）：贡筵红楼秘语（一本）

正文起始（fol. 1a）：初以烦香修身执法．先烧香叩师证盟装传身

正文结尾（fol. 40b）：师升上三三九重天下西天日头□岭了退回旧路闭息万世通也

无地点。日期（书衣）：咸丰八年戊午岁七月二十日未时（完笔）（1858 年）。

用于祭拜送子神帝母的仪式用秘语。荆门，师公派。

始终由同一位写主执笔；有红色分段标记，局部有为红色句读（fol. 1a-2a）；框起来的字作为符（fol. 11a、14a）；个别字由其他写主添加；两枚方形印章，四字铭文无法识别（封面）。

附录：在封底的两层纸里写有只言片语。

李道真将文书传给李法真（书衣）；后继书主［？］：邓云堂（书衣），邓妙清、邓妙传（书衣内页），邓胜宗（fol. 1b、31a）。

550 **Cod. sin. 725**

26. 5 厘米×21 厘米，边订（不交叉）；严重受损的书衣由外面染成棕色的厚纸制成，封底已佚；79 张折页，推测结尾几页已佚，桑皮纸；有水渍，起始几页及页边缘严重受损，有缺失；fol. 1 版口处被撕开并在内页写有文字；每页 12—13 列，每列 14—20 字。

标题（标题页 fol. 1a）：鬼脚书（一全也）．贺圣．（正是）接圣启，大献（中），奉送（尾）….□灯中唱鬼招兵（全本）

正文起始（fol. 2a）：按圣唱．稽首打只茶饭｛鼓｝，复手琼楼下水船

正文结尾（fol. 79b）：穿靴唱．番首你打阳手调，复手又打右天宫

无地点。日期（fol. 1a）：…岁记旬庚午朔壬申（利笔）（推测为 19 世纪）。

七言歌，用于祭祀神祇和祖先，开山和招募神兵。荆门，师公派。

始终为一种流畅熟练的字体，附录由其他写主书写；五行占卜示意图（fol. 52b）。

附录（fol. 1b）：补遗，神祇和庙宇名单，由其他写主执笔。

书主：许金真（fol. 31a）；后继书主：邓妙传（fol. 1a、1av、2a）；后继书主：许朝忠（fol. 1a、78a），许士灵（fol. 1a、27a），［许?］道眷（fol. 19a、25a、40b、52b），许应广（fol. 8b、28b），许显经（fol. 33a），许玄聪（封面内页）。

551 **Cod. sin. 726**

23. 5 厘米×18. 5 厘米，穿过书边及书背装订，含挂环；严重受损的书衣由染成棕色的厚纸制成，封底由以订线装订在一起的多层纸张制成；78 张折页，桑皮纸；前几张折页受损严重，除此之外品相佳，fol. 2b 空白；每页 7—8 列，每列 10—16 字。

标题（书衣）：喃灵科（终全在□）；（fol. 76b，封底）：喃灵科

正文起始（fol. 3a）：［勘欢］人生如电影，鸟飞兔走难留

正文结尾（fol. 76a-b）：镇星四夆家国利贞．喃灵科终

无地点。日期（fol. 76b）：咸丰七年四月廿日酉时（完毕）（1857 年）。

做斋仪式科仪，用于送亡灵上路。荆门，道公派。

熟练的写主执笔，起始几页有红色分段标记和句读；补充的字用红色书写（fol. 31a、65a）；用红色括号括起来的字构成的示意图（fol. 6a-b、10b、11a-b、12a、14a、46b）；符（fol. 36a）；后来添加的红黑色的鸟，装饰性的边线（fol. 1b、65b）；一枚花朵图案的圆形印章（fol. 1a）。

题记（fol. 76b）含日期、标题、写主的谦辞。

附录：零星几列（fol. 1b-2a）；另一篇文章的开头，“忏经用”（fol. 77a-78b）。

书主：盘妙任（fol. 1a、76b）；买主和后继书主：李云通（fol. 1a）；后继书主［?］：盘玄｛升｝（fol. 77a），李老先（封底）。

552 **Cod. sin. 727**

24 厘米×22. 5 厘米，穿过书边及书背装订；书衣已佚；73 张折页，桑皮纸；页角和页边缘受损，有缺损；有虫蛀，fol. 60-73 有红色墨渍；fol. 71b、74a 空白，fol. 1 残缺不全，fol. 2a 被撕下后很松散地插在里面，fol. 74b 已佚；每页 11 列，每列 14 字。

标题（标题页 fol. 2a）：招兵科

正文起始（fol. 2b-3a）：川光唱．曲子乐了古叮铛，八角楼台天大光

正文结尾（fol. 71a）：散花纳位前请官，接受下延右｛拔｝献朝

无日期。地点（fol. 2a）：道光三年癸未岁夏季短扬月｛念｝十日（打｛启｝□）（1823 年）。

用于招募“神兵”的仪式所用七言歌。荆门，师公派。

始终由同一位熟练的写主执笔，附录由其他写主执笔；有红色分段标记，列头和列中处有红点，部分列尾亦有。红色括号括起来的字构成的示意图（fol. 48a-54a）；五行占卜示意图（fol. 60a）。

附录：干支五行相配的表格，“甲子乙丑属金”（fol. 73a-b）；补遗由其他写主执笔，“重集三元授械谕榜”（fol. 73a-b）。

书主及写主：李应柱（fol. 2a），亦以李姓所用的化名“正音”登记（fol. 27a）；后继书主［?］李道明（fol. 2a）将文书卖给了邓道｛家｝（fol. 2a）。

553 **Cod. sin. 728**

23. 5 厘米×18 厘米，以折叠而成的纸捻线从两处穿过书背捆扎；书衣由多层染成深棕

色带筛纹的纸张制成，封底残缺不全；27 张折页，桑皮纸；有红色墨渍，最后几张折页受损；fol. 5-6 下端边缘有缺失，fol. 27a 残缺不全，fol. 27b 已佚；每页 9 列，每列 18—26 字。

标题（书衣）：斋咤秘语（一本）；（标题页 fol. 1a）：斋咤秘语．其法书一本；(fol. 27a)：老君金语

正文起始（fol. 2a）：又论斋亡法主请师用．先叩师下来庄传身想传头发

正文结尾（fol. 26）：万世不变，通孙子上一年白马月猪子□下孙儿日竟了大吉

无地点。完笔日期（fol. 1a）：大清咸丰己未岁五月二九日（抄完方使）（1859 年）；文书传给他人的日期（书衣）：太岁戊戌年七月十五日（给付）（推测为 1898 年）。

做斋仪式秘语。荆门，道公派。

始终为一种流畅的字体，附录由其他写主书写；红色分段标记；后补充的中式插图(fol. 1a-b、7a-8a、12a-13b、16b、24b)；一枚红色方形“道经师宝”印章（fol. 1a)；两枚方形小印章，铭文推测为“南阳郡号”（邓氏、李氏或者蒋氏家族常用的化名，fol. 2a)。

题记含另一标题、题词和文书传抄的价格说明（fol. 27a)；页码数 26（fol. 1a)。

由其他写主书写的附录：咒（fol. 1a)，“又件旗浊旗”（fol. 1a-b)。

传度师：李｛经｝昶（fol. 1a)，蒋道能（封面）；书主：李玄｛恩｝（封面，fol. 1a)；后继书主：邓经颜（书衣，fol. 2a)，推测化名是“南阳郡”，推测邓经桂（fol. 1a）将文书卖给了邓经｛镇｝(fol. 1a、13b、14a)。

554 **Cod. sin. 729**

23 厘米×17 厘米，以竖着折叠搓捻而成的纸捻线在一侧捆扎（毛装）；薄纸书衣，封面受损；29 张折页，桑皮纸；有水渍，除此以外品相佳；fol. 1 为单页，空白；每页 7 列，每列 14—22 字。

无标题

正文起始（fol. 2a)：咄敕发雷声，发鼓如令声，敕答朝夭兵，人魂速退，鬼怕速行，准吾奉太上老君急令敕

正文结尾（fol. 29b)：大船去到阳州界，小船去到急江滩

无地点及日期，但正文中提及清朝道光（1821—1850 年）（“前头有个大清国，后头有个道光皇”，fol. 26a)，推测为 19 世纪。

做法事之指示“法”、表式、七言歌的合集，用于闾山派的度戒仪式。优勉支系。

始终由同一位熟练的写主执笔；有红色句读及分段标记，尤其在起始几页；框起来的字作为符（fol. 6a、8b)。

555 **Cod. sin. 730**

21 厘米×14 厘米，以竖着折叠搓捻而成的纸捻线在一侧捆扎（毛装），之后再在其上穿过书边及书背装订；书衣由另一文书里染成棕色的折页制成；18 张折页，桑皮纸；品相极佳；fol. 1b、18a 空白，fol. 1 内页写有文字，fol. 18b 已佚；每页 6 列，每列 14—19 字。

标题（fol. 17a 最后一列）：琉罗歌

正文起始（fol. 2a）：又到解意歌．莲州塘王圣帝宽在位，且请小师解意开

正文结尾（fol. 17a）：琉罗歌词都唱了，得圣筶开心也松

无地点。日期（fol. 1a）：□大清道光八年戊子岁伍月十二日（滕院）（1828 年）；书主的度戒仪式日期（fol. 17b）：道光十四年甲午年十二月初三日（1834 年）。

做法事之指示“法”、七言歌的合集，用于闾山派的度戒仪式。优勉支系。

始终为一种工整熟练的字体。

题记含度戒仪式中卦灯仪式（fol. 17b）的日期，在该仪式上文书被传给了书主（fol. 17b）。

书主：赵法升（fol. 17b）。

556 **Cod. sin. 731**

25 厘米×19 厘米，以竖着折叠搓捻而成的纸捻线在一侧捆扎（毛装）；受损的书衣由棕色纸张制成，仅存部分；73 张折页，推测起始几页已佚，桑皮纸；版口处多被撕开；有水渍、裂口、折痕；fol. 72b、73a-b 空白；每页平均 8 列，每列 17 字。

标题（fol. 72a）：诸品经

正文起始（fol. 1a）：旨凡诵经者皆无应验仰本世就篆字上所拔

正文结尾（fol. 72a）：太上洞玄灵宝枚善救罪妙经上卷．诸品经终

写主籍贯（fol. 72a）：武邑（广西［?］）。日期（fol. 72a）：道光二十六年岁次丙午孟夏月谷旦（抄完）（1846 年）。

道家经典选集。荆门，道公派。

熟练的写主执笔，字体较大；标有页码。

题记（fol. 69a）含标题、日期、写主和书主。

写主姓赵，以化名“颖川氏”（fol. 72a）被登记；书主：李云静（fol. 72a）。

参见［德］贺东劢（Thomas O. Höllmann）、傅敏怡（Michael Friedrich）：给神灵的讯息——瑶族宗教文书（Botschaften an die Götter. Religiöse Handschriften der Yao），威斯巴登：Harrassowitz，1999，第 90—91 页，目录第 53 号。

557 **Cod. sin. 732**

27 厘米×20.5 厘米，以竖着折叠搓捻而成的纸捻线从三处穿过书背装订；书衣由部分粘贴在一起的另一本师公派文书有字迹的纸张制成；65 张折页，桑皮纸；有水渍，页边缘有小面积缺损；fol. 1a－b、64a－b、65a 空白，fol. 65b 已佚；每页平均 11 列，每列 14 字。

标题（书衣）：（一本）大会科

正文起始（fol. 2a）：先唱鲁班在前架地．桥也稽首打只茶饭鼓，复手琼流烧启香

正文结尾（fol. 63b）：倒度红/金楼归天界夫妻男女寿如山

无地点。日期（书衣）：咸丰元年六月中旬□□（完毕）（1851 年）；（fol. 63b）：咸丰元年六月下弦七月旦（出作本无难寻）（1851 年）。

用于祭拜送子神帝母仪式的七言科仪。荆门，师公派。

工整的字体，字体大。

题记（fol. 63b）含日期及持有说明。

书主及写主：卢胜缘（书衣，fol. 44b、63b）和他的儿子卢法贤，卢法｛莲｝（书衣，fol. 63b）；在书衣上被标明：卢征置。

558 **Cod. sin. 733**

24 厘米×18 厘米，穿过书边及书背装订；书衣由部分粘贴在一起的另一文书中染成棕色的单页制成；36 张折页，不同质量的桑皮纸；有污渍；fol. 22a－b、23b 空白；每页平均 10 列，每列 20—25 字。

第一篇正文

标题（书衣）：邛秘金语（全本）；（标题页 fol. 1a）：吉凶诸邛（同全在内）

正文起始（fol. 2a）：又咒短少邛法．想念传师三元/清下来证盟

正文结尾（fol. 21a）：过金星日宫月府无路后壁到天不思回火堂不得交通也

无地点。日期（fol. 1a）：光绪壬辰年十月初十日（依本篆完）（1892 年）。

用于葬礼的秘语。荆门。

易识读的字体；有红色句读和分段标记；一枚方形“道经师宝”印章（fol. 1a、21b、23a、29a、31a、33a），一枚方形“三元考召印”印章（fol. 1a、21b）。

第二篇正文

标题（fol. 23a）：麻疯秘语

正文起始（fol. 24a）：主初来请到我师人之法．传想念到师傅厶人若痲痲死来请传去做得不得

正文结尾（fol. 35b）：有心投取使用成金虚不得也

无地点。日期（fol. 23a）：光绪廿六年庚寅岁十二月廿一日（抄完笔）（1890 年）。[①]

秘语，用于超度因麻疯病而死的亡魂。荆门，道公派。

易识读的字体；每列开头有红点，红色分段标记；一枚方形“三元考召印”印章（fol. 1a、21b）；一枚方形“道经师宝”印章（fol. 1a、21b、23a、29a、31a、33a）；

附录（fol. 35b-36b）：“重集二养整人生痳痳过油铛法”（fol. 21b）；文书传抄的价格及和文书相关的诅咒（fol. 21b）。

写主［?］和原始书主：李道和（fol. 1a、23a）；传度师：李经杨（fol. 1a），李云寿（fol. 23a）；后继书主：李云金（书衣，fol. 23a），李妙怜（fol. 23a），李妙阶（fol. 23a）。

559 **Cod. sin. 734**

25 厘米×18. 5 厘米，穿过书边及书背装订，含挂环；书衣由棕色厚纸制成，有筛纹；32 张折页，桑皮纸；有水渍、裂口；每页平均 8 列，每列 14—15 字。

标题（书衣，标题页 fol. 5a、24b）：化衣科；（fol. 32b）：大化衣（小本）

第一篇正文

正文起始（fol. 6a）：凡亡香绝熟~参受天师门下治职~太上三清无极大道

正文结尾（fol. 24b）：奉到诸神各还源领光回驾天尊宝华浣满天尊．化衣科浣

第二篇正文

正文起始（fol. 24b）：又到赞｛车｝科启也．奉道沐浴化衣宝车孝男厶等上香

正文结尾（fol. 32a）：诸尊圣号无量．不可思仪功德．宝车科完毕

无地点。日期（fol. 5a）：道光二十九年己酉岁次□十二（抄完）（推测为道光二十九年己酉岁次六月十二日，1849 年）；道光二十九年己酉岁（当初前□书戈织字面好）（1849 年）；（fol. 32b）：太岁庚寅年暑月初六日（推测为 1890 年）；附录日期（fol. 5b）：天子万万年太岁辛巳年七月十五日（立簿）（推测为 1881 年）。

在下葬时举办的做斋仪式科仪。荆门，道公派。

较熟练的写主执笔；红色分段标记；一枚褪色的方形印章，铭文无法辨识（书衣）。

附录：由其他写主书写的补遗（fol. 1a-4a）；含日期的商业交易记录（fol. 5b）。

写主和书主［?］：盘朝能（fol. 5a）；买家及后继书主：邓云珠（fol. 1b、5a）。

560 **Cod. sin. 735**

25 厘米×22 厘米，以竖着折叠搓捻而成的纸捻线从六处穿过书背捆扎；受损的书衣，

① 译校者注：光绪年间的庚寅年只有 1890 年，即光绪十六年，此处疑为抄书人的笔误。

桑皮纸，封面已佚；62 张折页，桑皮纸，推测末尾几张已佚；页边缘被磨损，有裂口、污渍；fol. 62 有缺损；每页 12—13 列，每列 21—22 字。

标题（标题页 fol. 1a）：斋醮良缘秘语（全一本）. 变生灵法（在书尾）

正文起始（fol. 2a）：又论斋醮人请之法. 先烧香叩师卷传三师

正文结尾（fol. 62a）：邓除邪马金天关□邪｛各｝月府日邪天日公罗返天金□鲁破纸…

附录的地点：猛赖［?］（推测在云南）。无日期，推测为 19 世纪晚期。

做斋和打醮仪式打秘语。荆门，道公派。

较拙劣的字体，有许多特别说明；红色句读和分段标记；符（fol. 11b、12a、16b、20a、21a、32a）。

附录（fol. 1b）：一项已举办的仪式的记录［?］，有地点的说明和参加的人员，即邓玄滚和邓宗师。

写主［?］及书主：邓玄滚（fol. 1b、2b、30b）。

561 **Cod. sin. 736**

25. 5 厘米×19 厘米，穿过书边及书背装订；后装的书衣由薄桑皮纸制成；47 张折页，推测头尾几页已佚，桑皮纸；版口处部分被撕开，有水渍、裂口、污渍；每页平均 8 列，每列 18—20 字。

标题（封底内页）：诸棱圣（在头）. 献十供（在尾）

正文起始（fol. 1a）：凡四圣普叩道艺切以自昔元始天未光

正文结尾（fol. 47b）：太上设解冤释结妙经

写主的籍贯为月西（推测为粤西，即广西）。无日期，推测为 19 世纪。

打醮仪式科仪，用于请神及献祭。荆门，道公派。

工整的字体；［后来添加的?］插图（云纹，fol. 7a）。

写主：潘治农（fol. 42a）和另一位化名为“汝南［郡］维盛”的写主（fol. 47b）；书主［及写主?］：李妙福（fol. 11a、15a、27a、37a、42a）；后继书主：李玄锡、李金清（封底内页）。

562 **Cod. sin. 737**

23 厘米×17 厘米，以竖着折叠搓捻而成的纸捻线从两处穿过书背装订；受损的书衣由薄桑皮纸制成；26 张折页，桑皮纸；有裂口、水渍、污渍、缺损；fol. 1b 空白；每页 9—10 列，每列 20—25 字。

标题（书衣）：小百解（一本）；（标题页 fol. 1a）：（一本）小百解（完）

正文起始（fol. 2a）：一论小儿投胎法先烧香叩师庄身存兵马

正文结尾（fol. 26a）：限定良利吉自降生大吉也

无地点。日期（封底）：光绪廿年戊午岁七［月］初一日（完笔境终）（1894 年）。①

秘语集。荆门，道公派。

较拙劣的字体；有红色分段标记；一枚方形“道经师宝”印章（书衣，fol. 1a）。

由其他写主执笔的附录：谦辞（书衣内页）；传抄文书的价格（fol. 26b）。

书主：邓经禄（fol. 1a）。

563 **Cod. sin. 738**

24 厘米×19 厘米，穿过书边并从五处穿过书背装订；受损的书衣由多层粗糙的黄色纸张制成；33 张折页，桑皮纸；品相佳；fol. 1b、33b 空白；每页平均 8 列，每列 15—17 字。

标题（书衣、封底）：玉京说醮科；（书衣、封底）：玉京设醮科；（fol. 1a）：无上玉京说醮科；（封底）：无上胜恩缘大斋科

正文起始（fol. 2a）：先念洞中玄虚~十方肃净天尊

正文结尾（fol. 33a）：愿随广救上南宫．酆都咒．玉京设醮科终

无地点。日期（fol. 1a）：大清道光十八年戊戌岁姑细月上旬（誊完）（1838 年）。

打醮仪式中的玉京类所用科仪。荆门，道公派。

流畅易识读的字体；有勘误及增补（由写主执笔）。

写主及书主：李玄柱（fol. 1a、33a）；买主及后继书主：邓妙能（书衣，fol. 1a）。

564 **Cod. sin. 739**

25 厘米×19 厘米，穿过书边并从 8 处穿过书背装订，含挂环；受损的后添加的书衣由粗纤维竹纸制成；40 张折页，桑皮纸；有污渍；每页 8—10 列，每列 14—16 字。

第一篇正文

标题（书衣）：土府延生三时；延生单｛时科｝（一本）；（fol. 24b）：延生单时科（一本）；（封底）：延生土府贡王三时（同用）．二宫三宫（在尾）．延生土府贡王清玄救苦三时（同用）

正文起始（fol. 1a）：早朝．金真演教天尊．单午朝．雷声普化天尊

正文结尾（fol. 24b）：圣还堂如法脱下冠裳各｛升各｝□到此解衣吃烟也延生单时科一本完毕

① 译校者注：光绪二十年（1894 年）是甲午年而非戊午年，此处疑为抄书人的笔误。

第二篇正文

标题（fol. 25a）：二宫三宫科（一本用做筵生）

正文起始（fol. 25a）：念演洞中玄虚~安坛洁净天尊，运动步嘘延迎圣告一念通三界

正文结尾（fol. 39b）：谢主平安送圣宫洞赖善完成无道

无地点。日期（封底，推测为后来添补）：中华七年十一月上旬（终镜）（1918 年）；（fol. 40b）：八月初四日抄笔，初六日申时院毕。

三朝醮科仪，用于祭拜地府，以期延寿。荆门，道公派。

较拙劣的字体；有红色句读和分段标记；两篇正文分开标页码；一枚方形“三元考召印”印章（书衣，fol. 24b、25a）；北斗形状的灯的示意图（fol. 35b）；页码数 40（fol. 40b）。

附录：七言文段（封面内页）；“六十甲子头”（fol. 39b–40b）；词汇表（封底内页）。

写主和书主：邓经颜（封面，fol. 24b、32b、37b）。

565 **Cod. sin. 740**

23 厘米×21 厘米，以竖着折叠搓捻而成的纸捻线在一侧捆扎（毛装），再在其上穿过书边及书背装订；受损的书衣由桑皮纸制成；51 张折页，严重变黑的桑皮纸；有污渍、水渍、火烧痕迹，尤其是封面有部分缺失；fol. 1b 空白，fol. 2a、3a 已佚；每页平均 9 列，每列 14 字。

标题（标题页 fol. 1a、50b）：喃灵科中卷；（fol. 3b、49b）：喃灵科（一本）

正文起始（fol. 4a）：勘叹人生如电影，鸟飞兔走难留

正文结尾（fol. 49a）：度亡灵同赖善功成无上道

无地点。日期（fol. 1a）：嘉庆十一年丙寅岁冬季（抄）（1806 年）；（fol. 51a）：嘉庆十一年丙寅岁（抄）（1806 年）。

做斋仪式科仪，用于送亡灵上路。荆门，道公派。

熟练流畅的字体；部分有句读；符（fol. 22a）；一枚写主的红色方形“邓显珞记”名章（fol. 20a、29a、35a）；一枚黑色方形“南阳郡记”印章（写主的化名，fol. 3b、15a、35b、38a、44b）；几乎在每页上都有长而小的“号记”或者“南阳记”红色印章；符（fol. 22a）。

题记（fol. 49b）含标题、书主名、写主名、谦辞和页码（41）；对后辈的题词（fol. 3b）。

附录：一篇葬礼科仪的段落（fol. 2b）；“斗旛”（fol. 49a）；“大月从上数下小月从下数上”（fol. 49b）；“何人”歌的一部分（fol. 51a）。

写主：邓显珞（fol. 1a、15b）；书主：邓显盛（fol. 1a）。

566 **Cod. sin. 741**

26.5 厘米×14.5 厘米，以粗绳在一侧捆扎；受损的书衣由多层粘贴在一起的棕色薄纸制成；41 张折页，桑皮纸；有水渍，边缘有小面积缺失；fol. 40a、41a-b 空白；每页 7 列，每列 10—16 字。

标题（书衣）：雷府解冤科

正文起始（fol. 1a）：奉道正一厶醮厶会祈福保安醮主厶来诣炉前初稔上香

正文结尾（fol. 39b）：太乙救苦天尊青山帝超度三界难迳上元始天

地点（fol. 7b）：大清国云道林安府（推测为清代云南临安府）。日期（fol. 40b）：皇号嘉庆丁卯年七月（抄完毕）（1807 年）①。

打醮仪式科仪，用于祭拜雷府，以求安抚冤魂。荆门，道公派。

较拙劣但易识读的字体；符（fol. 2b、3b）。

题记（fol. 40b）含完笔日期和谦词。

书主：盘经瑼（fol. 6b、11b、29b、32a、35a）。

567 **Cod. sin. 742**

25 厘米×18.5 厘米，采用穿过书边并从 6 处穿过书背的装订，含植物茎秆制成的挂环；受损的书衣由薄纸制成；15 张折页，桑皮纸；有水渍、污渍；每页平均 11 列，每列 26—27 字。

标题（书衣）：（其秘）特亡大治之法（也）

正文起始（fol. 2a）：又论玉皇暗众之法．相金单星玉皇莲苔氏

正文结尾（fol. 14b）：养亡故厶厶为｛儿｝睡若迷不了醒也．重用吉醮磨墨破纸洞｛斋｝

无地点。日期（书衣）：大清咸丰七年丁巳岁夹钟艺十五日（抄院）（1857 年）；（fol. 14b）：二月廿五午时（抄完毕）。

做斋仪式秘语。荆门，道公派。

易识读的字体；有红色句读及分段标记。

题记含持有说明、日期、文书传抄的价格及页码数 13（fol. 14b）。

由其他写主执笔的附录：草稿（封面内页，封底，fol. 14b）；名单（fol. 1a-b）；借贷［?］记录（fol. 15b）。

书主：邓道光/桄/晃（fol. 1a、4a、8a、14b）和他的儿子邓金精（fol. 3a、14b）和邓

① 译校者注：原书误为 1897 年，更正为 1807 年。

金聪（fol. 3a、14b）；后继书主：邓玄颜（书衣，fol. 13b），邓今星（书衣，fol. 14b），邓老大（fol. 1a、1b、4b、12a）；名单上写有：李花头（fol. 1a、1b），邓花老（fol. 1b），王花间（fol. 1b）。

568 **Cod. sin. 743**

24 厘米×17. 5 厘米，以竖着折叠搓捻而成的纸捻线在一侧捆扎（毛装），再在其上用细绳装订；受损的后添加的书衣，粗纤维脆竹纸，封底已佚；50 张折页，桑皮纸，fol. 1（含正文的补充）为竹纸；版口处多被撕开，尤其是前几张折页有缺损；fol. 49b 已佚；每页 8 列，每列 13—15 字。

标题（fol. 49a）：演朝；（fol. 50a）：三时科演朝；（fol. 50b）：（一本）｛涵｝演朝科

第一篇正文

正文起始（fol. 1a）：醮坛整肃｛法｝事严陈，再运咒音诵令如法

正文结尾（fol. 28）：鉴斋来缴过无吾赤无名．早朝事毕臣脱下冠衣各陛各位．早朝完毕

第二篇正文

正文起始（fol. 28b）：午晚朝．金阙化身天尊．醮坛一整肃法事当行

正文结尾（fol. 51a）：财马当对师堂风传化炼之至．演朝科完毕

地点和日期（fol. 32b）：大清越国（越南，推测为 19 世纪）。

三朝醮科仪。荆门，道公派。

整齐熟练的字体；部分黑色分段标记。

书主：李经杰/休［？］（fol. 28a、49a）。

569 **Cod. sin. 744**

17. 5 厘米×34 厘米，桑皮纸，彩绘，有裂口和折痕。

绘有 9 位神祇的彩色画像的五瓣形神厄。推测为优勉支系。

最末端的两个半圆扇形上分别写有“日”和“月”字，两张扇形上各缝有用于固定的绳子；二者之间有五个窄而尖的可活动的扇形，在它们上面缝制了四个亦可活动的盖片。上面绘有骑着各自坐骑的神界使者——四直功曹（从左往右：坐在龙上的掌管水界的功曹；骑在马上的掌管人间的功曹；骑在虎上的掌管地下阴间的功曹；坐在鹤上的掌管天界的功曹），盖片下的扇形上描绘了瑶族最高的道教神祇形象。左边是一位身着浅粉色道袍、手持节杖的神祇，推测为玉皇；右边是与其对应的圣祖，着黄色道袍；在他们之间是各自坐在莲花座上被光环围绕的三清（自左向右）：道德天尊老子着蓝色道袍、白发，原始天尊着黑色道袍，灵宝天尊着绿色道袍。

背面写有所有人：冯法雷。

无地点及日期，推测地点为老挝或泰国北部，日期为19世纪末至20世纪。

参见［德］贺东劢（Thomas O. Höllmann）、傅敏怡（Michael Friedrich）：给神灵的讯息——瑶族宗教文书（Botschaften an die Götter. Religiöse Handschriften der Yao），威斯巴登：Harrassowitz，1999，第82—83页，目录第47号。

570 **Cod. sin. 746**

20.2厘米×13厘米，穿过书边及书背装订；书衣已佚；13张折页，桑皮纸；有小裂口、折痕、污渍；每页7列，每列18—20字。

标题（fol. 1a）：集｛拔烈｝肉山之法；（fol. 13）：小集秘语

正文起始（fol. 2a）：托接桃男晚/女早星｛泱｝三清三元养也

正文结尾（fol. 13a）：尊主天门三十六螺姜盖过不动万世不回大吉也

无地点及日期，推测为19世纪末。

秘语集。荆门，道公派。

熟练但潦草的字体；用红点标记个别字，部分地方有红色分段标记；一枚方形印章，四字铭文无法识别（封面、封底内页）。

题记（fol. 13b）含师父、学生姓名，标题。

师傅［?］罗云胜将文书/口传传给了李经河（fol. 13a）；作为后继书主［?］被登记：邓经｛旋｝（fol. 8b、9a），盘玄御和他的儿子［盘］敷｛䆗｝（fol. 1a）。

571 **Cod. sin. 747**

17.2厘米×12.5厘米，从一处穿过书背装订，含挂环；书衣受损，薄桑皮纸；39张折页，严重变黑的桑皮纸，不同格式；有水渍、墨渍；fol. 1a-b、2a、35b、39a空白；每页6—8列，每列14—16字。

无标题

正文起始（fol. 2b-3a）：又论存家才六畜法．先烧香叩师分纸证盟庄身

正文结尾（fol. 34b）：取灵｛丹｝药衣好如前身体光郎大吉也

无地点及日期，推测为19世纪末至20世纪初。

秘语。荆门，道公派。

易识读的字体；部分有红色分段标记；个别勘误和增补（fol. 17a、18b、30b、33b）；符（fol. 23b）。

附录：草稿（fol. 2b）；“求才诸两名”（fol. 35a）；“拐带八口”（fol. 39b）。

572 **Cod. sin. 748**

19 厘米×12 厘米，采用穿过书边并从 7 处穿过书背的装订；受损的书衣由多层厚但脆的竹纸制成；5 张折页，亦由厚但脆的竹纸制成；有水渍、污渍、小裂口；每页平均 6 列，每列 12—14 字。

无标题

正文起始（fol. 1a）：奉也请奉也入一心奉请火烧钱

正文结尾（fol. 5b）：变得钱排々速々上天庭，火急咒师流灵

无地点及日期，推测为 20 世纪。

闾山派做法事之指示“法”和咒的合集。优勉支系。

较生疏的写主执笔；部分字间距紧密。

附录：数字清单（封底内页）；（fol. 1a）：“天上有云造得水”。

573 **Cod. sin. 749**

23 厘米×16 厘米，边订（不交叉），含挂环；受损的书衣，封面由粗糙的竹纸制成，封底由纸板制成；23 张折页由厚而脆的纸张制成；有污渍、折痕；每页 8—10 列，每列 13—17 字。

标题（fol. 7a）：完光歌

正文起始（fol. 1a）：立过家主久年待奉祖宗，香火上清兵将

正文结尾（fol. 23b）：又到献师父歌．座落灯头献河鬼，座落灯尾头献河神

无地点；贴在上面的泰文标签暗示其至少一段时期内曾在泰国使用过。折页边缘的备注中写有日期（fol. 20b）：庚戌岁八［月］初十日（分别）（推测为 1910 年或者 1970 年）。

《开坛书》中做法事之指示“法”、咒以及七言歌的合集，用于度戒仪式。优勉支系。

较生疏的写主执笔；书页边缘和列与列之间写有笔记；圆珠笔写的草稿和账目；天头处有阿拉伯数字和中文数字写的页码。

附录：泰国药品公司的包装贴纸；数字表（fol. 7a）；中文和泰文的草稿（封面）；名单（封面内页后）。

书主：盘文才（fol. 7a）

574 **Cod. sin. 750**

19 厘米×13 厘米，以竖着折叠搓捻而成的纸捻线在一侧捆扎（毛装），在其旁边再装订；书衣已佚；78 张折页，首尾几张折页推测已佚，桑皮纸；受损严重，有污渍、火烧

痕迹，页边缘有缺损；fol. 1a、60a 已佚；fol. 10b－11b、54b、76b－77a 空白；每页 4—8 列，每列 10—18 字。

无标题

正文起始（fol. 1b）：癸辰日亥时玉堂去一祖

正文结尾（fol. 78b）：又到跳破鬼话用

无地点及日期，推测为 19 世纪初。

做法事之指示“法”、咒、符、七言歌合集，部分关于传说历史的内容、日历表、不同货币兑换表和仪式清单。优勉支系。

不同的写主执笔，部分由非常熟练的写主执笔；部分地方有黑色句读；符（fol. 26b、27a、28b）。

作为书主［？］被登记：赵金明（fol. 50b），赵法前（fol. 59a）；作为师傅［？］被登记：赵香一郎（fol. 58b、59a）。

575 **Cod. sin. 751**

19 厘米×13 厘米，在上方和下方穿过书背装订，含挂环；受损的书衣由以布筛荡料入帘而成的厚纸制成；25 张折页，也由以布筛荡料入帘而成的厚纸制成，有水渍、虫蛀；fol. 20b－22b、25a－b 空白；每页平均 8 列，每列 14—18 字。

无标题

正文起始（fol. 1a）：霹櫷通通到到厶通厶，吾行一步化为清龙

正文结尾（fol. 24b）：上浪酒上浪章门前吃了各扃乡

无地点。日期（封底）：本年丙辰岁九月十五日（推测为 1916 年或者 1976 年）。

《开坛书》中做法事之指示“法”、咒以及七言歌的合集，用于度戒仪式。优勉支系。

附录：“又到元盆纸马上库”（封面内页，用圆珠笔和毡头笔书写）；借贷记录（封底）。

较生疏的写主执笔；个别用圆珠笔和红色毡头笔书写的勘误和注释。

576 **Cod. sin. 752**

17 厘米×11.5 厘米，以粗糙的绳子在上方穿过书边并从两处穿过书背装订，含挂环；破损的书衣由多层被煤烟熏黑的厚纸制成；36 张折页，厚而脆的竹纸，纸质不同；有污渍、火烧痕迹，页边缘有缺损；每页 6 列，每列 12—14 字。

无标题

正文起始（fol. 2a）：风有音声话有靶，水有源头木有根

正文结束（fol. 35b）：烧香烧纸告化讨米，命定如此，命定如此

无地点及日期；泰文注释暗示其至少一段时间内曾在泰国北部或老挝使用过；推测为20世纪。

以儒家思想为基础的德育课本，含中国经典选段。优勉支系。

熟练的写主执笔；有红色圆珠笔书写的中文和泰文注释；红色句读。

附录："断五瘟符"（封面内页）；"孟子见梁惠王"（fol. 1a）；"间最难得者兄弟称敬父母"（fol. 36a-b）；用中文和泰文书写的草稿（fol. 1b、36b，封底）；符（封面内页）。

577 **Cod. sin. 753**

22.1 厘米×14.3 厘米，穿过书边及书背装订，含挂环；书衣由布筛荡料入帘而成的厚竹纸制成，封面已佚；16 张折页，由布筛荡料入帘而成的硬竹纸制成；有污渍；每页 6 列，每列 13—15 字。

标题（fol. 1a 第一列）：天下文章破理明

正文起始（fol. 1a）：天下文章破理明，世间传报众详情

正文结尾（fol. 16b）：奉勤后生念记在心聪明读熟运用自如不差鱼鲁之刑也

无地点及日期，推测为 19 世纪末。

儒家道德标准的启蒙教科书。优勉支系。

字体大且整齐；有红色句读；个别处有勘误。

578 **Cod. sin. 754**

19 厘米×16 厘米，从 7 处穿过书背装订，书背前后两面都有小竹条；受损的书衣由被煤烟熏黑了的［包装?］纸制成；18 张折页由粗纤维脆竹纸制成；有污渍、火烧痕迹、水渍、缺损；fol. 12b-13b、15b-16b 空白；每页 8—9 列，每列 15—16 字。

标题（fol. 2a 第一列）：大卜文章破理明

正文起始（fol. 2a）：天下文章破理明，世间［传报］众详情

正文结尾（fol. 11a）：后人念记聪明读熟记取，不差鱼鲁之刑也

无地点。日期（fol. 11b）：民国五十一岁壬寅年六月初十日伸时院｛笔｝壬寅岁五月初八日入学（1962 年）。

儒家道德标准的启蒙教科书。优勉支系。

易识读的字体；有红色句读；列与列之间有个别勘误；标有页码。

题记（fol. 10b）含日期、书主名及课程开始的说明。

附录：圆珠笔书写的草稿（fol. 12a、14a-15a、17a-18b，书衣）。

书主及写主（学生）：盘文财（fol. 1a）；其他姓氏为盘、冯、赵、李的学生［?］（fol. 12a、17a-b）。

579 **Cod. sin. 755**

19.5 厘米×13.5 厘米，以竖着折叠搓捻而成的纸捻线从 4 处穿过书背捆扎；受损的书衣由厚而硬的竹纸制成；19 张折页，桑皮纸；有水渍、污渍、折痕；文书完整无缺；每页平均 7 列，每列 12 字。

标题（书衣）：（一本）杂谢秘语（早晚使用）

正文起始（fol. 1a）：重袭谢诸神秘语早晚用．人来初请之法．先庄传身是原生他母主来请是为正醮

正文结尾（fol. 18b）：下金星日宫月府东方长生寅卯地辰巳地吉也

无地点。日期（封底）：太岁中华国□□□□月十一日（抄完）（1911 年以后）。

秘语集。荆门，推测为道公派。

较生疏的写主；列头有红点，有红色分段标记；框起来的字作为符（fol. 5b、6a）；一枚铭文无法识别的方形印章（书衣，fol. 1a、10a）。

题记（fol. 18b）含师父和学生的姓名。

附录：天庭中的宫殿，即月府、日宫、金星所在位置的清单（插进去的画了行线的折页）；草稿和笔记（fol. 18b–19b，书衣内页）。

传度师：李道通（书衣，fol. 18b）；书主：李妙颜（书衣，fol. 5a、10a、15a、18b），可能与李院颜（fol. 12b）是同一人。

580 **Cod. sin. 756**

17.8 厘米×10.4 厘米，以竖着折叠搓捻而成的纸捻线在一侧捆扎（毛装），再在上面用粗绳装订，含挂环；受损的书衣由厚桑皮纸制成，封底已佚；14 张折页，桑皮纸；有污渍，纸张严重变黑；每页平均 4 列，每列 11—12 字。

标题（书衣）：（一本）作福书通...

正文起始（fol. 1a）：弥陀咒化钱用．太上弥罗火上天妙々主金阙太尉玉清宫

正文结尾（fol. 11b）：天师在吾前，地师在吾后，三七灵兵在吾右，吾奉太上老君急々如律令敕

无地点及日期，推测为 19 世纪。

闾山派作法之指示“法”、咒的合集。优勉支系。

熟练流畅的字体；有褪色的红色句读；列与列之间有个别勘误。

附录：神祇和师父的名单；草稿和一篇文章的标题《天下文章破理明》（fol. 13b–14b）。

581 **Cod. sin. 757**

19 厘米×12.5 厘米，以竖着折叠搓捻而成的纸捻线在一侧捆扎（毛装），额外又用线穿过书背装订，含竖着折叠搓捻而成的纸捻线做的挂环；布书函，其下为长纤维软纸制成的书衣；6 张折页，长纤维软［桑皮?］纸；有裂口、污渍、折痕；fol. 6a-b 空白；每页 5—6 列，每列 8—13 字。

标题（函套）：盘家．盘家家先单；（标题页 fol. 1a）：家先单（一本刘用）

正文起始（fol. 1b）：盘用一郎，赵氏二娘

正文结尾（fol. 2b）：冯氏者，赵氏二娘

无地点及日期，推测为 19 世纪末。

盘氏家谱。优勉支系。

流畅熟练的字体，附录由其他写主书写；个别圆珠笔注释。

附录："请上众皇众"（fol. 2b）；"又奏花鬼舟用"（fol. 3a）；"请皇鬼舟"（fol. 3b）；"又到请用"（fol. 4a-b）；"又是生旺歌用"（书衣）。

写主及书主：盘财进（fol. 1a）；在家谱中被登记的祖先和他们各自的妻子（fol. 1a-2b）：盘用一郎、赵氏二娘，盘无二郎、赵氏五娘，盘应四郎、刘氏三娘，盘龙一郎、赵氏二娘，盘明二郎、李氏一娘，盘向三郎、盘氏二娘，盘金一郎、盘氏一娘，盘法有、盘氏者，盘法安、李氏者，赵法盖、李氏者，盘法乡、李氏者，盘法财，李德一郎、邓氏四娘，李贵二郎、邓氏二娘、罗氏三娘，李林一郎、李氏六娘，李法金、盘氏者，李法升、盘氏者、冯氏者、赵氏二娘。

582 **Cod. sin. 758**

21.5 厘米×15.5 厘米，以两种颜色的绳子穿过书边及书背装订；受损的书衣，由多层脆竹纸制成；10 张折页，厚而脆的竹纸；有裂口和缺损；每页平均 7 列，每列 17 字。

标题（书衣）：破理书（一本）；（封底内页）：（一本）破理明（里）；（封底）：破理书（教人知）．（一本）破理书

正文起始（fol. 1a）：天下文章破理明，世间传报众详情

正文结尾（fol. 10b）：九月九重阳日十月立冬是寒来十一月为

地点［?］（封底）：石屏墨江光江施萨磨丁猛腊猛腮信易武尚甬（云南南部）。日期（封底）：太岁丙戌年十二月廿七日（推测为 1946 年）。

以儒家价值观为导向的德育课本。优勉支系。

整齐熟练的字体；有红色句读。

题记含标题、日期和持有说明（封底）。

附录："又叫部狱农"（封面内页）。

写主：杨元寿（封面内页）；书主：盘开玉（封底）；后继书主［?］：盘妙御（封底内页）。

583 **Cod. sin. 759**

17.5 厘米×17 厘米，采用穿过书边并从 10 处穿过书背的装订，含挂环；书衣已佚；26 张折页由粗纤维脆竹纸制成；有污渍，页边缘轻微受损，最后几页有缺失；fol. 26a–b 的大部分已佚；每页平均 7 列，每列 8—10 字。

无标题

正文起始（fol. 1a）：五．村村有种田人，东一村，西一村，村村都有种田人

正文结尾（fol. 26a）：做事惟我帮助，我做事惟你帮助，你母亲想惟你□忙望你...

无地点及日期；泰文注释暗示其至少一段时间内曾在老挝北部或泰国使用过；1911 年以后。

一本民国时期小学一年级或二年级教科书的手写抄本。推测为优勉支系。

工整的字体，字体大；有红色句读，泰文注释（fol. 1a）和中文注释（fol. 17b）；一面国旗的插图（fol. 17b），推测是国民党 1911 年占领武汉时使用过并在 1913 年作为"中华民国军旗"使用的旗帜。

584 **Cod. sin. 760**

21 厘米×17 厘米，穿过书边及书背装订，含挂环；受损的书衣由竹纸制成；11 张折页由脆竹纸制成；有污渍、水渍；fol. 11b 空白；每页 7—8 列，每列 14—17 字。

标题（书衣）：谢雷科

正文起始（fol. 1a）：奉道正一谢雷境救患祈安醮主厶厶等来诣炉前请拜上香

正文结尾（fol. 11a）：福留谢主还宫，同赖善功成无上道倾光回驾天尊

无地点及日期，推测为 20 世纪。

打醮仪式科仪，用于祭拜雷公。荆门，道公派。

相对熟练的写主执笔；紫色句读及分段标记。

585 **Cod. sin. 761**

19.5 厘米×14 厘米，横着打线并在中间对折的纸张，在打开的一端穿过书边并从 7 处穿过书背装订成中国式书籍的样子；书衣由一本泰文的生肖日历制成，封面已佚；10 张折页，版口处多被撕开；fol. 9b 已佚，fol. 9b 空白；每页平均 8 列，每列 13—14 字。

标题（标题页 fol. 1a）：亡人祭饮用．天主也人超度．三台送终疏意用｛格｝疏

正文起始（fol. 1b–2a）：又去又到亡人祭饭用．一声鸣角去哀々，去到閰山殿上来

正文结尾（fol. 8b）：本坛观音菩萨案下投进奉真修斋存报恩孝男厶合孝等百拜疏伸证盟

地点（fol. 6b）：大清国厶道京承宣布政使司。一项度戒仪式的日期（fol. 9a）：丙辰岁十二月二十五（推测为 1976 年）。

用于葬礼的表式集以及七言歌。优勉支系。

流畅、易识读的字体，个别地方由写主勘误。

附录：盘法顺（fol. 9a）度戒仪式的记录。

书主［和写主?］：盘进情（fol. 1b、9a）。

586 **Cod. sin. 762**

18 厘米×14 厘米，以订线和折叠而成的纸捻线从 4 处穿过书背在一侧捆扎；受损的书衣由棕色［包装?］纸制成；16 张折页，以布筛荡料入帘而成的软纸；有使用过的痕迹、污渍；fol. 1a–b、15a–16b 空白，14a–b 上有后添加的插图及文字；每页平均 6 列，每列 8 字。

标题（fol. 2a 第一列）：千字文

正文起始（fol. 2a）：千字文．天地元黄，宇宙洪荒

正文结尾（fol. 12a–b）：愚蒙等诮谓吾助焉哉乎也

无地点。日期（fol. 13a）：民一九五四夏季。

用于教授汉字以及儒家道德观的课本。推测为优勉支系。

熟练工整的字体，每四字有一个韵脚，韵脚处有一个红点，列旁有注释和勘误；标有页码；大量后来添加的红黑色插图（关于“瑶族”的图画）；标有页码（fol. 7 有两遍；fol. 13 没有标页码）。

题记含日期、写主名邓树荣和谦辞（fol. 13a–b）。

587 **Cod. sin. 763**

19. 5 厘米×15. 5 厘米，采用穿过书边并从 8 处穿过书背的装订，含挂环；书衣由以布筛荡料入帘而成的粗纤维竹纸制成；16 张折页亦由以布筛荡料入帘而成的粗纤维脆竹纸制成；有污渍，首尾几张折页的下方边角有缺损；fol. 16b 空白；每页 8 列，每列 15 字。

标题：［看病书?］

正文起始（fol. 1a）：又看到请师问卦．入门见我不在家便是五道伤神行瘟

正文结尾（fol. 14b）：五月初八日忌十五日忌每人三道灵符

冯氏者的家族墓址（fol. 15a）：猛喃府官上猛捆洞埝吊冲太阳寨岑｛却｝平座东向北

猛喃大王花肚地主（推测为老挝琅勃拉邦楠府）。盘法位的度戒仪式日期（fol. 14b）：己巳年十二月十三日丑时（推测为1870年）[①]；冯氏者的生卒年：生于癸亥年，推测为1863年，逝于己酉年，推测为1909年；李氏者女儿的出生日期：梅月[②]二十五日（十月二十五）。

用神秘手段帮助医疗诊断的文书。优勉支系。

不同的较生疏的写主执笔，个别字被勘误和补充；许多补充的红黑色插图（瑶族风格的描绘）。

附录：盘法位卦灯的记录；参加的人员有：盘法德、冯法广、盘法林、盘法明、赵法灵（fol. 14b）；冯氏者度戒仪式的生卒年及家族墓地（fol. 15a）；“该咀咒搥”（fol. 15b）；提及李氏者女儿的出生日期（fol. 16a）。

588 **Cod. sin. 764**

19.5厘米×14.5厘米，穿过书边及书背装订；书衣为多层以布筛荡料入帘而成的脆纸；14张折页，亦为以布筛荡料入帘而成的脆纸；有轻微污渍；fol. 14为单页；每页6—7列，每列11—14字。

标题（书衣）：桥鬼纸马丹（在内用）．合骨退毒法书

正文起始（fol. 1a）：又到请师父退毒骨骨[③]．说弟子今年今月今日今师劳烦年资功曹烦香

正文结尾（fol. 13b）：庚申辛酉真花吉壬戌癸亥昔花大吉[④]

无地点。完成日期（书衣）：王上民国七十一年壬戌岁十一月二十日（完笔）（1982年）。

做法事之指示“法”、咒的合集以及生病治疗仪式的费用清单。优勉支系。

较生熟但易识读的字体；五雷符（fol. 4b）；后补充的红黑色插图（瑶族风格的描绘，fol. 12a-b、13a、14a）。

附录：关于一个李法广在癸亥岁为长子治病举行的仪式记录（封面内页）。

书主：盘富贵（书衣）；在仪式中被召唤作为见证人的［虚构的?］师父：盘法保和盘法德（fol. 2a）；家族的祖先：冯法应，李情，盘龙三郎，盘堂六郎，盘龙六郎（封面内页）。

---

① 校译者注：原书此处误写为“1869年”，已更正。农历纪年与公历纪年转换存在时间差，己巳年十二月十三日对应的公历日期是1870年1月14日。

② 校译者注：原书此处有误，“梅月”在民间有两种说法，一是指梅花盛开的月份，即农历十二月；二是梅雨季节，即农历四月。

③ 校译者注：原书此处误写为“又到请师父退青骨骨”，已更正。

④ 校译者注：原书此处误写为“庚申辛酉真花吉壬戌□花大吉”，已更正。

589 **Cod. sin. 765**

24.5 厘米×16 厘米，穿过书边装订；书衣为多层棕色桑皮纸；77 张折页，桑皮纸；最后几张折页页角有缺损，除此以外品相佳；fol. 49 已佚；每页 9 列，每列 14 字。

标题（fol. 77a）：花堂科

正文起始（fol. 1a）：正月花王唱．正月初一贺新年，天狗老少再逢春

正文结尾（fol. 77a）：乞你榔有状请，右斗送力好真花．花堂科完

无地点及日期，推测为 19 世纪。

用于祭拜帝母的七言歌。荆门，师公派。

熟练的写主执笔，个别文段由其他写主补充，部分地方有句读；标有页码；“瑶族”的图画（fol. 77b）和后添加的以纳西文字元素为依据的红黑色插图（在正本文书内）。

附录：“踏摇句”（fol. 77a）

书主：李法和（fol. 32a）

590 **Cod. sin. 766**

23.5 厘米×15 厘米，装订已部分散开，以竖着折叠搓捻而成的纸捻线在一侧捆扎（毛装）；[后添加的?] 受损的书衣，粗纤维脆竹纸；55 张折页，桑皮纸；有水渍、小裂口，除此以外品相佳；每页 7 列，每列 12—14 字。

标题（封面）：绕棺科；（标题页 fol. 1a）：送终绕棺科．傕灵中元．解结末甲．散花科；（fol. 55b）：送终绕科

第一篇正文

正文起始（fol. 2a）：先句三宝前唱绕棺用．三尊酒库正哀场

正文结尾（fol. 38a）：大圣辞祝别．辞别完毕也．绕棺完毕

第二篇正文

正文起始（fol. 38a）：次傕灵科启用．急急修急急修，般今正是急滩头

正文结尾（fol. 42b）：讽经了任意保党多々少々之乐也．傕灵科完毕

第三篇正文

正文起始（fol. 42b）：送终解结科启．大圣解冤家无上

正文结尾（fol. 50b）：鞭｛挞｝冤家消减．冤家终毕

第四篇正文

正文起始（fol. 50b）：散花｛归｝去同用．｛尚来｝命道依科．解冤释结已周完

正文结尾（fol. 54b）：次入傕灵法在后也．送终绕棺科完毕也

无地点。完笔日期（fol. 1a）：大清光绪廿三年丁酉岁｛临种｝月十九日申时（终毕）

（1897 年）；（fol. 54b）：皇上光绪廿三年丁酉岁五月十九日未时（终毕）（1897 年）。

葬礼用科仪。荆门，道公派。

较熟练的写主执笔；有红色分段标记，部分列头及列中有红点；一枚红色方形“道经师宝”印章（fol. 1a）。

题记（fol. 54b）含标题、完笔日期、持有说明、谦辞；由其他写主执笔的跋（fol. 55a–b）；页码数 53（fol. 1b）。

写主：邓老七（fol. 1a、10a）；书主：刘玄聪（书衣，fol. 1a、54b、55b）及其子邓金利和邓金华（书衣）；写主或书主亦以化名“南阳［郡］”（为邓姓所用）被登记（fol. 44a）。

591 **Cod. sin. 767**

21 厘米×13. 5 厘米，穿过书边及书背装订，含挂环；书衣由以布筛荡料入帘而成的脆［竹?］纸制成；29 张折页，桑皮纸；除有污渍外品相佳；fol. 1b、2b、27b–29b 空白；每页平均 10 列，每列 18 字。

标题（书衣，标题页 fol. 1a、2a、27a）：（一本）初真受戒秘语；（fol. 26b）：受戒秘语

正文起始（fol. 3a）：一论初真弟子初来请之法．当奃先烧香叩师

正文结尾（fol. 26b）：大圣寻声救苦天尊．一本受戒秘语抄完

无地点。日期（fol. 1a）：中华民国三十五丙戌岁七月廿二日（抄完）（1946 年）；中华民国三十五年丙戌岁七月廿一日（1946 年）。

用于进入道公及师公法师行列的度戒仪式的秘语。荆门。

较生疏的写主执笔，有许多特殊写法；红色分段标记，列头和列尾有红点；一枚红色方形印章，三列铭文无法识别（书衣，fol. 1a、2a、17b、26b）。

题记（fol. 26b–27a）含标题、完笔日期、传抄价格和对后辈的寄语。

附录（插在 fol. 12 里）：双鹿牌中国药品标签。①

写主：卢云颜（fol. 1a、2a）；书主：卢院颜（fol. 3a、6a）。

592 **Cod. sin. 768**

19. 5 厘米×15 厘米，穿过书边及书背装订；书衣已佚；33 张折页，薄而脆的以布筛荡料入帘而成的竹纸；有污渍，折页上端边缘有大面积缺损；fol. 7a 已佚，fol. 7b 空白，后添加的插图；每页平均 7 列，每列 25—26 字。

① 译校者注：实际应为一袜子品牌标签。

无标题

正文起始（fol. 1a）：一论替官木不去重替银龙去衡之法

正文结尾（fol. 33b）：盘镇握南镇握消灾经

无地点及日期，推测为 19 世纪末至 20 世纪初。

秘语。荆门，推测为道公派。

较生疏的写主执笔；有红色句读和分段标记；一枚红色方形印章，铭文推测为“道经师宝”（fol. 1a、6a、8a、11b、14a、16a、18b、20b、21b）；后添加的模仿纳西文字元素的插图（fol. 6a、7b、20a、21b、34b、25b、28b、31a-b、33a-b）。

书主：李道聪（fol. 24b、26a、33a）。

593 **Cod. sin. 769**

24.5 厘米×15 厘米，穿过书边及书背装订；书衣受损，多层粘贴在一起的棕色桑皮纸；51 张折页，变黑色的桑皮纸；版口处被撕开，有水渍、污渍；fol. 14a-15b 和最后一张折页有缺损；每页平均 7 列，每列 22—26 字。

标题（书衣）：太上老君红楼秘；（标题页 fol. 1）：贡筵红楼秘语；（fol. 2a）：太上老君秘语；（fol. 51b，封底）：（一本）红楼秘语

正文起始（fol. 3a）：有重合境法．想传前日断之语是其张境

正文结尾（fol. 51b）：金秀女银秀女饱满了团圆了也

无地点。日期（书衣）：道光元年正月｛历｝（抄竟）（1821 年）；道光元年辛巳岁正月季春下旬旦（抄）（1821 年）。

红楼仪式秘语，用于祭拜帝母。荆门。

流畅熟练的字体；红色分段标记，神祇名称用红点标记；符（fol. 5b、41a）；一枚红色方形“道经师宝”印章（fol. 1a、4a-5b）。

附录：“倒坛句”“倒楼句”（fol. 2b）；已举办的仪式或文书的清单，该文书的第三位书主为邓院照（fol. 1b-2a）；已举办的仪式或文书的清单，该文书的第二位书主为邓应海（fol. 51b）；页码数 50（fol. 1a）。

原始书主和写主：邓玄宗（fol. 1a、2a），他的儿子邓应海（fol. 1a、2a、21b、51b），女婿邓院照（fol. 1b、30a、42a）；后继书主和个别文段的写主［?］：邓玄圣（fol. 1a、2a、16b、21b、28a、29a、30a、34a、34b、40b、47b）；师父［及后继书主?］：盘经/应鲜（fol. 2a、4b、6b、7b、24b、34a、44b）；后继书主邓妙财（fol. 27a、51b）将文书传给邓妙御（fol. 14a、27a、34b、46a、51b，封底）；买主和后继书主：邓经声（fol. 2a）；登记：邓玄｛顾｝（fol. 24b、33b、37a）。

参见［德］贺东劢（Thomas O. Höllmann）、傅敏怡（Michael Friedrich）：给神灵的讯

息——瑶族宗教文书（Botschaften an die Götter. Religiöse Handschriften der Yao），威斯巴登：Harrassowitz，1999，第66—67页，目录第33号。

594 **Cod. sin. 770**

20厘米×16.5厘米，以粗绳穿过书边及书背装订；书衣为光滑的脆［竹?］纸；17张折页，脆而光滑的［竹?］纸；有小裂口和污渍；fol. 1b、14a-b、16a空白；每页平均8列，每列17—20字。

标题（书衣）：□教授械秘语（一本）；（标题页fol. 1a）：道教授械秘语（一本）；（fol. 12b）：道教授械秘

正文起始（fol. 2a）：又论初真受戒初开经坛法．先启经坛

正文结尾（fol. 9a）：退下三天月府本坛也．受戒法完毕

无地点及日期，推测为20世纪。

用于度戒仪式的秘语。荆门，道公派。

字体拙劣但易识读；有红色分段标记，个别文段被用红点标记出来；一个人物和一匹马的插图（fol. 1a）。

附录：“打黄泉法”（fol. 9a-12a）；粮食借贷记录（fol. 12b）；由其他写主书写的秘语文段（fol. 12b-13b）；七言式文段（fol. 15a-b）；秘语中的一列（fol. 16b）；七言式的“道人叹经文”（fol. 17a-b）；秘语文段（封底）。

书主：邓云状（fol. 1a）。

595 **Cod. sin. 771**

21厘米×16厘米，穿过书边及书背装订，含小挂环；严重受损的书衣由脆竹纸制成，封底已佚；16张折页，竹纸；品相佳；fol. 1a-4a、15a-16b空白；每页平均8列，每列9—14字。

标题（书衣）：（一本书）古今字；（fol. 14b）：（一本）书科

正文起始（fol. 5a）：□二□天，为天．□天．□天□遥

正文结尾（fol. 6b）：鹊鹏

无地点。日期（书衣）：太岁辛未年六月（推测为1931年）。

词汇表。推测为荆门。

较生疏的写主执笔，有许多特殊写法。

附录：“盘古配”，七言式德育课本（fol. 6b-8a）；“一本又师帅”（fol. 8a-9a）；“古金字一宗”，词汇表（fol. 9a-11ba）；“阴六律阳六吕”（fol. 12a-14b）。

书主及写主：李经衔（书衣，fol. 4b、9a、14b）。

596 **Cod. sin. 772**

19 厘米×17.5 厘米，以竖着折叠搓捻而成的纸捻线在一侧捆扎（毛装）；受损的书衣由以布筛荡料入帘而成的纸制成，纸张如棉絮般洁白柔软，封面已佚；14 张折页，亦由以布筛荡料入帘而成的纸制成，纸张如棉絮般洁白柔软；有裂口，页边缘有缺损；fol. 14a 空白；每页 8 列，每列 11—12 字。

无标题

正文起始（fol. 1a）：给双亲专入来取货书

正文结尾（fol. 13b）：可能在短期内返家特此奉

无地点及日期，推测为 20 世纪。

书信范例集。推测来自中国。

熟练的写主执笔，个别字和文段用圆珠笔勘误；有红色句读；大量后来添加的“越南瑶族”的插图（fol. 2b、3b、7a、8b、10a、11a、13a）。

附录：用阿拉伯数字进行的演算（fol. 14b）。

597 **Cod. sin. 773**

17.5 厘米×13 厘米，两本文书（fol. 1-13 和 fol. 14-42），边订（不交叉），含挂环；书衣由以布筛荡料入帘而成的脆纸制成；42 张折页，不同质量的纸张；版口处部分被撕开，有水渍、污渍、虫蛀导致的缺损，fol. 1a、14b（推测是第二本文书的原始书衣）空白，fol. 36a-42b 被倒置着装订；每页 8—10 列，每列 10—14 字。

标题（fol. 9b）：送船书

第一篇正文

正文起始（封面内页）：□百木重在风岭岁，孝扇元开扇合□

正文结尾（fol. 9b）：漁过漁，千万莫在进人家屋

第二篇正文

正文起始（fol. 15a）：又到十二姓歌郡．古言双音清水郡大塘□满水平｛贡｝

正文结尾（fol. 31a）：那日姑娘谁命天

盘法明/李氏者的家族墓址：“□崩坐在西向东上人任岭头平兵头”（地址无法识别）。日期（fol. 9b）：民国五十二年癸卯岁正月初三日（1963 年）；盘法明/李氏者的去世日期：乙巳岁（推测为 1965 年）。

造船科仪，船上载有带来疾病的鬼怪；瑶族姓氏七言歌。优勉支系。

不同的较生疏的写主执笔，个别字和文段被勘误和为后来补充；许多毛笔和圆珠笔的注释。

题记（fol. 9b）含标题、日期及持有说明。

附录："又贝开元盆纸马用"（fol. 9b）；"又到打犯法用"（fol. 9b-13b）；盘法明和/或他的妻子李氏者的逝世日期和墓地（fol. 31b）；"烦恼造纸深情意"（fol. 32a-34b）；"三清花歌"（fol. 35a-42b）；交易记录（书衣）。

第一本文书的书主：盘富贵（fol. 9b）。

598 **Cod. sin. 774**

23.5 厘米×14.5 厘米，以竖着折叠搓捻而成的纸捻线穿过书边在上端装订，含挂环；书衣由多层不同纸张制成，其中包括泰语日报，损坏严重，封底已佚；21 张折页，首尾几张折页已佚，由以布筛荡料入帘而成的长纤维软纸制成；有小裂口和污渍；每页 6—9 列，每列 14—17 字。

标题（书衣）：（一本）做鬼人□□□用；（封面内页）：（一本）做鬼书

正文起始（fol. 1a）：投叩阴间为龙做主为住做力□来

正文结尾（fol. 21b）：行得过天风得过｛沄｝抽头也起串｛衣｝行

无地点；泰语书衣暗示其至少在一段日期内在泰国被使用。日期（fol. 1b）：民国大皇（中华民国，1911 年后）；泰国报纸的日期（书衣）：1970 年。

还愿仪式科仪。仪式中的受邀对象为对疾病负责的神祇和先祖；需要的物品和仪式费用清单。优勉支系。

流畅的字体，有许多特殊写法。

书主：邓贵文（封面内页）。

599 **Cod. sin. 775**

24 厘米×17.5 厘米，穿过书边装订；书衣轻微受损，由薄桑皮纸制成；29 张折页，桑皮纸；轻微污损；每页平均 9 列，每列 12—17 字。

标题（标题页 fol. 1a）：贡王土府延生宿启科；（fol. 1a）：（一本）斋宿启科；（fol. 28a）：斋醮宿启科

正文起始（fol. 2a）：金阙化身天尊．斋醮坛整肃，法式严陈，天地自然，灵章讽诵

正文结尾（fol. 28a）：宿启事毕．脱下冠裳冠服各回复位也．斋醮宿启科毕

地点（fol. 14b）：大清国云南道。日期（fol. 1a）：皇号咸丰四年秋季月上旬念二日（终毕）（1854 年）；（封底）：太岁癸味年三月十四日（院）（1883 年）。

打醮仪式科仪，用于延寿。荆门，道公派。

熟练的写主执笔。

题记（fol. 28a）含标题及持有说明。

附录：星宿神的名单（fol. 29a）；由其他写主执笔的七言式文段（fol. 29b）；插入的单独的一张折页，上有用于刺绣头巾的吉祥文字："女人头巾""男人帽式"。

书主：邓妙论（fol. 1a、28a）；后继书主：邓云玲（fol. 14a、14b、28a），邓云廷（fol. 28b），邓显真（fol. 1b、28a、29a），邓云｛贤｝（fol. 1a、1b、10b、12b、20b、29a），邓玄真（fol. 1b、28a、29a，可能与邓云真是同一人）；在一份名单（fol. 1b）上有：邓经颜、邓化意、邓玄御、王化｛梆｝。

600 **Cod. sin. 776**

24. 4 厘米×15 厘米，穿过书边装订；受损的书衣由以布筛荡料入帘而成的厚［竹?］纸制成；35 张折页，亦由以布筛荡料入帘而成的厚［竹?］纸制成；有大量污渍、水渍，首尾折页的边缘有裂口及缺损；每页 9—10 列，每列 19—20 字。

标题（书衣）：（一）集解秘语

第一篇正文

正文起始（fol. 1a）：一论微山安境补村用此语．人初上请烧香叩师

正文结尾（fol. 25b-26a）：主厶人三十六库｛遗｝满当天门了也

第二篇正文

正文起始（fol. 26b）：一论送绝亡之法

正文结尾（fol. 29b-30a）：亡故浅魂万世不得回．大吉也．金语秘语绝亡故久后子迴绝亡法

第三篇正文

正文起始（fol. 30a）：一论｛娱｝神法金灵案．此法不当四十岁不可乱学

正文结尾（fol. 35b）：一论若犯｛夜｝日不知在河处用此法

无地点。日期（fol. 30a）：七月初七日（完其法）（推测为 20 世纪）。

用于葬礼的秘语。荆门，推测为道公派。

工整熟练的字体，从 fol. 26 起由其他写主执笔，有的字采用特殊写法；褪色的红色分段标记；符（fol. 14a）；后添加的模仿纳西文字元素的插图（fol. 1a、7a、12b、13a、14a、19a、21a-b、27a-b、31a）。

题记（fol. 26a、30a）含标题、文书传抄的价格及持有说明。

书主：蒋玄柱（fol. 26a），盘云｛透｝（fol. 30a）；第二部分的写主：盘金连（fol. 34b）。

601 **Cod. sin. 777**

23 厘米×15 厘米，采用穿过书边并从 7 处穿过书背的装订；受损的书衣由粗纤维脆

［竹?］纸制成；30 张折页，桑皮纸；版口处多被撕开，有污渍、小裂口、使用痕迹；fol. 1 版口处被撕开并在内页写有字迹，fol. 28a、29b、30a-b 空白，fol. 30 残缺不全；每页平均 9 列，每列 19—22 字。

标题（书衣，标题页 fol. 1bv）：（一本）道教师教受戒秘语

正文起始（fol. 2a）：重袭巫教受戒秘语．初请存弟子法．先烧香叩师

正文结尾（fol. 17b）：高明大帝名案天府库饱满了也

无地点及日期，推测为 19 世纪纪初。

秘语，用于进入道公和师公行列的度戒仪式。荆门。

工整流畅的字体，个别文段由其他写主执笔；红色分段标记，个别地方有红色句读；符（fol. 3a、7a、7b）。

附录："又一论整黄泉法"（fol. 17b-19a）；"有开山治邙之法"（fol. 19a-21b）；"有斩竹木破石碗咒咀用此法"（fol. 23b-24a）；"有开山本境立庙"（fol. 24a-25b）；"又存银魂之法"（fol. 25b-27a）；"有架长生桥法"（fol. 27b）；"又论祭鬼水符之法"（fol. 28b-29a）。

原始书主：邓经贤（fol. 7b、10b）；后继书主李玄住（书衣，fol. 1bv）将文书传给他的学生李云正（书衣，fol. 1bv），之后该文书又被传给蒋玄恩（书衣，fol. 1bv）。

602 **Cod. sin. 778**

24 厘米×20 厘米，穿过书边装订；书衣由其他文书的折页制成；14 张折页，严重变黑的桑皮纸；版口处多被撕开，有水渍、污渍、缺损；fol. 11b、12a 空白，fol. 12b 已佚；每页平均 10 列，每列 13—14 字。

标题（标题页 fol. 1a）：醮喃灵科（一本）

正文起始（fol. 2a）：勘笑人生随电影鸟飞兔走难留

正文结尾（fol. 11a）：先存蒙福过去超升上法乔逍遥快乐．度山□□天尊．终毕也

无地点。日期（fol. 1a）：嘉庆二十［五年庚］辰岁（猛晏抄终毕）（1820 年）；附录日期（fol. 1a）：甲申年五月二七日（推测为 1824 年）。

用于送亡灵上路的做斋仪式科仪。荆门，道公派。

工整的字体，红色句读；部分红色注释；符（fol. 10a）。

附录（fol. 1a）：含日期的关于写主的报酬/商业交易［?］的记录；草稿（fol. 1b，封底）。

写主和书主：蒋经干（fol. 1a）；后继书主：邓道对（fol. 1a）；作为负债人［?］被登记：李法智（fol. 1a）。

603 **Cod. sin. 779**

24 厘米×18. 5 厘米，以竖着折叠搓捻而成的纸捻线在一侧捆扎（毛装）；书衣为以布筛荡料入帘而成的厚纸，包住书背，与书芯装订在一起；56 张折页，不同质量的桑皮纸；版口处多被撕开，有水渍以及火烧形成的洞，首尾几张折页严重缺损，已老化，纸张如棉絮般洁白柔软；fol. 1b、2a、54b、55b-56b 空白，fol. 55b、56b 残缺不全；每页平均 11 列，每列 23 字。

标题（标题页 fol. 1a，封底）：清醮秘语；（fol. 1a）：天太老君金语；（fol. 54a）：老君金语

正文起始（fol. 3a）：一论清醮主初来请法．先叩师证盟卷收三个传魂魄

正文结尾（fol. 53b）：一盆红发落西天去一盆清落洗浴亡人身清净了大吉也

无地点。日期（fol. 1a）：大清咸丰七年丁巳岁蕤宾月望九日（抄完笔也）（1857 年）。

打醮仪式秘语，用于净坛。荆门，道公派。

熟练、工整的字体；红色句读，分段标记和其他标记；一枚红色方形“道经师宝”印章（fol. 1a、18b、22b、29a、50b、51a）；符，部分含组合在一起的八卦图（fol. 14b、16b、18a、25a、29a、31b、32b、33b、35a、42a、37a、45b、46a）。

写主执笔的含谦辞的序（fol. 2b）；题记含标题、关于文书传抄过程的详细描述（fol. 54a）。

附录：药方（fol. 55a）。

写主：张朝贵（fol. 2b）；盘玄｛服｝（fol. 54a）将文书传给盘道职（fol. 54a），之后传给邓道连（fol. 54a），再后传给蒋玄和（fol. 1a、54a），最后传给蒋玄柱（fol. 1a、54a）。

604 **Cod. sin. 780**

22. 5 厘米×18 厘米，采用穿过书边并从 6 处穿过书背的装订，含挂环；受损的书衣由带筛纹的脆竹纸制成，封底已佚；36 张折页，薄竹纸；有水渍、污渍，页边缘轻微受损，由于裁剪，书芯下端边缘有小面积缺损；fol. 36b 已佚；每页平均 9 列，每列 15—17 字。

标题（书衣）：（一本）单时共二宫三宫科（同册）；（fol. 18b）：清醮土府延生单时科．（一本）单时．二三宫．二宫科；（fol. 33b）：二三宫科

第一篇正文

正文起始（fol. 1a）：早朝．金真演救天尊．午朝．雷声普化天尊．晚朝．金阙化身天尊

正文结尾（fol. 18b）：垂云鹤醮坛其时～清醮土府筵生单时科完毕．提笔李妙凤源出

一本单时完

第二篇正文

正文起始（fol. 18b）：重集二三宫无本唯写集用此本．重集二宫科启去．金阙化身天尊

正文结尾（fol. 33b）：送圣还宫，洞赖善完成无上道，一切信礼．三尺乌巾奏内描大天沙个众生，不是我今真弟子，谁人敢向利头行．二三宫科完毕

无地点。日期（fol. 6a）：大清～；（书衣）：太岁乙未年六月廿日未时（完毕）（推测为 1895 年）；（fol. 33b）：六月十八日未时（终书）。

三朝醮科仪。荆门，道公派。

流畅、易识读的字体；有分段标记，个别地方在韵脚和列头处画了点，句末有略写记号和括号，个别字用不同的红色框标记出来；个别处有勘误，较长的文段被划去，有红色注释；步罡踏斗图解（fol. 28a）。

附录（fol. 33b-36a）：“又重只皈依三宝华夏”。

书主及写主：李妙凤（书衣，fol. 18b、33b）。

605 **Cod. sin. 781**

25. 5 厘米×18 厘米，采用穿过书边并从两处穿过书背的装订；受损的书衣各由一张染成棕色的桑皮纸单页制成；22 张折页由深棕色的桑皮纸制成；版口处多被撕开，有破洞、污渍、水渍；fol. 1b 空白；每页 11—12 列，每列 20—22 字。

标题（标题页 fol. 1a）：安龙告斗解冤救患灯筵秘语（共集）；（fol. 22a）：安龙告斗解冤秘语．又重集小伴秘语（在尾）

正文起始（fol. 2a）：早晚人来初请法．先庄身是原他母

正文结尾（fol. 20a）：退下来东南庚卯辰巳地元始腹内长生安甲也．按龙关告雷府解冤完毕

无地点。日期（fol. 1a）：道光十四年甲午岁次夏（录竟）（1834 年）；附录日期（fol. 22b）：道光二十年十二月廿四日（1840 年）。

秘语，用于安抚地龙、祭拜北斗、抵御疾病和其他灾祸以及安抚冤魂。荆门，师公派。

流畅的字体；有红色分段标记，部分地方有红色句读，个别勘误；符（fol. 18b），一枚红色方形“道经师宝”印章（fol. 1a、20a）。

题记（fol. 22a）含标题和持有说明。

附录：“又论补祖坟大败之法”（fol. 20a-22a）；商业交易含日期的记录，其中的参与者：李老二（fol. 22b）。

写主：以化名“乐安郡”被登记，推测为蒋姓所用（fol. 20a）；传度师（fol. 1a）：蒋道桂；书主：蒋道霈，亦以化名“商音”登记（fol. 1a）；后继书主：黄经璇（fol. 1a、6a），黄玄鲜（fol. 1a），黄金镜（fol. 2a、19a、22a），蒋金晃（fol. 1a）。

606 **Cod. sin. 782**

24 厘米×17 厘米，穿过书边及书背装订，含挂环；书衣已佚；29 张折页，薄而脆的黄纸；有污渍、火烧痕迹；fol. 1b、2b、28b–29b 空白；每页 9—10 列，每列 21—23 字。

标题（fol. 3a）：（一本）授械秘语；（fol. 16b）：道教授械秘语．师教受戒；（fol. 25a）：师教；（fol. 25b）：道师授械秘语

第一篇

正文起始（fol. 3a）：一论弟子初来请先取邪法．先叩师庄身传了

正文结尾（fol. 16b）：存归中天十五团圆三魂归身安隐大吉道教授械秘语

第二篇

正文起始（fol. 16b）：重集师教受戒去也．一论师教弟子初来请法

正文结尾（fol. 25a）：过水火二池．冲过当天仅仅大吉也．师教到此终

无地点。日期（fol. 1a）：光绪十七［年］辛卯岁七月十五日（抄完）（1891 年）。

秘语，用于进入道公和师公行列的度戒仪式。荆门。

较熟练的字体；红色分段标记和其他标记，部分黑色句读；符（fol. 6b、17b–18b）；三枚红色方形印章，铭文无法识别（fol. 1a）。

附录：“洗脚用此墨咒”（fol. 1a）；“一论受戒五台返邪之法”（fol. 26b–28a）。

传度师及师父：蒋玄孔（fol. 1a）；书主：李玄章（fol. 1a），李玄照（fol. 1a），李玄银（fol. 1a），李玄皆（fol. 1a）；后继书主：李金玉、李金相（fol. 2a）

607 **Cod. sin. 783**

21 厘米×16 厘米，以黑色订线穿过书背装订，含塑料挂环；封面已佚；24 张折页，推测开始和结尾几张已佚，由以布筛荡料入帘而成的脆竹纸制成粗纤维厚竹纸制成；缺损严重；fol. 13 有较大裂口；每页平均 8 列，每列 10—13 字。

无标题

正文起始（fol. 1a）：步虚．点々心居诵．中间修都陈执简被冠服育科说度人

正文结尾（fol. 24b）：回向碧露天高上神霄真王大帝

无地点及日期，推测为 20 世纪。

做斋仪式科仪，用于安抚因病离世的冤魂。荆门，道公派。

易识读的字体，个别字用红色圆珠笔勘误；有红色分段标记，部分地方有红色句读，

括号和框型标记；后添加的模仿纳西文字元素的插图（fol. 10a–b、14b、16a–b、17a–b、18a–b）。

后继［?］书主：李玄真（fol. 15b）。

608 **Cod. sin. 784**

25 厘米×14 厘米，以竖着折叠搓捻而成的纸捻线在一侧捆扎（毛装），再在其上以绳子穿过书背装订；后装订上去的书衣由粗纤维竹纸制成，封底已佚；37 张折页，推测结尾几张已佚，不同质量的桑皮纸；所有折页版口处都被裁去，以致每张均有一列缺失；每页 5—6 列，每列 16—20 字。

标题：［诸品经］

正文起始（fol. 1a）：太上洞玄灵宝高上玉皇本行集经卷

正文结尾（fol. 37b）：北方度生上圣天尊，西南方太灵虚皇天尊，西北...

无地点及日期，推测为 19 世纪。

道教经典篇章选段集。荆门，道公派。

始终为一种流畅熟练的字体；有红色分段标记，个别地方在列中标有红点；个别字为后来添加或被勘误。

609 **Cod. sin. 785**

22 厘米×14 厘米，穿过书背装订，含挂环；受损的书衣，以布筛荡料入帘而成的粗纤维竹纸；13 张折页，脆竹纸；有水渍、火烧痕迹、裂口、虫蛀、缺损；每页平均 6 列，每列 16—19 字。

标题（fol. 1a）：天下文章破理明；（fol. 13b）：（一本）破理书文

正文起始（fol. 1a）：天下文章破理明，世间传报众朝延

正文结尾（fol. 13b）：奉劝后人念记聪明读熟不差一鲁之行也

无地点，泰语注释暗示其至少一段时间内在老挝或泰国北部被使用。日期（fol. 13b）：皇上民国三十八癸未［岁］九月初八日（1949 年）。①

以儒家价值观为导向的德育课本。推测为优勉支系。

较熟练的字体；红色句读；圆珠笔书写的泰文和汉字（fol. 13b）；fol. 1–14 在页面上方有用阿拉伯数字写的页码；整本文书的天头处都有后来添加的瑶族女性红黑色画像。

附录（fol. 13b）：圆珠笔书写的泰文笔记。

题记（fol. 13b）含标题、日期、写主和页码数（12）。

① 译校者注：民国三十八年（1949 年）是己丑年，民国三十二年（1943 年）才是癸未年，此处疑为抄书人的笔误。

写主：章先生（fol. 13b）；书主［?］：赵今明（fol. 1a）。

610 **Cod. sin. 786**

25.5 厘米×17 厘米，装订已部分散开，穿过书背装订；书衣为脆竹纸，封面已佚；25 张折页，粗纤维脆竹纸；有水渍，书页边缘有半圆形的缺损，除此以外品相佳；每页平均 6 列，每列 17—18 字。

标题（fol. 1a）：炼度科；（fol. 25b）：炼度

正文起始（fol. 1a）：又炼度科．奉道正一救苦贡王沐浴化衣保车孝男来诣保车前上香

正文结尾（fol. 25a）：忏悔记境皈命礼．无上正真三宝

无地点及日期，推测为 19 世纪末 20 世纪初。

做斋仪式科仪，用于葬礼。荆门，道公派。

较生疏的字体，红色分段标记。

题记含标题、持有说明和题词（fol. 25b）。

写主：李云广（fol. 25b）；书主：邓经朝（fol. 25b）；后继书主：邓明短（fol. 25b）。

611 **Cod. sin. 787**

23 厘米×18 厘米，穿过书边及书背装订，含挂环；书衣由一两面都有泰文（傣仂文）的旧折本制成，封面上还订进去一张折页，折页上画有横向的行线；39 张折页，严重变黑且有污渍的桑皮纸；前几页以及书页边缘部分有损坏；fol. 3 残缺不全；每页 10 列，每列 14 字。

标题（书衣）：招兵科（一本）

正文起始（fol. 1a）：又唱六白也．手拎六白々令々，两头秀出好花明

正文结尾（fol. 38b）：东道五伤降，南道五伤降，西道五伤降，北道五伤降，十二伤兵五伤降

无地点及日期，泰语注释暗示其至少一段时间内在泰国北部或老挝被使用过。推测为 19 世纪末 20 世纪初。

用于招募神兵的七言歌。荆门，师公派。

较生疏的写主执笔；前几页有中文和泰文的注释，封面上重复抄写了一文段；干支和五行对应表（fol. 38b-39b）；五行占卜示意图（fol. 39a-b）。

写主：李朝明（fol. 7b、34a）；书主：李法清（书衣，fol. 26a）。

612 **Cod. sin. 788**

21 厘米×14.5 厘米，以粗绳穿过书背及书边装订，含挂环；书衣由干燥的动物皮制

成；31 张折页，桑皮纸；轻微污渍，除此以外品相佳；fol. 1b 空白；每页平均 9 列，每列 17—19 字。

标题（标题页 fol. 1a）：（一本）小百解金语

正文起始（fol. 2a）：一论拔超财马法．先叩师父下降证盟分金银与三元三清

正文结尾（fol. 31a）：过万世不生天了大吉利示也

无地点。完笔日期（fol. 1a）：太岁中华民国五年丙辰岁五月十三日（抄终毕）（1916 年）；文书传抄日期（fol. 1b）：七月十五日（给付）。

秘语集。荆门，道公派。

熟练的写主执笔，个别处被勘误或删除；红色分段标记，列头有红色句读；一枚方形“道经师宝”印章（fol. 1a、7b、31b）。

题记（fol. 31b）含标题以及秘语和传授各种文书的价格清单。

书主和传度师：邓玄｛凤｝（fol. 1a、19b）；后继书主：李云璇（fol. 1a、2a）。

613 **Cod. sin. 789**

22. 5 厘米×16. 5 厘米，穿过书背装订，大部分已松散开来；书衣由多层部分粘贴在一起的有字迹的棕色桑皮纸制成；25 张折页，桑皮纸；版口处部分被撕开，有污渍，起始几张折页及页边缘受损严重；fol. 1a-b 残缺不全，空白；每页平均 9 列，每列 15—17 字。

标题（fol. 25b）：缴经雷王境王水符科

第一篇正文

正文起始（fol. 2a）：奉道正一谢雷境水符患新福保

正文结尾（fol. 15b）：今夜/日除了诣恶煞，保祈男女得刚强，倾光回驾天尊．水符科终

第二篇正文

正文起始（fol. 15b）：重集雷王境王三献科．依前请圣目也

正文结尾（fol. 19b）：向来化财奉送圣还宫，洞赖善缘成无上道．谢雷谢境科终

第三篇正文

正文起始（fol. 19b）：重集经科在此去也．请圣了便诵此经答鬼也

正文结尾（fol. 25b）：不可思议功德．向来诵经缴乞赐福消灾洞无上道．缴经境王雷王水符科终

无地点及日期，推测为 19 世纪。

打醮仪式科仪，用于祭拜雷公和本境神。荆门，道公派。

熟练的写主执笔；有红色句读、分段标记和其他标记；正本文书有后添加的模仿纳西文字元素的插图；红笔写的页码数（24）（fol. 25b）。

614 **Cod. sin. 790**

20. 5 厘米×14 厘米，采用穿过书边并从 6 处穿过书背的装订，含挂环；书衣已佚；21 张折页，厚但脆的竹纸；有水渍和火烧痕迹；fol. 1a–2b、16b、21a–b 空白；每页平均 6 列，每列 14 字。

无标题

正文起始（fol. 3a）：又到踏上歌用．踏上何盆殿上去，踏上何盆殿上去

正文结尾（fol. 16a）：案途落马完满了，发水上天完满收，好了也血

无地点及日期，推测为 19 世纪末至 20 世纪初。

较生疏的写主执笔；有个别勘误和补充。

由其他写主执笔的附录（fol. 17a–20b）：用于不同场合的对联："青草池边鸳鸯对舞"。

作为书主［？］被登记：赵承昌（fol. 5b）。

615 **Cod. sin. 791**

18. 5 厘米×13 厘米，穿过书边及书背装订；书衣已佚；19 张折页，厚而硬的竹纸；有使用痕迹、污渍；fol. 1a、2b、3b、18a、19a 已佚；每页平均 8 列，每列 8—11 字。

标题（fol. 4a）：｛效立｝文书

第一篇正文

正文起始（fol. 4a）：｛效立｝文书．劝世良右，孝悌忠信

正文结尾（fol. 13b）：勤耕苦读，乐世升平

第二篇正文

正文起始（fol. 14b）：勤俭立身之本，节用创业之基

正文结尾（fol. 17b）：为人改修缮，一世永无忧，各正言顺，万事周成

无地点及日期，推测为 19 世纪末 20 世纪初。

以儒家价值观为导向的德育课本。推测为优勉支系。

附录：五言式德育文章——"勤耕得饱吃，大仓收老禾"（fol. 1b–2a）；一德育课本的文段（fol. 3b）。因 fol. 18a、19a 已佚，因此不可知 fol. 18b 的文段（少主人，黄金无假，阿魏无真）以及 fol. 19a–b（意不公平修什么路）的文段是否属于另一篇文章。

熟练的写主执笔；每五个音节后用红点标出格律结构。

616 **Cod. sin. 792**

19. 5 厘米×15 厘米，边订（不交叉），含竖着搓捻折叠成的纸捻线做的挂环；受损的纸质书衣，仅部分残存；22 张折页，桑皮纸；有水渍、污渍、裂口、缺损；fol. 1 版口处

被撕开，内页有字迹；每页平均6列，每列8字。

标题（fol. 1bv）：千字文书

正文起始（fol. 2a）：天地元黄，宇宙洪荒，日月盈昃，辰宿列张

正文结尾（fol. 22b）：谓语助者，焉哉乎也。

无地点及日期，推测为19世纪末。

用于教授汉字及儒家道德观念的课本，同时也用作教授行书书法的课本。推测为优勉支系。

熟练的写主执笔；折页上半部分各有4个印刷体文字，下半部分为对应文字的行书；有个别圆珠笔注释；勘误贴在了原文上（fol. 3a）。

书主的序言中含标题（fol. 1av–1bv）。

序言的写主和书主［?］：赵贵兴（fol. 1av–1bv）。

617 **Cod. sin. 793**

23.5厘米×16.5厘米，以折叠而成的纸捻线穿过书背装订，大部分已松散；书衣由多层粘贴在一起的纸张制成，书衣包住书背；31张折页，桑皮纸；除有污渍外品相佳；fol. 2b、3b空白，fol. 31内页向外翻折装订，双页都有字迹；每页10列，每列14字。

标题（书衣，原始标题页fol. 3a）：师公请圣献十供科；（后来添加的标题页fol. 1a）：（一册）献十供科；（fol. 31av–bv）：请圣文（在头），献十供科（在中），诸圣文（在尾）

正文起始（fol. 4a）：稽首打起茶饭鼓，复手琼流下水船

正文结尾（fol. 27b）：阳筶阳人去相请阴筶阴人入席场

无地点。完笔日期（fol. 3a）：大清同治戊辰年十二月（｛毁｝笔）（1868年）；（fol. 31a）：乾隆十三年四月初二日（抄完）（1748年）。①

仪式七言歌，用于请神献祭。荆门，师公派。

熟练的写主执笔，附录各由其他写主执笔。

题记（fol. 31a–bv）含标题、日期、书主和写主的姓名、页码数（40）、简短的内容提要及写主的谦辞。

附录：七言式文段，“召龙用此了”（fol. 1b–2a），“又重集三台文武用”（fol. 27b–31a）。

写主：李胜珙（fol. 31a–bv）；书主和传度师：邓玄荣（fol. 3a、11b、31a–bv）；后继［?］书主：李妙/院通（fol. 1a、3a、8a、12a、13a、27b）及其子李道/法贵（fol. 3a、8a、10a）、李道/法贤（fol. 3a、8a、10a）和李道/法颜（fol. 3a、8a、10a）。

① 译校者注：原书此处为“1765年”，已更正。

618 **Cod. sin. 794**

25 厘米×20 厘米，穿过书边及书背装订；书衣由多张另一本关于打醮科仪的文书中的薄纸制成；15 张折页，桑皮纸，一些折页采用将纸粘贴在上面的办法进行了修补；fol. 15b 已佚；每页 8 列，每列 14 字。

标题（fol. 15a）：下盐下｛馐｝，三元部表科

正文起始（fol. 1a）：番首你打杨手鼓，复首又打鼓同令

正文结尾（fol. 15a）：退罡生生身自在，世世保心宁~宝｛怀｝完满天尊

无地点及日期，推测为 19 世纪。

还愿科仪。荆门，师公派。

始终为一种工整、熟练的字体；有红色分段标记，列头、列中、列尾各有红点；个别字为后来补充或被勘误。

题记含标题、写主及目录："排盆按歌唱""下盐下｛馐｝""｛灵｝牌早报""马前唱号""川衣踏靴""｛擎｝凉把伞""摇风打扇""乔夫十六""三元部表科""东九夷""南八蛮""西六狄""北五戎""中三秦"（fol. 15a）。

写主：邓妙成（fol. 15a）；书主：邓胜华（fol. 6a）；后继书主：李云宝（封底）；在书衣上写有：邓经器。

619 **Cod. sin. 795**

24. 5 厘米×20 厘米，穿过书边及书背装订；书衣由多张粘贴在一起的纸张制成；31 张折页，桑皮纸；除有水渍外品相佳；fol. 31 为双页，空白；每页 10 列，每列 21—23 字。

标题（书衣）：大小凶路斋邙天机；（fol. 29b）：斋广金

正文起始（fol. 1a）：论人邙之法开山｛鏊｝山灯醮用．先在传龛叩师

正文结尾（fol. 29a）：风一了百了不得回头大吉也

无地点。日期（书衣）：辛酉年壬戌岁六月（1921 或 1922 年）。

做斋和下葬仪式用秘语。荆门，道公派。

始终由同一位非常熟练的写主执笔；有红色分段标记，个别字为后来添加或被勘误；一枚方形印章，四字铭文无法识别（封面，fol. 2b、5a、6b、12b、14b、16a、20a－b、22b、23a、24a、25a、29b）。

附录："一论殄棺木法"（fol. 30a-b）

题记（fol. 29b）含标题及持有说明。

写主：邓老大（fol. 8b）；传度师：李妙利、邓玄经（书衣）；书主：邓老黎（fol. 8a），邓道静（fol. 17a、18a、29b），他将文书传给邓经恋（fol. 17a－b、20a－b、

29b），邓院圣（书衣，fol. 6b、12b），他将文书传给邓道贤（fol. 6b、12b）；后继［?］书主：李经衔（书衣，fol. 2b、4a、5a、6a-b、8a-b、12b、14b、16a-b、20a-b、24a）。

620 **Cod. sin. 796**

26 厘米×26 厘米，以竖着折叠搓捻而成的纸捻线在一侧捆扎（毛装）；书衣由多层另一本文书里带筛纹、有字迹的棕色纸制成；39 张折页，桑皮纸；折页上端是未被裁剪过的原纸边缘，有水渍，除此之外品相佳；fol. 1b 空白；每页 11—12 列，每列 12—17 字。

标题（书衣）：道家丧夜；（标题页 fol. 1a）：羽化三夜科

正文起始（fol. 2a）：初霄起．三尊救苦证丧场，十号真人接度亡

正文结尾（fol. 39a）：出去随路年弥罗咒九遍呐火投师口吞

无地点。附录的日期（fol. 39b）：乾隆五十四年九月十二日（1789 年）。

用于一位道公的葬礼科仪，包括十二言式的长段和“初霄科”（fol. 2a-18a）、“中霄十别科/二夜绕棺”（fol. 18a-25a）及“三夜大别科”（fol. 25a-39a）。荆门，道公派。

始终为一种流畅熟练的字体；个别字和文段由其他写主补充或勘误；符（fol. 38b）。

附录（fol. 39b）：一场买卖交易的含日期的记录，其中的参与者为邓道长和赵胜通。

写主：盘经亮（fol. 36b）；书主：盘妙珙（fol. 1a）；后继书主：邓妙晃（fol. 1a），邓经太（fol. 1a），盘道明（fol. 1a），盘玄晋（fol. 1a），邓玄章（fol. 1a）。

621 **Cod. sin. 797**

23 厘米×18. 5 厘米，以黑色细毛线绳从上端和下端穿过书背装订；书衣由黄色粗纤维脆竹纸制成；12 张折页，亦由黄色粗纤维竹纸制成；品相佳；fol. 11b、12a 空白；每页 14—22 列，每列 14—19 字。

标题（封面、封底、书衣内页，fol. 11a、12b）：度人道场经

正文起始（fol. 1a）：先｛夆｝步嘘．大道洞玄嘘有念无不超．伏以嘘无垂妙象于阁浮碧落至真降

正文结尾（fol. 11a）：拜谢回灵安位座，法食香斋留供养，逍遥自在天寸．度人到场经完毕

无地点。日期（封底）：丁亥年录使月初九日辰时（推测为 1947 年）。

用于葬礼的科仪，这种仪式的特别之处在于使用了道教经典篇章《度人经》。荆门，道公派。

始终由同一位较生疏的写主执笔。

题记（fol. 12b）含标题和持有说明。

书主及写主［?］：李妙/法聪，亦以化名“正音陇西郡”被登记（书衣、书衣内页，

fol. 6b、11a、12b)；后继书主：李朝明，李法朝，李聪全（fol. 12b)；文书的后继卖主和买主：李云光及冯玄奉（书衣)。

622 **Cod. sin. 798**

23.5 厘米×18.5 厘米，两本文书（fol. 1a-32b；fol. 33a-43b)，穿过书边及书背装订；封面由另一本文书中两张有字迹的单页制成，封底由空白的桑皮纸制成，残缺不全；43 张折页，推测结尾几页已佚，不同质量的桑皮纸；fol. 1b 空白；每页 8—10 列，每列 12—19 字。

标题（标题页 fol. 1a)：宿启科；(fol. 32a)：清玄救苦盟真玉经宿启科

第一篇正文

正文起始（fol. 2a)：金阙化身天尊，斋坛整肃法事严陈，天地自然灵章讽诵

正文结尾（fol. 31b)：皈依至道回拜宗师用悉庄严福留斋主

开坛请圣科仪，用于“盟真”和“玉京”类的做斋仪式。荆门，道公派。

第二篇正文

正文起始（fol. 33a)：又集从人科．言学前缘并及弟子炼草化为人，草木贺成真身形

正文结尾（fol. 35b)：若你头遇不伏使，分明打骨碎令丁，随愿往生天尊．从人科终

第三篇正文

正文起始（fol. 35b)：重集村楼科启．天堂享太福～九幽拔罪天尊，洞中玄虚

正文结尾（fol. 43b)：亲手立契一张给与孝男厶降与父母受领｛执｝契照者引保人长坚

葬礼用科仪。荆门，道公派。

第一本文书的地点（fol. 16b)：大清南掌～（老挝北部；清朝)。第一本文书的时间：中华太岁丙丁巳年三月十七日申时（院毕）(1917 年)。

始终为一种流畅的字体；有红色分段标记，部分地方有红色句读。

第一本文书的题记（fol. 32a-b）含标题、持有说明和律诗形式的跋；页码数 30 (fol. 1a)。

［两本文书?］的写主：盘老仪（fol. 1a)；两本文书的书主：盘经极（fol. 1a、10b、26b、32a、33a、35b)；后继书主：李云杨（fol. 1a)。

623 **Cod. sin. 799**

20.5 厘米×15.5 厘米，边订（不交叉)，含挂环；后来添加的书衣严重受损，由多层有字迹的纸张制成，书衣包住书背；18 张折页，脆竹纸；首尾几张折页受损严重，有缺失；fol. 17a-b 空白；每页 8 列，每列 16—19 字。

标题（fol. 16b）：增广［贤文］

正文起始（fol. 1a）：昔时贤文诲汝谆谆，集韵增广多见多闻

正文结尾（fol. 16a）：后来君子道分毫不乱更无差只此呈示万无一失可也

无地点。日期（fol. 16b）：中华民国十二年癸亥岁（抄成）（1923 年）。

用于教授汉字以及儒家道德观的课本。推测来自中国。

始终为一种易识读的字体，有红色句读；个别字为后来添加，圆珠笔注释；红色问号（fol. 14b）。

附录（fol. 18a–b）：中国甲子表；“又论月建用”（封底）。

写主：郭兴桃（fol. 16b）；书主：王元福（封面，fol. 16b）。

624 **Cod. sin. 800**

25.5 厘米×15 厘米，用线从 10 处穿过书背捆扎，含挂环；书衣由未染色的粗布制成，被装订在多层纸上；12 张折页，由以布筛荡料入帘而成的粗纤维脆纸制成；fol. 1 受损，fol. 7–11 各为两张互相叠在一起的折页；每页 7 列，每列 14 字。

标题（fol. 12a）：（一本）歌古；（fol. 12b）：到瘫歌（一本）并｛苗炼｝

正文起始（fol. 1a）：世来准言传天低，造纸传言浮世间

正文结尾（fol. 11b）：抄书三人谪音表，留传造古众人知

无地点。日期（fol. 12a）：皇上中华管下五十六年丁未歳四月十九日（｛改｝古抄成）（1967 年）。

七言式以儒家价值观为导向的德育课本。推测为优勉支系。

始终为一位相对不熟练的写主。

题记含标题和日期说明（fol. 12a–b）。

625 **Cod. sin. 801**

26.5 厘米×15.5 厘米，穿过书边及书背装订；书衣由以布筛荡料入帘而成的厚纸制成；35 张折页，粗纤维硬竹纸；有水渍，在装订处有缺损；铅笔画的线作为分隔版面的界限及行线；fol. 8 有一张后插入的空白的折页，为中国造的纸；fol. 22a–30a、32a–35b 空白；每页 7—8 列，每列 14—15 字。

标题（封面内页）：｛贤增｝广；（fol. 1a 第一列）：贤文增广

正文起始（fol. 1a）：昔时贤文诲汝谆谆，集韵增广多见

正文结尾（fol. 21a）：更无差各宜，｛峪｝本分能依此｛何｝，万无一失也

无地点。日期（fol. 21b）：戊寅年六月十三日建｛午｝时；中华民国四十四年夏（1955 年）；附录日期（fol. 30b）：一九五十乙巳岁正月初七日（1950 年）。

以儒家价值观为导向的德育课本。优勉支系。

较生疏的写主执笔，有许多特殊写法；附录和注释为不同写主执笔；部分句读为红色；后添加的红字。

题记（fol. 21a）含日期和写主草书签名。

附录（fol. 30b-31b）为赵氏家族的［钱款事宜?］，其中被提及的有：赵寅昌、赵寅柱、赵｛榦?｝珠、赵进府、邓进财、赵万林、赵楝珠。

626 **Cod. sin. 802**

23 厘米×15. 5 厘米，采用穿过书边并从 7 处穿过书背的装订，含挂环；书衣由厚的棕色纸张制成，有筛纹；46 张折页，桑皮纸；版口处多被撕开，fol. 44 为竹纸；页边缘、首尾几张折页严重受损；fol. 42-43 规格更小些，fol. 13a、31a 大面积缺损，裁剪书芯导致下端边缘的字缺失，fol. 46a 被倒置着装订，fol. 46b 已佚；每页 9—10 列，每列 18—23 字。

标题（fol. 2a）：（一本）按龙伸斗解冤秘语

正文起始（fol. 4a）：一论主初来请之法．先叩传师名玉清宫

正文结尾（fol. 40b）：佛造元亡配入佛母洪门么七返九还白水交洪水佛母花山结成厶

无地点。日期（fol. 2a）：其皇光绪二年丙子岁正月廿八日（完竟）（1876 年）；一位家庭成员的出生日期（fol. 3a）：己酉年七月初十日己己时（推测为 1909 年）。

用于安抚地龙和祭拜北斗的仪式科仪。荆门，道公派。

始终为一种流畅熟练的字体，附录由其他写主执笔；有红色句读、分段标记，文段用红色被标记出来；一枚方形“道经师宝”印章（fol. 2a、2b）；框起来的字作为符（fol. 9a、18a）。

附录：一德育课本的一个段落（fol. 1a）；七言式文段（fol. 1b）；第二个女儿［?］［邓］｛姊｝井的出生告示（fol. 2a、3a）；“又限尽｛䢒｝生☐根天”（fol. 2b）；“一论小儿病落花山之法”（fol. 3a-b）；“信人一二月｛怀母｝养推满三三九各月”（fol. 41a-44b）；“巳任状态巳任影”（fol. 45a-b）；借贷记录，“｛是｝立簿在清”（fol. 46a）。

书主及写主［?］：邓云春（fol. 2a、28a）；传度师：盘道机（fol. 2a）；后继书主［?］：邓妙达（fol. 2a、31a-b）。

627 **Cod. sin. 803**

24 厘米×20. 5 厘米，穿过书背装订，已松散；书衣已佚；74 张折页，推测起始几页已佚，不同质量的［桑皮?］纸；有水渍、污渍，页边缘和书芯的角轻度受损；fol. 73b 已佚，fol. 74a-b 残缺不全；每页 8—10 列，每列 14 字。

正文起始（fol. 2a）：四官唱．曲子落了鼓潺々，四官律令降灯坛

正文结尾（fol. 74b）：银盒金厢闭了锁，龙虎｛咬牙｝在殿前

无地点及日期，推测为 20 世纪初。

七言科仪，用于招募神兵。荆门，师公派。

多个写主执笔，部分较生疏，个别文段为后来补充或被勘误。

附录（fol. 1a-b）：不同写主执笔的七言文段。

书主：黄显传（fol. 2a）。

628 **Cod. sin. 804**

23. 5 厘米×17. 5 厘米，边订（不交叉），含挂环；书衣由柔软的长纤维［竹?］纸制成；23 张折页，柔软的长纤维［竹?］纸；除有水渍外品相佳；fol. 1b、21b、22a-b、23a 空白；每页 7—9 列，每列 8—18 字。

标题（书衣，标题页 fol. 1a）：（一本）新恩科

正文起始（fol. 2a）：先符使．又步虚唱启．学道堂勤｛苦｝，修心炼丹田

正文结尾（fol. 21a）：洞赖善功成无上道．开解终．言引万子吃肉也

地点（fol. 9b）：大清南掌国（老挝北部）。日期（fol. 21a）：太岁丁未年三十［三年］二月初二日（完毕）（1907 年）；（fol. 1a，圆珠笔写）：太岁丙申年（推测为 1896 年）；（书衣）：｛太岁｝光绪口丁未年二月初三［日］（抄完）（1907 年）。

度戒仪式科仪，包括“新恩科”（fol. 2a-13a），“点咒”（fol. 13a-15a）和“开解科”（fol. 15-21a）的部分。荆门，道公派。

多个写主执笔，部分较生疏。

题记（fol. 21a）含日期和持有说明；关于腾玄恩买卖文书的记录（fol. 23b）。

书主：黄妙私（fol. 1a、13a、15a、21b）；后继书主及卖家：腾玄恩（fol. 1a、23b）。

629 **Cod. sin. 805**

24. 5 厘米×22. 5 厘米，以订线从两处穿过书背捆扎（原来毛装的订眼仍清晰可见）；书衣由另一本文书染成棕色的折页制成；31 张折页，推测起始几页已佚，桑皮纸；上端有未修剪的毛边，有水渍、缺损，起始几张折页受损严重；fol. 31b 空白，fol. 31 被装订在 fol. 30 前；每页 7 列，每列 11—14 字。

标题（fol. 31a）：玉皇经中卷

正文起始（fol. 1a）：高上玉皇本行集经卷之终．太上太光明圆大神咒品第二

正文结尾（fol. 30b）：无为天地悉皆空．玉帝赦罪天尊

无地点及日期，推测为 19 世纪。

献给玉皇大帝的道家经典。荆门，道公派。

始终为一种流畅工整的字体；个别字为写主或他人添补或勘误。

题记（fol. 31a）含标题和页码数（28）。

后继［?］书主：邓云恩（fol. 31a）。

630 **Cod. sin. 806**

26. 5 厘米×20. 5 厘米，穿过书边及书背装订；封面由多层染成棕色的纸张制成，封底由在版口处被撕开的薄桑皮纸制成；93 张折页，推测结尾几页已佚，桑皮纸；有水渍，书芯边角有磨损，第一张折页在装订处有缺损；fol. 52b、62b 空白；每页 9—11 列，每列 8—14 字。

标题（封底内页）：红楼本坐科

第一篇正文

正文起始（fol. 1a）：五星列曜唱．一更交过二更涤，五星列曜赴坛心

正文结尾（fol. 32b）：谢政帝母天娘妹招集，奉｛酬｝正祭答天恩

第二篇正文

正文起始（fol. 33a）：重集香火帝母列望接｛圣｝科．稽首打只茶饭鼓，复首琼流下水船

正文结尾（fol. 52a）：笛司纳在歌延上，又武二司上坛头．十供完毕

第三篇正文

正文起始（fol. 53a）：二霄推请功曹唱．番手你打阳手调，复手又打鼓舞停

正文结尾（fol. 62a）：政谢天娘妹招集，洪恩正祭你阴人．厶厶｛毫｝厶｛归｝案齐坐

第四篇正文

正文起始（fol. 63a）：招兵安坛川光罗五娘用唱也．曲子落了古□□捧捧槌槌奏上宫

正文结尾（fol. 93b）：梧桐叶洛根还在，孝道｛爹娘｝是本｛根｝

无地点及日期，推测为 19 世纪初。

七言科仪，用于祭拜送子神帝母的仪式。荆门，师公派。

始终为一种熟练流畅的字体，个别字和列的顺序（fol. 45b、55a）有改动。

写主及书主：盘显恩（fol. 68a、77b）；后继书主和附录写主［?］：李金衡（fol. 84b，封底内页）；作为后继书主［?］被登记：邓应状，邓法铢，邓胜华，邓院宝（封底）。

631 **Cod. sin. 807**

27 厘米×18. 5 厘米，以纸捻线和绳子从 5 处穿过书背捆扎；书衣由粗纤维脆［竹?］纸制成；32 张折页，不同质量的粗纤维脆［竹?］纸；有水渍以及虫蛀形成的洞，下端边

缘有缺失；每页 7 列，每列 8—16 字。

标题（fol. 29b）：飞章科

正文起始（fol. 2a）：奉道醮/斋主某等请拜上香一二三稔上香

正文结尾（fol. 29b）：请还福堂，脱下冠裳，还堂如法．飞章科终

无地点。日期（fol. 30a）：宣统三年辛亥岁十一月十一日巳日时（抄出）（1911 年）。

打醮仪式科仪，用于向天庭递交奏章的仪式。荆门，道公派。

较熟练的写主执笔，附录为不同写主执笔；褪色的红色分段标记，列首有红点；步罡踏斗图解（fol. 18b、25a）；框起来的字作为符（fol. 22a-b）。

题记（fol. 30a）含日期、写主；前言为其他写主执笔。

其他写主书写的附录：草稿（封面内页），七言文段（fol. 1b、31b-33b），借贷记录（封底内页）。

写主及书主：邓云聪（fol. 30a）；后继书主及附录写主：阳｛虑｝达（fol. 30a）。

632 **Cod. sin. 808**

22 厘米×18.5 厘米，以纸捻线穿过书背穿订，含藤编挂环［?］；书衣由部分粘贴在一起的棕色有字迹的桑皮纸制成；24 张折页，桑皮纸；有水渍，除此以外品相佳；fol. 1b 空白，在天头处被折叠，fol. 24b 已佚；每页 7—8 列，每列 12—15 字。

标题（标题页 fol. 1a）：关告敕坛科

第一篇

正文起始（fol. 2a）：奉道正一清醮土府延生礼境醮主厶厶等来诣金炉前一二三念上香

正文结尾（fol. 7b）：明天信洞赖善缘功成无上道

第二篇

正文起始（fol. 7b）：次敕坛启．金阙化身天尊．奉道正一礼境三朝土府延生醮主

正文结尾（fol. 23b）：诸尊圣号无量不可思议功德

无地点。日期（fol. 1a）：光绪十五年己丑岁四月初六日（完笔）（1889 年）。

打醮仪式启坛请圣科仪，用于延寿和净坛。荆门，道公派。

始终由同一位较生疏的写主执笔；有红色分段标记和部分红色句读；一列被划掉（fol. 22b）；步罡踏斗图解（fol. 9a、10a、21b）；上下颠倒的字作为符（fol. 22b）。

附录：表式（书衣）；含吉凶日的日历（fol. 23b-24a）。

书主：李经龙（fol. 1a）；后继书主：李经凤（fol. 23b）。

633 **Cod. sin. 809**

24 厘米×19.5 厘米，以粗绳穿过书边及书背装订，含挂环；书衣由粗纤维黄色脆

［竹?］纸制成；15 张折页，亦由粗纤维黄色脆［竹?］纸制成；书芯下角轻微受损；fol. 3 有大面积缺损；每页 8 列，平均每列 18 字。

标题（书衣）：（一册）神目科

正文起始（fol. 1a）：延生目启．十方已得大道圣众，十方玄老诸君丈人

正文结尾（fol. 15b）：三界虚空鸾加等神，三界运财力士等神．恭望圣慈

无地点。日期（书衣）：太岁丙戌年九月十三日（完毕）（推测为 1946 年）；（fol. 15b）：逮嗜丙笛无谢月十参辙笛时（完写毕）。

在葬礼中延请的神目。荆门，道公派。

始终由同一位熟练的写主执笔；列头和列中有红点，神祇姓名亦用红点标记出来；个别字被勘误。

题记（fol. 15b）含日期和持有说明。

附录：个别几列写在封底及封面内页。

书主：邓妙态/太/逮（书衣，fol. 1b、7b、15b）。

634 **Cod. sin. 810**

26 厘米×26 厘米，以折叠而成的纸捻线穿过书边及书背装订，大部分已松散；书衣已佚；58 张折页，推测首尾几页已佚，桑皮纸；上部有无字迹镶花边的天头，仍存在的前几张折页和页边缘严重受损，有缺失；每页 7 列，每列 14 字。

标题：［开山歌唱］

正文起始（fol. 1a）：太圣叫你四人问，叫你四人问□□

正文结尾（fol. 58b）：富贵之人无烦恼，手拎木卯记禾仓

无地点及日期，推测为 19 世纪初。

用于开山仪式的七言科仪。荆门，师公派。

熟练的写主执笔，个别字（fol. 15a）和列（fol. 29b、44b、51a）由其他写主添加。fol. 45-46 有句读。

写主：黄上委（fol. 2a、14a、25a、49a）；书主：李法英（fol. 1b、7a、31a、39a、52a）。

635 **Cod. sin. 811**

23 厘米×23 厘米，以搓捻而成的纸捻线在一侧捆扎，大部分已松散；书衣已佚；95 张折页，由严重变黑的桑皮纸制成；有水渍、火烧痕迹，前几张折页有大面积缺失；fol. 1a、95b 已佚，fol. 95a 空白；每页 11—12 列，每列 14 字。

标题（fol. 92a）：南堂大会

正文起始（fol. 1b）：一照东方□□□，□□□里｛闹｝连々．二照南方□□□，□□今夜接神仙．三照西方弥罗□，世尊菩萨念真言

正文结尾（fol. 92a）：送花父母回宫去，重添贵子答还恩．南堂大会毕

无地点。日期（fol. 92a）：天子四十年乙未岁四月廿四日（毕）（推测为嘉庆四十年，即 1835 年）。

用于祭拜送子神帝母仪式的七言科仪。荆门，师公派。

不同的写主执笔：fol. 1–38b 为流畅但有些潦草的字体，fol. 39a–41a 和 fol. 84b–85a 相对而言由不熟练的写主执笔，fol. 41b–84a 为流畅熟练的第三种字体；个别字为后来补充或勘误；部分地方有红色分段标记。

题记（fol. 92a）含标题、日期、书主和写主名；附录含写主的谦辞（fol. 93a）。

附录："倒黄道天桥句"（fol. 92b–93a）；七言式文段（fol. 93b–94b）。

第一部分的写主：李法璋（fol. 34b），亦以化名"陇西［郡］法璋"被登记（fol. 21a）；第三［?］部分的写主：李光祥（fol. 92a），亦以化名"陇西［郡］光祥/陇西［郡］"登记（fol. 54b、78a）；书主：邓显长（fol. 92a）。

636 **Cod. sin. 812**

22.5 厘米×17.5 厘米，穿过书边及书背装订，含挂环；封底由有字迹的棕色纸张制成，封面由两张后来添加的以布筛荡料入帘而成的薄折页制成；54 张折页，桑皮纸；fol. 2–30 在左上角用竹纸粘贴修复，正文对应着也被添加；fol. 1 严重受损；每页 9 列，每列 15—18 字。

标题（fol. 44b）：救患按龙伸斗解冤金语

第一篇正文

正文起始（fol. 1a）：一论早晚救患灯筵生主初来请法．想传龛院是□□

正文结尾（fol. 23b）：退下东方寅卯地各回各位大吉大利示也

第二篇正文

正文起始（fol. 24a）：重集安龙伸斗解冤秘语启．收六凶同前法．人初来请法

正文结尾（fol. 44b）：退下东方寅卯地安居稳了大吉了也．救患按龙伸斗解冤金语终笔

第三篇正文

正文起始（fol. 45a）：又论坟墓统败大神之法．或是三十三或是三十四

正文结尾（fol. 54b）：日出东方来望初生嫩关煞来到自容消灭乘了好好也

无地点及日期，推测为 20 世纪。

秘语，用于安抚地龙和冤魂、超度逝者、祭拜北斗。荆门。

流畅的字体，褪色严重的红色分段标记；符（fol. 42a）。

题记含两篇文章的题目（fol. 44a）、页码数 55（fol. 54a）。

637 **Cod. sin. 813**

24 厘米×22. 5 厘米，穿过书边及书背装订；书衣为厚纸制成；29 张折页，桑皮纸；版口处被撕开，部分严重受损；fol. 9 有裂口，fol. 21-23 有白色污渍；每页 11 列，每列 14—22 字。

标题（书衣）：伸斗科；（封面内页）：（一本）伸斗科（终毕），（二本）伸斗科（终毕）；（fol. 1b）：伸斗科（一本）

正文起始（fol. 2a）：奉道正一粮告叩斗醮主厶来诣圣前请拜上香一二三稔上香

正文结尾（fol. 27a）：向来烧化财马事毕上红告祈消灾洞赖善功善完成无上道

表式中的地点及日期（fol. 8a）：大清国云南道开化府永平里箐山王下厶水表高岭村；（fol. 27a）：大清国云南道开化府；（fol. 28a）：开化府；（fol. 3a）：大清国云南道开化府安南里厶水表高岭村（推测为 19 世纪初）。

打醮仪式科仪，用于祭拜北斗。荆门，道公派。

流畅的字体；句读和分段标记为红色；几处红色字（fol. 12a）；步罡踏斗图解（fol. 11b）；北斗和南斗的示意图（fol. 13a-b）。

附录：草稿，不同写主执笔的仪式文本的段落（fol. 1a-b、29a-b，封面内页后）；表式，“中斗疏”（fol. 27a-28b）。

书主［?］：李妙□（书衣，被划掉），李金□（封面内页，被划掉），盘雀五（fol. 1b，被划掉），李氏（fol. 29a，作为打醮仪式委托人被登记）。

638 **Cod. sin. 814**

26. 5 厘米×20. 5 厘米，穿过书边及书背装订；受损的后装上［?］的书衣各由薄桑皮纸单页制成；43 张折页，桑皮纸；fol. 14-15，首尾折页及边缘受损，有缺失；fol. 1b、2b 空白，fol. 43 属于另外一本文书；每页 11 列，每列 22—30 字。

标题（标题页 fol. 1a、2a）：清醮秘（一本）；（fol. 41b）：（一本）清醮秘

正文起始（fol. 3a）：一论斋醮人初来请之法．先烧香叩师棬收专三魂七魄

正文结尾（fol. 41b）：又存亡故正魂送三三九重天，帝母睹水腹内月府胞胎十狱门，月府暗边注歌也若斋存了升去逍遥处也

无地点。日期（fol. 42a）：道光二年壬午岁次十一月十五日（抄完毕）（1822 年）。

打醮仪式秘语，用于净坛。荆门，道公派。

始终由同一位写主执笔，附录由其他写主执笔；有分段标记，部分地方有红色句读；

fol. 34a、40a 有绿色分段标记；一枚方形“道经师宝”印章（fol. 2a、3a、6b–7a、19a、34a、37b–38a、39b–40a、41b、42a）；框起来的字作为符（fol. 11a）。

题记（fol. 41b、42a）含标题、日期和持有说明。

附录：“一论喃荤性灵止用变多法”（fol. 41b–42a，插在标题和日期之间）；表式（fol. 42b）；由其他写主执笔单张折页（fol. 43），含标题（《破狱科》）和持有说明（李金衡、李道谕）。

传度师及原本的书主［?］：李经长（fol. 41b）将文书/口传［?］传给了李经玄（fol. 2a、19a、26b、28b、29a、41b），后又被传给了李玄灵（fol. 2a）；后继书主：邓玄獠（书衣，fol. 1a）；在附录（封底）中添加：邓道珠，其子邓经状和邓金华。

639 **Cod. sin. 815**

22.5 厘米×20.5 厘米，以竖着折叠搓捻而成的纸捻线在一侧捆扎（毛装），再在上面以植物纤维穿过书边装订；书衣由多层不同文书中的折页横着装订而成；29 张折页，污损严重的桑皮纸；剪裁书芯导致上端边缘的文字缺失；平均每张折页有 6 个符。

标题（标题页 fol. 1a）：符命科大部（一卷）．符命部；（fol. 1b，后来添加）：小炼根在头，大炼（在表）；（fol. 29b）：部命符

第一篇正文

正文起始（fol. 2a，符）：净水，净坛，金光

正文结尾（fol. 17a–b）：灵宝叶紫光召六甲六丁真符．已上大炼符共乙百五十三道完

第二篇正文

正文起始（fol. 17b）：又小炼三十二天帝真符起炼伤．生炼万拔，大明王，完天帝

正文结尾（fol. 24a）：肝符．｛胛｝符．肝符．贤符．小炼符了毕

第三篇正文

正文起始（fol. 24a–b）：又入无上黄箓大斋沐浴炼度符去．水盆符．地真火符．焚火池中

正文结尾（fol. 29a）：铛盖上符，铛底下符

无地点。日期（fol. 1a）：乾隆五十三年七月廿九日（抄）（1788 年）。

用于葬礼的符集。荆门，道公派。

熟练的写主执笔，有个别注释；始终绘有符。

写主：盘妙宗（fol. 1a）；书主：盘玄琼（fol. 1a）；后继书主及推测书写补充的写主：盘玄章（fol. 29b）。

640 **Cod. sin. 816**

26 厘米×21 厘米，穿过书边及书背装订；书衣由厚的棕色纸张制成；26 张折页，桑

皮纸；品相佳，fol. 18 残缺不全，fol. 1 版口处被撕开，在上面粘贴了纸张作为加固；fol. 26 为双页，fol. 1a、2b、3b、26b 空白；每页 10 列，每列 14 字。

标题（标题页 fol. 2a、25b）：庆贺天娘科（一本）；桥胎科（一本）

正文起始（fol. 4a）：番首你打鸣罗鼓，复手又打起桥梁

正文结尾（fol. 25a）：化奉地桥财马上答阴宫鼓慈通（奏）

无地点。日期（fol. 2a、25b）：飞龙道光廿七年戊申岁三月上旬念日（抄毕）（1848 年）①；附录上的日期（fol. 3a）：光绪九年癸未岁二月十五日（立记）（1883 年）。

七言歌，用于祭拜帝母。荆门，师公派。

流畅、熟练的字体；另一写主执笔的附录；fol. 17 中列的顺序被校正；一枚圆形印章，带有花饰装饰。

题记（fol. 25b）含标题、日期、持有说明及规定不准私自传抄的警告，写主的题词，页码数 20 和 23，写主，谦辞（fol. 1b、26a）。

附录：和婚礼［?］有关的商业交易，其中被提及的有邓氏，彭氏，邓应登（fol. 3a）。

写主：李老大；书主：蒋法连（fol. 2a、12a、17b、21b、25b）；蒋道联（书衣）；后继书主和买主：李妙生/升（fol. 2a）；后继书主：李金相。

641 **Cod. sin. 817**

25 厘米×18. 5 厘米，穿过书背装订；后添加的书衣，书衣包住书背，只有书芯一半宽；22 张折页，薄而脆的粗纤维［竹?］纸；有虫蛀、缺损；每页 7—8 列，每列 12—16 字。

标题（标题页 fol. 1a）：（一本）茭简破狱科；（标题页 fol. 2a）：（一本）茭间破狱科；（fol. 2b）：（一本）茭科；（fol. 9b）：茭简科

第一篇正文

正文起始（fol. 2a）：龙重茭简科启．天堂享太福，地狱五苦声

正文结尾（fol. 9b）：设拜酆都赦罪天尊．茭简科完

第二篇正文

正文起始（fol. 9b）：又重破狱科启．十方肃静天尊

正文结尾（fol. 22a）：取喃灵来召亡，取水洗浴了，取散花到归斋坛忏悔也

无地点。日期（fol. 2a）：皇上宣统四年壬子岁七月初五日未时（抄）（1912 年）；七七月初五日未时（完毕收笔）。

① 译校者注：原书此处为 1847 年，误，已更正为 1848 年。

做斋仪式科仪，用于超度亡魂。荆门，道公派。

始终由同一位写主执笔；红色分段标记，列头、列中有红点，几处分段标记；页码数21（fol. 2a）。

附录："字报桥料取喃灵未招兵"（封底）。

写主：李妙通（fol. 2b、9b），化名"整音陇西郡子"和"下元甲子先生"（fol. 2b）；书主：李金簧（fol. 2a）；后继书主：邓云颜（fol. 1a），盘妙｛彻｝（fol. 1a），李金｛潢｝（fol. 16a）。

642 **Cod. sin. 818**

26.5 厘米×21 厘米，以绳子穿过书背装订；书衣由一张法国殖民部门"Direction des postes des télégraphes et des téléphone de l'Indochine"① 表格制成；35 张折页，推测开头和结尾几张已佚，桑皮纸；版口处被撕开，有水渍、烟熏污渍，最后一张折页有大面积缺损；fol. 1a 和 fol. 1b 大部分已佚；每页 9—10 列，每列 14 字。

标题（书衣）：信书．信根

正文起始（fol. 1b）：…羊角吹…｛荳｝井红缣庄｛系｝守，龙皇□□□□□. 朕守铬头了三｛岁｝，不见刑｛客｝拍□□

正文结尾（fol. 35b）：进到村边拜社朝，求取珍朱上手中

书衣上邮局表格里的地点及日期：琅南塔，老挝北部 1936［?］；在正文（fol. 7a）中提到了"盘王后人"的定居点：安南越过（越南北部）；日期（封底）：戊戌年正月十八日未时（推测为 1898 年）。

七言式的婚礼歌或"信歌"［?］。荆门，师公派。

始终由同一位熟练的写主执笔；有红色分段标记，列头和列中有红点；个别字为补充或被勘误。

由其他写主执笔的附录：两列文字（封面内页）；"引姑娶女唱"（fol. 14b）；"修斋道公"（fol. 20b）；"主母见送公"（fol. 32b）。

书主［及写主?］：长老二（fol. 11a）；后继书主：蒋金华（书衣），蒋旧弟（fol. 32b）；蒋待弟（fol. 32b）。

643 **Cod. sin. 819**

24.5 厘米×19 厘米，以粗绳穿过书边及书背装订；书衣由一册两面都写有泰文（傣仂）的折本中的厚纸制成；15 张折页，脆竹竹纸；有虫蛀、缺损；fol. 1b、15b 空白；每

① 译校者注：意为"法属印度支那电报和电话局"。

页 7—8 列，每列 11—17 字。

标题（书衣）：演朝科；（标题页 fol. 1a）：延生土府三时科

正文起始（fol. 2a）：金阙化身天尊，雷声普化天尊，醮坛整肃，法事严陈

正文结尾（fol. 15a）：北斗驱邪院降么护｛这｝场，急々如东方真文降来临~

地点及日期（在 fol. 13a 表式中）：大清南掌国（老挝北部琅勃拉邦），推测为 19 世纪末。

打醮仪式科仪，用于延寿。荆门，道公派。

始终由同一位写主执笔；有褪色的红色分段标记，部分列头有红点，用红点进行姓名的清点，红色括号，个别补充和勘误。

书主：邓经纩（fol. 1a、6a）。

644 **Cod. sin. 820**

26 厘米×16 厘米，从 8 处穿过书背重新装订；后添加的书衣由未染色的厚纸制成；22 张折页，桑皮纸；有水渍，除此以外品相佳；fol. 1b，20b－22b 空白；每页 8 列，每列 14—16 个字。

标题（书衣）：初真新恩秘；（标题页 fol. 1a）：初真科 . 开解科

正文起始（fol. 2a）：学道当勤科，修身炼丹诚，布夷开太宥，七祖利有名

正文结尾（fol. 19b）：大圣中央乙气天君 . 长生保命天尊

无地点。日期（fol. 20a）：嘉庆四年八月十三日吉旦（抄完毕）（1799 年）。

度戒仪式科仪。荆门，道公派。

工整、熟练的字体；红色分段标记，韵脚由红点标出，部分红色句读。

书主：邓经恩（书衣［?］，fol. 1a、19b）；作为师父［?］被登记：邓云开、邓｛金｝三、邓妙｛容｝（fol. 1a）。

645 **Cod. sin. 821**

23. 5 厘米×18 厘米，从两处穿过书背重新装订；封底由厚而硬的纸张制成，封面由一张版口处被撕开的折页和一张单页制成；23 张折页，桑皮纸；版口处被撕开，有水渍，除此以外品相佳；每页 8 列，每列 11—15 个字。

标题（书衣）：（一本）谢雷境水科；（第二张书衣）：（内封二）集谢（一本）

正文起始（fol. 1a）：奉道正一厶醮主厶等来诣圣造前稔拜上香

正文结尾（fol. 23b）：向来化财马送辞圣还宫洞赖善缘成无上道 . 须光回家天尊

无地点。日期（fol. 10a）：大清~（后补）；（书衣）：大清中华皇闰六月癸酉年五月十九日（完毕）（1933 年）。

打醮仪式科仪，用于祭拜雷公和土地公。荆门，道公派。

流畅、易识读的字体；有红色分段标记，进行姓名清点时用红点作了标记；一枚小的花式“寿”字印章（书衣）。

附录：两列文字（封底）。

后继［?］书主：盘经清；他的儿子［?］：盘妙宝、盘妙兴（书衣）；胪贵手和胪{园}对（封面内页）；盘玄颜（fol. 1a）。

646 **Cod. sin. 822**

25.5 厘米×18.5 厘米，穿过书背重新装订；封底为粗纤维竹纸，封面为两张来自另一文书的桑皮纸单页；42 张折页，桑皮纸；品相佳；fol. 1b 空白，fol. 42b 有小面积缺损；每页 11 列，每列 14 个字。

标题（标题页 fol. 1a）：招兵科（一册）

正文起始（fol. 2a）：招兵川光唱．曲子乐了鼓叮当，八角楼台天大光

正文结尾（fol. 42a）：应一二时你头断，头断见阎王

无地点。书衣上的日期：皇上光绪三十二丙午岁六月二日（抄成）（1906 年）；中华八年庚申岁七月中（旬）（庚申岁为 1920 年，但民国八年为 1919 年①）。

七言科仪，用于招募神兵。荆门，师公派。

较熟练的写主执笔，有一些特殊写法；七枚“道经师宝”印章（fol. 2a）；五行占卜示意图（fol. 42）。

附录：带有插图的占卦法（fol. 1a、42a）。

书主：邓应璋（fol. 1a）；在书衣上有：邓道玉，邓道珠（书主），邓老大（写主）。

647 **Cod. sin. 823**

25 厘米×18 厘米，穿过书边及书背装订，用塑料绳加固；封面由 3 张薄的脆［竹?］纸制成，封底已佚；46 张折页，桑皮纸；fol. 1（含补充的文字）为竹纸；有污渍；fol. 3 为后来添加，fol. 46b 已佚；每页 8 列，每列 14 字。

标题（书衣）：（一本）招兵科

正文起始（fol. 1a）：又招兵川光唱用．曲子乐了古可当，八角楼台天大光

正文结尾（fol. 45a）：满々饮满々饮，应来断头见闫皇，莫交断头见闫皇

日期（封底内页）：同治十三年甲戌岁十二月十一日（抄完）（1874 年）

七言科仪，用于招募神兵。荆门，师公派。

① 译校者注：原书此处误写为“1918 年”，已更正。

较熟练的写主执笔，有许多特殊写法、补充和勘误；紫色分段标记，在每列各开始和中间有紫色句读；泰文注音（fol. 1-3）；五行占卜示意图（fol. 45a-b）。

附录（书衣）：汉字数字表。

后继［?］书主：邓显僚（fol. 5a），邓玄灵、邓玄｛俸｝（封底内页）；后继书主和增补页的写主：邓应□（fol. 1a）。

648 **Cod. sin. 824**

24 厘米×17. 5 厘米，穿过书边及书背装订；后补充的书衣，粗纤维脆的［竹?］纸；21 张折页，推测结尾有已佚，桑皮纸；fol. 1、2 和书芯下角受损严重，有缺损；fol. 1a 没有写字；每页 9 列，每列 12—18 字。

标题（fol. 1b）：延生土府［三时科］

正文起始（fol. 1a）：早朝用．金真演教［天尊］．午朝用．雷声普［化天尊］．晚朝用．金阙化身天尊．念演洞玄虚．清净咒．十方肃静天尊，向来道众齐声念持垂灵章一遍

正文结尾（fol. 21b）：九愿保家安泰．十愿真□咸臻

地点及日期（fol. 4b、10a）：大清国~，推测为 19 世纪。

用于延寿的打醮仪式科仪。荆门，道公派。

始终由同一位熟练的写主执笔；符（fol. 17b）。

附录：该文书的使用记录（fol. 1b）；草稿（书衣）。

书主：盘经谕（fol. 12a）。

649 **Cod. sin. 825**

25 厘米×19 厘米，穿过书背装订；书衣由粗纤维纸制成，封面已佚；47 张折页，桑皮纸；有水渍、污渍，fol. 40-46 左上角有缺失，品相佳；fol. 1b 空白，fol. 1a、47b 已佚；每页 9 列，每列 14—19 字。

标题：［喃灵科］

正文起始（fol. 2a）：勘叹人生如电影，鸟飞兔走难留

正文结尾（fol. 47a）：众孝排班哀殇切，绕棺竭力唱歌杨

无地点。日期（fol. 38b）：光道光五十二年乙巳岁十一月初七日（衡毕）（1845 年）。[①]

做斋仪式科仪，用于送亡灵上路。荆门，道公派。

始终为一种熟练工整的字体，字体大小不同；有红色分段标记、括号，韵脚处有红

① 译校者注：乙巳年（1845 年）为道光二十五年，此处疑为抄书人的笔误。

点，个别处有红色勘误；编有页码；符（fol. 18a、39b）。

写主：蒋士正（fol. 36b）；原始书主：蒋金厢（fol. 5b）；后继书主及日期的写主［?］：李云明抽（fol. 38b、39b）；后继书主［?］：李妙贤（fol. 27b、39b），李妙章（封底）。

650 **Cod. sin. 826**

23 厘米×17 厘米，穿过书边及书背装订；书衣由另一本文书部分粘贴在一起的棕色桑皮纸折页制成；48 张折页由以布筛荡料入帘而成的脆竹纸制成；版口处部分被撕开，有虫蛀，fol. 1-7 原本未书写，后来用来写草稿，fol. 48b 空白；每页 7—8 列，每列 14—16 字。

标题（书衣，标题页 fol. 1a）：（一本）道范科

正文起始（fol. 8a）：水｛喷｝魔功摄灯开夜府明九天风请默□□

正文结尾（fol. 46b-47a）：今日还恩院了满，｛传｝王众圣各回番释炼关｛与｝妖退度，孙男孙女寿命当南山

无地点及日期，推测为 20 世纪。

打醮、做斋及度戒仪式的科仪选段。荆门，道公派。

较生疏的写主执笔，fol. 46a-47a 由其他写主执笔；有红色分段标记，部分地方在列头、列中有红点及红色句读；在列旁写有草稿及注释。

书主：盘云宝（fol. 30b）。

651 **Cod. sin. 827**

26 厘米×16. 5 厘米，穿过书背装订；书衣由另一文书部分粘贴在一起的折页制成；17 张折页，桑皮纸；除有水渍外品相佳；fol. 1 只有一张单页，fol. 1a-b、17b 空白；每页 8 列，每列 20 字。

标题（封面）：玉皇经中卷

正文起始（fol. 2a）：高上玉皇本行集经卷中．太上大光明圆满大神咒品第二．尔时天地始祖五老上帝

正文结尾（fol. 16b）：无为天地悉皆归．玉皇赦罪大天尊．高上玉皇本行集经卷中终

无地点。日期（fol. 17a）：丙寅岁此重阳月初旬（南阳郡抄完毕）（推测为 1866 或 1926 年）。

献给玉皇大帝的道家经典。荆门，道公派。

始终为一种工整的字体。

题记（fol. 17a）含日期、持有说明。

书主及写主邓经恩亦以化名“南阳郡”被登记（fol. 17a）。

652 **Cod. sin. 828**

24. 5 厘米×20 厘米，穿过书边及书背装订；书衣由棕色薄桑皮纸制成；13 张折页，桑皮纸；有水渍、火烧出的洞；fol. 1 严重受损；每页 9 列，每列 15—17 字。

标题（fol. 12b）：水符科

正文起始（fol. 1a）：稽首皈依下元主，照察江河住，名为天地水三宫，帝掌水河源

正文结尾（fol. 12b）：道返大罗洞赖善完成无上道，一切信礼，解衣吃肉之乐之．水符科抄完毕

日期及地点（fol. 3b）：大清国云南道临安府~，推测为 19 世纪。

打醮仪式科仪，祭拜水府。荆门，道公派。

流畅的字体；有红色分段标记和句读；符（fol. 10a-11b）。

后继书主：李金清（fol. 12b）；原始书主的姓名被划掉（fol. 4a）。

653 **Cod. sin. 829**

22 厘米×17. 5 厘米，穿过书边并从 3 处穿过书背装订；书衣由粗纤维脆［竹?］纸制成；30 张折页，推测开头有几处已佚，粗纤维脆［竹?］纸，品相佳；fol. 15 为双页，fol. 30b 空白；在裁剪书芯的过程中页边缘文字亦被裁掉；每页 9 列，每列 15—17 字。

标题（书衣）：（一本）大小道范，（一本）小道范科，（一）醮□范科；（封面）：（一本）道范科；（封底）：（一本）大小道范科．（一本）道范科

正文起始（fol. 1a）：又一首咒．太上传真教，天师御鹤鸣，宝剑流去水，出入鬼神经

正文结尾（fol. 30a）：猪相神君生宝喜．诵元始真咒

无地点。日期（封面内页）：大清中华民国癸卯岁七月（1963 年）。

打醮、做斋及度戒仪式科仪选段。荆门，道公派。

不同的较生疏的写主执笔；有红色分段标记，部分处有红色句读、括号，列首有红点；从 fol. 16 开始用铅笔打线。

书主：盘玄衔（书衣，fol. 3a）；后继书主［?］：李经通（封底）。

654 **Cod. sin. 830**

25. 5 厘米×19 厘米，以竖着折叠搓捻而成的纸捻线在一侧捆扎（毛装）；书衣已佚；21 张折页，桑皮纸；有水渍、火烧痕迹，除此之外品相佳，fol. 1b、2b 空白；每页 9—12 列，每列 20—25 字。

标题（标题页 fol. 1a、2a）：救患秘语

正文起始（fol. 3a）：一论主初请之法．想传为众生母坐都督府生来拜

正文结尾（fol. 20）：主厶厶厶厶厶厶氏主良年利月吉时利自降生九州有相之男大吉也

无地点。文书传抄日期（fol. 2a）：中华民国甲申年七月十五（给付）（1944 年）。

用于抵御恶鬼、疾病和其他不祥的仪式秘语。荆门，师公派。

熟练工整的字体；有红色分段标记，神祇名用红色标出；一枚方形“三元考召印”（fol. 1a、20b）。

另一写主书写的附录：“一论镇村屋同用”，不要将文本传给未经授权之人的警告（fol. 21a-b）。

原始书主：盘院政（fol. 1a，被划掉）；后继书主：李妙选将文书卖给李胜宝（fol. 1a、2a）。

655 **Cod. sin. 831**

26 厘米×20 厘米，穿过书边及书背装订；封面由脆的以布筛荡料入帘而成的纸制成；29 张折页，亦由以布筛荡料入帘而成的脆纸制成；fol. 1b、2a-b、29a-b 空白；每页 8 列，每列 10—19 字。

标题（封面，标题页 fol. 1a）：迓王科

正文起始（fol. 3a）：稽首皈｛投｝救苦主，众生皆瞻仰，亡人一七道秦王，二七到初江

正文结尾（fol. 28b）：太乙救苦天尊青玄上帝来接迎，伏惟厶各正魂往生神仙界

无地点。日期（封面）：太岁己卯年四月廿三日午时（抄毕）；（fol. 1a）：大清光绪五年己卯岁四月廿三日午时（抄完）（1879 年）；（fol. 1a）：上元甲子（推测为 1864—1924 年）。

做斋仪式科仪，用于祭拜阎王、超度灵魂。荆门，道公派。

易识读的字体，紫色分段标记，节奏划分和括号。

写主：黄文财（fol. 1a）；书主：盘道杨（书衣，fol. 1a）。

656 **Cod. sin. 832**

27 厘米×22 厘米，穿过书边并从 3 处穿过书背装订；书衣由另一打醮仪式科仪文书部分粘贴在一起的棕色桑皮纸制成，封底由雕版印刷的日历纸粘贴在一起制成，有筛纹；18 张折页，桑皮纸；书芯左下角受损；每页 8 列，每列 15—17 字。

标题（封底）：关告（在头）敕坛（在尾）

第一篇正文

正文起始（fol. 1a）：奉道正一延生醮主厶来诣金炉前一二三捻上香

正文结尾（fol. 6b）：向来化财马奉送用助云程速去速来厶厶日日天信同赖

第二篇正文

正文起始（fol. 6b-7a）：次敕坛科．一念三界金阙化身天尊

正文结尾（fol. 18b）：十方荡秽天尊，八方扫秽天寸，诸尊圣号~敕坛终

无地点。书衣上的日期：大清光绪二十年岁次（1894 年）。

宣告做斋仪式开始的科仪，用于请神和建坛。荆门，道公派。

易识读的字体，红色分段标记；符（fol. 8a、17b），步罡踏斗图解（fol. 8a）。

书主：李玄连（fol. 5a、12a、18a）。

657 **Cod. sin. 833**

25. 5 厘米×18. 5 厘米，以竖着折叠搓捻而成的纸捻线在一侧捆扎（毛装）；书衣由以布筛荡料入帘而成的粗纤维纸制成；21 张折页，［桑皮?］纸；有水渍、污渍，除此以外品相佳；fol. 1b、21b 空白；每页 7 列，每列 17—18 字。

标题（书衣）：一二三宫科（一本）；（fol. 1a）：二三宫科（共一本）

正文起始（fol. 2a）：念演洞中玄虚光郎，安坛洁净天尊，运动步嘘延迎圣造

正文结尾（fol. 20b）：谢主平安送圣还宫洞赖护完成无上道

无地点。日期（fol. 21a）：大清咸丰元年辛亥岁六月廿日（完毕）（1851 年）。

用于延寿、祭拜北斗和南斗的打醮仪式科仪。荆门，道公派。

始终由同一位熟练的写主执笔；有黑色句读；符，在北斗上进行的步罡踏斗图解（fol. 14b）。

书主：李经寿（fol. 1a、12b、13a）；后继书主：李云清（封面内页，fol. 1a），李玄隆（书衣，fol. 1a、14b）。

658 **Cod. sin. 834**

26 厘米×19. 5 厘米，以粗糙的植物纤维穿过书边并从一处穿过书背装订；书衣由粗纤维脆竹纸制成；8 张折页，亦由粗纤维竹纸制成，推测结尾几页已佚；品相佳；fol. 1b、6b 空白，fol. 7 几乎全部缺失；每页 7—8 列，每列 10—14 字。

标题（书衣）：桃花发

正文起始（fol. 2a）：正月桃花发，二月李花开，吹去江深大，{洒} 述行游

正文结尾（fol. 8b）：满堂千年万代准我．吾奉太上老君急急敕令

无地点及日期，推测为 20 世纪。

［婚礼?］五言和七言歌。优勉支系。

较生疏的写主，有许多特殊写法。

附录：吹 {洒} 之水化领千万（fol. 1a-b）。

写主［?］以化名“清水［郡］法老”（推测为盘法老所用）被登记（书衣）；书主：陈富山（书衣）。

659 **Cod. sin. 835**

26.5 厘米×24 厘米，边订（不交叉），含小挂环；纸质书衣，推测为后来添加，其边缘用一折本写有泰文（傣叻）的纸张加固；22 张折页，桑皮纸；书芯左下角受损，除此之外品相佳；fol. 1、22 为双页，fol. 1 为额外插入的写有字迹的折页，fol. 22 在版口处被撕开，内页有字迹；每页 9 列，每列 10—15 字。

标题（书衣，fol. 22b）：飞章科；（fol. 20a）：飞科

正文起始（fol. 2a）：金阙化身天尊．奉道醮斋主ムム请拜上香，复回再拜

正文结尾（fol. 20a）：该入宫班各陛各位，请还福堂斋/醮．飞科终

地点及日期（fol. 4a）：大清云南道；购入日期［?］（封底）：正月二十日｛买｝。

正一派打醮和做斋仪式的请愿科仪。荆门，道公派。

始终由同一位熟练的写主执笔，字体较大，写主的附注用稍小的字书写；有红色分段标记，在清点姓名、标记个别字和划分格律时用红点标出；步罡踏斗图解（fol. 13b、18b），符（fol. 15b 和 16a-b）。

附录：另一本文书的一张折页（做斋仪式科仪，fol. 1），其上除了书主邓道孔外还有其他人员李显德，李仁恩、李道肯、李道解、李一云被登记；跋，“送章投用”和“普告咒炼度用”（fol. 20-21b）；由同一人执笔的葬礼科仪“超度”，用于安抚亡灵（fol. 22b）；含购入日期［?］的持有说明（封底）。

题记（fol. 22v，双页内层）含标题、写主名、书主名以及关于他们属于正一派的记录（“天师门下修真弟子”）。

写主和书主：蒋经照（fol. 13a、22bv），推测和蒋老二是同一人（fol. 21b、22bv）；后继书主：蒋道/胜选（书衣，fol. 6a、22bv），李老大（封底）。

660 **Cod. sin. 836**

24.5 厘米×19 厘米，穿过书边及书背装订，含小挂环；书衣由多层部分粘贴在一起的棕色桑皮纸制成；26 张折页，桑皮纸；有水渍，页边缘有大面积缺损；fol. 1b、25b、26a 空白；每页 9 列，每列 21—26 字。

标题（书衣，标题页 fol. 1a）：道师受戒秘语

正文起始（fol. 2a）：弟子初来请破纸法．先烧香叩师证盟先卷传三魂

正文结尾（fol. 25a）：以为大吉通用依前好通泰不尽了也

无地点。日期（fol. 1a）：大清道光二十年秋季七月上旬（订訬完毕）（1840 年）。

进入道公和师公派的度戒仪式科仪。荆门。

始终为一种流畅的字体；有红色分段标记，在标记个别字、清点姓名时用红点标出；符（fol. 17b–18b）。

题记（fol. 26b）含传抄文书中和道公、师公有关部分的价格及关于禁止将其转手给不相干人等的警告。

书主及传度师：李玄柱，李玄词（书衣，fol. 1a），李玄讼（书衣，fol. 1a）；后继书主：李道进（fol. 1a）。

661 **Cod. sin. 837**

25.5 厘米×20 厘米，装帧几乎全部松散，尚存订线从一处穿过书边捆扎；严重受损的书衣由多层粘贴在一起的棕色桑皮纸制成；47 张折页，桑皮纸；fol. 45–46 为后来装订进去的竹纸折页；除有虫蛀外品相佳；fol. 1b、3b、47b 空白；每页 11 列，每列 14 字。

标题（书衣）：招兵科；（fol. 1a）：招兵科（一本）

正文起始（fol. 4a）：月光唱．曲子乐了古叮当，八角楼台天大光

正文结尾（fol. 42a）：中道五伤来饮酒，十二伤兵都来齐，满满饮满饮，应时头断见阎皇

无地点及日期，推测为 19 世纪末。

用于招募神兵的仪式七言歌。荆门，师公派。

始终为一种较熟练的字体；五行占卜示意图（fol. 2b–3a、42b）。

附录：其他写主执笔的文段为“招兵川光用”（fol. 43a–44b）；后添加的五行占卜示意图，含后继书主盘见章的签名（fol. 45a–46b）。

题记（fol. 47a）含标题和持有说明。

书主：盘显恩（fol. 47a）；后继书主及 fol. 45a–46b 的写主：盘现章（fol. 2a、26b、36a、37a、38b、46a–b、47a）；后继书主：盘金｛趋｝（fol. 1a），盘道｛坐｝（fol. 47a），盘县通（fol. 47a），盘妙｛询｝（fol. 47a）。

662 **Cod. sin. 838**

25.5 厘米×18.5 厘米，穿过书边及书背装订；书衣由桑皮纸制成，封底已佚；28 张折页，桑皮纸；有水渍，严重污渍；fol. 1a 严重受损，fol. 1b 已佚，fol. 28 残缺不全；每页 9 列，每列 16—18 字。

标题（标题页 fol. 1a、fol. 26a）：伸斗科

正文起始（fol. 2a）：奉道正一裉星告斗十保补粮求寿祈安醮主厶来诣圣前请拜上香

正文结尾（fol. 26a）：向来钱归库里福留谢主平安，送圣还宫洞赖善功净完成无上

道．伸斗科完毕

打醮仪式科仪，用于祭拜北斗。荆门，道公派。

地点（fol. 3b、7a）：大清国云南道林安府（临安）。日期（fol. 1a）：嘉庆二十二年丁丑岁丙午朔甲辰旬下旬（抄誊）（1817 年）。

熟练的字体，字体较大，许多特殊写法；黑色分段标记；符，祭拜北斗的步罡踏斗图解（fol. 12a）。

附录：两列其他的科仪文段（fol. 27b）；天干地支表及五行（fol. 26a-27b）；借贷记录，其中被提及之人，即［李］玄和及［李］应歌（fol. 27b）。

写主：李妙杰（fol. 1a）；书主：李玄万（fol. 1a、15b、17a、26a），李玄岁（fol. 1a、26a），李玄和（fol. 1a、15b、26a、27a）；后继书主：黄玄亮（fol. 1a）。

663 **Cod. sin. 839**

25.5 厘米×18 厘米，装订几乎全部松散，边订（不交叉）；书衣由单页桑皮纸制成；11 张折页，桑皮纸；品相佳；fol. 1b 空白；每页 10 列，每列 22—23 字。

标题（fol. 1a）：贤文增广

正文起始（fol. 2a）：昔时贤文，诲汝谆谆，集韵增广，寻见寻闻

正文结尾（fol. 11a）：奉劝后来君子道，分毫不乱更无差，只此至云，万无一失

无地点。日期（fol. 11a）：道光二十五年乙巳岁十一月初三日（抽完笔）（1845 年）。

以儒家价值观为导向的德育课本。优勉支系。

易识读的字体，有一些特殊写法，黑色句读。

附录："对诸事"（用于各种场合的对联）和七言诗文段（fol. 11a-b）；钱和粮食的借贷记录（fol. 1a、11a）；草稿（封底）。

书主：邓金｛堂｝（fol. 1a，被划掉）；后继书主：邓玄寿（fol. 1a）。

664 **Cod. sin. 840**

23 厘米×17.5 厘米，穿过书背装订，含挂环；书背用深蓝色麻布加固，书背的边缘装订着比书芯规格更小一些的棕色大理石纹纸板作为书壳；77 张折页，桑皮纸，版口处被撕开；fol. 1 由其他写主书写，fol. 23 用丝线装订，并用一张折页加固，从 fol. 75 开始为规格更小的纸张，推测为后来添加；fol. 1b、2b、3b、77a 空白；每页 10 列，每列 21 字。

标题（书衣）：（一本）清；（fol. 2a）：清醮金语；（fol. 77b）：（一本）清醮秘语

正文起始（fol. 4a）：人初来请之法．想传龛台是感当府玄关所烧炷香烟成三岛路

正文结尾（fol. 74a）：葫芦内又在梅内竹｛藤髅｝养长生大吉利市也

无地点。时间推测为 19 世纪末。

打醮仪式秘语。荆门，道公派。

小但易识读的字体，有不同写主的勘误和补充；红色分段标记，列首有红点，红点用来进行姓名的清点；符（fol. 52a）；一枚较浅的红色方形印章，铭文推测为“道经师宝”（fol. 2a、14b、25a、52a）；一枚紫色方形小印章，铭文无法辨识（fol. 25a）。

附录：神目及做法事之指示“法”（fol. 1a）；后来添加的咒，“重贝天师受戒墨咒真言”（fol. 74a-b）；进入师公行列的度戒仪式所用表式（fol. 75a-b）；草稿（fol. 76a）；经典篇章的清单（fol. 76b）。

传度师：李玄兴（fol. 2a、62a）；书主：李旌筵（fol. 77b）；后继书主：李道和（更大一些的印章所有者［?］，fol. 2a、52a、63a），李妙阶（更小一些的印章所有者［?］，fol. 31b）。

665 **Cod. sin. 841**

23.5 厘米×19 厘米，使用植物纤维边订（不交叉）；封面由以布筛荡料入帘而成的脆竹纸制成；8 张折页，亦由竹纸制成；有虫蛀形成的缺损，页边缘受损；fol. 7b、8a 空白；每页 12 列，每列 14 字。

标题（封面）：一本一本；（fol. 7a）：功曹；（fol. 8b）：（一本）功科

正文起始（fol. 1a）：妹是生柴一棒，弟是铁斧一张，千山万水不相逢

正文结尾（fol. 7a）：拜送含书上马去，揽将文牒庙传迎．到此唱功曹了化牒

无地点及日期，推测为 20 世纪。

招募天庭使者“四直功曹”的七言歌。荆门，师公派。

始终由同一位较生疏的写主执笔，前五张折页标有页码。

666 **Cod. sin. 842**

22 厘米×19 厘米，以订线从 3 处穿过书背捆扎，含挂环；书衣由以布筛荡料入帘而成的厚纸制成，封面已佚；9 张折页由以布筛荡料入帘而成的厚纸制成，品相佳；fol. 9a-b 空白；每页 7—8 列，每列 13—16 字。

第一篇正文

标题（fol. 2a）：盘法盖家先

正文起始（fol. 1a）：盘聪二郎，赵氏一娘

正文结尾（fol. 2a）：盘法盖家先

第二篇正文

正文起始（fol. 2a）：请上众王众阴天大王

正文结尾（fol. 7b）：看大小都要排般上斋财马

无地点。家庭成员的出生日期（fol. 8a-b）：己未年四月二十三日（推测为 1919 年）；辛酉年三月初七日（推测为 1921 年）。

较生疏的写主。

家谱和做法事之指示“法”，闾山派。优勉支系。

附录：一个儿子的出生日期（fol. 8a）和一个女儿的出生日期（fol. 8b）。

写主［?］：盘富胜珠（fol. 2a）；书主［?］：盘法广（fol. 8b），盘法盖（fol. 2a）。

在家谱中列出的人员：盘聪二郎、赵氏一郎、盘良二郎、冯氏五娘、盘用一郎、邓氏一娘、盘向二郎、赵氏五娘、盘行一郎、盘氏一娘、黄□□娘（fol. 1a），盘旺四郎（fol. 1a、9a），盘胜一郎、盘氏六娘、盘林一郎、李氏一娘、盘进二郎、盘氏一娘、潘清一郎、李氏一娘、黄氏四娘、盘法通、李氏者、盘法贞、李氏者（fol. 1b），盘法安、盘法有、盘法保、盘法盖（fol. 2a）。

667 **Cod. sin. 843**

23 厘米×19.5 厘米，穿过书边并从 6 处穿过书背装订；书衣由以布筛荡料入帘而成的厚而硬的纸制成；30 张折页由较柔韧的黄纸制成；有水渍，页边缘轻微受损；每页 11 列，每列 14 字。

标题（书衣，标题页 fol. 1a）：帝母盘古桥抬；（fol. 30b）：（一本）桥抬盘古科；（封底）：（一本）桥台科

正文起始（fol. 2a）：番首你打阳首鼓，复手又打起桥梁

正文结尾（fol. 29b）：男种通明管州府，生女风流万岁新

无地点。日期（fol. 1a）：大清同治丁卯年八月十五日（抄完）（1867 年）；后来添加的日期（fol. 1a）：［中华］民国辛未年六月十一日（批完毕）（1931 年）；（fol. 30b）：中华民国丁亥年岁次九［月］…（批院）（1947 年）；附录日期（fol. 30a）：太岁丁亥年。

用于祭拜帝母和盘古仪式的七言歌。荆门，师公派。

始终为一种熟练工整的字体，许多特殊写法；个别几处由写主或其他人勘误。

各由另一写主所写的题记含律诗式的跋及日期（fol. 29b-30a）；含标题、另外一个日期及持有说明（fol. 30b）。

附录：关于购买文书的记录（fol. 1a）；后继书主名［?］，葬礼仪式科仪选段，草稿（fol. 1b、30a）。

祖先及道教师父［?］：李玄卢（fol. 30b）；写主：邓法清（fol. 1a），邓玄清（fol. 7a、17a、19b）；原始书主：李法选（fol. 12b、13b、16b、30b）；后继书主：李玄兴（fol. 1a、30b），邓法显（书衣，fol. 1a、17a），邓经达（fol. 30b），李道进（fol. 30b），李玄庆（fol. 30b），李法□（fol. 30b），李道选（fol. 30b）。

668 **Cod. sin. 844**

21. 5 厘米×16. 5 厘米，穿过书边及书背装订，含挂环；书衣由薄桑皮纸制成；37 张折页，桑皮纸；有水渍、污渍，除此以外品相佳；fol. 1a 有大面积缺损；每页 11 列，每列 23—27 字。

标题（书衣）：诸品是经（各卷）；（fol. 37b）：诸品自经（各绻）

正文起始（fol. 1b）：净□神咒．太上台星应遍危停邪师缚魅保命护身

正文结尾（fol. 37a）：上妙功德拔度生死运化古今一万二千三百六十七字信受奉行．太上说玉皇救劫妙经毕

无地点。日期（书衣）：光绪二十四年戊戌岁（1898 年）；五月初五日（记号）；（fol. 37a）：皇号二四年五月十五日（抄院）（1898 年）。

道教经典选段集。荆门，道公派。

始终为一种非常小但易识读的字体，有许多特殊写法。

序言中指出，书写错误会导致该神圣文书失去效力（fol. 1a）。

附录：由其他写主书写的粮食借贷记录（fol. 37b，封底内页）；折页数量为 36 张，草稿（书衣）。

书主：邓经障/璋（书衣，fol. 19b），可能与｛邓｝法章（fol. 7b）为同一人；邓老四（fol. 4a）。

669 **Cod. sin. 845**

24. 5 厘米×19 厘米，穿过书边及书背装订；后添加的书衣由多层粘贴在一起的不同质量的纸张制成，其内里为一幅卷轴画的文段（上端页边缘有云纹和华盖图案）；29 张折页，竹纸，有水渍、污渍，除此以外品相佳；fol. 1 残缺不全；每页 8—10 列，每列 21—24 字。

标题（书衣）：□｛龙｝科庆墓；（fol. 29b，为后来添加）：安龙科（全本）

正文起始（fol. 3a）：奉道正一按龙伸斗补禳祈安救患醮主厶等来诣炉前请拜上香

正文结尾（fol. 28b）：送圣还宫洞赖善功善完成无上道倾光回驾天尊

地点和日期（fol. 4a、6b）：大清国云南道（推测为 19 世纪末）。

打醮仪式科仪，用于用于安抚地龙及镇墓。荆门，道公派。

始终由一位熟练的写主执笔；有红色分段标记，在列头、列中、列尾及清点姓名时用红点标出；符（fol. 25b）。

附录：“诸品经”，“开经诵诸品经各卷”（fol. 2a-b）；卦表，“又占十二年王瘟姓用”（fol. 28b-29a）。

书主：邓金兴（书衣）；后继书主：李道利（fol. 29b）。

670 **Cod. sin. 846**

24. 5 厘米×19 厘米，穿过书边及书背装订，部分已松散；书衣由以布筛荡料入帘而成的厚纸制成；26 张折页，由粗纤维脆竹纸制成；fol. 7b 空白；每页 8—9 列，平均每列 14 字。

标题（书衣）：通用科诸养．通科；（fol. 1a）：（一本）通用科诸件；（fol. 1a，推测为后来添加）：（一本）｛船｝科；（fol. 1b）：（一本）川光科用．安坛川光唱；（fol. 25a）：（一本）通用科书；（fol. 26a）：（一本）川光科头上

正文起始（fol. 2a）：曲子落了古同，川光童子降坛中

正文结尾（fol. 25a）：一声二声三声速々回龙报应结发扶提心生．一本通用科书

无地点。日期（fol. 25a）：太岁辛未年六月廿三日申时（抄完笔）（1931 年）。

还愿仪式和梅山派度戒仪式七言科仪。荆门，师公派。

不同的、较生疏的写主执笔，各用不同的墨水书写，个别地方有红色标记。

附录：七言文段（fol. 25b）；三个红字（fol. 3b）。

写主：蒋应富（fol. 1a、1b、5b、6b、8b、10b、19b、22b、25b）；蒋应贵（fol. 1a）。

671 **Cod. sin. 847**

24. 5 厘米×18 厘米，以黑毛线穿过书边并从 6 处穿过书背装订；书衣由粗纤维竹纸制成；20 张折页，粗纤维竹纸，品相佳；每页 8 列，每列 15—16 字。

标题（书衣）：茭简破狱科

第一篇正文

正文起始（fol. 1a）：天堂享久福，地狱五苦声，悉归太上经，静念稽首礼

正文结尾（fol. 7b）：逍遥上清，茫茫酆都中，重重金钢山，雷声普化天尊．茭龙科完毕

第二篇正文

标题（fol. 20b）：破狱科

正文起始（fol. 7b）：到此破狱科启．太上传真教，天师御鹤鸣，念引洞中玄，虚晃朗太玄

正文结尾（fol. 20a）：我今结发向中央，中施主入门前，戊巳宫中朝金阙，五气朝元玄又玄，大圣中央乙气天君

无地点。日期（fol. 20a）：太岁丙午年十一月二十日（1966 年）。

做斋仪式科仪，用于释放阴间亡灵。荆门，道公派。

较生疏的写主执笔；紫色分段标记，部分列首和列尾有红点，清点姓名时用红点作了

标记。

附录：草稿（书衣），简短的题词（封底）。

书主：李云通（书衣，fol. 20a）。

672 **Cod. sin. 848**

24. 5 厘米×18. 5 厘米，装订已部分散开，以黑线穿过书背装订；书衣受损，粗纤维竹纸；11 张折页，结尾有个别几页已佚，竹纸；有水渍，页边缘已烧焦，有缺损；fol. 11b 已佚；每页 10 列，每列 19—21 字。

标题（书衣）：雷府科（一本）

正文起始（fol. 1a）：奉道正一雷府解冤祈案醮主厶等诸圣拜上香

正文结尾（fol. 11a）：祈消病患安泰回驾之至，宝华完满天尊

地点和日期（fol. 1a、4b）：大清~（19 世纪末至 20 世纪初）。

打醮仪式科仪，用于祭拜雷公，安抚、超度冤魂："雷府科"（fol. 1a-3a），"符吏科"（fol. 3a-5a），"入洞中咒"（fol. 5a-7a），"又到次诵经使入灯科"（fol. 7a-8b），"到此启师破狱"（fol. 9a-9b），"在此解冤了，到此入三献科"（fol. 9b-10b），"到此祭｛葷｝诵经送向回冤家释结送还程"（fol. 10b-11a）。荆门，道公派。

始终由同一位写主执笔，有许多特殊写法；红色分段标记，部分列首、列中、列尾有红点，清点姓名时用红点作了标记；标有页码。

书主：盘道能（书衣，fol. 7a）；后继书主：李道选（书衣，fol. 7a）。

673 **Cod. sin. 849**

24 厘米×18 厘米，从一处穿过书背并从上端穿过书边装订；书衣由另一文书（秘语）的桑皮纸折页制成；27 张折页，桑皮纸；有水渍，封面和最后几页有虫蛀形成的破损，除此以外品相佳；fol. 1b 空白；每页 11 列，每列 26—27 字。

标题（fol. 1a）：诸品经（一卷）．（一本）诸品经；（fol. 27b）：诸品仙经（一本）

正文起始（fol. 2a）：太上洞玄灵宝高上玉皇本行集经卷上．道言元始天尊昔在清微天宫

正文结尾（fol. 27a）：宝华玄满天尊，诸尊圣号无量不可思议功德

无地点。日期（fol. 27b）：中华民国九年庚申岁八月初一日午时（抄出也）（1920 年）；（fol. 1a）：中华民国辛酉年七月（抄终）（1921 年）。

道教经典摘抄集。荆门，道公派。

很小的字体，fol. 25 标有页码。

题记含标题、日期和页码 26（fol. 27b）。

写主及传度师：李道金（fol. 1a）；书主：盘经瑮（fol. 1a），蒋道传（fol. 1a）；在书衣上写有：盘经桂、盘道醮、盘应｛醮｝。

674 **Cod. sin. 850**

23 厘米×18. 5 厘米，穿过书边及书背装订，部分已松散；书衣由多层粘贴在一起的未染色厚纸制成，封底已佚；23 张折页，推测起始几页已佚，粗纤维脆竹纸；fol. 5 有裂口，fol. 8 左下角受损，有缺失；fol. 23b 已佚；每页 8 列，每列 12—18 字。

标题（fol. 21a）：引朝

正文起始（fol. 1a）：太灵火部玉阳宫，玉阳宫四山宗师真君

正文结尾（fol. 21a）：宿启早午晚朝．腾章事得完满脱下龙范各位各青．引朝终毕了

地点和日期（fol. 10b）：大清~（推测为 19 世纪末）。

宣告启坛的科仪，用于“三朝”的打醮仪式。荆门，道公派。

始终为一种易识读的字体，有紫色分段标记，列头有紫色的点，部分地方在清点姓名或划分韵律时用紫色的点标出，紫色括号，个别字被圈起。

附录：红墨水书写的七言文段（fol. 21b-22b、fol. 22b-23a）；“清玉女”三个字（封面内页）。

书主：邓妙逮（fol. 16b、21a）。

675 **Cod. sin. 851**

25 厘米×22. 5 厘米，以竖着折叠搓捻而成的纸捻线在一侧捆扎（毛装）；书衣为薄桑皮纸，封底已佚；19 张折页，推测开头几页已佚，桑皮纸；有水渍，页角被磨损，fol. 1 轻度受损；每页 8 列，每列 15—16 字。

标题（书衣）：修斋喃相，帖简科

第一篇正文

正文起始（fol. 1a）：始下市下晚间吉时烧香越宝本无量真香

正文结尾（fol. 5a）：安沾受坐三迎三请口｛款｝下降，始下如光下降治市下，市下．喃相完毕

第二篇正文

正文起始（fol. 5a-b）：稽首皈依报苦主，重生皆沾仰，亡人一七到秦王，二七到初江

正文结尾（fol. 19a）：仰劳符位吏依位传奏感通同赖善缘功成上道

无地点。日期（fol. 19a）：太岁甲子年十二月中旬（抄笔）（1864 年）。

做斋仪式科仪，用于亡灵超度。荆门，道公派。

两篇正文字体流畅，个别字由其他写主补充；符和步罡踏斗图解，三台星宿图

(fol. 9a-10a)。

附录：日历（fol. 19b，书衣）。

书主：蒋□□（书衣）。

676 **Cod. sin. 852**

26 厘米×21.5 厘米，从 3 处穿过书背装订；书衣为一张桑皮纸折页，推测为后来添加；55 张折页，桑皮纸；前 10 张折页边缘严重受损；fol. 1、55 为双页，fol. 1b、54、55 空白；每页 9 列，每列 16—17 字。

标题（书衣）：无上大斋宿启；（标题页 fol. 1a）：无上大斋宿启科；（fol. 53b）：大斋宿启科

正文起始（fol. 2a）：金阙化身天尊，念演洞中玄虚，清净之水

正文结尾（fol. 53b）：向来宿启事毕，师造还坛洞赖．大斋宿启科终

无地点。日期（fol. 31b）：大清国—（推测为 19 世纪中期）。

启坛请圣科仪，用于“黄箓”做斋仪式。荆门，道公派。

始终为一种熟练工整的字体；页码数 52，题词（fol. 1a）．

写主：蒙天照（fol. 1a）；书主：邓院昭（fol. 1a）。

参见［德］贺东劢（Thomas O. Höllmann）、傅敏怡（Michael Friedrich）：给神灵的讯息——瑶族宗教文书（Botschaften an die Götter. Religiöse Handschriften der Yao），威斯巴登：Harrassowitz，1999，第 70—71 页，目录第 38 条。

677 **Cod. sin. 853**

21.5 厘米×19.5 厘米，穿过书边及书背装订；书衣由多层粘贴在一起的有字迹的棕色桑皮纸制成；29 张折页，桑皮纸，除有污渍外品相佳；fol. 1（只有一张单页）和 fol. 28-29 由规格更小些的竹纸制成，fol. 29b 空白；每页 9 列，每列 14—16 字。

标题（书衣）：斋醮宿启科．喃相科；（fol. 28a）：贡王清醮延生宿启科

正文起始（fol. 2a）：金阙化身天尊，斋坛整肃法事严陈天地自然

正文结尾（fol. 28a）：愿得长生与道含真，宿启毕师圣还堂各厶称位．贡王清醮延生宿启科

地点和日期（fol. 28b）：大清国南掌国土司寨（老挝北部；推测为 19 世纪末）。

打醮、做斋仪式宣布启坛的科仪，用于延寿。荆门，道公派。

较生疏的写主执笔，有些特殊写法，个别处有勘误；圆珠笔写的汉字和泰文注释（fol. 1r）；严重褪色了的红色分段标记。

附录：葬礼中做斋仪式的文段（fol. 28b-29a）；师公派表式（封底）；另一文书的标

题："水灯科．霄露在尾"（封面内页）。

写主：邓云｛穗｝（fol. 28a）；书主：李经誉（fol. 28a）；作为后继书主［？］被登记：黄道广（fol. 1a），蒋完周（fol. 25a）。

678 **Cod. sin. 854**

22. 5 厘米×18. 5 厘米，穿过书边及书背装订，含挂环；书衣受损，由以布筛荡料入帘而成的粗纤维竹纸制成；26 张折页，不同质量的竹纸；有水渍、污渍，除此以外品相佳；fol. 1 为被撕开的双页，所以出现了第一、三页（单页）和 fol. 2a-b（有字迹的一面向内折）这样的页面；fol. 1v、3r-v、24b-26b 空白；fol. 26a-b 版口处被撕开，内页有字迹；每页 9—19 列，每列 12—18 字。

标题（书衣，fol. 1r、fol. 23b）：伸斗科；（fol. 1r）伸斗科（一本）

正文起始（fol. 4a）：奉道正一伸斗补粮求寿祈安醮主厶来诣圣前请上香

正文结尾（fol. 23b）：洞赖善完成无上道，倾光回驾天尊．伸斗科终毕

地点（fol. 4b）：大清南～（推测为老挝北部南掌；清代）。日期（fol. 23b）：太岁壬午年三月十五日午时（抄出完情吉了也）（推测为 1882 或 1942 年）。

打醮仪式科仪，用于祭拜北斗。荆门，道公派。

较生疏的写主执笔；有红色句读和分段标记；符（fol. 11a、24a），步罡踏斗图解（fol. 11a）。

附录：相同写主执笔的短文段（fol. 2bv、26av-bv），"斗旛式"（fol. 24a）。

书主：邓妙态（fol. 2bv、21b、23b）。

679 **Cod. sin. 855**

24 厘米×19 厘米，穿过书边及书背装订；书衣由以布筛荡料入帘而成的厚［竹?］纸制成；13 张折页，亦由以布筛荡料入帘而成的厚［竹?］纸制成；页下端边缘长度不同，有污渍，除此以外品相佳；fol. 13b 空白；每页 11—12 列，每列 17—19 字。

标题（书衣）：玉皇中绻经；（fol. 13a）：玉皇中卷经

正文起始（fol. 1a）：高上玉皇本行集经中卷．太上大光明员满大神咒

正文结尾（fol. 13a）：玉皇赦罪大天尊．参受天师/九戒门下修真弟子治职为任奉行掌经士臣李道贤．玉皇中绻经终毕完

无地点。日期（书衣，fol. 13a）：太岁戊寅年秋月望日未时（抽完终）（推测为 1938 年）。

献给玉皇大帝的道教经典。荆门，道公派。

较生疏的写主执笔；编有页码。

书主：李道贤（书衣，fol. 13a）。

680 **Cod. sin. 856**

26 厘米×22.5 厘米，穿过书背装订；书衣由薄桑皮纸制成，封底为双页，封面残缺不全；14 张折页，桑皮纸；版口处多被撕开，有水渍、污渍，页边缘和起始几张折页受损严重，有缺失；每页平均 11 列，每列 15—17 字。

标题：［延生单时科］

正文起始（fol. 1a）：早．金真演教天尊．午．雷声普化［天尊］．晚．金阙化身［天尊］

正文结尾（fol. 14a-b）：早朝事毕．师圣还堂脱下冠裳各升各位

地点（fol. 3b、6b）：大清国云南道。日期（fol. 14b）：瓜月廿八日（终笔）（推测为 19 世纪初）。

“三朝”醮科仪，用于延寿。荆门，道公派。

流畅熟练的字体。

题记（fol. 14b）含日期、写主名、持有说明和跋。

写主：盘妙玉（fol. 14b）；书主：邓院昭（fol. 14b）。

681 **Cod. sin. 857**

25 厘米×24 厘米，以搓捻而成的纸捻线及绳子穿过书背装订；受损的书衣各由一张后添加的桑皮纸折页制成；34 张折页，推测首尾几张已佚，桑皮纸；版口处部分被撕开，有水渍、污渍，现存的首尾两张折页受损，有缺失；每页平均 11 列，每列 14 字。

标题（fol. 13b）：盘皇歌；（fol. 13b）：（次集）接香火（也）；（fol. 21b）：（次）献伍供香唱；（fol. 30a）：（又集）解秽唱；（fol. 33a）：三元部表唱

第一篇正文

正文起始（fol. 1a）：十一愿深恩都完满，十二愿财宝满家庭

正文结尾（fol. 13b）：明朝报复日歌堂散已时何日专船来．盘皇歌终

第二篇正文

正文起始（fol. 13b）：次集接香火也．稽首打双茶饭鼓，复首琼流下水｛船｝

正文结尾（fol. 21a）：正谢上宫南堂九朝帝母太白天娘~正谢｛宗｝奉香火某~

第三篇正文

正文起始（fol. 21b）：次献伍供香唱．鼓连々了鼓车々了，香司玉女上坛前

正文结尾（fol. 30a）：笛子送娘不倒屋，笛子返归眼泪流

第四篇正文

正文起始（fol. 30a）：又集解秽唱．番首你打阳手鼓，复手又打鼓连々

正文结尾（fol. 32b）：一保二保都说好，春耕夏种得丰年

第五篇正文

正文起始（fol. 33a）：三元部表唱．更深夜静鼓同々，三元部表道坛中

正文结尾（fol. 34b）：师便一下你一拜，莫交冷淡众阴兵

无地点及日期，推测为 19 世纪初。

七言歌，用于祭拜盘王、帝母和三元。荆门，师公派。

流畅熟练的字体；个别列的顺序被勘误过。

附录："次集接香火也"（fol. 13b-21b），"次献伍供香唱"（fol. 21b-30a），"又集解秽唱"（fol. 30a-33a），"三元部表唱"（fol. 33a-34b）。

后继［?］书主：冯院高（fol. 30a）。

682 **Cod. sin. 858**

24 厘米×18. 5 厘米，以毛线穿过书边并从两处穿过书背装订；书衣受损，由多层粘贴在一起的棕色纸制成；27 张折页，推测开头和结尾几张已佚，桑皮纸；有水渍、污渍、小裂口；每页 7 列，每列 14—17 字。

标题：［尊典经］

正文起始（fol. 1a）：昊天之气，悉下生后土之气，上养五行之气

正文结尾（fol. 27b）：受之身六根清净下七六｛庆｝常闻我说法

无地点及日期，推测为 19 世纪末。

道教经典选段集。荆门，道公派。

易识读的字体，每个选段后都有符。

附录：另一写主执笔的另一文书的标题"（一本）□朝科"，持有说明（封面旧料）。

在书衣上写有：邓金□。

683 **Cod. sin. 859**

25. 5 厘米×19 厘米，穿过书边及书背装订，已部分散开；封面受损，薄桑皮纸；35 张折页，桑皮纸；有污渍；fol. 1b、34b-35a 空白，fol. 35 版口处被撕开，fol. 35bv 有字迹；每页 9 列，每列 16—18 字。

标题（标题页 fol. 1a）：筵筵单时科（在头）．土府单时科（在尾．共一本）

第一篇正文

正文起始（fol. 2a）：早朝．金真演教天尊．午朝．雷声普化天尊．晚朝．金阙化身天尊

正文结尾（fol. 20a）：早午晚朝事毕．师圣还堂如法脱下冠裳各升各｛鹤｝．筵筵单时科一本完毕

第二篇正文

正文起始（fol. 20b）：重启土府单时科去．奉道正一土府庆墓醮主厶等来诣金炉前

正文结尾（fol. 34a）：早午晚事毕．师圣还堂如法脱下冠裳各升各位

无地点。日期（fol. 1a）：大清光［绪］十七年辛卯岁四月仲吕六日（冬毕五时）（1891 年）。

祭拜地府的“三朝”醮科仪，用于延寿。荆门，道公派。

较熟练的写主执笔；个别字用打点的形式标出，红色缩写；符（fol. 32b）；两枚方形“道经师宝”印章（fol. 1a）。

附录：两位神祇的姓名（fol. 35bv）。

书主：邓玄和（fol. 1a）；后继书主［?］：盘玄达、盘经僚（书衣）。

684 **Cod. sin. 860**

24. 5 厘米×20. 5 厘米，以毛线从一处穿过书背装订；书衣由多层粘贴在一起的棕色纸张制成，书衣包住书背；22 张折页，桑皮纸；品相佳；fol. 1b 空白；每页 8 列，每列 14—15 字。

标题（书衣）：贡救苦演朝；（标题页 fol. 1a）：贡王救苦演朝科．土府丹时同用．筵笙丹时科．本境神目（在尾）；（fol. 22b）：（一本）引朝

正文起始（fol. 2a）：金阙化身天尊．金真引教天尊．念演洞中～今将五龙净水遍洒醮坛内外

正文结尾（fol. 22a）：厶家三代祖族先灵香花请

无地点。日期（fol. 5b、10b）：大清国～；（fol. 1a）：天子万々岁戊申年六月初二完（推测为 1848 或者 1908 年）。

用于超度亡灵的打醮仪式科仪。荆门，道公派。

熟练的写主执笔，有许多特殊写法。

书主：李妙钟（书衣，fol. 1a）；后继书主：邓玄升（书衣，fol. 1a、22b）。

685 **Cod. sin. 861**

26. 5 厘米×20. 5 厘米，以竖着折叠搓捻而成的纸捻从两处穿过书背装订；书衣由未染色的厚纸制成；11 张折页，桑皮纸；有水渍；从 fol. 8 开始书芯中部有缺损；每页 10—11 列，每列 21—23 字。

标题（书衣）：（一本）百解秘语，（一本）颠倒金语，（一本）颠倒法；（封面内页）：（一本）颠倒法（大吉）；（封底）：（一本）颠倒；（fol. 1a）：倒法

正文起始（fol. 1a）：治顛病法．雷王倒法．焚香叩师庄身贯是金甲衣黑是铁甲是当初

岑国主

正文结尾（fol. 11b）：到张国后殿冤此无｛肉｝又见冤魂如猪母花

无地点及日期，推测为19世纪末。

秘语集。荆门，推测为道公派。

始终为一种易识读的、较小的字体，有写主做的个别勘误；红色分段标记，个别处列首有红点。

书主：盘经才（fol. 5a、5b，被划掉）；后继书主：李道真（书衣，封面内页，fol. 1a），邓金玫（fol. 5a）。

686 **Cod. sin. 862**

24.6厘米×18.5厘米，以竖着折叠搓捻而成的纸捻线在一侧捆扎（毛装）；书衣由多层棕色纸黏合在一起制成，纸上有筛纹；14张折页，桑皮纸；品相佳；fol. 1b、12b-14a空白，fol. 2几乎全部缺失；每页9列，每列15字。

标题（书衣）：金章科；金章受生妙经

正文起始（fol. 3a）：太上老君设五斗金章受妙生经．尔时太上老君在太清境上太赤天中黄金殿内

正文结尾（fol. 12a）：太上说九天应元声雷普化天尊．玉枢宝经纂

无地点。日期（fol. 14b）：咸丰九年五月二十二（记）（1859年）。

道教经典摘录集。荆门，道公派。

始终为一位熟练的写主；符（fol. 5b-7a）。

书主：李玉琏（fol. 1a），李妙｛德｝（书衣）。

687 **Cod. sin. 863**

26.5厘米×20厘米，穿过书边并从6处穿过书背装订；书衣由脆竹纸制成；42张折页，桑皮纸；fol. 37-42为脆竹纸；在版口处常被撕开，有水渍，fol. 1有缺损，除此以外品相较佳；每页11列，每列20—21字。

第一篇正文

标题（封底）：接龙伸斗救［患秘语］

正文起始（fol. 1a）：一论主初请法．先念传师名玉清格道正上清唐道明太清李道德

正文结尾（fol. 20b）：葫芦有养菜苗除了炼成宝贝纳传三师也

第二篇正文

正文起始（fol. 20b）：重集巫门救患秘语．人家初请之法．想传为众生母坐都督府来

正文结尾（fol. 42b）：为一对鸳鸯一双蟥蜂了，送圣退堂凄鸳姑郎辞别师

用于安抚地龙，祭拜北斗和驱逐恶鬼、疾病和灾害的秘语。荆门。

由其他写主执笔的附录：可能来自另一本文书的选段，写在竹纸上（fol. 37–42a）；神目（fol. 42b）。

始终为一种工整熟练的字体，有许多特殊写法，fol. 37–42 由其他写主添加；严重褪色的红色分段标记；符（fol. 24a）。

作为书主［?］被登记：邓道材（fol. 4b）。

688 **Cod. sin. 864**

23.5 厘米×22 厘米，穿过书边重新装订；书衣由以布筛荡料入帘而成的厚纸制成，罩在书背上装订；49 张折页，严重变黑的桑皮纸；版口处常被撕开，有水渍、污渍；fol. 45b 下端边角有一处缺损；每页 9 列，每列 14 字。

第一篇正文

标题（封面）：受戒上香三士囗；（fol. 1b）：受戒上香三师先下元唱（启）；（fol. 28b、48b）：受戒科

正文起始（fol. 2a）：授械上香三师先下元唱启．鼓分非了古分非．香司朝献众阴司

正文结尾（fol. 28b）：阴箬阳箬你得脱．箬子留连你若调．受戒终毕

第二篇正文

正文起始（fol. 28b）：重集大火通用川光在尾．招兵川光唱．曲子曲了古叮铛，八角楼台天大光

正文结尾（fol. 48a）：宝华完满天尊，生生身自在~三魂｛七｝魄天尊．受戒科完毕

无地点及日期，推测为 19 世纪初。

度戒仪式七言科仪，科仪第二部分用于招募神兵。荆门，师公派。

不同的熟练的写主执笔；有褪色的红色分段标记。

写主撰写的律诗形式的序言（fol. 1a–b）。

附录：另一文书的标题“道门榜流牒式”和“十七慈光科”（书衣）；用于一场请愿的表式“投表文”（fol. 46–47b，插入）；祭拜观音的歌曲“观音唱”（fol. 48b–49b）；草稿、借贷记录（fol. 49b）。

书主：李胜权（fol. 2a、24b、28b），邓连冠（fol. 1b）；在附录（fol. 49b）中被提及：李道金、邓洸二；书衣上写有：邓演冠、邓长囗。

689 **Cod. sin. 865**

24.5 厘米×20 厘米，穿过书边装订；书衣由染成棕色的厚纸制成；48 张折页，桑皮纸；品相佳；每页 10 列，每列 22—25 字。

标题（书衣）：（一本）清醮斋金语；（标题页 fol. 1a）：清醮金语（一本）

正文起始（fol. 2a）：一论人初来请之法．先烧香叩师｛槎｝收三魂七魄

正文结尾（fol. 47a）：金星日宫月府封水门了回至应天府内也

无地点。完笔日期（fol. 48b）：皇号道光二十八年戊申岁八月初六日（冬毕）（1848年）；文书传抄的日期（fol. 1a）：太岁丙辰年十一月廿日（给）（1856年）；借贷日期（fol. 48b）：［咸］丰十年岁次庚申［岁］四月廿二日立（1860年）；家庭成员［?］的出生日期：癸未年（推测为1883年），辛亥年（1851年或者1911年），癸丑年（1853年或者1913年）。

用于净坛的打醮仪式秘语。荆门，道公派。

始终为一种好认且较小的字体；有两种不同红色的分段标记，清点姓名时用红点标出；符（fol. 10b）；一枚方形“道经师宝”印章（fol. 1a、10a、44a、47a）。

含持有说明的题词（fol. 1a、1b）；页码数45（fol. 1a）；题记含持有说明和题词（fol. 47b-48a）；写主律诗式的跋含谦辞（fol. 48b）。

由其他写主书写的附录：符、一位神祇的名号（fol. 1b），“又论布架桥法”（fol. 47a），出生布告［?］和借贷记录（fol. 48a），一本秘语的三列文字（fol. 48b）。

写主：邓妙论（fol. 1a）；［其中一篇的?］传度师：李妙广（fol. 47b）；书主：李妙烋（fol. 1a、8b、17a、20a、28a）；后继书主：李妙宪（fol. 1a、48a），蒋经钟（fol. 1a、48a），李玄清（fol. 1a），李玄鲜（fol. 1a、1b），李应广（fol. 1b、47b），李玄英（fol. 1b）；作为债务人被登记：邓妙贤，李胜恩（fol. 48a），［李］法英（fol. 1b）。

690 **Cod. sin. 866**

28厘米×24厘米，穿过书边及书背装订；书衣已佚；54张折页，推测开头两页已佚，粗纤维脆竹纸；页边缘极脆，现存的前几张折页受损严重；fol. 1a、54b已佚，fol. 9的规格和纸张质量不同；每页12列，平均每列23字。

无标题

正文起始（fol. 1b）：占神头吉凶（表格小标题）；正文第一段（fol. 2a）：占四季暗金歌曰

正文结尾（fol. 54a）：十二月十二寅宫起．十一月山中打鬼归

无地点及日期，推测为19世纪末至20世纪。

卜书。推测为荆门，可能来自中国。

始终为一种工整熟练的字体；现存的第一张折页标有页码（“三扁”）；表格（fol. 1b、3b、4a、10b-13a、32b、34a、46b），掌诀（fol. 36b、46a、50a、52a、54a），其他示意图（fol. 9b、34b-35b）。

691 **Cod. sin. 867**

24 厘米×16.5 厘米，穿过书边及书背装订；书衣由多层粘贴在一起的带筛纹的棕色纸张制成，包住了书背；20 张折页，桑皮纸；有水渍、污渍，页边缘受损，部分版口处有大面积缺失；fol. 1b、20a-b 空白，fol. 19b 有大面积缺失；每页 14 列，每列 21—23 字。

标题（封面，标题页 fol. 1a）：诸品经（一部）

正文起始（fol. 2a）：太上洞玄灵宝高上玉皇本行集经卷上．道言元始天尊昔在清微天宫

正文结尾（fol. 19a）：元始无量上品度人~经部姑青天上浮黎

无地点。日期（fol. 1a）：大清光绪十三年丁亥岁八月十五［日］（1887 年）。

道家经典选段集。荆门，道公派。

极小但易识读的字体；个别处有其他写主执笔的短段。

原始书主和写主［?］：李经扬（书衣，fol. 1a、10a，被划掉）；作为后继书主［?］被登记：李经｛待｝（fol. 9b）。

692 **Cod. sin. 868**

23 厘米×16.5 厘米，从多处穿过书背装订；书衣由外面染成棕色的厚纸制成；66 张折页，桑皮纸；版口处被撕开，大面积受损，有水渍、污渍、虫蛀形成的洞、缺损；fol. 1、66 为以布筛荡料入帘而成的纸，fol. 1v、66v 空白；第一篇正文：8 列，每列 21—33 字；第二篇正文：每页 9 列，每列 21—22 字。

第一篇正文

标题（标题页 fol. 1a、fol. 66r）：（一本）日午桉龙秘语

正文起始（fol. 2a）：又闭血塘之法．想条衫带是两头龙

正文结尾（fol. 25a）：是八条肉块来不尽至传天门吉也

第二篇正文

正文起始（fol. 25a）：重集救患日午秘之法．一论人来初清之法

正文结尾（fol. 57b）：时々｛妙｝进他天门无饥无偈睡若眼迷了不醒或存己日一日三日三遍至九遍依前用此法．其法存亡故三钱功德六分

无地点。日期（fol. 66r）：光绪九年癸未岁五月十六日中旬（抄完底笔）（1883 年）。

秘语，用于安抚地龙和驱逐恶鬼、疾病和灾害。荆门，师公派。

熟练的写主执笔，有许多特殊写法，附录由其他写主书写，红色分段标记；符（fol. 29b）；一枚方形“三元考召印”印章（fol. 1a、66r、66v）。

由不同写主书写的附录：一论替斗灵沙不得重替棺椁红法（fol. 58a-62b）；一论大架

老寿长生桥之法（fol. 64b-65a）；又解冤写结式用（fol. 64b-65a）；又论接坟墓在龛堂之法（fol. 65b-66r）。

两篇文章的书主及写主（fol. 1a、66r）：李应鹅；李经连将文书/口传［?］转给李玄玑（fol. 66r）；后继书主：李经鹅（fol. 9b、11a）。

693 **Cod. sin. 869**

25 厘米×16.5 厘米，穿过书边及书背装订，已松散；书衣由脆竹纸制成；64 张折页，亦由脆竹纸制成；有水渍，装订处有虫蛀；fol. 1a、24a-b、29b、43a-b、62b-63b 空白，fol. 2a-24a 有行线；每页 8 列，每列 8—15 字。

无标题

正文起始（fol. 2a）：又到祭大桥舟．奏到广州内洞街巷里头，奏到桥头尾桥，供里内桥弓殿上

正文结尾（fol. 60b）：弟子一心传拜请三云教子降斋临火急甲思流□

地点及日期（fol. 36a 表式内）：大清云南道；（fol. 28a 表式内）：大清南厶道（推测为南掌，老挝北部；清代，但推测为 20 世纪）；道家法师通过度戒仪式获得度戒官位的地点（fol. 2b、62a）：江西道南昌府（虚构），陕西道临排府（虚构）。

度戒仪式做法事之指示“法”的合集，由“又到祭大桥舟”（fol. 2a-23b），“又到架桥度限米粮持命用”（fol. 25a-29a），“又到南无救苦经”（fol. 30a-42b），“又到教天书一本印用”（fol. 44a-56b），“具玄｛状｝咒书”（fol. 57a-60b）组成。优勉支系。

潦草但易识读的字体，有些特殊写法；到 fol. 21 都用紫色打了行线；有红色分段标记，局部有红色句读。

附录：关于任命新受戒的道家法师赵法位和赵法灵担任虚构官府职位的记录（fol. 2b、62a-b）。打醮仪式的与祭者：赵法寿，李法光，邓香六郎，邓法兴，赵太贵一郎，邓进二郎，邓法升，邓法有，盘法胜，邓法安，邓显一郎。

694 **Cod. sin. 870**

27 厘米×21.5 厘米，穿过书边及书背重新装订；书衣由深蓝色布料制成；80 张折页，推测结尾 13 张已佚，桑皮纸；版口处常被撕开，受损严重，有水渍、污渍；每页 8—9 列，每列 14—18 字。

标题（fol. 1a）：巫门救患鬼脚科

正文起始（fol. 2a）：右声上进南容大罗天上金阙殿前

正文结尾（fol. 80b）：香烧炉前米去请众庙内请阴人请你收什二司两个人

地点（fol. 3b、19b、25b、72a 表式中）：大清国云南道。日期（fol. 1a）：道光二十一

年辛丑岁七月（1841 年）。

大部分为七言的科仪，用于祭拜盘王。荆门，师公派。

附录：草稿，不同的写主执笔（fol. 1b）。

书主：盘显晃（fol. 1a、3a、9b、36a、64a）；后继书主：［盘］云登（fol. 1a），盘院凤（fol. 1a），盘胜凤（fol. 1a）。

695 **Cod. sin. 871**

30 厘米×26. 5 厘米，以塑料绳穿过书背装订；书衣由深蓝色布料制成，书衣边缘超出书芯大约 10 厘米；83 张折页，推测开头和结尾处有几页已佚，厚竹纸；版口处被撕开，有水渍、污渍，页边缘被烧焦，首尾几页有大面积缺损，fol. 43-83 下角已佚；每页 10 列，每列 18—19 字。

无标题

正文起始（fol. 1a）：厶夫妻姓开口商量男话立心女话立意，不敢打破一声法厶说报脚下妻中陀带同匙铁

正文结尾（fol. 83b）：又提白点坛祖路点过．又列七甲鬼同话杀一衍圣

地点和日期（fol. 20a、34b 表式中）：大清国官下厶道厶州厶府厶县厶社厶寨厶当（推测为云南，19 世纪末）。

良愿仪式科仪，部分来自《开坛书》，部分为七言。优勉支系。

不同的写主执笔，个别字用钢笔和圆珠笔添加（fol. 38）；整篇文书中有后加入的以纳西文字为基础的红黑色插图。

推测书主为邓氏家族（fol. 21a）。

696 **Cod. sin. 872**

25 厘米×22 厘米，以竖着折叠搓捻而成的纸捻线在一侧捆扎（毛装），再在其上穿过书边及书背重新装订；后添加的书衣由带筛纹的棕色桑皮纸制成，书衣包住背；37 张折页，桑皮纸；有水渍、污渍，除此以外品相佳；fol. 1-2 一半已佚；每页 11 列，每列 16—18 字。

标题（封面）：道门通用法；（封底）道门书；（标题页 fol. 1a）：伸奏式；（fol. 1b）：功据牒式；（fol. 37b）：书式

正文起始（fol. 3a）：受戒伸奏．正奏九帝状．具职．诚惶诚恐稽首顿首再拜

正文结尾（fol. 37b）：上下群魔开南约荡除妖魁护坛仪

无地点。日期（表式中）：大清国~；（fol. 35b）：太岁辛卯年二月廿五日（抄完了也）（推测为 1831 年）。

表式集。荆门，道公派。

不同写主执笔；有红色分段标记。

题记（fol. 37b）含持有说明、另一标题、写主名及谦辞。

由其他写主执笔的附录："今则开到于后看诵"（fol. 2a-b）。

写主：邓金瑜（封面、封底，fol. 1a、1b、36b、37a），盘无名（fol. 8a）；书主：李经珠（fol. 6a）；后继书主：李妙杰（fol. 37b）。

697 **Cod. sin. 873**

22.5 厘米×22 厘米，穿过书边及书背装订；书衣为以布筛荡料入帘而成的未染色的厚纸，封底额外添加了一张带有筛纹的薄桑皮纸；59 张折页，推测结尾有 9 张折页已佚，桑皮纸；版口处被撕开，fol. 2b-3b 已佚，fol. 4-6 严重受损；每页 11 列，每列 19 字。

标题（书衣，标题页 fol. 1a）：贡筵洪恩秘语（全）

正文起始（fol. 4a）：女的实言断部移也，他回家｛花｝伍供斋食

正文结尾（fol. 55a）：进到金丹星大罗天诸天星斗各饱满了也

无地点。日期：乾隆…（1736—1795 年）。

秘语，用于祭拜帝母的仪式。荆门，师公派。

附录：由不同写主书写的秘语（fol. 1b）；其他秘语也为不同写主书写，具体为五音邪开墨打丁用此法（fol. 2a），又喃生灵变法（fol. 55b-56a），拔斋果亡故九代沉沦之法（fol. 56a-57b），又论帝母猪头法（fol. 57b-58b），朝水院（封底内页）。

书主：黄显经（书衣，fol. 1a、48a、55a）；许显忠将文书/口传［?］传给黄显庆和黄显相（fol. 1a）。

698 **Cod. sin. 874**

26 厘米×21 厘米，穿过书边及书背装订；书衣由干燥动物皮革制成；39 张折页，结尾处几张已佚，桑皮纸；版口处被撕开，受损较多，有水渍、污渍、缺损；每页 8 列，每列 18—20 字。

标题（封面内页）：清醮宿启书；清醮肃启设醮☐

正文起始（fol. 1a）：雷声普化天尊．醮坛整宿，法事当陈

正文结尾（fol. 39b）：臣等修醮事毕仰荷玄恩稽首拜．左盘临右风帅将．诚惶社令翊卫灵．请回返驾云辇已

地点和日期（fol. 25a）：大清云南道（推测为 19 世纪末）。

宣布启坛的科仪，用于清醮仪式。荆门，道公派。

始终为一种不工整但易识读的字体，注释为其他写主执笔；有褪色的红色分段标记，

部分地方在列头有红点，红色句读。

作为书主［?］被登记：黄妙王（fol. 34a），黄妙光（封面内页，fol. 1a）；后继书主：黄妙富（fol. 8a）。

699 **Cod. sin. 875**

25.5 厘米×20 厘米，穿过书背及书边装订，含挂环；书衣已佚；74 张折页，桑皮纸，前三张折页为竹纸（上面写有补充文字），用塑料圈穿过书背加装在上面；版口处部分被撕开，有水渍，除此以外品相佳；fol. 4 被修复过，fol. 1b、2a、74b 空白；每页 9—10 列，每列 14 字。

标题（fol. 1a）：（一本）贺楼科（在根）．十二游神（在中）；（fol. 14b）：贺楼；（fol. 74a）：大会洪恩科（一本）

第一篇正文

正文起始（fol. 2b）：造楼父母唱．上筵领受三杯酒，从头唱出妹来情

正文结尾（fol. 14b）：中斗花王来种种，妹来送｛周｝学金桥．贺楼终笔

第二篇正文

正文起始（fol. 15a）：一同唱．早间太阳出东羊，如今渐々落西山

正文结尾（fol. 73b）：送花父母回宫去，再将贵子答还恩

无地点。日期（fol. 74a）：咸丰三年癸丑岁六月二十三日抄尽（1853 年）。

七言式科仪，用于祭拜送子神帝母的仪式。荆门，师公派。

始终为一种易识读的字体，有些特殊写法；由其他写主执笔的补充和勘误；个别地方有红色分段标记，在列头和列中有红点。

题记（fol. 74a）含标题、日期及持有说明。

附录：“大会巾旛式”“鲁班票式”（fol. 74a）。

原始书主及写主［?］：盘院郁（fol. 36a）；后继书主：盘院恩（fol. 14b、19a、26b、74a），盘显章（fol. 1a、2b、20b），盘显｛通｝（fol. 74a）。

700 **Cod. sin. 876**

25 厘米×15.5 厘米，以黑色订线穿过书边并从 6 处穿过书背重新装订；书衣已佚；41 张折页，［桑皮?］纸；品相佳；fol. 1a-2a 和最后几张折页已佚；每页 9 列，每列 22—28 字。

标题：［红楼秘语?］

第一篇正文

正文起始（fol. 2b）：十万兵马男兵女将各代枪刀利害

正文结尾（fol. 22b）：落日月府下东生佛母至东南辰巳地安｛去｝大吉利示

第二篇正文

正文起始（fol. 23a）：又论送虚花用十二金遍之｛法｝

正文结尾（fol. 42b）：通用入地桥或祭鬼同用此法

无地点及日期，推测为 19 世纪。

用于祭拜送子神帝母的仪式秘语。荆门，师公派。

潦草的字体，有大量特殊写法，第二篇文书的字体明显小一些，但可能由同一人执笔；有红色分段标记，列头有红点；符（fol. 28b、30a）；一枚黑色方形印章，其三行铭文不可识别（fol. 30a）；编有页码。

题记（fol. 22b）含写主名和持有说明。

书主及写主：李广章/璋（fol. 22b、32a）；后继书主：李妙凤（fol. 32b）。

701 **Cod. sin. 877**

22 厘米×18. 5 厘米，穿过书边及书背装订；书衣由多层粘贴在一起的带筛纹的棕色纸张制成；33 张折页，桑皮纸；版口处部分被撕开，有污渍、水渍，除此以外品相佳；每页 10 列，每列 18—20 字。

标题（书衣）：（一本）杂解治邙秘□；（标题页 fol. 1a）：（一本）杂解治邙秘蜜语；（fol. 1b）：老君秘语集解

正文起始（fol. 2a）：一论火炮伤法．闻人报到先取两条青毛存成两个青蛇

正文结尾（fol. 33b）：祭婚姻谁人见乱便闭眼为殃可度不知为祸

地点（fol. 33b）：云南道临安府建水县纳楼司普方菁山王下南并江边村。日期（fol. 1a、33b）：皇号道光十七年六月十二（开抄）（1837 年）。

葬礼用秘语合集。荆门，道公派。

始终为一种易识读的字体，个别字由其他写主补充；有黑色分段标记；符（fol. 32b、33a-b）。

附录（fol. 1b、12a）：传抄该文书的价格记录。

题记（fol. 33b）含持有说明和详细的地点及日期。

写主李妙贤（fol. 1b）将此文书/口传［?］传给李妙监（fol. 1a、1b、9a、33b）。

702 **Cod. sin. 878**

24 厘米×18 厘米，穿过书边及书背重新装订；后添加的书衣由多层粘贴在一起的棕色纸张制成，书衣包住书背；43 张折页，推测开篇几张已佚，严重变黑的桑皮纸；版口处大多被撕开，有水渍、污渍，除此以外品相佳；每页 11 列，每列 23 字。

标题（fol. 38b）：祖宗秘语

正文起始（fol. 1a）：过扬州嘘过迷河水去打三丘五墓内

正文结尾（fol. 38a）：各自返飞上天三三九重天去各归各案也

无地点。日期（fol. 40b）：皇号咸丰七年丁巳岁润五月中旬望三月（抄完）（1857年）。

多种用途的秘语。荆门，道公派。

附录：不同写主书写的秘语，“又祭送马陈三灾入法”（fol. 38a），“又论神财”（fol. 39b- 40a），“一论治鳌山路法”（fol. 41a - 43b）；一列由其他写主书写的字（fol. 40b）；另一本文书的标题（血湖经）及持有说明（□妙章，封面内页）；草稿（封面内页）。

由其他写主书写的题记（fol. 38b-39a）含持有说明、题词及家族持有的秘语的标题（《洪恩秘》《大斋秘》《天诸集小诸集二本》《大小天机》《天灾百病》《丧家秘》《颠倒秘》《初真秘》《救患秘》）；后继书主李院胱的题记（fol. 40b）含日期、持有说明以及对后辈的寄语。

写主及书主：李云暹（fol. 38b、39a）及他的孙子李妙光、李妙明（fol. 38b）和李院胱（fol. 40b）。

703 **Cod. sin. 879**

25 厘米×17 厘米，穿过书边及书背装订，部分已松散；书衣已佚；79 张折页，推测开头和结尾处几页已佚，粗纤维脆竹纸；品相佳；每页 8—9 列，每列 14—25 字。

无标题

正文起始（fol. 1b）：病患连绵卜卦云称厶香火帝母家先要啧灯

正文结尾（fol. 79b）：都阳滩了都阳滩，都阳滩水急｛潺潺｝

地点及日期（fol. 16a、19b 表式中）：大清国云南道，大清国厶南道厶府厶县厶猛厶村。

还愿仪式科仪，大部分为七言的形式。荆门，师公派。

较生疏的写主执笔，有许多特殊写法，个别段落由其他写主书写。

书主：李经眷（fol. 35b、50b、77a）。

704 **Cod. sin. 880**

24. 5 厘米×19. 5 厘米，边订（不交叉）；受损的书衣由染成棕色的纸张制成，封底已佚；16 张折页，桑皮纸；品相佳；fol. 1b 空白；每页 10 列，每列 18—19 字。

标题（书衣，标题页 fol. 1a）：其秘语（一本）；（fol. 16b）：丧场秘语（一本）

正文起始（fol. 2a）：一论丧士初来请之法．先烧香叩师存想传身

正文结尾（fol. 16a）：如木叶叶朝々生枝与主无穷无尽大吉也

无地点。日期（fol. 1a）：道光廿一年辛丑岁十月十八日（完）（1841 年）。

用于葬礼的秘语集。荆门，道公派。

潦草的字体，有红色分段标记和句读；符（fol. 4a、4b、7a、12a）；一枚方形“道经师宝”印章（fol. 1a、2a、4a、12a）。

题记（fol. 16b）含题词、标题和持有说明；传抄此文书的价格记录（fol. 1a）。

师父及传度师：李妙经（fol. 16b）；书主：李妙钟（书衣，fol. 1a、8b、10a、12a），李经宝（fol. 1a）。

705 **Cod. sin. 881**

24. 5 厘米×20 厘米，穿过书边及书背装订，已松散，含挂环；书衣由多层粘贴在一起的棕色纸张制成；23 张折页，严重变黑并被煤烟熏黑的桑皮纸；有水渍、污渍、虫蛀形成的洞，页边缘受损；fol. 1b 空白，fol. 7a 被修复；每页平均 10 列，每列 16—18 字。

标题（标题页 fol. 1a）：小关告谢雷谢境谢［水］府（全一本）

正文起始（fol. 2a）：奉道正一醮主厶等来诣圣前念拜上香

正文结尾（fol. 23a）：向前来道还金阙经返琅｛极｝同赖善完成无上道一切信礼

地点（fol. 6a）：大清国云南道。起笔日期（fol. 1a）：道光乙未年六月二十日（开手抄）（1835 年）；完笔日期（fol. 23b）：道光十倍年七月二十九日（抄完毕）（1835 年）。

祭拜雷公、本境神和水府的仪式科仪。荆门，道公派。

熟练的写主执笔；有红色分段标记，清点姓名时用红点标记，个别字用红点标记，红色省略号。

题记（fol. 23b）含完笔日期及页码数 23。

书主：李妙监（fol. 1a、11b、13a、16a、20b、23a）。

706 **Cod. sin. 882**

25. 5 厘米×19. 5 厘米，以竖着折叠搓捻而成的纸捻线在一侧捆扎（毛装）；受损的书衣由桑皮纸制成，封底已佚；47 张折页，推测结尾几页已佚，桑皮纸；有水渍，除此以外品相佳；fol. 1 为单页，空白；每页平均 7 列，每列 15—16 字。

标题（fol. 2a）：天师簪度关告科

正文起始（fol. 2a）：天师簪度关告科．先于门首立香坛排符使供养如常

正文结尾（fol. 47b）：回上神仙路逍遥上大罗．倾光回驾天尊

地点及日期（fol. 16a）：大清国云南道（推测为 19 世纪）。

做斋仪式科仪，用于进入道公法师行列的度戒仪式。荆门，道公派。

工整、熟练的字体；标有页码；步罡踏斗图解（fol. 33b、46a）。

书主：温云玉（fol. 29a、44a）。

707 **Cod. sin. 883**

21.5 厘米×19 厘米，两本文书（fol. 1-10、fol. 11-21）以毛线穿过书背装订；封面由一幅挂轴（骑马图）画的纸制成，封底为棕色纸，不同质量的［桑皮?］纸；21 张折页，推测开篇几页已佚，不同质量的［桑皮?］纸；fol. 11-21 原本尺寸较大，被裁剪成与其他折页相同的尺寸；有裂口、虫蛀、缺损；fol. 21b 缺失；每页平均 8 列，每列 15—16 字。

标题：［安龙谢墓科］

第一篇正文

正文起始（fol. 1a）：西方．金钱银钱来化炼．北方．土神壬辰年

正文结尾（fol. 10b）：真言诘谛菩堤娑婆诃

第二篇正文

正文起始（fol. 10b）：安龙谢土疏文一道

正文结尾（fol. 20b）：大清厶皇厶年厶月厶日奉真祈福禾苗保众人等谨□

地点（在 fol. 11a、13a、17a、18b、19b 表式中）：大清国贵州道承宣布政司都匀府分驻厶县厶山厶乡厶冲领脚厶村。日期（在 fol. 1b、5a、19a 表式中）：大清乾隆厶年（推测实际应晚于乾隆）。

科仪和表式，用于安抚地龙和安定墓葬的仪式。优勉支系。

流畅、易识读的字体，有红笔写的勘误；红色分段标记，fol. 1-10 红色句读；两枚方形印章，每枚有四字铭文，无法识别（封底）。

附录：粮食借贷记录（fol. 21a）。

李玄透将文书传给他的儿子李道桂（封底）。

708 **Cod. sin. 884**

25 厘米×24.5 厘米，穿过书边及书背装订；受损的书衣由多层粘贴在一起的棕色纸张制成；40 张折页，不同质量的桑皮纸；有裂口、污渍，最后几张折页的上端边缘有缺失；fol. 1b、40b 空白，fol. 1 为双页，残缺不全；每页平均 9 列，每列 14—15 字。

标题（书衣，封底）：迓王释服二科；（标题页 fol. 1a）：迓王科

正文起始（fol. 2a）：法通三界天尊．念演洞中玄虚

正文结尾（fol. 38b）：升度了，化十王表疏｛疏｝罢散也，解衣吃烟｛予｝柴了

无地点及日期，推测为 19 世纪。

做斋仪式科仪，用于祭拜阎王、超度亡灵。荆门，道公派。

始终为一种较熟练的字体，附录由其他写主书写；几处用白色涂掉并重新书写；清点姓名时用黑点标记。

附录："次｛启｝十王歌投表了便唱歌了"（fol. 38a-40a）。

书主：邓经尊（fol. 1a、2a、4b、9b、19a、20b、26b、37b）；后继书主：李云聪（书衣，fol. 2a）。

709 **Cod. sin. 885**

25 厘米×24 厘米，以竖着折叠搓捻而成的纸捻线在一侧捆扎（毛装），再在其上穿过书背装订；受损的书衣由桑皮纸制成；19 张折页，桑皮纸；有水渍、污渍、裂口；fol. 19b 空白；每页平均 9 列，每列 14—16 字。

标题（书衣）：交龙科升堂科（二本）

第一篇正文

正文起始（fol. 1a）：步虚．天堂尊太福地狱五苦声

正文结尾（fol. 6b）：炼度了．破卷升仙桥三醮用升亡灵去了是也．交龙科终毕

第二篇正文

正文起始（fol. 6b）：又升堂科启．监斋请高功四句

正文结尾（fol. 19a）：到坛讽经行道转藏谢师保当．升坛科完毕．水灯科启也

无地点及日期，推测为 19 世纪。

做斋仪式科仪，用于超度。荆门，道公派。

易识读的字体；清点姓名时用黑点标记，几处用白色涂掉并重新书写。

写主及书主：郑经尊（书衣）；后继书主：李云聪（书衣），李金财（书衣）。

710 **Cod. sin. 886**

24.5 厘米×17.5 厘米，以竖着折叠搓捻而成的纸捻线在一侧捆扎（毛装）；书衣受损，由布筛荡料入帘而成的厚纸；13 张折页，［桑皮？］纸；品相佳；每页 10—11 列，每列 13—16 字。

标题（书衣）：度人场经；度人道场科

正文起始（fol. 6b）：先奉步虚．大道洞玄虚

正文结尾（fol. 19a）：逍遥快乐天尊．度人道场科完毕

无地点及日期，推测为 19 世纪。

做斋仪式科仪，用于超度。荆门，道公派。

较生疏但易识读的字体。

包括书衣的页码数为 15（书衣）。

书主：卢玄琮（书衣，fol. 3b、9b、13b）。

711 **Cod. sin. 887**

25 厘米×19.5 厘米，穿过书边从 7 处穿过书背装订；书衣受损，有污渍，脆竹纸；18 张折页，脆竹纸；fol. 1a-2b、18b 空白；每页 9—10 列，每列 15—18 字。

标题（书衣）：均堆败表表疏（在内中）

正文起始（fol. 3a）：堆败疏意．娑婆世界南瞻部州，星々朗々疏意伸明

正文结尾（fol. 18a）：得猪财鸡财无万群一年四季也无难

地点和日期（在 fol. 6b、10a、13a 表式中）：大清国安南道承宣布政司厶府县厶冲寨（越南北部）。日期（书衣）：下元甲子一千二百岁一年百七岁不修心三十六四十八岁归了五十二岁六十七十二年（下元甲子即 1804 至 1864 年，推测为 19 世纪末）。

表式集。优勉支系。

较生疏的写主执笔。

附录：一张插入的用圆珠笔打了行线的折页，上有星宿名、一位祖先［?］和请帖模板。

书主：陈富财/才（fol. 3a、9b、12b）；后继书主：陈富山（书衣，fol. 9b、12b）；祖先：陈法太（附录）。

712 **Cod. sin. 888**

25 厘米×17.5 厘米，穿过书边并从一处书背装订；受损的书衣由单层桑皮纸制成；15 张折页，桑皮纸，有水渍、轻度污渍，装订的一边受损；fol. 15 为双页，fol. 1a、15a-b 空白；每页 10—11 列，每列 20—21 字。

标题（fol. 14b）：玉皇中卷

正文起始（fol. 2a）：高上玉皇本行集经卷中．大上大光明圆满大神

正文结尾（fol. 14b）：大圣众异口同音欢未曾有．太上洞玄灵宝高上玉皇本行集经卷中终毕．玉皇经中卷终毕

无地点及日期，推测为 19 世纪末。

献给玉皇大帝的道教经典篇章。荆门，道公派。

工整熟练的字体。

题记（fol. 14b）含标题、写主名及后继书主名。

写主及书主：李妙杰（fol. 14b）；后继书主：许道圣（fol. 1b、14b）。

713 **Cod. sin. 889**

24.5 厘米×22 厘米，穿过书边及书背装订；受损的书衣由多层粘贴在一起的有筛纹的棕色纸张制成；64 张折页，桑皮纸；首尾折页有大面积缺失；fol. 1b–2b、64a 空白，fol. 1 以插入折页的方式被修复；每页平均 9 列，每列 14—18 字。

标题（书衣）：师亡…；（标题页 fol. 1a）：师家｛送终｝…；（fol. 63b）：几𡋯几王丧终三夜科；（fol. 64b）：师教丧终几𡋯几王科；（封底）：几巫教几𡋯几王科

正文起始（fol. 3a）：威灵显化天尊，天堂享太福地，勘叹师公离了别

正文结尾（fol. 63a）：向来化财奉送返还天，洞赖善完成无上道，一切信礼．｛送｝尫丧终三夜科终

地点（fol. 13a）：大清国云南道。日期（fol. 1a）：中元甲子乾隆五十八［年］癸［丑岁］（1793 年）。

用于师公葬礼的做斋仪式科仪，由“师丧｛送｝尫一夜科”（fol. 3a–26b）、“｛送｝尫中霄二夜科”（fol. 26b–35b）、“｛送｝尫丧终三夜科”（fol. 35b–63a）组成。荆门，道公派。

熟练的写主执笔；有红色分段标记，部分红色句读，清点姓名时用红点标记，个别字及韵律划分亦用红点标出。

附录：“丧家大旛式”；“出殡引路旛式”（fol. 63a–b）。

书主：蒋道珍（fol. 16a、26b、35b、63a、64b），蒋道钧（fol. 64b）。

714 **Cod. sin. 890**

22.5 厘米×22.5 厘米，穿过书边及书背装订；受损的书衣由以布筛荡料入帘而成的未染色厚纸制成；44 张折页，［桑皮?］纸；版口常被撕开，有污渍；fol. 43b、44a 空白；每页平均 8 列，每列 12—13 字。

标题（书衣，fol. 43a、44b）：迓王科

正文起始（fol. 1a）：稽首皈依救苦主，众生皆瞻仰

正文结尾（fol. 43a）：分明同赖善缘成无上道．迓王毕终科

无地点及日期，推测为 19 世纪。

做斋仪式科仪，用于祭拜阎王、超度亡灵。荆门，道公派。

熟练的写主执笔，大字，个别字由写主及其他写主勘误；有几处在清点姓名时用黑点标记。

写主及书主：黄妙经（fol. 3a、5a、6a、14a、17a、21a、25b、27a–28b、29b、30b）；后继［?］书主：黄玄聪（fol. 44b）。

715 **Cod. sin. 891**

25 厘米×19 厘米，穿过书背及书边装订；后添加的书衣由一折本中内页写有泰文（傣叻）的厚纸制成；其下方还有原始书衣残存的部分，原始书衣由另一本文书（做斋仪式）的一张脆竹纸和三张桑皮纸单页制成；31 张折页，桑皮纸；版口多处被撕开，有污渍、缺失；fol. 1b 空白；每页平均 9 列，每列 17—18 字。

标题（书衣）：说醮（在头）飞章（在尾）；（标题页 fol. 1a、31b）：说醮飞章颗

第一篇正文

正文起始（fol. 2a）：玉声声重动，金鼓歌童鸣

正文结尾（fol. 8b）：步虚．大道前妙哉三洞家向｛廖々｝何令々．说醮科完了

第二篇正文

正文起始（fol. 8b）：飞章科启去．宝录因师度威仪太上传

正文结尾（fol. 31a–b）：向来庄严云盖散满虚空同赖善完成无上道．说醮飞章科完笔

地点（fol. 3b）：大清南掌国～（老挝北部）。日期（fol. 1a）：光绪二十六年庚子岁姑洗上尽申时（1900 年）；（fol. 31b）：光绪廿六年三月初八日申时（1900 年）。

打醮仪式科仪，用于超度。荆门，道公仪式。

易识读的字体；两种不同红色的分段标记，有几处用红点标在列首以及进行姓名的清点，红色省略号和括号；符（fol. 21a–b）；步罡踏斗图解（fol. 19b、23a）。

题记（fol. 31b）含标题及完笔日期。

书主：李经聸（书衣，fol. 1a），李经胜（fol. 24b，可能是同一个人）；后继书主：李□｛傳｝，李云□，李经天，邓云□。

716 **Cod. sin. 892**

25. 5 厘米×19 厘米，穿过书边并从一处穿过书背装订；书衣受损，桑皮纸；61 张折页，桑皮纸；有水渍、污渍，fol. 61b 已佚；fol. 59a－60b 空白；每页平均 9 列，每列 14 字。

标题（书衣）：伴座科；圣母花堂伴座科

正文起始（fol. 1a）：造楼唱，烧钱信王舍才君，造楼父母赴坛心

正文结尾（fol. 58a）：拜送蛮王回宫去，返驾花山广内坛

无地点。附录日期（fol. 61a）：丙午年（推测为 1906 年）。

祭拜帝母的仪式科仪。荆门，师公派。

工整的字体，个别处有写主的勘误；个别段落的开头和持有说明用红色标出。

题记（fol. 58b）含写主、书主、标题以及谦辞。

附录（fol. 61a）：借贷记录；其中参与者有李智□、李玄万。

写主：李法杰（fol. 58b）；书主：李应和（fol. 1a、58b），李应万（fol. 1a、58b）；后继书主：李胜合（书衣）；写主或者书主亦以化名“陇西［郡］”（李氏家族所用，fol. 15b）被登记。

717 **Cod. sin. 893**

25 厘米×18 厘米，穿过书边装订；书衣受损，由泰语（傣叻语）书写的折本中的厚纸制成；41 张折页，桑皮纸；有虫蛀、污渍；fol. 40a、41a 空白，fol. 41 有大面积缺失；每页平均 9 列，每列 17—18 字。

标题（书衣，标题页 fol. 1a、fol. 2a）：说醮科（在头），飞章科（在尾）；（fol. 40b）说醮科，飞章科；（书衣）飞章科（本用）

第一篇正文

正文起始（fol. 3a）：玉声々轻重，金鼓歌歌重鸣

正文结尾（fol. 22a）：向来烧化财马上祈帝道赐福消灾拔度亡灵，洞赖善功完成无上道．说醮科完毕

第二篇正文

正文起始（fol. 23a）：飞章科启．金阙化身天尊．奉道修缘斋主厶请拜上香

正文结尾（fol. 39b）：脱下冠衣还堂如法．飞章科完

地点（fol. 23a）：大清南掌国（老挝北部）。完笔日期（fol. 40b）：太岁丙寅年七月初九日（辰时完毕）（1866 年）；洞大岁洞丙寅年七月初九日（辰时完毕）（推测为同治年号，1866 年）。

打醮仪式科仪，用于超度。荆门，道公派。

不工整但易识读的字体；红色分段标记，清点姓名时用红点作了标记，红色省略号和括号；步罡踏斗图解（fol. 38a），符（fol. 35b、36a）。

附录：星相图（fol. 1b）；“倒黄道天桥句启”（fol. 22a-23a）。

题记含标题和日期的说明，持有说明（fol. 40b）。

书主及写主：李经翰（书衣，fol. 1a、2a、25a、39b、41b）；后继书主：李道凤（fol. 2b）。

718 **Cod. sin. 894**

26 厘米×19. 5 厘米，穿过书边一侧装订；书衣受损，由多层棕色薄纸制成；20 张折页，桑皮纸；有水渍、小裂口、虫蛀形成的洞；fol. 1b、20b 空白；每页平均 8 列，每列 18—19 字。

标题（书衣，标题页 fol. 1a、fol. 20a）：玉皇经下卷

正文起始（fol. 2a）：高上玉皇本行集经下卷．天真护命品第四

正文结尾（fol. 20a）：大有妙｛达｝急急如律令．玉皇本行集经下卷完毕

无地点及日期，推测为 19 世纪末至 20 世纪初。

道教经典《玉皇经》的选段和咒。荆门，道公派。

始终为一种漂亮工整的字体；两枚方形印章，各有无法识别的四字铭文（fol. 1a）。

写主及书主：盘妙能（fol. 1a、20a）。

719 **Cod. sin. 895**

24 厘米×17. 5 厘米，穿过书边及书背装订；书衣已佚；25 张折页，厚而脆的竹纸；有火烧痕迹、裂口、缺损；fol. 8b–9b、16b–25b 空白；每页 9—10 列，每列 19—22 字。

标题（fol. 12b）：秘｛闷｝书

正文起始（fol. 1a）：具号敕水收酒法用，此水不是非凡之水

正文结尾（fol. 16a）：我五奉太上老君急急如奏敕

闾山派做法事之指示“法”，包括以下几个部分：“具号敕水收酒法用”（fol. 1a–7b），“超度敕水用”（fol. 7b–8a），“左手执起好牙简”（fol. 10a–12b），“又斩煞神用”和“合婚法”（fol. 13a–16a）。优勉支系。

无地点及日期，推测为 20 世纪。

较生疏的写主执笔。

题记（fol. 12b）含标题说明和页码数 43①。

720 **Cod. sin. 896**

25 厘米×19. 5 厘米，以竖着折叠搓捻而成的纸捻线在一侧捆扎（毛装）；书衣由多层粘贴在一起的外面染成棕色并有字迹的纸张制成；16 张折页，桑皮纸；有裂口、污渍；每页平均 8 列，每列 15—16 字。

标题（书衣）：二宫科三宫科

正文起始（fol. 1a）：念演洞中玄灵光郎，安坛洁净天尊，运动步虚

正文结尾（fol. 16b）：皈投斗府削减｛危｝消患除｛危｝得安宁生七元解｛危｝天尊又收斗灯也

用于祭拜北斗、南斗的打醮仪式科仪。荆门，道公派。

无地点及日期，推测为 19 世纪。

---

① 译校者注：页码数 43 推测为文书原本的折页数，该文书现存 25 张折页。

较大且易识读的字体；标有页码；清点姓名时用黑点标记；步罡踏斗图解（fol. 13a）。

书主：黄妙阳（fol. 12b、16b），黄妙｛铣｝（fol. 10b、12b）。

721 **Cod. sin. 897**

24.5 厘米×20 厘米，穿过书背装订；后添加的书衣由多层部分粘贴在一起的未染色的纸张制成，其下方尚有原始书衣的残留部分，原始书衣由带筛纹的棕色纸张制成；32 张折页，严重变黑的桑皮纸；版口处多被撕开，部分地方受损，有水渍；fol. 32b 已佚，fol. 18b 有大面积缺损；每页平均 11 列，每列 14 字。

标题（书衣）：功曹，大猷，棱圣，招兵科（共本）

正文起始（fol. 1a）：张天师唱．坛前罗右闹无甯，张天大法降歌厅

正文结尾（fol. 31b）：满满饮满满饮，应时头断见阎皇，某交头断见阎皇

无地点及日期，推测为 19 世纪。

用于邀请功曹、神兵和神祇的仪式七言科仪。荆门，师公派。

熟练流畅的字体；有红色分段标记；五行占卜示意图及解析（fol. 31b-32a）；后添加的红黑色关于“瑶族”的插图，一面旗帜、动物和后添加的模仿纳西文字元素的插图。

其他写主执笔的附录（fol. 32a）：“号村挂用对吉对凶之凶”。

写主：邓胜瑢（fol. 3a）；书主：邓院堂（fol. 15a）；后继书主：李院直（书衣）。

722 **Cod. sin. 898**

24 厘米×19 厘米，穿过书边并从两处穿过书背装订；书衣由另一本师公派文书的多张单页及折页制成，受损；43 张单页，桑皮纸；轻微污损，除此以外品相佳；fol. 1 由以布筛荡料入帘而成的［竹?］纸制成，fol. 2 被装订在其上方，fol. 2b、36b 空白，fol. 23b 和 fol. 37a 之间有几页已佚；每页平均 11 列，每列 20—22 字。

标题（标题页 fol. 1a）：（一本）诸百秘语

正文起始（fol. 3a）：重集部捕必语．捕财马法功德乙两也．洪恩功共享．请圣证盟了便庄船是铁船

正文结尾（fol. 42a）：九州有相之男郎□关煞大吉大利

无地点及日期，推测为 19 世纪末 20 世纪初。

多种用途的秘语合集。荆门。

附录：另一本文书［?］的标题为“一本清醮秘语”（封面）；经典篇章和神祇的清单（fol. 1b-2a）；跋（fol. 42b-43b）为“又论安香火之法”；一场度戒仪式的与祭者，姓名为李胜｛冈｝，炉玄宗，炉显宝，李胜寿，李胜谷，李云曲，李云国，李胜报（封底）。

字迹易识读，从 fol. 37a 由其他写主执笔；符（fol. 33b、34a）。

书主：李妙广（fol. 1a）。

723 **Cod. sin. 899**

23.5 厘米×20 厘米，以竖着折叠搓捻而成的纸捻线在一侧捆扎（毛装），含挂环；书衣受损，由多张外面染成棕色的纸制成；24 张折页，桑皮纸；有水渍，页角受损；fol. 23a、24a-b 空白；每页平均 8 列，每列 15—17 字。

标题（书衣，标题页 fol. 1a，fol. 23a）：丧家秘语；（标题页 fol. 3a）：新整丧事秘法

正文起始（fol. 4a）：一论超亡开丧秘密法．一主来请烧香叩师

正文结尾（fol. 22b）：条｛样｝把过，万世不得动作也

无地点。完笔日期（fol. 3a、23b）：大清乾隆四十二年丁酉岁仲春吉旦（抄完）（1777 年）；度戒仪式上将此文书传给本书主的日期（fol. 1a）：乾隆四十三年正月初九日（给）（1778 年）。

葬礼用秘语。荆门，道公派。

熟练、易识读的字体；有红色句读、分段标记和其他标记；符（fol. 8a-b、10a、14a-b、15a、21b）。

题记（fol. 23b）含日期和写主；页码数 24（fol. 3a）。

附录：补遗，“具立丧场记救”（fol. 1b-2a）。

写主：柳玉｛奇｝（fol. 23b）；传度师：李玄昙（fol. 1a）；书主：黄玄解/｛王皆｝（fol. 1a、1b、2b、3a）和他的孙子黄经璋（fol. 1a、2a、23a）；后继书主［?］：黄妙答（fol. 23a）。

724 **Cod. sin. 900**

25.5 厘米×19 厘米，穿过书边及书背装订；受损的书衣由以布筛荡料入帘而成的黄［竹?］纸制成；36 张折页，亦由［竹?］纸制成；轻微污渍，虫蛀；fol. 1b、17b、36b 空白；每页平均 9 行，每列 13—15 字。

标题（书衣，标题页 fol. 1a）：设醮飞璋科；（fol. 17a、36a）：飞璋科

第一篇正文

正文起始（fol. 2a）：洞中玄灵．玉声声重动，金鼓歌童鸣

正文结尾（fol. 16b）：向来庄严云盖散满虚空洞赖善缘成无上道

第二篇正文

正文起始（fol. 18a）：奉道醮主厶等设醮拜上香

正文结尾（fol. 36a）：朱陵度命天尊．无量不可思仪功德，飞章科终

无地点。日期（fol. 1a）：中华民国廿二年癸酉岁九月廿八日（终）（1933 年）；

（fol. 17a）：中华民国廿二年癸酉岁十月初四日（抄终）（1933 年）。

用于传递申请到天庭的科仪。荆门，道公派。

较生疏的写主执笔，有些特殊写法；红色分段标记，列头有红点，部分地方有红色句读、括号和省略号；步罡踏斗图解（fol. 34b、35a），符（fol. 32b、33a）。

题记（fol. 17a）含日期、标题和持有说明；题词及页码数 33（fol. 1a）。

写主和书主：盘云宝（fol. 1a、10a、13a、17a、20a、36a）。

725 **Cod. sin. 901**

23. 5 厘米×16 厘米，穿过书边并从两处穿过书背装订；书衣由多张部分被粘贴在一起的单页制成，单页内容为师公派法师用于葬礼的做斋科仪；40 张折页，桑皮纸；有污渍，除此以外品相佳；每页平均 7 列，每列 14—19 字。

标题（标题页 fol. 1a）：沐浴化赓从人科．赞村楼共释服（在尾）．赞车村楼科村楼无有在．赓衣书科；（标题页 fol. 1b）：化依科从人科赞车科；（标题页 fol. 2a）：化依赓衣从人赞车科；（标题页 fol. 2b）：从人科化依科赞车科

正文起始（fol. 3a）：奉道正一沐浴化衣孝男ムム等初念上香

正文结尾（fol. 40a-b）：补福消灾财产与降与主，洞赖善缘盛无上道．一本赓衣科终

无地点。日期（fol. 40b）：光绪三十一年乙巳岁十一月初六日辰时（完）（1905 年）。

做斋仪式科仪，用于葬礼。荆门，道公派。

题记（fol. 40b）含标题和日期的说明，持有说明；页码数 39（fol. 1a、2a）；李玄清购买文书的记录。

较生疏的写主执笔；有红色分段标记、括号和缩写，个别字用方框标记，列头、列尾以及个别段落韵脚处有红点。

写主［?］：李道光（fol. 2b），邓道明（fol. 1a、2a、4b、12a、14a、31a、37a）；后继书主：李道清（fol. 1b）；后继书主及买主：李玄清（fol. 2a）。

726 **Cod. sin. 902**

24 厘米×19 厘米，穿过书边并从一处穿过书背装订；桑皮纸书衣已受损，书衣包住书背；28 张折页，桑皮纸；版口处被撕开和受损，有水渍；fol. 1b、2a、28b 空白，fol. 2b、28a 已佚；每页平均 9 列，每列 14—17 字。

标题（标题页 fol. 1a）：遥生土府三朝单时科

正文起始（fol. 3a）：金真演教天尊．醮坛整肃法事当行

正文结尾（fol. 27b）：今古烧香自然皈依道寸大圣众至真至

无地点。日期：光绪｛二年｝…（1876 年）。

三朝醮科仪，用于延寿。荆门，道公派。

工整熟练的笔迹；有红色分段标记和括号，个别段落用红点标记格律；标有页码，页码数 25。

书主：邓玄璋（fol. 1a，被划掉，由“邓玄财”取代）；后继书主［?］：邓经宝（fol. 1a，被划掉，由“李经宝”取代）；后继书主：邓法璋（fol. 13b、21a）。

727 **Cod. sin. 903**

24. 5 厘米×17. 5 厘米，穿过书边并从一处穿过书背装订；书衣受损，薄桑皮纸；17 张折页，桑皮纸；有污渍，页角磨损；每页平均 8 列，每列 16 字。

标题（书衣）：（一本）神目科．土府筵生

正文起始（fol. 1a）：筵生神目左班．十方玄老诸君丈人，圣祖司命先天圣母

正文结尾（fol. 17b）：三界运财四府力士，三界经监醮香官，恭望师慈降幅坛所

无地点。日期（书衣）：光绪廿一年乙未岁十二月初一日（抄完毕）（1895 年）。

不同的神祇名单（筵生神目，土府神目，贡王救苦神目，行年例醮神目），用于延寿。荆门，道公派。

工整的字体；有红色的分段和分行标记，用红点进行姓名的清点，列头、列尾有红点。

书主：阳妙乐（书衣）；后继书主：邓道历（封底），邓妙颜（封面），邓道刃（封面内页）。

728 **Cod. sin. 904**

25 厘米×19. 5 厘米，以竖着折叠搓捻而成的纸捻线在一侧捆扎（毛装），其上又有新的装订，部分已松散，含挂环；书衣封面由多层粘贴在一起的棕色纸制成，纸张来自一本道公科仪文书；33 张折页，桑皮纸；版口处被撕开，有水渍、污渍、虫蛀；fol. 1b、33b 已佚，fol. 2b、33a-b 空白；每页平均 8 列，每列 14 字。

标题（标题页 fol. 1a）：诸圣大猷

正文起始（fol. 3a）：召龙唱水用．番首你打阳首调，复首又打右朝香

正文结尾（fol. 30b）：拜送仙童同宫去，门前｛云｝只凤凰飞．献完了

无地点。完笔日期（fol. 31b）：嘉庆十八年癸酉岁七月初九日（完）（1813 年）。

用于献祭仪式的七言科仪。荆门，师公派。

字迹易识读，有写主本人勘误的痕迹；红色分段标记，个别段落有红点标记节奏；马的图像（fol. 2a）；两枚褪色的方形印章，铭文推测为“道经师宝”（fol. 1a），然而该印章习惯上只出现在道公派的文章中。

题记（fol. 31b）含日期和写主的说明，祝福。

附录：其他写主执笔的文字区域（在 fol. 2a-b 之间）为不同写主执笔；“投表用”（fol. 30b-31a）；偶有诗句和草稿（fol. 31a）。

写主化名“南阳郡”（邓氏家族，fol. 31b）；书主邓云晃（fol. 30b），推测为邓胜晃（fol. 12b，被划掉）。

729 **Cod. sin. 905**

24 厘米×17.5 厘米，以纸捻线从两处穿过书背装订；书衣由多层粘贴在一起的棕色纸制成，受损，封底已佚；43 张折页，桑皮纸，fol. 41－43 为竹纸；前几页已佚；推测 fol. 43b 和接下来其他几页已佚，fol. 1b 空白；每页平均 9 列，每列 16 字。

标题（标题页 fol. 1a，fol. 39b）：谢王沐浴化衣科

正文起始（fol. 2a）：［稽首皈］移教苦主，众生皆瞻仰

正文结尾（fol. 39b）：还驾回别五云车～倾光回驾天尊，宝华完满天尊．谢王沐浴化衣科完

无地点。完笔日期（fol. 1a）：…年丁辰岁癸巳月（抄完）；（fol. 12b）：大清国～（推测为 19 世纪晚期）。

做斋仪式科仪，用于在下葬过程中祭拜阎王。荆门，道公派。

不同的熟练的写主执笔；红色句读和分段标记。

附录：“重集赞财楼科”（fol. 39b-43a）。

书主：李玄｛扯/柴｝（fol. 1a）。

730 **Cod. sin. 906**

24.5 厘米×19.5 厘米，从上端一处穿过书背装订；书衣由粗纤维厚纸制成，封底已佚；21 折页，桑皮纸；首尾几张折页边缘和页角轻微受损，有烟熏渍；fol. 1b 空白，fol. 21b 已佚；每页 11 列，每列 14—16 字。

标题（封面，标题页 fol. 1a，fol. 21a）：按龙科

正文起始（fol. 2a）：奉道正一安龙谢墓祈醮主厶等拜上香

正文结尾（fol. 21a）：赐福消灾送圣还宫道返还原洞赖善缘成无上道

无地点。日期（fol. 21b）：｛同｝治四年乙丑岁闰五月二十六日（完毕）卯乙时也。

安抚地龙的仪式科仪。荆门，道公派。

工整流畅的字体；个别字为后补充或被勘误；红色分段标记和句读。

题记（fol. 21a-b）含日期和写主的说明，页码数 20，律诗形式的题词。

书主及写主：李经现（fol. 1a、21a）。

731 **Cod. sin. 907**

25. 5 厘米×17. 5 厘米，穿过书边及书背装订；书衣由另一本文书折页的厚纸制成，折页两面有泰文（傣叻文）；20 张折页，粗纤维黄色竹纸；有火烧痕迹，折页上端边缘已佚；fol. 20a 空白；每页 6—7 列，每列 12—20 字。

标题（书衣）：设醮科 . 设醮科用唱；赦醮科（一本）. 送圣（在尾）；说醮（共一本）；说醮

正文起始（fol. 2a）：玉声声重动，金鼓歌重鸣

正文结尾（fol. 19b-20a）：向来庄严云盖散满虚空洞赖善完成无上道 . 倾光回驾天尊 . 说醮完毕

无地点；泰语折页暗示其至少在一段时期内在泰国或者老挝北部被使用过。日期（fol. 20a）：大清光绪三十二丙午年六月（开手画字）十八日未时（完毕）（1906 年）。

打醮仪式科仪，用于送神（“次奉送用也”，fol. 15b-20a）。荆门，道公派。

较生疏的写主，有许多特殊写法；粉色分段标记和括号，粉色句读，列头有红点，用红点进行姓名的清点，个别字用方框标记出来。

题记（fol. 20a）含标题和日期的说明。

书主：邓经晃（fol. 1a、1b）。

732 **Cod. sin. 908**

27 厘米×18 厘米，以竖着折叠搓捻而成的纸捻线在一侧捆扎（毛装）；书衣已佚；15 张折页由厚而软的纸制成；有水渍、虫蛀，页边缘轻微受损；每页 10 列，每列 24—27 字。

标题（题记，fol. 15b）：大洞经中卷

正文起始（fol. 1a）：上清境洞玄经 . 至真妙品无上至真隐奥难明于是诸天同声赞叹上白

正文结尾（fol. 15b）：无为妙相悉令具足利益如是上通经灵符佩服可以延生去病

无地点及日期，推测为 19 世纪。

道家经典节选集。荆门，道公派。

非常熟练的写主；在每个文段的末尾有符（fol. 2a、3b、4b、6a、7b、8b、10a、11b、13a、14a-b、15b）。

题记（fol. 15b）含标题和姓名的说明。

书主：邓道元（fol. 15b）。

733 **Cod. sin. 909**

24.5 厘米×16.5 厘米，穿过书边及书背装订，含挂环；书衣严重缺损，由多层粘贴在一起的棕色纸制成；26 张折页，桑皮纸，fol. 1、15-26 为竹纸；有水渍、红色墨渍；每页 8 列，每列 16—21 字。

标题（书衣，fol. 26b）：（一本）伸斗科；伸斗

正文起始（fol. 2a）：奉道正一伸斗补粮祈安醮主厶来诣圣前唱拜上香

正文结尾（fol. 26a）：向来钱归库里福留醮主送圣还宫洞赖善缘成无上道．伸斗完毕

无地点及日期，推测为 19 世纪末至 20 世纪初。

祭拜北斗的打醮仪式科仪，用于延寿。荆门，道公派。

潦草的字体，个别字由其他写主书写（fol. 1a-b）；后来补充或者用叉划掉；部分褪色的红色句读和分段标记；符和步罡踏斗图解（fol. 10b）。

附录：几列艺术字书写的文字。

书主：李贵章（封面内页，fol. 7b、10b、26a）。

734 **Cod. sin. 910**

27 厘米×21 厘米，以棉线穿过书背装订；书衣为薄桑皮纸；21 张折页，桑皮纸；品相佳；每页 10 列，每列 20—22 字。

标题（封面和封底内页）：十大洞经中卷

正文起始（fol. 1a）：上清境洞玄灵宝大洞金衡一十二部

正文结尾（fol. 21b）：上通经灵符佩服可以延生去病．大洞经中卷完毕

无地点及日期，推测为 19 世纪末。

道家经典节选集。荆门，道公派。

工整流畅的字体；在每个文段的末尾有符。

题记（fol. 21b）含标题、持有说明和对后辈的寄语。

写主和书主：蒋云诵（fol. 21b），在书衣上写有化名“乐安［郡］云诵”。

735 **Cod. sin. 911**

25 厘米×21 厘米，以竖着折叠搓捻而成的纸捻线在一侧捆扎（毛装）；书衣为薄桑皮纸；7 张折页，推测结尾几张已佚，严重变黑色的桑皮纸；版口处被撕开，有水渍、污渍、缺损；每页 8—9 列，每列 22—28 字。

标题（书衣）：初学正文（一册）

正文起始（fol. 1a）：{饩} 口曰回语荅人也

正文结尾（fol. 7b）：蜻蜓曰虫也．蛀蟮曰水蛀蟮

无地点及日期，推测为 19 世纪，来自中国。

词典。荆门。

流畅的字体；红色分段标记，标有页码。

褪色的行书体题词［？］（书衣）。

附录：分开放置的一张桑皮纸折页，内容关于道公科仪。

书主：邓演绦

参见［德］贺东劢（Thomas O. Höllmann）、傅敏怡（Michael Friedrich）：给神灵的讯息——瑶族宗教文书（Botschaften an die Götter. Religiöse Handschriften der Yao），威斯巴登：Harrassowitz，1999，第 42—43 页，目录第 10 号。

736 **Cod. sin. 912**

27 厘米×24 厘米，以竖着折叠搓捻而成的纸捻线在一侧捆扎（毛装）；书衣为以布筛荡料入帘而成的厚纸，包住书背装订；书衣远远超出书芯，为了方便阅读必须将其翻上去；33 张折页，桑皮纸，fol. 30－32 竹纸；除有水渍外品相佳；fol. 1b、31b 空白，fol. 30—32 用细绳订在 fol. 29 之上；每页 11—12 列，每列 17—25 字。

标题（标题页 fol. 1a）：天师丧家秘语（一册）

正文起始（fol. 2a）：一论人初来请法．叩师存亡念金星格道正，日宫唐道明，月府李道德

正文结尾（fol. 29b）：去上高楼顶去种扶提一果

写主来自武｛缘｝县（fol. 29b）。完笔日期（fol. 1a）：道光二十二年岁次壬寅九月二十日（抄留）（1842 年）；交给腾玄柱的日期：二月二十八日。

下葬秘语。荆门，道公派。

不同的写主执笔，偶有红色标记；一枚方形“道经师宝”印章（fol. 1a、2b－3a、4b－5a、8b、11b－12a、14a、16b－17a）；框起来的字作为符（fol. 7b、8a－b、13b－14a）。

题记（fol. 29b）含写主、其籍贯地和连续抄写了三天的说明。

附录：“又论亡人死年｛败｝之法”（fol. 30a－32b）。

写主：潘｛秦｝元道（fol. 29b）；度戒仪式的法师和传度师：蒋玄和（fol. 1a）；书主和后继的传度师：蒋玄柱（fol. 1a）；后继书主：他的学生腾道静（fol. 1a），腾经能（fol. 1a）及他的儿子腾玄柱（fol. 1a）。

737 **Cod. sin. 913**

24. 5 厘米×22 厘米，穿过书背装订；43 张折页，桑皮纸；原始书衣的封面残缺不全，

由多层粘贴在一起的棕色纸制成；第一张折页下部边缘和书芯受损严重，有缺损；每页7—9列，每列12—16字。

标题（书衣）：贡王救苦宿启科；贡王救苦科宿启用；贡王宿启科；救苦贡王宿启科

正文起始（fol. 2a）：金阙化身天尊，斋坛整肃法士严陈天地［自然］

正文结尾（fol. 43a）：宿启事毕．师返还堂，臣各复位，与道含真．救苦贡王宿启科誊完毕

写主来自粤西（fol. 1b，广西）。地点和日期（fol. 20b）：大清国云南道。

请神仪式和打醮仪式科仪。荆门，道公派。

始终为一种漂亮流畅的字体；由其他写主书写的封面的标题和附录；红色句读和分段标记；符（fol. 27a、29a、30b、32a、34a）。

题记（fol. 43a）含标题和持有说明，写主的记录和谦辞（fol. 1b）。

附录：其他写主书写的一列字（fol. 43）。

写主：来自粤西的潘姓商旅；［后继?］书主及写主：韦益云（fol. 1a、1b、38b、43a）。

738 **Cod. sin. 914**

27厘米×20厘米，穿过书边及书背装订；书衣已佚；67张折页，桑皮纸；第一页和最后一页的页边缘轻微受损；每页9—10列，每列22—24个字。

标题（fol. 67a）：杂经咒；（fol. 67b）：杂诸经咒

正文起始（fol. 1a）：上清廉．｛霨｝开□关通金阙竭启珠廉现顾

正文结尾（fol. 67a）：信收奉行作礼而退．太上洞玄灵宝高上玉救｛劫｝妙经毕．杂经咒完事毕

无地点。完笔日期（fol. 67b）：天运太岁甲申年十二月廿二日（1885年）。[1]

道家经典节选，咒。荆门，道公派。

熟练的写主执笔，首页有个别字的补充和勘误；红色分段标记，首页有句读。

题记（fol. 67b）含标题、日期和持有说明。

写主以化名“京兆［桃］君”（黎/李姓家族所用）被登记（fol. 67b）；原始书主的姓名被划掉（fol. 67b，有火烧出的洞），可能与韦云堂是同一人（fol. 67a，被用黑色抹去，fol. 67b），取而代之的后继书主：李道金（fol. 1a、3a、67a）；其他书主：李□□（fol. 67b，被抹去），李云照（fol. 31b、67b），李妙通（fol. 67b），韦云□（fol. 67b）。

① 译校者注：原书此处误写为“1884年”，已更正。公历纪年与农历纪年转换存在时间差，甲申年十二月廿二日对应的公历日期是1885年2月6日。

739 **Cod. sin. 915**

26 厘米×21 厘米，边订（不交叉）；书衣为棕色厚纸；29 张折页，桑皮纸；有水渍、污渍、磨损，fol. 1 有大面积缺损，版口处被撕开，内页有字迹；fol. 1b、29b 空白；每页 10—11 列，每列 21—22 字。

标题（标题页 fol. 1a）：诸品经（一本科）

正文起始（fol. 3a）：太上洞玄灵宝高上玉皇本行集经卷上．道言元始天尊借在清微天宫

正文结尾（fol. 29a）：信受奉行寮引真言产日法行．太上说灵通谢境妙经

无地点。日期（fol. 1a）：皇…，乙亥（推测为 1875 年）。

道家经典节选集。荆门，道公派。

工整熟练的字体；有红色分段标记；一枚方形［名?］章，铭文无法识别（可能是“蒋”字）。

书主［及写主?］：蒋金华（fol. 1a、9b、29a）；后继书主：蒋玄旌（fol. 1a），邓妙静（fol. 1a、29a），邓道才（fol. 1a），李妙珍（fol. 1bv）。

740 **Cod. sin. 916**

25. 5 厘米×20 厘米，以折叠搓捻而成的纸捻线从两处穿过书背穿订；书衣已佚；74 张折页，桑皮纸；有水渍、裂口和缺损；fol. 1a、2a、74b 已佚，fol. 5 有大面积缺损；每页 7—8 列，每列 14 字。

标题（fol. 74av）：（一本）开山［科］

正文起始（fol. 3a）：年直功曹庙．揽牒奏往太康庙，昆仑人庙请神仙

正文结尾（fol. 73a）：{释练} 关形 {文}，夫妻男女寿南山

无地点及日期，推测为 19 世纪。

开山仪式科仪、七言歌。荆门，师公派。

字迹易识读，列与列之间有零星勘误；部分红色分段标记和黑色句读。

附录：由其他写主书写的七言文段（fol. 1b、2b）；多次重复出现：李玄（fol. 2v）；邓道海，邓氏心，邓金/今红，黄氏花，邓妙恩，李氏严，邓经弇，黄氏技（fol. 73b—74b）。

书主：李显 {孔}（fol. 24b、74av）。

741 **Cod. sin. 917**

23 厘米×22 厘米，穿过书边并从两处穿过书背装订；书衣受损，棕色纸张；27 张折

页，桑皮纸；有水渍、污渍、裂口、缺损；每页平均 10 列，每列 14 字。

标题（书衣）：川光书；（标题页 fol. 1a，fol. 27b）：授械川光科；（fol. 1a）：诸｛什｝川光科．川光（一本科）

正文起始（fol. 2a）：招兵川光．曲子落了古叮当，八阁留明天大光

正文结尾（fol. 27b）：若是同年姐妹送，陀来迎接鬼神□．授械川光科

无地点。日期（fol. 1a）：嘉庆癸酉年五月（1813 年）。

较生疏的写主执笔；标有页码。

附录：后来补充的用紫色笔书写的七言文段。

书主：邓法静（fol. 1a）；后继书主：邓法盛/成（fol. 1a），邓寅□（书衣）。

742 **Cod. sin. 918**

23.5 厘米×18.5 厘米，穿过书边及书背装订；书衣由另一本文书（打斋仪式科仪）中多张粘贴在一起的棕色纸张制成；59 张折页，桑皮纸，fol. 57-59 为［竹?］纸；版口处多被撕开，有部分污渍；fol. 1b、59b 空白，fol. 1 版口处被撕开，内页有字迹；每页平均 8 列，每列 13—15 字。

标题（标题页 fol. 2a、fol. 2b、fol. 56b）：喃灵科；（fol. 56b）：南灵科

正文起始（fol. 2a）：勘叹人生如电影，鸟飞兔走难留

正文结尾（fol. 56a-b）：福｛社｝孝男罩后裔，上灵领吩往生天．南灵科终于笔完

无地点。完笔日期（fol. 2a）：大清咸丰丁巳年夏季六月初六日（完笔）（1857 年）。

做斋仪式科仪，用于送亡灵上路。荆门，道公派。

流畅熟练的笔迹；有红色分段标记；在首页有红色句读和红色韵律标记；页码数 54，书衣（fol. 2a）也计算在内则为 54 页。

附录：一段短文（fol. 1bv）；草稿（fol. 56a）；“忏十王或大斋谢王丧家便忏刀山去”（fol. 57a-59a）；“刀山邙”（fol. 59a）。

书主及写主：李云暹（fol. 2a、2b、36a、44a）；后继书主：李云清（fol. 1a、2b）。

743 **Cod. sin. 919**

26.5 厘米×19.5 厘米，以红色线从 3 处穿过书背装订；书衣受损，由多层粘贴在一起的棕色纸张制成，有筛纹；33 张折页，桑皮纸，fol. 1 为竹纸；有水渍，折页下端边缘已佚；fol. 1b 空白，fol. 33 仅存部分；每页 9 列，每列 12—20 字。

标题（封面，标题页 fol. 1a）：诸品经

正文起始（fol. 2a）：太上洞玄灵宝高上玉皇本行集经卷上．道言元始天尊借在清微宫

正文结尾（fol. 33b）：真自然和音直为同清大量玄也，元始无量变经，｛嬑｝清天中~

完毕

无地点及日期，推测为 19 世纪。

道教经典节选集。荆门，道公派。

熟练工整的字体。

页码数为 32（fol. 33b）。

书主：李玄莲（fol. 33b）；后继书主：李云禄（fol. 1a），邓妙亮（fol. 1a），邓妙朋（fol. 1a）。

744 **Cod. sin. 920**

26 厘米×19. 5 厘米，从下端穿过书背装订；书衣受损，由多层粘贴在一起的棕色纸张制成，有筛纹；64 张折页，桑皮纸；版口处被撕开，有严重污渍，页下角有缺损；每页平均 8 列，每列 13—15 字。

标题（标题页 fol. 1a）：南灵科

正文起始（fol. 3a）：勘叹人生如电影，鸟飞兔走难留

正文结尾（fol. 63b）：超度三界难遥上元治天天 . 招灵完毕

无地点。完笔日期（fol. 1a）：道光十五年六月二十（抄完毕）（1835 年）；（fol. 63b）：道光十五年六月二一日（抄完书一本）（1835 年）。

做斋仪式科仪，用于超度逝者的灵魂。荆门，道公派。

熟练流畅的字体；红色分段标记，部分红色和黑色句读；标有页码。

题记含完笔日期，写主、书主的姓名，页码数 61（fol. 63b）。

其他写主执笔的附录：标题、题词及文书的部分内容重复出现（fol. 1a-b）；“刀山忏”的摘录（fol. 2a）；神衹的姓名和道教经典文书，表式的部分内容（fol. 2b）；草稿（fol. 64a-b）。

写主［?］：李云/文正（fol. 1a、63b）；书主：李号堂（fol. 63b），他的化名京跳/兆［桃］君（李氏家族，fol. 44a、63b）；后继书主：盘妙任（fol. 1a）。

745 **Cod. sin. 921**

25. 5 厘米×25 厘米，穿过书边并从两处穿过书背装订，再额外边订；受损的书衣由多张另一本文书粘贴在一起的棕色纸张制成，封面已佚；30 张折页，桑皮纸；有裂口、缺损、污渍；fol. 1b 空白；每页平均 9 列，每列 13—15 字。

标题（标题页 fol. 1a，fol. 30b）：丧家绕棺科

第一篇正文

正文起始（fol. 2a）：绕棺句唱 . 三尊救苦证丧场，十号真人接度亡

正文结尾（fol. 11b）：勘笑前贤右．次二十四右孝完毕

第二篇正文

正文起始（fol. 11a）：重集夫妻绕棺科

正文结尾（fol. 30a–b）：期时将至到行丧，拜别去山罡．大圣辞祝别祝别殇情求别千秋路门前生草路生台永世不回来．绕棺科终

无地点；通过越南官府颁布的含日期的法令可确定其在越南被使用过。日期（fol. 30b）：景兴十九年正月初一日（抄完）（1758 年）。

下葬用做斋仪式科仪。荆门，道公派。

题记（fol. 30b）含标题、日期、写主、不同的书主和题词。

写主：黎仲春（fol. 1a）；书主：黎经运（fol. 1a）；后继书主：｛邓｝滕竟（fol. 30b）将文书传给了他的孙子｛邓｝妙玥（fol. 30b）、｛邓｝妙扬/阳（fol. 1a、30b）及｛邓｝妙相（fol. 30b）。

746 **Cod. sin. 922**

26 厘米×22. 5 厘米，以竖着折叠搓捻而成的纸捻线在一侧捆扎（毛装）；书衣受损，由多层粘贴在一起的棕色纸张制成；25 张折页，桑皮纸；有水渍、裂口、缺损、污渍；fol. 2b、24b–25a 空白，fol. 1a–b、25b 已佚；每页平均 9 列，每列 14—16 个字。

标题（书衣）：玉皇上卷；（标题页 fol. 2a、fol. 24a）：玉皇经上卷

正文起始（fol. 3a）：高上玉皇本行集经卷上．持经要诀．凡持经者必先至心诚意

正文结尾（fol. 24a）：无极大道，元始法王，宝珠一粒在中央，说法放光明流演玄纲

无地点。日期（fol. 2a）：□□□□三年正月十五（抄完丑字）。

道教经典文章，用于祭拜玉帝。荆门，道公派。

较生疏的写主执笔；后来加入的马的图像（fol. 1b、25av）；一枚不清晰的方形印章，铭文推测为“道经师宝”（fol. 1a）。

写主及书主：李道真（fol. 2a、8a、9a、24a）；后继书主：李玄｛开｝（fol. 2a），盘云通（fol. 2a），盘玄经/京（书衣，fol. 2a、24a），□经颜（fol. 1a）。

747 **Cod. sin. 923**

26. 5 厘米×18 厘米，穿过书边及书背装订；后添加的书衣，封面为尺寸更小一些的纸，封底由几张粘贴在一起的未染色纸张制成；56 张折页，［桑皮?］纸；有水渍、污渍、洞，最后几页的边缘受损；fol. 1 残缺不全，fol. 56b 空白；每页平均 8 列，每列 19—20 字。

标题（标题页 fol. 2a、fol. 54b）：大小斋秘语；（一本）大斋秘语

正文起始（fol. 3a）：一论斋主初来请法

正文结尾（fol. 54b）：弟子受戒魂魄深々些｛血｝蜘蛛网一卷取了便回旧路存魂并同

无地点。日期（fol. 2a）：道光十六年岁次丙申仲冬日（1836 年）。

做斋仪式秘语。荆门，道公派。

熟练流畅的字体，写主在个别地方做了勘误；红色分段标记，用红点进行姓名的清点；符（fol. 10a、10b、52b）。

题记含标题和写主的说明，页码数 52 和对后辈的寄语（fol. 54b–55a）。

附录：不同写主执笔的秘语节选（fol. 2b、55a、56b）；做斋仪式科仪（fol. 55a），表式（封底内页）；七言行书文段的拓印（呈镜像）。

写主和书主：邓演任（fol. 2a、54b）；后继书主：邓金堂（封底），邓金｛术｝（封底），邓金珠（封底），邓金青（封底），南阳［郡］（封底，邓氏家族的化名）。

748　　**Cod. sin. 924**

25 厘米×19 厘米，穿过书边及书背装订，含挂环；书衣受损，由多层粘贴在一起的棕色纸张制成；44 张折页，桑皮纸；有水渍；fol. 44a 空白；每页 8—9 列，每列 16—22 字。

标题（封面）：说醮飞章科；（封底）：说醮科；（标题页 fol. 1a）：说醮科（在头）. 飞章科（在尾）；（标题页 fol. 2a，fol. 44b）：说醮科 . 飞章科

第一篇正文

正文起始（fol. 3a）：玉声声轻重，金鼓歌重鸣

正文结尾（fol. 23b）：脱醮完毕

第二篇正文

正文起始（fol. 25a）：飞章科启 . 奉道修缘斋主厶

正文结尾（fol. 42b）：腾章事毕，请入宫班请还福堂，脱下冠衣还堂如法 . 飞章科完

无地点。日期（fol. 1a）：咸丰五年乙卯岁庚午月十五日（抄完笔）（1855 年）；（fol. 1b）：王号晃珠己酉（钞出）（1909 年）。

用于向天庭递交奏章的打醮仪式科仪。荆门，道公派。

字迹易识读，个别字由其他写主补充或勘误；部分句读，红色分段标记，符（fol. 39a），步罡踏斗图解（fol. 41a）。

题记（fol. 44b）含标题、书主和页码数 44。

附录：草稿，重复书写的标题（fol. 2a–b）；“倒黄道天桥句启”（fol. 24a–b）；参加仪式（延生、还愿、红楼）的男性和他们各自的妻子（fol. 43a–b）：盘金婧、李氏，李妙鲜、盘氏，邓妙阶、邓氏、盘氏，盘玄恩、邓氏，盘金钩、李氏，黎玄晶、李氏，黄法高、李妙任、李氏，李经顺、盘氏，盘胜假、李氏，盘玄□，盘金能，盘玄总、盘氏，邓

应威、邓氏，李应颜、李氏，李经颜、李氏，{黎}玄晶、李氏，盘经财，邓法圣，盘玄喜、李氏，邓玄漳，邓经烟、李氏。两个花体字（封底）。

写主和书主：李玄金（书衣，fol. 1a、2a、42b、44b）；后继书主：邓道能（书衣）；后继书主［?］：邓云晃、邓云名/明（fol. 1a、2a）。

749 **Cod. sin. 925**

24 厘米×21 厘米，穿过书边及书背装订；书衣受损，由多层粘贴在一起的棕色纸张制成；63 张折页，桑皮纸；版口处被撕开，有严重污渍、墨渍，最后几张折页已佚；fol. 22 为后来修复；fol. 3a-b 空白；每页平均 13 列，每列 23 字。

标题（fol. 1a）：贡筵洪恩秘

正文起始（fol. 4a）：叩师收什六凶法．执剑先开井是万丈深井

正文结尾（fol. 62a）：配主眷厶氏良年利月他自降九州有相之男~

无地点。日期（fol. 1a）：皇清道光十一年辛卯岁满月廿五（记）（1831 年）。

用于祭拜帝母的仪式秘语。荆门，师公派。

字体易识读，有写主书写的勘误，部分用红笔书写；红色分段和分行标记；符（fol. 7a、11b、20b、58a）；“九宫八卦号记”（fol. 65b）；步罡踏斗图解（fol. 29a、31a）。

其中一份附录的写主李金宗书写的跋文（fol. 65b）。

附录：关于“红楼”和“受戒”的节选（fol. 1b）；“叩师什收了庄身法”（fol. 2a-b）；“一论祭送木境鬼法”（fol. 63a-65a）。

书主：李应鲜（fol. 1a、28b、59a）；后继书主和 fol. 63a-65a 文段的写主：李金宗（fol. 65b）；后继书主：李院宗（fol. 1a、62a、65a），李金清（fol. 42b），邓法{凤}（fol. 1a、28b），李院清（fol. 42b），推测为李院（fol. 1a）。

参见［德］贺东劢（Thomas O. Höllmann）、傅敏怡（Michael Friedrich）：给神灵的讯息——瑶族宗教文书（Botschaften an die Götter. Religiöse Handschriften der Yao），威斯巴登：Harrassowitz，1999，第 86—87 页，目录第 50 号。

750 **Cod. sin. 926**

23.5 厘米×18.5 厘米，穿过书边及书背装订，含挂环；受损的书衣由脆粗纤维［竹?］纸制成；35 张折页，fol. 3-21、32 为桑皮纸，fol. 1-2、30-31、33-35 为粗纤维脆［竹?］纸，fol. 22-29 浅色硬纸；有污渍；fol. 32a 空白；每页平均 7 列，每列 14—15 字。

标题（书衣，标题页 fol. 3a）：（一本）符吏敕坛会圣洞全；（fol. 32b）：（一本）符吏坛为科

正文起始（fol. 4a）：奉道正一延生醮主厶来诣金炉前唱拜上香

正文结尾（fol. 31b）：修宗洞赖善缘诚无上道．会圣完了也

无地点。日期（fol. 32b）：光绪三十｛年｝甲辰岁次端阳月下旬（启抄），叔阳月四日午时（完了）（1904年）；一项仪式的日期（fol. 3b）：壬辰［年］（推测为1952年）。

打醮仪式科仪，用于发奏、建坛和请神。荆门，道公派。

较生疏且不工整的字体；有紫色分段标记，在列头和清点姓名时用紫色的点；符（fol. 22b）；步罡踏斗图解（fol. 12b、22b）。

题记（fol. 32b）含标题、日期和持有说明。

附录："一件凶路用"（fol. 1a）；"又件吉醮斋用此法"（fol. 1a-2a）；"重集斋｛真投｝式用"（fol. 2a-b）；"符吏启法"（fol. 3b）；用毛笔添写的仪式日期（fol. 3b）；"重集地狱灯直主邓云凤集用成"（fol. 32b-34b）；"小皈依用"（fol. 34b-35b）；"天门三元门下弟子"（fol. 35a至封底）。

书主：邓云凤（fol. 1a、32b、34a）；作为后继书主［?］被登记：邓云通（fol. 3b），邓｛家｝静（fol. 12b）。

751 **Cod. sin. 927**

24厘米×18.5厘米，以折叠搓捻而成的纸捻线在一侧捆扎（毛装）；书衣由另一文书（延寿仪式）的两张单页制成，封底已佚；69张折页，桑皮纸；有水渍、污渍；fol. 68已佚，fol. 1b、69a空白，fol. 69b残缺不全；每页平均9列，每列14字。

标题（标题页fol. 1a）：洪恩大会科书

正文起始（fol. 2a）：从游神唱也．楼上栽花娘第一，白纸写书妹姓肖

正文结尾（fol. 68b）：扭去复来无处种，布如种迪妹床头

无地点。日期（fol. 1a）：咸丰十年仲夏月（抄吉旦）（1860年）。

祭拜送子神帝母的仪式科仪。荆门，道公派。

熟练的写主执笔，个别字、文段和标题由其他写主补充；符（fol. 69b）；每张折页在内页标有页码。

附录："福如东海大，寿比南山长"（fol. 1a）。

写主：盘妙颜（fol. 22a）；书主：邓道/院传（fol. 1a）。

752 **Cod. sin. 928**

27厘米×17厘米，以粗绳穿过书背装订；书衣棕色的纸张，包住书背，额外又用线装订加固；16张折页，以布筛荡料入帘而成的厚而软的纸制成；品相佳；fol. 16b空白；每页7—8列，每列12—14字。

标题（标题页fol. 1a）：丧家绕棺科

第一篇正文

正文起始（fol. 2a）：仰告｛归｝声救苦主说法灵山处

正文结尾（fol. 12b）：右孝终笔

第二篇正文

正文起始（fol. 12b）：重集十王歌

正文结尾（fol. 15b）：救苦仁师牖｛让｝引福应退余后子孙．十王歌完毕

无地点。日期（fol. 16a）：太岁庚申绵十月十七日未时（完毕也）（1920 年）。

下葬仪式科仪以及用于祭拜阎王的歌。荆门，道公派。

较生疏的写主执笔；泰文注释（封面内页）。

书主为其子题写的寄语（fol. 1b）；“不许修斋超度亡唱此歌也”（fol. 15b）。

书主：邓妙光（fol. 1a 用艺术字书写，fol. 1b）和他的儿子邓经太（fol. 1a 用艺术字书写，fol. 1b）；后继书主［?］：邓玄章（fol. 1a），邓妙光（fol. 1a）。

753 **Cod. sin. 929**

25 厘米×18. 5 厘米，以竖着折叠搓捻而成的纸捻线在一侧捆扎（毛装），再在其上用黑色细绳装订；书衣由另一本文书（葬礼表式）的单页纸制成，封底已佚；18 张折页，推测结尾已佚，桑皮纸；有污渍；每页 11—12 列，每列 19 字。

标题（标题页 fol. 1a）：集诸章格

正文起始（fol. 2a）：诸章头通用．参受天师门下~腾章士臣~

正文结尾（fol. 18b）：三天门下上清天枢院请进．具职~

无地点。日期（fol. 1a）：壬申年四月初九日申时（抄终）（推测 1872 年）。

表式集。荆门，道公派。

熟练的写主执笔；个别字用红色补充和勘误；后添加的模仿纳西文字元素的插图（fol. 1b、12b）。

附录：目录（fol. 1b）；“占取官遂月”（fol. 15a-18b）。

写主［化名?］：老劣云坛（fol. 1a）；书主：李妙京（fol. 1a）。

754 **Cod. sin. 930**

24. 5 厘米×20 厘米，两本文书（fol. 1-21、fol. 22-41）穿过书边及并从 6 处穿过背装订；书衣由厚纸制成，封底为棕色；41 张折页，桑皮纸，fol. 38 为竹纸；有污渍、裂口；fol. 1b、2b、41b 空白；每页平均 9 列，每列 14—16 字。

标题（书衣）：设醮科．飞章科；（标题页 fol. 1a）：（又集）飞章科．飞章科说醮科．（又）打钹音送圣（在尾）．（又）解冤皈依（在尾）；（标题页 fol. 2a）：飞章说醮科；

(fol. 21b)：(重集) 飞章法

第一篇正文

正文起始 (fol. 3a)：念演洞中玄虚，十方肃静天尊，向来咒水遍洒醮坛

正文结尾 (fol. 21b)：变少成多纳帝前取道范保当文也．设醮科终笔

第二篇正文

正文起始 (fol. 22a)：奉道醮主等请拜上香

正文结尾 (fol. 38a)：拜我师前愿章书上达上太赤天以闻上达愿保长生

无地点。第一本文书的日期 (fol. 1a)：太岁甲子年十三年六月十九日巳时 (完毕)；(fol. 21b)：光绪二年六月初日 (1876 年)。

两篇文书为同一写主执笔；附录和标题页由其他写主书写；有红色句读和分段标记；符 (fol. 35b、36a)，步罡踏斗图解 (fol. 38a)。

附录：李道贤购买此文书的记录 (fol. 2a)；“重摄香官还神如法” (fol. 38b)；“又打钹音送圣歌” (fol. 39b)；“解冤皈依用” (fol. 40b–41a)。

第一篇文书的原始书主：邓道璋 (fol. 8b、14b，被划掉)；第二篇文书的原始书主和写主：李经珠 (fol. 24b，被划掉)；后继书主：李妙上 (书衣，fol. 1a、5a、21b、24b、38a)；两本文书最终的买主和书主：李道贤 (书衣、fol. 2a)。

755 **Cod. sin. 931**

24.5 厘米×18 厘米，穿过书背重新装订；书衣由未染色的厚纸制成；13 张折页，深棕色的桑皮纸；版口处被撕开，有水渍，除此以外品相佳；fol. 1a 已佚；每页 9 列，每列 23—27 字。

标题 (书衣)：(一本) 百解杂秘语

正文起始 (fol. 2a)：又论存家财银魂法．先叩师献伍供分纸了

正文结尾 (fol. 13b)：燕子石盖过无人通到得降宫交过三层了也

无地点及日期，推测为 19 世纪初。

秘语集。荆门，道公派。

工整的字体，有红色分段标记；一枚方形“道经师宝”印章 (fol. 1b、2a)。

传度师：李金宗 (书衣)；书主 [和写主?]：蒋云通 (书衣) 和 [他的儿子?] 蒋经富和蒋经贵 (书衣)。

756 **Cod. sin. 932**

23 厘米×18 厘米，穿过书边及书背装订；书衣由以布筛荡料入帘而成的黄色脆纸制成；19 张折页，由以布筛荡料入帘而成的脆纸制成；品相佳；fol. 1b、19b 空白；每页 10

列，每列 12—14 字。

标题（封面，封底，标题页 fol. 1a，fol. 18b）：（一本）招兵科

正文起始（fol. 2a）：招兵川光科．曲子落了古丁当，八角娄台天大光

正文结尾（fol. 16b）：满满饮满々饮，应一二时你头断，头断见阎罗头断

无地点。日期（fol. 1a）：年当三岁九月初二日未时（写了）；（fol. 18a、19a）：中华民国三十四年乙酉岁九月初二日（抄完）（1945 年）。

招兵科七言科仪。荆门，道公派。

潦草、较生疏的字体；有红色分段标记，列首、列中和列尾有红点，以红点进行姓名的清点。

题记（fol. 18b）含标题、日期和持有说明。

附录：示意图和以五行为基础的占卜图（fol. 17a-b）；甲子歌（fol. 18a）；中文数字和阿拉伯数字对照表（fol. 19a）；阿拉伯数字 1—4（封底）。

书主：炉/卢院颜（书衣，fol. 1a、12b、13b、18b）。

757 **Cod. sin. 933**

24. 5 厘米×19. 5 厘米，以毛线穿过书边并从两处穿过书背装订；封面由另一本文书（秘语）的单页制成，表面写有另一本文书（延寿仪式科仪）的标题，因虫蛀严重受损，封底是单页桑皮纸；41 张折页，推测开篇几页已佚，桑皮纸；版口处被撕开，页边缘和页角已佚；每页 10 列，每列 16—17 字。

标题：［诸品经］

正文起始（fol. 1a）：…殿紫微上天宫洞阳玉馆破九光

正文结尾（fol. 39a）：长跪白天尊大圣为群玄志心称稔

无地点。完笔日期（fol. 39a）：道光二十九年己酉岁二月廿□日（□□院）（1849 年）；表式中附录的日期（fol. 39b）：咸丰任子年｛十｝二月廿八日（彭老人立）（1852 年）。

道家经典摘抄集。荆门，道公派。

熟练的写主执笔；推测为后补充的红色花朵形纹饰（fol. 5b）。

附录：另一本文书的标题，用于祭拜土地公和用于延寿的三朝醮科仪；“（一本）筵生土府科单时科”（书衣）；“又村楼契式”，葬礼表式的日期 1852 年（fol. 39b-41b）；一列文字，“方类伍供散花供愿”（封底）。

书主：邓经宴（fol. 12b、17b、22a、39a），许玄照（fol. 41b）；在表式中后继书主：彭老人（fol. 39b）。

758 **Cod. sin. 934**

23 厘米×18 厘米，以竖着折叠搓捻而成的纸捻线在一侧捆扎（毛装）；书衣由另一本文书的棕色单页纸制成，有破损；9 张折页，推测结尾处已佚，桑皮纸；fol. 1a 严重受损，fol. 1b 空白；每页 7 列，每列 14—18 字。

标题（封面）：赞材楼科

正文起始（fol. 2a）：奉道厶斋沐浴依衣保安孝男厶初上香

正文结尾（fol. 9b）：祖是抛家荏舍去千年万载断宗由

无地点及日期，推测为 19 世纪。

为亡灵超度和为遗属祈福的仪式科仪。荆门，道公派。

流畅的字体，字体较大，有一些特殊写法；红色分段标记，用红点进行姓名的清点。

红色墨水和行书体写的箴言：“羽道高光，四海［传阳］”（fol. 1a）。

书主：盘妙宗（fol. 1a）；后继书主：盘玄琼（fol. 1a）。

759 **Cod. sin. 935**

24.5 厘米×19 厘米，穿过书边及书背装订，部分已松散，含挂环；书衣已佚；32 张折页，桑皮纸；有水渍、污渍，除此以外品相佳；fol. 32b 空白，残缺不全；每页 11 列，每列 20—21 字。

标题（标题页 fol. 1a）：（一本）斋亡秘语

正文起始（fol. 2a）：又件斋亡法．主初来请用身庄身，先叩师庄身想传身头发即是天

正文结尾（fol. 29b）：吾师存取人魂师圣诸司兵马车转回旧路还阳好也

无地点。文书的传授日期（fol. 1a）：咸丰三年十二月□一日（出给）（1853 年）。

做斋仪式秘语，用于超度亡灵。荆门，道公派。

流畅熟练的字体；有红色分段标记；第一张折页有褪色的红色句读和勘误，用红点进行姓名的清点；一枚方形“道经师宝”印章（fol. 1a、2a、5a）。

对后辈的寄语和文书传抄的价格（fol. 1a）。

由不同的写主执笔的附录：“又论度女｛妧｝子虚花之法”（fol. 29b-32a）。

法师李道暮（fol. 1a、28b）、盘妙应（fol. 14b）和父系亲属邓云祥（fol. 18a）、邓云清（fol. 18a）的秘语被传抄；书主：邓妙斌（fol. 1a、10b、13a、20b、28b）。

760 **Cod. sin. 936**

22.5 厘米×16.5 厘米，穿过书边装订；书衣由厚的以布筛荡料入帘而成的纸制成；28 张折页，桑皮纸；有水渍，除此以外品相好；fol. 1b 空白；每页 8 列，每列 14—17 字。

标题（书衣）：南灵科；（标题页 fol. 1a）：南灵科（一本）

正文起始（fol. 2a）：堪笑人生如电影，鸟飞兔走难留

正文结尾（fol. 28b）：向来烧化财马上新洪造帝道拔此亡灵洞赖无上道

无地点。完笔日期（fol. 1a）：天子元年十一月初四日（抄完）（推测是咸丰元年，即1851 年；或是同治元年，即 1862 年）。

做斋仪式科仪，用于护送亡灵踏上去往阴间之路。荆门，道公派。

始终为一种工整的字体；有红色和紫色分段标记和括号；标有页码，页码数 27（fol. 1a）。

书主：李道鲜（fol. 1a、28b）；后继书主：李道贤（书衣，fol. 1a、28b），李经宝（fol. 1a）。

761 **Cod. sin. 937**

25 厘米×22. 5 厘米，穿过书边及书背装订；封面为未染色的厚纸，封底为棕色纸，仅残存部分；52 张折页，桑皮纸，fol. 46-49 为［竹?］纸；版口处被撕开，部分受损，有水渍，第一页因虫蛀有缺损；fol. 1b 空白；每页 9 列，每列 14—16 字。

标题（书衣，标题页 fol. 1a）：喃灵科（一本）；喃灵科

正文起始（fol. 3a）：堪笑人生如电影，鸟飞兔走难留

正文结尾（fol. 43）：诸尊圣师号无量不可思仪功德．喃灵科终

地点（在 fol. 50a 的表式中）：大清国云南道。完笔日期（fol. 1a）：中元甲子［嘉］庆五年蕤宾依时誊竟三日（终笔好笑）（1800 年）；一个儿子的出生日期（fol. 52a）：庚申年九［月］二十日申时（建生）（1800 年）；一次借贷活动发生的日期（fol. 52b）：甲子年三月（立簿）（推测为 1804 年）。

做斋仪式科仪，为护送亡灵踏上去往阴间之路。荆门，道公派。

熟练的写主执笔，字体较大，个别字由写主或者另一写主补充；红色分段标记和句读；符（fol. 36a）；一枚叶形“吉星”印章（fol. 1a、10a）；标有页码。

七言式序言，关于抄写文书的善行（fol. 2a-b）；题记（fol. 43b）含标题、书主和写主名。

附录：献祭的文段（fol. 43b-45b）；表式（fol. 46a-51a）；艺术字写的文段和草稿（fol. 51b）；第三个儿子出生的布告（fol. 52a）；借贷记录（fol. 52b），参加的人员有：□□颜，□经秀，□□昊。

写主：邓经昭（fol. 1a、43b）；书主：盘玄｛琼｝（fol. 1a、43b）；后继书主：黄玄呈（fol. 1a），盘经珠（fol. 1a）。

762 **Cod. sin. 938**

23.5 厘米×15.5 厘米，以竖着折叠搓捻而成的纸捻线在一侧捆扎（毛装），含挂环；书衣为以布筛荡料入帘而成的厚纸，书衣包住书背；17 张折页，桑皮纸；有水渍，最后几页因虫蛀有缺损，除此以外品相佳；fol. 17 空白；每页 7 列，每列 14—18 字。

标题（封面，标题页 fol. 1a）：（一本）谢境雷府科

正文起始（fol. 2a）：奉道正一礼谢境雷府解冤祈安醮主厶来诣炉前拜上香

正文结尾（fol. 17a）：向前来诸尊圣号无量不可思收状功德

地点（fol. 5a）：大清南掌国（老挝北部）。日期（fol. 1a）：太岁癸亥年七月（抽完）（推测为 1923 年）；（fol. 17a）太岁癸亥年七月十五日（抽完）（推测为 1923 年）。①

打醮仪式科仪，用于祭拜本境神和雷神。荆门，道公派。

较生疏的写主执笔，有一些特殊写法；红色分段标记，用红点进行姓名的清点。

书主：李玄恩（fol. 1a、4b、17a）；后继书主：李云清［?］（书衣，fol. 1a、4b、13a）。

763 **Cod. sin. 939**

23 厘米×18 厘米，以竖着折叠搓捻而成的纸捻线在一侧捆扎（毛装）；书衣由薄桑皮纸制成，封底已佚；32 张折页，桑皮纸；品相佳；fol. 1a-b 空白，fol. 32b 已佚；每页 10 列，每列 20 字。

标题（封面）：集解始邙诸伤秘语（一本）；（fol. 32a）：始邙诸伤秘语

正文起始（fol. 2a）：一论解生冤法．叩师证盟取篾九条织九个眼是九重天

正文结尾（fol. 32a）：存主人直白虎之人存主丁家财六畜入元始心头去金龟皮盖过大吉也．完．始邙诸伤秘语竟完终毕

写主的籍贯（fol. 32a）：广西省镇安府归顺州（今靖西县）。日期（书衣）：下元太岁己未年十月十五日（抄完）（1859 年）；（fol. 32a）：大清下元咸丰九年岁次己未孟冬月中旬望五日（抄完毕）（1859 年）。

葬礼秘语。荆门，道公派。

熟练流畅的字体；有红色分段标记，神目和在留白处填写的姓名都用红色标出；符（fol. 15b、16a-b）；一枚褪色的方形印章，铭文无法识别。

题记（fol. 32a）含日期、页码数 31、写主籍贯和有关文书的诅咒。

写主：李顺盛（fol. 13b、26b），天水［堂］顺盛（fol. 32b，参照 Cod. sin. 587）；书主：李玄阶（书衣，fol. 7b、13b、19a、25b）。

---

① 译校者注：原书本行两处均误写为“1913 年”，已更正为“1923 年”。

764 **Cod. sin. 940**

22.5 厘米×18.5 厘米，穿过书边装订；书衣为脆［竹?］纸；20 张折页，为半透明的薄［竹?］纸；品相佳；fol. 1b、2b、20a-b 空白；每页 9—10 列，每列 14—15 字。

标题（封面）：（一本）三宫；（标题页 fol. 1a）：（一本）三宫科；（标题页 fol. 2a）：（一本）三宫科书

正文起始（fol. 1）：念演天自洞中嘘光朗安坛洁净天尊

正文结尾（fol. 21）：送圣还宫洞着完成无上道一切信礼

无地点。日期（fol. 2a）：仲华岁四年五月二十七日（1915 年）。

打醮仪式科仪，用于祭拜星宿。荆门，道公派。

较生疏且潦草的字体；列首有红点，红色分段标记和句读；北斗形的灯的示意图（fol. 14a）。

写主执笔的跋为与正文有关的七言诗。

书主：盘经𨒭（fol. 1a、2a），盘老二（fol. 12a）。

765 **Cod. sin. 941**

24 厘米×17 厘米，穿过书边并从 6 处穿过书背装订；书衣由另一文书（秘语）的多张粘贴在一起的纸张制成；50 张折页，桑皮纸；版口处被撕开，有水渍、污渍，除此以外品相佳；每页 11 列，每列 19—22 字。

标题（书衣）：（一本）救患桉龙秘语；（封面旧料）：｛桉｝桉龙秘语；（标题页 fol. 1a）：（一本）桉龙秘语；（fol. 47a）：秘语桉龙伸斗法

正文起始（fol. 2a）：重集黄泉整老人之法．烧香祭师祖分纸了存师帅护身

正文结尾（fol. 46b）：三三九个月满月降生三枝木点成

无地点及日期，推测为 19 世纪。

秘语，用于安抚地龙，防御恶鬼、疾病和其他灾祸。

始终由一位较熟练的写主执笔，工整的字体，字体较小；红色分段标记和红色括号，用红点或者角标记姓名；符（fol. 32b、33a、34a）；一枚方形“道经师宝”印章（书衣，fol. 1a）。

题记（fol. 47a）含标题、文书传抄的价格和持有说明。

附录：“凶星推度”，表式（fol. 1a）；“上登朱陵府下入开光门”（fol. 47a-48a）；已举行的仪式名单（fol. 48b）；借贷记录（fol. 49a-50a），参与人员有李显明、李显学、李经参、盘妙宴、李金玉（fol. 49b）；数字列表（fol. 49b、50b）。

祖师李玄国（fol. 47a）将此文书传给原始书主或者写主［?］李运元（fol. 7b，被划

掉)；［后继?］书主李金坚（fol. 2a、10a、13a、35b、47a）将文书传给李道玉（fol. 1b、47a）和李经颜（书衣、书衣旧料、fol. 1b，被划掉），取而代之的是李经颜（4a、47a）；在此之后的后继书主：李胜颜（书衣）；接下来的后继书主和卖家：李妙广（fol. 1b）。

766 **Cod. sin. 942**

21.5 厘米×17 厘米，以竖着折叠搓捻而成的纸捻线在一侧捆扎（毛装）；书衣已佚；15 张折页，长纤维［桑皮?］软纸；除有水渍外品相佳；fol. 1b 空白；每页 10 列，每列 18 字。

标题（标题页 fol. 1a）：（小一本）集秘语集

第一篇正文

正文起始（fol. 2a）：又论老寿命穷么珠法．相传道士存去信厶厶

正文结尾（fol. 12b）：过十二火发｛烟｝百事万年不｛棒｝也

第二篇正文

正文起始（fol. 12b）：又论帝母天娘亡案喃师同用

正文结尾（fol. 15b）：消減了来到青曾净了属魂同用

无地点。日期（fol. 1a）：大清光绪十四年七月初六日（抄完）（1888 年）；（fol. 12b）：七月初六日（抄完）（推测为 1888 年）。

秘语集。荆门，道公派。

较生疏的写主执笔，有一些特殊写法；红色分段标记。

传度师：邓玄章（fol. 15b）；书主：李玄玑（fol. 1a、15b）。

767 **Cod. sin. 943**

22.5 厘米×17 厘米，穿过书边并从 6 处穿过书背装订；书衣由厚的棕色纸制成；38 张折页，桑皮纸；除有水渍外品相佳；fol. 1b、38b 空白，fol. 1、38 为双页；每页 11 列，每列 24 字。

标题（书衣）：□□□时救患桉龙伸斗解冤秘语．黄泉法（在尾）；（标题页 fol. 1a）：（一本）桉龙伸斗秘语

正文起始（fol. 2a）：主来初请之法．相传为众生母坐在都督府

正文结尾（fol. 37a）：众生重护送我登机也明白也

无地点。日期（fol. 37a）：龙飞辛卯十七｛年｝九｛月｝上尽初十国（完笔）（推测为 1891 年）；（fol. 38a）：太岁辛卯年十二月三十［日］（抄完）（推测为 1891 年）。

治病仪式以及用于安抚地龙和冤魂仪式的科仪。荆门，道公派。

较生疏的写主执笔，有一些特殊写法；红色分段标记，用红点进行神祇姓名的清点；

圆珠笔注释（fol. 36b）；符（fol. 8b）；一枚方形“道经师宝”印章（fol. 1a、38a）。

附录：“占神伏主语设法”（fol. 37b）。

传度师：度戒仪式法师盘经开（fol. 1a）；书主：李玄宝（fol. 1a、37a）；书主或写主化名“正音”（fol. 18b，推测为李氏家族所用）。

768 **Cod. sin. 944**

25.5 厘米×22 厘米，穿过书边及书背装订；20 张折页，桑皮纸；书衣由一张桑皮纸制成，封底已佚；版口处被撕开，有水渍、污渍，除此以外品相佳；每页 13 列，每列 15—16 字。

标题（标题页 fol. 1a）：醮会伸斗科（一本）

正文起始（fol. 3a）：奉道正一禳星告粮来寿祈安醮主厶来诣圣前请拜上香

正文结尾（fol. 19b）：向来钱归库里福留谢主平安送圣还宫补福消灾同赖善功成无上道

无地点。日期（fol. 2a）：太岁丁巳年五月初九完毕（推测为 1917 年）。

打醮仪式科仪，用于祭拜北斗。荆门，道公派。

较生疏的写主执笔，有一些特殊写法；部分黑色分段标记；符，步罡踏斗图解（fol. 9b）；标有页码数 17。

不同写主执笔的附录：有关鸦片的借贷记录，李老（fol. 2a）作为债务人；一篇科仪的摘录（fol. 2b）；七言歌，“又一道结善答人家歌用洪恩”（fol. 19b-20b）。有关粮食的借贷记录，债务人为：蒋金光，邓经运，邓妙和，邓道忆（fol. 21a）；草稿（fol. 21b）。

书主：盘玄喜（fol. 2a、16a）。

769 **Cod. sin. 945**

23 厘米×17.5 厘米，以折叠搓捻而成的纸捻线在一侧捆扎（毛装），再在其上以黑色订线装订，挂环由韧皮制成；46 张折页，桑皮纸；版口处被撕开，有水渍、红色污渍，书芯的边缘和页角有已佚；fol. 1b、46b 空白；每页 9 列，每列 14—17 字。

标题（标题页 fol. 1a）：喃吘科

正文起始（fol. 1a）：勘叹人生如电影，乌飞兔走难流

正文结尾（fol. 43）：谁知盏内载乾坤，视见妙灵根，大圣朱陵度鸣天尊来接引

无地点。日期（fol. 1a、46a）：道光咸丰三十元年岁次庚戌季冬月（1850 年）。①

始终由一位熟练的写主执笔；有红色分段标记，部分红色句读；符（fol. 30b）；一枚

① 译校者注：原书此处误写为“1851 年”，已更正。该日期应写于道光年与咸丰年的交替时期，因此有“道光咸丰”这一说法。道光三十年（1850 年）是庚戌年，咸丰元年（1851 年）是辛亥年。

方形“道经师宝”印章（fol. 1a）。

写主：来自武邑的游士陈氏（fol. 46a）；书主：李玄连（fol. 1a、46a）。

770 **Cod. sin. 946**

23 厘米×18 厘米，以绳子和纸捻线从两处穿过书背装订；书衣已佚；32 张折页，桑皮纸；有污渍，推测首尾几页已佚；每页 8 列，每列 18—20 字。

标题（标题页 fol. 1a）：清醮…科；（fol. 32b）：宿启科；（fol. 2a）：清醮延生醮救苦拔亡［宿启科］

正文起始（fol. 2a）：金阙化身天尊，斋坛整肃法事严陈，天地自然灵章讽诵

正文结尾（fol. 32b）：福留斋主愿得长生，与道含真，事毕师造还坛臣各复位．宿启科完终

无地点及日期，推测为 19 世纪。

用于发奏、净坛的打醮仪式科仪和用于超度亡魂的做斋仪式科仪。荆门，道公派。

较熟练的写主执笔，有一些特殊写法；有红色分段标记；符（fol. 30a）；由于书芯被裁剪，导致编写的页码几乎无法辨识。

书写区域内一个红笔写的［题记的?］段落的拓印（fol. 32b）。

书主：卢/炉经通（fol. 1b、17a、27a、32b），李云清（fol. 1b）。

771 **Cod. sin. 947**

24. 5 厘米×19 厘米，以蓝塑料绳穿过书边及书背重新装订；书衣由以布筛荡料入帘而成的厚纸制成；31 张折页，不同质量的纸；品相佳；fol. 1b、31b 空白；每页 8 列，每列 14—16 字。

标题（封面）：（一本）迓王科；（标题页 fol. 1a）：迓王科大小斋同用；（fol. 30a）：迓王科

正文起始（fol. 2a）：法通三界天尊，洞中玄虚，十方肃静天尊

正文结尾（fol. 30a）：向来烧化财马下祈王官洞赖善缘成无上道．迓王科终毕

无地点。完笔日期（封面）：龙飞光绪十年（抄）（1884 年）。

用于祭拜阎王的做斋仪式科仪。荆门，道公派。

较熟练的写主执笔，有一些特殊写法；红色分段标记，用红点划分韵律、清点姓名，个别处在列头也有红点。

写主的谦辞（fol. 1a）。

书主：李妙凤（书衣）。

772 **Cod. sin. 948**

24.5 厘米×14.5 厘米，边订（不交叉）；书衣由多层粘贴在一起的纸张制成，书衣包住书背；34 张折页，桑皮纸；品相佳；fol. 1b、2a－b、34a－b 空白；每页 8 列，每列 20 字。

标题（fol. 1a）：天师授械秘语；（fol. 33a）：受戒婚姻秘语；（fol. 33b）：授械秘语

正文起始（fol. 3a）：一论巫门受械之法．又存鬼延会同用此法．存弟子想传为上元身传为他母

正文结尾（fol. 29b）：金星自管天煞祭解剑一张为万天玉剑也

无地点。日期（fol. 33）：大清中华民皇五年丙辰岁次七月廿三日（抄完）（1916 年）。①

正一派度戒仪式的秘语。荆门，道公派。

熟练工整的字体，有一些特殊写法；红色分段标记，列首有红点，用红点进行姓名的清点；符（fol. 29b–30b）；一枚方形“道经师宝”印章（fol. 1a、33a）。

题记（fol. 33b）含标题、写主、书主名、谦辞和对后辈的寄语。

传抄的价格说明（fol. 30b）；页码数为“261/2”（fol. 31a）。

附录：标题（求财书），写主（化名“徽音”和“南阳郡”，推测为邓氏家族所用）；在书衣上有另一文书的书主名（邓道原）；“取妇婚姻符”（fol. 29b–30b）；“重集点咒用教弟子”（fol. 31b–32b）。

传度师及写主：法师邓朝广（fol. 33b）；书主：其子邓云衔（fol. 1a、33b）。

773 **Cod. sin. 949**

20.5 厘米×16.5 厘米，以棉线穿过书背装订；书衣由另一文书的折页制成；9 张折页，桑皮纸；有水渍、红色墨渍，除此以外品相佳；fol. 8a–b、92a–b 空白；每页 10 列，每列 13—15 字。

标题（fol. 1a）：（又一论）大威倩之法；（fol. 2a）：（又一论）大威之法；（fol. 7b）：（一论）威蒨

正文起始（fol. 2a）：又一论大威之法．功德乙钱二分．先叩家神证盟想取传师父格道正，唐道明，李道德

正文结尾（fol. 7b）：两个米放下去成一对秋鱼辛四季万年许在此初生也，一论威蒨终笔

---

① 译校者注：原书此处误写为“民国五年为 1917 年，丙辰岁推测为 1916 年”，民国五年丙辰年就是 1916 年，已更正。

无地点。写在书衣上的出生或者去世的日期：道光八年戊子岁二月廿六日（立本命）（1828 年）。

秘语。荆门，推测为道公派。

较潦草的字体；褪色的红色分段标记；一枚方形印章，铭文有三列，但无法辨识（fol. 1b）。

题记含标题、写主及书主的说明（fol. 7b）。

附录：主文书的段落，“又一论大威倩之法”（fol. 1a–b）；来自其他家族的｛黄金平｝的讣告［?］（书衣）。

写主：李妙广（fol. 7b）；书主：邓云讼（fol. 1b、7b），邓道财（fol. 1b），李｛经｝连（fol. 1b）。

774 **Cod. sin. 950**

23 厘米×15. 5 厘米，以植物纤维穿过书背装订；书衣由另一文书（荆门师公科仪）粘贴在一起的多张纸制成；23 张折页，桑皮纸；有水渍，除此以外品相佳；fol. 1b 空白；每页 10 列，每列 20—23 字。

标题（封面）：新集秘语；（fol. 9a）：杂秘

第一篇正文

正文起始（fol. 3a）：又件度虚花｛妖｝子法．先收六凶收什了．剪取两枝花仰师度送其死

正文结尾（fol. 9b）：师返退依旧镇闭路社皇令公三元九郎殿总镇々闭了万世不通也．杂秘抄完

第二篇正文

正文起始（fol. 9b）：又论阳界三丘墓之法．先烧香叩师证盟存诸司兵马护传身了

正文结尾（fol. 22b）：或李盘镇握左边胸胆腔闭藏无何见了大吉

无地点。完笔日期（fol. 9b）：光绪五年己卯年四月二十六日（抄）（1879 年）。

秘语集。荆门，道公派。

第一篇正文为一位写主执笔，字体较小；第二篇正文由其他写主书写；红色分段标记；用红点进行神祇姓名的清点；一枚褪了色的方形“道经师宝”印章（fol. 1a、3a）；标有页码。

题记在第一篇正文之后（fol. 9b），含标题、日期和持有说明。

附录：“又论喉伏法”（fol. 2a–b）；“喃深尸伏骨法”（fol. 23a–b）。

传度师：李经颜（fol. 9b）；书主：李玄鲜（fol. 1a、5a、9b）；后继书主：黄经达（fol. 1a）；［写主?］：李道冠（fol. 16a）。

775 **Cod. sin. 951**

20 厘米×18 厘米，穿过书边并从 3 处穿过书背装订；书衣由以布筛荡料入帘而成的粗纤维纸制成；22 张折页，结尾有几张被撕去，不同质量的［竹?］纸；有水渍，除此以外品相佳；每页 9 列，每列 13—14 字。

标题（封面）：（一本）｛亡｝堂秘语

正文起始（fol. 1a）：又论治｛亡｝堂之法．先烧香叩师证盟也，藏传身存未安

正文结尾（fol. 21b）：城隍四府众真坎界六府神祇证盟

无地点；泰语注释暗示其至少在短时间内在泰国北部或老挝被使用过。家庭成员的生日（封底）：本命丙戌四月初六日卯时建生（推测为 1946 年）。

葬礼的秘语。荆门，道公派。

较生疏的写主执笔，许多特殊写法；红色分段标记；天头处有三条平行的红点构成的线，以分隔书写区域；泰文注释（fol. 22b）。

附录："又一论金盆法秘语"（fol. 21b）。用圆珠笔填写的度戒仪式参与者：仪式法师：许经贤，李道忆；受戒人和他们的妻子：邓道亮、李氏音，邓云财、李氏｛裱｝，邓玄福、邓氏新，邓经声、邓氏；书主：邓金华、盘玄聪；见证人：李云珠、李妙奉（fol. 22b）。老君名九帝名，神目（fol. 22b）。圆珠笔书写的书主或另一家庭成员的生日（封底）。

书主：邓云皆（书衣，fol. 11a），邓玄僚（书衣）；后继书主：邓经聪（书衣）；附录写主：邓经通（fol. 22b）。

776 **Cod. sin. 952**

21 厘米×17 厘米，装订部分已散开，穿过书背装订；书衣已佚；29 张折页，推测开篇几张已佚，为不同质量的粗纤维黄［竹?］纸；fol. 29 残缺不全；每页 8 列，每列 14 字。

无标题

正文起始（fol. 1a）：道洞玄虚有念无不超起炼质人真

正文结尾（fol. 28b）：便把猴头安墓/宅上．又将庚地归来侵墓坟/兴工．若有触

无地点及日期，推测为 20 世纪。

用于葬礼的做斋仪式科仪。荆门，道公派。

较生疏的写主执笔，写主做了一些勘误和剔除，增补之处为其他写主书写，部分为圆珠笔或钢笔字；红色和紫色的分段标记，列首有红点；部分有句读。

写主：罗玄凤（fol. 14b）；书主：冯道军（fol. 2a、12a、15a、19b、26a）。

777 **Cod. sin. 953**

21.5 厘米×16.5 厘米，穿过书边并从 7 处穿过书背装订；书衣由多层粗纤维脆［竹?］纸制成；14 张折页，粗纤维脆［竹?］纸；品相佳，fol. 14 空白；每页 7—8 列，每列 13—18 字。

标题（封面）：敇书．太上老君正法；（fol. 5b）法书；（fol. 14a）（一本）样书

第一篇正文

正文起始（fol. 1a）：又到开禁鬼名用．奏到禁堂殿上请上禁堂禁井大王

正文结尾（fol. 5a）：第二亡人棺椁法用

第二篇正文

正文起始（fol. 6a）：敇令亡人棺椁六片六魂化为桐油之草

正文结尾（fol. 13b–14a）：…一年四季万雷齐兵｛恶｝将大毫光小毫光吞酒龙应一作

无地点。日期（fol. 14a）：皇上民国五十年辛丑岁三月二十五日（抄成一本样书用）（1961 年）。

做法事之指示“法”，符。优勉支系。

始终由一位较生疏的写主执笔，有许多特别写法；符（fol. 2a、4a、11b、12a–b）；步罡踏斗图解（fol. 2b、3a–b）。

题记（fol. 14a）含标题、日期的说明，持有说明。

写主及传度师：李法胜（fol. 5b）；书主［?］：李如进（书衣，fol. 14a）。

778 **Cod. sin. 954**

20 厘米×16 厘米，穿过书边及书背装订，含挂环，由脆［竹?］纸制成的书衣严重受损，封底已佚；18 张折页，脆［竹?］纸；页边缘和首尾几页的页角受损，有缺损；每页 8 列，每列 14 字。

标题：［开坛书］

正文起始（fol. 1a）：又到拜师父用．一行师父来路远，二拜师父来路长

正文结尾（fol. 18b）：…塔塘土地为五谷，五谷大皇为禾粮

无地点及日期，推测为 20 世纪。

《开坛书》节选。优勉支系。

始终由一位不熟练的写主执笔；后来添加的中式插图（fol. 1b、3a、5a、8a–b、9b、11a–b、12a–b、13a–b、14b、15b、17b）。

书主［?］：李进升福（书衣），邓进情（fol. 14a）。

779 **Cod. sin. 955**

19.5 厘米×18.5 厘米，以细绳穿过书背装订，含塑胶挂环；书衣已佚；16 张折页，［竹?］纸；页边缘受损，除此以外品相佳；fol. 12a 上贴着绘有图画的工业造纸的纸张；每页 11 列，每列 14—20 字。

无标题

正文起始（fol. 1a）：又到钱财关意用．北极驱邪院当坛出钱财关金银关［文一］道

正文结尾（fol. 16b）：保安家主以同妻合家眷等．言上奏证盟

无地点。日期（fol. 1a、2b、5b、7a、8a、10a-b、11b、13a、14b、16a-b 表式中）：皇上民国（1911 年后）。

不同表式的模板（关文、疏、牒、表、脚引）。闾山派，优勉支系。

始终为一种流畅的字体；后来添加的插图（鸟、鱼、斧、刀和人物，fol. 4b、5b、6b、9b、11a、12a-b、13a-b）；后来添加的符和红色的字；一枚褪色的方形印章，铭文推测为“太上老君敕令”（fol. 16b）。

书主［?］：李今安（fol. 9b）

780 **Cod. sin. 956**

19 厘米×16 厘米，穿过书边及书背装订，含挂环；书衣由棕色的其他文书页制成，封面已佚；19 张折页，［竹?］纸；页边缘和书芯页角轻微受损，品相佳；fol. 1a 已佚，fol. 19b 空白；每页 8 列，每列 15—21 字。

无标题

正文起始（fol. 1b）：□｛有｝人收钱无鬼收灾不见轻好只见

正文结尾（fol. 19a）：己十岁命途有限不通

地点和日期（表式中 fol. 13a）：大清国云南道承宣布政司使厶府县厶中寨行｛遊｝社；（fol. 3b）：大清南掌国（老挝北部；推测为 19 世纪）。

葬礼和治病仪式的表式集。优勉支系。

始终为一种流畅的字体；个别字由其他写主［?］补充、勘误或抹去；后来添加的中式插图；（fol. 4b、5b、11a-b、12b、13b、14a、17a-b、19a）；一枚圆形“天地日月”印章（fol. 12b、14b、16a、17a、18a、19a、19b）；一枚方形“太上老君敕令”印章（fol. 3a、5b、6b、8a）。

参见［德］贺东劢（Thomas O. Höllmann）、傅敏怡（Michael Friedrich）：给神灵的讯息——瑶族宗教文书（Botschaften an die Götter. Religiöse Handschriften der Yao），威斯巴登：Harrassowitz，1999，第 26—27 页，图 IV. 3。

781 **Cod. sin. 957**

22.5 厘米×13.5 厘米，从 8 处穿过书背重新装订，含挂环；书衣已佚；93 张折页，推测结尾几张已佚，以布筛荡料入帘而成的［桑皮?］纸；fol. 1-2、93 为不同质量的竹纸；页边缘和最后一页受损严重；fol. 1a 已佚，fol. 1b、2a-4b、20b、91a-92a、93b 空白；每页 6 列，每列 14—15 字。

无标题

正文起始（fol. 5a）：太极分高厚，轻清上属天，王姥作神仙，时来四万年

正文结尾（fol. 90b）：十二｛鸭鸡｝［共条线］，琵琶挂｛壁｝共条［弦］. 闻说今朝［有相］请，本方干旱一［齐临］

无地点。儿子出生的日期（fol. 92b）：（第二白花）甲午年八月二十日巳时（建生本命）（1894 年）；儿子患病的日期和仪式举行日期（fol. 93a）：（第二白花）乙未年二月（得病许十殿王｛担｝保命十二年）（1895 年）；（第一白花）乙未年七月十四（拜）（1895 年）。

做法事之指示“法”、咒、《开坛书》的七言歌，用于还愿和卦灯仪式。优勉支系。

熟练流畅的字体，附录由其他写主书写；后来添加的中式绘画；一枚方形“太上老君敕令”印章（fol. 2a、3a、4a、5a、91b、93b）。

附录（fol. 92b-93a）：儿子白花①出生布告、他的疾病和为其举办的仪式。

782 **Cod. sin. 958**

19 厘米×15.5 厘米，从 9 处穿过书背重新装订，含小挂环；书衣由粗纤维脆［竹?］纸制成；20 张折页，脆［竹?］纸；每页 7—8 列，每列 7—17 字。

标题（fol. 7a）：做鬼书

正文起始（fol. 1a）：又到大堂桃位歌. 手拿铜铃｛牙｝简转声歌过良筵众师

正文结尾（fol. 20a）：准我五奉太上老君敕令. 又到入山求财之法

七言《做鬼书》（fol. 1a-9b）；七言《甲子歌》（fol. 10a-14a、14b-16a）；法（fol. 16b—20a）。优勉支系。

不同的较生疏的写主执笔；在第一张折页上有个别的勘误和补充；后来添加的中式绘画。

题记（fol. 7a）在正文第一段之后，含标题和持有说明。

附录：开篇为儒家教育课本“天下文章破理明”（书衣内页）；四个艺术字（fol. 20b）。

---

① 译校者注：原书此处有误。白花指的并不是儿子的姓名，瑶族认为子女由“花”托生，通常称女儿为“红花”，儿子为“白花”。

书主：李进升福（fol. 7a、20b）。

783 **Cod. sin. 959**

23.5 厘米×18 厘米，以纸捻线从 4 处穿过书背装订；书衣由粗纤维脆［竹?］纸制成；20 张脆纸制折页；fol. 1、3、9、14 页边缘下部受损，有缺损；每页 8 列，每列 12—20 字。

标题（fol. 17b）：单时［科］

正文起始（fol. 1a）：金阙化身天尊，醮坛整肃法事将行

正文结尾（fol. 17a-b）：早/午/晚朝事毕，师圣众堂，脱下冠衣，各请复位．

单时院毕

无地点。日期（fol. 17b）：中华民国取奉庚辰年对世上来七月十六日寅时（院毕）（1940 年）。

三朝醮科仪。荆门，道公派。

始终由同一位写主执笔，附录为其他写主执笔；有红色分段标记，个别文段后来用类似于“对话框”的框架围起；整本文书充斥着后来添加的中式绘画；由另一位绘者描绘的红色龙（封底内页）。

题记（fol. 17b）含标题、日期和持有说明。

不同写主执笔的附录（fol. 18a-20b）：神目，“次到四｛扁｝片｛莘｝由”；草稿（封底）。

书主：李道坚（fol. 2b、8b、10a、16b、17a、17b、18a、21a）；后继书主：李｛道显｝（fol. 18b），李｛金有｝（fol. 18b），李道凤（fol. 20b）。

784 **Cod. sin. 960**

20 厘米×18 厘米，穿过书边并从 7 处穿过书背装订，含挂环；书衣由粗纤维［竹?］纸制成，封面已佚；8 张折页，粗纤维竹纸；前几页受损，除此以外品相佳；fol. 6b、7a-b、8a-b 空白；每页 8—20 列，每列 12—16 字。

标题：［看病书?］

正文起始（fol. 1a）：又看请师问卦吉凶．入门见我不在家便是五道伤

正文结尾（fol. 6a）：土坛，灶王家先参土坛，神有愿急回

无地点及日期，推测为 20 世纪。

关于疾病爆发的原因和治愈几率的卦书。优勉支系。

较生疏的写主执笔；后来添加的中式绘画，部分为彩绘。

785 **Cod. sin. 961**

18.5 厘米×13.5 厘米，穿过书边及书背装订，含挂环；轻度受损的书衣由粗纤维

［竹?］纸制成；23 张折页，深褐色的［竹?］纸；除有水渍外品相佳；fol. 1a-b 空白，fol. 23b 已佚；每页 7 列，每列 13—16 字。

标题（fol. 2a、23a）：贤文增广

正文起始（fol. 2a）：昔时贤文诲尔谆谆，集韵增广多见多文

正文结尾（fol. 22b）：君子分毫不乱更无差只此呈示万无一失也

无地点，泰语注释暗示其至少在一段时间内在泰国北部或老挝被使用。无日期，推测为 19 世纪末至 20 世纪初。

儒家启蒙文章。优勉支系。

熟练的写主执笔；天头处有作为书写区界限的红线；fol. 1 在列首和列尾印有圆圈形标记；第一张折页有红色句读，几处铅笔写的中文和泰文的注释（fol. 6b、7a、8a）；整本文书充斥着后来添加的中国风格的插图，部分为彩绘；标题的绘画（在一位骑士手持的一面旗帜上，fol. 23a），一枚褪色的方形"老君敕令"印章（封面）。

786 **Cod. sin. 962**

19. 5 厘米×14. 5 厘米，部分散开，以绳子和纸捻线穿过书背装订，含挂环；两本文书（fol. 1-19、fol. 20-28）被装订在一起；后添加的封面由桑皮纸制成，封面已佚；28 张折页，不同质量的脆纸；有水渍、虫蛀，页边缘和页角部分严重受损；fol. 1a-b、2a 空白；fol. 1-19：每页 8 列，每列 13—18 字；fol. 20-28：每页 6 列，每列 12—16 字。

第一篇正文

标题（fol. 20a）：样书

正文起始（fol. 3a）：又到释天地疏同｛用｝

正文结尾（fol. 19a）：皇上厶年厶月厶日吉良具词休断施行

无地点。日期（fol. 18b、19a）：皇上中华民国一九年庚午岁正月十一日（抄成书）（1930 年）。

表式集。闾山派，优勉支系。

始终由一位较生疏的写主执笔；一枚方形"太上老君敕令"印章（fol. 3a、7a）。

题记（fol. 18b-19a）含日期、写主化名［?］、对后辈的寄语、标题、持有说明和七言跋文。

附录（fol. 2b）：几列由不同写主执笔的没有关联的文字。

书主［与写主?］：黄通县（fol. 18b、20a）；写主化名［?］：鸳鸯贵书（fol. 19b）。

第二篇正文

正文起始（fol. 21a）：投靠表．诚惶诚恳稽首顿首俯伏百拜

正文结尾（fol. 27a）：怪释罪保安家主厶百拜表伸

无地点。日期（表式中）：大民国（1911 年以后）。

表式集。闾山派，优勉支系。

不同的较熟练的写主执笔（fol. 21a-24a、24a-27b）；两篇文书中均有后补充的瑶族风格的插图。fol. 28a-b 由绘者书写。

787 **Cod. sin. 963**

24. 5 厘米×14 厘米，以订线穿过书边及书背装订，含挂环；书衣已佚；40 张折页，推测首尾几张折页已佚，由不同质量的纸张组成；有煤烟污渍、水渍，页边缘和书芯页角部分受损严重；fol. 40b 已佚；每页 7 列，每列 14—18 字。

无标题

正文起始（fol. 1a）：…六轮七打，甲乙木，丙丁火，吾奉太上老君敕令．功曹发角

正文结尾（fol. 40a）：□主千钱借不买，买归阴府吉良□□

无地点及日期，推测为 19 世纪末 20 世纪初。

闾山派度戒仪式的科仪。优勉支系。

流畅的字体；标有页码，根据编号可知，一些折页已佚，折页被随意地订在一起；整本文书充斥着后补充的中式绘画。

788 **Cod. sin. 964**

25. 5 厘米×14. 5 厘米，穿过书边并从 6 处穿过书背装订，含挂环；受损的书衣由一页纸制成；34 张折页，为以布筛荡料入帘而成的软纸；有轻微污渍，除此以外品相佳；fol. 34a 空白；每页 5—8 列，每列 15—20 字。

无标题

正文起始（fol. 1a）：又到开山和山地主疏意．中华世界南瞻部州

正文结尾（fol. 33b）：投进奉真急救病患厶人合家等上奏证盟

地点（fol. 1a、18b 表式中）：中华世界南瞻部州大清国暹罗道；（fol. 5b、13b、18b）：大清国暹罗道昌海府；家族墓地（fol. 22b-23a、28a）：大民国暹罗道昌［海］府｛掖｝增县｛壅｝耐洞宫入淰崩河头冲为龙寨行游社。日期（fol. 34b）：皇上民国六十五年丙辰岁六月十八日（1976 年）。

表式集。优勉支系。

不同的写主执笔；后补充的瑶族风格的图画。

题记（fol. 34b）含日期、持有说明和谦辞。

写主和书主：盘富寿（封面，fol. 34b），还有他的儿子盘承明（fol. 34b）和盘承显（fol. 34b）。

789 **Cod. sin. 965**

18 厘米×14.5 厘米，以粗绳穿过书边及书背装订；书衣受损，由多层脆［竹?］纸制成；12 张折页，［竹?］纸；品相佳；每页 7—11 列，每列 14—16 字。

无标题

第一篇正文

正文起始（fol. 1a）：甲子乙丑海中金，丙寅丁卯炉中火

正文结尾（fol. 9b）：受死桥凶，戌丑酉卯戌辰亥巳

第二篇正文

正文起始（fol. 10a）：占财．天罡加孟求难得，加仲｛须｝得也须｛遮｝

正文结尾（fol. 12b）：占成孟加季之时为第一水人月老定成亲

无地点。传度仪式的日期（fol. 11b）：癸丑年十二月廿七日寅时（推测是 1913 年）。

《甲子歌》和借助其进行占卜的文书（fol. 1a–12b）；其他写主执笔的借助《天罡》进行占卜的文书节选（fol. 11a–12b）。优勉支系。

不同的写主执笔；［原始?］图画（坐在云车里的神 fol. 12b）；全书中有后来添加的中式绘画。

题记（fol. 11b–12a）含日期和持有说明。

附录：符，草稿（fol. 12b）。

书主：黄承显（fol. 12a）；后继书主：邓有龙（fol. 12a），赵有思（fol. 12a），理进安（fol. 12a）。

790 **Cod. sin. 966**

19.5 厘米×13 厘米，穿过书边及书背装订；书衣已佚；45 张折页，桑皮纸；有水渍，页边缘部分受损严重，首尾几页有缺损；fol. 45a–b 空白；每页 6 列，每列 14 字。

无标题

正文起始（fol. 1a）：…初上香再□□□□□切师男厶人自小年幼小师执祖充师承

正文结尾（fol. 44a）：十保年季常安康，千年万岁常安乐，千年万年复保平安

无地点。借出的日期记录（fol. 44b）：壬戌年十二月（推测是 1862 年）。

闾山派度戒仪式的科仪，分为两个部分（度戒仪式的问答集和度戒的规则）。优勉支系。

始终为一位熟练的写主执笔；标有页码；全书中有后来添加的中式绘画。

附录：含日期的借贷记录，参与人员有邓富升（可能也是文书的书主）和冯金宝（fol. 44b）。

791 **Cod. sin. 967**

20 厘米×13.5 厘米，从下端穿过书背重新装订；书衣已佚；50 张折页，推测首尾几张折页有缺损，深棕色的桑皮纸；版口处多被撕开，受损严重，有水渍；fol. 10-12 有大面积缺损；每页 8 列，每列 14—19 字。

无标题

正文起始（fol. 1a）：…列揹人生揹鬼减亡．速变速化，吾奉太上老君敕令

正文结尾（fol. 50b）：…州府县场五岳山头紫微山上湖南海外大海山

地点（fol. 28a 表式中）：大清国云南道；在一份墓地购买合同上有“武夷先生”字样。日期（fol. 34a 表式中）：大清国；附录中的仪式日期：皇上光绪二十七年辛丑岁二月（1901 年）。

闾山派做法事之指示“法”、七言歌、符和表式的集子。优勉支系。

不同的写主执笔；部分地方有圆圈形分段标记；个别字用红色勘误；符（fol. 6a、8a-9b、22b、24a、25a）；后来添加瑶族风格和中式的绘画。

附录：多张插入的折页，一些为空白页，其中一张有还愿仪式的日期和祭品清单。

书主：邓富财（fol. 1a、16a、21a、28a）。

792 **Cod. sin. 968**

17 厘米×10.5 厘米，穿过书边并从 7 处穿过书背装订，含小挂环；书衣为以布筛荡料入帘而成的厚纸，封面已佚；67 张折页，为来自西方的横格纸，从中间对折，在打开的那一边进行装订；fol. 1-5、66-67 为竹纸；品相佳；fol. 1a、66a 空白；每页 5—6 列，每列 12—15 字。

无标题

正文起始（fol. 6a）：说说行江三步，行筶三声，筶头请圣，惊动神明

正文结尾（fol. 64b）：敕变化变敕灵化灵成太上老君敕令

黄法传通过度戒仪式后获得度戒官位的地点（fol. 5b）：河涧广平府。书主黄法财的度戒仪式日期（fol. 64b）：丙子年十二月十五日子丑时（卦灯）（推测为 1936 年）；其他度戒仪式的日期（fol. 65b）：道光官下十伍年辛未岁（1835 年）[①]；注释的日期：六月初四日；（fol. 65b）：民国官下辛卯岁五月十四日｛簿｝（推测为 1951 年）；（fol. 65a）：任辰年正［月］初一日｛申｝酉时（推测为 1952 年）；一个儿子的出生日期（fol. 65b）：癸巳岁十一月初一日子时（第一白花生）（1893 年或 1953 年）；用圆珠笔写的日期（fol. 65b）：

① 译校者注：此处存疑，道光十五年（1835 年）为乙未年。

皇上民国官下庚寅岁（1950 年）。

度戒仪式的还愿/良愿科仪。优勉支系。

不同的熟练的写主执笔；个别字和文段为后来补充或被勘误（部分为圆珠笔书写）；符（fol. 47b），步罡踏斗图解（fol. 44a、48a-50b）；全书都有后补充的瑶族风格的文字和图画；fol. 6-43 在天头处标出了页码（阿拉伯数字 1—38）；传度师黄金寿为后代题写的寄语，以及黄法传通过度戒仪式后获得的度戒官位。

附录：来自仪式科仪的个别选段，部分地方有后来补充的插图（fol. 1b-5a）。参与度戒仪式的人员：邓财三郎（fol. 65a），邓法盖（fol. 65a），邓法情（fol. 65b），冯法显（fol. 66b），冯法红（fol. 66b），□德二郎（fol. 66b），“又到收京法用”（fol. 66b-67a）。

传度师：黄金寿（fol. 5b）；书主［?］和受戒人：黄法财（fol. 64b），黄法传（fol. 5b）；后继书主：盘□□（fol. 64b）；邓法周（fol. 35a），黄完县（fol. 45b）；推测为配图的绘者：李法元（fol. 21a），李如完县（fol. 29b），李如凤（fol. 48a），李财金（fol. 63b）。

参见［德］贺东劢（Thomas O. Höllmann）、傅敏怡（Michael Friedrich）：给神灵的讯息——瑶族宗教文书（Botschaften an die Götter. Religiöse Handschriften der Yao），威斯巴登：Harrassowitz，1999，第 25 页。

793 **Cod. sin. 969**

22. 5 厘米×17 厘米，穿过书边并从 7 处穿过书背装订，含挂环；书衣为脆竹纸；17 张折页，亦为脆竹纸，有虫蛀形成的大面积缺损；fol. 1a、14b、16a、17b 空白；fol. 14b、16a 有后添加的插图；每页 8 列，每列 14 个字。

标题（封面）：{参} 拜超兵门前赏浪师父用；给印话；神厄出世歌用；{参} 拜超兵传部老兵步用敕法；有齐门前相浪师父给筈给印；牛角出世歌在齐可要准

正文起始（fol. 2a）：一声鸣角去哀哀，{参} 拜祖师本师下台

正文结尾（fol. 17a）：今日鸣天吉典一心全凭望得全阳

无地点。日期：大清华（推测为中华民国时期）。

法、表式、符和七言歌，用于在度戒仪式上招募神兵、递交奏章、授予印章和符，抵御不祥。优勉支系。

不同的较生疏的写主执笔；符（fol. 15b）；整本文书都有后添加的中式绘画。

794 **Cod. sin. 970**

19. 5 厘米×13. 5 厘米，以竖着折叠搓捻而成的纸捻线在一侧捆扎（毛装，纸捻线穿过六眼中的四个）；封面为桑皮纸，封底为竹纸；23 张折页，粗纤维竹纸；品相佳；每页

5—6 列，每列 5—14 字。

标题（fol. 20b）：中国发明的国语第二册

正文起始（fol. 1）：开学了．学校门口国旗飘飘

正文结尾（fol. 19b）：恭喜妈妈新年好

无地点，泰语注释暗示其至少在一段时间内在泰国北部或老挝被使用过。日期（fol. 22b）：中华道光辛酉（推测为 1981 年）。

中国一年级或者二年级的教科书手抄本。优勉支系。

清晰、熟练、流畅的字体，附录为其他写主书写；汉语圆珠笔注释（fol. 16b、22b、23a）以及泰语注释（封底）；fol. 20a、22a 原本空白，后添加了占整页篇幅的中式绘画。

附录：草稿（fol. 1a、21a-b、22b）。

书主［?］：李富周（封底）。

795 **Cod. sin. 971**

17 厘米×9. 5 厘米，穿过书边并从 7 处穿过书背装订，含挂环；书衣由两层厚［竹?］纸制成；16 张折页，［竹?］纸；品相佳；fol. 1a-2b、10a、16b 空白；第一篇正文：每页 5 列，每列 16—18 字；第二篇正文：每页 4 列，每列 12—14 字。

无标题

第一篇正文

正文起始（fol. 3a）：启头许何尚愿．许上一炉明香一炉水碗连花酒盏

正文结尾（fol. 9b）：又庙王清高安重词三同半米要炮十二合一头六合

第二篇正文

正文起始（fol. 11a）：又到请花红父母用．十二姓花红父母一共奏桃源同理

正文结尾（fol. 15a）：置录本命星宫

无地点及日期，推测为 20 世纪。

还愿仪式及向花王求子的仪式科仪文段。优勉支系。

题记（fol. 10b）含持有说明与对后代的寄语。

流畅熟练的笔迹；第二篇正文字迹较生疏，有许多特殊写法；后添加的中式绘画；目录（fol. 1a）。

附录：神目（fol. 15b-16a）。

书主：赵德文（书衣，fol. 10b）。

796 **Cod. sin. 972**

23. 5 厘米×15 厘米，以竖着折叠搓捻而成的纸捻线在一侧捆扎（毛装），含纸质挂

绳；书衣由两层厚［竹?］纸制成；24 张折页，竹纸；品相佳；每页 5 列，每列 11—14 字。

标题（书衣）：男人唱的歌

正文起始（fol. 1a）：拜神圣拜神无圣圣无知/难

正文结尾（fol. 24b）：三分意者四分口状胜筶押在香炉脚下

无地点及日期，推测为 20 世纪。

还愿仪式科仪，含祭拜传说中的祖先盘王的七言歌《盘王歌》的文段。优勉支系。

始终为一种工整、熟练的笔迹，个别几处有写主执笔的勘误；后添加的中式绘画；目录（fol. 1a）。

写主：董胜利（fol. 24b）；书主：冯春明（书衣）。

797 **Cod. sin. 973**

24 厘米×18 厘米，穿过书背装订，含挂环；书衣已佚；57 张折页，推测开篇有几页已佚，粗纤维黄纸；前 10 张折页边缘下部因虫蛀有缺损；fol. 57b 空白；每页 7 列，每列 14—16 字。

标题（fol. 57a）：南灵科

正文起始（fol. 1a）：香花请．向来三伸三召请灵

正文结尾（fol. 56b）：升上法桥逍遥快乐天尊度仙上青天尊

无地点及日期，推测为 20 世纪。

做斋仪式科仪，用于护送亡魂。荆门，道公派。

始终为一位不熟练的写主执笔，有许多特殊写法；紫色分段标记，列首和列尾有紫色分行标记，节奏划分标记和神衹名称标记；符（fol. 49b）；整本文书有后添加的瑶族风格的插图。

书主和写主：邓道财（fol. 18a、27b、28b、36a、36b、39b、41b）。

798 **Cod. sin. 974**

24 厘米×18. 5 厘米，穿过书边装订；书衣由另一文书多张粘贴在一起的棕色纸制成，有筛纹；13 张折页，桑皮纸；受损的页边缘有缺失；fol. 1b、2a-b、13b 空白，fol. 1 残缺不全；每页 9 列，每列 18—19 字。

标题（封面）：金章宝经；太上设金章经文

正文起始（fol. 5a）：太上老君设五斗金章受生妙经尔时太上老君在太清境上

正文结尾（fol. 12b）：须信礼而退受奉行太上设三官削罪妙经讽弥罗咒缴金章经三官经是小部

无地点及日期，推测为 19 世纪末。

道家经典节选集，推测为葬礼所用。荆门，道公派。

始终为一位较熟练的写主执笔；符（fol. 7a-8a）；后添加的中式绘画（fol. 3b-4b、6b、7b、10b、11a-b、12b、13a）。

书主：邓道镜（fol. 3a、4a），邓道长（fol. 3a）。

799 **Cod. sin. 975**

26 厘米×17 厘米，穿过书边并从 7 处穿过书背装订，含小挂环；书衣由［竹?］纸制成；17 张折页，深棕色［竹?］纸；有水渍、污渍，除此以外品相佳；fol. 1a 空白；每页 8 列，每列 15—17 字。

无标题

正文起始（fol. 1b）：又到星位．子生人第一位贪狼星，丑亥生人第二位巨门星

正文结尾（fol. 15b）：皇上厶年厶月厶日具立桥牌施行

地点（fol. 4a、6a 表式中）：大清南掌国暹罗道城卖府城海州城砍洞浛软冲龙为寨（泰国北部）。日期（fol. 2a、9a、11b 表式中）：大中华民国；（fol. 8b、13a）：皇上中华民国；（fol. 11a）：民国；（fol. 15a）：大民国（1911 年后）。

闾山派的表式集。优勉支系。

推测由三位不同写主执笔：fol. 1-6b、9a、14a-15b 为第一位熟练的写主；fol. 6b-8b、9a-11a 为第二位十分熟练的写主；fol. 11b-13a 推测为第三位写主执笔，含许多特殊写法；整本文书有后添加的中式绘画；一枚方形“太上老君敕令”印章（fol. 13b、14a）。

传度师［?］：刘德安（fol. 13b）；书主：刘德财（fol. 13b）。

800 **Cod. sin. 976**

22 厘米×20. 5 厘米，一侧重新装订，从原始毛装的四个眼穿过书芯装订；书衣已佚；19 张折页，推测首尾几张折页已佚，桑皮纸；fol. 7-9 残缺不全；每页 10 列，每列 15—17 字。

无标题

正文起始（fol. 1a-1b）：…是玉清上清［太清］…一论送三灾法．祭玉清上清太清为金星月府日宫守次扶提

正文结尾（fol. 19b）：沈爷属晚星小名冯特记

无地点。后添加的日期（fol. 15b）：民国六八年（1979 年）；推测实为 19 世纪末。

主要用于治病仪式的秘语。荆门。

始终为一种熟练的、较小的字体；符（fol. 6b、7a）；后添加的瑶族风格的插图和玫红

色文字（fol. 6a–b、11a–b、12a、14a）。

附录（fol. 17b）：神目、星宿以及行政区域的列表。

书主：邓法修（fol. 6b），［邓］法冲（fol. 13a）；后继书主（？推测为插画绘者）：李凤财（fol. 14a）。

801 **Cod. sin. 977**

25. 5 厘米×19 厘米，装订部分散开，穿过书边及书背装订；书衣已佚；17 张折页，推测开篇几页已佚，桑皮纸；有水渍、污渍，除此以外品相佳；每页 11—12 列，每列 21—22 字。

标题（fol. 17b）：丧家秘语

正文起始（fol. 1a）：铜甲盖过诸神并不见谨宝在家小同君一处也

正文结尾（fol. 17b）：木境山神总成头目来朝揖十二方位成蚕虫推春亡故睡芳眼迷迷不醒也．丧家秘语完

无地点。日期（fol. 17b）：大清道光壬寅年夏月下旬（集完笔）（1842 年）。

葬礼秘语。荆门，道公派。

熟练的写主执笔，有许多特殊写法；红色分段标记，清点姓名时用红点作了标记；符（fol. 6a、9a–b、16a–b）；

后添加的中式绘画。

传度师：盘玄珣（fol. 17b）；书主：李经明（fol. 17b）。

802 **Cod. sin. 978**

23. 5 厘米×20 厘米，在 9 处穿过书背装订，含小挂环；书衣已佚；34 张折页，推测开篇和结尾几页已佚，脆［竹?］纸；有虫蛀，页边缘严重受损；fol. 34b 已佚；每页 8 列，每列 19—22 字。

无标题

正文起始（fol. 1a）：…六害女刑关煞，虚花六害截路关煞，克男女关煞，奔蛇关煞．又到赞代歌

正文结尾（fol. 34a）：五师屋它村头头上灵神不见鬼灵鬼不见知，五奉太上老君令敕．又到藏师身法用

地点（fol. 26b 表式中）：大清喃掌国厶道（老挝北部）。日期（fol. 28a 表式中）：皇上民国。

做法事之指示“法”，七言歌，用于抵御灾祸和下葬仪式；用于诊断疾病的卦书；用于葬礼的表式。优勉支系。

较生疏的写主执笔；有红色分段标记；步罡踏斗图解（fol. 4a）；用占卜法诊断疾病之人的图画（fol. 8a-10b）；“生死周堂”（fol. 16b）。

书主［及写主?］：李如进（fol. 21b、22b、25b）。

803 **Cod. sin. 979**

24 厘米×20 厘米，穿过书边并在中部穿过书背重新装订；书衣已佚；25 张折页，脆竹纸；有水渍，页边缘被烧焦，首尾几张折页严重受损；fol. 1a 空白，fol. 4 为后来添加；每页 8 列，每列 19—21 字。

无标题

第一篇正文

正文起始（fol. 2a）：又到送外神用 . 送王去送王归去上界班殿上

正文结尾（fol. 3a）：一朝一夜到场完满了，各人打马｛转｝回乡

第二篇正文

正文起始（fol. 4a）：又到祭墓疏表

正文结尾（fol. 25）：五师说话惊天一地刀两断，伤神冤家也断，散鬼路也分明

地点（fol. 4a 表式中）：大清宣罗道；（fol. 8b、9a、11a、12b、23b 表式中）：大清民国宣罗布政司/道。完笔日期（fol. 3b）：皇上民国三十年辛巳岁六月（抄书上圣）（1941年）。

闾山派用于葬礼的歌、法、咒和表式的合集。优勉支系。

字迹潦草但易识读；整本文书有后添加的中式绘画。

附录：在 fol. 4 中插入的折页，上有用于下葬仪式的表式。

书主：赵进财/才（fol. 1b、3b、6b）；死者家属：盘氏者（fol. 7b）。

804 **Cod. sin. 980**

26 厘米×20 厘米，以线从 3 处穿过书背装订，含挂环；书衣已佚；30 张折页，桑皮纸；品相佳，fol. 1-2 已佚；fol. 1-16：11 列，每列 23—24 字；fol. 16—31：每页 12 列，每列 23—25 字。

无标题

正文起始（fol. 1a）：…地墓坟祖境兄妹灵德应农德应罗德

正文结尾（fol. 30b）：宝贵龙儿水门花根案稳寅卯地即吉也

无地点及日期，推测为 19 世纪。

秘语。荆门。

流畅熟练的字体，从 fol. 16b 开始由其他写主书写；红色分段标记；标有页码；整本

文书有后添加的中式绘画。

书主：邓应｛瓒｝（fol. 6b），可能与“邓道｛瓒｝”是同一人；蓝色墨水书写的［后继书主?］：李时喑（fol. 30b）。

805 **Cod. sin. 981**

27厘米×20.5厘米，原始装订已松散，在其上以纸捻线从3处穿过书背装订；书衣由两层粘贴在一起的桑皮纸制成，纸张向外的一面均绘有图画（进行过修改的卷轴画上有两位守护神以及文字“马元帅”和“赵元帅”），之后被染成棕色，并包住书背；42张折页，桑皮纸；版口处被撕开，有水渍、污渍，折页上部边缘缺损较多；fol. 1为后补充；每页8列，每列14—15字。

无标题

正文起始（fol. 2a）：烧香叩师先卷收传三魂

正文结尾（fol. 42b）：太清公胞胎盖过浊气诸神散了不来朝也．上宫下楼黄妙八

地点和日期（fol. 3a表式中）：大清国北京城厶府厶州厶里。

葬礼仪式的秘语。荆门，推测为道公派。

流畅的字体，字体较大；褪色的红色分段标记，部分红色句读；标有页码；整本文书有后添加的中式绘画。

附录（后来添加的折页，fol. 1）：一篇秘语的结束段落及题记，含姓名“邓云珠”“邓云权”和传抄价格，以及不得将其传给未经授权之人的警告。

书主［?］：黄妙八（fol. 42b）。

806 **Cod. sin. 982**

24厘米×17厘米，以线从4处穿过书背装订，含挂环；封面受损严重，书衣由脆［竹?］纸制成；26张折页，脆［竹?］纸；有水渍、污渍，页边缘颜色变黑，除此以外品相佳；每页8—10列，每列20字。

第一篇正文

标题（fol. 1a）：开光法书

正文起始（fol. 1a）：想此书为三天元始念日月金星三元

正文结尾（fol. 6a）：开五色花光亮有□良利月自降生大吉也

第二篇正文

标题（fol. 6b）：大治天娘邙堂法

正文起始（fol. 7a）：一论大治天娘邙堂法

正文结尾（fol. 21b）：延寿星千年｛岁｝了．长生寿命大吉

无地点及日期，推测为 19 世纪末至 20 世纪初。

不同的秘语。荆门。

字迹较拙劣但易识读；红色分段标记，列首有红点；后添加的中式绘画（fol. 1b、5b、6b、7a、18a-b、21b、22a、24b），一枚褪色的方形“三元考召印”印章（fol. 6b）。

各种秘语传抄的价格说明（fol. 6b、24b）。

附录：“整花娘之法”（fol. 22a-24b）；“一论小儿头炼拔拴鬼之法”（fol. 25a-26b）；借贷记录（封底内页），参与人员：李老各。

书主李玄皆（fol. 6b、16a、20a）分别从法师邓道凤（fol. 6b）、{掌} 玄明（fol. 21b）处获得并抄入这本文书中的不同段落；此文书的后继书主：邓玄珠（fol. 6b）。

807 **Cod. sin. 983**

23 厘米×19. 5 厘米，从两处穿过书背装订，含挂环；书衣已佚；37 张折页，推测首尾几张折页已佚，桑皮纸；版口处部分被撕开，有水渍、污渍，除此以外品相佳；fol. 1a 已佚；fol. 1-16：每页 10 列，每列 19—21 字；fol. 32-37：每列 23—24 字。

无标题

正文起始（fol. 1b）：…属日宫金星守此菩提一果三年饱满

正文结尾（fol. 37b）：并同打取他三师家神了重放甲子卷抱取

无地点及日期，推测为 19 世纪。

葬礼、治疗仪式及打醮仪式的秘语。荆门。

流畅熟练的字体，补充的部分由其他写主书写；从 fol. 17 页开始是较小的字体；褪色的红色分段标记；符（fol. 9b、10a、11b、22a-23b、36a）；整本文书有后添加的插图。

传抄的价格说明（fol. 18b）。

写主：李妙监（fol. 18b）；后继书主［?］：李道经（fol. 3a、4a、7a、11a、12b）。

808 **Cod. sin. 984**

25. 5 厘米×19. 5 厘米，穿过书边装订，含挂环；书衣由多层粘贴在一起的棕色纸制成，书衣包住书背；32 张折页，桑皮纸；页边缘轻微受损，装订处有较大缺损；fol. 1b、32b 已佚；fol. 32a 残缺不全；每页 9 列，每列 19—29 字。

标题（书衣）：（一本）安龙秘语；（标题页 fol. 1a）：（一本）［安］龙告［斗］；（fol. 27b）：安龙秘

正文起始（fol. 2a）：又祭老寿人日旦法．先存想传身为他母胞胎包取二位新人夫

正文结尾（fol. 27b）：甲乙丙丁急如律令也同前升十二个了法

无地点。将文书传给李妙爵的日期（fol. 1a）：道光二十六年腊月二十一日（1846

年)；(fol. 27b)：皇清道光二十六年腊月二十一日（1846年)。

安抚地龙的秘语，用于建房和修墓。荆门，道公派。

不同的写主执笔；有红色分段标记；符（fol. 9a、9b、23a)；列与列之间绘有步罡踏斗图解（fol. 19a)；后补充的中式绘画。

附录：后添写的几篇由不同的师傅传授的秘语，即“重集婚姻路”（fol. 27b-28a)；“又重集婚姻再嫁之法”（fol. 28a-29b)；“告斗金丝章法”（fol. 29b-30b)；“又集开光生灵法”（fol. 29b-30b)；“又论替老寿泰山之法”（fol. 30b-32a)。

卢道据（fol. 1a、27b）将在此文书中抄录下来的不同段落传给了李妙爵（fol. 1a、12b、18a、27b)；盘金华（fol. 30b）为李玄盛（fol. 29b、30b）书写了 fol. 29b-30b 上的段落（fol. 29b、30b)；后继书主：邓经凤（fol. 1a、30b，封底内页)，邓经富（fol. 1a)。

809 **Cod. sin. 985**

27 厘米×22. 5 厘米，以折叠搓捻而成的纸捻线在一侧捆扎（毛装)；书衣已佚；44 张折页，推测结尾有几处已佚；较柔软的厚纸；部分版口处被撕开，有水渍、污渍，除此以外品相佳；fol. 1a 已佚，fol. 2 版口处被撕开，内页有字迹；每页 16 列，每列 25—28 字。

无标题

正文起始（fol. 3a)：斋醮初请之法．人初请烧香叩师法

正文结尾（fol. 43)：左右膀胱是醮诸圣某各宝满了也

无地点及日期，推测为 19 世纪末至 20 世纪初。

做斋仪式秘语。荆门，道公派。

字体极小；有红色分段标记，在清点姓名时用红点作了标记；符（fol. 2b、6a、14b)，整本文书有后来添加的中式绘画；五个小的方形［名?］章，铭文无法辨识（fol. 2bv、3a、7b、8a)；一枚方形“道经师宝”印章（fol. 15a、16a)。

附录：用于做斋仪式的表式（fol. 1b-2a)；后来添加的另一本文书［?］的标题页（fol. 2bv）“良缘清醮科”。

写主：盘玄锡，推测与“盘老大”是同一人（fol. 30a、32b、41b)；书主：蒋妙光（fol. 6b、9b、10b、16a、33a、42a)；后继书主：蒋玄挂（fol. 2bv)，黄妙学（fol. 2bv)。

810 **Cod. sin. 986**

17 厘米×18. 5 厘米，以折叠搓捻而成的纸捻线在一侧捆扎（毛装)；书衣为以布筛荡料入帘而成的厚纸，封底已佚；20 张折页，较柔软的以布筛荡料入帘而成的纸；有污渍、水渍，除此以外品相佳；fol. 1a-b、20b 空白；每页 9 列，每列 21—23 字。

标题：［伸斗科］

正文起始（fol. 2a）：奉道正一伸斗补粮求寿救患祈安醮主主等

正文结尾（fol. 20a）：向来钱归库里福谢主平安送还宫道返原同赖善功成无上道

地点（fol. 6a）：大清南掌国（老挝北部）。日期（fol. 21a）：光绪二十一年甲辰岁四月二十一日午时（抄完）（1895 年）①。

打醮仪式科仪，用于祭拜北斗。荆门，道公派。

较生疏的写主执笔，有一些特殊写法；紫色分段标记，至 fol. 14 有部分句读；符和北斗示意图（fol. 8b）；后补充的中式绘画（fol. 4a、7a、11a、14a、17a、20a）。

811 **Cod. sin. 987**

26 厘米×15 厘米，穿过书边及书背装订；书衣由厚纸制成，封底已佚；75 张折页，推测结尾几张已佚，桑皮纸；有水渍，页边缘缺损较大；fol. 1b、55b、56b 空白；每页平均 6 列，每列 12—16 字。

第一篇正文

标题（书衣）：男科；（封面内页）：南灵科；（标题页 fol. 1a）：南灵科（共一本）沐浴化衣［科］

正文起始（fol. 2a）：勘叹人生如电影，乌飞兔走难留

正文结尾（fol：56a）：三清道路念皈依，金真引教天尊

正文第二篇

标题（fol. 55b）：（到此）化衣科（一本使用）

正文起始（fol. 57a）：奉道正一沐浴化依孝主厶等初念上香

正文结尾（fol. 75b）：上奉阴司使用无穷无尽阴阳快乐圆圆寿福

无地点。日期（fol. 1a、56a）：太岁庚申年三月廿五日辰时（推测为 1800 或 1860 年）。

做斋仪式科仪，用于护送亡魂。荆门，道公派。

同一熟练的写主执笔，有个别几处勘误；每页中间各有一块较大的，但与韵律或句法单元无关的间隙。

附录：其他写主重复书写的日期（fol. 1a）。

书主：李玄阶（fol. 1a）。

812 **Cod. sin. 988**

24.5 厘米×19.5 厘米，两本文书（fol. 1-20 和 fol. 21-37）穿过书边及书背装订；书

① 译校者注：光绪二十一年（1895 年）是乙未年而非甲辰年，此处疑为抄书人的笔误。

衣由多张部分粘贴在一起的棕色纸张制成，封底已佚；37 张折页，桑皮纸；有污渍、水渍，页边缘轻微受损；fol. 1b、2b、20a-b、21a、22a-b、36b、37b 空白；每页 9 列，每列 14—18 字。

第一篇正文

标题（标题页 fol. 1a、2a、19b）：安龙科

正文起始（fol. 3a）：奉道正一按龙谢墓伸斗补粮祈安醮主厶等来诣炉前

正文结尾（fol. 19b）：它舍荣华补福消灾洞赖善功城无上道．一本按龙科终毕

第二篇正文

标题（fol. 21a、36a）：小喃灵科

正文起始（fol. 23a）：勘叹人生随电影，乌飞兔走难留

正文结尾（fol. 36a）：向来道返金阙经入琅极洞赖完成无上道．小本喃灵科抄了

地点（fol. 4a）：大清归皇府（琅勃拉邦，老挝）；（fol. 8a）：大清南掌国（老挝北部）。日期（fol. 1a）：光绪廿三年顶酉岁八月廿二日戌时（终）（1897 年）；（fol. 21a）：光绪廿三年丁酉岁九月初四日（完）（1897 年）。

用于安抚地龙和安定墓葬的仪式科仪；做斋仪式科仪，用于为死者的灵魂超度。荆门，道公派。

由同一位写主执笔，个别几处勘误；红色分段标记，部分清点姓名时用红点作了标记。

题记位于第一篇正文结尾，含标题、写主和谦辞（fol. 19b）。

其他写主书写的附录：画有符的文段和用于下葬仪式的咒（fol. 37a）。

写主：李老二（fol. 19b），化名为“正音”（李氏家族所用，fol. 1a）；书主：李玄御（fol. 1a、2a、21a、34a）和他的儿子［？］李云通（封面，fol. 2a）；后继书主：黄妙学（封面，fol. 1a）。

813 **Cod. sin. 989**

23 厘米×20 厘米，穿过书边并从 7 处穿过书背重新装订，含挂环；书衣由包装纸及写有字迹且严重变黑的桑皮纸制成；35 张折页，变成深棕色的桑皮纸；页边缘轻微受损；每页 9 列（fol. 31b-35b：10 列），每列 18—22 字。

标题（标题页 fol. 1a）：百解秘语

正文起始（fol. 2a）：又西天黄泉之法．现存师护身念月府

正文结尾（fol. 35a）：现祭香火证明了，先想夫妻命

无地点。日期（fol. 1a）：光绪三十一年乙巳岁十月初五日辰时（完抄）（1905 年）。

流畅熟练的字体，个别文段由其他写主执笔；部分地方有玫红色分段标记；一枚褪色

的方形印章，铭文推测为“道经师宝”（fol. 1a）。

秘语集。荆门，道公秘语。

书主：李妙通（fol. 1a、1b、10b、23a、28b、30b），他的儿子李玄章（fol. 1a、1b、2a、9a、10b、23a、28b、30b、33a），孙子李金相（fol. 1a、3a）；后继书主：李金｛簧｝（fol. 1a）。

814 **Cod. sin. 990**

21.5 厘米×16.5 厘米，以粗绳穿过书边装订，含挂环；未染色的粗布制套函；66 张折页，粗纤维脆竹纸；有水渍，起始几张折页边缘有缺损；fol. 66a 空白；每页 9—10 列，每列 15—24 字。

标题（书衣）：百解秘；（标题页 fol. 1a、66b）：百［解］秘语天机金语

正文起始（fol. 4a）：一论开地府禁盆法．现存本身头带金星

正文结尾（fol. 63b）：报三朝用．鸡一只，银乙钱二，好曼做也．存钱银者返师也，大吉大利

地点（fol. 64a）：大清云南道。日期（fol. 1a）：太岁壬申年七月十五日未时刻（抄完笔）；附录日期（fol. 1b）：八月初七。

秘语集。荆门，道公派。

工整的字体；有注释及紫色分段标记；天头处有用铅笔画的用于分隔版面的横线；有几页的页码标记位于装订处；符（fol. 13b、38a、55a）。

题记（fol. 66b）含标题及持有说明。

附录：借贷记录，“立簿记清”（fol. 1b）；“对式格式”（fol. 2b-3b）；“一论伸状式通用”（fol. 64a-b）；“对式格式”“正戒对式”（fol. 65a-b）。

传度师：邓道絑（fol. 2a），李金照（fol. 1a、2a、66b）；书主及写主：邓经状（fol. 1a、2a、12a-b、13b、38b、55b、63b、66b）。

815 **Cod. sin. 991**

24.5 厘米×20 厘米、24.5 厘米×18 厘米，两本文书（fol. 1-29 和 fol. 30-60）穿过书边并从一处穿过书背装订；书衣部分由另一文书多张粘贴在一起的外面染成棕色的纸张制成，有筛纹；60 张折页，fol. 1-29 为桑皮纸，fol. 30-60 为细纤维脆纸；有水渍、污渍；fol. 1b、3b、5b、7b、59b、60a 空白；fol. 1-29：每页 10 列，每列 17—22 个字；fol. 30-60：10 列，每列 20—22 字。

第一篇正文

标题（书衣）：夜送终秘语；（标题页 fol. 1a）：丧家｛升｝道门科；（fol. 29b）：丧场

道门秘语

正文起始（fol. 8a）：人初请之法．想传身三块肝｛胆｝即是格道正

正文结尾（fol. 29a）：赵，邓，马，康，黑煞旗头谨捉邪人夭，井内消灭亡亡也

无地点。日期（fol. 1a）：上元乙酉（推测为 1885 年）；（fol. 29b）：光绪｛十｝一年乙酉岁｛麦｝秋月朔□日（跳手）（1885 年）。

用于葬礼的秘语。荆门，道公派。

流畅的字体，有几处勘误；红色分段标记；符（fol. 12b、13a、14a、28a、29a）。

题记（fol. 29b）含标题、日期、持有说明。

附录（补充的葬仪的文段）："若是丧事路裂开列数目通路法"（fol. 4a-5a）；"开丧场明单"；"另丧场古救看次道路行数"（fol. 6a-7a）；插入了一张打行线的模子，模子的尺寸为一张对折的折页的大小。

第二篇正文

标题（fol. 60b）：三夜送终秘书

正文起始（fol. 30a）：一论道师家预修老寿女人有功德升度．先存孝男孝妇子孙

正文结尾（fol. 59a）：谨定子午较．又开条书□路誊誊上月府日宫金星去也．其法根有八兄弟要捉者白银一两足，猪一命，酒在外供，上达四海传阳高师．何人职得…世大成金

无地点。日期（fol. 60b）：光绪｛十｝七年辛卯岁十月下弦二｛十｝四辍（1891年）。

用于下葬仪式的秘语。荆门，道公派。

字迹较生疏，但易识读；有红色分段标记；符（fol. 33a）。

题记（fol. 59b-60a）含标题、日期、持有说明、题词和传抄此文书的价格。

两本文书的原始书主、传度师及写主［?］：邓玄按（fol. 17a、29b、46b、55a）；书主：邓云明（fol. 29b）；后继书主：邓授能（fol. 29、35a、47a、60b）。

816 **Cod. sin. 992**

23 厘米×12. 5 厘米，以折叠搓捻而成的纸捻线在一侧捆扎（毛装），含挂环；书衣为以布筛荡料入帘而成的纸张；34 张折页，厚［竹?］纸；品相佳；fol. 33a-34b 空白；每页 5 列，每列 14—22 字。

无标题

正文起始（fol. 1a）：又到隔路法．一隔一重山，二隔二重山，三隔三重山

正文结尾（fol. 29b）：五方同样请．准吾太上老君急々令敕

无地点。日期（fol. 30a）：民国六十五年丙辰岁八月十日（完笔）（1976 年）。

葬礼用法、表式、咒、符集。优勉支系。

由同一位写主执笔，附录为其他写主书写；红色分段标记；符（fol. 3b、4a-b、13b、14a、23b、26b）。

题记（fol. 30a）含日期和书主、写主及题词。

附录：表式，“谨十殿阎君位前｛呈｝进奉”（封面内页）；“又到十殿解结疏文用”（fol. 30b-32b）

写主：诃/谢新华（签名为行书体，fol. 30a）；书主：盘金升龙（书衣）。

参见［德］贺东劢（Thomas O. Höllmann）、傅敏怡（Michael Friedrich）：给神灵的讯息——瑶族宗教文书（Botschaften an die Götter. Religiöse Handschriften der Yao），威斯巴登：Harrassowitz，1999，第 90—91 页，目录第 54 号。

817 **Cod. sin. 993**

25 厘米×17 厘米，穿过书边并从 7 处穿过书背装订，含挂环；书衣由未染色的粗布制成；34 张折页，不同质量的［桑皮?］纸；版口处被撕开，有水渍、污渍；fol. 34b 已佚，fol. 27b 空白；每页 9—13 列，每列 16—24 字。

标题（标题页 fol. 1a）：杂百解秘语

正文起始（fol. 2a）：一论求花祈嗣法．夫妻独独五子用此法

正文结尾（fol. 33b）：请天皇斗神看见各饱满也

无地点。日期（fol. 1a）：皇号太｛岁｝新卯年六月｛廿｝…（推测为 1891 年）

秘语集。荆门，道公派。

不同的写主执笔；红和紫色分段标记；符（fol. 19a）。

附录：借出记录，“具立簿记在”（fol. 1b），“具立簿记清知”（fol. 34a-b）。

书主［和写主?］：邓云宝/保（fol. 1a、13b、16b、27a）；［他的儿子?］邓道石、邓玉道、邓道珠、邓道珍（fol. 1a）；后继书主：邓经状（fol. 1b），邓法通（fol. 32b）；［传奇人物］师父：邓应一郎（fol. 32b）；在附录中：盘金利、邓妙明、李道照（fol. 1b），邓经亮（fol. 34a），李今清、李经真（fol. 34b）。

818 **Cod. sin. 994**

23 厘米×16 厘米，穿过书边装订；由旧料制成的封面：盖有两枚印章的中文公函，以布筛荡料入帘而成的［竹?］纸；封底：残缺不全的桑皮纸，上面写有泰文（傣叻文）；40 张折页，粗纤维脆竹纸；有水渍，最后几张折页上端边缘有缺损；fol. 40a 空白，fol. 40b 已佚；每页 9—11 列，每列 8—24 字。

标题（书衣）：百解；天机

正文起始（fol. 2a）：一论酒肉当法．先叩师庄身同知护传身了

正文结尾（fol. 39b）：专气灾难灭收除也．诸处灭完成了也

地点（封面）：南掌暹罗国猛龙皇府赐属世猛宣所属猛飘坝犛洞黄叭西（琅勃拉邦，老挝北部）。日期（制作封面使用的旧料）：皇上同治七年戊辰岁次三月初一日（1868年）；传授此文书的日期（封面）：正月十五（给付十方应）。

秘语集。荆门，推测为道公派。

流畅的、较拙劣的笔迹，个别文段由其他写主书写；浅红的分段标记，用红点标记姓名；符（fol. 17b、21a、32a）；从 fol. 2 开始标有页码（“乙”至“三十久”，由此可知 fol. 12 和 38 已佚）。

目录，传抄此文书［?］的价格（制作书衣的旧料），［后来添补的］含持有说明及售价的标题页（fol. 1a）。

由不同写主书写的附录：“又论烧瞟”（fol. 1b）。

传度师：邓道连（书衣，fol. 1a），黄道利（书衣）；书主，买主［与卖家?］：邓经富（fol. 1a）；后继书主：滕经莲，可能与滕玄｛连｝指同一人（封面，fol. 1a），李玄□（书衣）。

819 **Cod. sin. 995**

27. 5 厘米×21 厘米，穿过书边及书背装订；书衣部分由另一道公派文书多张粘贴在一起的纸张制成；54 张折页，首尾几张折页已佚，严重变黑色的桑皮纸；版口处多被撕开，有污渍、水渍；每页 8 列，每列 12—17 字。

标题（fol. 9a、18a）：开山［科］

正文起始（fol. 1a）：一个取柴个煮扫，一个架床等公归

止文结尾（fol. 54b）：王字点头郎设主，甲字出头听我申

无地点及日期，推测为 19 世纪。

开山仪式七言科仪。荆门，师公派。

熟练、较潦草的字体。

书主：李院高（fol. 2b、9a、18a、25b、30b、37b）；制作封面的旧料上写有：李真凤、李经颜、李显□。

820 **Cod. sin. 996**

22. 5 厘米×19. 5 厘米，穿过书边及书背装订；书衣已佚；109 张折页，桑皮纸；部分版口处被撕开，有水渍；fol. 2 为双页，fol. 105b、106a-b、108a 空白，fol. 1a、109a 已佚；每页 8 列，每列 20—25 字。

标题（fol. 2a）：大斋秘语

正文起始（fol. 3a）：九帝名法．玉清宫姓名格道正格｛霟｝名

正文结尾（fol. 105a）：便封金星日宫月府门开东门取出行嫁女日日不老寿双全吉也

写主籍贯：粤西思恩府（fol. 2b）（广西）；泰语注释暗示其至少在一段时间内在老挝北部或泰国被使用过。日期（fol. 2a）：道光二十三年癸卯岁闰七月十七日（1843 年）。

做斋仪式的秘语。荆门，道公派。

始终为同一位熟练的写主，有个别勘误；部分红色分段标记，用红点标记姓名（fol. 37a－38a）；标有页码；铅笔写的泰语注释（fol. 109av）；框起来的字作为符（fol. 16b、26a、31a-b、32a、33a）；整本文书内都有方形“道经师宝”印章（fol. 2a）和叶形“吉星”印章。

附录：对联列表和神目（fol. 107a-b）。

写主：潘卓元，来自粤西思恩府（广西），另外还有一枚印章，铭文为其化名，即“出版社名”——“崇德堂记”；传度师［？］：李妙宪（fol. 2a）；书主：李妙广（fol. 2a、47a、65b），李妙经、李妙钟（fol. 2a）；后继书主［？］：李经宝（fol. 2a、3a），李妙利（fol. 2a）。

参见［德］贺东劢（Thomas O. Höllmann）、傅敏怡（Michael Friedrich）：给神灵的讯息——瑶族宗教文书（Botschaften an die Götter. Religiöse Handschriften der Yao），威斯巴登：Harrassowitz，1999，第 27 页，图 IV. 5、IV. 6 中的印章。

821 **Cod. sin. 997**

24 厘米×19 厘米，穿过书边及书背装订，含挂环；后添加的包装纸制书衣；53 张折页，桑皮纸；部分版口处被撕开，书芯上角（fol. 25-26）和页边缘（fol. 51-53）有缺损，有水渍、墨渍；fol. 1b 已佚；每页 11 列，每列 20—25 字。

标题（书衣）：（一本）清醮秘语；（fol. 1a）：大清醮秘语

正文起始（fol. 2a）：一论人初来请修醮破纸法．烧香叩师先卷收传三魂

正文结尾（fol. 53a）：退回闭三天午天路闭息大吉了也．其颠倒患整得好功德乙良二钱可失．投者一钱二分，鸡一只，酒一瓶，取法根也

无地点；泰文注释暗示其至少在一段时间内在老挝北部或泰国被使用过。日期（fol. 1a）：太岁丙申［岁］七月七日（推测为 1836 年）；日期（fol. 53b）：同治元年三月（1862 年）。

秘语。荆门，道公派；但印章暗示其也曾为师公派法师所用。

熟练、工整的字体；红色分段标记，部分红色句读；泰文注释（fol. 1a）；框起来的字作为符（fol. 52a）；两枚方形印章，铭文推测为“三元考召印”（fol. 1a）。

附录：金钱借贷记录，“立簿记”（fol. 53b），参与其中的有：李道｛举｝，邓道旺，盘玄｛章｝；标题用圆珠笔重复书写了一遍（fol. 1a）；插入了一张泰国药品的包装纸。

传度师：邓云颜（fol. 1a）；书主：邓经普（fol. 1a）；后继书主［?］：李玄章（fol. 20b）。

822 **Cod. sin. 998**

27 厘米×19 厘米，以粗绳穿过书背及书边装订；书衣由桑皮纸制成；39 张折页，推测结尾有部分已佚，桑皮纸；有水渍、轻度污渍，书芯边角破损，fol. 1a 已佚；fol. 1b 空白；每页 9—10 列，每列 17 字。

标题：[贡筵红楼秘语]

正文起始（fol. 2a）：大小延会人初来请之法

正文结尾（fol. 38a）：我此指日高升参相大官员退任也

无地点及日期，推测为 19 世纪。

祭拜送子神帝母仪式的秘语。荆门，师公派。

始终为同一位熟练的写主执笔，个别地方由写主勘误；红色分段标记，个别字用框标记或者用红点突出标记；一幅载人的船图，符（fol. 5a、7a、37b）；掌诀（fol. 28b），步罡踏斗图解；一枚方形“三元考召印”（fol. 6b-7a、12b-13a、23b-24a）。

附录（fol. 38b-39b）：“阳州宝殿”（神目和星宿的名单）。

写主：李胜宽（fol. 29a）；书主：李胜员（fol. 29a、36b）。

823 **Cod. sin. 999**

20 厘米×17 厘米，以纸捻线从两处穿过书背装订；书衣由厚［竹?］纸制成；6 张竹纸制折页；每页 12—19 列，每列 20—36 字。

标题（书衣，书衣内页）：玉皇上卷；玉皇经上卷

正文起始（fol. 1a）：高上玉皇本行集经序．道在天地间无形色

正文结尾（fol. 6b）：高上玉皇本行集经．士臣书主李道圣世大十方上达

无地点。日期（fol. 6b）：十月十五［日］酉时（推测 20 世纪）。

道家经典《玉皇经》。荆门，道公派。

始终为同一位较生疏的写主执笔，字体非常小；符（fol. 4a），人和龙的画像（fol. 6b，封面内页）。

题记（fol. 6b）含日期、标题和持有说明。

写主及书主：李道圣（书衣，fol. 6b）。

824 **Cod. sin. 1000**

27 厘米×20 厘米，穿过书边及书背装订；在纸质书衣上有包住书背的布制套函，用布扣和套环关闭；187 张折页，不同质量的纸张，多数为较厚的脆［竹?］纸；有轻微污渍，除此以外品相佳；fol. 1b、187b 已佚，fol. 186b 空白；每页 7—9 列，每列 14—16 字。

标题（函套）：［师歌书］

正文起始（fol. 2a）：上元宫第二．二郎利地撒油麻，伴撒油麻伴撒豆，油麻生子豆子花

正文结尾（fol. 186a）：神排明座位保人丁民人家，入门相请是灵神

无地点无日期，推测为 20 世纪。

还愿七言歌，摘抄自《开坛书》。优勉支系。

不同的、较生疏的写主执笔，个别处有勘误；部分红色分段标记；标记优勉支系和汉语的用汉字和拉丁字母转写的注音（fol. 65b、66a、69b）；每 10 张折页用阿拉伯数字标记页数。

附录：草稿（fol. 1a）；“阳人阴间”（fol. 187a）；后插入的表格，上有机打泰文。

书主：邓有保（fol. 1b）。

825 **Cod. sin. 1001**

22 厘米×17 厘米，以纸捻线从 3 处穿过书背装订；书衣由一张薄纸制成，封底已佚；6 张折页，推测开篇几页已佚，脆竹纸；有水渍，页边缘受损；每页 16—19 列，每列 19—34 字。

标题：［度人经］

正文起始（fol. 1a）：云篆太虚浩｛却｝之初｛仁随仁雨或蒙｝五方

正文结尾（fol. 6a-b）：太上洞玄灵宝无量度人上品妙经．元始大道今日宣杨，度人会上步莲旁随升处境黄清万范开张地久天长度人卷王终度人法愿集经卷之终卍．云篆天尊无量度人三十二帝乘空临四人妙｛难｝伦枯骨成人香米放光｛明｝

无地点及日期，推测为 20 世纪。

用于度人的道家经典。荆门，道公派。

始终为同一位较生疏的写主执笔，字体极小；符（fol. 3a、5b、6a）；人和龙的画像（fol. 6b）。

书主、写主及插图的绘者：推测为李道升［参见 Cod. sin. 999］。

参见道藏，HY1。

826 **Cod. sin. 1002**

27.5 厘米×21 厘米，一侧用粗绳装订；书衣由多层棕色桑皮纸黏合层制，封面已佚；26 张折页，桑皮纸；部分版口处多被撕开，有水渍；fol. 26a 空白；每页 8—10 列，每列 16—26 字。

标题（标题页 fol. 1a）：诸章格

正文起始（fol. 2a）：又推各月宫．正十月大上虚无丈人宫

正文结尾（fol. 25b）：修斋万愿从心必为郊信恩惟太上分别

地点（在多篇表式中）：大清国云南道；不同书主的两次斋仪式举行的地点（fol. 26b）：临安府建水县猛｛梭｝土司菁山王下峒｛囊｝水表高领村；开化府文山县安南里黄使南朝王下期｛传｝水表高领村。无日期，推测为 19 世纪。

表式集。荆门，道公派。

熟练、工整的字体，个别字由其他写主书写、勘误；红色分段标记，几个红色字和短语；与列同宽的符（fol. 15b、16a、16b）。

附录：两项做斋仪式，有具体的地点和参与者的记录。

书主及写主［?］：邓云相（fol. 1a、26b）；后继书主：李妙晃（fol. 1a），腾玄恩（fol. 1b），邓道漆（fol. 26b）。

827 **Cod. sin. 1003**

24.5 厘米×18 厘米，两本文书（fol. 1-29 和 30-37）一起边订（不交叉）；书衣由两张写有字迹的表式制成，桑皮纸；37 张折页，桑皮纸；版口处被撕开，有污渍，页边缘轻微受损；fol. 1b、29b、30a 空白；每页平均 8 列，每列 10—19 字。

第一篇正文

标题（封面）：二宫科（一本在头）净坛科（在尾）；（标题页 fol. 1a）：二宫科（告斗用）净坛科（在尾）

正文起始（fol. 2a）：奉道正一酬斗求寿漆粮醮主厶等来诣香案前一二三念上香

正文结尾（fol. 29a）：大辰威名彰应急准玄科奉施行谨牒．太岁厶年牒上职

用于祭拜北斗及南斗的打醮仪式科仪。荆门，道公派。

第二篇正文

标题（fol. 30b）：（又重）净坛科（启）

正文起始（fol. 31a）：雷声普化天尊，太上传真教，天师遇鹤鸣

正文结尾（fol. 37b）：天将地将还地，各还本位，后有召□□□为上良缘志心称念

净坛仪式科仪。荆门，道公派。

地点（fol. 29a）：大清国南掌道（老挝北部）；（fol. 34a）南掌国；书衣上（表式中）：南掌国归皇府猛龙官上孟先菁山王下淰□□龙江遍村（推测为琅勃拉邦，老挝）。日期（标题页 1a）：咸丰六年丙辰岁四月中旬（抄完）（1856 年）；（书衣的表式中）：太岁庚申年二月十九日中旬（箓竟）（1860 年）。

始终为一种流畅但较潦草的字体；有红色分段标记，波浪线表示此处有省略，括号和韵律标记；部分处有句读，注释；两篇文章分开标记页码；灾星星宿图（fol. 7a），步罡踏斗图解（fol. 5b、6a），符（fol. 9a、36b）；一枚叶子形铭文推测为“吉星”的印章（fol. 1a）和一枚方形印章，铭文无法识别（fol. 1a）。

书主：盘玄秘（fol. 1a），盘道证能（fol. 11b）；后继书主：□道楷（fol. 1a），李云机（fol. 1a、11b）；制作书衣的旧料上写有：盘应皆，黄氏，邓胜相。

828 **Cod. sin. 1004**

24. 5 厘米×19 厘米，穿过书边并从两处穿过书背装订；书衣已佚；35 张折页，桑皮纸；第一张折页页面和下端边缘部分受损严重；fol. 1a 有大面积缺损，fol. 1b、35a-b 空白；每页平均 7 列，每列 10—15 字。

标题（fol. 1a）：关告会圣［敕坛］科

第一篇正文

正文起始（fol. 2a）：奉道延生醮主厶等来诣金炉前初念上香

正文结尾（fol. 9a）：洞赖善功完成无上道．关告完

第二篇正文

正文起始（fol. 9a）：会圣启．大道洞玄虚有念无不超

正文结尾（fol. 19b）：临修宗洞赖善缘成无上道．会圣科终

第三篇正文

正文起始（fol. 20a）：次敕坛科启．先念步虚也，一念通三界

正文结尾（fol. 34b）：重迎洞赖善功诚无上道．敕坛科完

无地点及日期，推测为 19 世纪。

打醮仪式发奏科仪，以及请神、建坛、经坛的仪式科仪。荆门，道公派。

始终为一种较拙劣的字体，个别处有勘误；红色分段标记，部分红色句读，个别字用框标记；标有页码；步罡踏斗图解（fol. 21a、32a）。

书主：李经宝（fol. 9a、19b、23a、34b）。

829 **Cod. sin. 1005**

22. 5 厘米×19 厘米，以竖着折叠搓捻而成的纸捻线在一侧捆扎（毛装）；书衣为薄棕

色纸，封底已佚；50 张折页，桑皮纸；有墨渍、烟熏痕迹和水渍，最后一张折页受损严重；fol. 1 版口处被撕开，内页写有字迹；fol. 49、50 有大面积缺损；每页 8—10 列，每列 19—25 字。

标题（封面，标题页 fol. 1a）：贡延秘语

正文起始（fol. 2a）：一论大小筵主人初请法．先庄身存取传三个影容也

正文结尾（fol. 50b）：身｛飘｝二变成他屎々浅食也

无地点及日期，推测为 19 世纪初。

祭拜送子神帝母的秘语。荆门，师公派。

始终为同一位字迹工整、熟练的写主执笔，有写主和其他写主执笔的勘误和增补；红色分段标记；符（fol. 16b），北斗星宿图（fol. 15b）；一枚方形铭文为“正”的印章（可能是邓姓的化名“正音”，fol. 50b）。

其他写主执笔的附录：“初一十五焚香法用”（fol. 1bv）。

书主：邓胜和（书衣，fol. 1a、5b），邓胜香（书衣），邓胜良（书衣）。

830 **Cod. sin. 1006**

23 厘米×17. 5 厘米，装订已部分散开，穿过书背装订；书衣为桑皮纸；30 张折页，桑皮纸；版口处被撕开，有水渍和火烧形成的洞；fol. 1 为双页，fol. 1b 空白；每页 7—8 列，每列 13—22 字。

标题（标题页 fol. 1a、29b）：伸斗科

正文起始（fol. 2a）：奉道正一｛祈｝星告斗十保补粮求寿祈安醮主厶等来诣圣前请拜上一二三念上香

正文结尾（fol. 29b）：谢主平安还宫洞赖善功净完成无上道

地点（fol. 3b、9a）：大清南掌国猛龙所宫（推测为老挝北部）。日期（fol. 1a）：咸丰四年甲寅岁短阳上旬五朔（完周）（1854 年）；（书衣）：丁丑岁五月（推测为 1877 年）；附录的日期（fol. 30b）：丁丑岁三月十四日（推测为 1877 年）；（fol. 30a）：皇上丁亥年六月（立簿）（推测为 1887 年）。

祭拜北斗的打醮仪式科仪。荆门，道公派。

始终由同一位写主执笔，附录为其他写主书写；部分红色分段标志和句读，北斗样式的灯的示意图和符（fol. 14a）；一枚方形“道经师宝”印章（fol. 1a）。

题记含标题和持有说明（fol. 29b）。

附录：“乾”字（封面）；借贷记录（fol. 29b-30b），其中参与的人员有：李法士、老李、李金防、李道琼、□道招、邓云章、盘老□、黎云明、盘经贤。

写主：李贵｛答｝（fol. 10a、24b）；原始书主：［李］妙□（fol. 1a，被划掉）；后继

书主：李金行（fol. 1a、20a、29b），李金｛搥｝（fol. 1a）。

831 **Cod. sin. 1007**

24 厘米×18. 5 厘米，穿过书边装订；书衣为来自另外一本文书的棕色纸张，书衣包住书背；47 张折页，桑皮纸；版口处被撕开，有水渍，第一张折页已佚；fol. 1a-b、2b、46b-47b 空白；每页 8—11 列，每列 20—25 字。

标题（标题页 fol. 2a）：丧家三时法

正文起始（fol. 3a）：又论丧人去斩木做拔之法．先存男属早星女属晚星南北二斗星

正文结尾（fol. 43a）：主厶厶厶氏三十六库柜漫漫了当天门

无地点。制作封底的旧料上的日期：皇清康熙伍十九年岁次孟秋七日（抄记）（1720 年）；日期（fol. 2a）：咸丰五年天中下旬（麤艺抄完）（1855 年）。

用于师公法师葬礼做斋仪式的秘语。荆门，道公派。

始终为一种流畅的字体，个别地方由写主勘误；红色分段标记，部分地方清点姓名时用红点作了标记；框起来的字作为符（fol. 13b、14a-b、15a、16a-b、27a、28a）；一枚方形“道经师宝”印章（fol. 1a、2a、3a）。

题记含传抄此文书的价格说明和不准将其传给不相干人等的警告（fol. 43a）。

附录：“一二三夜丧场行｛后｝白语说”（fol. 43a-45b）；“二三夜丧场行｛后｝白话文”（fol. 45b-46a）；“流年三然在防卫”（封底）；“巫教巫门晃｛魂｝重杂处地日是□”（制作封底的旧料）。

书主：李云衡（fol. 46a），邓云相；买主及后继书主［?］：邓经旺（fol. 2a）；后继书主：邓玄｛琵｝（fol. 2a）。

832 **Cod. sin. 1008**

23 厘米×17. 5 厘米，穿过书边装订；书衣严重受损，由多张粘贴在一起的未染色的纸张制成；42 张折页，桑皮纸；有水渍、污渍，品相佳；fol. 1b、41b、42a 空白；每页平均 7 列，每列 14—21 字。

标题（标题页 fol. 1a）：按龙科（一本）

第一篇正文

正文起始（fol. 3a）：请圣科启．奉道安龙谢墓醮主厶来诣香案炉前一二三上香

正文结尾（fol. 29b）：生贵子墓产贤补福消灾同赖善缘成无上道

第二篇正文

正文起始（fol. 29b）：次入安新龙科也．奉道正一安龙谢土求患祈福保安醮主厶来诣香炉一二三念名香

正文结尾（fol. 41a）：向来钱归库里福留谢主平安送圣还宫洞赖善功净完无上道

无地点。日期（fol. 1a）：咸丰年四月下旬（誊笔齐竟周）（1854 年）。

安抚地龙的打醮仪式科仪，用于建房或者建墓。荆门，道公派。

始终为一种易识读的字体，个别字和文段为后来补充或勘误；红色分段标记，部分地方有红色句读；一枚方形“道经师宝”印章（fol. 1a）；一枚紫色方形［名?］章，铭文无法识别（fol. 28b、29a、33a）。

附录：葬礼的表式（fol. 2a－b）；一个字（fol. 42，内页）；两个字“步罡”（fol. 42b）。

写主：李贵｛业｝（fol. 1a）；书主：李金仃（fol. 1a），他的儿子李道畅（fol. 1a）；后继书主：李圣传（fol. 1a），李胜传（fol. 1a），李妙初（fol. 2a）。

833 **Cod. sin. 1009**

26 厘米×19 厘米，穿过书边装订；书衣由多层粘贴在一起的棕色纸张制成，书衣上面有外加的另一层厚纸制书衣，包住书背，并被纸捻线从 4 处穿过书背装订在上面；20 张折页，桑皮纸；有水渍、污渍，页上部边缘有缺损；fol. 1b 空白；每页 8—12 列，每列 15—20 字。

标题（书衣）：受戒秘语；（标题页 fol. 1a）：｛天｝师受戒秘语．道教（在头启）．师教（在尾号）

正文起始（fol. 2a）：一论弟子初请法破纸．先烧香叩师证盟

正文结尾（fol. 17a）：悉归太上经净念稽首礼志心皈礼无上正真工宝

无地点；泰文注释暗示其至少在一段时间内在老挝北部或泰国被使用过。完笔日期（fol. 1a）：道光二年壬午岁次丁丑｛月｝上旬（腾笔）（1822 年）；一个侄子的出生日期：戊｛申｝寅年十一月廿四丑时（建生）（戊申是 1848 年，戊寅是 1878 年或 1854 年）。

进入道公及师公行列的度戒仪式秘语。荆门。

始终为一种流畅但较潦草的字体，附录部分由其他写主书写；红色分段标记，用红点进行神目的清点；泰文注释（fol. 1a、15a）；一枚褪色的方形“道经师宝”印章（fol. 1a）。

附录：侄子［李］院珠的出生日期（fol. 17a）；邓光扬书写的清单（fol. 17b－19a）；仪式名单（贡王斋，延生醮，洪恩设，土府醮），推测仪式为邓金｛熿｝为以下人员举行，即邓道拿，邓氏，邓金龙，邓院龙，邓经祉，邓院｛豪｝，邓氏灵，邓金玫，盘道京，盘应挥，盘玄通，盘弟｛汹｝，盘道｛鲜｝，盘应光，李金廉，李妙章（提及两遍），李妙亮（提及两遍），李胜传，李玄诵（提及两遍），李玄单，李应用，蒋道学（提及两遍），蒋道钓，蒋金锡，蒋胜钧，蒋道金，蒋道宝，蒋经仙，蒋法亮，蒋金良，蒋玄亮，□法

钜，□妙亮，□道科，□玄呈，□玄漆（fol. 19b-20a）；符（制作封底的旧料）。

写主：邓金 ｛熿｝（fol. 1a、19b）；书主：李玄 ｛衡｝（书衣，fol. 1a、11a、20b，封底，部分被划掉并为后继书主之名李玄阶所替代）；附录的写主（fol. 17b-19a）：邓光扬（fol. 19a）；后继书主：李金相（fol. 20b，圆珠笔填写）。

参见［德］贺东劢（Thomas O. Höllmann）、傅敏怡（Michael Friedrich）：给神灵的讯息——瑶族宗教文书（Botschaften an die Götter. Religiöse Handschriften der Yao），威斯巴登：Harrassowitz，1999，第 76—77 页，目录第 43 号。

834 **Cod. sin. 1010**

19.5 厘米×17.5 厘米，以粗绳穿过书背装订，含挂环；书衣为脆竹纸；40 张折页，质量不同的粗纤维脆竹纸；有水渍、污渍；fol. 37b、38a、39a 空白；每页 8—11 列，每列 14—23 字。

标题（书衣，封底）：（一本）小百解秘语．黄泉法（在根）．金盆（在尾）；（fol. 39b）：（一本）中卷秘解．老君六秘语．邓经聪秘语

第一篇正文

正文起始（fol. 1a）：一论天界黄泉法．先叩师护传身了

正文结尾（fol. 18a）：下落日宫月府至本处 ｛下｝ 上．长生完存病魂魄也．大吉

第二篇正文

正文起始（fol. 18a）：又东方金盆法．依前庄身取传师父船来来专下东方

正文结尾（fol. 36b-37a）：过福禄案 ｛后｝ 皆四海大桥去取云至桥头

无地点。日期（书衣）：中华民国五十 ｛年｝ 十二月十二日酉时（完毕）（1962 年）[①]；（封底）：民国五十九年十二月十二日酉时（完毕）（1970 年）；（fol. 39b）：太岁乙卯年（推测为 1975 年）；（fol. 38a）：戊午年（推测为 1978 年）。

秘语集。荆门，推测为道公派，但印章暗示其也曾被师公派法师使用过。

始终由同一位较生疏的写主执笔；紫色（从 fol. 18a 起为红色）分段标记，列首有分行标记，个别字和文段也做了标记；一枚方形“三元考召印”印章（书衣，fol. 1a、2b-3a、4a、5b-6a、7b、9a、12a、13a、14b，封底）。

题记（fol. 39b）含不同的标题、日期、持有说明和题词。

附录：嵌在里面的用于打格子的模子，[②] 由粗纤维竹纸制成；“又一论大便小便不通之法”（fol. 37a，圆珠笔填写）；关于借贷的含日期的记录（fol. 38a），其中的负债人为邓

① 译校者注：原书此处误写为“1961 年”，已更正。抄本原文使用的“酉时”，可知抄书人使用的是农历纪年。农历纪年与公历纪年存在时间差，民国五十年十二月十二日酉时对应的公历日期是 1962 年 1 月 17 日 15 点—17 点。

② 译校者注：有关介绍参见前文“读者须知”部分。

云银（fol. 38a）；一项仪式的与祭者（fol. 40a）为李云富及其妻盘氏，文书书主邓经聪及其妻邓氏等。家谱（fol. 40a-b，圆珠笔填写），男性各与其妻子一起被登记：李经宝，李显能及邓氏度；李道达及邓氏度，李玄谨、李氏声及盘氏淑，李妙能、李经照及邓氏□，李道至及邓氏白，邓云阶，邓道亮及李氏香，邓云财及邓氏｛表｝，邓云福及邓氏新。

传度师：邓金华（书衣、封底）；书主：邓经聪（封面，fol. 4a、14b、18a、23b、26b、28a、30b、35a、39b，封底），邓经通（fol. 1a），邓应聪（fol. 21a）。

835 **Cod. sin. 1011**

25.5 厘米×19.5 厘米，两本文书（fol. 1-23 和 fol. 24-43）被穿过书边装订在一起；书衣由多张粘贴在一起的外面被染成棕色的纸张制成，封面已佚；43 张折页，桑皮纸；fol. 1a、43b 已佚，fol. 37a-38a 有缺损，fol. 1b、23a、42b、43a 空白；每页 7—9 列，每列 11—20 字。

第一本文书第一篇正文

标题（标题页 fol. 2a、23b）：关告，会圣，敕坛科（共一本）

正文起始（fol. 3a）：斋用此，醮不用．稽首皈依救苦主，众王皆眷仰

正文结尾（fol. 8b）：速去速来从今天明，同赖善缘成无上道

第一本文书第二篇正文

正文起始（fol. 8b）：重启会科．大道洞玄虚，有念无不起

正文结尾（fol. 13b）：向来诵经事毕，经入琅极道赞无穷，洞赖善完成无上道

第一本文书第三篇正文

正文起始（fol. 13a）：重入敕坛科启去．一念通三界重焚奏九天

正文结尾（fol. 22b）：向来烧化财马上奉圣慈下祈亡者超升同赖善．关告会圣敕坛科完毕

无地点。日期（fol. 1a）：大清道光二十七年丁未岁蕤宾月三日坤时（终毕）（1847 年）。

发奏、请神和建坛的做斋科仪。荆门，道公派。

始终为同一位熟练的写主执笔；红色分段标记，用红点进行姓名的清点；红色括号；步罡踏斗图解（fol. 14a、21a）。

附录：页码数 33（fol. 1a）；借贷的记录（fol. 2b）。

第二本文书

标题（fol. 24a）：二三宫科（共一本）

正文起始（fol. 25a）：念演洞中玄虚，土地咒，清静咒，安坛洁净天尊

正文结尾（fol. 42a）：向来钱归库里福留谢平安送圣还宫洞赖善完成无上道

无地点。日期（fol. 24a）：大清道光二［十］七年丁未岁蕤宾二［十］九日乙时（1847年）。

打醮科仪，用于祭拜北斗、南斗。荆门，道公派。

始终为同一位熟练的写主执笔；一个文段由其他写主书写（fol. 30b）；有写主或其他写主添加的个别勘误；红色分段标记；用红点进行姓名的清点，列首有红色分行标记，红色括号；标有页码；符（fol. 22a），北斗示意图（fol. 37b），文书折页计为18张（fol. 24b）。

两本文书的书主：黄道能（fol. 2a、8b、24a）。

836 **Cod. sin. 1012**

27厘米×19.5厘米，穿过书边及书背装订，含挂环；书衣由另一本文书有字迹的折页制成，在其上又有多张粘贴在一起外面染成棕色的纸张，封底已佚；81张折页，桑皮纸，fol. 79-81为竹纸；有水渍，fol. 31b、62b有墨渍，除此以外品相佳；fol. 1b、2b、3a、80b-81a空白；每页7列，每列14字。

标题（原始书衣，标题页fol. 1a）：南堂科；（书衣，标题页fol. 2a）：红楼半座科

正文起始（fol. 4a）：造楼父母唱．烧钱信主舍才君，造楼父母赴坛心

正文结尾（fol. 78b）：｛斩｝破黄坛吉方化，麒麟贵子在重添

无地点。日期（fol. 1a、78b）：道光十三年癸巳岁冬月下旬（完）（1833年）。

祭拜送子神帝母的七言科仪。荆门，师公派。

个别处由写主勘误；两位写主的字迹无法通过肉眼区分。

题记含日期及写主（fol. 78b）；序言（“倒楼句”，fol. 3b），跋文（“倒坛句”，fol. 78a）；页码数74（fol. 2a）。

附录：“次处引堂参拜”（fol. 79a-80a）；传抄此文书的价格记录（书衣）。

写主：李妙微（fol. 78b），周文才/刀（fol. 1a、31a）；书主：李院莲（原始书衣，fol. 1a、2a、16b、22a、27b、41b）；他的学生邓胜阳（fol. 1a），推测为附录的写主。

837 **Cod. sin. 1013**

25.5厘米×16.5厘米，穿过书边及书背装订，含挂环；书衣由多张粘贴在一起的棕色纸张制成，封底用布缝补；69张折页，桑皮纸；有污渍、火烧形成的洞；fol. 1a、2b、3a-b、4b、9a-b、65b、66b、68a、69b空白；每页9—10列，每列17—33字。

标题（书衣）：清醮｛法菽｝；（标题页fol. 4a）：清醮三朝东狱咒咀口叭道秘．又东狱散坛行教秘总．老君金语．师公下堂返解．颠哲延法；（fol. 65a）：（依前通用）别升度（此法）．玉皇清法．东狱，云露，解冤（三件法）．礼境，三朝，独员，众信同用此法

（巳等断冤在内）

正文起始（fol. 5a）：初来请烧香叩师之法．庄筵中红桃元感当府

正文结尾（fol. 64b–65a）：引亡故厶等魂见帝忏悔钹是双龙消罪々是云露散了也

无地点；印章暗示其至少短期内在老挝北部被使用过。日期（fol. 65a）：光绪十八年壬辰岁正月二十五日未时（抄完）（1892 年）；附录日期（fol. 1b）：太岁｛辛｝未年八月十五日（1931 年）。

秘语集。由以下几个部分组成："初来请烧香叩师之法"（fol. 5a–8a）；"一论斋醮咒咀叭道师初请之法"（fol. 10a–34b）；"又东狱三十破狱法"（fol. 34b–58b）；"重集合碗法"（fol. 58b–63a）；"一论师公下堂反解法"（fol. 63a–64b）。荆门。

始终为同一位较生疏的写主执笔，有几处写主执笔的增补，注释由其他写主书写；红色分段标记，清点姓名时用红点作了标记；fol. 5a–8a、10a–65a 标有页码；符（fol. 15a、20a），四枚圆形有花朵纹饰的印章。

题记（fol. 64b–65a）含有日期、不同的标题、传抄此文书的价格说明和不准将其传给不相干人等的警告。

附录：借贷记录的日期，其中的参与者为李妙通、李妙堂、滕玄广、邓经明（fol. 1b–2a）；两位神祇名（fol. 68b）；个别几个字（"九三岁人府有"，fol. 68b）；关于超度的文段（fol. 69a）。

书主：邓妙光/晃（封面，fol. 4a、14b、53b）；后继书主：［邓］经太（fol. 4a），李玄猛（fol. 1b），李妙通（fol. 8b），邓玄音（fol. 65a，拓印）。

838 **Cod. sin. 1014**

20.5 厘米×13 厘米，以竖着折叠搓捻而成的纸捻线在一侧捆扎（毛装）；书衣为薄桑皮纸；23 张折页，桑皮纸；有水渍、污渍、虫蛀形成的洞，除此以外品相佳；fol. 7b 空白；每页 5—7 列，每列 14—18 字。

标题（fol. 1a）：上船歌书传度用；加职阴阳二据（在内）

第一篇正文

正文起始（fol. 1a）：加职阴阳二据式．北极驱邪醮坛内给弟子厶郎阳据道

正文结尾（fol. 7a）：北极驱邪院川通闾梅二教三戒加职弟子厶郎职位厶号要入新加职师名

第二篇正文

正文起始（fol. 8a）：上船歌．三清证盟高真大道都有位，合上条节讨分明

正文结尾（fol. 18a）：生死二人便向过，真言真语｛追｝郎知．上船歌完了

地点和日期（fol. 1a、4b 表式中）：大清国广西道承宣布政司（推测为 19 世纪）。

进入法师行列的闾山派“加职”度戒仪式表式，以及关于虚构的度戒仪式中乘船游历的七言歌。优勉支系。

不同的、较生疏的写主执笔。

附录：[度戒?] 仪式所需的物品、仪式费用的清单（fol. 18b-20a）；度戒仪式的法，“天查查地查查”（fol. 20a-23b）。

参见［德］贺东劢（Thomas O. Höllmann）、傅敏怡（Michael Friedrich）：给神灵的讯息——瑶族宗教文书（Botschaften an die Götter. Religiöse Handschriften der Yao），威斯巴登：Harrassowitz，1999，第 76—77 页，目录第 42 号。

839 **Cod. sin. 1015**

24 厘米×23.5 厘米，穿过书边及书背装订；书衣为外面染成棕色的绘有图画的纸（修改过的道教神祇的卷轴画）；56 张折页，严重变黑色的、不同质量的［桑皮?］纸；版口处被撕开，部分受损，有严重污渍、虫蛀；fol. 9a、51a-56b 页边缘有大面积缺损，fol. 56b 空白；每页 12 列，每列 14—18 字。

标题（封面）：（一本）｛求患科｝；（标题页 fol. 1a）：灯筵功曹请圣目；（fol. 53b）：（一本）救患科；（fol. 55b）：（一本）日午灯筵科

正文起始（fol. 2a）：初发功曹启．始下一声纳内一盆脚下二声在香案炉前

正文结尾（fol. 52b）：…初盏之酒纳龙｛猢｝众宫马上各相和

地点（fol. 1a）：大清国云南道临安府建水县孟校青山王下龙江滩边村；（fol. 8b）：大清国云南道孟校青山王下龙江边高岭村。日期（fol. 1a）：嘉庆二十年林钟月上弦九日（抄完）（1815 年）。

邀请天庭使者功曹、祭拜送子神帝母和远祖盘王的科仪，部分为七言的形式。荆门，师公派。

熟练的写主，个别勘误为写主执笔；红色分段标记，个别字用红点标记，需要填写的空白处被标出，红色括号；局部有红色句读；框起来的文字作为符（fol. 13b）。

题记含写主的跋和谦辞（fol. 53b）、标题和持有说明（fol. 54b）。跋文为押韵的形式。

附录：页码数 50（fol. 1b）；“门前尊别唱用”（fol. 52b-53b）；“安坛川光唱用”（fol. 53b-54b）；［仪式所需物品?］列表（fol. 55a）；草稿（fol. 55b）。

写主：邓法冠（fol. 1a）；书主：邓法洎、邓法应（fol. 1a、42b、44b、54b）。

参见［德］贺东劢（Thomas O. Höllmann）、傅敏怡（Michael Friedrich）：给神灵的讯息——瑶族宗教文书（Botschaften an die Götter. Religiöse Handschriften der Yao），威斯巴登：Harrassowitz，1999，第 84—85 页，目录第 48 号。

840 **Cod. sin. 1016**

27 厘米×20 厘米，穿过书边装订，在其下还残留有曾用纸捻线毛装的痕迹；书衣由未染色的厚纸制成，书衣包住书背；65 张折页，桑皮纸；有水渍，除此以外品相佳；fol. 1 为双页，残缺不全；每页 7—10 列，每行 14 字。

标题（封面）：洪恩大会科十二游神唱．又游子；（标题页 fol. 1a，封底）：洪恩大会十二游神唱；（fol. 65b）大会科

正文起始（fol. 1b-2a）：到此十二游神一｛驮｝唱．栽花楼上娘第一，白纸写书妹姓肖

正文结尾（fol. 65b）：此人阳世行强贼，偷取人牛卖取钱．大会科

无地点及日期，推测为 19 世纪末。

祭拜帝母的七言科仪。荆门，师公派。

不同的、部分较生疏的写主执笔。

题记含标题和持有说明（fol. 65b）。

附录：邓胜阳购买此文书的记录（书衣，fol. 1a）；“邓”字，代表邓氏家族，草稿（封底）。

书主：邓玄圣（书衣，fol. 21a、28a、35a、45a、65b）；后继书主：邓胜阳（书衣，fol. 1a），李院葷/莲（书衣，fol. 1a）。

841 **Cod. Sin. 1017**

23. 5 厘米×15 厘米，穿过书边并从 7 处穿过书背装订，含塑料挂环；书衣为多层桑皮纸制成；6 张折页，桑皮纸；有水渍、污渍；fol. 6b 空白；每页 6 列，每列 12—16 字。

无标题

正文起始（fol. 1a）：唎々啦々，阳人点火烧纸，罗唎连老唎哩，阳人点火烧纸

正文结尾（fol. 6a）：弟子心传拜请三元教主降齐临火急交是流灵

无地点。日期（封底，圆珠笔后来填写）：皇上民国七十四年｛乙｝丑岁正月初十日（1985 年）。

还愿仪式七言歌和咒的合集。优勉支系。

流畅熟练的字体；圆珠笔打的行线作为分隔书写版面的界限。

书主及写主［?］：邓财凤（书衣）。

842 **Cod. sin. 1018**

28 厘米×21 厘米，穿过书边及书背装订，含挂环；封面为厚［竹?］纸；封底已佚；

27 张折页，脆［竹?］纸，品相佳；每页 8 列，每列 12—20 字。

标题（封面）：二宫科（一本）

正文起始（fol. 1a）：奉道正一酬斗求寿漆粮醮主厶等来诣香案前一念二念上香

正文结尾（fol. 27a）：玄科奏抱行谨牒．太岁牒下｛具｝职

无地点。日期（fol. 27a）：大清光绪三十年甲辰岁六月廿四日（1904 年）

祭拜北斗、南斗的打醮仪式科仪。荆门，道公派。

始终为同一位不熟练的写主执笔，有个别写主执笔的勘误；fol. 10b-11a 有红色分段标记，标有页码；符（fol. 7a）；“凶星”的描述（fol. 5b）；步罡踏斗图解（fol. 4a、5a）。

附录：邓经雷买文书的记录（书衣）。

书主：黄妙清（书衣），黄妙孔（fol. 27a）；买主及后继书主：邓经雷（书衣）。

843 **Cod. sin. 1019**

26 厘米×19 厘米，穿过书边及书背装订；书衣已佚；39 张折页，桑皮纸；部分版口处被撕开，有污渍、水渍，第一页上部有严重缺损；每页 7 列，每列 17 字。

标题（标题页 fol. 1a、38b）：小桥台［科］

正文起始（fol. 2a）：番首你打鸣罢鼓，复手又打启乔台

正文结尾（fol. 38a）：完毕修桥了谢酒，三杯师公吉利市

无地点。日期（fol. 1a）：道光二十三年七月初一日谷旦（1843 年）。

祭拜帝母的七言科仪。荆门，师公派。

邓妙｛瞄｝熟练、工整的字体，fol. 21b 之后为不同写主执笔但没有写主标记的字体。

题记（fol. 38b）含标题、持有说明和题词。

附录：粮食借贷记录（fol. 1b）；不同祈愿的对联（fol. 38b-39b）。

写主及书主：邓妙｛瞄｝ （fol. 1a、10a、16b、18b）；买主及后继书主：盘胜珠（fol. 1a）。

844 **Cod. sin. 1020**

27 厘米×20 厘米，以竖着折叠搓捻而成的纸捻线在一侧捆扎（毛装），原始装帧已全部散开；严重受损的书衣，棕色纸张，书衣包住书背；28 张折页，桑皮纸；最后一张折页的下端边缘严重受损；fol. 1 版口处被撕开，内页有字迹，fol. 1b 空白；每页 9 列，每列 12—20 字。

标题（封面，fol. 1av、27b）：贡王宿启科；宿启科

正文起始（fol. 2a）：斋用．金真演教天尊．醮用．金阙化身天尊．斋坛整肃法事严陈

正文结尾（fol. 27b）：斋主愿得长生与道含真．宿启科完毕

无地点。日期（fol. 1a）：咸丰二年壬子岁次夏月初二日（抄完毕）（1852年）。

做斋或者打醮仪式前启坛请圣的科仪。荆门，道公派。

始终为同一位熟练的写主执笔，写主作了个别勘误；标有页码（页码与实际的顺序不符）。

题记（fol. 27b-28a）含重复书写的标题和押韵的跋文。

附录：不同写主书写的表式（fol. 28b）。

写主：李朝忠（fol. 13b）；书主：李妙翰（fol. 1a、3a）；后继书主：李玄章（fol. 1a），邓妙光（fol. 1a、28b），邓经太（fol. 1a）。

845 **Cod. sin. 1021**

24厘米×20厘米，穿过书边装订；书衣由多张粘贴在一起染成棕色的纸张制成，有筛纹，书衣包住书背；34张折页，桑皮纸；有水渍、严重的污渍，除此以外品相佳；fol. 1b、32b、33a-34b空白，fol. 34残缺不全；每页8列，每列17字。

标题（fol. 1a）：度亡秘语

正文起始（fol. 2a）：一论丧家人来初请之法．烧香叩师存相传身左右膀胱是金甲

正文结尾（fol. 32a）：太上老君抱齐完满身麟洛郎诸宝金银散落满地与主长生寿也

秘语，用于超度亡魂。荆门，道公派。

始终为一种规整的字体；三组星宿形式的红色分段标记，以红点进行姓名的清点；符（fol. 12a、17b、18a、20a、24a）。

写主及书主［?］：黎金威（fol. 1a）；传度师：黎经亮（fol. 1a）；后继书主：李玄阶（fol. 1a）。

参见［德］贺东劢（Thomas O. Höllmann）、傅敏怡（Michael Friedrich）：给神灵的讯息——瑶族宗教文书（Botschaften an die Götter. Religiöse Handschriften der Yao），威斯巴登：Harrassowitz，1999，第34—35页，目录第1号。

846 **Cod. sin. 1022**

23.5厘米×16.5厘米，穿过书边并从7处穿过书背装订；书衣由多张粘贴在一起的有字迹的深棕色纸张制成；32张折页，桑皮纸；有水渍、污渍，页角轻微受损；fol. 1b空白；每页8列，每列10—18字。

标题（标题页 fol. 1a）：喃灵科

正文起始（fol. 2a）：勘叹人生随电影，鸟飞兔走难流

正文结尾（fol. 30b）：自在丁礼无上师宝尊．步~到仙阶，度仙上圣天尊

无地点。日期（fol. 1a）：光绪二十三｛年｝丁酉岁正月初一（氐字）（1897年）。

做斋仪式科仪，用于为亡灵超度。荆门，道公派。

不同的、多数为较生疏的写主；天头处有红色行线分隔版面；褪色的红色分段标记，用红点进行姓名的清点，个别字用框标记；符（fol. 25a）；一枚方形“道经师宝”印章（fol. 1a）。

其他写主书写的附录：“回向诸圣行时用” （fol. 30b－32b）；谦辞，页码数 29（fol. 1a）。

书主：盘玄圣（fol. 1a、5b），盘显圣（fol. 14a）；后继书主：邓□太（fol. 1a）。

847 **Cod. sin. 1023**

26.5 厘米×18 厘米，以纸捻线从两处穿过书背装订；书衣受损，为棕色厚纸；33 张折页，桑皮纸；页边缘和页角磨损，有缺损；fol. 1 为双页，fol. 33 残缺不全，fol. 33b 空白；每页 11 列，每列 16 字。

标题（标题页 fol. 1a）：洪恩秘密

正文起始（fol. 2a）：菩提树三枝木成两边日宫月府金星此同初月未鲁团圆

正文结尾（fol. 33a）：归宗□案各退回病魂回位魂洛他天门表旧处前大吉也

无地点。附录的日期（fol. 1a-b）：道光二十二年十一月十五日（1842 年）；道光廿二年壬寅岁正月十五日。（1842 年）

祭拜送子神帝母的秘语。荆门，师公派。

始终为同一位熟练的写主执笔，部分字由写主勘误，或被划掉，个别字为后来填补；红色分段标记，部分红色句读，个别字或作为句读标记被标记；乘船图（fol. 2a）；符（fol. 3b、5b、31b）；步罡踏斗图解（fol. 13a-b、22b、23a-b）；掌决（fol. 23b）。

附录：含日期的借贷记录，其中的参与者为李老三、李胜秀、李妙鉴（fol. 1a-b）。

传度师：李胜员（fol. 1a），李胜秀（fol. 1a、1b、2a、3b、11a、20b、23a、25b、27a、30a、30b）。

848 **Cod. sin. 1024**

22.5 厘米×17.5 厘米，从 8 处穿过书背装订；书衣由粗纤维黄竹纸制成；33 张折页，同样由粗纤维脆竹纸制成；fol. 1b 空白；每页平均 8 列，每列 15—20 字。

标题（封面）：祭婚姻除诸煞之法；（标题页 fol. 1a）：（一本）祭婚姻秘语

正文起始（fol. 2a）：一论｛就｝龛发师去祭婚姻鬼之法．传｛就｝龛台叩师踏上月日宫金星

正文结尾（fol. 33a）：水门来水兵马推衡出月府门来重闭息水门不陋了也

无地点及日期，推测为 20 世纪。

消除对婚姻不利影响的秘语。荆门。

始终为一种工整的字体，有许多特殊写法；符（fol. 3b、25a-27b）。

书主：邓道珠/朱（fol. 1a）和他的儿子邓经状（fol. 1a）。

849 **Cod. sin. 1025**

27 厘米×21.5 厘米，穿过书边并从 3 处穿过书背装订，含挂环；书衣由未染色的粗布制成；原始纸质书衣（第一页和最后一页上有筛纹）已佚；27 张折页，桑皮纸；版口处被撕开，有水渍，第一张折页和 fol. 27a 下端边角有大面积缺损；fol. 1 版口处被撕开，内页有字迹，fol. 1b、26b 空白；每页 8—10 列，每列 14 字。

标题（标题页 fol. 1a）：（一本）桥台科；（标题页 fol. 2a）：庆贺桥台科书；贺天娘科

正文起始（fol. 3a）：番首你打鸣锣鼓，复首又打起桥梁

正文结尾（fol. 26a）：化地桥财马上荅阴，宫鼓慈通泰，如厶用了退与主为师至．贺天娘科终

无地点。日期（fol. 2a、26a）：咸丰六年十二月初三日（立）（1856 年）。

祭拜送子神帝母的七言科仪。荆门，师公派。

始终由一位熟练的写主执笔；个别处有写主和其他写主执笔的勘误、补充或转写。

题记（fol. 26a）含标题、日期、持有说明。

附录：题词的日期（fol. 2b）；草稿（fol. 1bv、2a）；借贷记录：蒋玄连（fol. 27a）；七言歌段落（“花王”）（fol. 27b）。

书主：李法弁（fol. 2a、26a）；后继书主：邓云宝（fol. 2a、26a），邓法珠（fol. 2b），邓应状（fol. 2b），邓胜华（fol. 2b）。

850 **Cod. sin. 1026**

24 厘米×18 厘米，穿过书边及书背装订，含小挂环；后添加的封面由以布筛荡料入帘而成的厚纸制成，原始书衣为棕色桑皮纸，有筛纹；91 张折页，桑皮纸；版口处被撕开，有水渍、污渍，小部分有缺损；每页 9—10 列，每列 17—26 字。

标题（封面）：大斋醮秘语；（fol. 1a）：斋秘

正文起始（fol. 1b）：初来请．庄筵中红桃元感当府｛首｝座金台银灯光

正文结尾（fol. 91b）：封门了三封卯是月府日宫金星闭了也，大吉

无地点，汉字和泰文的止痛药包装暗示其至少在一段时间内在北泰和老挝被使用过。无日期，推测为 19 世纪末。

做斋、打醮仪式用的秘语。荆门，道公派。

不同的写主执笔；有红色分段标记，部分列首有分行标记，用红点进行姓名的清点；个别字和短语标有红框标记；步罡踏斗图解（fol. 56b）；符，多数为框架形式字体和卦；

一枚方形“道经师宝”印章（fol. 1a、2a、28b、29a、31a、45a、85b、86a）。

题词、传抄此文书的价格和持有说明（fol. 1a）。

附录：夹在里面的写有汉字和泰文的止痛药说明书，插在里面的横格纸上面有星君的名单；登记的总金额为二两二钱（封面内页）。

书主［及写主］：盘妙顺（fol. 15b、23a、29a、33a、51b）；买主［?］及后继书主：邓经富（书衣，fol. 1a）。

851 **Cod. sin. 1027**

25 厘米×18.5 厘米，穿过书边并从 6 处穿过书背装订，含小挂环；书衣由一师公派文书和一张用汉字写的推测为老挝北部的公函制成；50 张折页，桑皮纸；有水渍、污渍，除此以外品相佳；fol. 1a-b、2b、50a-b 空白；每页 9 列，每列 9—28 字。

标题（封面，标题页 fol. 2a）：本斋短治｛亡｝堂金语

第一篇正文

正文起始（fol. 3a）：一论亡故人短初来请治亡堂传道庄身秘语．先叩师证盟庄传道身都是三清三宝三元

正文结尾（fol. 29b）：又启水堂为十二洞庭湖卫过三层龙虎咬牙卫过谁人不敢返也．斋短命语终毕一部镜

第二篇正文

正文起始（fol. 29b）：重集又度产死血湖之法．用只鸭度也，乙两二钱银．先装传身十方破々了

正文结尾（fol. 48b）：又送圣了退堂凄引姑左郎各位各归位所｛属｝辞别师容吃酒了各归浊处方便

封面上的地点：猛先地谓这龙寨（推测为老挝北部）。书衣上的日期（公函）：咸丰元年九月十九日（1851 年）；日期（书衣）：咸丰七年丁巳岁五月下旬八日（终笔）（1857 年）；（fol. 2a）：咸丰七年丁巳岁五月廿日庚（终笔）（1857 年）；（fol. 49b）：下元甲子咸丰七年丁巳岁五月廿日申时（终笔）（1857 年）。

用于葬礼的秘语。虽然说根据题记书主属于师公派，但荆门支系的葬礼所用文书实际多属于道公派。

始终为一种工整熟练的字体，有几处写主执笔的勘误；红色分段标记，列首有红色的分行标记；一枚圆形的带有花朵纹饰的印章（书衣），一枚方形“道经师宝”印章（fol. 2a）。

题记（fol. 48b-49a）含文书传抄的价格、条件、日期、页码数、母本（“太上老君金言救命之法”）、持有说明、对后辈的寄语、谦辞和警告、不准将此文书传给不相干人等

的警告。

传度师：李玄和（fol. 2a、49b），卢道绿（书衣，fol. 2a、29b、49b），卢经莲（书衣，fol. 2a、6a、49b）。

852 **Cod. sin. 1028**

28 厘米×22.5 厘米，穿过书边装订；书衣由厚［竹?］纸制成；83 张折页，同样由厚［竹?］纸制成；品相佳；每页 9 列，每列 14—18 字。

标题（封面，封底内页）：开坛书（一本在内用）

正文起始（fol. 1a）：起根拜师父．第一请神神不道，第二请神圣圣不齐

正文结尾（fol. 83b）：依古代倒串破龙门众圣执领把｛盆｝米酒代阴散阳

无地点。日期（fol. 83b）：民国六十六年丁巳岁十二月十六日（完笔）（1977 年）。

开坛仪式的科仪，大部分为七言的形式，为与度戒仪式有关的还愿仪式所用。优勉支系。

始终为一种非常工整、特别的字体；书衣上的文字由其他写主书写；圆珠笔泰文注释（fol. 11b、17b，书衣）。

题记（fol. 83b）含日期、标题和写主的行书体签名。

写主：诃/谢新华（fol. 83b）；书主：李进银（封面前后），李进元（fol. 26b）。

参见［德］贺东劢（Thomas O. Höllmann）、傅敏怡（Michael Friedrich）：给神灵的讯息——瑶族宗教文书（Botschaften an die Götter. Religiöse Handschriften der Yao），威斯巴登：Harrassowitz，1999，第 90—91 页，目录第 54 号。

853 **Cod. sin. 1029**

25.5 厘米×22.5 厘米，以竖着折叠搓捻而成的纸捻线在一侧捆扎（毛装），含纸捻线制挂环；书衣为厚竹纸；16 张折页，竹纸；品相佳；fol. 15a-16a 空白；每页 9 列，每列 10—20 字。

标题（封面）：送亡解结书

正文起始（fol. 1a）：此是女人解结用．又为亡者前生阳世上庆证男女衣裳污

正文结尾（fol. 12a）：逍遥快乐天尊（fol. 14a：封锁用符，“锁鬼符”）

民国六十五年丙辰岁闰八月十八日（完笔）（1976 年）。

法、咒、符和葬礼七言歌的合集。优勉支系。

始终为一种工整、特别的字体；有部分红色分段标记。

题记（fol. 14b）含日期、持有说明和写主行书体签名。

其他写主执笔的附录：葬礼的表式；符（封面内页）。

写主：诃/谢新华（fol. 14b）；书主：盘进升（书衣，fol. 3a、14b）。

参见［德］贺东劢（Thomas O. Höllmann）、傅敏怡（Michael Friedrich）：给神灵的讯息——瑶族宗教文书（Botschaften an die Götter. Religiöse Handschriften der Yao），威斯巴登：Harrassowitz，1999，第90—91页，目录第54号。

854 **Cod. sin. 1030**

25.5厘米×19.5厘米，穿过书背装订，含小挂环；书衣受损，由多张粘贴在一起的棕色纸张制成；53张折页，桑皮纸；版口处被撕开，有水渍、污渍、缺损；fol. 1a、3a、4b空白；fol. 14b已佚，fol. 41a残缺不全，fol. 14尺寸更窄些；每页9—10列，每列21—29字。

标题（标题页fol. 4a）：清醮秘语（一册）

正文起始（fol. 5a）：一论大明之法．先叩师父格道正，唐道明，李道德

正文结尾（fol. 53a）：请圣我肚脐共月府日宫金星，肚脐变成金桥过接，帝道诸圣降坛院受功果宝满自寻此路法

无地点。日期（fol. 4a）：同治七年戊辰岁九月廿四日（1868年）。

打醮仪式的净坛秘语。荆门，道公派。

始终为同一位熟练的写主执笔，有个别勘误；红色和紫色分段标记，红色分行标记，用红点进行姓名的清点；框起来的字或短语作为符（fol. 11b、12a、15a、16b、36b）；一枚圆形有花饰的印章（fol. 1a）和一枚方形“道经师宝”印章（fol. 3b、4a）

题词和文书传抄的价格说明（fol. 3b）。

附录：草稿（fol. 1a、2b）；表式（fol. 2a）；后插入的空白［竹?］纸。

传度师：卢道缘（fol. 3b、4a）；书主：邓玄荣（fol. 3b、4a、11a、13a、24a）。

855 **Cod. sin. 1031**

24厘米×23厘米，穿过书边装订；书衣由棕色厚纸制成；23张折页，桑皮纸；有水渍，页角磨损，除此以外品相佳；fol. 1b、2b空白；每页14—16列，每列14—27字。

标题（标题页fol. 1a、2a、22b）：道门诸榜式

正文起始（fol. 3a）：上帝榜语．入意至通康泰．今则华坛初启法事将行

正文结尾（fol. 22b）：都经缴呈，谨谨上诣，三天门下上清天枢院请进御前阶下奉行疏士臣

地点（fol. 13a、16a）：大清国云南道。日期（fol. 1a、2a）：下元甲子；附录日期（fol. 22b）：六月二十七日。

表式集。荆门，道公派。

始终为同一位熟练的写主执笔，个别地方有勘误；红色分段标记，红色句读划分韵律；注释；符（fol. 13b、14a、19b、20a-b）；标有页码。

题记（fol. 22，红色墨水书写）含标题、书主及写主［?］名。

附录："天地君亲师之位位"（fol. 1a）；借贷记录（fol. 22b-23a），其中的参与人为李经琳（fol. 22b），□经凤（fol. 23a）。

写主［?］：邓妙贵（fol. 23b、22b，被划掉）；书主：邓玄贵（fol. 1a、2a、14b）。

856 **Cod. sin. 1032**

24 厘米×18 厘米，穿过书边及书背装订；后添加的书衣，粗纤维竹纸；45 张折页，不同质量的桑皮纸，fol. 45 为竹纸；有水渍、污渍，页面下端边缘受损；fol. 1 为双页，fol. 1b、40a-45b 空白；每页 10 列，每列 16—24 字。

标题（书衣）：（一部）清醮秘；（封面内页）：（一本）清醮秘语；（标题页 fol. 1a）：清醮秘语（一本）

正文起始（fol. 2a）：一论初请烧香之法叩师用．先烧香叩师卷传三魂七魄

正文结尾（fol. 39b）：修身共契金龙肉．此法功德二四分．虚不可传谨~光朗好好也．又修身共金龙肉也

无地点。日期（fol. 1a）：太岁乙［未?］…月十三日辰时（抄完）（推测为 1895 年）。

打醮仪式的净坛秘语。荆门，道公派。此文书的印章师公也会使用。

始终为同一位较生疏的写主执笔，有个别勘误；红色分段标记，部分句首有分行标记，用红点进行姓名的清点；符（fol. 13b、38b）；一枚方形"三元考召印"印章（fol. 1a、11b）；一枚方形"道经师宝"印章（fol. 2a）

附录：后插入的空白竹纸。

传度师：盘道财（fol. 1a、37b）；其中一位传度师或者原始书主李应诵（fol. 37b）；书主：邓玄皆（fol. 1a、3b、14b、28a、31a、32b、34b、37b、38b）；后继书主：邓胜禄（fol. 1a）。

857 **Cod. sin. 1033**

26 厘米×21. 5 厘米，穿过书边装订，含小挂环；书衣部分由多张粘贴在一起的棕色带字迹的纸张制成，有筛纹；76 张折页，桑皮纸；版口处多数被撕开，页边缘轻微受损；有墨渍、水渍；fol. 1a-b、2b、76b 空白，fol. 2 为双页，fol. 76b 残缺不全；每页 10—11 列，每列 15—25 字。

标题（标题页 fol. 2a）：大斋秘语

正文起始（fol. 3a）：一论斋醮人初来请之法．先烧香叩师卷取传三魂

正文结尾（fol. 71b）：山神推护总成虫推春推他不睡若迷迷不醒也

地点（fol. 74b）：云南道开化府文山县永平里田房水表高领村。日期（fol. 2a）：于乾［隆］六十岁三月（起抄）（1795年）

做斋仪式秘语。荆门，道公派。

不同的、熟练的写主执笔，个别处有勘误；红色分段标记，用红点进行姓名的清点；其他写主执笔的草稿（fol. 66a）；符，部分与列同宽（fol. 18b、19b、62b、66a-b、67a、70a-b、71a）；三台步罡踏斗图解（fol. 19a）；一枚褪色的长形［名?］章（条记，fol. 47a-b）。

由其他写主书写的附录："先衣前庄身也"（fol. 71b-74a）；做斋仪式的表式，含地点和持有说明（fol. 74b）；"大庆墓法"（fol. 75a-76a）。

书主：盘妙颜（fol. 2a、27b、31b、33b、37b、74b）。

858 **Cod. sin. 1036**

24.5厘米×16厘米，以植物纤维从一处穿过书背装订；书衣为带筛纹的桑皮纸；18张折页，桑皮纸；有水渍、污渍；fol. 1a-b、2b、18a-b空白；每页7—11列，每列18—32字。

第一篇正文

标题（封面）：（一本）开卦堂秘语．开［盐］堂（一本）；（标题页 fol. 2a）：开堂秘语．开卦堂秘语；（fol. 10a）：开卦堂

正文起始（fol. 3a）：一论开启卦堂法．先立筵中排伍供完烧香叩师下齐庄身体

正文结尾（fol. 10a）：诸鬼万圣不愿看了各回各所位大吉大利也

第二篇正文

正文起始（fol. 10a）：一论重集开［盐］堂法．先叩师庄身了先用三个鸡酒出门祭鬼

正文结尾（fol. 13a-b）：九帝定阴阳再返前冤在吾治罪一力情当吉也．其天娘冤家邙完

无地点及日期，推测为19世纪末。

关于占卜法的秘语。荆门。

始终为同一位熟练的写主执笔；有红色分段标记，用红点进行姓名的清点；步罡踏斗图解（fol. 6b、7a）。

题记（fol. 10a、13b）含标题和文书传抄的价格说明。

由其他写主书写的附录：艺术字写的文段，可能是用于绣花的模板（fol. 2a）；"人红粉佳人体便老风流浪子"，德育教科书（fol. 14a-17b）。

书主［及写主?］：李经翰（书衣，fol. 2a）；传度师［?］：李妙开（fol. 2a），｛邓｝云相（fol. 2a）；后继书主［和附录的写主?］：李显升（fol. 4b）。

859 **Cod. sin. 1037**

23.5 厘米×12.5 厘米，以竖着折叠搓捻而成的纸捻线在一侧捆扎（毛装），再在其上穿过书背装订；书衣由多张部分粘贴在一起的带字迹的薄纸制成；43 张折页，纸质脆且光滑；有水渍，页边缘有缺损；fol. 1、41 为双页，fol. 1 被撕开，成为两张单页和一张从中间折叠的折页，上面写有之后补充的文字，fol. 1b 空白；每页 6—8 列，每列 7—22 字。

标题（标题页 fol. 1a）：拔亡开禁总诀（一本）；（fol. 40b）：阴阳井拔亡书

正文起始（fol. 2a）：一声呜角去堂々，冤家百口尽慌忙

正文结尾（fol. 40a）：十大树鬼布锁牢布金如大剪布火急如令敕（六丁六甲将捉力士将阁）

写主籍贯（fol. 40b）：桂林，黄蜡山（广西桂林）。日期（fol. 1a）：嘉庆岁次十七年壬申［岁］花月（录）（1812 年）；（fol. 40b）：嘉庆岁次十七年壬申［岁］花月念九日（1812 年）。

七言歌、符、咒和表式集，用于超度亡魂。优勉支系。

明显由两位熟练的写主执笔；符（fol. 18b、19a）；示意图（fol. 21b、26b、40a），步罡踏斗图解（fol. 9a-12b、21b、37b、38a、39a）。

题记（fol. 40b）含日期、标题、写主及其籍贯的说明；页码数 39（fol. 1a、40b）。

附录（撕开的双页内页 fol. 1）：草稿。

书主：黄文明（fol. 40b），黄法泰（fol. 1a）。

参见［德］贺东劢（Thomas O. Höllmann）、傅敏怡（Michael Friedrich）：给神灵的讯息——瑶族宗教文书（Botschaften an die Götter. Religiöse Handschriften der Yao），威斯巴登：Harrassowitz，1999，第 80—81 页，目录第 45 号。

860 **Cod. sin. 1038**

25 厘米×21.5 厘米，穿过书边并从 3 处穿过书背装订；书衣为粗纤维脆纸，封底已佚；18 张折页，fol. 1-2 桑皮纸，fol. 13-18 竹纸；有水渍、虫蛀形成的缺损；fol. 1b、15b-18b 空白；每页 11 列，每列 15—22 字。

标题（标题页 fol. 1a）：（一本）斋共醮邙（一共本）秘语 . 大邙秘语 . 大邙法

正文起始（fol. 2a）：一论治邙大法 . 相传先烧香叩师下来证盟也，又主人来请到传

正文结尾（fol. 15a）：三十六骨节满々了，掉船退下金星日宫月府归东方长生国君也

无地点；此文书中的圆形印章暗示其在老挝北部和泰国被使用过。日期（fol. 1a）：大清仲华皇十九年庚午岁七月十八日午时（开手抄）（1930 年）。

为死者超度的做斋和打醮仪式秘语。荆门，道公派。

始终由一位较生疏的写主执笔；有紫色分段标记，列首有分行标记，用红点进行姓名的清点；一枚紫色圆形印章，图案为大象（fol. 1a、2a、3b、6a、6b、7a、7b、8a、9a、10a、10b、11a、12b、13a、13b、14a、14b）。

题词中含持有说明、文书传抄的价格说明（fol. 1a）。

传度师：将妙璋（fol. 1a）；书主：盘金通（fol. 1a、3b、9a、11a）。

861 **Cod. sin. 1039**

26. 5 厘米×26 厘米，以竖着折叠搓捻而成的纸捻线在一侧捆扎（毛装），原始装帧为穿过书背装订，订眼仍可见；书衣为棕色纸张，有筛纹，封底已佚；32 张折页，桑皮纸；版口处被撕开，有水渍；fol. 1 版口处被撕开，内页有字迹，fol. 1b 只存部分；每页 9—11 列，每列 14—18 字。

标题（书衣）：帖简科．敕坛科；（标题页 fol. 1a）：新集帖简科仪．敕坛科；（标题页 fol. 2a）：新集帖简科仪，敕坛，关告符吏，忏狱科，开光旛，安厨科，结界，倒厨（六件在内）

第一篇正文

正文起始（fol. 3a）：稽首皈依救苦主众生皆瞻仰，亡人一七到秦王二七到初江

正文结尾（fol. 15a）：向来化炼奏文申文牒关文财马三十六分，仰劳符吏依位传奏感通洞赖善缘成无上道．关告科完

第二篇正文

正文起始（fol. 15a）：忏狱用．愿忏罪消灭．秦广王殿前初江王殿前

正文结尾（fol. 15b）：罪消灭消灭罪，无上大罗天，众宫报德天尊

第三篇正文

正文起始（fol. 16a）：开光旛用．伏闻道藏秘文

正文结尾（fol. 16b）：一切有情同登道岸．开光旛毕

第四篇正文

正文起始（fol. 16b）：又清醮开启敕坛科．一捻通三界重焚透九天

正文结尾（fol. 20a）：向来化财功德扶取善因洞赖~

第五篇正文

正文起始（fol. 20a）：告白灶堂．念步虚~南斗火官恭灶真香处成拜请

正文结尾（fol. 22a）：急々如元始三气天君玉皇降命律令．喷水一口．十方肃静天尊

第六篇正文

正文起始（fol. 22a）：入敕坛科．参受天师~奉行敕坛事臣邓经器

正文结尾（fol. 27b）：十方荡｛秽｝天尊．解秽科完

第七篇正文

正文起始（fol. 27b）：入宿启科．次结界仪．仰惟大道俯赐注盟以今斋坛完满

正文结尾（fol. 29b）：五星到｛圣｝五帝考｛续｝天尊．结界毕

第八篇正文

正文起始（fol. 29b）：倒厨科仪．先不虚．水喷□功摄灯开夜府明

正文结尾（fol. 32b）：护应后善功完．满一□有奉送之至．倒厨完

无地点。日期（fol. 2a）：康熙五十九年岁次庚子季冬月望八月（誊完）（1721 年）。①

简化版科仪，用于不同的仪式：宣告做斋仪式开始、解罪仪式、献旗仪式、建坛和净坛仪式、超度仪式和祭拜灶君的仪式。荆门，道公派。

始终为一种流畅熟练的字体，有几处勘误；红色分段标记，部分句读，用红点进行姓名的清点以及韵律的划分；符（fol. 6a-b、7a-b、26b）；步罡踏斗图解（fol. 18a、26a）。

题记（fol. 32b）含书主、写主和谦辞；押韵的题词（fol. 2a）。

由不同写主书写的附录（fol. 1av-1bv）：盘妙凤购买这本文书和其他文书（“帖简”“敕坛”“关告”“喃相”“说醮飞章科”“大斋醮神目书”）的记录。

书主：邓经器（fol. 1a、2a、22a、32b）；他的儿子及写主：邓玄慧（fol. 2a），邓金玫（fol. 1a）；后继书主：邓泰贤（fol. 2b、16a），盘经｛荃｝（fol. 2a），黄玄仙（fol. 1a）；后继书主和卖家：李道颜（fol. 1bv）和李道贤（fol. 1bv、2a）；后继书主和买主：盘妙凤（fol. 1bv）；另一写主的谦辞：“不才金威丑艺代笔”（fol. 14b）。

参见［德］贺东劢（Thomas O. Höllmann）、傅敏怡（Michael Friedrich）：给神灵的讯息——瑶族宗教文书（Botschaften an die Götter. Religiöse Handschriften der Yao），威斯巴登：Harrassowitz，1999，第 80—81 页，目录第 46 号。

862　　**Cod. sin. 1040**

26. 5 厘米×20. 5 厘米，穿过书边及书背装订；书衣以旧料后来制成，材料为包装纸，上有老挝的邮戳和 3 个订书钉；42 张折页，桑皮纸；有水渍、严重的污渍、烟熏渍；fol. 1a、42b 已佚，fol. 1b、36a 空白，fol. 1 内页有字迹，fol. 2 被撕开，内页有字迹；每页 12—13 列，每列 18—23 字。

标题（标题页 fol. 1a、2a）：丧家秘语．荡秽法（在尾）；（fol. 1bv）：丧家三直秘语（一本）；（fol. 32b）：丧场语；（fol. 33a）：秘本丧家三夜送终法

正文起始（fol. 3a）：人死初请道封斧法．先叩传师收十六凶了

正文结尾（fol. 32b）：光朗成春虫列出门成金龙□登机飞去也．丧场语完毕

---

① 译校者注：原书此处误写为“1720 年”，已更正。农历纪年与公历纪年转换存在时间差，“康熙五十九年岁次庚子季冬月望八月”对应的公历日期是 1721 年 1 月 14 日。

无地点。日期（fol. 1bv）：天子万年壬辰岁次中旬（录完毕）（1832 年）；完笔日期（fol. 1a）：…癸巳岁次秋季七月朔中旬（毕）（1833 年）；传统的传抄的日期：道光十三年癸巳岁七月十五日（给付承行）（1833 年）。

葬礼的秘语。荆门，道公派。

不同的写主执笔；红色分段标记，用红点进行姓名的清点；个别字和短语用红框标起来；符（fol. 8b-9a）；一枚方形“上清大洞印”印章（fol. 2a）。

题记（fol. 33a）含标题和文书传抄的价格。

由另外的写主书写的附录：“又件取香烦章飞去法”（fol. 2bv）；“又论□成大博法”（fol. 33a）；“荡秽法”（fol. 34a-35a）；“丧事竹教白话也”（fol. 35a-36a）；“又｛另｝路升亡故之法”（fol. 37a-41a）；“旛式”（fol. 41a-42b）。

传度师：邓玄旋（fol. 1bv）；传度师邓妙园/员（fol. 2a）将此书交给邓玄｛挤｝（fol. 1a、2a），他又将其传给了书主［以及此版本的写主?］蒋道桂（fol. 1a、1bv、2a、6a、9a、11b、17a、27a、29a、34a）和蒋金昊（fol. 2a）。

参见［德］贺东劢（Thomas O. Höllmann）、傅敏怡（Michael Friedrich）：给神灵的讯息——瑶族宗教文书（Botschaften an die Götter. Religiöse Handschriften der Yao），威斯巴登：Harrassowitz，1999，第 27 页，插图 IV. 1 号印章。

863 **Cod. sin. 1041**

24. 5 厘米×17. 5 厘米，以纸捻线通过多处在一侧捆扎；封面为桑皮纸，封底为一张［竹?］纸单页；38 张折页，fol. 1-14 为桑皮纸，fol. 15-38 为脆［竹?］纸；有水渍，除此以外品相佳；fol. 38a-b 空白；每页 9—12 列，每列 18—26 字。

标题（书衣）：贡筵红楼秘语；（fol. 37b）：（一本）红楼秘语

正文起始（fol. 1a）：又论祈嗣求花花章法．各至九天至天金单星

正文结尾（fol. 37b）：观音，三妹，杨相君，石相君，众相君，阵相君，□相君

无地点。日期（fol. 37b）：太岁丁巳年十二月初日辰［时］（终笔）（推测为 1977 年）。

祭拜送子神帝母的秘语。荆门，师公派。

始终由一位较生疏的写主执笔；红色分段标记，列首有红色分行标记，红色括号，个别短语用红色框标记；框起来的字作为符（fol. 13a、14a、33b），天船图（fol. 11b），步罡踏斗图解（fol. 20b、21a）。

题记（fol. 37b）含标题、日期及持有说明。

传度师邓道禄（fol. 37b）将文书传给他的女婿温道灵（fol. 2a、9a、37b）和他的儿子温经筵（fol. 37b）。

参见［德］贺东劢（Thomas O. Höllmann）、傅敏怡（Michael Friedrich）：给神灵的讯

息——瑶族宗教文书（Botschaften an die Götter. Religiöse Handschriften der Yao），威斯巴登：Harrassowitz，1999，第 38—39 页，目录第 6 号。

864 **Cod. sin. 1042**

25. 5 厘米×20 厘米，穿过书边装订；书衣由多张粘贴在一起的棕色桑皮纸制成，封底已佚；32 张折页，桑皮纸；有水渍、污渍、虫蛀形成的缺损；fol. 1 为双页，fol. 32b 空白；每页 9—10 列，每列 21—30 字。

标题（书衣外层）：丧家法书．（一本）丧家秘语大邙（在内）；（书衣内层）：丧家法书；丧家朝□大斋邙（共一本），丧长秘语

正文起始（fol. 2a）：人初来请法．先烧香叩师祖了．便存想传身左右膀胱星金甲

正文结尾（fol. 29b）：星都日月成糖也．魂大万年有央财源人口利吉祥也．完毕也．抄法々无穷也

无地点。日期（fol. 1a）：道光十七年丁酉岁六月廿九日（完笔也）（1837 年）；写主填入的日期（fol. 14b）：（老手蒋金华）七十年六月（抄本用）（1837 年）。

下葬仪式的秘语。荆门，道公派。

熟练的写主执笔；红色分段标记，用红点进行姓名的清点；符（fol. 7a、9b、10a、12b、14a-b）；一枚方形“道经师宝”印章（fol. 1a、2a）。

附录：李玄坚购买文书的记录（fol. 1a）；由其他写主书写的文段“亡人死对｛败｝之法”（fol. 30a-32a）。

写主：蒋/奖金华（fol. 1a、14b、22a）；书主：李道写（书衣，fol. 1a、2a、3b）；后继书主及买主李玄坚（fol. 1a、1b）从师父李胜寔（fol. 1b）处得到文书/口传［?］，并传给了他的学生邓妙坚（fol. 1b、10a）。

865 **Cod. sin. 1043**

25 厘米×20. 5 厘米，以竖着折叠搓捻而成的纸捻线在一侧捆扎（毛装）；书衣为薄桑皮纸；29 张折页，桑皮纸；有水渍、污渍，除此以外品相佳；fol. 26b 空白；每页 9 列，每列 18—22 字。

标题（书衣）：（一本）送终秘语诸伤诸地狱（在内）

正文起始（fol. 1a）：一论血盆产伤之法．披头陈紫头陈罗伤鬼李伤伸人生产头发乱是人生死

正文结尾（fol. 26a）：若是预修依此送不是预修不用开城都案西江河依大送也．老道也用得也

无地点。日期（fol. 26b）：大清道晃二十一年辛丑岁夏季四月望二日（抄完笔）

(1841年)。

葬礼秘语。荆门，道公派。

始终为一位熟练的写主执笔，个别勘误；红色分段标记，用红点进行姓名的清点；符(fol. 15b、16a、23a)；一枚红色方形“道经师宝”印章（书衣，fol. 26a)。

题记（fol. 26b）含日期、书主、写主以及谦辞；页码数30（书衣)。

写主：李文正（fol. 26a)；传度师：李云静（书衣)；书主：黄云殿（书衣，fol. 4b、13a、26a)。

866 **Cod. sin. 1044**

24.5厘米×18厘米，以竖着折叠搓捻而成的纸捻线在一侧捆扎（毛装)，再在其上两处穿过书背装订；书衣为薄桑皮纸；33张折页，桑皮纸；部分版口处被撕开，有水渍，页面下端边缘受损；fol. 19b、20a有墨渍；每页9—10列，每列18—22字。

标题（封面)：合婚通书；陆合婚通书；通书

正文起始（fol. 1a)：六十甲子推行所｛属｝. 甲子乙丑金，丙寅丁卯火

正文结尾（fol. 33a)：戌日度礼食礼受礼大凶. 亥日度礼食礼受礼大吉

写主籍贯（fol. 33a)：武邑。完笔日期（fol. 33a)：咸丰元年四月初十日（抄完)(1851年)。

带有表格和卦书的日历，用于婚配。荆门。

始终为一位熟练的写主执笔，个别处有勘误；表式（fol. 4a-b、10a-b、12a-14a、24b、28a-b)；示意图（fol. 11、17b、28b-29a)，掌诀（fol. 18b)，天狗图（fol. 24b)。

题记（fol. 33a）含标题、日期、书主、写主及其籍贯的说明。

附录：“四季大利时用”（书衣内页)；“占四季大利时”（fol. 33b)；草稿（版口处被撕开的书衣内页)。

写主：陈氏（fol. 33a)；书主：李玄德（封面，fol. 33a)；后继书主：李道贤(fol. 33a，封底内页)。

参见［德］贺东劢（Thomas O. Höllmann)、傅敏怡（Michael Friedrich)：给神灵的讯息——瑶族宗教文书（Botschaften an die Götter. Religiöse Handschriften der Yao)，威斯巴登：Harrassowitz，1999，第46—47页，目录第14号。

867 **Cod. sin. 1045**

27厘米×20厘米，穿过书边及书背装订，含小挂环；书衣为被浸渍过的棕色厚纸制成；43张折页，桑皮纸；有水渍，页边缘和页角受损；每页9列，每列17—23字。

标题（封面，标题页fol. 1a、2a)：洪恩秘语大全（一本)

正文起始（fol. 3a）：初请之法．叩师证盟分纸了．想他纸未曾有气传师左手掌中成气

正文结尾（fol. 40b）：李都玄清灯李佛清诸圣香火都依此

无地点。日期（标题页 fol. 1a）：道光二十一年六月十五日（给）（1841 年）；完笔日期（书衣）：道光二十二年六月十五日（抄□毕）（1842 年）；一位家庭成员的出生日期（fol. 2a）：丁巳岁五月初五日子时（1857 年）；邓氏□的出生日期（fol. 2a）：己未年七月廿日（1859 年）。

秘语，用于祭拜送子神帝母。荆门，师公派。

熟练的写主执笔；红色分段标记，用红点进行姓名的清点；符（fol. 8b、11b、36b-37a），天庭图（fol. 15a-b），天船图（fol. 7a），一枚方形“三元考召印”印章（fol. 1a、2a、3b-4a、4b-5a、7a、10b、12b-13a、15a-b、18b-19a、23a、24a、26a、28b-29a、33a、36a、38b、40b）。

题记（fol. 40b）含持有说明、题词和传抄的价格说明；序言为押韵的形式，由其他写主书写（fol. 2b）。

附录：两个家庭成员的出生通告（fol. 2a）；“甲子歌”（fol. 1a-b、fol. 41a-43b，封底内页）。

传度师：李院任（书衣，fol. 1a、40b）；书主：蒋院挥（封面，fol. 1a、2a、26a、40b），推测与“蒋妙挥”为同一人（fol. 3a）；后继书主：蒋玄璋（fol. 23b、38b）；家庭成员：蒋显泰（fol. 2a），邓氏□（fol. 2a）。

索　引①

① 编辑者注：原书索引条目排序较乱，在编校过程中，我们已尽量按标题的首字母顺序进行调整，但有些顺序由于多音字等原因无从确定或者改动较大，经与译校者商议，谨慎起见，遵从原书，保持原样。

续表 1

标题	内容提要	典藏号（Cod. sin.）
按龙伸斗解冤救患秘语	用于安抚地龙、祭拜北斗、超度亡灵的仪式秘语。荆门，道公派。	644
按龙伸斗解冤秘语	用于安抚地龙和祭拜北斗的仪式科仪。荆门，道公派。	802
按龙伸斗解冤秘语天机	用于安抚地龙、祭拜北斗、超度亡灵的仪式秘语。荆门，道公派。	644
桉龙伸斗秘语	治病仪式科仪，用于安抚地龙和冤魂。荆门，道公派。	943
安龙伸魂解冤大刑坟{歉}殄棺木	仪式秘语，用于安抚地龙及镇墓。荆门，道公派。	258
安龙谢墓	葬礼用表式集。优勉支系。	369
[安龙谢墓科]	科仪，用于安抚地龙和安定墓葬的仪式。优勉支系。	883
安龙谢土疏文一道	表式，用于安抚地龙和安定墓葬的仪式。优勉支系。	883
安坛川光唱	还愿仪式和度戒仪式七言科仪。荆门，师公派。	846
[安]龙告[斗]	荆门，道公派安抚地龙的秘语，用于下葬、修墓、建房。	984
{桉}桉龙秘语	秘语，用于安抚地龙，防御恶鬼、疾病和其他灾祸。	941
B		
拔亡开禁总诀	七言歌、符、咒和表式，用于超度。优勉支系。	1037
拔亡三七贡王神目	不同的打醮及做斋仪式中被呼唤的众神列表。荆门，道公派。	257
白口表阳	用于祭拜祖先的还愿仪式科仪。优勉支系。	462
百[解]秘语天机金语	秘语集。荆门，道公派。	990
百拜朝大忏科	用于超度亡灵的做斋科仪。荆门，道公派。	614
百拜朝天忏科	用于超度亡灵的做斋科仪。荆门，道公派。	667
百拜朝天削罪科	做斋仪式科仪。荆门，道公派。	236
百家姓	中国姓氏列表。优勉支系，推测来自中国。	473
百家姓	姓氏词典。优勉支系，推测来自中国。	414
百家姓	中国姓氏词典。优勉支系，来自中国。	446
百家姓	中国姓氏词典。优勉支系，母本推测来自中国。	539
百解	秘语。荆门，道公派。	280
百解	秘语集。荆门，道公派。	642
百解	秘语集。荆门，道公派。	993
百解金语	不同场合使用的秘语。荆门。	288
百解金语	不同的秘语。荆门，道公派。	635

续表 2

标题	内容提要	典藏号（Cod. sin.）
百解秘	秘语集。荆门，道公派。	990
百解秘语	葬礼用秘语。荆门，道公派。	351
百解秘语	秘语集。荆门，推测为道公派。	861
百解秘语	秘语集。荆门，道公秘语。	989
百解小	不同场合使用的秘语。荆门。	288
百解杂秘语	秘语集。荆门，道公派。	931
百中经	关于不祥命理对命运的影响及其化解办法的卦书。优勉支系，推测来自中国。	502
伴座科	祭拜帝母的仪式科仪。荆门，师公派。	892
［北极驱］邪院给出北批文一道	表式和符，用于葬礼时安抚地龙的仪式；卦书。优勉支系。	441
本境雷主水府	打醮仪式科仪，用于祭拜本境神、雷神、水府。荆门，道公派。	572
本境雷主水府	打醮仪式科仪，用于祭拜本境神、雷神、水府。荆门，道公派。	572
本境神目	本境神清单。荆门，道公派。	860
闭井用	用于度戒仪式的法及《开坛书》的部分段落。优勉支系。	549
变生灵法	秘语。荆门，道公派。	735
表式	用于祭拜送子神帝母仪式的表式集。荆门，师公派。	716
别升度	秘语。荆门	1013
病患连绵卜卦云称厶香火	还愿仪式科仪。推测为荆门，师公派。	879
不唱三皇并五帝	用于教授汉字以及儒家思想的课本。优勉支系，推测来自中国。	487
不伦清醮三朝同用	醮仪秘语。荆门，道公派。	353
部表	用于请神仪式的七言歌。荆门，师公派。	655
部表九夷	用于度戒仪式的七言歌。荆门，师公派。	605
部表九夷三元唱科	用于度戒仪式的七言歌。荆门，师公派。	605
部命符	用于葬礼的符集。荆门，道公派。	815
步虚．点々心居诵	做斋仪式科仪，用于安抚因病离世的冤魂。荆门，道公派。	783
C		
藏身敕水用	用于葬礼的法。优勉支系。	381
藏屋法用	闾山派的法。优勉支系。	469

续表 3

标题	内容提要	典藏号（Cod. sin.）
忏狱科	简化版科仪，解救亡者。荆门，道公派。	1039
唱歌便唱情意	用于造船竣工仪式的七言科仪。优勉支系。	156
超度｛表｝引疏	用于葬礼的表式集。优勉支系。	390
超度敕水用	闾山派的法，优勉支系。	895
超度书	用于葬礼及超度亡灵的仪式科仪。优勉支系	161
超度书	用于葬礼的七言歌、咒及表式集。优勉支系。	544
超度书	用于超度亡灵仪式的法、表式集及符。优勉支系。	582
[超度书]	用于葬礼的法、表式集、符及七言歌。优勉支系。	154
超度疏	用于解除亡人痛苦的法和表式。优勉支系。	525
超度疏意	葬礼超度所用表式及举行还愿仪式的段落。优勉支系。	175
[超度疏意]	用于葬礼的表式集。优勉支系。	546
超度疏意用	用于葬礼的表式。优勉支系。	409
超度送亡	用于葬礼的法。优勉支系。	535
超度投读折解书	用于超度亡灵仪式的法、表式集及符。优勉支系。	582
超度折解疏	用于超度亡灵仪式的法、表式集及符。优勉支系。	582
超发兵用	建造至阴间的桥梁的仪式科仪，用于招募神兵。荆门，师公派。	541
超魂书	用于葬礼的法。优勉支系。	203
朝天百拜	做斋仪式科仪。荆门，道公派。	236
朝天百拜科削罪	做斋仪式科仪。荆门，道公派。	236
朝天忏科，消罪用授械用	用于超度亡灵的做斋科仪。荆门，道公派。	614
晨昏祭鬼百文集圣目	在某特定仪式中被祭拜的神祇名单。荆门，道公派。	577
晨昏祭鬼文	表式集。荆门，道公派。	577
成金银宝贝纳三师	秘语。荆门，推测为道公派。	510
承五变五师吃鬼将	用于葬礼的法和表式集。优勉支系。	433
敕变收□铁鞭	用于葬礼的法。优勉支系。	506
敕船法用	用于造船仪式的法。优勉支系。	379
敕坛	建坛仪式的科仪。荆门，道公派。	832
敕坛	简化版科仪，用于建坛和净坛仪式。荆门，道公派。	1039
敕坛净坛会圣全科	打醮仪式中设坛、净坛及请神科仪。荆门，道公派。	665

续表 4

标题	内容提要	典藏号（Cod. sin.）
敕坛科	做斋仪式科仪，用于设坛、净坛。荆门，道公派。	451
敕坛科	打醮仪式科仪，用于设坛、净坛。荆门，道公派。	717
敕坛科	用于设坛、净坛科仪。荆门，道公派。	808
敕坛科	简化版科仪，用于建坛和净坛仪式。荆门，道公派。	1039
［敕坛科］	建坛和净坛科仪。荆门，道公派。	1004
关告，会圣，敕坛科	请神和开坛的做斋科仪。荆门，道公派。	1011
敕席任用	驱鬼仪式的法。优勉支系。	535
重集安龙伸斗解冤秘语启	秘语，用于安抚地龙和冤魂、超度逝者、祭拜北斗。荆门。	812
重集村楼科启	葬礼用科仪。荆门，道公派。	798
重集夫妻绕棺科	做斋仪式科仪，用于下葬。荆门，道公派。	921
重集合碗法	秘语。荆门。	1013
重集经科在此去也	打醮仪式。	789
重集救患日午秘之法	秘语，用于安抚地龙和驱逐恶鬼、疾病和灾害。荆门，推测为师公派。	868
重集雷王境王三献科	打醮仪式科仪，用于祭拜雷公和本境神。荆门，道公派。	789
重集十王歌	下葬仪式科仪以及用于祭拜阎王的歌。荆门，道公派。	928
重集巫门救患秘语	秘语。荆门，师公派。	863
重集香火帝母列望接｛圣｝科	七言科仪，用于祭拜送子神帝母的仪式。荆门，师公派。	806
重集又度产死血湖之法	用于葬礼的秘语。荆门。	1027
重集玉京意者	用于良愿的秘语。荆门，道公派。	671
重集斋短秘语	秘语。荆门，道公派。	294
重集大解冤科启	用于超度亡灵的科仪。荆门，道公派。	666
重禄安龙科	建造墓地时用于安抚地龙仪式的科仪。荆门，道公派。	259
抽头望清天	法、表式集、符及咒。优勉支系。	586
初步踏上龙仙峒	表式集。优勉支系。	378
初开抄本	以儒家思想为基础的德育课本，含中国经典篇章选段。优勉支系。	467
初来请烧香叩师之法	秘语。荆门。	1013
初世收	用于歌堂或还愿仪式的七言歌，含《盘王歌》的选段。优勉支系。	461

续表 5

标题	内容提要	典藏号（Cod. sin.）
初宵	用于祭拜帝母仪式的秘语。荆门，师公派。	669
初霄科	用于一位道公的葬礼科仪。荆门，道公派。	796
初学正文	汉语词典。荆门。	911
初真戒度秘语在经坛用	度戒仪式的秘语。荆门，道公派。	647
初真科	度戒仪式科仪。荆门，道公派。	820
初真受戒科	度戒仪式科仪。荆门，道公派。	330
初真受戒秘语	用于进入道公及师公法师行列的度戒仪式的秘语。荆门。	767
初真新恩秘	度戒仪式科仪。荆门，道公派。	820
处备香酒钱封长串还愿	用于不同场合的表式集。优勉支系。	443
传度道场	度戒仪式的法及表式集。优勉支系。	558
传法用	度戒仪式的法。优勉支系。	535
川光	度戒仪式科仪。荆门，师公派。	917
川光科	用于度戒仪式的七言歌。荆门，师公派。	605
川光科头上	还愿仪式和度戒仪式的科仪。荆门，师公派。	846
川光科用	还愿仪式和度戒仪式的科仪。荆门，师公派。	846
川光十供科	度戒仪式的七言歌。荆门，师公派。	605
川光书	度戒仪式的科仪。荆门，师公派。	917
传家杂字	初识字者用词汇表，推测来自中国。优勉支系。	503
{船} 科	还愿仪式和度戒仪式七言科仪。荆门，师公派。	846
刺绣方巾	荆门。	594
刺绣头巾	荆门。	595
此重集棺木科文殄也	葬礼仪式科仪。荆门，道公派。	284
此卦因中有福之象	卦书，推测来自中国。	488
次入安新龙科也	安抚地龙的打醮仪式科仪，用于建房或建墓。荆门，道公派。	1008
从人科化依科赞车科	做斋仪式科仪。荆门，道公派。	901
D		
打钹音送圣	打醮科仪。荆门，道公派。	930
大道洞玄虚有念无不超起炼质入真	做斋仪式科仪。荆门，道公派。	952
大洞经中卷	道家经典节选集。荆门，道公派。	908

续表 6

标题	内容提要	典藏号（Cod. sin.）
大化衣	在下葬时举办的做斋仪式科仪。荆门，道公派。	734
大会洪恩科	用于祭拜送子神帝母仪式的科仪。荆门，师公派。	875
大会科	用于祭拜送子神帝母仪式的科仪。荆门，师公派。	732
大会科	用于祭拜送子神帝母仪式的科仪。荆门，师公派。	1016
大解冤科	用于超度亡灵的做斋仪式科仪。荆门，道公派。	624
大炼	用于葬礼的符集。荆门，道公派。	815
大邙法	超度仪式的秘语。荆门，道公派。	1038
大邙秘语	超度仪式的秘语。荆门，道公派。	1038
大盘王书	用于祭拜盘王的还愿仪式七言歌。优勉支系。	157
大破里	用于教授汉字以及儒家思想的课本。优勉支系。	366
大清国厶道厶冲厶寨行游社下	用于不同场合的法及表式。优勉支系支系。	368
大清醮秘语	打醮仪式中净坛的秘语。荆门。	997
大上弥罗鱼上天眇眇	咒及七言歌。优勉支系。	555
大赦	葬礼用表式集。优勉支系。	378
大书歌	还愿仪式七言歌，用于祭拜传说中的远祖盘王。优勉支系。	347
大通书	卦书。优勉支系。	431
大威倩之法	秘语。荆门，推测为道公派。	949
大威之法	秘语。荆门，推测为道公派。	949
大献	用于祭祀的七言歌。荆门，师公派。	655
大献	用于祭祀的七言歌。荆门，师公派。	725
大小道范	打醮、做斋及度戒仪式科仪选段。荆门，道公派。	829
大小丧事度亡秘蜜	葬礼的秘语。荆门，道公派。	617
大小凶路斋邙天机	做斋和下葬仪式用秘语。荆门，道公派。	795
大小斋秘语	做斋仪式秘语。荆门，道公派。	923
大小斋神目	不同的打醮及做斋仪式中被呼唤的众神列表。荆门，道公派。	257
大斋关告科	用于做斋仪式前启坛请圣的科仪。荆门，道公派。	569
大斋醮秘语	做斋和打醮的秘语。荆门，道公派。	722
大斋醮秘语	做斋和打醮的秘语。荆门，道公派。	1026

续表 7

标题	内容提要	典藏号（Cod. sin.）
大斋良缘丧事秘语	做斋和打醮的秘语。荆门，道公派。	711
大斋秘语	做斋的秘语。荆门，道公派。	722
大斋秘语	做斋的秘语。荆门，道公派。	923
大斋秘语	做斋的秘语。荆门，道公派。	996
大斋秘语	做斋的秘语。荆门，道公派。	1033
大斋秘院	做斋的秘语。荆门，道公派。	651
大斋宿启科	用于做斋前启坛请圣的科仪。荆门，道公派。	567
大斋宿启科	用于做斋前启坛请圣的科仪。荆门，道公派。	852
大整黄泉法	秘语。荆门。	315
大治天娘邛堂法	秘语。荆门。	982
大斋良缘秘语	做斋和打醮的秘语。荆门，道公派。	711
大诸品经	道教经典文书的选段集。荆门，道公派。	643
［大］王大王大王交过厶年厶月	还愿仪式的科仪。优勉支系。	714
丹抄	用于三朝醮仪式的科仪。荆门，道公派。	243
单朝科	用于三朝醮仪式的科仪。荆门，道公派。	459
单时［科］	用于三朝醮仪式的科仪。荆门，道公派。	959
单时｛科｝	用于三朝醮仪式的科仪。荆门，道公派。	681
单时	用于三朝醮仪式的科仪。荆门，道公派。	681
单时	用于三朝醮仪式的科仪。荆门，道公派。	780
单时共二宫三宫科	用于三朝醮仪式的科仪。荆门，道公派。	780
单时科	用于延寿的三朝醮科仪。荆门，道公派。	317
当初盘古开天地	关于瑶族起源的历史传说。优勉支系。	450
荡秽法	葬礼的秘语。荆门，道公派。	1040
倒厨	简化版科仪，用于祭拜灶君的仪式。荆门，道公派。	1039
到此重集飞章科也	用于向天庭递交奏章的打醮仪式科仪。荆门，道公派。	602
到此祭｛菫｝诵经送向回冤家释结	简化版打醮仪式科仪，用于祭拜雷公，安抚、超度冤魂。荆门，道公派。	848
到此启师破狱	简化版打醮仪式科仪，用于祭拜雷公，安抚、超度冤魂。荆门，道公派。	848
到此取桥台来读为师公知	七言歌，用于祭拜送子神帝母以及请神仪式。荆门，师公派。	636

续表 8

标题	内容提要	典藏号（Cod. sin.）
到此入三献科	简化版打醮仪式科仪，用于祭祀。荆门，道公派。	848
倒法	秘语。荆门，推测为道公派。	861
道范	做斋、打醮及度戒仪式科仪的段落。荆门，道公派。	661
道范科	做斋、打醮及度戒仪式科仪的段落。荆门，道公派。	276
道范科	做斋、打醮及度戒仪式科仪的段落。荆门，道公派。	302
道范科	做斋、打醮及度戒仪式科仪的段落。荆门，道公派。	826
道范科	做斋、打醮及度戒仪式科仪的段落。荆门，道公派。	829
道范科	做斋、打醮及度戒仪式科仪的段落。荆门，道公派。	661
道家秘语	道公所用秘语。荆门。	322
道家丧夜	用于一位道公的葬礼科仪。荆门，道公派。	796
道教	进入道公及师公行列的度戒仪式秘语。荆门。	1009
道教桉龙天机	秘语，用于葬礼中安抚地龙的仪式。荆门，道公派。	576
道教师教僧教新文科	有道公派、师公派及佛教影响的度戒仪式科仪。荆门。	265
道教师教受戒秘语	秘语，用于进入道公和师公行列的度戒仪式。荆门。	777
道教授械秘	度戒仪式的秘语。荆门，道公派。	770
道教授械秘语	度戒仪式的秘语。荆门，道公派。	770
道教授械秘语	秘语，用于进入道公和师公行列的度戒仪式。荆门。	782
道教书	用于不同仪式的表式集。荆门，道公派。	679
道教书式	用于不同仪式的表式集。荆门，道公派。	679
道教天机	秘语，用于葬礼中安抚地龙的仪式。荆门，道公派。	576
道门书	表式集。荆门，道公派。	872
道门通用法	表式集。荆门，道公派。	872
道门幼学	道家学说导论，含经典文书选段及咒。荆门，道公派。	615
道门诸榜式	表式集。荆门，道公派。	1031
道门诸式	表式集。荆门，道公派。	709
道师受戒秘语	进入道公和师公派的度戒仪式科仪。荆门。	836
道师授械秘语	秘语，用于进入道公和师公行列的度戒仪式。荆门。	782
到瘫歌并｛苗炼｝	七言歌。优勉支系。	800
灯筵功曹请圣目	邀请功曹、祭拜帝母和祖先盘王的科仪。荆门，师公派。	1015
邓经聪秘语	秘语。荆门。	1010

续表 9

标题	内容提要	典藏号（Cod. sin.）
第一课开学了	初识字者使用的初级课本手抄本。优勉支系。	565
第一行罡到村头	番坛仪式科仪的部分。优勉支系。	533
帝母表	用于祭拜送子神帝母仪式的表式集。荆门，师公派。	716
帝母表求花用祈嗣同用	用于祭拜送子神帝母仪式的表式集。荆门，师公派。	716
帝母大会秘语	用于祭拜送子神帝母仪式的秘语。荆门，师公派。	715
帝母盘古桥抬	用于祭拜帝母和盘古仪式的七言歌。荆门，师公派。	843
弟子定签头定签头头	闾山派用于不同仪式的法、咒、符及七言歌。	543
地理	风水书，推测来自汉族。	231
地桥	用于祭拜祖先及送子神帝母的仪式的七言歌。荆门，师公派。	600
地桥科	用于祭拜祖先及送子神帝母的仪式的七言歌。荆门，师公派。	600
地狱鬼用	葬礼的七言歌及表式集。优勉支系。	405
地狱井用的书	葬礼用歌本及表式集。优勉支系。	405
地狱赦	葬礼的表式集。优勉支系。	178
地狱书	葬礼的七言歌及表式集。优勉支系。	405
地狱书	葬礼的表式集。优勉支系。	520
颠倒	秘语。荆门，推测为道公派。	861
颠倒法	秘语。荆门，推测为道公派。	861
颠倒金语	秘语。荆门，推测为道公派。	861
颠倒秘语	秘语。荆门，推测为道公派。	677
颠哲延法	秘语。荆门。	1013
点咒	度戒仪式科仪。荆门，道公派。	804
吊九良星法	用于不同场合的法、七言歌及符。优勉支系。	437
定地书	关于祖先墓地的风水和摇卦的手册。优勉支系。	523
东南西北分明了	关于瑶族历史的文本。推测为优勉支系。	383
东狱，云露，解冤	秘语。荆门。	1013
读疏文开疏文伸疏用杀尾话	表式集，法。优勉支系。	379
度人道场经	用于葬礼的科仪，这种仪式的特别之处在于使用了道教经典篇章《度人经》。荆门，道公派。	797
度人道场经	做斋仪式科仪，用于超度。荆门，道公派。	886

续表 10

标题	内容提要	典藏号（Cod. sin.）
度人道场科	做斋仪式科仪，用于超度。荆门，道公派。	886
度人经	道教经典“度人”文书。荆门，道公派。	321
度人经	道教经典“度人”文书。荆门，道公派。	328
度人经	道教经典“度人”文书。荆门，道公派。	639
[度人经]	道教经典“度人”文书。荆门，道公派。	1001
度人经部	道教经典“度人”文书。荆门，道公派。	321
度人经大部	道教经典“度人”文书。荆门，道公派。	639
度亡金语	用于葬礼的秘语。荆门，道公派。	670
度亡金语	秘语，用于超度仪式。荆门，道公派。	1021
度亡天机	葬礼的秘语。荆门，道公派。	292
断签法书	用于断签仪式的法。优勉支系。	455
咄敕发雷声	度戒仪式的法、表式集、七言歌。优勉支系。	729
E		
二宫科（告斗用）	祭拜北斗、南斗的打醮仪式科仪。荆门，道公派。	1003
二宫科	用于延寿、祭拜星辰的打醮仪式科仪。荆门，道公派。	780
二宫科	祭拜北斗、南斗的打醮仪式科仪。荆门，道公派。	1018
二宫科净坛科	祭拜北斗、南斗的打醮仪式科仪。荆门，道公派。	1003
二宫科三宫科	祭拜北斗、南斗的打醮仪式科仪。荆门，道公派。	896
二宫三宫	用于延寿、祭拜星辰的打醮仪式科仪。荆门，道公派。	739
二宫三宫科	用于延寿、祭拜星辰的打醮仪式科仪。荆门，道公派。	739
二郎一行众声都有位	七言歌，推测用于还愿。优勉支系。	435
二三宫	用于延寿、祭拜星辰的打醮仪式科仪。荆门，道公派。	780
二三宫科	用于延寿、祭拜星辰的打醮仪式科仪。荆门，道公派。	780
二三宫科	用于延寿、祭拜北斗和南斗的打醮仪式科仪。荆门，道公派。	833
二三宫科	打醮科仪，用于祭拜北斗、南斗。荆门，道公派。	1011
二十八宿	用于占星的歌曲。优勉支系。	555
二霄功曹	用于度戒仪式的七言歌。荆门，师公派。	605
二霄功曹科	用于度戒仪式的七言歌。荆门，师公派。	605
二宵功曹招兵	七言歌，用于邀请天庭之船及招募神兵的仪式。荆门，师公派。	634

续表 11

标题	内容提要	典藏号（Cod. sin.）
二宵功曹招兵科	七言歌，用于邀请天庭之船及招募神兵的仪式。荆门，师公派。	634
二宵招兵科	七言歌，用于邀请天庭之船及招募神兵的仪式。荆门，师公派。	634
二夜绕棺	用于一位道公的葬礼科仪。荆门，道公派。	796
F		
法书	用于治疗仪式及葬礼的法及神目。优勉支系。	385
法书	用于葬礼的法和表式。优勉支系。	404
法书	用于葬礼、度戒仪式及驱鬼仪式的法。优勉支系。	535
法书	法、步罡踏斗示意图及七言歌，用于驱鬼的番坛仪式。优勉支系。	540
法书	法。优勉支系。	548
法书	秘语。荆门，道公派。	728
法书	做法事之指示法，符。优勉支系。	953
番九牛	用于驱鬼的番坛仪式的七言科仪的部分，以及通过算卦诊断疾病的文书。优勉支系。	532
番坛敕席	主要用于驱邪仪式的七言歌、法和表式。优勉支系。	463
飞科	打醮和做斋仪式的请愿科仪。荆门，道公派。	835
飞章	用于向天庭递交奏章的仪式科仪。荆门，道公派。	229
飞章	用于向天庭递交奏章的仪式密语。荆门，道公派。	629
飞章法	用于向天庭递交奏章的仪式科仪。荆门，道公派。	930
飞章科	用于向天庭递交奏章的仪式科仪。荆门，道公派。	229
飞章科	用于向天庭递交奏章的仪式科仪。荆门，道公派。	580
飞章科	用于向天庭递交奏章的仪式科仪。荆门，道公派。	613
飞章科	用于向天庭递交奏章的仪式科仪。荆门，道公派。	701
飞章科	用于向天庭递交奏章的仪式科仪。荆门，道公派。	807
飞章科	用于向天庭递交奏章的打醮科仪。荆门，道公派。	835
飞章科	用于向天庭递交奏章的仪式科仪。荆门，道公派。	893
飞章科	用于向天庭递交奏章的打醮科仪。荆门，道公派。	924
飞章科	用于向天庭递交奏章的仪式科仪。荆门，道公派。	930
飞章科	用于向天庭递交奏章的打醮科仪。荆门，道公派。	900
飞章科启去	用于向天庭递交奏章的打醮科仪。荆门，道公派。	891

续表 12

标题	内容提要	典藏号（Cod. sin.）
飞章科说醮科	用于向天庭递交奏章的仪式和打醮科仪。荆门，道公派。	930
飞章说醮科	用于向天庭递交奏章的仪式和打醮科仪。荆门，道公派。	930
疯｛麻｝秘语	秘语，用于安抚患麻风病而死的亡灵。荆门。	588
奉送	七言歌，用于祭祀神祇和祖先。荆门，师公派。	725
奉也请奉也入一心奉请	法，七言歌和咒。优勉支系。	748
风有音声话有靶	以儒家思想为基础的德育课本，含中国经典选段。优勉支系。	752
夫妻慈母十王唱	葬礼科仪。优勉支系。	255
符吏敕坛会圣洞全	打醮仪式科仪，用于建坛和请神。荆门，道公派。	926
符吏敕坛为科	打醮仪式科仪，用于建坛和请神。荆门，道公派。	926
复炉科	丧期结束时的斋仪及“玉京”“盟真”和“救苦”类斋仪。荆门，道公派。	336
符命部	用于葬礼的符集。荆门，道公派。	815
符命科大部	用于葬礼的符集。荆门，道公派。	815
［福生歌］	用于占星的歌曲。优勉支系。	555
符吏科	简化版打醮仪式科仪。荆门，道公派。	848
G		
告舡送	造船的法。优勉支系。	391
告斗科	用于祭拜北斗的打醮仪式科仪。荆门，道公派。	273
告斗科	用于祭拜北斗的打醮仪式科仪。荆门，道公派。	698
高上玉皇经	献给玉皇的道教经典文书。荆门，道公派。	612
歌古	七言式以儒家价值观为依托的德育课本。推测为优勉支系。	800
歌书	用于祭拜祖先的良愿仪式科仪，含《开坛书》选段。优勉支系。	476
歌头六郎歌尾十郎	表式集。推测为优勉支系。	398
给双亲专入来取货书	书信写作指导。推测来自中国。	772
给印话	法、表式、符和七言歌，用于在度戒仪式上招募神兵、递交奏章、授予印章和符，抵御不祥。优勉支系。	969
给鸡啼无作时	用于葬礼的法和七言歌。优勉支系。	482
赓衣书科	做斋仪式科仪，用于葬礼。荆门，道公派。	901
庚子禾刀星	卦书。优勉支系。	387

续表 13

标题	内容提要	典藏号（Cod. sin.）
功曹	招募天庭使者“四直功曹”的七言歌。荆门，师公派。	841
功曹，大猷，接圣，招兵科	用于邀请功曹、神兵和神祇的仪式七言科仪。荆门，师公派。	897
供恩金语	用于不同仪式场合的秘语。荆门，师公派。	516
供恩秘语	用于不同仪式场合的秘语。荆门，师公派。	516
贡救苦演朝	三朝醮科仪。荆门，道公派。	860
功据牒式	表式集。荆门，道公派。	709
功据牒式	表式集。荆门，道公派。	872
功科	招募天庭使者“四直功曹”的七言歌。荆门，师公派。	841
贡王救苦科宿启用	请神仪式和打醮仪式科仪。荆门，道公派。	913
贡王救苦宿启科	请神仪式和打醮仪式科仪。荆门，道公派。	913
贡王救苦演朝科	三朝醮科仪。荆门，道公派。	860
贡王清醮延生宿启科	打醮、做斋仪式宣布启坛的科仪，用于延寿。荆门，道公派。	853
贡王宿启	打醮、做斋仪式宣布启坛的科仪，用于延寿。荆门，道公派。	703
贡王宿启科	打醮、做斋仪式宣布启坛的科仪，用于延寿。荆门，道公派。	703
贡王宿启科	请神仪式和打醮仪式科仪。荆门，道公派。	913
贡王宿启科	做斋或者打醮仪式前启坛请圣的科仪。荆门，道公派。	1020
贡王土府延生宿启科	打醮仪式科仪，用于延寿。荆门，道公派。	775
贡筵洪恩秘	用于祭拜帝母的仪式秘语。荆门，师公派。	925
贡筵洪恩秘金语	用于祭拜送子神帝母仪式的秘语。荆门，师公派。	689
贡筵洪恩秘语	用于祭拜帝母的仪式秘语。荆门，师公派。	873
贡筵红楼秘语	用于祭拜帝母的仪式秘语。荆门，师公派。	724
贡筵红楼秘语	用于祭拜帝母的仪式秘语。荆门，师公派。	769
贡筵红楼秘语	用于祭拜帝母的仪式秘语。荆门，师公派。	998
贡筵红楼秘语	用于祭拜帝母的仪式秘语。荆门，师公派。	1041
贡筵秘	用于祭拜帝母的仪式秘语。荆门，师公派。	707
贡筵秘语	用于祭拜帝母的仪式秘语。荆门，师公派。	707
贡筵秘语	用于祭拜帝母的仪式秘语。荆门，师公派。	1005
古今字	词汇表。推测为荆门。	771

续表 14

标题	内容提要	典藏号（Cod. sin.）
关告	宣告做斋开始的科仪。荆门，道公派。	1011
关告	宣告做斋开始的科仪。荆门，道公派。	652
关告敕坛	宣告做斋仪式开始的科仪，用于请神和建坛。荆门，道公派。	832
关告敕坛科	打醮仪式启坛请圣科仪，用于延寿和净坛。荆门，道公派。	808
关告符吏	简化版用于宣告做斋仪式开始的科仪。荆门，道公派。	1039
关告科	宣告做斋开始的科仪。荆门，道公派。	1004
关告科破狱科	宣告做斋开始的科仪，超度阴间亡灵。荆门，道公派。	606
关告科	宣告做斋开始的科仪，荆门，道公派。	451
[关煞百中经]	不祥命理的影响及相关化解对策的卦书。推测为优勉支系，抄自一源自中国（汉族）的母本。	346
观音求筈书	以筈占卜的卦书。优勉支系。	434
皈依受戒道	道公和师公派度戒仪式科仪。荆门。	713
癸辰日亥时玉堂去	做法事之指示法、咒、符、七言歌合集，日历表、不同货币兑换表和仪式清单。优勉支系。	750
鬼脚书	七言歌，用于祭祀神祇和祖先，开山和招募神兵。荆门，师公派。	725
H		
禾魂书	用于不同场合的表式集、法。优勉支系。	428
合骨退毒法书	生病治疗仪式的法和咒。优勉支系。	764
合婚	用于不同场合的法、七言歌及符。优勉支系。	437
合婚法	闾山派的法。优勉支系。	895
合婚通书	带有表格和卜文的日历，用于婚配。荆门。	1044
合盆	用于合婚的卦书集。推测为优勉支系。	491
合盆书	用于测定合婚的表格及含绘画的卦书。优勉支系。	345
[合盆书?]	选择合婚及结婚相关活动的吉日的卦表。推测来自中国。	436
[合盆书?]	选择合婚及结婚相关活动的吉日的卦表。推测来自中国。	452
[合盆书]	测算合婚的集子。优勉支系。	472
[合盆书]	卦表集，用于测算合婚及所有和婚姻有关的活动的吉日。可能来自中国。	512
[合盆书]	带合婚表和卦书的历书。推测来自中国。	571
贺楼	用于祭拜送子神帝母仪式的科仪。荆门，师公派。	875

续表 15

标题	内容提要	典藏号（Cod. sin.）
贺楼科	用于祭拜送子神帝母仪式的科仪。荆门，师公派。	875
贺盘皇科	用于祭拜送子神帝母仪式的科仪。荆门，师公派。	638
贺盘科	用于祭拜送子神帝母仪式的科仪。荆门，师公派。	638
贺圣	七言歌，用于祭祀神祇和祖先。荆门，师公派。	725
贺天娘科	祭拜帝母的七言科仪。荆门，师公派。	1025
鹤黄金收犯之木起有一分	用于不同场合的法。优勉支系。	508
洪恩大会	用于祭祀送子神帝母仪式的七言歌。荆门，师公派。	690
洪恩大会法	用于祭祀送子神帝母仪式的密语。荆门，师公派。	669
洪恩大会科十二游神唱	祭拜帝母的七言科仪。荆门，师公派。	1016
洪恩大会科书	祭拜帝母的仪式科仪。荆门，道公派。	927
洪恩大会十二游神唱	祭拜帝母的七言科仪。荆门，师公派。	1016
洪恩秘	祭拜帝母仪式的秘语。荆门，师公派。	329
洪恩秘密	祭拜帝母仪式的秘语。荆门，师公派。	1023
洪恩秘语	祭拜帝母仪式的秘语。荆门，师公派。	305
洪恩秘语	祭拜帝母仪式的秘语。荆门，师公派。	305
洪恩秘语	祭拜帝母仪式的秘语。荆门，师公派。	688
洪恩秘语大全	祭拜帝母仪式的秘语。荆门，师公派。	1045
洪恩赦书	丧葬仪式、祭拜祖先及治疗仪式所用表式集。优勉支系。	192
红楼半座科	祭拜帝母仪式的科仪。荆门，师公派。	1012
红楼伴座科	祭拜帝母仪式的科仪。荆门，师公派。	616
红楼本坐科	祭拜帝母仪式的科仪。荆门，师公派。	806
红楼秘语	祭拜帝母仪式的科仪。荆门，师公派。	769
红楼秘语	祭拜帝母仪式的秘语。荆门，师公派。	1041
[红楼秘语]	祭拜帝母仪式的秘语。荆门，师公派。	876
花堂科	祭拜帝母仪式的七言歌。荆门，师公派。	769
化依赓衣从人赞车科	做斋仪式科仪。荆门，道公派。	901
化衣科	在下葬时举办的做斋仪式科仪。荆门，道公派。	734
化衣科	做斋仪式科仪，用于护送死者的灵魂。荆门，道公派。	987
化依科	做斋仪式科仪，用于护送死者的灵魂。荆门，道公派。	515

续表 16

标题	内容提要	典藏号（Cod. sin.）
化依科从人科赞车科	做斋仪式科仪。荆门，道公派。	901
化衣目	葬礼过程中安抚地龙的清单。荆门，推测为道公派。	693
化依用	葬礼用科仪。荆门，道公派。	300
怀胎六甲书计	用于治疗仪式和求子仪式的法和咒。优勉支系。	227
还庙王愿	还愿仪式的科仪及祭品清单的一部分。优勉支系。	419
患救秘语	用于抵御恶鬼、疾病和其他不祥的仪式使用的秘语。荆门，师公派。	312
慌愁造纸愁文意	以儒家思想为基础的德育课本。优勉支系。	526
［黄表］	用于葬礼及治疗仪式的表式集。优勉支系。	178
皇恩□赦明厶戒弟子法	葬礼用表式集。优勉支系。	378
慌秋执草抬盘欣	关于生命和死亡不可知性的七言歌。推测为优勉支系。	356
黄泉	秘语。荆门。	290
黄泉法	秘语。荆门，道公派。	943
黄泉法	秘语。荆门。	1010
会圣	请神科仪。荆门，道公派。	1011
会圣	请神仪式的科仪。荆门，道公派。	253
会圣科	打醮仪式请神科仪。荆门，道公派。	665
会圣科	打醮仪式请神科仪。荆门，道公派。	717
会圣科	请神仪式的科仪。荆门，道公派。	1004
会圣科	打醮仪式科仪。荆门，道公派。	327
婚姻诸杀炼关秘密	秘语及符。荆门。	621
混沌书	度戒中一项仪式的科仪。优勉支系。	164
J		
集｛拔烈｝肉山之法	秘语集。荆门，道公派。	746
祭兵	用于葬礼、度戒仪式及驱鬼仪式的法。优勉支系。	535
祭虫用	用于请神及对抗害虫的法。优勉支系。	391
祭婚姻除诸煞之法	消除对婚姻不利影响的秘语。荆门。	1024
祭婚姻秘语	消除对婚姻不利影响的秘语。荆门。	1024
极极走无踪玄坛降	还愿仪式科仪，附《开坛书》摘录。优勉支系。	364
集解始邙诸伤秘语	葬礼秘语。荆门，道公派。	939

续表 17

标题	内容提要	典藏号（Cod. sin.）
记开许传度四府良愿用	良愿仪式科仪。优勉支系。	149
集秘	不同的秘语文集。荆门，推测为道公派。	316
集秘语	仪式秘语，用于安抚地龙及镇墓。荆门，道公派。	258
集秘语集	秘语集。荆门，道公派。	942
即日报诚叩干	表式集。推测为优勉支系。	493
即日诚心冒干	闾山派的法和表式。优勉支系。	470
急时救患秘语	用于祭拜太上老君的仪式秘语。荆门，推测为师公派。	256
集小秘语	秘语集。荆门，道公派。	640
集谢	打醮仪式科仪，用于祭拜本境神、雷神、水府，以及安抚并解救有复仇瘾的亡灵。荆门，道公派。	572
集谢	用于祭拜本境神打醮仪式科仪。荆门，道公派。	821
集谢科	打醮仪式科仪，用于祭拜本境神、雷神、水府，以及安抚并解救有复仇瘾的亡灵。荆门，道公派。	572
集谢科	用于祭拜雷神及本境神的打醮仪式科仪。荆门，道公派。	705
吉凶诸卭	用于葬礼的秘语。荆门，道公派。	733
己样（供乙本）书	用于葬礼及治疗仪式的表式集。优勉支系。	178
集诸章格	表式集。荆门，道公派。	929
架桥表	用于建造通往阴间的桥梁的仪式表式。优勉支系。	521
架桥书	用于建造通往阴间的桥梁的仪式表式。优勉支系。	521
架桥疏	用于建造通往阴间的桥梁的仪式表式。优勉支系。	521
架桥奏星的书	用于葬礼中做斋仪式的科仪，仪式包括下葬仪式、赦罪仪式及献祭亡人的仪式。荆门，道公派。	587
家先单	盘氏家谱。优勉支系。	757
加职阴阳二据	闾山派度戒仪式表式集。优勉支系。	1014
家主祖宗香火上清	法、表式及祭祀祖先、神灵及地主的段落。优勉支系。	174
甲子［歌］	用于占星的歌曲。优勉支系。	555
甲子歌	60 首用于占星的歌曲。优勉支系。	460
甲子歌	用于占星的歌曲。优勉支系。	552
甲子歌	用于占星的歌曲。优勉支系。	555
甲子日紫气	卦书。优勉支系。	441
甲子乙丑海中金	60 首用于占星的歌曲。优勉支系。	965

续表 18

标题	内容提要	典藏号（Cod. sin.）
贱秘唱贰秘唱	秘语及符的集子。荆门。	621
教白话｛大｝解煞请鬼名用	闾山派用于不同仪式的法、咒、符及七言歌。优勉支系。	543
叫大起根用	打醮、治疗仪式及葬礼所用的表式及法。优勉支系。	176
教患秘	用于抵御恶鬼、疾病和其他灾祸的秘语。荆门，师公派。	720
教患秘语	用于抵御恶鬼、疾病和其他不祥的仪式使用的秘语。荆门，师公派。	312
教患秘语天机	用于抵御恶鬼、疾病和其他不祥的仪式使用的秘语。荆门，师公派。	312
醮会伸斗科	打醮仪式科仪，用于祭拜北斗。荆门，道公派。	944
茭简科	做斋仪式科仪，用于超度亡魂。荆门，道公派。	817
茭简破狱科	用于超度阴间亡灵的斋仪文本。荆门，道公派。	250
茭简破狱科	用于超度阴间亡灵的斋仪文本。荆门，道公派。	817
茭简破狱科	用于超度阴间亡灵的斋仪文本。荆门，道公派。	847
缴经雷王境王水符科	打醮仪式科仪，用于祭拜雷公和本境神。荆门，道公派。	789
教科	用于葬礼的科仪。荆门，推测为道公派。	691
教科	用于超度亡魂的科仪。荆门，道公派。	817
教廉科	用于葬礼的科仪。荆门，推测为道公派。	691
交龙科	用于超度亡魂的科仪。荆门，道公派。	885
茭龙破狱科	用于超度亡魂的科仪。荆门，道公派。	266
醮喃灵科	用于送亡灵上路的做斋仪式科仪。荆门，道公派。	778
叫天叫地	还愿七言歌。优勉支系。	152
叫天起根	打醮、治疗仪式及葬礼所用的表式及法。优勉支系。	176
叫天书	治疗仪式及葬礼所用的七言歌、法咒和表式集。优勉支系。	181
［叫天书?］	用于葬礼及超度仪式的七言歌及表式。优勉支系。	394
叫王帝王作主	用于请神的法。优勉支系。	391
教消病秘	治疗仪式的秘语。荆门。	290
醮延生神目	在打醮和做斋仪式中被提及的神祇名单。荆门，道公派。	310
脚引	葬礼用表式集。优勉支系。	378
解｛秽｝龙女	用于度戒仪式的七言歌。荆门，师公派。	605
解｛秽｝水用	闾山派的法。优勉支系。	469

续表 19

标题	内容提要	典藏号（Cod. sin.）
戒度科	度戒仪式科仪。荆门，道公派。	633
解关科	用于祭拜祖先、土主及雷神的打醮仪式科仪。荆门，道公派。	511
解秽唱	七言歌，用于祭拜盘王、帝母和三元。荆门，师公派。	857
解秽科	用于度戒仪式的七言歌。荆门，师公派。	605
解秽娘子	用于度戒仪式的歌本。荆门，师公派。	605
结界	简化版科仪，用于超度仪式。荆门，道公派。	1039
解结末甲	葬礼用科仪。荆门，道公派。	766
接龙伸斗救［患秘语］	用于安抚地龙，祭拜北斗和驱逐恶鬼、疾病和灾害的秘语。荆门，推测为师公派。	863
接盘皇	用于祭拜送子神帝母的仪式科仪，七言形式。荆门，师公派。	618
解煞	关于不祥命理对命运的影响及化解办法的文书。优勉支系。	479
解煞表	用于不同场合的仪式的表式、法。优勉支系。	428
解煞书	关于不祥的命理对命运的影响及其化解办法的文书；用于葬礼的法、咒及七言歌。推测为优勉支系。	489
接圣	用于请神仪式的七言歌。荆门，师公派。	655
接圣	用于请神仪式和祭祀的七言歌。荆门，师公派。	725
接圣科	用于请神及献祭品仪式的七言科仪。荆门，师公派。	246
接圣科	祭拜送子神帝母和盘王的仪式科仪，七言形式。荆门，师公派。	618
接圣科	七言歌，用于请神仪式。荆门，师公派。	636
解术词和词壹下解杀救病表寅卯赦送瘟□	表式、赦罪书及符，用于葬礼。优勉支系。	426
接香火	七言歌，用于祭拜盘王、帝母和三元。荆门，师公派。	857
解冤皈依	打醮科仪。荆门，师公派。	930
解冤家之法	用于超度亡灵的仪式秘语。荆门，道公派。	644
解冤科	用于超度亡灵的科仪。荆门，道公派。	666
解冤科	在下葬时安抚地龙的打醮仪式科仪。荆门。	721
姐宗必语	不同的秘语。荆门，师公派。	668
金灵法早晚拔用	秘语，用于葬礼的仪式。荆门，道公派。	353
今年又说阳春早	中文姓氏词典。优勉支系，来自中国。	446

续表 20

标题	内容提要	典藏号（Cod. sin.）
金盆	秘语集。荆门	1010
谨请东方茅山洪符水源童子	闾山派用于不同仪式的法、咒、符及七言歌。优勉支系。	543
金卷	测算合婚的集子。优勉支系。	472
禁事之法	用于不同仪式场合的秘语。优勉支系。	517
金言	秘语。荆门，道公派。	335
金章宝经	道家经典摘抄集。荆门，道公派。	974
金章经	道教经典摘录集。荆门，道公派。	862
金章受生妙经	道教经典摘录集。荆门，道公派。	862
净教患天机金语	用于抵御恶鬼、疾病和其他不祥的仪式使用的秘语。荆门，师公派。	312
净坛	用于净坛的打醮仪式科仪。荆门，道公派。	298
净坛科	用于净坛建坛的打醮仪式科仪。荆门，道公派。	665
净坛科	打醮仪式科仪，用于净坛。荆门，道公派。	717
净坛科	用于净坛的打醮仪式科仪。荆门，道公派。	719
净坛科	净坛仪式科仪。荆门，道公派。	1003
救病表用	用于治疗仪式和葬礼的表式集。优勉支系。	370
救病黄表文	表式集。优勉支系。	182
救病疏用	用于治疗仪式的卦表及表式的集子。优勉支系。	547
救患桉龙秘语	秘语，用于安抚地龙，防御恶鬼、疾病和其他灾祸。荆门。	941
救患按龙伸斗解冤金语	秘语，用于安抚地龙和冤魂、超度逝者、祭拜北斗。荆门。	812
救患关告解冤	打醮仪式科仪，用于抵御恶鬼、疾病和其他灾祸，安抚冤魂。荆门，师公派。	674
救患关告也解冤科	打醮仪式科仪，用于抵御恶鬼、疾病和其他灾祸，安抚冤魂。荆门，师公派。	674
救患科	用于抵御疾病并超度亡灵的仪式科仪。荆门，师公派。	609
救患科	邀请功曹、祭拜帝母和祖先盘王的科仪。荆门，师公派。	1015
救患秘语	用于抵御恶灵、疾病及其他不祥的秘语。荆门，道公派。	261
救患秘语	用于驱逐恶鬼、疾病及其他不祥的秘语。荆门，师公派。	275
救患秘语	用于抵御恶鬼、疾病及其他不祥的仪式秘语。荆门，师公派。	279

续表 21

标题	内容提要	典藏号（Cod. sin.）
救患秘语	秘语，用于抵御疾病并超度亡灵的仪式。荆门，师公派。	608
救患秘语	用于抵御恶鬼、疾病和其他不祥的仪式秘语。荆门，师公派。	830
救患秘语，祈嗣法	用于葬礼及超度仪式的秘语。优勉支系。	349
救患天机	用于抵御疾病及其他不祥的仪式秘语。荆门，师公派。	514
救患巫教秘	用于抵御疾病及其他不祥的仪式秘语。荆门，师公派。	514
九经	用于教授汉字及儒家思想的课本。推测为优勉支系。	649
九经书	用于教授汉字及儒家道德观念的三字经式课本。推测为优勉支系。	147
九经书	从中国儒学经典中摘录的用于教授汉字及儒家道德观念的课本。优勉支系。	169
九经书	以儒家思想为基础的德育课本，含中国经典篇章选段。推测为优勉支系。	467
九经书	用于教授汉字及儒家思想的课本。推测为优勉支系。	649
｛九经书｝	以儒家价值观为依托的德育课本，含中国经典篇章选段。推测为优勉支系。	449
｛九经书｝	以儒家道德观为基础的德育课本，含中国经典书籍选录。优勉支系。	551
救苦大部经	道教经典。荆门，道公派。	338
救苦旛在尾	做斋仪式科仪，用于超度阴间亡灵。荆门，道公派。	266
救苦贡王宿启科	请神仪式和打醮仪式科仪。荆门，道公派。	913
救苦斋神目也	在打醮和做斋仪式中被提及的神祇名单。荆门，道公派。	310
九州罡步用	用于葬礼的法和表式。优勉支系。	404
具号敕水收酒法用	闾山派做法事之指示法。优勉支系。	895
具立遣六畜牒文道	葬礼用表式集。优勉支系。	474
具立宗枝数目看用	用于不同还愿仪式的科仪的一部分。优勉支系。	454
具请师父鬼名用	用于不同仪式场合的法。优勉支系。	478
具十二姓瑶人过山傍号	基于“过山榜”这一类传统而作的史书性文书。优勉支系。	386
具十二姓瑶人过山傍传万代	关于瑶族野史的文书，按照《过山榜》及《评皇券牒》类“榜文”的传统所写。优勉支系。	357
具玄｛状｝咒书	度戒仪式的法。优勉支系。	869
傕灵中元	葬礼用科仪。荆门，道公派。	766
均堆败表表疏	表式集。优勉支系。	887

续表 22

标题	内容提要	典藏号（Cod. sin.）
K		
开［盐］堂	关于占卜法的秘语。荆门。	1036
开丹阿元二两	不同货币的换算表格。优勉支系。	685
开卦堂	关于占卜法的秘语。荆门。	1036
开卦堂秘语	关于占卜法的秘语。荆门。	1036
开卦堂秘语	关于占卜法的秘语。荆门。	1036
开卦之法	用于占卜的秘语。荆门，师公派。	660
开光法书	不同的秘语。荆门。	982
开光旛	简化版科仪，用于献旗的仪式。荆门，道公派。	1039
开光疏书	开光仪式用表式集。优勉支系。	401
开解	度戒仪式科仪。荆门，道公派。	641
开解科	度戒仪式科仪。荆门，道公派。	804
开解科	度戒仪式科仪。荆门，道公派。	820
开禁鬼名用	用于葬礼的法和表式。优勉支系。	404
开禁书	关于瑶族起源的历史传说。优勉支系。	450
开启卦	用于占卜的秘语。荆门，师公派。	660
开山［科］	开山仪式科仪，七言歌。荆门，师公派。	916
开山［科］	开山仪式科仪，七言歌。荆门，师公派。	995
开山歌唱	开山仪式科仪，七言歌。荆门，师公派。	810
开山科	开山仪式科仪，七言歌。荆门，师公派。	296
开山科	开山仪式科仪，七言歌。荆门，师公派。	607
开山科	开山仪式科仪，七言歌。荆门，师公派。	658
［开山科］	开山仪式科仪，七言歌。荆门，师公派。	662
开神咒	开山仪式科仪，七言歌。荆门，师公派。	509
开坛	还愿科仪。优勉支系。	201
开坛书	还愿科仪。优勉支系。	197
开坛书	还愿科仪。优勉支系。	1028
［开坛书］	还愿科仪。优勉支系。	158
［开坛书］	还愿科仪。优勉支系。	159
［开坛书］	还愿科仪。优勉支系。	160

续表 23

标题	内容提要	典藏号（Cod. sin.）
[开坛书]	还愿科仪。优勉支系。	162
[开坛书]	还愿科仪。优勉支系。	172
[开坛书]	还愿科仪。优勉支系。	196
[开坛书]	还愿科仪。优勉支系。	198
[开坛书]	还愿科仪。优勉支系。	202
[开坛书]	还愿科仪。优勉支系。	350
[开坛书]	还愿科仪，包含《开坛书》的选段。优勉支系。	465
[开坛书]	还愿科仪。优勉支系。	497
[开坛书]	用于还愿仪式和祭拜盘王的七言歌。优勉支系。	499
[开坛书]	《开坛书》节选。优勉支系。	954
[开坛元盆]	元盆仪式科仪。优勉支系。	183
开坛执枚书	还愿科仪。优勉支系。	209
开堂秘语	关于占卜法的秘语。荆门	1036
开筵奉挂真容宝	法、葬礼用表式及符。优勉支系。	177
看病书	伪医书，用来诊断或治病的卦书。优勉支系。	167
看病书	用神秘手段帮助医疗诊断的文书。优勉支系。	763
[看病书?]	关于疾病的卦书。优勉支系。	960
看论男女十二命吉凶	用于合婚的集子。优勉支系。	534
L		
老君金语	秘语。荆门，道公派。	728
老君金语	秘语。荆门，道公派。	779
老君六秘语	秘语。荆门。	1010
老君秘语集解	葬礼用秘语合集。荆门，道公派。	877
老君秘语集全	用于不同仪式场合的秘语。荆门。	517
雷府解冤科	打醮仪式科仪，用于祭拜雷神。荆门，道公派。	254
雷府解冤科	打醮仪式科仪，用于祭拜雷神以及安抚并解救有复仇瘾的亡灵。荆门，道公派。	572
雷府解冤科	打醮仪式科仪，用于祭拜雷神以及安抚并解救有复仇瘾的亡灵。荆门，道公派。	572
雷府解冤科	打醮仪式科仪，用于祭拜雷府，以求安抚冤魂。荆门，道公派。	741

续表 24

标题	内容提要	典藏号（Cod. sin.）
雷府科	打醮仪式科仪，用于祭拜雷公，安抚、超度冤魂。荆门，道公派。	848
李家宗枝图全本	李姓家族家谱。荆门。	605
礼境单时	用于祭拜本境神的三朝打醮仪式科仪。荆门，道公派。	672
礼境单时科	三朝醮仪式科仪。荆门，道公派。	235
礼境单时科	用于祭拜本境神的三朝醮仪式科仪。荆门，道公派。	603
礼境三朝演时科	三朝醮仪式科仪。荆门，道公派。	239
礼境三时科	三朝醮仪式科仪。荆门，道公派。	239
礼境三时科	三朝醮仪式科仪。荆门，道公派。	234
礼境，三朝，独员，众信同用法	秘语。荆门。	1013
礼师科	打醮仪式科仪。荆门，道公派。	291
咧々啦々，阳人点火烧只	还愿仪式七言歌和咒的合集。优勉支系。	1017
炼度	打醮仪式科仪。荆门，道公派。	786
炼度科	打醮仪式科仪。荆门，道公派。	786
莲洲唐王圣帝奏到莲洲大庙	祭拜三庙王的还愿仪式时所唱歌曲及用于葬礼的表式。优勉支系。	415
良愿	还愿仪式“良愿/元盆”用七言歌。优勉支系。	422
良缘一｛书｝	用于斋醮仪式的秘语。荆门，道公派。	628
灵宝天尊安□身形	做斋仪式科仪。荆门，道公派。	702
灵符法	用于治疗仪式和求子仪式的法、符及咒。优勉支系支系。	227
另小百解语	不同的秘语。荆门。	687
［流乐书］	不同的七言歌。优勉支系。	344
琉罗歌	度戒仪式的法和七言歌。优勉支系。	730
［六人杂字］	六言形式的德育课本兼词典。推测来自中国。	550
六声名法连々	闾山派用于不同仪式的七言歌。优勉支系。	543
六十甲子论流传	用于教授汉字及儒家思想的课本。优勉支系，推测来自中国。	487
六言人	七言形式的德育课本兼词典。优勉支系，推测来自中国。	507
六枕大财法	秘语。荆门，道公派。	331
陆合婚通书	带有表格和卦书的日历，用于婚配。荆门。	1044

续表 25

标题	内容提要	典藏号（Cod. sin.）
陆言杂［字］	七言形式的德育课本兼词典。优勉支系，推测来自中国。	566
陆言杂字｛劝｝语	七言形式的德育课本兼词典。优勉支系，推测来自中国。	566
陆言杂字	六言形式的德育课本兼词典。优勉支系，推测来自中国。	542
［刘应先锋］唱	用于请神的祭祀仪式的七言歌。荆门，师公派。	308
喽啰书	还愿仪式的七言歌。优勉支系。	153
禄白面相	用于度戒仪式的七言歌。荆门，师公派。	605
论重集歌	用于不同仪式场合的法和表式。优勉支系。	522
论二十八宿	用于不同仪式场合的法和表式。优勉支系。	522
论福生歌	用于不同仪式场合的法和表式。优勉支系。	522
论黄道头用	用于不同仪式场合的法和表式。优勉支系。	522
论节气	用于不同仪式场合的法和表式。优勉支系。	522
论看男女贵庚命星之图	闾山派的卦表及表式。优勉支系。	194
论看男女贵庚命星之图	卦书。优勉支系。	479
论五刑相生	用于算卦、占星及合婚的手册。优勉支系。	531
论星用	关于占星的歌。优勉支系。	552
论语	孔子经典著作《论语》。为优勉支系所有。	289
M		
麻疯秘语	秘语，用于超度因麻风病死去之人的亡灵。荆门，推测为道公派。	233
麻疯秘语	仪式秘语，用于超度因麻风病而死之人的亡灵。荆门，道公派。	692
麻疯秘语	秘语，用于超度因麻风病而死的亡魂。荆门，道公派。	733
麻疯语	仪式秘语，用于安抚因麻风病而死之人的灵魂。荆门，道公派。	278
邙秘金语	秘语，用于超度亡魂。荆门，道公派。	733
邙秘语	用于葬礼的秘语。荆门，推测为道公派。	574
梅山	主要用于葬礼的七言歌、法和表式。优勉支系。	463
梅山三十六洞科	主要用于葬礼的七言歌、法和表式。优勉支系。	463
猛声歌	诉苦歌。推测为优勉支系。	383
蜜秘语	用于祭拜送子神帝母的仪式秘语。荆门，师公派。	329
秘｛闷｝书	闾山派做法事之指示法。优勉支系。	895

续表 26

标题	内容提要	典藏号（Cod. sin.）
秘本丧家三夜送终法	葬礼的秘语。荆门，道公派。	1040
秘台川光科用	用于度戒仪式的七言歌。荆门，师公派。	230
{秘语}	不同场合用秘语。荆门。	290
秘语桉龙伸斗法	秘语，用于安抚地龙，防御恶鬼、疾病和其他灾祸。荆门。	941
命灶君陛下投进恭望	用于不同场合的表式集，主要为葬礼。优勉支系。	377
沐浴化赓从人科	做斋仪式科仪。荆门，道公派。	901
沐浴化衣［科］	用于葬礼中做斋仪式的科仪。荆门，道公派。	587
沐浴谢王化依科	用于葬礼的做斋仪式科仪。荆门，道公派。	515
N		
南方禁盆法	葬礼秘语。荆门。	710
南供合人且合承顶预望	德育课本，一项还愿仪式的祭品列表，及一七言形式的科仪的一部分。优勉支系。	554
男科	做斋仪式科仪，用于护送死者的灵魂。荆门，道公派。	987
男人唱的歌	还愿仪式科仪，含祭拜祖先的七言歌《盘王歌》的文段。优勉支系。	972
南灵科	做斋仪式科仪，用于亡魂超度。荆门，道公派。	244
南灵科	做斋仪式科仪，用于亡魂超度。荆门，道公派。	245
南灵科	做斋仪式科仪，用于亡魂超度。荆门，道公派。	918
南灵科	做斋仪式科仪，用于亡魂超度。荆门，道公派。	920
南灵科	做斋仪式科仪，用于亡魂超度。荆门，道公派。	936
南灵科	做斋仪式科仪，用于亡魂超度。荆门，道公派。	973
南灵科	做斋仪式科仪，用于亡魂超度。荆门，道公派。	987
南灵科	做斋仪式科仪，用于亡魂超度。荆门，道公派。	295
南灵科	做斋仪式科仪，用于亡魂超度。荆门，道公派。	299
南灵科	做斋仪式科仪，用于亡魂超度。荆门，道公派。	304
南灵科	做斋仪式科仪，用于亡魂超度。荆门，道公派。	337
南灵科	做斋仪式科仪，用于亡魂超度。荆门，道公派。	485
南灵科	做斋仪式科仪，用于亡魂超度。荆门，道公派。	645
南灵科	做斋仪式科仪，用于亡魂超度。荆门，道公派。	697
南灵科	做斋仪式科仪，用于亡魂超度。荆门，道公派。	825

续表 27

标题	内容提要	典藏号（Cod. sin.）
南灵科	做斋仪式科仪，用于亡魂超度。荆门，道公派。	918
南灵科	做斋仪式科仪，用于亡魂超度。荆门，道公派。	937
南灵科	做斋仪式科仪，用于亡魂超度。荆门，道公派。	1022
南灵科共一本沐浴化衣［科］	做斋仪式科仪，用于亡魂超度。荆门，道公派。	987
南堂大会	用于祭拜送子神帝母仪式的七言科仪。荆门，师公派。	811
南堂科	用于祭拜送子神帝母仪式的七言科仪。荆门，师公派。	1012
南文歌	婚礼歌曲。推测为荆门。	579
喃灵科	做斋仪式科仪，用于亡魂超度。荆门，道公派。	726
喃灵科	做斋仪式科仪，用于亡魂超度。荆门，道公派。	740
［喃灵科］	做斋仪式科仪，用于亡魂超度。荆门，道公派。	237
［喃灵科］	做斋仪式科仪，用于亡魂超度。荆门，道公派。	269
［喃灵科］	做斋仪式科仪，用于亡魂超度。荆门，道公派。	601
［喃灵科］	做斋仪式科仪，用于亡魂超度。荆门，道公派。	686
喃灵科中卷	做斋仪式科仪，用于亡魂超度。荆门，道公派。	740
喃咛科	做斋仪式科仪，用于亡魂超度。荆门，道公派。	945
喃煞杂解天机	用于抵御威胁孕妇、小孩的危险的仪式秘语。荆门。	626
喃煞诸煞秘语伤8 1 3 7 A 4 3 6	用于抵御威胁孕妇、小孩的危险的仪式秘语。荆门。	626
喃相科	打醮、做斋仪式宣布启坛的科仪，用于延寿。荆门，道公派。	853
廿四赦文意	葬礼用表式集。优勉支系。	378
牛角出世歌在齐可要准	七言歌，用于授予与度戒。优勉支系。	969
牛宿造作主灾凶	卦书。优勉支系，推测来自中国。	397
P		
盘法盖家先	盘氏家谱。优勉支系。	842
盘古记	关于孝的德育课本。推测为优勉支系。	448
盘古圣人南方西方北方	良愿科仪。优勉支系。	475
盘古圣王置天地	瑶族历史传说概况。优勉支系。	540
盘皇歌	七言歌，用于祭拜盘王、帝母和三元。荆门，师公派。	857
盘皇科	祭拜送子神帝母和盘王的仪式科仪，七言形式。荆门，师公派。	618

续表 28

标题	内容提要	典藏号（Cod. sin.）
盘皇科	祭拜送子神帝母和盘王的仪式科仪，七言形式。荆门，师公派。	638
盘皇旗头	用于度戒仪式的七言歌。荆门，师公派。	605
盘皇桥台歌	用于祭拜盘王的七言科仪。荆门，师公派。	241
盘家家先单	盘氏家谱。优勉支系。	757
盘王大路歌	用于祭拜盘王的七言歌。优勉支系。	495
盘王大路书	为祭拜盘王所作七言歌。优勉支系。	200
[盘王歌]	用于祭拜盘王的七言歌。优勉支系。	498
[盘王歌]	用于祭拜盘王的七言歌。优勉支系。	500
盘王书	用于祭拜盘王的七言歌。优勉支系。	480
霹櫪通通到到厶通厶	《开坛书》中做法事之指示法、咒以及七言歌的合集，用于度戒仪式。优勉支系。	751
平皇券牒	关于瑶族的野史。优勉支系。	361
评皇券牒	含《过山榜》的关于瑶族起源的神话历史文献。优勉支系。	700
破理大书	用于教授汉字及儒家思想的课本。推测为优勉支系。	376
破理明	以儒家价值观为依托的德育课本。优勉支系。	758
破理书（教人知）	以儒家价值观为依托的德育课本。优勉支系。	758
破理书	以儒家价值观为依托的德育课本。优勉支系。	758
破理书文	以儒家价值观为依托的德育课本。优勉支系。	758
破列肉衡秘语	秘语。荆门。	286
破狱科	用于超度阴间亡灵的做斋仪式科仪。荆门，道公派。	606
破狱科	用于超度阴间亡灵的做斋仪式科仪。荆门，道公派。	847
普请状	用于不同仪式的表式集。荆门，道公派。	679
Q		
其秘语	用于葬礼的秘语集。荆门，道公派。	880
启师破狱科	用于超度阴间亡灵的做斋仪式科仪。荆门，道公派。	250
启竖立旛科	做斋仪式科仪。荆门，道公派。	327
启头许何尚愿	还愿仪式科仪文节选。优勉支系。	971
钱财关	用于不同场合的表式、法。优勉支系。	428
钱卦书	钱卦书。推测为优勉支系。	389
千金九经	用于教授汉字及儒家思想的课本。推测为优勉支系。	649

续表 29

标题	内容提要	典藏号（Cod. sin.）
千金秘蜜	用于不同仪式场合的秘语。荆门，师公派。	516
千金秘语	用于不同仪式场合的秘语。荆门，师公派。	516
千金语	用于不同仪式场合的秘语。荆门，师公派。	516
千字文	用于教授汉字及儒家思想的课本。推测为优勉支系。	762
千字文书	用于教授汉字及儒家思想的课本。推测为优勉支系。	439
千字文书	用于教授汉字及儒家道德观念的课本，同时也用作教授行书书法的课本。推测为优勉支系。	792
[千字文书]	用于教授汉字及儒家道德观念的课本，同时也用作教授行书书法的课本。推测为优勉支系。	442
桥儿桥女灵磨桥	关于孝的德育课本。优勉支系。	456
桥鬼只马丹	生病治疗仪式的费用清单。优勉支系。	764
桥台	七言歌，用于祭拜送子神帝母以及请神仪式。荆门，师公派。	636
桥台科	七言歌，用于祭拜送子神帝母以及请神仪式。荆门，师公派。	636
桥台科	七言歌，用于祭拜送子神帝母以及盘王。荆门，师公派。	843
桥抬科	七言歌，用于祭拜送子神帝母以及盘王。荆门，师公派。	638
桥胎科	七言歌，用于祭拜送子神帝母。荆门，师公派。	816
桥台科	祭拜帝母的七言科仪。荆门，师公派。	1025
桥抬盘古科	用于祭拜帝母和盘古仪式的七言歌。荆门，师公派。	843
桥舟书	用于葬礼及治疗仪式的表式、法及七言歌。优勉支系。	178
勤俭立身之本	以儒家价值观为依托的德育课本。推测为优勉支系。	791
青灯	戒度仪式的七言歌。荆门，师公派。	655
青灯奉送川光	用于请神的祭祀仪式的七言歌。荆门，师公派。	308
请鬼名	用于还愿仪式的法、咒和表式。优勉支系。	484
清醮｛法菽｝	秘语集。荆门。	1013
请醮	打醮仪式科仪，用于延寿、净坛及请神。荆门，道公派。	717
清醮单朝科	打醮仪式“三时”科仪。荆门，道公派。	307
清醮单朝科	三朝醮仪式科仪。荆门，道公派。	326
清醮法	用于打醮仪式的秘语。荆门，道公派。	530
清醮金语	用于打醮仪式的秘语。荆门，道公派。	840
清醮金语	用于净坛的打醮仪式秘语。荆门，道公派。	865

续表 30

标题	内容提要	典藏号（Cod. sin.）
清醮	打醮仪式科仪，用于净坛。荆门，道公派。	717
清醮秘	打醮仪式秘语，用于净坛。荆门，道公派。	814
清醮秘	打醮仪式秘语，用于净坛。荆门。	1032
清醮秘语	打醮仪式秘语，用于净坛。荆门，道公派。	680
清醮秘语	打醮仪式秘语，用于净坛。荆门，道公派。	779
清醮秘语	打醮仪式秘语。荆门，道公派。	840
清醮秘语	打醮仪式秘语，用于净坛。荆门。	997
清醮秘语	打醮仪式秘语，用于净坛。荆门，道公派。	1030
清醮秘语	打醮仪式秘语，用于净坛。荆门。	1032
清醮三朝东狱咒咀口叭道秘	秘语。荆门。	1031
清醮三时	打醮仪式“三时”科仪。荆门，道公派。	307
清醮设醮科	打醮仪式秘语，用于净坛。荆门。	272
清醮说醮科	打醮仪式秘语，用于净坛。荆门。	298
清醮宿启科	用于打醮仪式前启坛请圣的科仪。荆门，道公派。	272
清醮肃启设醮□	宣布启坛的科仪，用于清醮仪式。荆门，道公派。	874
清醮宿启书	宣布启坛的科仪，用于清醮仪式。荆门，道公派。	874
清醮土府延生单时科	三朝醮科仪。荆门，道公派。	780
清醮延生醮救苦拔亡［宿启科］	宣告净坛的打醮仪式科仪。荆门，道公派。	946
清醮斋金语	用于净坛的打醮仪式秘语。荆门，道公派。	865
清醮…科	宣告净坛的打醮仪式科仪。荆门，道公派。	946
请煞鬼书用	用于不同仪式场合的法和表式。优勉支系。	519
请上收禁师爷	做法事之指示法，用于度戒仪式。优勉支系。	466
清上香火和尚愿	还愿仪式所需经费列表。优勉支系。	388
请上众王众阴天大王	闾山派的法。优勉支系。	842
请社王地主外里众神为主	用于请神及对抗害虫的法。优勉支系。	391
请圣文	仪式七言歌，用于请神献祭。荆门，师公派。	793
请师父来藏亡人用	用于度戒仪式及葬礼的法、表式集、符。优勉支系。	416
请天地鬼	卦书，尤其用于葬礼及治疗仪式。优勉支系。	152

续表 31

标题	内容提要	典藏号（Cod. sin.）
清玄救苦盟真玉经宿启科	用于“盟真”和“玉京”类的做斋科仪。荆门，道公派。	798
请依宝｛盖｝兵	闾山派的法、咒、符及七言歌。优勉支系。	543
庆贺盘皇桥台科	祭拜送子神帝母和盘王的仪式科仪，七言形式。荆门，师公派。	618
庆贺桥枱科书	祭拜帝母的七言科仪。荆门，师公派。	1025
庆贺三元	用于度戒仪式七言科仪。荆门，师公派。	696
庆贺天娘科	七言歌，用于祭拜帝母。荆门，师公派。	816
求才法	闾山派的法。优勉支系。	438
｛求患科｝	邀请功曹、祭拜帝母和祖先盘王的科仪。荆门，师公派。	1015
求金银宝	表式及卦书集。优勉支系。	373
秋莲歌	用于男女组群交替演唱的七言歌。优勉支系。	723
求衣禄疏	表式集，用于与事业发展有关的仪式。优勉支系。	477
全家贵宝	初学识字者用的七言形式词汇表。优勉支系，推测来自中国。	473
R		
绕棺科	葬礼用科仪。荆门，道公派。	766
人初来请烧香叩师之法	秘语。荆门，推测为道公派。	682
人话代人无出世	用于治疗仪式和葬礼的七言形式。优勉支系。	486
日午安龙秘语	打醮仪式秘语，用于在下葬时安抚地龙。荆门。	712
日午桉龙秘语	秘语，用于安抚地龙和驱逐恶鬼、疾病和灾害。荆门，师公派。	868
日午灯筵科	邀请功曹、祭拜帝母和祖先盘王的科仪，部分为七言的形式。荆门，师公派。	1015
日用通书	卦书。优勉支系，推测来自汉族。	168
入安镇科	做斋仪式前启坛请圣的科仪。荆门，道公派。	259
入洞中咒	简化打醮仪式科仪。荆门，道公派。	848
入歌唱	七言歌，用于祭拜送子神帝母。荆门，师公派。	636
入盘古按圣去	七言歌，用于祭拜送子神帝母以及请神仪式。荆门，师公派。	636
入送圣文去也	做斋仪式前启坛请圣的科仪。荆门，道公派。	259
入学读书四言蔄蒿书	为初识字者提供的词汇列表，中文语音注释。	226

续表 32

标题	内容提要	典藏号（Cod. sin.）
S		
［师歌书］	还愿七言歌，摘抄自《开坛书》。优勉支系。	1000
三朝意者	用于不同仪式的表式集。荆门，道公派。	679
三法大道宝忏	请天上的信使和招募鬼兵的七言歌	633
三法大道忏	度戒仪式科仪。荆门，道公派。	633
三宫	打醮仪式科仪，用于祭拜星宿。荆门，道公派。	940
三宫科	打醮仪式科仪，用于祭祀北斗、南斗及三台。荆门，道公派。	694
三宫科	打醮仪式科仪，用于祭拜星宿。荆门，道公派。	940
三宫科书	打醮仪式科仪，用于祭拜星宿。荆门，道公派。	940
散花供愿神目科	特定仪式中被邀请的神祇名单。荆门，道公派。	240
散花科	葬礼用科仪。荆门，道公派。	766
三戒亡师可用	闾山派用于不同仪式的法、咒、符及七言歌。优勉支系。	543
［三庙圣王歌?］	用于祭拜三庙王的还愿仪式的七言形式的科仪。优勉支系。	471
三时科演朝	三朝醮科仪。荆门，道公派。	743
三十六之法	做法事之指示法，用于抵御不祥影响。优勉支系。	393
三十六之法老君退毒之法	做法事之指示“法”，用于抵御不祥影响。优勉支系。	393
三台科	用于度戒仪式的七言歌。荆门，师公派。	605
三台送终疏意用｛格｝疏	用于葬礼的表式集以及七言歌。优勉支系。	761
三夜大别科	用于一位道公的葬礼科仪。荆门，道公派。	796
三夜送终秘书	用于下葬的秘语。荆门，道公派。	991
三元部表科	还愿科仪。荆门，师公派。	794
三元部表	用于请神的祭祀仪式的七言歌。荆门，师公派。	308
三元部表唱	七言歌，用于祭拜盘王、帝母和三元。荆门，师公派。	857
三灾八难在其中	卦书。优勉支系，推测来自中国。	397
｛三｝拜超兵门前赏浪师父用	法、表式、符和七言歌，用于招募神兵、递交请愿书、授予与度戒仪式和抵御灾祸的印章及符。优勉支系。	969
｛三｝拜超兵传部老兵步用敕法	法、表式、符和七言歌，用于招募神兵，度戒仪式。优勉支系。	969
丧场道门秘语	用于下葬的秘语。荆门，道公派。	991

续表 33

标题	内容提要	典藏号（Cod. sin.）
丧长秘语	用于下葬的秘语。荆门，道公派。	1042
丧场秘语	用于葬礼的秘语集。荆门，道公派。	880
丧场语	葬礼用秘语。荆门，道公派。	1040
丧家秘密	葬礼用秘语。荆门，道公派。	314
丧家｛升｝道门科	葬礼用秘语。荆门，道公派。	991
丧家朝□大斋卬	葬礼用秘语。荆门，道公派。	1042
丧家法书	葬礼用秘语。荆门，道公派。	1042
丧家法书．丧家秘语大卬	葬礼用秘语。荆门，道公派。	1042
丧家秘愚｛语｝	葬礼用秘语。荆门，道公派。	335
丧家秘	用于葬礼的秘语。荆门，道公派。	583
丧家秘语	做斋仪式的秘语。荆门，道公派。	268
丧家秘语	用于葬礼的秘语。荆门，道公派。	274
丧家秘语	丧礼用秘语。荆门，道公派。	292
丧家秘语	葬礼及葬礼用秘语。荆门，道公派。	294
丧家秘语	用于葬礼的秘语。荆门，道公派。	583
丧家秘语	葬礼用秘语。荆门，道公派。	899
丧家秘语	葬礼用秘语。荆门，道公派。	977
丧家秘语	葬礼用秘语。荆门，道公派。	1040
丧家秘语	葬礼用秘语。荆门。	309
丧家绕棺科	葬礼科仪。荆门，道公派。	255
丧家绕棺科	做斋仪式科仪，用于下葬。荆门，道公派。	921
丧家绕棺科	下葬仪式科仪。荆门，道公派。	928
丧家三时法	用于师公派法师葬礼做斋仪式的秘语。荆门，道公派。	1007
丧家三直秘语	葬礼用秘语。荆门，道公派。	1040
丧伤共斋	秘语，用于超度仪式。荆门，道公派。	353
丧重金语	用于葬礼的秘语。荆门，道公派。	274
丧终秘法	用于葬礼的秘语。荆门，道公派。	274
丧重秘语	用于葬礼的秘语。荆门，道公派。	274
山河｛回向｝神仙	《道范科》极其精简的版本。推测为荆门，道公派。	589

续表 34

标题	内容提要	典藏号（Cod. sin.）
上船歌书传度用	关于虚构的度戒仪式中乘船游历的七言歌。优勉支系。	1014
上情意者	还愿仪式科仪。优勉支系。	370
三清下三清王皇圣	用于治疗仪式的法。优勉支系。	563
烧香叩师先卷收传三魂	葬礼仪式的秘语。荆门，推测为道公派。	981
社｛迷｝土地三十六分	仪式费用列表。优勉支系。	537
赦表脚引用	用于葬礼表式集。优勉支系。	544
赦病表书	治疗仪式所用的表式集。优勉支系。	176
赦患｛构｝意书	法和七言歌，尤其为葬礼时所用。优勉支系。	420
赦解书	用于超度亡灵仪式的法、表式及符的集子。优勉支系。	582
赦墓鬼书	卦书，用于葬礼。优勉支系。	152
赦书	用于葬礼的表式及赦罪书。优勉支系。	528
赦书	做法事之指示法，符。优勉支系。	953
设醮飞境科	用于传递申请到天庭的科仪。荆门，道公派。	900
设鬼	用于还愿仪式的表式和七言歌。优勉支系。	402
设鬼书	还愿仪式科仪。优勉支系。	430
设花鬼敕用	用于葬礼、度戒仪式及驱鬼仪式的法。优勉支系。	535
设醮科	打醮仪式科仪。荆门，道公派。	907
设醮科	用于向天庭递交奏章的打醮仪式科仪。荆门，道公派。	930
设醮科	打醮仪式科仪。荆门，道公派。	907
设醮科用唱	打醮仪式科仪。荆门，道公派。	907
设赦书送圣天地表疏意说	表式、赦罪书及符，用于葬礼。优勉支系。	426
设祖宗书	用于祭拜祖先的还愿仪式科仪摘录。优勉支系。	564
伸斗	祭拜北斗的打醮仪式科仪，用于延寿。荆门，道公派。	909
神斗	用于祭拜北斗的打醮仪式科仪。荆门，道公派。	284
伸斗科	用于祭拜北斗的打醮仪式科仪。荆门，道公派。	267
伸斗科	用于祭拜北斗的打醮仪式科仪。荆门，道公派。	813
伸斗科	用于祭拜北斗的打醮仪式科仪。荆门，道公派。	838
伸斗科	用于祭拜北斗的打醮仪式科仪。荆门，道公派。	854
伸斗科	用于祭拜北斗的打醮仪式科仪。荆门，道公派。	909

续表 35

标题	内容提要	典藏号（Cod. sin.）
伸斗科	用于祭拜北斗的打醮仪式科仪。荆门，道公派。	986
伸斗科	用于祭拜北斗的打醮仪式科仪。荆门，道公派。	1006
[伸斗科]	用于祭拜北斗的打醮仪式科仪。荆门，道公派。	458
神斗科	用于祭拜北斗的打醮仪式科仪。荆门，道公派。	284
伸斗科．收灯	用于祭拜北斗的打醮仪式科仪。荆门，道公派。	570
神厄出世歌用	七言歌，用于度戒仪式。优勉支系。	969
[神目]	在特定仪式中被祭拜的神祇名单。推测为荆门，道公派。	620
神目科	特定仪式中被邀请的神祇名单。荆门，道公派。	240
神目科	在葬礼中延请的神目。荆门，道公派。	809
神目科	不同的神祇名单，用于延寿。荆门，道公派。	903
神签书	以签占卜的文书。优勉支系。	362
申香起根用	还愿/良愿仪式使用的不同的文书段落。优勉支系。	180
伸香意者用	用于葬礼的七言歌。优勉支系。	163
伸奏式	表式集。荆门，道公派。	872
生会	打醮仪式科仪，用于请神。荆门，道公派。	717
圣母花堂伴座科	祭拜帝母的仪式科仪。荆门，师公派。	892
升堂科	做斋仪式科仪。荆门，道公派。	242
升堂科	做斋仪式科仪，用于超度。荆门，道公派。	885
诗初见花卄在堂前	七言歌。优勉支系。	529
十大洞经中卷	道家经典节选集。荆门，道公派。	910
师道二教受戒秘语	道公及师公派度戒仪式的秘语。荆门。	293
诗对□｛段｝	七言歌。优勉支系。	378
十二蛇	卦书。推测为优勉支系。	374
十二姓瑶人贺神敬圣图	瑶族十二姓问候神灵的惯用语；用于治愈疾病、抵御灾害以及仪式中祭祀者变身、净坛封坛的法。优勉支系。	355
十二游神	七言式科仪，用于祭拜送子神帝母的仪式。荆门，师公派。	875
释服科	做斋仪式科仪。荆门，道公派。	336
师歌书	用于还愿仪式的科仪，部分来自《开坛书》的七言段落。优勉支系。	162
[师歌书]	还愿七言歌，摘抄自《开坛书》。优勉支系。	1000

续表 36

标题	内容提要	典藏号（Cod. sin.）
师公接圣科	师公就职的度戒仪式科仪。荆门。	297
十供科	用于度戒仪式的七言歌。荆门，师公派。	605
师公请圣献十供科	仪式七言歌，用于请神献祭。荆门，师公派。	793
师公下堂返解	秘语集。荆门。	1013
师家｛送终｝…	用于师公葬礼的做斋仪式科仪。荆门，道公派。	889
师教	秘语，用于进入道公和师公行列的度戒仪式。荆门。	782
师教	进入道公及师公行列的度戒仪式秘语。荆门。	1009
师教戒度皈依	道公和师公派度戒仪式科仪。荆门。	713
师教救天机	用于进入师公行列的度戒仪式秘语。荆门，师公派。	568
师教丧终茔王科	用于师公葬礼的做斋仪式科仪。荆门，道公派。	889
师教受戒	秘语，用于进入道公和师公行列的度戒仪式。荆门。	782
始邙诸伤秘语	葬礼秘语。荆门，道公派。	939
师亡	用于师公葬礼的做斋仪式科仪。荆门，道公派。	889
释孝服料	用于葬礼中做斋仪式的科仪。荆门，道公派。	587
释罪天地黄表疏	葬礼用表式集。优勉支系。	378
释罪天地疏意	葬礼用表式集。优勉支系。	378
释罪宗师	用于不同场合的仪式的表式集。优勉支系。	428
示枝书	做法事之指示法，用于不同仪式的歌及需要的物品、仪式费用列表。优勉支系。	684
收｛晒｝	用于不同场合的法、七言歌及符。优勉支系。	437
收｛晒｝书	法。优勉支系。	556
收孝了	用于葬礼的科仪的部分。优勉支系。	559
收邪师黄表	表式集。优勉支系。	378
手把大刀及小锯	闾山派用于治疗仪式及葬礼的法。优勉支系。	440
受戒共诸川光科	用于度戒仪式的七言歌。荆门，师公派。	619
受戒婚姻秘语	度戒仪式的秘语。荆门，道公派。	948
受戒技｛赞｝科	道公和师公派度戒仪式科仪。荆门。	713
受戒科	度戒仪式七言科仪。荆门，师公派。	864
受戒秘语	用于进入道公及师公法师行列的度戒仪式的秘语。荆门。	767
受戒秘语	用于进入道公及师公法师行列的度戒仪式的秘语。荆门。	1009

续表 37

标题	内容提要	典藏号（Cod. sin.）
受戒上香三师先下元唱	度戒仪式七言科仪。荆门，师公派。	864
受戒上香三士8 1 3 7 A 4 3 0	度戒仪式七言科仪，科仪第二部分用于招募神兵。荆门，师公派。	864
受戒新恩科	度戒仪式科仪。荆门，道公派。	330
受械川光唱用	用于度戒仪式的七言歌。荆门，师公派。	230
授秘械	用于度戒仪式的秘语。荆门，道公派。	584
授戒灯部唱	用于度戒仪式的七言歌。荆门，师公派。	657
授戒呻奏	用于进入师公行列的度戒仪式的表式集。荆门。	708
授械川光科	用于度戒仪式的科仪。师公。	917
授械秘	用于度戒仪式的秘语。荆门，道公派。	584
授械秘语	秘语，用于进入道公和师公行列的度戒仪式。荆门。	782
授械秘语	度戒仪式的秘语。荆门，道公派。	948
疏表书	表式集，尤其针对葬礼及良愿仪式。优勉支系。	490
疏书	用于葬礼的表式集。优勉支系。	390
疏书传本	不同仪式场合用表式集。优勉支系。	372
竖旛科十方忏悔	用于赦罪、超度亡灵的做斋仪式科仪。荆门，道公派。	622
竖旛伸斗	用于祭拜北斗的做斋仪式科仪。荆门，道公派。	622
书歌	用于还愿仪式的科仪，部分来自《开坛书》的七言段落。优勉支系。	162
书歌	还愿仪式科仪。优勉支系。	171
书歌开坛元盆	元盆仪式科仪，含《开坛书》七言节选。优勉支系。	184
书己十｛样｝	用于不同仪式场合的表、牒及札的集子。优勉支系。	518
书科	词汇表。推测为荆门。	771
书式	表式集。荆门，道公派。	872
椟命词①	用于葬礼及治疗仪式的表式、法及七言歌。优勉支系。	178
水虫用	用于请神及对抗害虫的法。优勉支系。	391
水府科	用于祭拜水神打醮仪式科仪。荆门，道公派。	333
水符科	打醮仪式科仪，祭拜水府。荆门，道公派。	828

① 译校者注：原书此处使用的是“椟”字，标注的拼音是“shu”，推测此处的“椟命”为“赎命”的俗字写法。

续表 38

标题	内容提要	典藏号（Cod. sin.）
水府诸目	用于祭拜水域神灵的打醮仪式科仪。荆门，道公派。	513
说醮	打醮仪式科仪。荆门，道公派。	907
说醮飞章	用于向天庭递交奏章的打醮仪式科仪。荆门，道公派。	891
说醮飞章科	用于向天庭递交奏章的打醮仪式科仪。荆门，道公派。	602
说醮飞章科	用于向天庭递交奏章的打醮仪式科仪。荆门，道公派。	893
说醮飞章科	用于向天庭递交奏章的打醮仪式科仪。荆门，道公派。	924
说醮飞章颗	用于向天庭递交奏章的打醮仪式科仪。荆门，道公派。	891
说醮科	用于向天庭递交奏章的打醮仪式科仪。荆门，道公派。	893
说醮科	用于向天庭递交奏章的打醮仪式科仪。荆门，道公派。	924
说醮科飞章科	用于向天庭递交奏章的打醮仪式科仪。荆门，道公派。	893
说醮科．飞章科	打醮仪式科仪。荆门，道公派。	924
说了一明童子行江三步	良愿仪式科仪。优勉支系。	170
说々踏上路前	用于祭拜祖先的还愿仪式科仪。优勉支系。	380
说说踏上圣前	用于祭拜祖先的还愿仪式科仪。优勉支系。	371
说々踏上圣前	用于祭拜祖先的还愿仪式科仪。优勉支系。	150
说々踏上	还愿科仪。优勉支系。	468
说说行江三步，行筶三声	度戒仪式的还愿/良愿科仪。优勉支系。	968
四书正文	儒家经典《孟子》选段。来自中国。	410
四书字	经典书目的字典/识字课本。源自中国。	424
四言杂字	为初识字者提供的词汇列表，源自中国。	226
送船书	造船仪式科仪。优勉支系。	773
送赦书声唱用	闾山派用于不同仪式的七言歌。优勉支系。	543
送圣	做斋仪式前启坛请圣的科仪。荆门，道公派。	259
送圣	打醮仪式科仪。荆门，道公派。	907
送圣表彰式	不同仪式的表式集。优勉支系。	683
送亡超度亡魂三十六洞歌句科书	主要用于葬礼的七言歌、法和表式。优勉支系。	463
送亡法书将乔法	用于葬礼的法。优勉支系。	646
送亡法	葬礼用秘语。荆门，道公派。	331
送亡解结书	法、咒、符和葬礼七言歌的合集。优勉支系。	1029

续表 39

标题	内容提要	典藏号（Cod. sin.）
送亡书	用于葬礼的科仪。优勉支系。	161
送亡书	用于葬礼的法、表式、符及七言歌。优勉支系。	427
送王丧终三夜科	用于师公葬礼的斋仪文本。荆门，道公派。	889
送之大吉	用于治疗仪式的卦书。优勉支系。	155
送终棺椁	葬礼的场景图。优勉支系。	358
送终秘语诸伤诸地狱	葬礼秘语。荆门，道公派。	1043
送终绕棺科	葬礼用科仪。荆门，道公派。	766
送终绕科	葬礼用科仪。荆门，道公派。	766
送终三夜秘	用于葬礼的秘语。荆门，道公派。	670
宿启	开坛请圣科仪，用于延长寿命的做斋仪式。荆门，道公派。	703
宿启科	打醮仪式前启坛请圣的科仪。荆门，道公派。	252
宿启科	用于斋醮仪式前开坛启圣的科仪。荆门，道公派。	573
宿启科	开坛请圣科仪，用于延长寿命的做斋仪式。荆门，道公派。	703
宿启科	做斋前启坛请圣的科仪。荆门，道公派。	798
宿启科	打醮前启坛请圣的科仪。荆门，道公派。	946
宿启科	做斋或者打醮仪式前启坛请圣的科仪。荆门，道公派。	1020
T		
太极分高厚，轻清上属天	做法事之指示法、咒、《开坛书》的七言歌，用于还愿和卦灯仪式。优勉支系。	957
太上朝天谢罪法忏科	谢罪仪式科仪。荆门，道公派。	282
太上老君红楼秘	用于祭拜帝母的秘语。荆门。	769
太上老君敕令急令敕	法。优勉支系。	533
太上老君秘语	红楼仪式秘语，用于祭拜帝母。荆门。	769
太上老君正法	做法事之指示法，符。优勉支系。	953
太上设金章经文	道家经典摘抄集。荆门，道公派。	974
太上尊典经书中卷	道教经典摘录。荆门，道公派。	325
太上…无上｛良｝缘	用于做斋仪式的秘语。荆门，道公派。	651
太阳经	道教经典文章。荆门，道公派。	676
坛院对	祭坛对联。荆门，道公派。	709
坛院式	祭坛图示，荆门，道公派。	709

续表 40

标题	内容提要	典藏号（Cod. sin.）
唐代捉神灵符	在每一个仿照罗盘绘成的图区内均绘有仪式器具和属于一位师公的“神兵”。优勉支系。	359
桃花发	［婚礼?］五言和七言歌。优勉支系。	834
特亡大治之法	做斋仪式秘语。荆门，道公派。	742
天机	秘语集。荆门，推测为道公派。	994
天机秘语	用于葬礼的秘语。荆门，道公派。	583
天机秘语	用于祭拜送子神帝母仪式的秘语。荆门，师公派。	715
天娘伴座科	用于祭拜送子神帝母的仪式科仪，七言形式。荆门，师公派。	616
天娘恶无想法	秘语。荆门，推测为道公派。	677
天师法忏	度戒仪式科仪。荆门，道公派。	633
天师法忏科	度戒仪式科仪。荆门，道公派。	633
天师戒度科	度戒仪式科仪。荆门，道公派。	234
天师戒度科	度戒仪式科仪。荆门，道公派。	663
天师戒度科	度戒仪式科仪。荆门，道公派。	704
天师戒度颗	度戒仪式科仪。荆门，道公派。	248
天师丧家秘语	下葬秘语。荆门，道公派。	912
天师授械秘语	度戒仪式的秘语。荆门，道公派。	948
天师簪度关告科	做斋仪式科仪，用于进入道公法师行列的度戒仪式。荆门，道公派。	882
天太老君金语	秘语。荆门，道公派。	779
天堂良愿丹	还愿仪式的科仪及祭品清单。优勉支系。	419
天下文章破理明	以儒家道德观为基础的德育课本。优勉支系。	552
天下文章破理明	以儒家道德观为基础的德育课本。优勉支系。	753
天下文章破理明	以儒家道德观为基础的德育课本。优勉支系。	754
天下文章破理明	以儒家道德观为基础的德育课本。优勉支系。	785
［天下文章破理明］	用于教授汉字及儒家思想的课本。优勉支系，推测来自中国。	417
天下文章破理明	用于教授汉字及儒家道德观念的课本。推测为优勉支系。	148
天仙语	仪式秘语，用于安抚因麻风病而死之人的灵魂。荆门，道公派。	278
天仙语痲疯天机法	仪式秘语，用于安抚因麻风病而死之人的灵魂。荆门，道公派。	278

续表 41

标题	内容提要	典藏号（Cod. sin.）
天主也人超度	用于葬礼的表式集以及七言歌。优勉支系。	761
｛天｝师受戒秘语	进入道公及师公行列的度戒仪式秘语。荆门。	1009
跳鬼书	用于还愿仪式的掺杂了《开坛书》段落的七言歌。优勉支系。	367
跳梅歌	“良愿/元盆”的七言歌及表式集。优勉支系。	422
帖简科	做斋仪式科仪，用于亡灵超度。荆门，道公派。	851
帖简科	简化版科仪，用于不同的仪式：宣告做斋仪式开始，解罪仪式，献旗的仪式，建坛和净坛仪式，超度仪式和祭拜灶君的仪式。荆门，道公派。	1039
通科	还愿仪式和度戒仪式的科仪。荆门，师公派。	846
通书	卦书。优勉支系，推测来自中国。	397
通书	用于算卦及风水的手册。优勉支系，推测来自中国。	481
通书	带有表格和卜文的日历，用于婚配。荆门。	1044
通用大献接圣科	用于请神的祭祀仪式的七言歌。荆门，师公派。	308
通涌科	七言歌，用于抵御疾病及其他不祥，请神的仪式。荆门，师公派。	673
通用科书	还愿仪式和梅山派度戒仪式七言科仪。荆门，师公派。	846
通用科诸件	还愿仪式和梅山派度戒仪式七言科仪。荆门，师公派。	846
通用科诸养	还愿仪式和梅山派度戒仪式七言科仪。荆门，师公派。	846
同文考订四书辨体中庸	中国儒学篇章。优勉支系，来自中国。	384
投靠表	表式集。优勉支系，闾山派。	962
土府	做斋仪式前启坛请圣的科仪，建造墓地时用于安抚地龙，亦用于延寿。荆门，道公派。	259
土府单时科	用于祭拜土府的打醮仪式“三时”科仪。荆门，道公派。	307
土府单时科	祭拜地府的三朝醮科仪，用于延寿。荆门，道公派。	859
土府丹时同用	三朝醮科仪。荆门，道公派。	860
土府神目	特定仪式中被邀请的神祇名单。荆门，道公派。	240
土府神目	不同的打醮及做斋仪式中被呼唤的众神列表。荆门，道公派。	257
土府筵生	不同的神祇名单，用于延寿。荆门，道公派。	903
土府延生单时	用于延寿的三朝醮科仪。荆门，道公派。	317
土府延生三时	三朝醮科仪，用于祭拜地府，以期延寿。荆门，道公派。	739

续表 42

标题	内容提要	典藏号（Cod. sin.）
土府筵生三时科	做斋仪式前启坛请圣的科仪，建造墓地时用于安抚地龙并用于延寿。荆门，道公派。	259
推败	卦书。优勉支系。	373
退毒执骨法书	做法事之指示法，用于抵御不祥影响。优勉支系。	393
推生烧魂书	用于不同场合的法和咒。优勉支系。	399
退生书	用于葬礼的法、表式、符及七言歌。优勉支系。	427
W		
万宝金书秘语	秘语，用于葬礼及安抚因麻风病死亡的灵魂的仪式。荆门，道公派。	353
完光歌	《开坛书》中做法事之指示法、咒以及七言歌的合集，用于度戒仪式。优勉支系。	749
完满释服科	葬礼用科仪。荆门，道公派。	300
万物法	卦表、法、符及七言歌，用于造船仪式。优勉支系。	195
万物之法	卦表、法、符及七言歌，用于造船仪式。优勉支系。	195
万衔未平置戥称	用于葬礼的法及各种不同形式的歌曲。优勉支系。	208
亡故死值构陈火发	葬礼用秘语。荆门，道公派。	331
亡人祭饮用	用于葬礼的表式集以及七言歌。优勉支系。	761
｛亡｝堂秘语	葬礼的秘语。荆门，道公派。	951
威倩	秘语。荆门，推测为道公派。	949
围堂歌书	七言形式的科仪的一部分，用于还愿仪式。优勉支系。	483
｛未｝有娇妻十三个	犯罪故事，传说中的审判官包公。来自中国。	504
文表疏意	表式、赦罪书及符，用于葬礼。优勉支系。	426
五斗道场	祭拜五斗星君的打醮仪式科仪。荆门，道公派。	238
巫教至（?）王科	用于师公葬礼的做斋仪式科仪。荆门，道公派。	889
巫门救患鬼脚科	大部分为七言的科仪，用于祭拜盘王。荆门，师公派。	870
巫明官内与无极圣众	用于超度亡灵的做斋灯仪科仪。荆门，道公派。	632
无上大斋宿启	做斋启坛请圣科仪。荆门，道公派。	852
无上大斋宿启科	做斋启坛请圣科仪。荆门，道公派。	852
无上东狱解冤在坛科	用于超度亡灵的仪式科仪。荆门，道公派。	604
无上东狱解冤左坛科	用于超度亡灵的仪式科仪。荆门，道公派。	604
无上胜恩缘大斋科	打醮仪式中的玉京类所用科仪。荆门，道公派。	738

续表 43

标题	内容提要	典藏号（Cod. sin.）
无上玉京说醮科	打醮仪式中的玉京类所用科仪。荆门，道公派。	738
五村村有种田人	一本民国时期教科书的手写抄本。推测为优勉支系。	759
X		
洗育解结法书	用于葬礼的法及七言歌。优勉支系。	343
析院霄鬼	用于葬礼及治疗仪式的表式、法及七言歌。优勉支系。	178
下雪山法共…	用于不同场合的法、七言歌及符。优勉支系。	437
下盐下｛馐｝	还愿科仪。荆门，师公派。	794
下阴箭刀	用于治疗仪式和求子仪式的法、符及咒。优勉支系。	227
仙倒秘语	秘语。荆门，推测为道公派。	677
先祭香火家神	重点关于占星的秘语。荆门，推测为师公派。	592
先叩祭师龛堂	秘语。荆门。	271
献十供	打醮仪式科仪，用于请神及献祭。荆门，道公派。	736
献十供科	在打醮和做斋仪式中被提及的神祇名单。荆门，道公派。	310
献十供科	仪式七言歌，用于请神献祭。荆门，师公派。	793
献十供科	仪式七言歌，用于请神献祭。荆门，师公派。	793
先收什雌雄二鬼法	占卜及葬礼用秘语。荆门，道公派。	352
贤文增广	以儒家价值观为依托的德育课本。优勉支系。	801
贤文增广	以儒家价值观为依托的德育课本。优勉支系。	839
贤文增广	以儒家价值观为依托的德育课本。优勉支系。	961
献伍供香唱	七言歌，用于祭拜盘王、帝母和三元。荆门，师公派。	857
｛贤增｝广	以儒家价值观为依托的德育课本。优勉支系。	801
［仙传痘疹寄书下卷］	韵文形式的关于治疗天花的医学文书。	232
香不是非凡明香	还愿仪式科仪，含《开坛书》七言选段。优勉支系。	204
香坛礼内求劝师男	用于不同仪式场合的法和表式。优勉支系。	522
想庄传身是天地原生母亲娘	用于不同仪式场合的秘语。荆门。	505
小百解	用于抵御恶鬼、疾病及其他不祥的仪式秘语。荆门，师公派。	279
小百解	不同场合用秘语。荆门。	290
小百解	秘语集。荆门，道公派。	737
小百解金语	秘语集。荆门，道公派。	788

续表 44

标题	内容提要	典藏号（Cod. sin.）
小百解金语言	不同场合使用的秘语。荆门。	315
小百解秘语	秘语集。荆门。	1010
小百秘	不同场合使用的秘语。荆门。	315
小伴秘语	秘语。荆门，师公派。	781
小儿病炼黄原之法	用于治疗仪式的秘语。荆门，推测为师公派。	453
小符吏大符吏	做斋仪式前启坛请圣的科仪。荆门，道公派。	572
小关告	做斋仪式前启坛请圣的科仪。荆门，道公派。	259
小关科	做斋仪式前启坛请圣的科仪。荆门，道公派。	259
小关告符吏敕坛	做斋仪式前启坛请圣的科仪。荆门，道公派。	253
小关告科	做斋仪式前启坛请圣的科仪。荆门，道公派。	253
小关告谢雷谢境谢［水］府	祭拜雷公、本境神和水府的仪式科仪。荆门，道公派。	881
小关告科	打醮仪式前开坛请圣的科仪。荆门，道公派。	695
小集秘语	秘语集。荆门，道公派。	746
小醮小斋，说醮三献	打醮、做斋仪式的删节本。荆门，道公派。	701
小炼根	用于葬礼的符集。荆门，道公派。	815
小喃灵	一篇用于送亡灵上路的科仪的缩写版。荆门，道公派。	652
小喃灵科	一篇用于送亡灵上路的科仪的缩写版。荆门，道公派。	652
小喃灵科	做斋仪式科仪，用于为死者的灵魂超度。荆门，道公派。	988
小桥	七言歌，用于祭拜送子神帝母的仪式。荆门，师公派。	656
小桥追科	七言歌，用于祭拜送子神帝母的仪式。荆门，师公派。	656
小桥追科	七言歌，用于祭拜送子神帝母的仪式。荆门，师公派。	656
小桥台［科］	祭拜帝母的七言科仪。荆门，师公派。	1019
小桥台地乔科	用于祭拜送子神帝母的七言歌。荆门，师公派。	444
小桥抬科	用于祭拜送子神帝母的七言歌。荆门，师公派。	277
小桥抬科	用于祭拜祖先及送子神帝母的仪式的七言歌。荆门，师公派。	600
小赦	葬礼用表式集。优勉支系。	378
小无离身脱赞小无离马脱安	用于葬礼及还愿仪式的七言歌。优勉支系。	163
消灾经	道教经典文章。荆门，道公派。	676

续表 45

标题	内容提要	典藏号（Cod. sin.）
小字窠	识字课本。源自中国。	423
小字窠	经典书目的字典/识字课本。源自中国。	424
{效} 立文书	以儒家价值观为依托的德育课本。推测为优勉支系。	791
谢境科	用于祭拜本境神、水神及雷神的打醮仪式科仪。荆门，道公派。	333
谢境科	用于祭拜本境神、水神及雷神的打醮仪式科仪。荆门，道公派。	334
谢境雷府科	打醮仪式科仪，用于祭拜本境神和雷神。荆门，道公派。	938
谢境请目	本境神灵名列表。荆门，道公派。	513
谢境谢雷科	打醮、做斋与度戒的科仪，道公派。	664
谢雷府境水雷府科	用于祭拜雷神、本境神及水神的打醮仪式科仪及神灵名列表节选。荆门，道公派。	313
谢雷境水科	打醮仪式科仪，用于祭拜雷公和本境神。荆门，道公派。	821
谢雷科	用于祭拜雷神、本境神及水神的打醮仪式科仪及神灵名列表节选。荆门，道公派。	313
谢雷科	用于祭拜雷神的打醮仪式科仪。荆门，道公派。	333
谢雷科	用于祭拜雷神的打醮仪式科仪。荆门，道公派。	511
谢雷科	用于祭拜本境神、水神及雷神的打醮仪式科仪。荆门，道公派。	513
谢雷科	用于祭拜雷神的打醮仪式科仪。荆门，道公派。	705
谢雷科	用于祭拜雷神的打醮仪式科仪。荆门，道公派。	760
谢雷谢	用于祭拜雷神的打醮仪式科仪。荆门，道公派。	334
谢雷科解冤，吉醮	用于祭拜本境神及雷神的打醮仪式科仪。荆门，道公派。	664
谢雷伤科	用于祭拜雷神的打醮仪式科仪。荆门，道公派。	264
谢雷谢境	用于祭拜本境神及雷神的打醮仪式科仪。荆门，道公派。	664
谢雷诸目	雷神清单。荆门，道公派。	513
谢墓科	用于送亡灵上路的做斋仪式科仪。荆门，道公派。	645
谢墓科	打醮仪式科仪，用于下葬时安抚地龙。荆门。	675
邪师［黄表］	葬礼用表式集。优勉支系。	378
谢水府科	用于祭拜水神的打醮仪式科仪。荆门，道公派。	334
谢王沐浴化衣	做斋仪式科仪，用于在下葬过程中祭拜阎王。荆门，道公派。	905
谢灶鬼经书	祭拜灶神的仪式科仪。荆门。	287

续表 46

标题	内容提要	典藏号（Cod. sin.）
谢诸鬼秘语天机	不同的秘语集。荆门，道公派。	706
新编六言杂字	六言或七言形式的德育课本兼词典。推测来自中国。	524
新恩科	度戒仪式科仪。荆门，道公派。	330
新恩科	度戒仪式科仪。荆门，道公派。	804
新记六言杂字	六言或七言形式的德育课本兼词典。推测来自中国。	524
新集秘语	秘语集。荆门，道公派。	950
新集授械，开解	度戒仪式科仪。荆门，道公派。	641
新集帖简科仪	简化版科仪，用于宣告做斋仪式开始。荆门，道公派。	1039
新集迓王科	用于超度阴间死者的做斋仪式科仪。荆门，道公派。	303
新年对	对联。推测来自中国。	543
新文道师同用	受道公派、师公派及佛教影响的度戒仪式科仪。荆门。	265
新文科	道公和师公派度戒仪式科仪。荆门。	713
新整丧事秘	葬礼用秘语。荆门，道公派。	314
新整丧事秘法	葬礼用秘语。荆门，道公派。	899
行年醮目	在做斋和打醮仪式中祈求的神祇名单。荆门，道公派。	332
凶路贡王救苦青玄救苦目	不同的打醮及做斋仪式中被呼唤的众神列表。荆门，道公派。	257
凶路谢王斋神目	不同的打醮及做斋仪式中被呼唤的众神列表。荆门，道公派。	310
修斋喃相	做斋仪式科仪，用于亡灵超度。荆门，道公派。	851
修斋治邙行丧秘语	用于葬礼的秘语。荆门，道公派。	671
许兵分	还愿仪式的祭品清单。优勉支系。	419
许愿上坛三十六	用于还愿及良愿仪式的费用种类及列表。优勉支系。	557
许愿书	用于还愿仪式的咒。优勉支系。	537
玄门戒度科	度戒仪式科仪。荆门，道公派。	704
学到当［勤苦］	“盟真”“玉京”“救苦”类做斋仪式科仪。荆门，道公派。	263
学校…朋友多	一本初识字者所用初级课本的手抄本。优勉支系。	538
Y		
迓王科大小斋同用	用于祭拜阎王的做斋仪式科仪。荆门，道公派。	947
迓王科	用于超度阴间死者的做斋仪式科仪。荆门，道公派。	320

续表 47

标题	内容提要	典藏号（Cod. sin.）
迓王科	用于超度阴间死者的做斋仪式科仪。荆门，道公派。	831
迓王科	用于超度阴间死者的做斋仪式科仪。荆门，道公派。	884
迓王科	用于超度阴间死者的做斋仪式科仪。荆门，道公派。	890
迓王科	用于祭拜阎王的做斋仪式科仪。荆门，道公派。	947
迓王科	用于祭拜阎王的做斋仪式科仪。荆门，道公派。	947
迓王释服二科	用于超度阴间死者的做斋仪式科仪。荆门，道公派。	884
烟冷病法	用于治疗仪式及葬礼的法。优勉支系。	440
阎罗道场	用于超度阴间死者的做斋仪式科仪。荆门，道公派。	319
芫荽书	为初识字者提供的词汇列表	226
延生	打醮仪式科仪，用于延寿。荆门，道公派。	717
延生单时科	三朝醮科仪，用于祭拜地府，以期延寿。荆门，道公派。	739
延生单时科	三朝醮科仪，用于延寿。荆门，道公派。	856
筵笙丹时科	三朝醮科仪。荆门，道公派。	860
筵笙单时科	祭拜地府的三朝醮科仪，用于延寿。荆门，道公派。	859
延生关告	打醮仪式科仪，用于延寿。荆门，道公派。	717
延生醮目	不同的打醮及做斋仪式中被呼唤的众神列表。荆门，道公派。	257
筵生三时	做斋仪式的科仪，安抚地龙并用于延寿。荆门，道公派。	259
延生三时科	三朝醮科仪，用于延寿。荆门，道公派。	718
延生书意者	用于不同仪式的表式集。荆门，道公派。	679
延生说醮	用于净坛的打醮仪式科仪。荆门，道公派。	298
延生宿启科	用于祈求长生的打醮仪式前启坛请圣的科仪。荆门，道公派。	306
延生土府［三时科］	用于延寿的打醮仪式科仪。荆门，道公派。	824
延生土府贡王清玄救苦三时	三朝醮科仪，用于祭拜地府，以期延寿。荆门，道公派。	739
延生土府贡王三时	三朝醮科仪，用于祭拜地府，以期延寿。荆门，道公派。	739
延生土府三时科	打醮仪式科仪，用于延寿。荆门，道公派。	819
眼前文字急难字	汉语字典。优勉支系。	534
演朝	三朝醮科仪。荆门，道公派。	743
演朝科	三朝醮科仪。荆门，道公派。	743

续表 48

标题	内容提要	典藏号（Cod. sin.）
演朝科	打醮仪式科仪，用于延寿。荆门，道公派。	819
演朝十方忏悔科	用于超度亡灵的做斋仪式科仪。荆门，道公派。	654
样书	法、符的集合和示意图，用于超度仪式。优勉支系。	953
样书	闾山派表式集。优勉支系。	962
遥生土府三朝单时科	三朝醮科仪，用于延寿。荆门，道公派。	902
夜送终秘语	用于葬礼的秘语。荆门，道公派。	991
一本一本	招募天庭使者“四直功曹”的七言歌。荆门，师公派。	841
一本斋短治｛亡｝堂金语	用于葬礼的秘语。荆门。	1027
一二三宫科	用于延寿、祭拜北斗和南斗的打醮仪式科仪。荆门，道公派。	833
壹集解秘语	用于葬礼的秘语。荆门，推测为道公派。	776
一论｛契｝那散廷法	秘语。荆门，道公派。	294
一论婚姻嫁娶祭神解诸煞存周了	秘语及符的集子。荆门。	621
一论人咒□装身用此法	秘语。荆门，道公派。	324
一论师公下堂反解法	秘语集。荆门。	1013
一论送绝亡之法	用于葬礼的秘语。荆门，推测为道公派。	776
一论替官木不去重替银龙去冲之法	秘语，用于重要的葬礼和医疗仪式。荆门，推测为道公派。	768
一论阴阳二败法	秘语。荆门，道公派。	280
一论斋醮咒咀叭道师初请之法	秘语集。荆门。	1013
一请前师赵福	法及七言歌。优勉支系。	685
一声鸣角开东微	用于驱邪术的科仪的部分。优勉支系。	559
一声鸣角去哀哀	用于还愿仪式的七言歌。优勉支系。	152
意者书□	还愿仪式科仪。优勉支系。	445
意者书式本字	还愿仪式科仪。优勉支系。	445
引朝	宣告启坛的科仪，用于三朝打醮仪式。荆门，道公派。	850
引朝	用于三朝打醮仪式的科仪。荆门，道公派。	860
寅朝科	用于延寿的三朝醮科仪。荆门，道公派。	317
阴阳井拔亡书	七言歌、符、咒和表式，用于超度。优勉支系。	1037

续表 49

标题	内容提要	典藏号（Cod. sin.）
{引}歌{引}出歌词	“良愿”的七言歌。优勉支系。	425
游乐三庙圣王歌书	用于祭拜庙王的七言歌。优勉支系。	360
有齐门前相浪师父给筶给印	七言歌，用于度戒仪式和抵御灾祸的印章及符。优勉支系。	969
又贝伸明表意［疏］	用于治疗仪式和葬礼的表式集。优勉支系。	370
又到安祖疏龙疏意用	法、表式及祭祀祖先、神灵及地主的段落。优勉支系。	174
又到变锁链堂法用	闾山派用于不同仪式的法。优勉支系。	543
又到超度{祭}反起头用	闾山派用于不同仪式的法、咒、符及七言歌。优勉支系。	543
又到超度变屋法用	用于葬礼的七言科仪的部分。优勉支系。	562
又到传六甲	关于甲子的七言歌。优勉支系。	559
又到吹{爬}法	驱鬼仪式科仪部分。优勉支系。	559
又到次诵经使入灯科	简版的打醮仪式科仪。荆门，道公派。	848
又到答安词意用	表式、符及法的集子。优勉支系。	403
又到弟二任白只香火	用于良愿仪式的七言歌及表式集。优勉支系。	179
又到隔路法用	法、表式、咒和符的合集，用于葬礼。优勉支系。	992
又到挂灯三台用	用于度戒仪式“卦三台灯”的法和七言歌。优勉支系。	648
又到怪黄表用	表式集。优勉支系。	378
又到和禁表意用	表式集。优勉支系	378
又到贺礼圣歌起根周	《开坛书》摘录。优勉支系。	528
又到皇恩大赦文	用于葬礼的表式集和认罪书。	429
又到祭大桥舟	度戒仪式的法。优勉支系。	869
又到祭大桥舟	度戒仪式的法。优勉支系。	869
又到祭墓疏表	用于葬礼的歌、法、咒和表式的合集。优勉支系。	979
又到架桥度限米粮持命用	度戒仪式的法。优勉支系。	869
又到教天书一本印用	度戒仪式的法。优勉支系。	869
又到解给亡人手旛	用于葬礼的法、葬礼用符及七言歌。优勉支系。	151
又到姐妹进谷回唱歌用	内容为历史神话的七言歌。优勉支系。	534
又到解煞表意用	葬礼用表式集。优勉支系。	474
又到解杀歌	用于治疗仪式及丧礼的法。优勉支系。	375
又到解煞请鬼名用	用于治疗仪式及丧礼的法。优勉支系。	375

续表 50

标题	内容提要	典藏号（Cod. sin.）
又到求财大疏	表式集。优勉支系。	363
又到开山和山地主疏意	表式集。优勉支系。	964
又到看十二日辰病板木忌日有无之	卦书。优勉支系。	387
又到南无救苦经	度戒仪式的法。优勉支系。	869
又到钱财关意用	闾山派的表式集。优勉支系。	955
又到桥法求花用	法，用于建造让孩子来到阳间的花桥。优勉支系。	527
又到亲家里用	关于瑶族历史的七言歌。优勉支系。	412
又到请花红父母用	还愿仪式及向花王求子的仪式科仪文段。优勉支系。	971
又到请圣太极咒用	来自《开坛书》的用于良愿仪式及度戒仪式的法、咒及歌。优勉支系。	205
又到三原人送终疏用	葬礼超度所用表式。优勉支系。	175
又到十二姓歌郡	瑶族姓氏七言歌。优勉支系。	773
又到送外神用	闾山派用于葬礼的歌、法、咒和表式的合集。优勉支系。	979
又到踏上歌用	《开坛书》文段七言式的科仪，用于与度戒仪式相关的还愿仪式。优勉支系。	790
又到星位	表式集。优勉支系。闾山派。	975
又到阳鬼用	用于算卦的法、咒、表式集示意图。优勉支系。	545
又到赞｛车｝科启也	在下葬时举办的做斋仪式科仪。荆门，道公派。	734
又到造桥送亡人	用于造桥的法。优勉支系。	543
又到招兵回转立圣啼兵起根话用	七言形式的科仪的一部分，用于还愿仪式。优勉支系。	483
又到追生魂牒	闾山派用于不同仪式的法、咒、符及七言歌。优勉支系。	543
又东狱三十破狱法	秘语。荆门。	1013
又东狱散坛行教秘总．老君金语	秘语。荆门。	1013
又功曹咒	用于占星的歌曲。优勉支系。	555
又集从人科	葬礼用科仪。荆门，道公派。	798
又祭土地鬼保猪之法	用于葬礼的秘语。荆门。	590
又将前｛亡｝后化法	秘语。荆门，推测为师公派。	650
又解神意歌一条	七言形式的科仪的一部分，用于还愿仪式。优勉支系。	483
又论存家才六畜法	秘语。荆门，道公派。	747

续表 51

标题	内容提要	典藏号（Cod. sin.）
又论帝母天娘亡案喃师同用	用于祭拜地母仪式的秘语。荆门，道公派。	942
又论分柄之法	用于求子仪式、妇女生产仪式、向天庭递交奏章的仪式及葬礼的秘语。荆门，推测为师公派。	228
又论坟墓统败大神之法	秘语，用于超度仪式。荆门。	812
又论福生歌	用于推测生子及合婚的卦书。优勉支系。	553
又论黄道黑道日	卦书。推测来源于中国。	199
又论胫中不通开法	不同的秘语。荆门。	678
又论看六十甲子酬原吉日用	卦书。优勉支系。	387
又论炼关秘密一卷	秘语及符的集子。荆门。	621
又论入门吉凶法	关于用占卜法诊断疾病的文书。推测为优勉支系。	400
又论三时法	秘语。荆门，道公派。	722
又论送虚花用十二金遍之｛法｝	用于祭拜送子神帝母的仪式秘语。荆门，师公派。	876
又论太岁日	卦书。优勉支系，推测来自中国。	397
又论阳界三丘五墓之法	秘语集。荆门，道公派。	950
又起本命牌	闾山派用于不同仪式的法。优勉支系。	543
又启师狱科启	做斋仪式科仪，用于超度阴间亡灵。荆门，道公派。	266
又睛三天玉虚上班神目	在打醮和做斋仪式中被提及的神祇名单。荆门，道公派。	310
又入敕坛用去	做斋仪式前启坛请圣的科仪，用于建立和净化神坛并请神。荆门，道公派。	253
又入开山	用于开山仪式的七言科仪。荆门，师公派。	585
又入三献科	做斋仪式前启坛请圣的科仪，建造墓地时用于安抚地龙并用于延寿。荆门，道公派。	259
又入山求财法用	法、表式、符及咒。优勉支系。	586
又三宫酬斗全米同法	秘语。荆门，道公派。	722
又是烧□孝歌	用于治疗仪式及丧礼的法。优勉支系。	375
又是赦书	用于葬礼的表式及赦罪书。优勉支系。	528
又是小工理	用于教授汉字及儒家道德观念的课本。推测为优勉支系。	148
又是奏请地狱鬼的话用	超度亡灵的赦罪书及表式。优勉支系。	167
又脱孝服之法	做斋和打醮仪式秘语。荆门，道公派。	722
又游子	祭拜帝母的七言科仪。荆门，师公派。	1016

续表 52

标题	内容提要	典藏号（Cod. sin.）
又玉皇赦却章	秘语。荆门，道公派。	530
又造船唱用	用于造船仪式的七言歌，藉此将祖先的灵魂送至阴间；用于不同场合的法、咒、表式及符。优勉支系。	395
又斩煞神用	闾山派的法。优勉支系。	895
又召六｛负｝冤家文	在打醮和做斋仪式中被提及的神祇名单。荆门，道公派。	310
又重集丧家秘语法	做斋和打醮仪式秘语。荆门，道公派。	722
羽化三夜科	用于一位道公的葬礼科仪。荆门，道公派。	796
玉典经书中典	道教经典篇章摘录。荆门，道公派。	599
玉典经中卷	道教经典篇章摘录。荆门，道公派。	599
玉皇经上卷	献给玉皇的道教经典文书。荆门，道公派。	612
玉皇经上卷	献给玉皇的道教经典文书。荆门，道公派。	922
玉皇经下卷	献给玉皇的道教经典选段和咒。荆门，道公派。	894
玉皇经下卷书	献给玉皇的道教经典文书。荆门，道公派。	627
玉皇经中卷	献给玉皇的道教经典文书。荆门，道公派。	611
玉皇经中卷	献给玉皇的道教经典文书。荆门，道公派。	612
玉皇经中卷	献给玉皇的道家经典。荆门，道公派。	805
玉皇经中卷	献给玉皇的道家经典。荆门，道公派。	827
玉皇卷下	献给玉皇的道教经典文书。荆门，道公派。	627
玉皇清法	秘语。荆门。	1013
玉皇上卷	献给玉皇的道教经典文书。荆门，道公派。	625
玉皇上卷	献给玉皇的道教经典文书。荆门，道公派。	922
玉皇上卷	献给玉皇的道教经典文书。荆门，道公派。	999
玉皇上卷经	献给玉皇的道教经典文书。荆门，道公派。	625
玉皇下卷	献给玉皇的道教经典文书。荆门，道公派。	323
玉皇下卷	道教经典文书。荆门，道公派。	676
玉皇中卷	献给玉皇的道教经典文书。荆门，道公派。	270
玉皇中卷	献给玉皇的道教经典文书。荆门，道公派。	888
玉皇中卷经	献给玉皇的道教经典文书。荆门，道公派。	855
玉皇中绻经	献给玉皇的道教经典文书。荆门，道公派。	855
玉京盟真贡王大斋	做斋仪式科仪。荆门，道公派。	659

续表 53

标题	内容提要	典藏号（Cod. sin.）
玉京盟真救苦延生关告科	用于做斋仪式前启坛请圣的科仪。荆门，道公派。	569
玉京设醮科	打醮仪式中的玉京类所用科仪。荆门，道公派。	738
玉京说醮科	打醮仪式中的玉京类所用科仪。荆门，道公派。	738
狱门五方在炼度尾	做斋仪式科仪，用于超度阴间亡灵。荆门，道公派。	266
玉枢经大部书	道教经典文书。荆门，道公派。	630
玉枢经	道教经典文书。荆门，道公派。	318
玉枢经	道教经典文书。荆门，道公派。	630
玉枢妙经上部	道教经典文书。荆门，道公派。	318
玉印原来四四方	用于度戒仪式的七言歌及表式。优勉支系。	365
远黄道	卦书。	206
元宵鬼	用于驱逐本地恶灵的造船仪式的法。优勉支系。	354
月连又起	占星的歌谣。优勉支系。	355
籥学	汉字词典。荆门，推测来自中国。	418
Z		
杂百解	不同的秘语。荆门，道公派。	635
杂百解秘语	秘语集。荆门，道公派。	993
杂集百解法	不同的秘语。荆门，道公派。	635
杂解治邙秘□	葬礼用秘语合集。荆门，道公派。	877
杂解治邙秘密语	葬礼用秘语合集。荆门，道公派。	877
杂经咒	节选的道家经典和咒。荆门，道公派。	914
杂良书	用于算卦及风水的手册。优勉支系，推测来自中国。	481
杂良书中卷	关于占卜及风水的说明手册。推测来自中国。	262
杂秘	秘语集。荆门，道公派。	950
杂秘黄泉蜜语	仪式秘语，用于安抚因麻风病而死之人的灵魂。荆门，道公派。	278
杂秘救患法	用于驱赶恶灵、疾病及其他不祥的秘语。荆门，师公派。	349
杂秘救患法天机	用于驱赶恶灵、疾病及其他不祥的秘语。荆门，师公派。	349
杂伤秘	用于葬礼的秘语。荆门，道公派。	583
杂谢秘语（早晚使用）	秘语集。荆门，推测为道公派。	755
杂谢秘语	含不同秘语的集子。荆门。	578

续表 54

标题	内容提要	典藏号（Cod. sin.）
杂谢诸鬼秘语	不同的秘语集。荆门，道公派。	706
杂诸经咒	节选的道家经典和咒。荆门，道公派。	914
杂子	中文繁体字列表。优勉支系，推测来自中国。	168
在此解冤了	简版的科仪，用于安抚、超度冤魂。荆门，道公派。	848
栽铁树木｛羌阑｝过	用于超度亡灵的仪式秘语。荆门，道公派。	324
赞材楼科	用于下葬仪式、赦罪仪式及献祭亡人仪式的科仪。荆门，道公派。	587
赞材楼科	为亡灵超度和救赎幸存者的仪式科仪。荆门，道公派。	934
赞[illegible]楼科	用于下葬仪式、赦罪仪式及献祭亡人仪式的科仪。荆门，道公派。	587
赞车村楼科村楼无有在	做斋仪式科仪。荆门，道公派。	901
赞村楼共释服	做斋仪式科仪。荆门，道公派。	901
赞代	闾山派用于葬礼的法。优勉支系。	203
藏众人身法	表式集。优勉支系。	378
早朝直晚皈依诵经	道公派和师公派度戒仪式科仪。荆门。	713
造舡	年初用于驱逐本地恶灵的造船仪式的法。优勉支系。	354
造舡歌	用于造船竣工仪式的科仪。优勉支系。	165
造舡送病用	闾山派用于不同仪式的法、咒、符及七言歌。优勉支系。	543
造天桥	用于建桥的法。优勉支系。	543
早晚程供	秘语。荆门，道公派。	353
早晚伸斗安龙解冤法	秘语，用于祭拜北斗的仪式，以及在下葬仪式中安抚地龙的仪式、超度亡灵的仪式。荆门，道公派。	629
早晚整痲疯之法	秘语，用于葬礼及安抚因麻风病死亡的灵魂的仪式。荆门，道公派。	353
早午晚朝	三朝醮科仪。荆门，道公派。	681
早午晚朝时	三朝醮科仪。荆门，道公派。	243
啧度牲灵川光	用于请神仪式的七言歌。荆门，师公派。	308
增广［贤文］	用于教授汉字及儒家思想的课本。推测来自中国。	799
增广贤文	用于教授汉字及儒家思想的课本。推测来自中国。	406
增广贤文	用于教授汉字及儒家思想的课本。优勉支系，推测来自中国。	487
［增广贤文］	以儒家思想为基础的德育课本的部分。优勉支系。	468

续表 55

标题	内容提要	典藏号（Cod. sin.）
[增广贤文]	用于教授汉字及儒家思想的课本。推测为优勉支系。	536
[增广贤文]	用于教授汉字及儒家思想的课本。优勉支系。	591
斋共醮卬一共本秘语	为死者超度的做斋和打醮仪式秘语。荆门，道公派。	1038
斋醮初请之法	做斋仪式秘语。荆门，道公派。	985
斋醮良绿秘语	做斋和打醮仪式秘语。荆门，道公派。	735
斋醮秘	做斋和打醮仪式秘语。荆门，道公派。	711
斋醮秘语	做斋和打醮仪式秘语。荆门，道公派。	711
[斋醮秘语]	做斋和打醮仪式秘语。荆门，道公派。	711
斋醮神目	做斋和打醮仪式秘语。荆门，道公派。	249
斋醮神目科	在做斋和打醮仪式中祈求的神祇名单。荆门，道公派。	332
斋醮神目左班	在打醮和做斋仪式中被提及的神祇名单。荆门，道公派。	310
斋醮宿启科	打醮仪式科仪，用于延寿。荆门，道公派。	775
斋醮宿启科	打醮仪式科仪，用于延寿。荆门，道公派。	853
斋醮头贡□	在打醮和做斋仪式中被提及的神祇名单。荆门，道公派。	310
斋秘	打醮仪式用的秘语。荆门，道公派。	1026
[斋秘语]	打醮仪式用的秘语。荆门，道公派。	247
斋说醮修斋用	打醮和做斋仪式科仪选录。荆门，道公派。	311
斋宿启科	打醮仪式科仪，用于延寿。荆门，道公派。	775
[斋宿启科?]	推测为用于做斋仪式前启坛请圣的科仪。荆门，道公派。	457
斋亡金	做斋和下葬仪式用秘语。荆门，道公派。	795
斋亡秘语	葬礼用秘语。荆门，道公派。	351
斋亡秘语	做斋仪式秘语，用于超度亡灵。荆门，道公派。	935
斋咤秘语	做斋仪式秘语。荆门，道公派。	728
占财	卦书。优勉支系。	965
占横推看月日	卦书。推测来自中国。	581
占金钱｛卦｝课书	钱币占卜法的指导书。优勉支系。	173
占神头吉凶	卜书。推测为荆门，可能来自中国。	866
招兵科	用于招募神兵的仪式七言歌。荆门，师公派。	631
招兵科	用于招募神兵的仪式七言歌。荆门，师公派。	727
招兵科	用于招募神兵的仪式七言歌。荆门，师公派。	787

续表 56

标题	内容提要	典藏号（Cod. sin.）
招兵科	用于招募神兵的仪式科仪。荆门，师公派。	803
招兵科	用于招募神兵的仪式科仪。荆门，师公派。	822
招兵料	用于招募神兵的仪式科仪。荆门，师公派。	823
招兵科	用于招募神兵的仪式七言歌。荆门，师公派。	837
招兵料	用于招募神兵的仪式科仪。荆门，师公派。	932
招兵罗伍二霄功曹科	用于招募神兵的仪式科仪。荆门，师公派。	610
招兵罗伍科	用于招募神兵的仪式科仪。荆门，师公派。	610
招魂牒了	用于葬礼及治疗仪式的表式、法及七言歌。优勉支系。	178
招魂书	用于葬礼的法。优勉支系。	382
招魂书	用于治疗仪式和葬礼的法、表式及七言形式的文章节选。优勉支系。	486
{找} 师爷来护	还愿仪式科仪。优勉支系。	432
折解门禁收京青水送亡法用	用于葬礼的法及七言歌。优勉支系。	343
[真] 花吉壬寅癸卯日	算卦用手册。推测来自中国。	494
正好教正好教	度戒仪式科仪。优勉支系。	421
正一登科仪	打醮仪式科仪。荆门，道公派。	291
正一雷府解冤科	打醮仪式科仪，用于祭拜雷神及超度复仇心重的灵魂。荆门，道公派。	251
正一天师法忏	度戒仪式科仪。荆门，道公派。	633
纸草烧穷无路	用于葬礼的法、七言文及表式。优勉支系。	407
纸制面具	推测为荆门，师公派。	348
只马咒	用于算卦的法、咒、表式集示意图。优勉支系。	545
中国发明的国语第二册	中国一年级或者二年级的教科书手抄本。优勉支系。	970
中卷秘解	秘语。荆门。	1010
众王未到郎先到	七言歌，推测用于还愿仪式。优勉支系。	492
中霄十别科	用于道公葬礼的科仪。荆门，道公派。	796
中庸	中国儒学篇章。推测为优勉支系所有。	384
诸 {什} 川光科	度戒仪式科仪。荆门，道公派。	917
诸百解	秘语集。荆门。	575
诸百秘语	多种用途的秘语合集。荆门。	898

续表 57

标题	内容提要	典藏号（Cod. sin.）
诸傍式	用于不同仪式的表式集。荆门，道公派。	679
诸榜头	用于不同仪式的表式集。荆门，道公派。	679
诸川光科	用于度戒仪式七言科仪。荆门，师公派。	696
诸川光科唱	用于度戒仪式七言科仪。荆门，师公派。	696
祝从人科	用于仪式包括下葬仪式、赦罪仪式及献祭亡人仪式的科仪。荆门，道公派。	587
诸集川光	用于戒度仪式的七言歌。荆门，师公派。	657
诸件川光	用于度戒仪式的七言歌。荆门，师公派。	605
诸件十供	用于度戒仪式的七言歌。荆门，师公派。	605
诸件杂法	不同的秘语。荆门，师公派。	668
诸件杂法书	不同的秘语。荆门，师公派。	668
诸棱圣	打醮仪式科仪，用于请神及献祭。荆门，道公派。	736
诸雷府目	雷神清单。荆门，道公派。	513
竹年青醮神目	不同的打醮及做斋仪式中被呼唤的众神列表。荆门，道公派。	257
诸品经	道教经典文书的选段集。荆门，道公派。	643
诸品经	道教经典文书的选段集。荆门，道公派。	676
诸品经	道家经典选集。荆门，道公派。	731
诸品经	道家经典选集。荆门，道公派。	784
诸品经	道家经典选集。荆门，道公派。	849
诸品经	道家经典选集。荆门，道公派。	867
诸品经	道家经典选集。荆门，道公派。	915
诸品经	道家经典选集。荆门，道公派。	919
［诸品经］	道家经典选集。荆门，道公派。	260
［诸品经］	道家经典选集。荆门，道公派。	933
诸品经大	道教经典文书的选段集。荆门，道公派。	643
诸品是经	道家经典选集。荆门，道公派。	844
诸品仙经	道家经典选集。荆门，道公派。	849
诸品自经	道教经典文书的选段集。荆门，道公派。	844
诸伤案法	用于葬礼的秘语。荆门，道公派。	583
诸伤地狱，送终，丧事	葬礼用秘语。荆门，道公派。	335

续表 58

标题	内容提要	典藏号（Cod. sin.）
诸神秘语	秘语。荆门，道公派。	280
诸圣大猷	用于献祭仪式的七言科仪。荆门，师公派。	904
诸圣文	仪式七言歌，用于请神献祭。荆门，师公派。	793
诸杂百解秘语	不同秘语的集子。荆门，道公派。	653
诸杂秘语	不同场合使用的秘语。荆门。	315
诸章格	用于不同仪式的表式集。荆门，道公派。	637
诸章格	表式集。荆门，道公派。	1002
诸章格式	用于不同仪式的表式集。荆门，道公派。	637
[诸章格式]	表式集。荆门，道公派。	623
诸章头通用	用于不同仪式的表式集。荆门，道公派。	637
[专家杂字]	初学识字者所用的词汇表。优勉支系，来自中国。	464
捉保老歌	法、咒及还愿仪式用歌。优勉支系。	193
子程子曰	中国的儒学教科书。推测为优勉支系所有。	392
自从盘古开天地	关于孝的德育课本。优勉支系。	456
总历书	关于不祥命理对命运的影响及化解办法的卦书。优勉支系，推测根据一中国模本制成。	501
奏到连州大庙	法、表式及祭祀祖先、神灵及地主的段落，人们在墓前与他们签订虚构的购买墓地的契约。优勉支系。	174
奏星	做法事之指示法，用于葬礼。优勉支系。	382
奏星书	法和七言歌，尤其为葬礼所用。优勉支系。	420
奏星用	用于治疗仪式和葬礼的法、表式及七言形式的文章节选。优勉支系。	508
祖本二师我无送	还愿仪式的科仪。优勉支系。	172
祖宗秘语	多种用途的秘语。荆门，道公派。	878
祖宗上坛三十六分	用于占星的歌曲。优勉支系。	555
遵抄象吉选择通要	卦书。推测为优勉支系。	396
[尊典经]	易读的字体，摘录的符。荆门，道公派。	858
尊典经卷中	道教经典篇章摘录。荆门，道公派。	599
尊典经下卷	道教经典文书摘录。荆门，道公派。	281
尊典经中卷	经典道教文书选录。荆门，道公派。	301
作福书通···	闾山派作法之指示法、咒的合集。优勉支系。	756

续表 59

标题	内容提要	典藏号（Cod. sin.）
做鬼请鬼传书	用于治疗仪式及葬礼的法及神目。优勉支系。	385
做鬼人□□□用	还愿仪式科仪。优勉支系。	774
做鬼书	闾山派用于葬礼的表式集。优勉支系。	520
做鬼书	还愿仪式科仪。优勉支系。	774
做鬼书	法，七言《甲子歌》。优勉支系。	958
左手执起好牙简	闾山派做法事之指示法。优勉支系。	895
□		
□…信书	七言式的婚礼歌或者是“信歌”。荆门，师公派。	818
□…灯中唱鬼招兵	七言歌，用于祭祀神祇和祖先、开山和招募神兵。荆门，师公派。	725
□…大圣元始安镇	用于祭拜祖先及三庙王的还愿仪式科仪，大部分为七言形式。优勉支系。	496
□…地墓坟祖境兄妹灵德	秘语。荆门。	980
□…列揹人生揹鬼灭亡	闾山派做法事之指示法、七言歌、符和表式的集子。优勉支系。	967
□…六害女刑关煞	用于诊断疾病的卜文、做法事之指示法，用于葬礼的表式和七言歌。优勉支系。	978
□…六轮七打，甲乙木	闾山派度戒仪式的科仪。优勉支系。	963
□…是玉清上清［太清］	主要用于治病仪式的秘语。荆门。	976
□…属日宫金星守此	葬礼、治疗仪式及打醮仪式的秘语。荆门。	983
□…初上香再	闾山派度戒仪式的科仪。优勉支系。	966
□…厶夫妻姓开口商量	良愿仪式科仪。优勉支系。	871
□…里目头初进上庭里礼北斗	用于还愿仪式及度戒仪式中“卦灯”的表式及歌。优勉支系。	207
□｛龙｝科庆墓	打醮仪式科仪，用于安抚地龙及镇墓。荆门，道公派。	845
□｛梓｝书	用于不同仪式场合的表式集。优勉支系。	518
□｛有｝人收钱无鬼收灾	葬礼和治病仪式的表式集。优勉支系。	956
□法	秘语。荆门。	315
□婚恩歌	婚礼歌曲。推测为荆门。	579
□教授械秘语	用于度戒仪式的秘语。荆门，道公派。	770
□楼秘	用于祭拜送子神帝母的仪式秘语。荆门，师公派。	305

续表 60

标题	内容提要	典藏号（Cod. sin.）
□钱童子唱歌了	用于度戒仪式的法、表式集和七言歌。优勉支系。	447
□未｛赴｝治病患在身	用于葬礼的表式集及咒。优勉支系。	413
□献供接圣｛科｝用□□	师公就职的度戒仪式科仪。荆门。	297
□转声为棠达头用	用于葬礼的七言歌及表式。推测为优勉支系。	285
□□马□害稼野兽	用于不同仪式场合的五言歌、法及表式集。优勉支系。	411
□□烧了阳处神明表用	用于葬礼的表式集。优勉支系。	415
□□童执盖々过五师	用于度戒仪式的法和咒。优勉支系。	408
□□招魂书	用于葬礼及超度亡灵仪式的科仪。优勉支系。	166
□□□时救患桉龙伸斗解冤秘语	治病仪式科仪，用于安抚地龙和冤魂。荆门，道公派。	943

图书在版编目(CIP)数据

德国巴伐利亚州立图书馆藏瑶族文书/(德)贺东劢,(德)傅敏怡主编;吴雅迪,韩迪菲译.—北京:民族出版社,2023.12
ISBN 978-7-105-17178-1

Ⅰ.①德… Ⅱ.①贺… ②傅… ③吴… ④韩… Ⅲ.①瑶族—文书—专题目录—中国 ②瑶族—文书—内容提要—中国 Ⅳ.①Z88:K285.1

中国国家版本馆 CIP 数据核字(2023)第 242587 号

策划编辑:冯　敏
责任编辑:冯　敏
封面设计:金　晔
出版发行:民族出版社
地　　址:北京市和平里北街 14 号
邮　　编:100013
网　　址:http://www.mzpub.com
印　　刷:北京盛通印刷股份有限公司
经　　销:各地新华书店
版　　次:2023 年 12 月第 1 版　2023 年 12 月北京第 1 次印刷
开　　本:787 毫米×1092 毫米　1/16
字　　数:770 千字
印　　张:34.75
定　　价:120.00 元
ISBN　978-7-105-17178-1/Z·1571(汉 256)

汉文编辑一室电话:010-64271909　　发行部电话:010-64224782